한학 입문

漢學入門
한학 입문

심경호 지음

황소자리

| 신판 서문 |

이 책은 본래 《한학연구입문》이란 이름으로 2003년도에 간행되었다. 2005년도에는 학술원 우수학술도서로 선정되었고, 2006년도에 6쇄를 내었다. 이제 더 많은 분들이 이용할 수 있도록 판형을 바꾸고 장·절을 개편하면서 내용을 수정·보완하기로 하였다.

한자·한문의 연구와 한문고전의 응용에 관해 누군가 개설서를 저술할 필요성은 애초 강의안을 만들고 그것을 정리하여 처음 책을 만들었을 때와 마찬가지로 매우 절실한 듯하다. 한문고전을 풀이한 성과가 많이 나왔지만, 일반인들의 관심은 한문 고전 자체로부터 멀어져가고 있기 때문이다.

그러나 생활이 복잡해지고 정신의 안정이 위협받을수록 한문고전은 마음 푸근한 고향이 되어주리라 믿는다. 고전 인문학에 대해 그리움을 느끼는 분들에게 이 신판을 바치는 바이다.

신판 《한학입문》을 출판한 이후 3쇄에 맞춰 참고문헌을 수정·보완하기로 하였다. 고전 원문이나 역주본을 접하는 환경이 상당히 달라졌기 때문이다. 기본 필독 도서로서 권할 만한 서목은 그대로 두었다.

2013년 8월
와각서실 주인, 심경호

| 초판 서문 |

1

  2002년 4월 14일 밤에 일본 위성방송(BS 2)에서, 중국 절강성 조사단이 《삼국지연의(삼국지)》관광 콘텐츠 개발을 위해 항주(杭州) 일대를 순방하는 내용을 본 적이 있다. 중국에서는 족보를 사는 일이 많았으므로 후대인들의 주장을 곧이곧대로 믿을 수만은 없다지만, 손권은 그렇다 치더라도, 유비·조조·제갈공명의 후손이 모두 항주 근처에 살고 있다는 사실이 무척 흥미로웠다.
  부양시(富陽市) 상촌(上村)에 사는 조조(曹操)의 후손이라는 분은 30대 후반으로 큰 키에 얼굴이 수려한 데다가 관골이 나오고 눈썹이 길어, 한 눈에도 귀인의 형상이었다. 상촌의 조씨는 본래 안휘성(安徽省) 웅촌(雄村)에 살다가 이주해 왔다고 하여, 조사단은 웅촌으로 가서 조조의 일족이 웅촌에 정착하기까지의 가계를 기록한 가보(家譜)를 가진 분을 탐문하였다. 하지만 상촌의 조씨가 가지고 있던 족보는 문화대혁명 시절에 모두 불탔다고 한다.
  상촌의 조씨들이 조조의 후손임을 알려 주는 자료는 뜻밖에도 상촌에 가까스로 남아 있는 사당(祠堂)의 기둥 곳곳에 씌어 있는 주련(柱聯)이었다. 절강(浙江) 대학의 속(束) 교수는 그 가치를 인정하는 듯하였다. 그런데 상촌의 조씨들은 자신들의 조상 가운데 두부(豆腐) 만드는 직공이 있었다고 하는 것이 아닌가! 주련의 하나에 두(豆)자가 쓰여 있었기 때문이었는데, 무표정하던 속 교수도 그만 피식 웃고 말았다. 두(豆)자는 본래 나무로 만든 목이 긴 제기(祭器)를 상형한 글자이다.

화면에 나오지 않았지만, 그 주련에는 아마 조두(俎豆)라는 말이 들어 있고, 후손들에게 조상 제사를 잘 지내라는 뜻의 문구가 적혀 있었던 듯하다. 그들이 두(豆)자만 보고 조상을 두부 만드는 사람이라고 생각하다니, 우스웠다. '豆'가 콩의 뜻으로 쓰이는 것은 가차(假借)용법이다.

비록 조조가 《삼국지》에서 악역이어서 후손들이 상당한 핍박을 받았지만, 조조야말로 학식과 지혜가 뛰어났던 인물이었다. 그 분들이 정말 조조의 후손들이라면, 사당의 주련을 잘못 읽어 자기 조상을 두부 만드는 사람이라고 알아온 것은 어찌 애처로운 일이 아니랴!

그런데 그런 일이 우리나라에서 일어나고 있다. 일상 생활에서 외래 한자어를 분별 없이 사용하고, 우리의 한문고전을 내버려둔 채 돌아보지 않는 것은 제 조상을 잘못 아는 것과 무엇이 다른가?

2

그간에 나는 학생들에게, 내가 한문을 공부하면서 느꼈던 지적 만족감을 느끼게 해주고 싶었으나 그 의도를 잘 살릴 수 없었다. 무엇보다도 강의 시간마다 많은 복사물을 준비하기 힘들었다. 그래서 홈페이지를 만들어 강의안을 올려두었으나, 내용을 다듬지 못한 채 서너 해를 흘려보내고 말았다.

그러다가 2002년 봄에야 틈을 내어 강의안을 고치기로 하였다. 강의를 들었던 제자에게 의견을 묻자, 한참 망설이던 그는, "솔직히 말씀드리면, 선생님 강의는 지루하지 않지만, 글은 딱딱하고 재미가 없습니다."라고 대답하는 것이 아닌가! 그러면서, "저를 앞에 두고 말하시는 것처럼 글을 써보세요" "강좌마다 참고문헌 수를 대폭 줄이세요"라고 권하였다. 고개를 끄덕이지 않을 수 없었다.

대학의 강의에서 나는 영화, 연속극이나 소설 이야기도 하고 일상의 체험도 섞어가며, 때로는 익살스런 표정을 짓기까지 하면서, 학생들의 흥미를 유발하려고 애를 써왔다. 그런 강의의 생생함을 글로 전하지 못하는 것은 경직(硬直)된 자세로 글을 쓰기 때문일 것이다.

한문고전과 한문학을 소개하는 교양 시간에 무엇을 어떻게 가르칠 것인가, 나는 다시 한 번 깊이 생각해보았다. 마침내, 한문고전을 공부하려는 사람들이 알아두어야 할 내용을 다시 정리하고, 최소한의 참고문헌을 소개하자고 마음먹었다. 또 강의 시간에 나누었던 대화를 정리하고, 생활, 독서, 여행 속에서 접하거나 느낀 문제들을 제기하기로 하였다. 그리고 함께 생각해 볼 주제를 담은 학생들의 보고서 몇 편을 골라 수록할 계획도 세웠다.

하지만 원고를 교정하는 사이에 또다시 한 해가 흐르고 말았다.

3

젊은 사람들은, 한자는 읽고 쓰기 어렵고 한문은 도무지 모르겠다고 말한다. 한자를 웬만큼 아는 사람이라 하더라도 한문은 우리말 어순과 달라 해독하기 어렵다고 푸념한다. 혹, 어순은 알아도 그 속에 이용된 고사(故事)나 역사적 배경을 몰라 이해하기 힘들다고도 한다. 한문을 꽤 아는 사람이라도, 한문이라고 하면 '코 묻은 진보(眞寶)', 한학이라고 하면 '이발 새발'이라고 비아냥대는 말을 먼저 떠올리기 일쑤다.

예전에 고급 한문을 공부하는 사람들은 《고문진보(古文眞寶)》를 주로 읽었다. 그런데 그 공부에 권태를 느낀 사람들은 '고문진보'를 '코 묻은 진보'라고 불렀다.

또 과거의 일부 학자들은, 이(理)가 발하고 기(氣)가 거기에 참여하느냐, 이는 원리일 뿐이고 기가 스스로 발하느냐 하는 문제로 언쟁을 벌였다. 즉 '이발(理發)'이냐 '기발(氣發)'이냐 하는 문제로 다투었으므로, 그것에 식상한 사람들은 그 논쟁을 두고 '이발새발'이라고 조롱하였다.

한문은 '구닥다리'가 되고 말았다. 영어를 공용어로 하자는 주장까지 있고 보니, 쓰기 어렵고 알기 어려운 한자는 아예 공부할 필요가 없다는 의견마저 있다.

하지만 한문은 시간과 공간을 뛰어 넘어, 그 어법을 아는 사람에게 드넓은 세계를 드러내 보인다. 그렇기에 한문은 읽을수록 맛이 난다고 하는 사람이 많다. 더구나 우리 선인들은 한자어를 순수한 우리말에 결합시켜 사용하였으며, 한문에 의하여 고유한 문화를 창조하고 전수해 왔다. 우리 문화에서 한자와 한글은 상극(相剋)의 관계가 아니라 상생(相生)의 관계인 것이다.

한문으로 적힌 문헌들은 과거의 역사나 문화를 이해하는 자료로 그치는 것이 아니다. 그 문헌들은 현재의 우리 생활을 되돌아보고 더 나은 미래의 삶을 설계하는 데 지침이 될 내용들을 풍부하게 지니고 있다. 한문고전은 민족문화의 상당부분을 떠맡아왔기에, 그 고전들을 이해할 소양을 조금만 더 갖춘다면, 우리의 정신 문화는 훨씬 풍부하게 될 것이다.

'온고지신(溫故知新)'이란 말이 있듯이, 한문 고전에 담긴 사상과 문화적 가치들을 찾아내어 현대 생활의 지혜로 응용할 필요가 있다. 다만 한문 고전은 그것이 저술되고 읽혔던 역사적 배경과 깊은 관련이 있어서, 낡고 동떨어진 내용도 지니고 있다. 인간 개체를 그리 중시하지 않았고, 여성을 인격체로 존중하는 관점이 부족하였다. 그러나 바로 그러한 면까지 포함하여 한문 고전 속에 담긴 삶의 여러 모습들을 온전히 포착한다면, 각자의 삶을 좀더 객관적으로 바라볼 수 있는 유력한 시점(視點)을 확보할 수 있을 것이다.

하지만 모든 공부가 다 그러하듯, 한문과 한문고전도 차근차근 공부하여야 한다. 옛 어른들은 '솜바지 석 장이 썩어나가야 한다'고 하였다. 또《예기(禮記)》라는 고전에 보면, 내용을 이해하지 못하면서 서적을 들여다보고[점필(佔畢)], 어려운 물음을 많이 지어내어 마치 모든 것을 이해하고 있는 척해서는[다기신(多其訊)] 안 된다고 하였다. 군자는 늘 학업을 마음속에 생각하고[장언(藏焉)] 학습에 힘을 쓰며[수언(脩焉)] 학업으로 쉬고[식언(息焉)] 학업으로 노닐어야[유언(遊焉)] 한다고 가르쳤다.

한문을 공부할 때는 한자의 음과 뜻을 정확히 파악하고 글귀의 의미를 따진 뒤, 관련 사항들을 두루 공부하여 전체 글의 사상을 파악하는 단계로 나아가야 한다. 그렇기에 박학(博學 : 관련 지식의 습득)과 독서(讀書 : 꼼꼼한 읽기, close reading)를 두 축으로 하는 전통시대의 학문 방법론을 응용할 필요가 있다.

이 책에서 나는 전통시대의 학문인 한학(漢學)의 주요 내용과 방법을 소개하는 한편, 현대적 한학의 가능성을 제시하려고 한다. 한학은 문(文)·사(史)·철(哲)의 고전을 학습함으로써 개방적이면서 동시에 통합적인 지성을 양성하는 것을 목적으로 삼아왔다. 오늘날 인문학 일반을 발전시키기 위해서는 한학의 인문학적 전통을 비판적으로 계승할 필요가 있다고 생각하기에 이 책의 이름에 '한학'이라는 말을 사용하였다. '한학'이란 명칭은 조선시대에는 중국어 학습을 뜻하는 말로 쓰였으나, 근세 이후로는 한문고전에 관한 학문을 가리키는 말로 통용되었다. 더구나 문·사·철의 한문고전에 관한 학문을 아우르는 말로 이 명칭 이외에 달리 좋은 것이 없을 듯하다.

오늘날 한문고전들은 인터넷자료 · 사진 · 영화 · 만화 · 연극 등 각종 텍스트로 변형되기 시작하였다. 현대 한학은 한문고전 속에서 미래의 삶에 유용한 중심사상(Key Idea)들을 찾아내는 동시에, 한문고전을 가공하는 방법도 개발해야 할 것이다.

4

강의안을 정리하여 이와 같은 형태의 책으로 간행하기까지 여러 사람의 도움을 받았다. 송호빈 군은 금년 정월 초부터 출판에 관계된 여러 마무리 작업을 성심껏 도와 주었다. 이 자리를 빌어 감사드린다.

편집은 전적으로 권호순 님이 맡아주셨다. 권호순 님은 내가 1993년에 이회문화사에서 《목록학과 공구서》및 《한문을 어떻게 읽을 것인가》를 번역 간행할 때 컴퓨터의 폰트로는 구현할 수 없던 복잡한 한자들을 전부 따서 붙이는 수고를 해주신 분이시다. 이번에도 복잡하기 짝이 없는 원고와 십여 차례에 걸친 교정 사항을 묵묵히 정리해주시고, 관련기사와 표 · 그림 · 사진을 적절하게 배치하여 주셨다. 각별히 감사의 뜻을 표한다.

2003년 3월 20일
안암동 연구실에서

차례

서문 5

제1강_ 한자와 한자어 · 15

제2강_ 한자어의 짜임과 한문의 품사 · 53

제3강_ 한문 문장의 기본 문형과 확장 형식 · 91

제4강_ 한문의 구두와 번역 · 121

제5강_ 문헌학의 상식 · 155

제6강_ 사전과 공구서 · 185

제7강_ 유가 경전 해석학의 기초 · 229

제8강_ 사서와 사서학 · 265

제9강_ 삼경과 경학 · 303

제10강_ 예학과 춘추학 · 343

제11강_ 제자백가 · 365

제12강_ 역사 고전 · 405

제13강_ 불교 한문 · 445

제14강_ 한시 감상법과 작법 · 483

제15강_ 한문산문과 소설 · 519

제16강_ 한국한문학과 한자문화권 · 561

부록 · 607

찾아보기 · 636

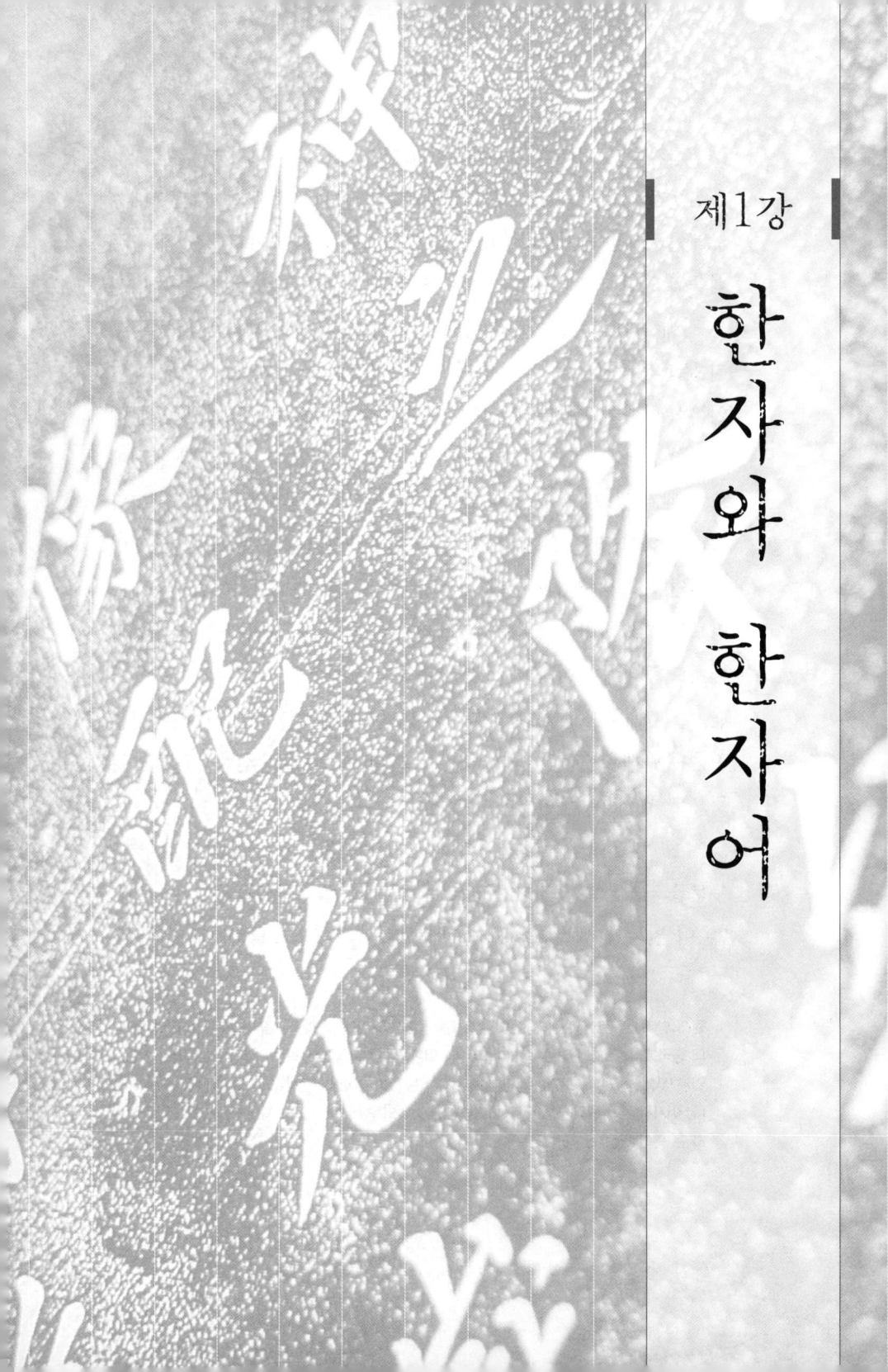

제1강

한자와 한자어

Q 한자어 가운데는 일본식 말이 많다면서요? 쓰지 말아야 합니까?

A 조선후기 사역원(司譯院)에서 일본어 학습교재로 쓰던 《첩해신어(捷解新語)》를 보면 '안내(案內)'라는 말 아래에 주석이 있어요. 생소해서 주석을 달았던 거죠. 현관(玄關)은 '진리에 이르는 관문'이란 뜻인데, 일본 집에서 선정(禪定)에 드는 공간을 이 말로 불렀습니다. 이 말들은 우리 문화와 맞지 않지만, 우리말로 굳어졌어요.

일본식 한자어가 원래와는 다른 뜻으로 쓰이는 것들도 있어요. 일본에서 '할애(割愛)'란 말은 '아껴서 안 쓴다'는 뜻입니다. 청나라 문헌에도 용례가 있죠. 그 말이 우리나라에서는 '시간을 할애해 주셔서 고맙습니다' '제3장을 할애하였다'는 식으로 쓰입니다. 중국의 대표적인 사전인 《신화사전(新華詞典)》(1972년 수정본)도 '자기가 좋아하는 것을 양보하거나 버린다(讓出或放棄自己喜愛的東西)'고 풀이했더군요. 중국에서도 근대에 들어와 바뀐 것 같습니다.

단, 일본의 차자(借字) 한자어(아떼지: 當て字)를 한자만 떼어 사용하는 것은 곤란해요. '선택사양(選擇仕樣)'이란 말이 있죠? 선택적 설치라는 뜻으로 'option'을 번역한 일본어인데, '사양'은 일본어 '시요오(しょう: 수단·방법·규정)'의 차자입니다. 1992년쯤, 고속도로의 '길 어깨' 부분을 '갓길'로 표기하자고 국무회의에서 결정하였습니다. '노견(路肩)'이 일본어('road shoulder'의 번역어로 '로가타'라고 읽죠)라고 해서 우

원래 안(案)은 문안(文案), 안건(案件)과 같이, 문서나 관례, 최종판결을 가리키는 말이다. 현대 중국에서는 '사건'이란 뜻이다. 그런데 일본에서는 관청의 선례를 안(案)이라 하였다. 《속일본기(續日本記)》에 보면, '검안내(檢案內)'라는 말이 나온다. '안(案) 속을 살핀다'는 뜻이다. 여기서부터 '안내(案內)'라고 하면 '지침' '일의 속내'라는 뜻을 지니게 되었고, '안내한다'는 뜻이 파생되었다.

리말을 만든 것이지요. 이 일이 나랏말에 대해 반성하는 계기가 되리라 기대하였는데, 그렇지 못했습니다.

Q 중국에서 들어오는 한자어는 어떻습니까? 그 한자어들은 한문 어법에 더 맞고 우리 정서에도 맞지 않을까요?

A 중국에서 사용되는 한자어는 고전에서 나온 것이 많습니다. 하지만 일상어는 우리에게 친숙하지만은 않아요. 대남(大男) 대녀(大女)가 무슨 뜻일까요? 노총각 노처녀란 뜻이랍니다. '무작정 상경'을 맹류(盲流)라 하는데, 한자만 보고 무슨 뜻인지 알겠어요? 게다가 중국 한자어는 우리 발음으로 읽으면 뉘앙스가 살아나지 않는 것이 많아요.

2002년 2월 10일에 중국 국가주석 장쩌민(江澤民)은 정부의 핵심노선을 '온정(穩定)' '안전(安全)' '영활(靈活)' '다원(多元)'이라는 여덟 글자로 제시하였습니다. '팔자결(八字訣)'이란 것이지요. '온정(穩定)'은 정치·경제·사회적 안정이란 뜻입니다. '안전'은 중국어로는 '정치·경제·국방의 보안유지'라고 합니다. '다원'은 수출입시장과 외환구조의 다원화를 뜻한다는군요. '영활'은 고전에서는 '활발함'이란 뜻이었지만, 중국에서는 신축적 사고 및 행동을 뜻한답니다. 이렇게 중국 한자어는 우리 한자어와 뉘앙스가 다릅니다.

그런데 이 '팔자결'은 '온정안전(穩定安全), 영활다원(靈活多元)'과 같이 짝으로 읽어야 할 것입니다. 짝을 이루는 두 구의 마지막 글자는 음성적으로 같은 요소를 반복합니다. '전(全)'은 중국 병음부호(倂音符號)로는 [quán]이고 '원(元)'은 [yuán]입니다. 첫머리 발음을 제외하고 나머지는 똑같이 [-uán]이지요? 같은 위치에 같은 발음을 놓았으니, 운(韻)을 맞춘 것입니다. 중국어는 이렇게 의식적으로든 무의식적으로든 음성상의 특성을 고려합니다. 우리말과는 상당히 차이가 있어요.

Q 전 한자를 잘 몰라서 한문을 공부하지 못할 것 같아요. 한문을 공부하려면 몇 글자나 알아야 합니까?

A 고유의 음과 뜻을 가진 한자는 4~5만 글자 정도입니다. 청나라 중엽에 나온《강희자전(康熙字典)》에는 약 4만 7,000여 자가 실려 있다. 2012년 세계적으로 인정된 유니코드 한자를 보면 '한중일 통합한자'와 '한중일 확장한자' A와 B 등을 합하여 모두 70,195자이다. 현대 중국의《신화자전(新華字典)》(1992년 수정본)에는 1만 1,100 글자가 실려 있습니다. 기원 100년에 나온《설문해자(說文解字)》에 9,000여 글자가 실려 있었으므로, 실제 사용되는 한자의 수는 그리 늘지 않았습니다. 실상 한자문화권에서 자주 쓰이는 한자는 4~5,000자입니다. 한문고전을 보면 2,500자가 96퍼센

한자의 수		
BC 1000	갑골문	4,500자
AD 100	설문해자	9,353자
1066	유편(類篇)	31,319자
1716	강희자전	47,035자
1990	한어대자전(漢語大字典)	54,678자
2012	유니코드 한자	70,195자

조선 분청사기에 새겨진 이체자
粉青瓷印花紋 '高靈仁壽府' 銘壺
日本靜嘉堂文庫美術館

트 이상을 점유한다고 해요. 그 정도 알면 충분한 거죠.

Q 일본은 약자(略字)를 많이 쓰고, 대만은 번체자(繁體字)를 쓰죠? 중국 간화자(簡化字)를 따르는 것이 세계화에 맞지 않을까요?

A 한자에는 통념상 바른 글자체라고 여기는 정자(正字)라는 것이 있고, 그것과 다른 글자체인 이체자가 있습니다. 한자문화권의 여러 나라들은 각기 정자를 정해 두었습니다. 대만은《강희자전》식 해서체(楷書體)를 표준으로 정하였고, 우리나라도 대체로 그렇죠. 일본도 비슷한데, 약자를 허용하고 있습니다. 그러나 중국 대륙에서는 간화자(간체자)를 정자로 정했습니다. 한자문화권 내에서 중국의 영향력이 크므로 간화자의 위상은 더 높아질 것입니다. 그렇다고 모든 나라가 간화자를 정자로 정할 필요는 없습니다. 우리 '교육용 기초한자'는 한문고전을 이해하는 데 도움이 될 뿐 아니라 약자나 간화자를 익힐 때도 기초가 됩니다.

2013년 7월에 한국, 중국, 일본 세 나라의 저명인사들로 구성된 '30인 위원회'가 공통의 상용 한자 800자를 선정하기도 했습니다. 최소한 이 정도의 한자만 알아도 세 나라의 문자 소통에는 큰 도움이 될 것입니다.

한자 · 한문과 우리 문화

한자는 한어(漢語)를 기록하기 위해 만들어진 문자로, 6,000년 가량의 역사를 지닌다. 본래는 글자 '字'만으로 표기하다가, 근세 이후 중국의 글자란 뜻으로 '한(漢)'을 붙여 '한자'라 부르게 되었다. '漢'은 중국 역사상 가장 영광스러웠던 왕조여서 중국 전체를 가리키게 되었다.

낙랑 와당('樂浪禮官'의 글씨가 있음)

한자의 제작에 우리 민족의 조상이 간여하였다는 설도 있다. 우리 민족은 일찍부터 한자 · 한문을 활용하여 왔다. 이때 한문의 어법은 우리 민족의 구어와 다르므로 한자 발음이나 의미를 빌어다 쓰는 차자(借字) 방법이나, 한자의 음과 훈을 일정한 원리에 따라 조합하여 쓰는 향찰식 표기법도 고안하였다. 또 한문에 토를 달거나 공문서에 이두(吏讀)를 사용하는 방식도 근세까지 사용하였다.

칠지도(七支刀)는 백제가 하사한 것인가, 바친 것인가? 명문(銘文)을 읽어보자.

泰(和)四年(四)月十一日丙午正陽造百　七支刀
(世)辟百兵宜□供候王□□□□作
先世以來未有此刀百濟王世(子)奇生聖音故爲倭
王旨造傳□後世

태화 4년 4월 11일 병오날 중에 백번을 달군 강철의 칠지도를 만들었다. 이는 나아가 100명의 군사를 물리칠 수 있으니 후왕들에게 베풀어 공급할 만하다. □□□□가 만들었다.
선세 이래로 아직 이러한 칼이 없었다. 백제의 왕세자 기생성음이 왜왕 지를 위해 만들었으니 후세에 길이 보전하라.

1. 완전한 한문 문장으로 된 고대 기록

우리나라는 6세기 무렵부터 완전한 한문 문장을 기록문체로 사용하였다. 고구려 광개토대왕비와 백제 무령왕릉(武寧王陵) 지석(誌石)·매지권(買地券)은 대표적인 예이다.

무령왕과 왕비의 지석은 1971

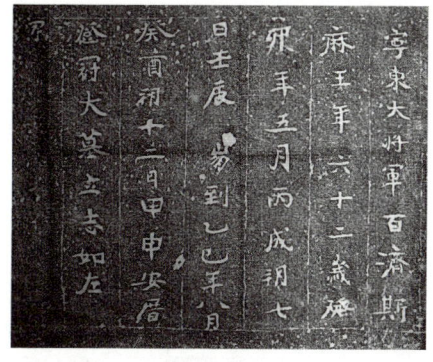

무령왕 지석

년 왕릉의 널길 입구에서 발견되었다. 왕의 지석 뒷면에는 간지도(방위도)가, 왕비의 지석 뒷면에는 매지권이 새겨져 있다. 가로 41.5센티미터, 세로 35센티미터, 두께 5센티미터(왕비 것은 4.7센티미터)의 석록암에 해서체로 글을 새겼다. 무령왕이 523년에 사망하자 가매장하였다가 2년 3개월 뒤 능에 안치할 때 왕의 묘지(墓誌)·간지도·매지권을 만들었고, 526년에 왕비가 죽자 3년상을 치르고 529년에 안치할 때 매지권을 뒤집어 왕비의 묘지를 새긴 듯하다. 왕의 〈묘지〉는 이러하다.

寧東大將軍·百濟斯麻王, 年六十二歲, 癸卯年, 五月丙戌朔, 七日壬辰崩, 到乙巳年八月癸酉朔, 十二日甲申, 安厝登冠大墓, 立志如左.
영동 대장군 백제 사마왕이 62세 되는 계묘년(AD 523) 5월 임진(7일)에 돌아가시매, 을사년(525) 8월 갑신(12일)에 대묘에 안장하고 이와 같이 적는다.

영동대장군이란 무령왕이 양나라 고조에게 받은 칭호이다. 왕의 죽음을 붕(崩), 무덤을 대묘(大墓)라고 표현한 데서 당당함이 느껴진다. 마지막에 '如左'라고 쓴 것은 죽은 분의 위치에서 왼쪽이란 뜻인 듯하다. '登冠'의 뜻은 명확하지 않다.

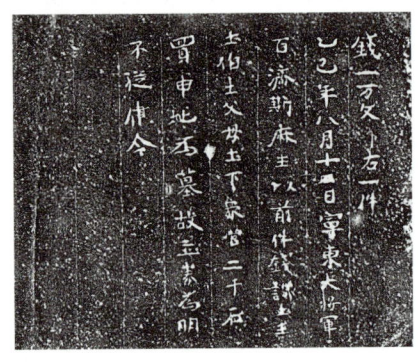

무령왕릉 매지석

매지권은 무덤에 쓸 토지를 지신으로부터 사들인다는 문건이다. 왕비의 지석뒷면에 6행 58자로 적혀 있다.

錢一万文, 右一件, 乙巳年八月十二日, 寧東大將軍·百濟斯麻王, 以前件錢, 訟(詣)土王土伯土父母上下衆官二千石, 買申地爲墓, 故立券爲明. 不從律令.
돈 일만문. 우 일건. 을사년(525) 8월 12일 영동대장군 백제 사마왕은 상기 금액으로 토왕·토백·토부모와 상하 중관과 이천석 벼슬의 지신들에게 보고하고 신(申 : 서서남)의 토지를 사서 무덤을 쓰므로, 증서를 작성하여 증명으로 삼는다. 율령에 구속되지 않는다.

2. 우리말 어순으로 바꾼 변격한문(變格漢文)

삼국시대의 금석문에는 우리말 어순에 맞게 한문을 변형한 기록들이 있다. 대표적인 것이 경주시 견곡면 금장리에서 발견된 임신서기석(壬申誓記石)

이다. 길이 34센티미터, 윗넓이 11센티미터, 두께 2센티미터의 돌에 약 1센티미터 크기의 문자들이 5행 74자 새겨져 있다. 임신년은 진흥왕 때인 552년이나 진평왕 때인 612년으로 추정된다. 비문은 다음과 같다.

壬申年六月十六日, 二人幷誓記, 天前誓. 今自三年以後, 忠道執持, 過失无誓. 若此事失, 天大罪得誓. 若國不安亂世, 可容行誓之. 又別先辛未年七月卄二日大誓, 詩尙書禮傳倫得誓三年.

임신년 6월 16일에 두 사람이 함께 맹서하여 쓰고, 하늘 앞에 맹서하노라. 지금부터 3년 지나도록 충도(忠道)를 굳게 지키고 과실이 없기를 맹서한다. 만약 이 일(맹서)을 어기면 하늘로부터 큰 죄를 얻을 것을 맹서한다. 만약 나라가 불안하고 세상이 크게 어지러워지더라도 반드시 행할 것을 맹서한다. 또 따로 앞서 신미년 7월 22일에 크게 맹서하였듯이, 시(詩)·상서(尙書)·예기(禮記)·춘추전(春秋傳)['傳'은 다른 서적일 수도 있음]을 차례로 습득해서 3년 동안 하기로 맹서한다.

임신서기석

이 글에서 忠道執持는 정격의 한문이라면 執持忠道라고 써야 할 것이고, 天大罪得誓도 誓得大罪於天으로 써야 할 것이다.

한국한자어의 뿌리

우리말에는 한자어가 많다. 그 가운데는 한문고전에 뿌리를 둔 것도 있지만, 근세 이후에 일본이나 중국에서 받아들였거나 독자적으로 만든 것도 들어 있다.

1. 한문고전(불교 이외) 어휘

① 중세 문헌의 한자어. 조선후기 한자어휘집인 《재물보(才物譜)》·《광재물보(廣才物譜)》·《물명고(物名攷)》등에는 고전에서 기원하는 물명(物名)이 많다.

[예] 가감(加減), 가문(家門), 감동(感動), 결단(決斷), 공사(公私), 공정(公正), 구분(區分), 근본(根本), 수공(手工), 수사(手寫), 수초(手抄/手鈔), 수적(手迹), 수중(手中), 수완(手腕) 등.

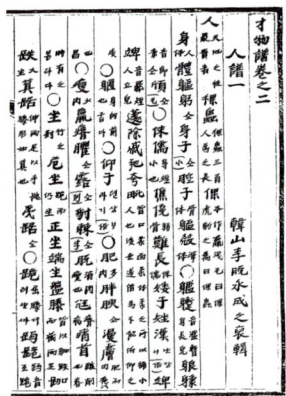

이만영(李晩永), 《재물보》(1800)
한자어휘를 분류하고 계열화한 뒤 동의어들을 모으는 방식으로 구성하였다.

② 주자학을 수용하면서 사용하게 된 송대 백화어.

[예] 공부(工夫), 체면(體面) 등.

③ 중국한자어를 차용하되 중국음을 따르는 예

[예] 보배(←寶貝), 상투(←上頭), 무명(←木棉), 사탕(←砂糖) 등.

④ 중국 고전어에서 차용한 의태의성어(擬態擬聲語). '~하다' '~스럽다'를 붙여서 우리말처럼 사용한다.

- 첩어(疊語, 같은 글자를 중첩) : 울울(鬱鬱), 홀홀(忽忽), 청청(青青) 등.
- 쌍성(雙聲, 첫 발음이 같은 글자를 나란히 사용) : 소슬(蕭瑟), 황홀(恍惚), 영롱(玲瓏), 빈번(頻繁), 당돌(唐突) 등.
- 첩운(疊韻, 모음과 받침의 발음이 같은 글자를 나란히 사용) : 악착(齷齪), 은근(慇懃), 한산(閑散), 발랄(潑剌), 몽롱(朦朧), 기이(奇異), 애매모호(曖昧模糊), 지리멸렬(支離滅裂) 등.

⑤ 근세 일본에서 한문 고전어의 뜻 그대로 사용한 어휘

[예] 수예(手藝), 운명(運命), 외출(外出), 감상(感傷), 기일(期日), 고통(苦痛), 한계(限界), 언어(言語), 후일(後日), 사기(詐欺), 소개(紹介), 상공(商工), 식량(食糧), 대차(貸借), 연하(年賀), 매매(賣買), 병사(兵士), 평화(平和), 면회(面會), 융통(融通), 난잡(亂雜) 등.

⑥ 근세 일본에서 한문고전의 의미와 달리 사용한 어휘

　[예] 도구(道具), 친절(親切 : 고전에서는 가깝고 절실하다는 뜻이지만 근세 이후에는 'kind'의 뜻으로 사용) 등.

2. 고유 한자어

한자어 가운데는 고유한 것들도 상당히 많다. 최근 많이 쓰이는 고유 한자어에는 다음 세 종류가 있다.

① 우리나라에서 만든 한자어

　[예] 감기(感氣), 서방(書房), 도령(道令), 사돈(査頓), 편지(便紙), 삼촌(三寸) 등.

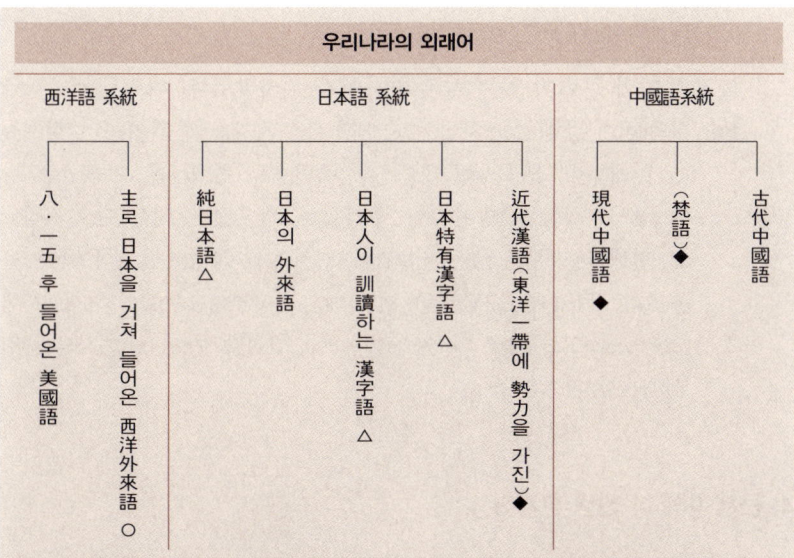

◆ 漢字廢止論의 對象　△ 國語淨化論의 對象　○ 대개 '일본어의 외래어'와 일치한다.
高晶玉, 〈雜感綴字法斷續法漢字問題外來問題其他〉, 《語文》 제2권 제1호(1950. 1.)

愚案 : 고대중국어는 문언어와 백화어를 구별해야하고, 범어는 불교한자어 아래 불교한문어와 나란히 두는 것이 좋다. 근대한어는 당장 폐지할 수 없을 것이다.

② 우리나라에서 만든 한자로 구성된 한자어
[예] 장롱(欌籠), 전답(田畓), 대지(垈地) 등.
③ 한자어가 제 음을 버리고 우리말 체계에 동화된 어휘. 개별 음절이 한자의 국어 독음과 일치하지 않으므로 고유한 우리말로 인식된다.
[예] 성냥(←石硫黃), 영계(←軟鷄), 얌체(←廉恥), 내숭(←內凶), 귀양(←歸鄕), 사냥(←山行), 김치(←鹹菜/沈菜), 가지(←茄子), 배추(白菜) 등.

3. 불교와 관련이 있는 한자어

① 불교 문화와 관련 있는 한자어
[예] 구안(具眼), 무량(無量), 일척안(一隻眼), 노파심(老婆心), 주인공(主人公), 장광설(長廣舌: 단, 옛날에는 廣長舌), 천변만화(千變萬化), 천차만별(千差萬別), 경천동지(驚天動地), 본래면목(本來面目), 전광석화(電光石火), 분골쇄신(粉骨碎身), 단도직입(單刀直入), 언어도단(言語道斷) 등.

② 불교 문화와 관련이 있는 일본 한자어가 우리말로 된 예
[예] 편의(便宜), 정체(正體), 차별(差別), 현관(玄關), 세계(世界), 과거(過去), 현재(現在), 미래(未來), 실제(實際), 대중(大衆), 속인(俗人), 종교(宗敎), 가풍(家風), 당면(當面), 향상(向上), 방편(方便), 투기(投機), 의론(議論), 의식(意識), 지식(知識), 견해(見解), 본분(本分), 자유(自由), 심지(心地), 본성(本性), 갈등(葛藤), 응용(應用), 작용(作用), 수단(手段), 전체(全體), 타살(他殺 : cf. 自殺은 고전어), 시험(試驗 : experience, 實驗은 observation의 번역어), 칠전팔기(七顚八起 : 달마의 자세를 형용하는 일본식 표현) 등.

4. 근세 이후의 신생 한자어

1909년 지석영(池錫永)이 간행한 《언문(言文)》에는 한자어(구결 포함) 1만 9,000여 개가 제시되어 있는데, 1920년 조선총독부에서 간행한 《조선어사전》에는 또 다른 한자어들이 들어 있다. 그리고 《대한민보(大韓民報)》 2호

부터 136호까지(1909~1910)에는 신래성어(新來成語) 139개가 올라 있다. 청부(請負)·권리(權利)·수당금(手當金)·출장(出張) 등이 모두 '신래성어'였다.

> **니시 아마네(西周, 1829~1897)**
>
> 일본 근세의 계몽사상가. 지금의 시마네(島根)현 출신. 의사 집안에 태어나 의학과 주자학을 공부하다가 소라이학(徂徠學)으로 전환하였고, 다시 네덜란드어를 익혀, 1862년 막부 파견으로 네덜란드에 유학하였다. 1865년에 귀국하여 서양학 교육기관인 가이세이죠(開成所)의 교수로 있으면서, 라이덴 대학 비세링의 강의록을 《만국공법(萬國公法)》으로 정리하였다. 1870년에는 사숙 육영사(育英社)에서 행한 강의록을 《백학연환(百學連環)》으로 엮었다. '백학연환'은 encyclopedia의 번역어이다. 모리 아리노리(森有禮)와 함께 일본 최초의 학술단체인 메이로쿠샤(明六社)를 창시하여 서양철학을 소개하였다. 《백일신론(百一新論)》, 《치지계몽(致知啓蒙)》, 《이학(利學)》등을 간행하였다.

① 일본의 신생한자어를 수용한 예

   [학술용어] 니시 아마네(西周)가 육영회(育英會)에서 1870~1871년에 사용한 강의 노트 《백학연환(百學連環)》에 등재되어 있는 한자어와 J. C. 헤본(미국 장로교 선교사이자 의사, 일본어를 표기하는 헤본식 로마자의 창시자)의 《화영어림집성(和英語林集成)》초판(1867), 2판(1872), 3판(1886)에 등재되어 있는 한자어.

   [생활어] 정열(情熱), 이식(利殖), 배분(配分), 가구(家具), 문방구(文房具), 수술(手術), 수법(手法), 장타율(長打率), 방어율(防禦率), 학제간(學際間), 열대야(熱帶夜), 단신부임(單身赴任), 진검승부(眞劍勝負) 등.

   [고유명사 번역어] 희랍(希臘 : Hellas의 번역어이지만 라틴어 Graecia의 대응어로 인식됨) 등.

② 근세 이후 중국에서 만든 신생한자어를 수용한 예

   [생활어] 붕대(繃帶, 영어 bandage/ 불어 bande), 교사(敎師), 진리(眞理), 학교(學校), 비평(批評), 원고(原稿), 우유(牛乳), 연필(鉛筆) 등.

   [전문용어] 임파(淋巴, 라틴어 lympha/ 영어 lymph), 인득(引得, index), 조례(條例), 내각(內閣), 민법(民法), 주권(主權), 열대(熱帶), 성좌(星座), 지평선(地平線), 황도(黃道), 응결(凝結), 결정(結晶), 전기(電氣), 탄산(炭酸), 혈관(血管), 기관(氣管), 소화(消化), 전염(傳染) 등.

   [고유명사] 파리(巴里, Paris), 기독(基督, Christ) 등.

③ 근세 이후 우리나라에서 만든 한자어

[예] 자가용(自家用), 공주병(公主病), 성희롱(性戲弄), 복덕방(福德房) 등.

④ 일본제 한자어(훈을 이용한 예)나 차자 한자어를 우리 독음으로 읽는 예

[일본제 한자어] 전향적(前向的), 장소(場所), 장면(場面), 공장(工場), 수속(手續), 수수료(手數料), 수배(手配), 시계(時計), 엽서(葉書), 할증(割增), 할인(割引), 일요일(日曜日), 입구(入口), 시장(市場), 호명(呼名), 품절(品切), 입장(立場), 고수부지(高水敷地) 등.

[일본식 차자 한자어] 사양(仕樣), 불입(拂込), 지입(持込) 등.

4. 단락어(短絡語)

일상생활에서 긴 한자어를 줄여 사용하는 말을 단락어라고 한다.

① 독자적인 단락어

[예] 한은(韓銀, 韓國銀行), 자보(自保, 自動車保險), 임정(臨政, 臨時政府), 노조(勞組, 勞動組合), 일제시대(日帝時代, 日本帝國主義時代) 등.

② 일본의 단락어를 수용한 예

[생활어] 연중(年中, 一年中. 經常·始終의 뜻), 운송(運送, 運搬輸送), 외자(外資, 外國資本), 외식(外食, 在外吃飯), 원서(願書, 志願書), 휴일(休日, 休息日·休暇日), 공학(共學, 男女同校), 금연(禁煙, 禁止吸煙), 공수(空輸, 空中輪送/ 중국어 空運), 원폭(原爆, 原子爆彈), 공익(公益, 公共利益), 국철(國鐵, 國有鐵道), 시안(試案, 試行方案), 시황(市況, 市場情況), 실존(實存, 實際存在, 現實存在/ 實存哲學은 중국어로 存在主義), 수급(需給, 需要和供給), 송검(送檢, 送交檢察), 증자(增資, 增加資本), 적성(適性, 適合性), 특권(特權, 特別權利), 특파(特派, 特別派遣), 돌발(突發, 突然發生), 야당(野

단락어

단락어는 약어(略語)의 일종이다. 다만 약어는 영어의 경우처럼 첫글자만 합성하는 경우도 있다. 첫 글자 합성의 약어는 로마 시대부터 있었다고 한다. 지프(Jeep)는 일반 목적 차량(General Purpose Vehicle)이란 뜻의 GP를 임의로 적은 표현이다. 패밀리 레스토랑인 TGIF는 주말을 기뻐하는 말(Thanks God. It's Friday)의 약어라고 한다. 레이저(Laser)라는 말은 '방사능 유도 광증폭(Light Amplification by stimulated Emission of Radiatin)의 첫글자를 따서 만든 말이다.

黨, 在野黨), 융자(融資, 通融資金), 연패(連敗, 連續敗北), 물류(物流, 物資流通) 등.
[한자와 영어 축약어의 결합] 재테크(財-tec), 카드깡(card-割減), 半-T(T shirts), 헬기 등.

5. 일본식 표현의 유입

① 근현대 언어의 인사말이나 접미사 적(的)의 사용은 일본어에서 영향을 받았다.
　[예 1] 실례(失禮)합니다. 무사(無事)하시다니.
　[예 2] 단적(端的)으로

② 또 일본식 한자 발음이나(예1) 일본제 성어를 받아들인 예(예2)도 있다.
　[예 1] 우동(饂飩), 물단보(湯婆) 등.
　[예 2] 천고마비(天高馬肥, 天高와 馬肥의 결합), 유야무야(有耶無耶), 일석이조(一石二鳥), 진검승부(眞劍勝負) 등.

일본 한자어의 수용 문제

1. 일본의 고쿠고와 한자어

역사적 이유 때문에 우리말에는 일본에서 근세에 만든 한자어가 많이 들어 있다. 그 가운데 일부는 현대의 우리말로 굳어졌으나 일부는 우리말의 어법이나 문화와 맞지 않는다.

　일본은 서양 열강의 문호개방 요구에 직면하고 중국의 아편전쟁 패배에서 충격을 받아 1867년 메이지유신을 단행하였다. 그 뒤 구미 각국에 유학생과 시찰단을 파견하여 적극적으로 서양문물을 받아들이고, 서양의 서적을 활발하게 번역하였다. 그런데 번역서가 범람하자 '영어를 공용어로 삼고 외국어를 그대로 쓸 것인가', 아니면 '새로운 개념들을 한자로 번역하여 쓸 것인가' 선택하지 않을 수 없었다. 이때 일본 정부는 상류계급과 하층계급 사이의 의사소통 단절을 우려하여 후자를 택했다. 이렇게 해서 '고쿠고(國語)'가 성립하였다. '고쿠고'의 그 한자어들 가운데는 종래 사용하던 한자어에 새로운 용법과 의미를 부여한 것도 있고, 한자의 조어력(造語力)을 활용하여 새로 만든 것도 있다. '일본 근대정신의 아버지'라고 일컬어지는 후쿠자와 유키치(福澤諭吉)는 특히 많은 번역어를 만들었다. 'speech=연설' 'debate=토론' 'copy right=판권'과 같은 식이다.

일본의 번역학자들은 정확한 어휘를 채택하기 위해 시행착오를 겪었다. 이를테면, 허버트 스펜서의 'Social Statics'를 엉뚱하게 '사회평권론'으로 번역하여, 그것이 급진적 자유민권운동가의 성전으로 되었다.

근세의 일본인들은 서구의 용어를 한자어로 번역함으로써 그것을 자신들의 사고 속에 자리잡게 하였다. 그러나 이 무렵부터 한문고전은 한자어 학습의 수단으로 전락하였다. 우리는 많은 일본식 번역어들을 차용해 쓴다. 심지어 'society'의 번역어 '사회'를 '전통사회'라는 말에도 사용한다.

개화(開化)

1881년 신사유람단의 일원으로 일본에 다녀온 이헌영이 남긴 《일사집략(日槎集略)》에 '개화'라는 단어를 처음 접한 경험이 남아 있다.

我問: "自入貴境. 始聞開化二字. 第開化之說何意也?" 彼曰: "開化者. 西人之說也. 又日本書生之說也. 破禮義毀古風. 以隨今之洋風爲得計者也. 守禮義貴古風者. 謂不通時俗而退之. 此是洋人破隣國之陰計. 而官家大吏無一人悟知者也."

내가 말했다. "귀국에 들어와서 처음 '개화'라는 두 글자를 들었습니다. 다만 개화라는 말은 무슨 뜻입니까?" 그는 말했다. "개화라는 것은 서양 사람의 말입니다. 또 일본 서생의 말이기도 합니다. 예의를 부수고 고풍을 해치며, 지금의 서양 풍습을 따르는 것을 상책이라 여기는 것입니다. 예의를 지키고 고풍을 귀하게 여기는 것을 시속에 통하지 않는다고 하며 그것을 물리칩니다. 이는 서양사람들이 주변국가를 파괴하는 은밀한 계책이거늘, 관가의 고위 관료들은 한 사람도 이를 깨달아 알지 못합니다." 《問答錄》, 橫賓港大淸理事署譯員日人林又六來訪問答)

〈표〉 일본 근세 번역어와 고전

영 어	일본 근세의 번역어	근 거
revolution	革命	易經 革卦 "湯武革命, 順乎天而應乎人."
education	敎育	孟子 盡心 "得天下英才而敎育之."
literature	文學	論語 先進 "文學, 子游·子夏."(여기의 文學은 文章·博學 이라는 뜻)
culture	文化	說苑 "凡武之興, 爲不服也. 文化不改, 然後可誅." 束晳 補亡詩 "文化內輯, 武功外悠." 王融 曲水詩序 "敷文化以柔遠."(文化의 원뜻은 文德敎化)
civilization	文明	易經 乾卦 "天下文明."(文明의 원뜻은 有文章而光明)
economics	經濟	文中子 "皆有經濟之道."(經濟의 원뜻은 經世濟民)
feudal	封建	左傳 "封建親戚."
machine mechanical	機械	莊子 天地 "有機械者必有機事."
opportunity	機會	韓愈가 柳中丞에게 준 글 "動皆中於機會."
unique	唯一	書經 大禹謨 "惟精惟一, 允執厥中."
oration, speech	演說	書經 洪範疏 "更將此九類而演說之."(演說의 원뜻은 說을 펴나가다.)
comrade	同志	國語 晉語 "同心則同志." 後漢書 卓茂傳 "六人同志, 不仕王莽."
spirit	精神	莊子 天道 "水靜猶明, 而況精神?" 淮南子 精神訓 註 "精者神之氣 神者人之守也"
concret	具體	孟子 公孫丑 "顔淵則具體而微."(具體의 원뜻은 全體를 갖추다.)

王力,《漢語史稿》下編, 1958, pp.528~530.

그 고유한 의미는 '계약관계에 의해 성립된 인간집단' 이다.

2. 우리나라 전문용어 속의 외래 한자어

종래의 우리 법률용어는 일본 용어를 그대로 베껴 온 것이 많았다. 일본의 법률용어는 한자어의 조어법을 활용하여 적절히 만들어낸 것도 있고, 한자어를 훈독하거나 훈독과 음독을 아울러 쓰는 일본 어법에 맞추어 만들어낸 것도 있다. 후자의 용어를 한자만 주워서 읽다보면 어원을 알 수가 없다.

예전의 민법에 '表見代理'라는 말이 있다. 대리인이 대리권 없이 행한 대리 행위는 무권대리(無權代理)로서 본인에게 그 효력이 없지만, '본인에게 일정한 귀책사유가 있고 또 외관상 대리권이 있는 것처럼 보이는 경우'에는 본인이 그 행위에 대해 책임을 지게 되어 있다. 그때 외관상 대리권이 있는 사람을 '表見代理'라고 부른다. 이 말을 전에는 '표현대리'라고 읽었으나 최근에는 '표견대리'라고 읽는다고 한다. 어떻게 읽는 것이 옳은가?

이 용어는 일본 것을 베껴 왔다. 일본어로 '효오켄다이리(ひょうけんだいり)'라고 읽으니, 우리 발음으로는 '표견'이 옳다. '表見'은 '겉으로 보이는(おもてにみえる)'이란 뜻이다. 그런데 우리나라 사람이 그 어원을 잘못 유추하여 '表現'의 뜻으로 보았고, 見과 現은 고금자(古今字)의 관계이므로 그것을 '현'이라 읽었을 가능성이 있다. 이 용어는 한문 어법과는 맞지 않는 일본말이다.

이것은 하나의 예에 불과하다. 전문 용어 가운데 한문의 조어법이나 우리말과 조화할 수 없는 것들을 하루빨리 가려내고 적절한 우리말(순수 우리말이나 우리의 한자어)로 대체하여야 한다.

한자의 상식

1. 한자의 자형 변화

전설에 따르면 황제(黃帝)의 사관(史官) 창힐(倉頡/蒼頡)이 한자를 만들었다고 한다. 그러나 한자는 상형 문자에서 출발하여 노동과 사회 활동 속에서 차츰 체계를 갖추었다고 보는 것이 옳다. 한자의 자형(scripts / character forms)은 상형 문자를 거쳐 갑골문(甲骨文)·금문(金文)·전서(篆書)·예서(隷書)·해서(楷書)·행서(行書)·초서(草書) 등으로 바뀌었다.

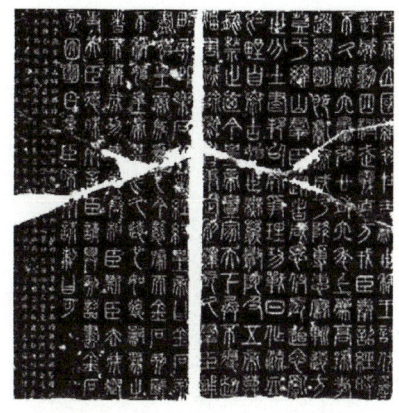
진시황 때 역산(嶧山) 각석(刻石)의 소전(小篆)

갑골문(the Oracle-Bone Inscriptions)은 은(殷)나라 후기의 유적지(하남성 안양현 小屯里)에서 발견된 거북 배딱지나 짐승 뼈에 새겨져 있는 글자를 말한다. 기원전 1300년으로 소급된다. 점의 결과를 기록하였으므로 '복사(卜辭)'라고도 한다. 상형의 특성이 강하고, 획과 부수는 고정되어 있지 않다. 수집된 4,000여 자 가운데 1,000자만

形聲	會意	指事	象形	
遘 河	邑 伐	下 上	戈 人	楷書
遘 河	邑 伐	丁 丄	戈 人	小篆
遘 河	邑 伐	ニ 一	戈 人	甲骨文
遘 河	邑 伐	ニ ニ	戈 人	金文
遘 河	邑 伐	下 上	戈 人	隷書

한자의 자형과 육서(六書)

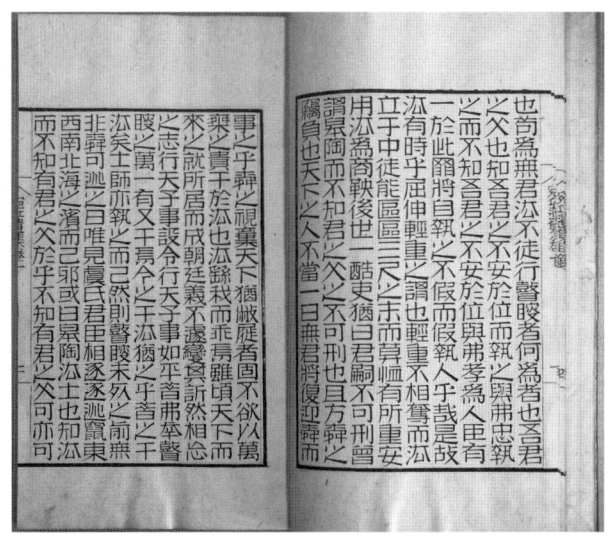

팔분체 각자(刻字) 목판본
조선후기 신대우(申大羽)
의 《완구유집(宛丘遺集)》

해독되었다.

　금문(the Bronze Inscrip-tions)은 은·주(周) 때 청동기에 주조하거나 조각한 문자로, 종정문(鐘鼎文)이라고도 한다. '금'이란 청동이다. 제사, 전쟁, 명령, 계약 등에 관한 기록을 새긴 것이다. 5~6,000자가 수집되어 있다. 자획이 굵다가 차츰 가늘게 되었으며, 기호적 특성이 커졌다.

　전서(the Seal Character)에는 대전(大篆, the Former Seal Character/ Large Seal Character)과 소전(小篆, the Later Seal Character)이 있다. 대전은 주나라 선왕(宣王) 때 태사(太史) 주(籒)가 옛 글자를 정리하였다고 해서 주문(籒文)이라고도 한다. 그것을 진시황 때 이사(李斯) 등이 더 간략하게 만든 것이 소전이다(단, 籒는 사람 이름이 아니라 '읽을 讀'과 같은 글자라는 설이 있다).

　예서(Chancery)는 진나라 말부터 한나라·삼국시대에 사용되었다. 필획을 줄이고 곡선·원을 곧은 선과 네모꼴로 만들었다. 한예(漢隸), 팔분(八分)이라고도 부른다. 이전의 고문(古文)과 구분하여 금문(今文)이라고 한다.

　해서(Model)의 '해(楷)'는 '본보기'라는 뜻이다. 한나라 말기에 글자의 획을 곧게 고쳐서 네모 형태로 만든 글자체이다. 진서(眞書)라고도 부른다. 오늘날의 한자는 해서체를 바탕으로 한다.

초서(Cursive)는 해서보다 앞서 한나라 초에 사용되었다. 예서의 속기체라서 초예(草隷)라고 불렀으나, 뒤에는 초장(草章)이라고 하였다. 한나라 말 이후에 복잡한 자형의 금초(今草)로 되었고, 당나라 이후에는 복잡한 형태의 광초(狂草)로 되었다. 현재 초서라고 하면 금초를 가리킨다.

행서(Running)는 해서와 초서의 중간 글자체로, 삼국시대와 진(晉)나라 이후 유행하였다. 해서체에 가까운 것을 행해(行楷), 초서체에서 가까운 것을 행초(行草)라고 부른다.

2. 육서(六書, Six Writings)

《주례(周禮)》〈地官 · 保氏〉에 따르면, 귀족의 자제들은 여덟 살에 소학(小學)에 들어가 보씨(保氏)에게 육서(六書)를 배웠다고 하였다. 이 때의 육서는 서체(書體)였을 가능성이 크다. 그런데 《주례》에 주석을 붙인 후한

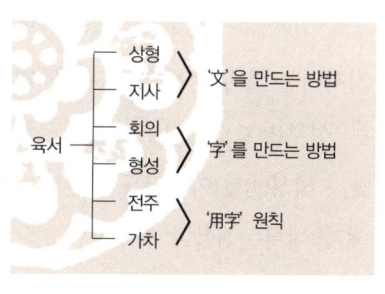

말기의 정현(鄭玄)은 정중(鄭衆)의 주를 인용하여, 상형(象形) · 회의(會義) · 전주(轉注) · 처사(處事) · 가차(假借) · 해성(諧聲)을 육서라 하였다. 또 《한서》〈예문지(藝文志)〉의 '소학(小學)'에서는, 보씨가 귀족자제들에게 상형(象形) · 상사(象事) · 상의(象意) · 상성(象聲) · 전주(轉注) · 가차(假借)의 육서를 가르쳤으며, 그것들은 '조자(造字)의 근본'이라 하였다. 허신(許慎)의 《설문해자(說文解字)》〈서(敍)〉도 이것을 인용하였다.

당말 오대 때 서개(徐鍇)는 육서에 대해, 단체(單體) 한자인 '문(文)'을 만

드는 상형·지사, 복체(複體) 한자인 '자(字)'를 만드는 회의·형성, 용자(用字: 글자 활용) 원칙인 전주·가차 등 세 범주로 나누었다.

상형(Pictographs)은 '물형(物形)을 그린' 것이다. 한자는 상형문자에서 출발하였으므로, 오늘날의 한자에도 그 요소가 남아 있다. 다만 상형만으로 만들어진 글자는 많지 않다. 송나라 정초(鄭樵)의 통계에 의하면, 2만 4천 235자 가운데 상형자는 608자에 불과하다.

지사(Indicatives)는 상사(象事) 혹은 처사(處事)라고 한다. 여러 물상에 공통된 이미지를 추상화하여 나타내는 방법이다. '上·下·一·二·三·五·ㅣ' 등과 같다. 지사의 방법으로 만들어진 글자도 많지 않다.

회의(Indeographs)는 상형·지사·회의·형성의 두세 글자의 뜻을 모아 다른 뜻을 나타내는 방법이다. 이를테면 '信'은 상형자 '人'과 형성자 '言'을 합해 사람의 말은 믿음직스러워야 한다는 뜻을 지닌다.

형성(Phonetic compounds)은 의미를 지시하는 형부(形符)와 음성을 지시하는 성부(聲符)로 이루어진다. 상성(象聲)·해성(諧聲)이라고도 부른다. 《설문해자》에서는 8할이 형성자이고, 《강희자전(康熙字典)》에서는 9할이 형성자이다. 단, 성부는 대개 오른쪽에 위치하

우문설의 예
고려 후기의 이제현(李齊賢)은 《역옹패설(櫟翁稗說)》을 짓고 그 서문에서, 상수리나무 '역(櫟)'은 재목감이 못 되어 제 수명을 다하므로 나무이면서 즐거워한대木+樂)는 뜻이고, 쭉정이 '패(稗)'는 곡물 중에서 비천하대禾+卑)는 뜻이라고 풀이하고, 쓸모 없는 늙은이가 천한 말이나 엮을 따름이라고 말하였다.

는데, 성부가 같으면 의미도 같다는 '우문설(右文說)'을 주장하는 사람도 있다.

전주(Mutual explanatories)는 같은 뜻을 지닌 글자들이 서로 풀이의 관계에 있는 것을 말하는 듯하다. '考'와 '老'가 '考, 老也' '老, 考也'로 서로 풀이되는 예가 그것이다.

가차(Phonetic loans)는 글자를 다른 뜻으로 사용하는 방법을 말한다. '슈'

> 西 xī 🔲갑골문 🔲🔲금문 🔲소전
>
> 갑골문·금문의 西자는 새둥지 모습이다. 소전에서는 새둥지 위에 선을 그어 둥지에 있는 새 모습을 나타내었다. 따라서 西는 새둥지, 혹은 새둥지에서 쉰다는 뜻이 본의였다.

은 본래 '호령하다', '長'은 '길다'의 뜻이지만 '현령(縣令)', '현장(縣長)'의 뜻으로도 쓰인다. 가죽을 뜻하는 '혁(革)'이 '바꾸다'의 뜻으로 쓰이고, 까마귀 '오(烏)'자가 감탄의 뜻으로 쓰인다. '西'는 새가 둥지에 있는 모습을 그린 상형문자인데, 해가 서쪽으로 기울 무렵에 새가 둥지에 돌아가므로, 동서(東西)의 '西'로 쓰이게 되었다.

그런데, 중국학자 당란(唐蘭, 1901~1979)은 《고문자학도론(古文字學導論)》(臺北:學海出版社, 1934)에서 육서설을 전면 비판하고 고문자 자료에 근거해서 상형·상의(象意)·형성(形聲)의 삼서설(三書說)을 주장하였다. 그 뒤 구석규(裘錫圭)는 《문자학개론》(북경:商務印書館, 1988)에서 표의(表意)·형성(形聲)·가차(假借)의 삼서설을 주장하였다.

3. 한자문화권의 상용한자, 교육용 한자

한자를 사용하는 중국과 일본은 각기 상용한자(常用漢字)를 제정하여 일상생활에 활용하고 있다. 한국에는 한문교육용 기초한자가 있을 뿐이다.

한국에서는 1945년 9월에 국어강습회 수강생들이 〈한자폐지 실행회 발기취지서〉를 발표한 뒤, 12월에 조선교육심의회가 한글 전용의 문자정책을 결정하였다. 하지만 문교부는 1951년에 1,000자의 교육한자(《常用一千字表》)를 제정하고, 1957년에는 《임시제한한자일람표(1,300자)》('상용한자'라 개칭)를 정하였다. 다시 1972년에는 중등학교 한문 교육을 부활시키고, 8월

> **한자의 형(形)·음(音)·의(義)**
>
> 한자는 최소한의 의미 단위를 글자 하나에 응집시켜 놓은 문자, 즉 표의문자(表意文字)이다. 그러나 한자도 다른 문자들처럼, 글자마다 언어를 표기하는 자형(字形), 음성언어와 표기언어를 연결시키는 자음(字音), 전달 작용을 하는 자의(字義)의 세 요소를 지닌다.
> 또 외래어를 적을 때 '幽默(houmer)' '威士忌(whisky)'처럼 표음문자로 사용하기도 하고, '가을바람이 소슬(蕭瑟)하다'의 '소슬'처럼 발음을 가지고 소리를 나타내기도 한다.
> 한자는 역사적으로 형태가 바뀌어 왔지만, 대다수의 한자는 자형을 분석하면 본의(本義: 본뜻)를 파악할 수 있다. 한자는 대개 자형이 글자의 본의를 표시하므로 자형은 자의를 이해하는 중요한 근거가 된다. 더구나 한자는 대다수가 형성자인데, 형성자의 형방(形旁)은 그 글자가 속한 본의의 의미범주를 표시하므로, 형방을 식별하면 뜻을 장악하기 쉽다.

16일에 중·고등학교 한문교육용 기초한자 1,800자를 공포하였다. 2000년 12월 30일에 교육부는 1,800자 가운데 44자를 교체하되 원래의 44자는 학습효과와 교과용 도서의 편찬을 위해 추가 지도하도록 하는 방안을 공포하였다. 따라서 '한문교육용 기초한자'는 실질적으로 1,844자로 되었다. 북한에서는 1964년에 한자교육의 필요성을 강조한 뒤, 1968년부터 한자교육을 실시하였고, 1975년에 교육용한자 3,000자를 지정하였다. 현재 초등 5년부터 중학 2년까지 국한문혼용 교과서로 1,500자의 한자를 가르치고 있다.

중국의 경우는 1952년 6월에 중앙인민정부 교육부가 '상용한자' 2,000자를 공포하고, 1955년에 중국문자개혁위원회가 《제일비이체자정리표(第一批異體字整理表)》로 1,055자를 제시하였으며, 1956년에 국무원(國務院)이 《한자간략화안》을 공포하였다. 또 1964년에는 《간화자총표(簡化字總表)》와 《인쇄통용한자자형표》(명조체 6,196

> **명조체(明朝體)**
>
> 인쇄물의 글씨에 널리 사용되는 글자체이다. 가로획이 가늘고 세로획이 두터우며, 붓글씨의 글자꼴이 조금 남아 있다. 본래 중국 명나라 중엽(1506~1566)에 발생한 뒤 조금씩 모양이 바뀌면서 오늘날까지 한자문화권에서 널리 사용되고 있다. 우리나라에서도 숙종 연간부터 활자본에서 이 명조체를 사용하였다.

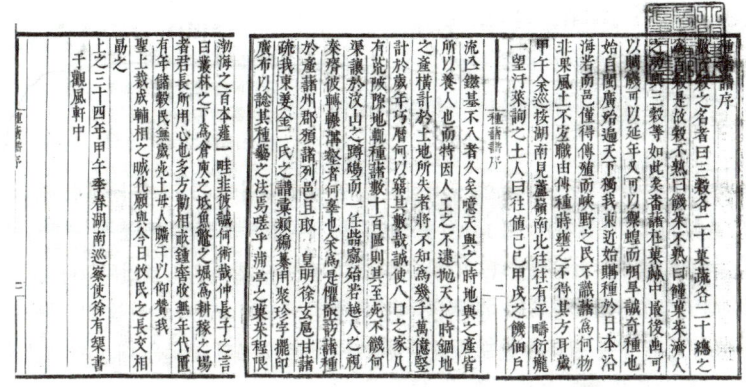

조선후기 명조체 글씨의 출판물 : 서유구(徐有榘) 《종저보(種藷譜)》(1834)
고구마 재배와 이용에 관한 책으로 모두 26매이다. 일본 오사카(大阪) 부립도서관(府立圖書館) 소장 목활자본

자)를 공시하였다. 다시 1988년에는 상용한자 2,500자, 차상용한자 1,000자를 공시하였다.

대만에서는 1963년 국립편역관(國立編譯館)이 《국민학교상용자표》를 펴냈고, 1989년 교육부가 《상용국자표준자체표》(4,808자)를 공고하였으며, 1992년에 《차상용국자표준자체표》(1만 740자)를 발표하였다.

일본은 1919년에 문부성(文部省)이 《한자정리안》을 발표한 이후 여러 차례 《상용한자표》를 정리하였다. 1946년에는 《당용한자표(當用漢字表)》 1,850자(131자는 簡易字體=略字)를 공시하고, 1948년에는 《당용한자음훈표》와 《당용한자별표(교육한자)》를, 1949년에는 《당용자체표》를 발표하였다. 1981년에는 그것들을 기초로 1,945자(학습한자 1,006자 포함)의 《상용한자표》를 공시하였다.

중국의 표준자체는 《인쇄통용한자자형표》를 기준으로 한다. 1993년 11월에 간행된 《한어대자전(漢語大字典)》의 권두에 〈신구자형대조거례(新舊字形對照擧例)〉가 실려 있다.

일본의 학교나 매체에서 주로 사용하는 교과서체(해서체) 한자는 일본 근세의 명조체 인쇄물에서 영향을 받은 것이다. 가로획이 평평하고 전체 꼴이 삼각형으로 응어리져 있으며, 세로획이 가로획보다 배 이상 두텁다. '糸'의 윗부분이 3획이 아니라 5획으로 보이고, '裵'나 '衣'의 왼쪽 아랫부분이 과장되어 있다.

4. 정자와 이체자

한자는 같은 해서체라도 구양순(歐陽詢) 글자체(歐法, 歐書)와 안진경(顔眞卿)의 글자체(顔法, 顔書)처럼 개인과 유파에 따라 모양이 달라질 수 있다. 이것은 자체(字體)라 하지 않고 자형(字形)이라고 부른다. 인쇄나 레터링에 사용하는 폰트도 자형이다. 이에 비해 획수나 필획이 일정하게 정해진 글자 모양을 자체라고 한다. 한자의 자체에는 정자(正字: 正體字)와 이체자(異體字)가 있다. 정자는 한 시대에 널리 통용되는 글자체를 말하고, 이체자는 일부에서만 통용되거나 획수나 필획이 잘못된 글자체를 말한다. 글씨 쓰는 습관과 필기구의 종류에 따라 속자(俗字)가 생겨나고, 획수를 줄인 약자(略字)나 반자(半字)도 사용되었는데, 그것들을 모두 이체자라고 말한다.

╫╫은 무슨 글자?

우리나라에서도 많은 이체자들을 사용하였다. 획수를 대폭 줄인 약자도 많았다. 위의 글자는 불경의 필사에서 자주 보이는 약자로, 菩薩(보살)의 초두 부수만 남기고 아래는 전부 생략한 형태이다. 이 약자는 돈황 문서에도 나오고, 불교 자전 《용감수감(龍龕手鑑)》에도 등록되어 있다.
우리나라의 대표적 이체자는 다음과 같다.
- 欽 : 거둘 렴(斂). '감'이 아니다.
- 釖 : 칼 검(劍). '일'이 아니다.

가장 획수가 많은 한자는?

龍부의 아래 글자이다. 청나라 오임신(吳任臣)이란 사람이 편찬한 《자휘보(字彙補)》(1666년간)에 실려 있는데, 발음은 '절', 말이 많다는 뜻이다. 실용적인 글자가 아니라 기호적 의미만 지녔을 것이다.

측천무후 글자

17	16	15	14	13	12	11	10	9	8	7	6	5	4	3	2	1	則天文字
年	圀	壐	瑼	稔	盂	埊	戴	薫	恖	麕	◯	⊕·囲	乙	埊	𠆢	瞾	
人	國	聖	證	授	正	年	初	載	臣	君	星	月	日	地	天	照	常體字
一生 合字	口八方 合字	長舌(正) 主 合字	永主久王 合字	禾久几(天) 王 合字	古文	千万 合字	𠆢(天) 明(囲) 人土 合字	十人車 合字	一忠 合字	𠆢(天) 大吉 合字	象形	卍月輪(前期型) ⊖出(後期型)	乙(鳥形) 日輪	山水土 合字	古文	日月空 合字	짜임

 당 태종 때 《오경정의(五經正義)》 150권이 만들어진 뒤, 당 중엽에 해서(楷書)의 올바른 글자체를 정리하려는 학문〔正字之學〕이 생겨났다. 837년에는 장안의 태학(太學)에 해서로 새긴 석경(石經)을 세웠다. 하지만 그 뒤 측천무후(則天武后)는 17여 개의 이체자를 만들었다.

 일본의 모로하시 테츠지(諸橋徹次)가 엮은 《대한화사전(大漢和辭典)》에는 약 5만 자가 수록되어 있는데, 그 34퍼센트인 1만 7,000여 글자가 이체자라고 한다(《大漢和辭典》を讀む會, 〈大漢和辭典〉に異體字はいくつあるか?〉, 《しにか》12-6, 大修館書店, 2001년 6월).

 또한 목판 《고려대장경》에는 전체 5,200여만 자 중 28퍼센트인 1,450만 자가 이체자라고 한다(이규갑, 〈古籍의 전산화와 이체자〉, 《비표준문자등록센터 소식》 제7호, 고려대 민족문화연구원 비표준문자 등록센터, 2001년 6월).

5. 중국의 간화자

근세의 중국 지식인들은 인민들이 '네모 글자(한자)' 때문에 문맹으로 지내는 현실을 개선하기 위하여 한자의 라틴화나 간략화 방안을 논하였다. 노신(魯迅: 루쉰)도 1934년에 한자의 라틴화를 지지하는 글을 발표하였다. 1956년 인민중국 국무원은 《한자간략화안》을 공포하고 간화자를 여러 해 동안 시험적으로 사용하였다. 1964년 곽말약(郭沫若: 궈모뤄)은 〈일본의 한자개혁과 문자의 기계화〉라는 글에서, 인민의 문화수준과 생산능률을 높이기 위해 문자를 간략히 해야 한다고 재확인하였다. 마침내 중국 국무원은 1964년에 《약자총표》를 발행하고, 1977년에는 제2차 《한자간략화안》을 발표하였다.

간화(簡化)의 원리
ㄱ. 부수의 간략화
ㄴ. 회의(會意) 방법의 응용
ㄷ. 형성(形聲) 방법의 응용
ㄹ. 동음대체(同音代替)
ㅁ. 특정 부분만 남김
ㅂ. 윤곽만 남김
ㅅ. 초서체를 정자로 삼음
ㅇ. 일부분의 부호화

6. 국제문자부호집의 한자표준화

한자를 사용하는 나라들은 그동안 나라마다 달리 정보교환용 한자 집합을 만들어서 사용하여 왔다. 이를테면 한국에는 KS 국가표준, 일본에는 일본공업규격(JIS), 중국대륙에는 국가표준(GB), 대만에는 국가규격(CNS)이 별도로 존재하여, 전자문서로 교환할 때 호환성이 없었다. 그런데 1980년대부터 미국의 컴퓨터 관련 기업이 중심이 되어, 통합한자의 집합을 만들고 각 한자마다 동일한 부호를 붙이는 방안을 토의하기 시작하였다. 그것을 유니코드(Unicode) 표준화 작업이라고 부른다.

한편 이와는 별도로 국제표준기구회의(ISO/SC2/WG2)도 전 세계 모든 나라의 문자를 4바이트의 도형문자로 통합하려고 시도하여, 1993년 5월에 국제문자부호집 'ISO/IEC 10646-1(UCS)'을 제시하였다. 이것을 국제부호화문자집합(USC: Universal Multiple -Octet Coded Character Set)이라고 한다. 이 가운데는 한자가 2만 902자 들어 있다. 이후 유니코드와 ISO/IEC의 통합이 진행되었다. 그리고 ISO/SC2/WG2 산하의 IRG (Ideographic Rapporteur Group)라는 국제회의에서 한중일 통합한자 세트인 'Super CJK(C는 중국·대만, J는 일본, K는 한국)'를 검토해 왔다. 우리나라의 컴퓨터도 ISO/SC2/WG2의 한자를 표준규격으로 도입하였다.

2012년 9월, 한자 확장 C, D 영역은 Unicode 6.2 Code Charts를 기준으로 삼기로 하였다. '한중일 통합한자, 20,902자, '한중일 확장한자 A' 6,582자, '한중일 확장한자 B' 42,711자를 합하면 70,195자이다. 최근 한자를 포함한 전 세계의 통합문자 부호집이 완성되었다.

● 《참고》 서경호 외, 《국제표준문자코드 제안 한자에 대한 연구》, 문화체육부, 1997. 11.
김홍규·이재훈·김언종·심경호·이건식·정우봉·신상현·이건식, 《유니코드 한자 정보 사건》, 고려대학교 민족문화연구원, 2013. 5 ; 제이앤씨, 2013. 7.

7. 《천자문》

'하늘 천, 따 지, 검을 현, 누를 황'과 같은 식으로 이루어진 《천자문(千字文)》은 양(梁)나라 때 주흥사(周興嗣)가 4글자씩 250구로 엮은 글자 학습서이다. 실은 《천자문》에는 여러 가지가 있었으나, 주흥사의 《천자문》이 가장 유명하다. 이 책

원나라 오예(吳叡)의 전서천자문(篆書千字文)

> **정약용의 《천문평(千文評)》일부**
>
> 大凡文字之學, 淸以喩濁, 近以喩遠, 輕以喩重, 淺以喩深, 雙擧以胥發之, 則兩義俱通. 單說而偏言之, 則兩義俱塞. (…) 又凡有形之物與無形之情, 其類不同. 無爲之情與有爲之事, 其類不同.
>
> 대체로 문자를 가르침에 있어서는 맑을 청 자로 흐릴 탁 자를 깨우치고, 가까울 근 자로 멀 원 자를 깨우치며, 가벼울 경 자로 무거울 중 자를 깨우치고, 얕을 천 자로 깊을 심 자를 깨우치는 식으로, 두 자씩 들어서 대조해 밝히면 두 가지의 뜻을 함께 알게 된다. 이에 비해 한 자씩만 말하면 두 가지의 뜻을 모두 모르게 된다. (…) 또 형체 있는 물건과 형체 없는 정[뜻 : 개념어]은 부류가 다르고, 행위가 없는 정[뜻]과 행위가 있는 일은 그 부류가 다르다.

은 주흥사가 하루만에 완성하느라 고심하여 머리가 하얗게 세었다 해서 백수문(白首文)이라고도 한다. 글자수가 일률적이고 대우(對偶)를 중시하여, 한자를 익히는 데 상당히 효과적이다. 백제의 왕인(王仁)은 일본에 《천자문》을 전해주었는데, 시기적으로 보아 주흥사의 것은 아니었던 듯하다.

《천자문》은 옛 역사와 철학적 개념을 알아야만 이해할 수 있는 부분이 많다. 다산 정약용(丁若鏞)은 《천문평(千文評)》에서, '글자는 만물을 분류하기 위해서 생겨났다' 고 전제하고, 글자를 깨치기 위해서는 사물의 형태나 속성, 또는 동작 등이 서로 비슷한 부류끼리 묶어서 이해하고 그 부류와 다른 부류의 차이점을 이해하는 것이 좋다고 제안하였다. 그 스스로 《아학편(兒學編)》이라는 문자 학습서를 엮기도 하였다.

나의 한자 실력은?

1. 주윤발이 주연한 무협 영화 〈와호장룡〉은 영어로 'Crouching Tiger Hidden Dragon' 이라고 합니다. 이 제목을 한자로 적을 수 있습니까? 그 영화는 무협의 세계를 '강호' 라고 표현하였습니다. '강호를 떠난다' '강호가 혼란스럽다' 등등. 이 때의 '강호' 는 국문학사에서 말하는

'강호가도'의 '강호'와 같은 뜻일까요?
(〈와호장룡〉은 2001년 3월의 아카데미 시상식에서 미술감독상, 음악상, 촬영상, 외국어작품상을 탄 영화입니다.)

2. 밑줄 친 말은 한자로 어떻게 적을까요? 그 뜻은 무엇일까요?

○○당의 대선 후보 <u>경선</u>에서 ○○○씨, ○○○씨, ○○○씨가 <u>삼파전</u>을 벌이다가, ○○○씨가 <u>중도하차</u>하였다.

3. 오른쪽의 만화(〈중앙일보〉 2002년 2월 27일자)를 보고 답하십시오.

(1) 한자의 '파' 자는 각기 어떤 뜻인가, 한자로 적어서 구별하여 봅시다.

(2) 이 만화를 그린 화백은 성함을 약자로 적었습니다. 본래의 한자는 어떻게 적을까요?

읽어볼 책과 사전

(1) 문자 일반에 대한 문명사적 관심
- 스티븐 로저 피셔 지음, 박수철 옮김,《문자의 역사》, 21세기북스, 2010.

(2) 한자에 대한 관심
- 시라가와 시즈카(白川靜) 지음, 심경호 옮김,《한자 백가지 이야기》, 황소자리, 2005.
- 아츠지 테츠지(阿辻哲次) 지음, 김언종·박재양 옮김,《한자의 역사》, 학민사, 1999 / 阿辻哲次,《(圖說)漢字の歷史》, 大修館書店, 1989.
- 이낙의(李樂毅) 지음, 박기봉 옮김,《한자정해》, 비봉출판사, 1995.
- 왕녕 지음, 홍영희·이우철·이경숙 옮김,《한자학의 탄생과 발전》, 차이나하우스, 2009.
- 이규갑,《漢字學敎程》, 차이나하우스, 2009.
- 허진웅(許進雄) 지음, 조용준 옮김,《중국문자학강의》, 고려대학교 출판부, 2013 /《簡明中國文字學》, 臺北 : 學海出版社, 2000.
- 謝光輝 主編,《常用漢字圖解》, 北京大學出版社, 1997.
- 敎育部師範敎育司組織評審,《漢字學槪要》, 北京師範大學出版社, 2001.
- 佐藤喜代治 外,《漢字講座》全12卷, 明治書院, 1987~1989.
- 白川靜,《漢字の世界1·2—中國文化の原点》, 平凡社 東洋文庫, 1976.
- 白川靜,《文字講話》I-V, 續(6册), 平凡社, 2000. 9~2007. 2.
- 藤枝晃,《文字の文化史》, 岩波書店, 1991.
- 小林芳規,《日本の漢字》, 大修館書店, 1991.

(3) 중국어학과 중국어학사
- 왕력(王力) 저, 이종진·이홍진 공역,《중국언어학사》, 계명대, 1983 / 王力,《中國言語學史》, 山西人民出版社, 1981.
- 왕력(王力) 저, 박덕준 외 4인 공역,《중국어어법발달사》, 사람과 책, 1997 / 王力,《漢語史稿》(修訂本) 中册,〈語法篇〉, 中華書局, 1980.
- 정인숙 역,《중국어학사전》, 중문출판사, 1993 /《辭海(語言文字分册)》, 1980.
- 賴惟勤 著, 水谷誠 編,《中國古典を讀むために : 中國語學史講義》, 大修館書店, 1996.
- 牛島德次 外,《中國文化叢書 1 言語》, 大修館書店, 1967.
- 羅邦柱 主編,《古漢語知識辭典》, 武漢大學, 1988.
- 周大璞 主編,《古代漢語教學辭典》, 岳麓書社, 1991.
  * 概說·文字學·音韻學·詞匯學·訓詁學·語法學·修辭學·文體學·語文學家·語文學著作의 10류로 나누어 해설하였다.

(4) 갑골문자 및 고대문자
- 白川靜,《金文の世界 ― 殷周社會史》, 平凡社, 東洋文庫, 1971.
- 白川靜,《甲骨文の世界―古代殷王朝の構造》, 平凡社, 東洋文庫, 1972.
- 허진웅(許進雄) 저, 홍희 역,《중국고대사회》, 동문선, 1991.
- 동작빈(董作賓) 저, 이형구 역,《갑골학 60년》, 민음사, 1993.

(5) 설문해자
- 賴惟勤 監修, 說文會編,《說文入門》, 大修館書店, 1983.
- 尾崎雄二郎,《訓讀說文解字注》8冊(金·石·絲·竹·匏·土·革·木), 東海大學出版會, 1986~1991.
- 육종달(陸宗達) 저, 김근 역,《설문해자통론》, 계명대 출판부, 1986.
- 아츠지 테츠지(阿辻哲次) 저, 심경호 역,《한자학: 설문해자의 세계》, 이회문화사, 2007(수정판).

(6) 중국의 간화자
- 정해상 역편,《중국의 간체자》, 겸지사, 1991.
- 黃伯榮·廖序東 主編,《現代漢語》, 高等教育出版社, 1991.
- 上海辭書出版社,《簡化字繁體字對照字典》, 2009.

(7) 음운학
- 동동화(董同龢) 저, 공재석 역,《한어음운학》, 범학도서, 1975.
- 동소문(董少文) 저, 임동석 역,《한어음운학강의》, 동문선, 1993.
- 이신괴(李新魁) 저, 박만규 역,《중국성운학개론》, 대광출판사, 1990.
- 이재돈,《중국어음운학》, 살림, 1994.

참고문헌

(1) 동아시아 문화와 한자
- 민현석, 〈한자 논쟁의 사회·정치·문화적 의미와 어문정책〉, 《아세아 연구》 통권 110호, 고려대학교 아세아문제연구소, 2002년 12월.
- 진재교, 〈북한의 한자문화와 그 사회·문화적 의미〉, 《아세아 연구》 통권 110호, 고려대학교 아세아문제연구소, 2002년 12월.
- 노영순, 〈베트남에서 한자의 쇠락: 프랑스 식민주의와 베트남 민족주의 사이에서〉, 《아세아 연구》 통권 110호, 고려대학교 아세아문제연구소, 2002년 12월.
- 溝口雄三 外, 《漢字文化圈の歷史と未來》, 大修館書店, 1993.

(2) 일본 근대 어휘의 생성과 문화
- 마루야먀 마사오·가토 슈이치 저, 임성모 역, 《번역과 일본의 근대》, 이산, 1999 / 丸山眞男·加藤周一, 《飜譯と日本の近代》, 岩波書店, 1998.
- 이연숙 저, 임경화 옮김, 《국어라는 사상》, 소명출판, 2006 / イ·ヨンスク(이연숙), 《國語という思想: 近代日本の言語認識》, 岩波書店, 1997

(3) 중국의 외래 어휘
- 劉正炎·高名凱·麥永乾·史有爲, 《漢語外來詞詞典》, 上海辭書出版社, 1984.
- Liu, Lynda H., The Translingual Practice : Literature, National Culture, and Translated Modernity — China, 1900~1937, Stanford University Press, 1995.
- 馬西尼 著, 黃河淸 譯, 《現代漢語詞匯的形成 — 十九世紀漢語外來詞研究》, 上海: 漢語大詞典出版社, 1997. / Masini, F., "The Formation of Modern Chinese Lexicon and its Evolution toward a National Language : The Period from 1840 to 1898", *Journal of Chinese Linguistics*, Monograph Series No.6, University of California, 1993.

(4) 중국과 일본의 한자어휘 대비
- 陳濤主 編, 《日漢辭典》, 北京: 商務印書館, 1959.

- 陳達夫・凌星光 編,《袖珍日漢詞典》, 香港:商務印書館, 1974.

(5) 한국의 한자어 자료와 관련 논저
- 檀國大學校 東洋學研究所,《韓國漢字語辭典》4책, 1996.
- 심경호 외,《朝鮮後期漢字語彙檢索辭典—物名考・廣才物譜》, 한국정신문화연구원, 1997.
- 박영섭,《개화기 국어 어휘 자료 1》(독립신문 편), 서광학술자료사, 1994.
- 김광해, 〈조망—국어에 대한 일본어의 간섭〉,《새국어생활》5-2, 국립국어연구원, 1995년 여름.
- 강신항, 〈일본한자어〉,《새국어생활》5-2. 국립국어연구원, 1995년 여름.
- 송민, 〈신생한자어의 성립배경〉,《새국어생활》9-2. 국립국어연구원, 1999.
- 송민, 〈조선 통신사의 일본 견문과 신생한자어〉,《한일인문사회과학 학술교류 기념 강연회 논문집》, 2000년 1월.
- 이한섭, 〈《서유견문》에 받아들여진 일본의 한자어에 대하여〉,《일본학》6, 동국대학교, 1987.
- 이병근,《한국어 사전의 역사와 방향》, 태학사, 2000.

(6) 일본의 근세 한자어
- 鈴木修次,《日本漢語と中國》, 中央公論社, 1981.
- 柳父章,《飜譯語成立事情》, 岩波書店, 1982.
- 佐藤喜代治 編,《講座 日本語の語彙, 語誌Ⅰ・Ⅱ・Ⅲ》, 明治書院, 1983.
- 佐藤喜代治,《漢語漢字の研究》, 明治書院, 1998.
- 杉本つとむ,《日本飜譯語史の研究》, 八坂書店, 1983.
- 鄕正明・飛田良文,《明治のことば辭典》, 明治書院, 1996.
- 田島優,《近代漢字表記語の研究》, 和泉書院, 1998.
- 森岡健二,《改正 近代語の成立—語彙編》, 明治書院, 1991.
- 湯本豪一,《圖說明治事物起源事典》, 柏書房, 1996.
- 荒川淸秀,《近代日中學術用語の形成と傳播—地理學用語を中心に》, 白帝社, 1997.
- 齊藤希史,《漢文脈と近代日本 : もう一つのことばの世界》, NHKブックス1077, 日本放送出版協會, 2007.
- 齊藤希史,《漢文脈と近代 : 淸末=明治の文學圈》, 名古屋大學出版會, 2005.
- 李漢燮,《近代漢語研究文獻目錄》, 東京堂出版, 2010.
- 沁國威,《근대중일어휘교류사 : 신한자어의 생성과 수용》, 고려대학교 출판부, 2012.

고전을 읽어봅시다
《심청가》에 나오는 파자놀이

판소리의 해학은 놀라울 정도다. 〈심청가〉에서 심봉사가 잔치에 참석하러 서울 가는 길에 사람들을 만나 통성명하는 대목은 '성자(姓字)를 헐어 판다' 는 설정으로 농민의 곤궁한 생활상을 폭로하였다.

    심봉사(沈奉事)께 당(當)했구나. 이녁 성자(姓字) 생각하니 파자(破字)를 할 수 없어 유식발명(有識發明) 어렵거든 거짓말로 꾸미는데 가기의기방(可幾擬其方)[1] 되는구나. "근본(根本) 내 성(姓)은 잠길 침(沈)자. 아래 하(下)자 하서방(下書房)과 사돈(査頓)을 하였더니 사돈이 하는 말이 제 성(姓)은 핫뼐이요, 내 성(姓)은 점(點)이라 점(點) 하나만 달라 하고 밤낮으로 졸라내니, 어쩔 수 없어 오른편(便)에 찍힌 점을 떼어 사돈 주었더니 그 사람은 변가(卞家) 되고, 이름 자(字)는 꿇고 앉은 자(字)하고 간(竿)대에 새 매단 자(字)요." "예, 잠길 침자(沈字)에 오른편 점 떼었으면 심(沁)씨요, 꿇고 앉으면 학(鶴)자요, 간대에 새를 달면 아홉 구(九)자니 당신이 심학구(沈鶴九)요." "아는 품이 용하시오."

"여보시오. 내 성자(姓字)가 전에는 좋디좋아 침

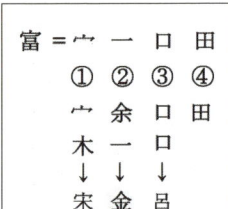

---
1) '가기의기방'을 '可欺宜其方'으로 취음(取音)하기도 하지만, 뜻이 맞지 않는다. '可幾擬其方'이어야 할 듯하다. '거의 그 방식에 맞추었다고 할 만하다'라는 뜻이다.

들을 삼키더니 지금은 궂디궂어 남의 앞에 내놓자면 눈물이 먼저 나와 말할 수가 없소그려. 당초에 내 성자(姓字)가 부자(富者)라는 부(富)자로서 필(弼)자[2] 하신 우리 선조 만고에 유명터니 자손이 점점 영체(零替: 형편없이 됨)하여 가산(家産) 전지(田地) 팔아먹고, 심지어 선롱산지(先壟山地: 선산) 다 팔아먹은 후에 다시는 팔 것 없어, 성자(姓字)를 헐어놓고 차차 팔아먹을 적에, 나무 목(木)자 목서방(木書房)이 갓벙거지 사다가서 모자(帽子) 박아 쓰고 나니 지금은 송씨(宋氏) 되고, 나 여(余)자 여서방(余書房)이 한 일(一)자 사다가서 앉을 방석(方席) 하여 놓으니 지금은 김씨(金氏) 되고, 입 구(口)자 구서방(口書房)이 입 하나만 가지고는 성자(姓字)가 초랗다고 입 구(口)자를 또 사다가 제것하고 합쳐놓으니 지금은 여씨(呂氏) 되어 사간 사람 세 집들은 당당(堂堂)한 벌족(閥族: 문벌)되고, 팔아먹는 내 신세는 갈수록 할 수 없어 남은 것을 마저 팔자 아무리 서둘러도 진결(陳結: 묵정밭 세금)이 무섭다고 백문(百文: 백냥)[3]에도 살 이 없어 그저 가지고 다니오." "예, 당신 성(姓)이 밭 전(田)자요." "그러하오." "가난하면 파는 곳을 많이 구경하였지요. 집 헐어 파는 것과 족보(族譜) 신주(神主) 파는 것을 흥정도 붙였으되, 성자(姓字) 헐어 판단 말을 오늘에야 처음 들었소."

---

2) 부(富)자로서 필자 : 간혹 필자를 '筆者'로 보고 '글씨 쓰는 사람'이라고 풀이하는데, 아주 잘못이다. 중국 북송 때 명재상 부필(富弼)이 자기 선조였다고 자랑한 말이다.
3) 백문을 白文으로 보고 '관인(官印) 없는 문서'로 풀이하기도 하지만 문맥상 맞지 않는다. 백문은 百文이며, 文은 돈의 단위이다.

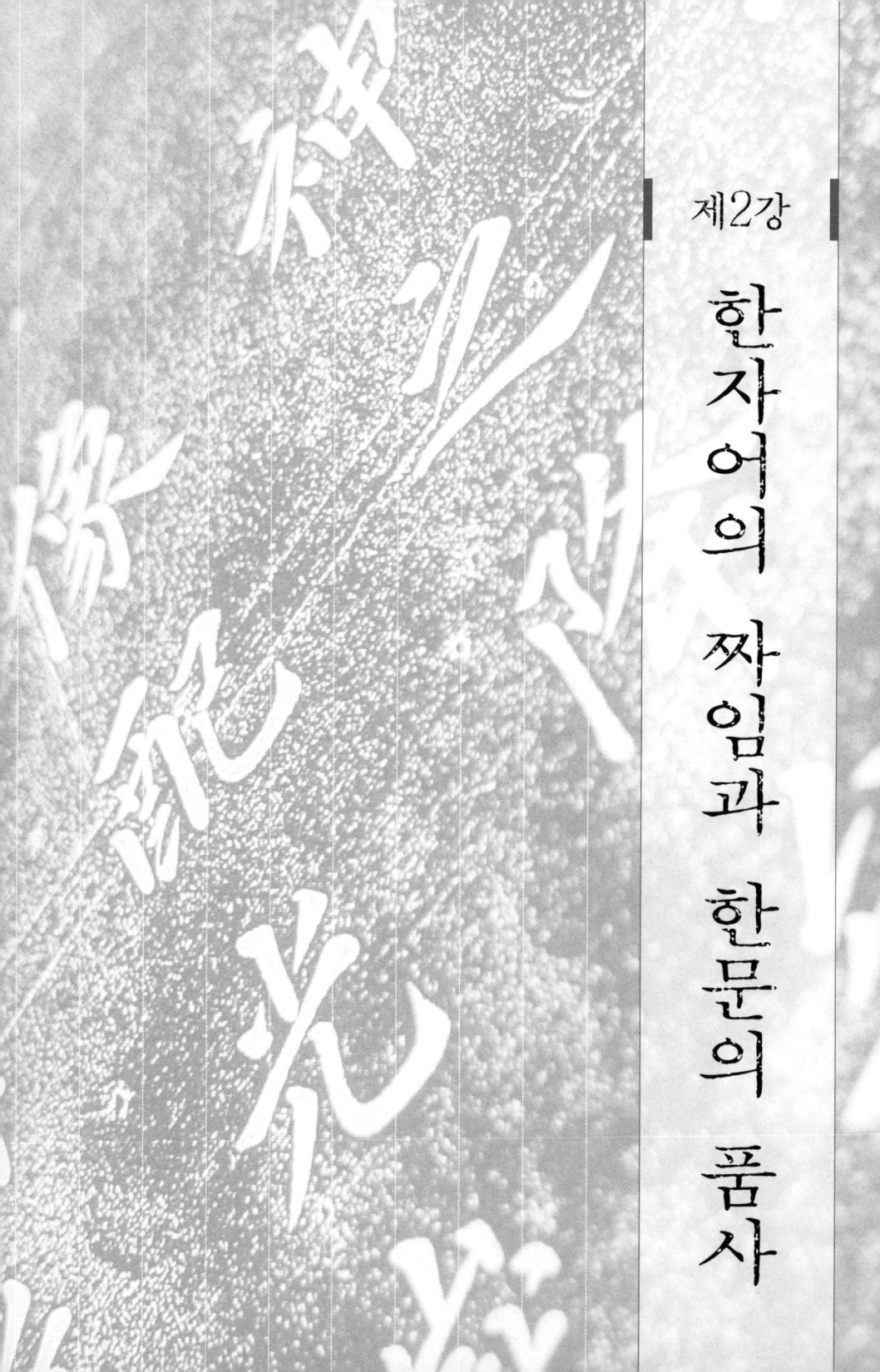

제2강 한자어의 짜임과 한문의 품사

Q '계란유골(鷄卵有骨)'이란 말이 있죠? 왜 운수 없다는 뜻이죠?

A 명재상이었던 황희는 끼니를 거르는 일이 많았습니다. 그래서 세종이 특별히, 하루 동안 남대문으로 들어오는 물화를 전부 그에게 주라고 하였습니다. 그러나 마침 장마철이라 저녁 무렵에야 계란이 한 줄 들어왔습니다. 황희가 그것을 받아 삶아 먹으려고 하였더니 계란마다 곯아 있더랍니다.

글자 그대로 보면 "계란에도 뼈가 있다"는 뜻이므로, 계란 속에 흰자·노른자는 없고 '뼈'뿐이라는 말 같습니다. 방종현·김사엽 공저, 《속담사전》(문성각, 1958)에서도 그렇게 풀이하여 놓았죠. 그런데 조재삼(趙在三)의 《송남잡지(松南雜識)》를 보면 '계란유골'의 '골(骨)'은 '뼈'가 아니라 우리말의 '곯았다'는 말을 옮겨 적은 것〔骨, 方言壞也〕이더군요. 그리고 이 이야기는 서거정(徐居正)의 《태평한화골계전(太平閑話滑稽傳)》(이내종 역주, 태학사, 1998)에 보면 강일광(姜日廣)의 일화라고 합니다. 전승되는 과정에서 황희의 이야기로 바뀐 것이지요.

Q 책마다 한문의 문법 용어가 조금씩 다른 이유가 무엇입니까?

A 한문은 우리말과 어순이 다른 만큼, 문장의 성분도 다를 수밖에 없겠죠. 세계의 모든 언어는 술어와 목적어의 순서가 어떻게 되느냐에 따라 '동사가 중간에 위치(Verb-media)' '동사가 뒤에 위치(Verb-final)' '동사가 앞에 위치(Verb-initial)'하는 세 가지 유형으로 나뉠 수 있다고 해요. 한문과 중국어는 동사가 중간에 위치하는 유형에 속하지요. SVO(주어+동사+목적어)유형입니다. 물론 현대 중국어 문장에는 파(把)자 구처럼 주어+목적어+동사의 구문(SOV)도 있기는 하지만, 이것은 백화

문에서 발달한 것이죠. SVO유형인 한문이나 중국어의 문장구조는 우리말의 SOV유형과 크게 달라요. 우리말은 '나는 책을 읽는다'라고 말하니, '목적어-술어'의 순서지요? 일본어도 'Watasiwa Honwo Yomimasu(私は本を讀みます)'라고 하니 역시 SOV유형입니다. 하지만 중국어는 어떻지요? 'Wǒ Kàn Shū(我看書)' 혹은 'Wǒ Niàn Shū(我念書)'죠? 한문으로는 '我讀書'지요. 한문의 어법은 우리말 어법과 체계가 다르니 문장성분의 기능이 다릅니다. 과거에는 국어 문법의 용어를 사용해왔지만, 앞으로는 중고등학교 한문교육에서 용어를 통일하기로 했습니다.

그런데 실은 중국에서도 문법에 대한 설명이 학자에 따라 다릅니다. 1956년 인민교육출판사에서 '교육용 한문어법체계 시안'인 《잠의한어교학어법계통(暫擬漢語教學語法系統)》을 공포한 이후 술어가 어느 정도 통일되었으나, 이설(異說)이 여전히 있습니다. 우리나라의 경우, 중국언어연구회에서 마련한 '중국어 문법용어 통일 시안(1991년 6월 3차)'이 있으므로, 한문문법에 참고가 됩니다.

Q 한문에는 품사가 없다고 하던데요?

A 한문의 품사 문제는 한어(漢語)의 품사 문제와 밀접한 관련이 있습니다. 한어의 품사 문제에 대하여는 중국내 학자들간에 이견이 많았죠. 고명개(高名凱, 1911~1965)는 한어에 품사의 구분이 없다고 했습니다. 그러나 한어는 문장 속에서 몇 가지 기능이나 능력이 고정되어 한 가지 품사에 속합니다. 마건충(馬建忠, 1845~1900)이 《마씨문통(馬氏文通)》에서 제일 먼저 이러한 주장을 하였고, 여금희(黎錦熙)도 1921년에 그러한 주장을 하였습니다. 현재 대부분 학자들은 한어에 일정한 품사

가 있다고 주장합니다. 한어의 품사 분류 방식에는 뜻에 따른 분류법, 광의의 형태분류법, 다표준 분류법 등, 여러 가지가 있지만, 한어에서 품사를 인정하는 것은 통설입니다. 따라서 한문에서도 품사 구분을 인정하는 것이 옳습니다.

한자의 통용

1. 통가와 고금활용

한자는 같은 음이면 서로 통해 쓰는 예가 있다. 통가(通假)의 원리와 고금(古今) 혼용의 원리이다.

통가자(通假字)는 글자를 쓰려다가 생각나지 않으면 본자(本字)를 동음자(同音字)로 대체한 데서 생겨났다. '杜絶(두절)'의 '杜'는 '甘棠(감당:팥배나무)'의 뜻인 '杜'를 차용하고 본자를 폐기한 예이다. '前後'의 '前'도 '자른다'는 뜻의 '前'을 차용한 것이다(본래는 毒). '切齒腐心(절치부심)'의 '腐'도 '拊(부:두드리다)'의 통가자라고 한다. '拊'는 '친다'는 뜻이므로, '腐心(부심)'은 곧 '가슴을 친다'는 뜻이니, '마음이 썩는다'고 풀이하는 것은 실제로는 잘못이다.

한문 문헌에서는 옛날 글자와 뒤에 나온 글자를 뒤섞어 쓰기도 한다. 그 둘의 관계를 고금자(古今字)라고 한다. '原'은 샘물이 벼랑 아래로 흘러나옴을 표시하는 글자로, 본의는 '수원(水源)'이다. 그런데 이 글자가 원래(原

제2강 한자어의 짜임과 한문의 품사 ••• 57

고금자의 예

賈—價[값 가]	責—債[빚 채]	弟—悌[공손할 제]
知—智[지혜 지]	屬—囑[위촉할 촉]	受—授[줄 수]
莫—暮[저녁 모]	內—納[들일 납]	右—佑[도울 우]
道—導[이끌 도]	要—腰[허리 요]	昏—婚[혼인 혼]
死—屍[주검 시]	厭—壓[누를 압]	辟—譬[비유할 비]
炎—焰[불꽃 염]	大—太[클 태]	坐—座[자리 좌]
章—彰[밝을 창]	景—影[그림자 영]	

來)라는 뜻의 '原'으로 파생되고 평원(平原)의 '原'으로 쓰이게 되었으므로, 본자는 '水' 방(旁)을 더하여 '源'으로 쓰게 되었다. '竟(경)'은 '악곡(樂曲)의 종료'란 뜻인데, 한 구역의 끝이란 뜻으로 파생되었다. 후자는 뒤에 '境'으로 적게 되었다. '然(연)'은 '불탄다'는 뜻이지만, '그러하다'라는 뜻으로 많이 사용되자, 불탄다는 뜻을 나타내려고 '火'를 하나 더 더하여 '燃'으로 적게 되었다.

2. 한자의 다의성(多義性)

한자는 한 글자가 서너 개념을 함께 표시하는 일이 많다. 의미를 겸용하거나 의미가 파생되기 때문이다. 그것을 한자의 다의성이라고 한다.

한자는 명사와 동사를 겸하거나, 주는 행위와 받는 행위를 겸하거나, 좋은 의미와 나쁜 의미를 겸하는 예가 있다.

'書'는 손으로 붓을 잡고 있는 모습인 '聿(율)'을 형부(形符)로 하므로, 기록하는 행위를 뜻한다. 그런데 기록은 글자로 이루어지므로 글자도 '書'라고 하게 되었다. 명사와 동사를 겸용하는 예이다.

그리고 '受'는 갑골문에는 한 손으로 주고 한 손으로 받는 형상으로, '授與(수여)'와 '接受(접수)' 두 뜻을 포괄하였다.

한편 '祝(축)'은 축하(祝賀)의 뜻만 아니라 저주(詛呪)의 뜻도 지녔다. 또 '臭(취)'는 '냄새맡는다〔嗅〕'는 뜻인데, 냄새 자체를 가리키기도 하였다. 좋은 냄새인지 악취(惡臭)인지는 가리지 않았다.

또한 한자에는 대개 본래의 의미와 파생된 의미가 있다. 본래 의미를 본의(本義)라 하고 파생하여 나온 의미를 인신의(引伸義: 引申義) 혹은 파생의(派生義)라고 한다. 이를테면 '兵(병)'은 본래 병기(兵器)라는 뜻인데, 군대(軍隊)를 가리키거나 병사(兵士)를 가리켰다. 다시 전쟁(戰爭)이나 병법(兵法)을 가리키게 되었으며, '쳐서 죽임'과 '상처 입힌다'라는 뜻으로 사용되었다. '寫(사)'는 본래 '여기 것을 저 쪽에 쏟는다'는 뜻인데, '쏟아낸다〔瀉〕'는 뜻으로 파생되거나, 복제(複製) · 모사(模寫) · 초사(抄寫) 등으로 파생되었다. '사진(寫眞)'은 본래 '참 모습을 그려낸다'는 뜻으로, 초상화를 가리켰다. 이것을 근대에 'photograph'의 번역어로 썼다. 최근 중국의 젊은 여성들은 '누드 사진'을 가리키는 뜻으로 사용한다고 한다.

한자어의 짜임

한자는 단음절어지만 사물과 현상들을 두루 표현하고 음성적인 안정을 유지하기 위해 두 글자 이상의 한자가 결합하는 일이 많다.

1. 한자어의 기본 구조

대부분의 한자어는 그 짜임이 곧 한문 문장의 기본 구조와 유사하다.

주술(主述) 구조 : 주어와 서술어로 짜인 구조.
　[예1] 日出 花開　　[예2] 山高 年老

술빈(述賓) 구조 : 서술어와 빈어(賓語)로 짜인 구조. 빈어는 서술어의 대상을 나타내는 말로, 우리말의 목적어에 해당하거나(예 1) 부사어에 해당한다(예2, 예3).

  [예 1] 讀書 執筆   [예 2] 登山 歸家   [예 3] 在野

술보(述補) 구조 : 有·無·多·少·如·難·寡·非 등의 서술어와 보충하는 뜻의 보어(補語)로 이루어진다.

  [예] 有識 無禮 多數 少量 如一 難解 寡德 非凡

수식(修飾) 구조 : 꾸미는 말과 꾸밈 받는 말로 짜인 구조. 수식어는 체언(體言)을 수식하거나(예 1) 용언(用言)을 한정한다(예 2).

  [예 1] 大器 良書   [예 2] 晚成 精讀 至高

병렬(竝列) 구조 : 대등한 자격의 말들로 짜인 구조.

  [예 1] 유사구조 : 繼承 拙劣   [예 2] 대립구조 : 授受 晝夜
  [예 3] 대등구조 : 紙筆硯墨 喜怒哀樂   [예 4] 첩어 : 堂堂 家家戶戶

2. 연면사(連綿詞)

같은 글자 두 개가 합하여 이루어진 단어나, 발음이 유사한 두 글자가 합하여 이루어진 단어를 연면사라고 한다.

첩자사(疊字詞) : 두 개의 같은 글자로 이루어진 단어.

  [예] 無邊落木蕭蕭下, 不盡長江滾滾來 — 가없는 수풀에 낙엽은 우수수 떨어지고, 끝없는 장강은 넘실넘실 흘러온다. (杜甫〈登高〉)

쌍성사(雙聲詞) : 발음의 앞쪽 자음부분인 성(聲)이 같은 두 글자가 어우러진 단어.

  [예] 五馬立踟躕 — 태수(太守)가 서서 머뭇거린다. 《古詩源》〈陌上桑〉)

첩운사(疊韻詞) : 발음의 뒤쪽 부분인 운(韻)이 같은 두 글자가 어우러진 단어.

  [예] 방황(彷徨), 소요(逍遙) 등.

성어

한자어·한문은 한자 자체의 음과 뜻을 안다고 하여도 해독이 되지 않는 경우가 많다. 한자가 문장 속에서 파생의 뜻을 갖거나 한자가 둘 이상 결합한 한자어가 특수한 의미를 지니기 때문이다. 후자를 성어(成語)라고 한다. 성어는 배경 이야기가 있거나 관습적인 표현으로 굳어져서 한자의 뜻 그대로와는 달리 다른 의미로 사용된다. 중국 전국시대(戰國時代)에 여러 사상가들이 위정자(爲政者)를 설득하기 위해 많은 고사(故事)를 사용하는데, 그 고사의 주요 어휘가 성어로 굳어졌다. 그리고 또 문인이나 저술가들이 쓴 시와 문장 가운데 생동적인 어구도 성어로 굳어졌다. 몇 가지 예를 들어본다.

1. 두 글자 성어

● 龍斷·壟斷(농단)

'권력을 농단한다'는 말이 있다. 이때 '농단(壟斷)'은 본래 '깎아 세운 듯 높이 선 언덕'이란 뜻이지만, 이익을 독점하거나 권력을 독점하는 것을 가리킨다. '龍斷'이라고도 적되, 역시 '농단'이라고 읽는다. 《맹자》〈공손추(公孫丑)·하〉에서 유래한다. 맹자는 제나라 선왕(宣王)에게 왕도 정치를 유세했지만 선왕이 받아들이지 않자 제나라를 떠나려고 하였다. 그러자 선왕은 맹자를 붙잡기 위해 높은 지위를 약속하였다. 하지만 맹자는 이상을 펼칠 수 없으면서 부귀를 독점할 수는 없다고 거부하면서 농단(壟斷)의 고사를 비유로 들었다.

古之爲市者, 以其所有易其所無者, 有司者治之耳. 有賤丈夫焉, 必求龍〔壟〕斷而登之, 以左右望而罔市利, 人皆以爲賤, 故從而征之. 征商自此賤丈夫始

矣.〔龍은 壟의 통가자이고, 罔은 網의 고자이다.〕

옛날에 시장을 둔 것은 내게 있는 것을 남이 없는 것과 바꾸기 위한 것으로, 관리는 감독할 뿐이었습니다. 그런데 어떤 천한 사람이 반드시 높은 곳을 찾아 올라가서 좌우를 살펴 시장의 이익을 훑듯이 차지하였습니다. 사람들이 모두 그를 천하다고 여겼으므로, 그 일을 계기로 세금을 걷었습니다. 상인에게 세금을 걷은 것은 이 천한 사내로부터 시작되었습니다.

● 鷄肋(계륵)

닭의 갈비는 먹지 못하지만 버리기 아깝다는 뜻으로, 소용은 없으나 버리기에는 아까운 사물을 가리킨다. 《삼국지(三國志)》 위서(魏書) 무제기(武帝紀)의 배송지(裴松之) 주(注)에서 나왔다. 조조(曹操)와 유비(劉備)가 한중(漢中) 땅을 차지하기 위해 싸움을 벌일 때였다. 유비는 익주(益州)를 근거로 한중 지방을 평정하고 있었다. 조조는 보급이 충분하지 못하여 유비를 공격할 수도 없고, 머물러 있기도 어려웠다. 조조는 "계륵"이라고 말하였는데, 대부분 그 의중을 몰랐으나, 양수(楊脩)만이 조조의 생각을 짐작하였다. 소설 《삼국지연의(三國志演義)》에서는, 조조가 마침 닭을 먹고 있다가 부하에게 "계륵, 계륵." 하였다고 되어 있다. 더 재미있게 꾸민 것이다.

> **《삼국지》와 《삼국지연의》**
>
> 일반적으로 '삼국지'라고 하면 소설 《삼국지연의》를 가리킨다. 이 소설은 정통 역사서인 진수(陳壽)의 《삼국지》와 배송지(裴松之)의 주석에 나타난 역사사실을 바탕으로 허구를 꾸며둔 것으로, 송·원의 민간 문학을 거쳐 명나라 때 장편소설로 완성되었다. 정통 역사서인 《삼국지》는 위서(魏書)·오서(吳書)·촉서(蜀書)로 이루어져 있다. 《삼국지》 '위서'를 줄여서 '위지(魏志)'라 부른다. 위지 '동이전(東夷傳)'에는 우리나라와 일본의 상고사 관련 자료가 실려 있다. 또한 송나라 때 배송지의 주(注)는 역사서 본문에 없는 많은 일화를 각종 문헌에서 인용해두어 매우 가치가 높으며, 그 자체로서 재미있다.

● 蛇足(사족)

화사첨족(畵蛇添足)의 준말이다. 뱀을 다 그린 뒤 있지도 않은 발을 더 그려

넣는다는 뜻으로, 군짓을 하여 도리어 잘못됨을 이르는 말이다. 《전국책(戰國策)》에서 나왔다. 소양(昭陽)이 초나라를 위해 위(魏)나라를 공격하여 공을 세운 뒤 제나라까지 공격하려 하자, 유세가(遊說家) 진진(陳軫)이 그를 만나, 초나라가 소양에게 더 높은 지위도 주지 않을 뿐 아니라 자칫 실패하면 죽임을 당한다고 경고하였다. 그때 그가 든 비유가 이것이다.

어떤 초나라 사람이 제사를 지내고, 집의 가신들에게 제사 술을 한 병 주었습니다. 가신들은 말하기를, "여럿이서 마시면 부족하고 한 사람이 마시면 충분하다. 땅에 뱀을 그리기로 해서, 제일 먼저 그리는 사람이 다 마시기로 하자"고 하였습니다. 한 사람이 뱀을 먼저 그리고는 술을 마시려 하여 왼손으로 술병을 잡아당기고는, 오른손으로 뱀발을 그리며 말하길, "나는 발도 그릴 수 있다"고 했습니다. 그가 발을 다 그리기 전에 다른 사람이 뱀을 다 그리고는 술병을 빼앗으며, "뱀에게는 본래 발이 없거늘, 네가 어찌 발을 그릴 수 있겠는가?" 하였습니다. 마침내 그가 술을 다 마셔 버렸고, 뱀의 발을 그리던 사람은 끝내 술을 마시지 못하고 말았습니다.

2. 네 글자 성어

● 範我馳驅(범아치구)

《맹자》 7편(각각 상하로 나뉘어 모두 14권) 가운데 〈등문공(滕文公)·하〉 제1장의 '왕척직심(枉尺直尋)' 성어가 나오는 곳에 '범아치구(範我馳驅)'라는 성어가 함께 나온다.

맹자의 제자 진대(陳代)는 맹자가 제후를 만나 설득하지 않는다고 불만이었다. "만일 한번 만나 보시면, 크게는 그를 왕자(王者)가 되게 하시고, 적어도 그를 패자(霸者)가 되게 하실 것입니다. 또 옛글에 이르기를 '한 자를 굽혀 여덟 자를 곧게 편다(枉尺直尋)'고 하였습니다." 그러자 맹자는, 예전에 제나라 경공이 깃발을 가지고 우인(虞人:사냥터지기)을 불렀더

> **맹자**
>
> 맹자는 공자의 인(仁) 사상을 더욱 구체화하여 유학의 사상체계를 크게 발전시켰을 뿐만 아니라, 살육이 자행되는 시대에 '살인을 좋아하지 않는 자(不嗜殺人者)'만이 천하를 통일할 수 있다고 주장한 정치철학가였다. 그런데 맹자는 전국시대에 활동하였으므로 자연히 그 시대의 영향을 받아 상대방을 설득시키는 변론술을 빈번하게 사용하였다. 맹자의 언설은 논리가 철두철미(徹頭徹尾)하기보다는 절묘한 비유나 우언(寓言)을 이용해 상대방을 설득시키는데 뛰어났다. 그러한 변설의 재능을 변재(辯才)라고 한다.
>
> 그래서 북송 때의 학자 정이(程頤)는, 맹자는 결코 성인에 가까울 수 없으며, 성인에 가장 가까워 아성(亞聖)이라고 할 수 있는 안연(顔淵)보다 한 단계 아래의 대현(大賢)이라고 하였다. 안연이 옥(玉)과 같은 존재인데 비하여, 맹자는 너무 반짝거리는 얼음이나 수정(水精)과 같은 존재라는 것이다.

니 그 우인이 올바른 방법으로 부른 것이 아니라는 이유로 가지 않은 일을 비유로 들었다. 그 일을 두고 공자는 "뜻이 있는 선비〔志士〕는 죽어 개천과 구렁에 버려지리란 것을 각오하고, 용맹 있는 선비〔勇士〕는 자기 머리를 잃으리란 것을 각오한다"고 말하였다고 한다. 맹자는, 한 자를 굽혀 여덟 자를 곧게 편다는 것은 이익의 관점에서 말한 것이므로, 그렇다면 이익이 된다면 여덟 자를 구부려 한자를 곧게 펴려는 행위도 하려고 들지 않겠느냐고 반문하였다. 군자는 의(義)와 이(利)를 엄격히 변별하여 의(義)에 맞는 행동을 하여야 한다고 강조한 것이다. 그러면서 다시 맹자는 옛날 진(晉)나라 대부 조간자(趙簡子)의 수레몰이 왕량(王良)의 일을 예화로 들었다.

언젠가 조간자가 왕량을 시켜서 폐해(嬖奚: 귀인의 총애를 받는 사람으로 이름은 '해'라는 뜻)의 수레를 몰아주게 하였는데, 왕량이 모는 수레를 타고 나간 폐해는 날이 저물도록 새를 한 마리도 잡지 못했다. 그러자 폐해는 돌아와 보고하기를 "천하에 몹쓸 수레몰이입니다"라고 하였다. 어떤 사람이 그 말을 왕량에게 전하자, 왕량은 "다시 몰아보겠습니다" 하였고, 폐해가 싫다고 하였으므로 억지로 청하여 간신히 승낙을 받았다. 그런데 이번에는 아침나절에 새 열 마리를 잡았다. 그러자 폐해가 돌아와 "정말 뛰어난 수레몰이입니다"라고 하였다. 조간자는 "내가 그 자로 하여금 네 수레를 몰도록 하리라" 하고, 왕량에게 말하였다. 하지만 왕량은 거절하였다. "내가 그를 위해서 나의 평소 수레 모는 법도대로 몰아주었더니[範我馳驅] 날이 저물도록 새 한 마리도 잡지 못했고, 그를 위해 바르지 않은 방법으로 새를 만나게 하였더니[詭遇 : '바르지 않은 방법으로 상대의 비위를 맞춤'이란 뜻으로도 해석함] 아침나절에 열 마리를 잡았습니다.《시경》(소아 〈車攻〉편)에 '말 모는 자가 그 달리는 법을 잃지 않아도 쏘는 자가 화살을 쏘아 다 맞추어 깨뜨리듯 하라(不失其馳, 舍矢如破)'라고 하였습니다. 저는 소인의 수레를 몰아 주는 데 익숙하지 않으므로, 사양하겠습니다"라고 하였다.

> **왕량의 '범아치구(範我馳驅)'가 나오는 《맹자》의 원문**
>
> 昔者趙簡子使王良與嬖奚乘, 終日而不獲一禽. 嬖奚反命曰: "天下之賤工也." 或以告王良. 良曰: "請復之." 彊而後可. 一朝而獲十禽. 嬖奚反命曰: "天下之良工也." 簡子曰: "我使掌與女乘" 謂王良. 良不可, 曰: "吾爲之範我馳驅, 終日不獲一. 爲之詭遇, 一朝而獲十. 詩云: '不失其馳, 舍矢如破.' 我不慣與小人乘, 請辭."

　세상을 살아가면서 우리는, 모든 행동양식을 의(義)와 정도(正道)에 맞출 수 없고, 오히려 현실과 타협해야 자신의 이상을 실현할 수 있지 않을까 하는 의문을 가질 수 있다. 그러나 맹자는 설령 이상을 실현시키지 못한다고 하여도 거취를 경솔히 해서는 안 된다고 하였다.

● **乾坤一擲(건곤일척)과 捲土重來(권토중래)**

성어 가운데는 시에서 온 것도 상당히 많다. 초한(楚漢) 전쟁, 즉 항우(項羽)와 유방(劉邦)의 쟁패(爭霸) 사실을 노래한 한시에서 나온 '건곤일척(乾坤一擲)' '권토중래(捲土重來)' 등이 그러한 예이다.

　절체절명(絶體絶命)의 시기에 마지막 운명을 걸고 모험을 하는 것을 가리킨다. 한유(韓愈)의 〈홍구에 들러서(過鴻溝)〉라는 시에서 나왔다.

龍疲虎困割川原	용과 범이 지쳐 강 언덕을 분할하니
億萬蒼生性命存	억만 창생(백성)은 목숨 겨우 붙였네.
誰勸君王回馬首	누가 군왕에게 말머리를 돌리도록 권하였나
眞成一擲賭乾坤	진정 한 번 던져 천하를 놓고 도박하였지.

 유방(劉邦)의 군세가 강해지자 기원전 203년 8월, 항우(項羽)는 유방과 강화(講和)를 하여, 홍구 서쪽은 한(漢), 동쪽은 초(楚)가 차지하기로 약속하였다. 이른바 '할홍구(割鴻溝)'의 맹약을 한 것이다. 그러나 유방의 군사(軍師) 장량(張良)과 진평(陳平)은 유방에게, "초가 굶주리고 있을 때 쳐야 합니다. 그렇지 않으면 호랑이를 길러 후환을 남기는 것〔양호유환(養虎遺患)〕과 같습니다"라고 권하였다. 유방은 항우를 추격해 사면초가(四面楚歌)의 국면을 만들었다.

 한편, '捲土重來(권토중래)'는 '땅을 말듯이 (흙먼지를 일으키며) 다시 온다'는 말로, '한 번 실패한 사람이 세력을 회복해서 다시 도전한다'라는 의미로 쓰인다. 당나라 말기의 시인 두목(杜牧)의 〈오강정에 쓰다(題烏江亭)〉에서 나왔다. 오강(烏江)은 항우가 자결한 곳이다.

勝敗兵家不可期	승패는 병가(兵家)도 기약할 수 없는 법
包羞忍恥是男兒	수치 견디고 치욕 참는 것이 진정한 남아이리.
江東子弟俊才多	강동의 자제에게는 준재가 많아
捲土重來未可知	권토중래했다면 결과를 알 수 없었거늘.

 항우는 해하(垓下)에서 '사면초가'를 당하자 오강으로 도망갔다. 그때 그곳 정장(亭長)으로부터 "강동으로 돌아가 재기하라"는 권유를 받았지만, "8년 전 강동의 8,000자제와 함께 떠난 내가 무슨 면목으로 지금 혼자 강을 건너 돌아가 부형을 대할 것인가!"라고 대답하였다. 결국 그는 파

란만장(波瀾萬丈)한 31년의 생애를 그곳에서 마쳤다. 항우가 죽은 지 1,000년, 시인 두목은 오강의 객사(客舍)에서 문득 느낌이 있어서 이 시를 지었던 것이다.

3. 불교에서 온 성어

우리들이 사용하는 성어 가운데는 불교에서 온 것도 많다.

> **중국 고사성어의 보고, 《몽구(蒙求)》**
> 당나라 사람인 이한(李瀚)은 고전의 인물고사들을 사자성어로 만들고 둘씩 짝지워서 초학용 고사집인 《몽구》를 펴내었다. '어리석음을 깨우치는 책'으로, '어떻게 사는 것이 바르게 사는 방법일까?' 하는 문제에 대해 실제적인 해답을 제시한 것이다. 중국에서는 《몽구》에 나오는 사자성어를 제목으로 삼거나 소재로 삼은 원극(元劇)도 나왔다. 우리나라나 일본에서도 고사 학습용으로 애독하였다. '말씀집'으로서 현재에도 가치가 높다.

● **一水四見(일수사견)**

같은 물이라도 천상의 사람이 보면 유리로 장식된 보배로 보이고 인간이 보면 마시는 물로 보이며 물고기가 보면 사는 집으로 보이고 아귀가 보면 피고름으로 보인다는 뜻이다. '일경사심(一境四心)'이라고도 한다. 하나의 사물은 고정된 것이 아니라 인식 주관과 객관 사이의 관계, 곧 인연에 의하여 다르게 나타날 수 있다는 뜻이다. 이 성어는 물리학의 상대성 이론과 통하는 면이 있다고 한다. 이 성어는 널리 알려진 불경에는 나오지 않는다. 당나라 때 번역된 《섭대승논석(攝大乘論釋)》과 명나라 때 나온 《대명삼장법수(大明三藏法數)》에 나온다.

● **一日不作, 一日不食(일일부작, 일일불식)**

이 말은 중국의 승려 백장회해(百丈懷海, 720~814)가 처음으로 선원(禪院)을 만들고, 독자적 규정인 청규(淸規)로 제시하였던 말이다. "하루 농사를 짓지 않으면(노동을 하지 않으면) 하루 밥을 먹지 말라"는 뜻이니, 직접 노동을 중시하고, 탁발(托鉢)이나 기식(寄食)을 배격한 것이다.

선종은 남천축국의 바라문 달마가 중국에 들어와 남북조의 양나라 무제 때 세운 종파이다. 달마 이후 선종의 맥은 혜가(慧可), 승찬(僧燦), 도신(道信), 홍인(弘忍)을 이어 남쪽의 혜능(慧能)과 북쪽의 신수(神秀)가 양립하였다. 신수의 제자에 마조도일(馬祖道一)이 있고, 마조의 제자 가운데 한 사람이 백장이다. 마조도일은 또 신라의 김화상 즉 무상(無相)의 제자라고 한다. 같은 마조의 제자 남전보원(南泉普願)은 "소가 되고 말이 되라, 밭을 갈고 짐을 지라"라고 질타하여 이류(異類: 불법을 깨우치지 못한 축생) 속으로 들어가 실천하라는 뜻의 '이류중행(異類中行)'의 대명제를 내세웠다. 이들의 계보를 이은 사람이 일연(一然)과 김시습(金時習)이라고 하니, 복무노역(服務勞役)과 사회봉사가 출가승으로서의 도리임을 밝힌 선종의 한 계열이 우리 불교사에서 중요한 맥을 이룬 것이다(민영규, 〈金時習의 曹洞五位說〉, 《대동문화연구》 13, 성균관대 대동문화연구원, 1979). 김시습은 무위도식(無爲徒食)을 배격하며 직접 농사를 지었고, 〈생재설(生財說)〉과 같은 논문을 남겼으며, 공부하러 온 귀한 집 자제들에게까지 화전을 일구게 하였다.

우리나라의 성어

1. 문헌 속의 성어

성어 가운데는 중국 문헌이 아니라 우리 문헌에서 기원하는 것도 많다. 조선 중기에 권문해(權文海)가 엮은 《대동운부군옥(大東韻府群玉)》은 그러한 성어들의 보전(寶典)이다. 그밖에 역사서나 문집의 글 가운데 우리 성어들이 많이 나타나 있다.

● 掛瀑認布(괘폭인포)

'그림 속의 폭포를 걸려 있는 명주천으로 오인하다'라는 뜻으로, 잘 알지도 못하면서 아는 척하는 사람을 비유한 말이다. 《명엽지해(蓂葉志諧)》라는 책에 나온다.

조선시대에 어떤 사람이 그림에 대해 알지도 못하면서 도화서(圖畫署)의 별제(別提: 봉급을 받지는 않지만 일정한 기간을 거쳐 다른 관직으로 옮겨갈 수 있는 유리한 직위)가 되고 싶어했다. 그가 도화서의 제조(提調: 당상관 이상의 관원이 없는 관아에 겸직으로 배속되어 관아를 통솔하던 관직)를 찾아뵙자, 제조는 여산폭포도(廬山瀑布圖) 병풍을 보여주었다. 그 사람은 "훌륭하다!"라고만 할 뿐이었는데, 제조는 그가 그림에 대해서 진짜로 잘 안다고 생각하였다. 그 사람은 제조의 기색을 보고 내심 기뻐하면서, '다른 말로 더 극찬하면 제조가 필시 좋아할 것이다'라고 생각하고는, 그림 속에 걸려 있는 폭포를 가리키며 말했다. "명주 천을 빨아 햇볕에 말리는 모양은 더욱 기기묘묘(奇奇妙妙)하군요." 폭포가 흰 명주와 비슷하므로 폭포를 햇볕에 말리는 명주로 오인한 것이었다. 제조는 웃으면서 그 사람을 쫓아냈다.

2. 속담에서 온 성어

성어 가운데는 우리 속담에서 온 것도 많다. 감탄고토(甘呑苦吐:달면 삼키고 쓰면 뱉는다), 등하불명(燈下不明:등잔 밑이 어둡다), 적소성대(積小成大:티끌 모아 태산), 우이독경(牛耳讀經:소귀에 경 읽기) 등등이 그 예이다. 조선후기에는 우리 속담에 연원을 둔 성어들을 수록한 한문 문헌이 많이 나왔다. 《열상방언(洌上方言)》《백언해(百言解)》《순오지(旬五志)》《송남잡지(松南雜識)》《앙

엽기(盍葉記)》《이담속찬(耳談續纂)》《동언해(東言解)》 등이 그것이다. 근세에 들어와서는 《조선속담(朝鮮俗談)》《조선이언(朝鮮俚諺)》《이조이언집(李朝俚諺集)》이 나왔고, 영문으로 된 《Korean Grammatical Form》(James S. Gale, Seoul: Methodist Publishing House, 1903)도 있다. 이것들을 잘 정리해 둔 것이 앞서 소개한 방종현·김사엽 편, 《속담사전》(1958)이다.

● 我鼻三尺(아비삼척) : 내 코가 석자

내 일을 수습하느라 바빠서 남의 사정을 돌아볼 겨를이 없다는 뜻으로 쓰인다. 그런데 이때의 '코'는 실은 '콧물'을 가리킨다. 코의 길이가 석 자라는 것이 자기 일 바쁘다는 말과 연결될 리가 없다. 콧물이 석 자나 빠져 나와 있는 상황이라서 다급하다는 이야기이다. 그래서 정약용(丁若鏞)은 《이담속찬》에서 이 속담을 "아체삼척 하지이감(我涕三尺 何知爾憾)"으로 번역하여 두었다. "내 콧물이 석자나 빠져 있는데 어떻게 네 걱정거리를 알 겨

James S.Gale의 《Korean Grammatical Form》에 실려 있는 속담

- The thief turns on the master with a club. ― 적반하장(賊反荷杖) : 굴복하여야 하는 자가 도리어 남을 제압하려 하는 것을 비유하는 말. 《순오지》
- Use a chicken instead of a pheasant.(To employ an ignorant person instead of one gifted.) ― 치지미포 계가비수(雉之未捕 鷄可備數) ― 꿩 대신 닭. 《이담속찬》
- One hand finds it hard to applaud. ― 고장난명(孤掌難鳴), 독장불명(獨掌不鳴) : 무엇이든지 상대가 없으면 혼자서는 일하기 어렵다는 말. 《이담속찬》, 《순오지》
- Find a place to lie down before you stretch out your feet.(Take note first of conditions before you act.) ― 양금신족(量衾伸足) ― 누울 자리 봐가며 발 뻗는다. 《순오지》
- A tree you can not climb do not bother to look up at.(Do not set your heart on things beyond you.) ― 난상지목물앙(難上之木勿仰), 목난상불가앙(木難上不可仰) ― 오르지 못할 나무는 쳐다보지도 말라. 《송남잡지》, 《앙엽기》
- My cousin sings my song.(Stole my thunder.) ― 아가사창(我歌査唱) : 내 부를 노래를 사돈(査頓) 집에서 부른다 : 자기가 하려고 하는 일을 타인이 앞서서 함. 《동언해》
- The hearing of it becomes a disease, the not hearing a medicine.(What rouses one's anger had better not be heard.) ― 문즉시병 불문시약(聞則是病, 不聞是藥) ― 들으면 병이고 안 들으면 약. 《이담속찬》

를이 있겠는가?"라는 뜻이다.

한자성어 활용의 주의점

성어 가운데 시에서 온 것은 특히 원래 문맥과는 달리 사용되는 예가 많다. 《시경》소아(小雅) 〈학명(鶴鳴)〉편에 나오는 '타산지석(他山之石)'은 대표적인 예이다. 이 말은, 다른 산의 쓸모 없는 돌이라 해도 내 옥을 연마(硏磨)하는 데 쓸모가 있다는 뜻으로, 다른 사람의 잘못된 언행일지라도 자기의 인격을 닦는 데 거울로 삼을 수 있다고(反面敎師로 삼을 수 있다고) 가르치는 말로 쓰인다. 원래 구절은 "즐거운 저 동산에는, 박달나무 심겨 있고, 그 밑에는 닥나무 껍질 있네. 다른 산의 쓸모 없는 돌도, 그것으로 옥을 갈 수 있다네(樂彼之園, 爰有樹檀, 其下維穀. 他山之石, 可以攻玉)이다.

그런데 한(漢)·당(唐)의 옛 주석은, '다른 산의 돌'이란 다른 나라나 다른 족속의 사람을 가리키며, 이 구절은 외국 사람이라도 인재라면 등용할 수 있다는 뜻이라고 풀이하였다. 남송 때 주희(朱熹)의 《시집전(詩集傳)》은 이 시의 돌[石]은 소인을, 옥은 군자를 비유하며, 이 구절은 군자가 소인의 횡포를 견디면서 학덕을 쌓아나가야 함을 이르는 말이라고 하였다. 본래 주희의 해석은 소옹(邵雍)의 설을 기초로 한다. 소옹의 주장은 정자(程子)의 언급 속에 드러나는데, 주희는 다시 정자의 말을 《시집전》 속에 인용하였다. "정자가 말했다. '따스하고 윤나는 옥은 천하의 지극히 아름다운 것이고 거칠고 울퉁불퉁한 돌은 천하의 지극히 못난 것이다. 그러나 두 개의 옥을 서로 갈아서는 좋은 물건이 될 수 없다. 돌로 갈아야 좋은 물건이 될 수 있다. 이것은, 군자가 소인과 함께 있으면서 횡포한 일을 당한 후에야 자신을 닦고 반성하며 두려워하고 피하며 동심인성(動心忍性 : 마음을 분발시키고

性을 절제하여 참게 함)해서 미리 막는 마음을 더욱 다잡음으로써 의리가 생겨나고 도덕이 이루어지는 것과 같다.' 나는 이 말을 소자에게서 들었다."
주희는 이렇게 소옹의 설을 인용하면서도, 〈학명〉편의 앞뒤 문구를 고려하여, '소인도 장점이 있으므로 그것을 나에게 도움이 되도록 해야 한다' 는 뜻으로 풀이하였으니, 남의 단점을 보고 자기에게 반면교사로 이용한다고는 보지 않았다. 명나라 사상가 이지(李贄)의 서한에 나오는 용례를 보면, '타산지석' 은 자기 잘못을 고칠 때 도움이 될 만하거나 거울이 될만한 외부의 힘을 가리켰다. 그렇다면 우리가 아는 뜻은 후대의 용례에서부터 파생된 것이다. 하지만 그것들과 꼭 부합하는 것도 아니다.

어떤 성어는 원전을 무엇으로 보느냐에 따라 뜻이 달라지기도 한다. 이를테면 조삼모사(朝三暮四)는 남을 기만하여 우롱(愚弄)한다는 뜻으로 쓰인다. 그것은 《열자(列子)》〈황제(黃帝)〉편에서, 송나라의 조련사가 원숭이들에게 아침에 도토리(芧) 세 개를 주고 저녁에 네 개 주겠다고 하자 원숭이들이 성을 내므로, 아침에 네 개, 저녁에 세 개를 주겠다고 하자 기뻐하였다는 우언(寓言)에서 나왔다. 이 《열자》란 책은 《장자》에서 영향을 받아 나왔을 가능성이 크다고 하는데, 조삼모사(朝三暮四)의 우언(寓言)도 《장자》〈제물론(齊物論)〉에 나온다. 〈제물론〉에 나오는 조삼모사 우언은 남을 기만한다는 뜻이 아니다. 우리들은 사물에 명칭을 붙인다든가 하는 식으로 사물을 구별하는데, 지나치게 사물을 구별하고 시비(是非)를 가리다 보면, 사물들 사이의 조화를 깨뜨리기 쉽다. 마치 원숭이가 전체 수 칠(七)을 보지 못하고 조삼(朝三)과 조사(朝四)의 차이에 집착하는 것과 같이 말이다. 그러나 원숭이 조련사는 원숭이의 희로(喜怒)를 이용하여, 조사(朝四)가 좋다면 아침에 네 개를 준다. 마찬가지로, 진정한 도를 깨달은 성인은 시비(是非)를 조화하고 자연 그대로 내맡겨둘 따름이라고 장자는 말하였다. 이 맥락에서 보면, 조삼모사(朝三暮四)는 인위적인 분별지식에 구애(拘碍)되지 말라는 경고(警告)의 뜻을 지닌다.

또 우리 속담에서 왔다고 알고 있는 성어 가운데 '화중지병(畵中之餠)'이란 말이 있다. '그림 속의 떡'을 옮긴 한자성어로 아는 사람이 많다. 하지만 이 말은 원래 불교에서 나왔다. 불립문자(不立文字)를 주장하는 선가(禪家)에서 언어문자란 쓸 데 없다는 점을 말하기 위해, 그림 속의 떡은 굶주린 배를 채울 수 없다고 비유로 든 것이다. 《전등록(傳燈錄)》의 향엄지한(香嚴智閑) 조항에 나온다. 그림 속의 떡은 곧 참 진리에 도달하는 것을 방해하는 언어와 문자를 비유한다.

더구나 그간 중국 고전에서 나온 것으로 알고 있었는데 일본에서 만들어진 것도 있다. 일석이조(一石二鳥)나 칠전팔기(七顚八起, 七轉八起) 등이 그 예이다. 일석이조란 말은 일거양득(一擧兩得), 일거이득(一擧二得), 일거양획(一擧兩獲)의 표현을 기초로 일본 사람이 만든 성어이다. 그리고 칠전팔기란 말은 달마(達磨)의 수행 자세를 표현하려고 일본 사람이 고안한 말이다. 사실 칠전팔기는 논리상으로 이상하다. 일곱 번 쓰러져도 일곱 번 일어난다고 해야 맞지, 일곱 번 쓰러져도 여덟 번 일어난다고 한다면 공연히 한 번 더 일어나는 것이 아닌가? 이 말은 아마도 칠전팔도(七顚八倒)를 의식하여 만든 것이리라. 칠전팔도는 몇 번이고 자빠진다거나 세상이 혼란스러움을 뜻한다. 칠(七)과 팔(八)이란 숫자를 사용한 것은 음조 때문이다.

사실, 어문생활에서 궁벽(窮僻)한 성어를 사용하는 일은 말뜻을 심오하게 하거나 맛깔스럽게 하기보다, 의사소통을 방해할 뿐이다.

한문과 품사

한문은 중국 선진(先秦) 시대의 구어에 기초하여 형성된 문장언어(literary

> **한문 분석용어의 대비**
> (1) 語素 : 형태소(morpheme)
>   自由語素 : 자립 형태소   不自由語素 : 의존 형태소
> (2) 詞 : 단어(word)
>   單純詞 : 단순어
>   合成詞 : 합성어 – 複合詞 : 복합어
>   派生詞 : 파생어 – 詞根 : 어근
>   詞綴 : 접사 – 前綴 : 접두사
>   後綴 : 접미사
> (3) 詞組·短語·勒語 : 구(phrase)
>   名詞短語 : 명사구   動詞短語 : 동사구
>   形容詞短語 : 형용사구   數量短語 : 수량구
>   主謂短語 : 주술구   介詞短語·介賓短語 : 전목구
>   固定短語 : 관용구   複指短語 : 동격구(잠정)
> (4) 句·句子 : 문, 문장(sentence)
> (5) 句群 : 문결합(text)

Language)다. 송나라 때의 백화문에 연원을 둔 어록체, 원나라 때의 이문(吏文)에서 유래된 문체, 우리 식으로 변형된 한문도 있지만, '한문'이라고 하면 대개 문장언어를 가리킨다.

중국에서는 한문을 이루는 단위를 '어소(語素)·사(詞)·사조(詞組)·구(句)·구군(句群)'으로 분류한다. 그것은 각각 '형태소(morpheme)·단어(word)·구(phrase)·문장(sentence)·문결합(text)'에 해당한다.

한편 한문 품사의 분류에 대해서는 여러 설이 있다. 대개 명사·동사·형용사·수량사·대사(代詞)·부사·개사(介詞)·접속사〔連詞〕·조사(助詞)·감탄사〔感情詞〕의 10품사로 설정하는 것이 바람직하다.

앞의 넷은 실제 뜻을 표시하므로 실사(實辭: 實詞)라 하고, 뒤의 넷은 실사와 어울려 구를 만들므로 허사(虛辭: 虛詞)라 부른다. 대사와 부사는 뜻을 지니지만 어법 기능이 더 크므로 반실반허사(半實半虛詞)이다.

  실사   → 명사·동사·형용사·수량사
  반실반허사 → 대사·부사
  허사   → 개사·접속사·조사·감탄사

현대 중국어 문법용어 통일 시안(중국언어연구회 1991년 6월 3차 통과)
1. 詞類 : 품사(parts of speech) — 虛辭 : 허사 實辭 : 실사
(1) 名詞 : 명사
　　方位詞 — 방위사 — 단순방위사 · 합성방위사
　　時間詞
　　處所詞
(2) 代詞 : 대체사 — 人稱代詞 : 인칭대체사, 指示代詞 : 지시대체사, 疑問代詞 : 의문대체사
(3) 數詞 : 수사
　　量詞 : 양사 — 數量詞 : 수량사, 動量詞 : 동량사
(4) 動詞 : 동사 — 能願動詞 : 조동사, 趨向動詞 : 추향동사, 及物動詞 : 타동사, 不及物動詞 : 자동사
(5) 形容詞 : 형용사
(6) 副詞 : 부사
(7) 介詞 : 전치사
(8) 連詞 : 접속사
(9) 助詞 : 조사 — 構造助詞 : 구조조사, 動態助詞 : 동태조사, 語氣助詞 : 어기조사
(10) 嘆詞 : 감탄사
(11) 擬聲詞 : 의성사
2. 句子成分 : 문장성분(sentence component)
(1) 主語 : 주어 (2) 謂語 : 술어 (3) 賓語 : 목적어 (4) 定語 : 관형어 (5) 狀語 : 부사어
(6) 補語 : 보어 — 結果補語 : 결과보어 趨向補語 : 추향보어, 程度補語 : 정도보어
　　　　　　可能補語 : 가능보어, 數量補語 : 수량보어(수량사 · 동량사)
　　　　　　介詞短語補語 : 전치사구보어
(7) 獨立成分 : 독립성분
(8) 句子成分 : 문장성분

실사와 허사의 융통성

한문에서 실사와 허사는 본래의 기능 범위를 뛰어넘어 임시로 다른 기능에 충당되기도 하고, 다른 품사의 단어들이 지니는 어법 기능을 획득하기도 한다. 예를 들어 '衣'는 '옷'이란 명사이되, '(옷을) 입다'라는 동사로도 쓰인다. 또 '手'는 '손'이란 명사이되, '(물건을) 잡는다'라는 동사, 혹은 '손수'라는 뜻의 부사로도 쓰인다. '一'은 '하나'라는 뜻의 수사이지만, '하나로 통일하다'라는 동사로도 쓰인다.

〈참고 : 선진어법의 품사〉 易孟醇,《先秦語法》, 湖南教育出版社, 1989.

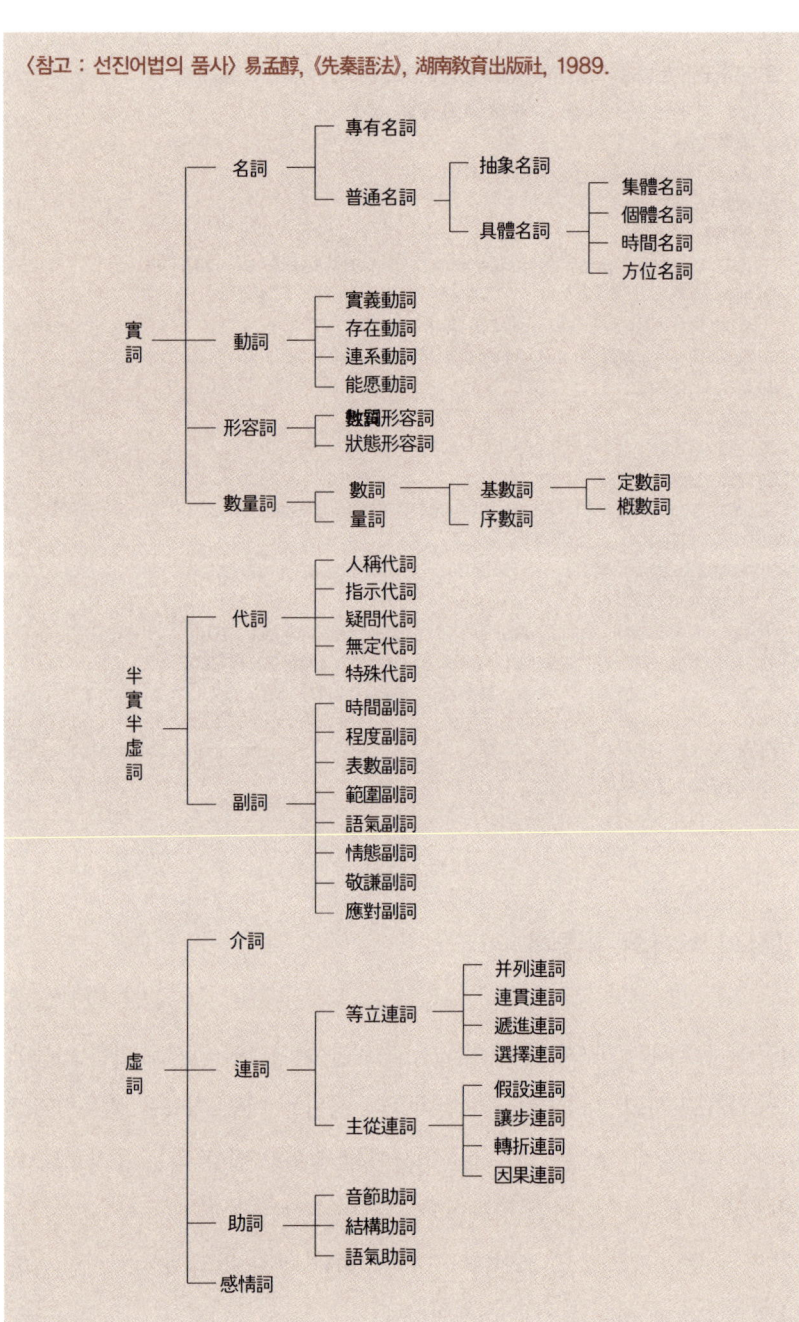

품사의 활용은 실사에서 주로 나타난다. 명사가 동사로, 수사가 동사로, 명사가 부사어로 쓰이거나, 자동사가 사역동사나 판단동사로 쓰인다(예1).

또한 허사는 사용 빈도가 높고 용법도 복잡하다. 허사는 발음이 가까우면 서로 통용될 수 있다. 이를테면 보통 '也'는 긍정의 어기를 표시하고 '邪(야)'는 의문의 어기를 표시하지만 서로 통용된다. 또 하나의 허사가 여러 가지 용법을 지닐 수 있다(예2).

[예1] 五年冬十月, 雷. 桃李華. 棗實 — 혜제(惠帝) 5년 겨울 시월에 낙뢰가 있었다. 복숭아와 자두가 꽃 피고, 대추가 열매를 맺었다. 《漢書》〈惠帝紀〉

* '雷(뇌)'는 술어로 '천둥치다'의 뜻이다. '桃李華(도리화)'와 '棗實(조실)'에서 '華'와 '實'은 술어로 '개화하다'와 '열매맺다'의 뜻이다.

嫂蛇行匍伏, 四拜, 自跪而謝. — 소진(蘇秦)의 형수가 구불구불 기어 네 번 절하고 스스로 무릎꿇고서 사과하였다. 《戰國策》〈秦策〉

老吾老以及人之老. — 나의 노인(어른)을 받들어서 다른 사람의 노인(어른)에게까지 미친다. 《孟子》〈梁惠王·上〉

*뒤의 두 '老'는 '노인(어른)'이란 뜻의 명사로 바뀌었다.

"吾在難中, 此乃子之報怨時也, 何故逃我?" — 〔자고(子羔)가 위(衛)나라로부터 도망하면서, 이전에 자신의 법령 집행으로 발꿈치 잘리는 형벌을 당하였던 문지기가 자신을 도피할 수 있게 해 주자, 이렇게 물었다.〕 "내가 재난 중에 있으니 이는 그대가 원수를 갚을 때이거늘, 어째서 나를 도피시켜 주는가?" 《說苑》〈至公〉

*동사 '逃'는 목적어 '我'로 하여금 '逃'라는 행위를 낳게 한다.

孔子登東山而小魯, 登太山而小天下. — 공자가 동산에 올라서는 노나라를 작다 여기시고, 태산에 올라서는 천하를 작다 여기셨다. 《孟子》〈盡心·上〉

[예2] 於·于: 처소나 방향, 시간, 대상, 피동, 비교 등을 나타낼 때 주로 사용되는 전치사로서, 보통 '~에' '~에서' '~으로' '~에 대하여' '~에게' '~에게서' '~보다' 등으로 새긴다.

孔子生於周末. — 공자는 주나라 말기에 태어났다.

千里之行, 始于足下. — 천리길은 첫걸음부터 시작된다. 《老子》64장

移其民於河東. — 그 백성들을 하동 땅으로 옮기다. 《孟子》〈梁惠王·上〉

聲聞于天. — 학의 울음소리가 하늘에 들린다. 《詩經》小雅〈鶴鳴〉

忠言逆耳利于行, 良藥苦口利于病. — 충심에서 하는 권고는 귀에 거슬리지만 행하는 데 도움이 된다. 좋은 약은 입에 쓰지만 병을 고치는 데 도움이 된다.《史記》〈留侯世家〉

先發制人, 後發制于人. — 먼저 발동하면 적을 제압하고 남보다 늦게 발동하면 남에게 제압된다. 《史記》〈項籍傳〉

勞心者治人, 勞力者治於人. — 마음(정신)을 쓰는 자는 남을 다스리고, 힘을 쓰는 사람은 남에게 다스림을 받는다. 《孟子》〈滕文公·上〉

業精于勤. — 학문의 정진은 근면에서 비롯된다. 〈韓愈〈進學解〉〉

於我如浮雲. — 나에게는 뜬구름과 같다. 《論語》〈述而〉

霜葉紅於二月花. — 서리맞은 단풍잎이 이월 꽃보다 더 붉다. 〈杜牧〈山行〉〉

苛政猛於虎. — 가혹한 정치는 호랑이보다 사납다. 《禮記》〈檀弓·下〉

한문의 품사와 활용

한문의 10개 품사를 특히 활용의 면에 주의해서 살펴보면 다음과 같다.

1. 명사

명사로의 품사 전성 : 동사나 형용사는 '之'와 '其'의 뒤, 타동사의 뒤, 수사의 뒤, '以'의 뒤에서 명사처럼 쓰인다.

[예] 君子道其常, 小人道其怪. — 군자는 불변의 도를 말하고 소인은 괴상한 것을 말한다. 《荀子》〈天論〉

易彰往而察來. — 《역》이라는 것은 과거 일을 분명하게 밝혀 미래를 살피는 것이다. 《易》〈繫辭·下〉

一貴一賤, 交情乃見. — 한 번 귀함과 한 번 천함으로(귀했다가 천해지면) 교제

의 실정이 드러난다. 《史記》〈汲鄭列傳〉)

無以巧勝人, 無以謨勝人, 無以戰勝人. — 계교(計巧)로 남을 이기지 말고, 꾀로 남을 이기지 말며, 싸움으로 남을 이기지 말라. 《莊子》〈徐無鬼〉)

시간사와 방위사 : 日·月·歲 등은 동사 앞에 놓여 동작의 계속을 표시한다(예1). 시간사는 者와 결합할 수 있다(예2).

[예 1] 日知其所亡, 且無忘其所能. — 알지 못했던 것을 나날이 깨우치고, 능히 할 수 있는 바를 다달이 잊지 않는다. 《論語》〈子張〉)

湯之盤銘曰: "苟日新, 日日新, 又日新" — 탕왕의 반명에 이르길, "진실로 하루가 새로울 수 있거든 날마다 새롭게 하고 또 날마다 새롭게 하라"고 했다. 《大學》)

良庖歲更刀, 割也. 族庖且更刀, 折也. — 훌륭한 백정은 해마다 칼을 바꾸니, (고기를) 여며내기 때문이다. 보통의 백정은 달마다 칼을 바꾸니, (고기를) 끊기 때문이다. 《莊子》〈養生主〉)

[예 2] 古者言之不出, 恥躬之不逮也. — 옛날에 말을 함부로 내지 않은 것은 몸이 미치지 않음을 부끄러워했기 때문이다. 《論語》〈里仁〉)

2. 동사

동사는 사람과 사물의 동작, 변화와 기타 활동을 표시한다.

- **자동사** : 동작과 변화를 나타내되 사물을 대상으로 삼지 않는 동사.
- **타동사** : 동작과 지각 활동을 나타내며 사물을 대상으로 삼는 동사.
- **사역동사** : 사물을 어떠어떠하게 만드는 품사.
- **판단동사** : 성질·판단·시비·유무·이동(異同)을 나타낸다. 불완전동사, 동동사(同動詞), linking verb라고도 부른다. 謂·目·是·爲·非·似·著·如·不如·有·無 등 판단을 표시하는 동사.
- **조동사** : 동사 앞에서 가능(可·能·足), 필요(得·宜·須), 바람(願·欲·肯) 등의 뜻을 표시한다. 능원(能願)동사라고도 부른다.

동사로의 품사 전성 : 명사는 전치사 於나 종결사 焉 앞에서 자동사로 될 수 있다. 於가 생략되어도 앞의 명사가 동사로 쓰일 수 있다(예1). 명사·형용사는 대명사 앞에서 동사가 될 수 있다(예2). 한편 품사 전성은 아니지만, 타동사 뒤에 목적어가 없으면 그 동사는 피동성을 지닌다(예3).

[예 1] 唐人旣滅百濟, 螢於泗沘之丘. — 당나라 사람들이 백제를 멸망시키고서 사비의 언덕에 진영을 두었다. 《三國史記》列傳〈金庾信〉中

項王軍壁垓下. — 항왕의 군대가 해하에 벽을 쌓았다. 《史記》〈項羽本紀〉

[예 2] 友其士之仁者. — 선비 가운데 어진 자를 벗삼다. 《論語》〈衛靈公〉

友也者, 友其德也. 不可以有挾也. — 벗을 사귄다는 것은 그 덕을 벗하는 것이니, 젠 체 함이 있어서는 안 된다. 《孟子》〈萬章·下〉

[예 3] 人固不易知, 知人亦未易也. — 사람은 정말 남에게 알려지기 어렵고, 남을 아는 것도 또한 어렵다. 《史記》〈范雎列傳〉

판단동사(불완전동사·동동사) : 是는 판단동사로 쓰이는데, 계사(繫詞)로 보기도 한다. 爲·乃·則도 판단의 작용을 할 때가 있다(예1). 두 형용사 사이에 있는 則은 긍정작용을 한다(예2).

[예 1] 子爲誰? — 그대는 누구인가? 《論語》〈微子〉

[예 2] 多則多矣, 抑君似鼠. — (공적이) 많기는 많지만, 왕은 쥐새끼 같습니다. 《左傳》襄公 23년

조동사[能願動詞] : 명사가 可·能·欲 뒤에 오면 동사가 될 수 있다(예1). 또 능원사는 다른 품사와 연용할 수 있다(예2).

[예 1] 道可道…名可名…. — 도를 도라고 할 수 있으면… 이름을 이름할 수 있다면…. 《老子》〈上篇〉

[예 2] 御史張湯, 智足以拒諫, 詐足以飾非. — 어사 장탕은 꾀로는 간쟁을 막을 수 있고 속임수로는 잘못을 그럴싸하게 꾸밀 수 있었다. 《史記》〈汲鄭列傳〉

3. 형용사

형용사는 형상이나 성질을 나타낸다. 주로 관형어나 묘사구의 표어(表語: 즉 술어)로 사용되고, 부사어로도 쓰인다.

- 형상의 표시 : 紅·白·狹·廣·厚·薄 등.
- 성질의 표시 : 智·愚·難·易·賢·不肖·賢貞·謹厚 등.

보통명사들이 서로 연결되거나 동사와 명사가 연결될 때 앞의 것이 형용사 역할을 할 수 있다(예1). 목적어가 없는 타동사에 可·難·易가 붙으면 형용사 성질을 띤다(예2).

[예 1] 割鷄焉用牛刀? — 닭 베는 데 어찌 소잡는 칼을 쓰랴?《論語》〈陽貨〉

[예 2] 夫功者, 難成而易敗. — 무릇 공이란 것은 이루기는 어려워도 어그러지기는 쉽다.《史記》〈淮陰侯列傳〉

4. 수사

복수의 물량을 표시하는 수사는 명사 뒤에 오고, 동량(動量: 횟수)을 표시하는 수사는 동사 앞에 온다(예1). 一이 생략되고 양사가 단독으로 명사 앞에 올 수 있다(예2). 거듭이라는 뜻을 표시하는 수사는 再를 사용한다(예3). 一은 동사 앞에서 시간을 나타낸다(예4).

[예 1] 吏二縛一人詣王. — 관리 두 명이 한 사람을 잡아서 왕에게 데려갔다.《晏子春秋》〈內篇·雜下〉

五就湯五就桀者, 伊尹也. — 탕(湯) 임금에게 다섯 번 나아가고 걸(桀) 임금에게 다섯 번 나아간 사람이 이윤이다.《孟子》〈告子·下〉

[예 2] 斗酒相娛樂, 聊厚不爲薄. — 한 말 술로 즐겨서, 후하게 대하지 박대하지 않으련다.《文選》〈古詩十九首〉

[예 3] 季文子三思而後行, 子聞之曰: "再斯可矣." — 계문자가 세 번 생각한 뒤

에 행동을 하자 공자께서 듣고서 "두 번이면 된다"고 말씀하셨다. 《論語》〈公冶長〉

[예 4] 一正君而國定矣. — 한 번 임금이 바르게 되면 나라가 굳건해진다. 《孟子》〈離婁·上〉

此鳥不飛則已, 一飛冲天, 不鳴則已, 一鳴驚人. — 이 새가 날지 않으면 그만이지만 한 번 날면 하늘을 찌를 것이고, 울지 않으면 그만이지만 한 번 울면 사람을 놀라게 할 것이다. 《史記》〈滑稽列傳〉; 〈楚世家〉

5. 대사(代詞)

대사는 명사·동사·형용사·수사를 대체한다.

- 인칭대사 : 사람이나 사물의 명칭을 대신한다.
  1인칭 : 吾·我·余·子 등. 2인칭 : 汝·爾·若·乃 등. 3인칭 : 之·其·彼·夫 등.

- 지시대사 : 사람이나 사물을 지시한다. 然 같이 동사를 대신하는 것도 있다. 의문대사가 형용사나 수사를 대신하기도 한다.

- 의문대사 : 사람을 묻는 것(誰·孰 등)과 행동이나 정태를 묻는 것(何·焉·胡·如何 등)이 있다.

인칭대사 吾는 항상 동사 앞에 쓰이고, 我는 동사 뒤에 주로 쓰인다(예1). 명사의 소유자를 대신할 때는 吾를 많이 쓴다(예2). 한편 之는 동작의 대상을 대신하여 동사나 목적어 뒤에 위치한다(예3). 그리고 自는 반드시 동사 앞에, 己는 동사 앞이나 뒤에 쓰인다(예4). 所와 有·無는 서로 연결되어 불특정의 것을 지칭한다(예5).

[예 1] 夫何使我至於此極也? — 어찌 나를 이렇게 극한 상황에 이르게 하였는가? 《孟子》〈梁惠王·下〉

[예 2] 吾王庶幾無疾病與! — 우리 왕이 병이 없으신가 보다! 《孟子》〈梁惠王·下〉

[예 3] 趙太后新用事, 秦急攻之. — 조태후가 수렴청정을 하자 진나라가 급히 조

나라를 공격하였다. 《戰國策》〈趙策〉)

[예 4] (田光)遂自刎而死. — (전광은) 드디어 스스로 목을 베어 죽었다. 《史記》〈刺客列傳〉)

夫仁者, 己欲立, 而立人, 己欲達, 而達人. — 무릇 仁이라는 것은 자기가 서고자 하면 남을 세우고 자기가 현달하고자 하면 남을 현달케 하는 것이다. 《論語》〈雍也〉)

人一能之, 己百之. 人十能之, 己千之. — 남들이 한 번에 능히 할 수 있다면 (모자라는) 나는 백 번에라도 행하고, 남들이 열 번에 능히 할 수 있다면 (모자라는) 나는 천 번에라도 행한다. 《中庸》)

彼一時也, 此一時也. — 그때는 그때, 이때는 이때다. 《孟子》〈公孫丑·下〉)

[예 5] 荊軻有所待, 欲與俱. — 형가는 기다리는 사람이 있어 함께 하기를 원했다. 《史記》〈刺客列傳〉)

若克己私, 廓然至公, 涵育渾全, 而理之具於性者, 無所壅蔽. — 만약 자신의 사사로움을 극복하여 확연히 공정하며, 푹 담그듯 하여 길러서 혼연한 전체를 이루게 된다면, 性에 갖추어진 理라는 것이 막히거나 가려질 것이 없다. (金時習《梅月堂集》)

6. 부사

부사는 동사나 형용사, 혹은 다른 부사를 수식한다.

- **정도부사** : 極·最·尤·甚·彌·頗·差 등. 형용사를 수식하고, 愛·敬 등과 같이 심리 활동을 표시하는 동사도 수식한다.
- **범위부사** : 皆·偏·獨·徒·惟·僅·亦·猶·極 등.
- **시간부사** : 方·旣·將·寖·屢·今·昔 등.
- **부정부사** : 弗·未·莫·勿·無·非 등.

명사와 동사가 주술관계가 아닐 때 명사는 부사에 가까운 기능을 한다(예1). 두 동사가 뜻으로 이어져 있지 않을 때 앞의 것이 부사에 가까운 기능을 한다(예2). 부사가 명사의 앞에 놓여 판단 작용을 겸할 때가 있다(예3).

[예 1] 豕<u>人</u>立而啼. — 돼지가 사람처럼 서서 운다. 《左傳》莊公 八年
　　　　秦稍<u>蠶</u>食諸侯, <u>且</u>至<u>於</u>燕. — 진나라가 제후들을 잠식해 가서 장차 연나라 까지 이를 참이었다. 《史記》〈刺客列傳〉

[예 2] 論安言計, <u>動</u>引聖人. — 안정의 계책을 논하면서 걸핏하면 성인의 말을 인용한다. 《諸葛亮集》〈後出師表〉

[예 3] 子<u>誠</u>齊人也. 知有管仲晏子而已矣. — 그대는 정말로 제나라 사람이로다. 관중과 안자 밖에 모르다니! 《孟子》〈公孫丑 · 上〉

7. 개사

개사는 명사나 대사 또는 명사성 어구 앞에 놓여 그 앞에 서술어로 쓰인 동사나 형용사에 동작 · 행위 · 처소 · 시간 · 대상 · 방향 · 원인 등을 나타내 주고, 명사와 명사 사이에 놓여 그 둘을 소유나 수식관계로 맺어준다.

- 시지개사(時地介詞) : 於 · 在 · 自 · 向 등.
- 원인개사(原因介詞) : 以 · 因 · 緣 등.
- 방식개사(方式介詞) : 爲 · 用 · 與 · 比 등.
- 영속개사(領屬介詞) : 之

'在~'가 처소를 나타낼 때는 처소를 나타내는 명사나 명사상당어구 앞에 위치한다. 於는 동사 뒤에 온다(예1). 於가 시간을 표시할 때는 동사의 앞과 뒤에 올 수 있고, '以~'는 반드시 동사 앞에 온다(예2). 피동문에서 '爲~'는 동사 앞에 오고 '於~'는 동사 뒤에 온다(예3).

[예 1] 子<u>在</u>齊聞韶, 三月不知肉味. — 공자께서 제나라에 계실 때 소악(고전음악)을 들으시고 석 달간 고기맛을 잊으셨다. 《論語》〈述而〉
　　　　亮見孫權<u>於</u>柴桑. — 제갈량(諸葛亮)이 시상에서 손권(孫權)을 만나보았다. 《通鑑》〈赤壁之戰〉

[예 2] 子<u>於</u>是日, 哭則不歌. — 공자께서 이 날에 곡을 하시면 노래를 부르지 않으셨다. 《論語》〈述而〉

齊以甲戌饗之. — 제나라는 갑술에 그를 흠향했다. 《史記》〈齊世家〉

[예 3] 不爲酒困. — (공자는) 술 때문에 곤하게 되지 않으셨다. 《論語》〈子罕〉

通者常制人, 窮者常制於人. — 출세한 자는 항상 사람을 다스리고 궁색한 자는 항상 사람에게 다스림을 당한다. 《荀子》〈榮辱〉

한편 '於~'가 대상을 표시할 때('~에게')는 동사의 앞이나 뒤에 올 수 있고, 말미암은 바를 표시할 때는 동사 뒤에 둔다. '自~(로부터)'는 동사 앞에 둔다(예4).

[예 4] 四境之內, 莫不有求於王. — 사방 국경 안에서 왕에게 구하지 않는 바가 없다. 《戰國策》〈齊策〉

司馬長卿竊資於卓氏. — 사마장경(사마상여)이 탁씨에게서 자산을 훔쳤다. 《漢書》〈楊雄傳〉

吾自衛反魯, 然後樂正, 雅頌各得其所. — 내〔공자가 스스로를 가리킨 말〕가 위나라로부터 노나라로 돌아온 후에 음악이 바르게 되고 아(雅)·송(頌)이 각각 제자리를 찾았다. 《論語》〈子罕〉

之의 쓰임

'之'는 허사와 실사로 모두 쓰이고, 허사로서의 용법도 다양하다.

① '가다'라는 뜻의 동사
 [예] 牛何之? —그 소는 어디로 가는 것인가?

② 사람이나 사물을 가리키는 대사
 [예] 孰能禦之? —누가 그것을 막을 수 있겠는가?
  以羊易之 —양으로써 그것을 바꾸다.

③ 수식어와 피수식어 사이에 위치하는 영속개사
 [예] 忌兄之心 —형을 꺼리는 마음.

④ 주어와 서술어를 연결하여 그 문장을 포유문으로 만드는 영속개사
 [예] 不登高山, 不知天之高也. —높은 산에 오르지 않으면 하늘이 높은 줄을 알지 못한다.

⑤ 도치문에 쓰이는 대사
 [예] 唯利之見. —오직 이익만을 보다.
  何難之有? —무슨 어려움이 있겠는가?

⑥ 어기를 부드럽게 해 주는 조사
 [예] 邇之事父, 遠之事君. —가깝게는 부모를 섬기고 멀게는 임금을 섬기다.
  久之 —오래 있다가.

8. 접속사[連詞]

접속사는 두 개 이상의 단어, 어휘, 문장을 연결하는 데 쓰인다.

- 연합접속사[聯合連詞] : 병렬을 표시하는 與·且, 선택을 표시하는 或·抑, 전절(轉折)을 표시하는 然·顧, 점층을 표시하는 況·且 등.
- 편정접속사[偏正連詞] : 양보를 표시하는 雖·縱, 인과를 표시하는 以·故, 가설을 표시하는 使·令, 조건을 표시하는 若·如, 순접과 시간을 표시하는 則·遂, 병렬과 역접을 표시하는 而.

與와 及은 두 개의 명사나 대사를 병렬관계로 맺는다. 만일 두 형용사나 두 동사 사이에 與가 있으면 앞뒤 단어는 명사 같이 쓰인다(예1). 而·以·且는 두 개의 형용사를 병렬로 연결한다. 이때 而와 以는 두 개의 동사를 주종관계로 이어주는데 비하여, 且는 두 개의 동사를 점층 관계로 잇는다. 而는 두 어휘를 병렬로도 연결한다(예2).

[예 1] 是日曷喪? 予及汝偕亡! — 이 해는 언제 없어질까? 나와 네가 함께 망하자!《書經》〈湯誓〉

富與貴, 是人之所欲也. — 부와 귀, 이것은 사람이 바라는 바이다.《論語》〈里仁〉

[예 2] 臨淄甚富而實. — 임치는 아주 부유하고 실하다《戰國策》〈齊策〉

其愛心感者, 其聲和以柔. — 사랑하는 마음에서 슬퍼하는 자는 그 소리가 온화하고 부드럽다.《禮記》〈樂記〉

(鵬)怒而飛, 其翼若垂天之雲. — 대붕이 불끈해서 날면, 그 날개가 하늘에 드리운(가득한) 구름과 같다.《莊子》〈逍遙遊〉

發憤忘食, 樂以忘憂. — 발분하면 먹을 것도 잊고, 즐거워해서 근심을 잊는다.《論語》〈述而〉

百工之事, 固不可耕且爲也. — 백공(수공업·공업)의 일이란, 원래 밭 갈면서(동시에) 할 수가 없다.《孟子》〈滕文公·上〉

乃引其匕首以擿秦王. — 이에 비수를 뽑아 진왕을 쳤다.《史記》〈刺客列傳〉

9. 조사

조사는 여러 가지 어기를 표현한다. 어조사 혹은 어기사(語氣詞)라고도 부른다.

- 진술조사 : 也·矣·耳·焉 등.
- 의문조사 : 乎·歟·耶·也·哉 등.
- 제돈조사(提頓助詞) : 제시와 멈춤의 기능을 하는 '者'와 '也' 등.
- 기타 : 기사(祈使: 청원과 사역)·추측(推測)·감탄(感歎)의 뜻을 지닌 조사.

也는 단정을 나타내되, 정감을 지니거나 과장이 있을 수 있다. 矣는 실제 상황이 이미 이루어졌거나 이론상 필연임을 표시한다. 耳는 제한의 어기를 표시한다. 문장 끝의 焉은 '於是' 혹은 '於之'를 대신하거나 단독으로 '之'의 작용을 한다(예1).

[예 1] 直不百步耳, 是亦走也. ― 단지 백 보가 아닐 따름이지, 이 또한 도망친 것이다. 《孟子》〈梁惠王·上〉

今王與民同樂, 則王矣. ― 지금 왕이 백성과 더불어 즐거움을 같이 하신다면 왕노릇을 제대로 하시는 것입니다. 《孟子》〈梁惠王·上〉

歌者與聽者, 不能無交有益焉. ― 노래하는 사람이나 듣는 사람이나 서로 이익됨이 없을 수 없다. (李滉〈陶山十二曲跋〉)

乎·歟·耶는 의문, 也와 哉는 질문에 쓰인다. 乎·歟·耶는 선택하는 질문, 乎·與·歟·耶·也는 추측에 쓰일 수 있다(예2).

[예 2] 不知周之夢爲胡蝶與? 胡蝶之夢爲周與? ― 장주가 꿈에 나비가 되었는지, 나비가 꿈에 장주가 되었는지 모르겠다. 《莊子》〈齊物論〉

所謂天道, 是邪? 非邪? ― 이른바 천도라는 것이 과연 옳은 것인가? 그른 것인가? 《史記》〈伯夷列傳〉

道不行, 乘桴浮于海, 從我者其由與? ― 도가 행해지지 않는다면 뗏목을 타고 바다에 나갈 터인데 나를 따를 자는 由이겠지? 《論語》〈公冶長〉

제돈조사 가운데 제시(提示) 조사는 한 번 머무르고 다시 아래 문장을 이끄는데, '者'가 주로 사용된다. 정돈(停頓) 조사는 문장을 일단 멈추게 하는데, 也·乎·焉·兮 등이 사용된다(예3).

[예 3] 所謂誠其意者, 毋自欺也. ― 이른바 그 뜻을 정성스럽게 한다는 것은 자신을 속이지 않는 것이다. 《大學》
人不堪其憂, 回也不改其樂. ― 다른 사람은 그 근심을 감당해내지 못하나, 안회는 그 즐거움을 변치 않는다. 《論語》〈雍也〉
吾生也有涯, 而知也無涯. ― 나의 삶은 끝이 있거늘 지식의 대상은 끝이 없다. 《莊子》〈養生主〉

10. 감탄사 (부: 응답사)

감탄사는 경이·감개·분노·비통·찬탄·경멸의 뜻을 나타낸다(예1). 응답사 唯(유)는 진술·의문을 이어 받는 응답에, 諾(낙)은 명령·의논의 응답에 사용된다(예2).

[예 1] 其妻曰: "嘻! 子毋讀書遊說, 安得此辱乎?" ― 그 아내가 말하였다. "가엾어라! 당신께서 글을 읽어 유세하지 않으셨다면 어찌 이런 욕된 일을 당하겠습니까?"《史記》〈張儀列傳〉
[예 2] 子曰: "參乎! 吾道一以貫之." 曾子曰: "唯." ― 공자께서 "증삼아, 나의 도는 하나로 꿰어 있다" 하시자, 증자가 "예"라고 하였다. 《論語》〈里仁〉

읽어 볼 책과 사전

(1) 고사성어 강의
- 이복규, 《옛날이야기로 배우는 한자 · 한문》, 대원미디어, 1998.
- 한형조, 《중고생을 위한 한형조 선생의 고사성어 강의》, 통나무, 1997.
- 이한 지음, 유동환 옮김, 《몽구 : 지혜로 두드리는 인생의 아홉 가지 문》, 홍익출판사, 1996.
- 황의열, 《(오늘을 사는 옛 지혜) 고사와 성어》, 경상대학교 출판부, 2004.
- 井波律子(이나미 리쓰코) 저, 이동철 · 박은희 옮김, 《고사성어로 읽는 중국사 이야기》, 민음사, 2007.

(2) 성어 사전
- 김성일, 《故事成語 大辭典》, 시대의 창, 2013.
- 權重求, 《漢文大綱》, 보고사, 2011(復刊).
- 湖北大學語言硏究室, 《漢語成語大詞典》, 河南出版社, 1985.
- 何長鳳 主編, 《古代格言辭典》, 貴州人民出版社, 1988.
- 《中國成語大辭典》, 上海辭書出版社, 1987.
- 《彩圖成語詞典》, 上海辭書出版社, 1988(1), 1994(14次印刷).

(3) 한문문법
- 포선순(鮑善淳)저, 심경호 역, 《한문을 어떻게 읽을 것인가》, 이회문화사, 1992(1)/ 2002(2) / 鮑善淳, 《怎樣閱讀古文》, 上海古籍出版社, 1982.

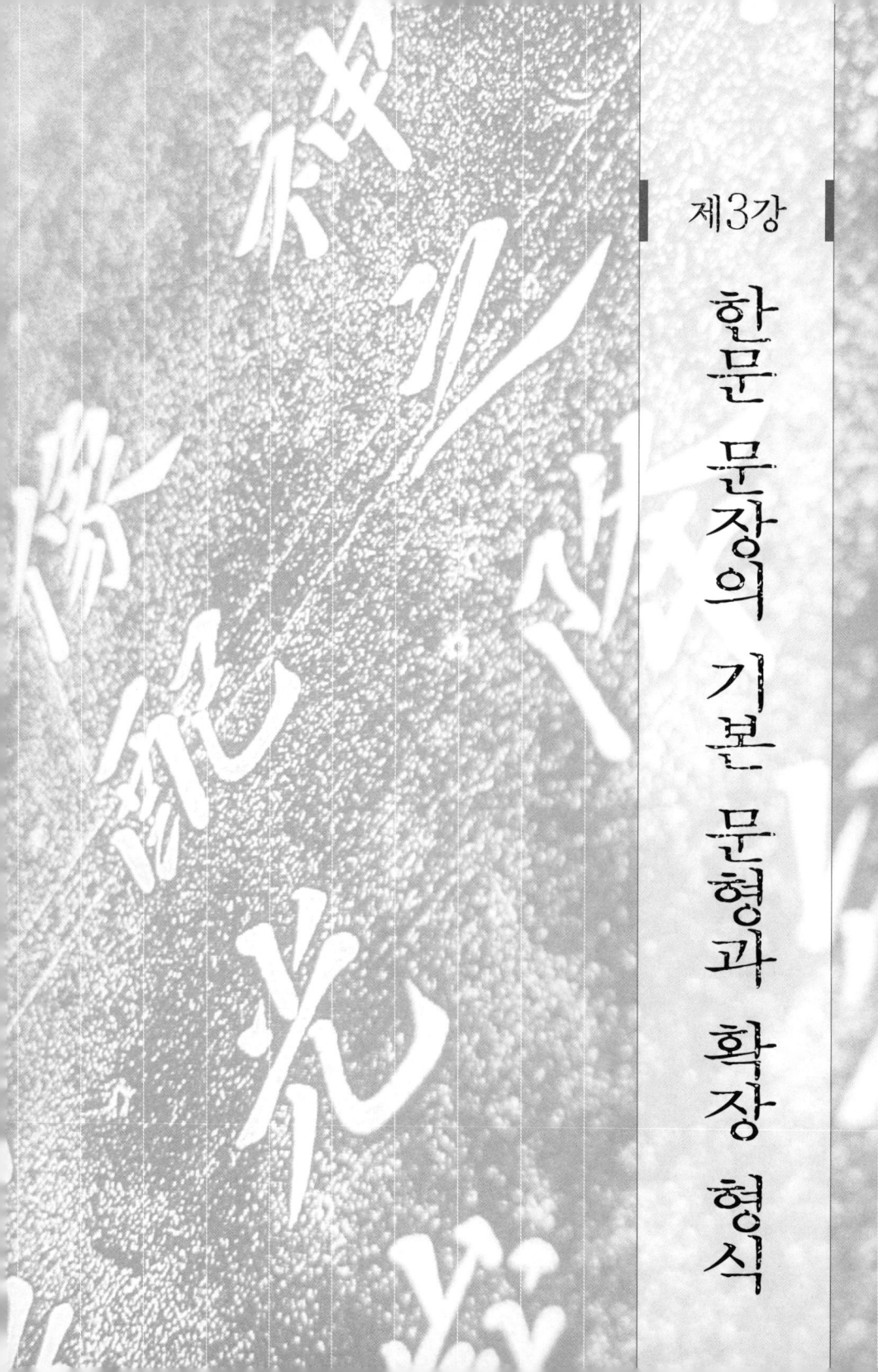

제3강
한문 문장의 기본 문형과 확장 형식

한문 문장의 성분

한문의 여러 문장에서 같은 위치에 놓이고 같은 작용을 하는 것을 문장성분이라 부른다. 문장성분에 충당되는 것은 실사와 반실반허사(대체사·부사)이다. 허사는 원래 문장성분이 될 수 없지만, 때때로 독립성분으로 쓰인다. 중국학자는 선진 한어의 문장성분으로 주어·위어(즉 술어)·빈어(목적어)·정어(즉 관형어)·상어(즉 부사어)를 꼽는다. 크게 보면 한문 문장은 주어와 술어(중국에서는 謂語)가 중심이 된다. 여기에 수식 성분인 관형어(중국에서는 定語)와 부사어(중국에서는 狀語)가 붙거나, 술어의 뒤에 보충성분인 보어(補語)가 오기도 한다.

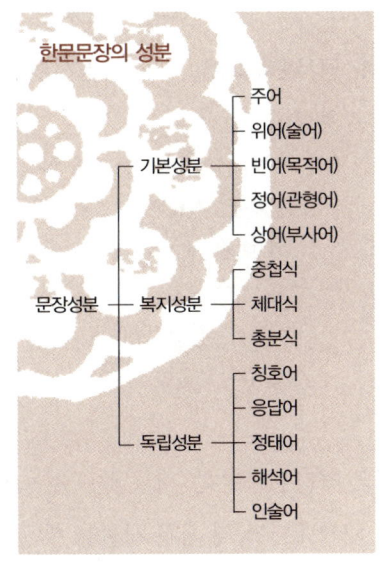

[예] <u>孟子</u> <u>見</u> <u>梁惠王</u>. 《孟子》〈梁惠王·上〉
　　 주어　술어동사　목적어

　　 <u>船</u> <u>往</u> <u>如箭</u>. 《資治通鑑》〈赤壁之戰〉
　　 주어　술어동사　보어

한문 문장의 기본 형식

한문 문장은 단문과 복문으로 나뉘며, 복문은 다시 병렬문〔重文〕과 주종복합문〔複文〕으로 나뉜다. 단문의 형식은 서술어의 성질, 행위의 주체, 화자와 청자에 대한 의향, 화자의 심리적 태도 등을 기준으로 세분할 수 있다.

1. **평서문(平敍文)** : 사물이나 사실을 있는 그대로 서술하거나 묘사하는 문장 형식이다.
   [예] 溫故而知新. — 옛 것을 익혀서 새로운 것을 안다. 《論語》〈爲政〉
   愛人者, 人恒愛之. — 남을 사랑하는 사람은 남이 항상 그를 사랑한다. 《孟子》〈離婁·下〉
   仁, 人之安宅也. — 인은 사람의 편안한 집이다. 《孟子》〈公孫丑·上〉
   三人行, 必有我師焉. — 세 사람이 길을 가면 반드시 그 가운데에 나의 스승이 있다. 《論語》〈述而〉

2. **부정문(否定文)** : 不·非·弗·莫·未 등의 부정사를 사용하여 어떤 동작이나 상태 혹은 사물을 부정하는 뜻을 나타낸다(예1). 無不·莫不·未嘗不·不可不 등 부정사를 겹쳐 쓴 이중부정은 강조 또는 강한 긍정을 나타낸다(예2). 부정사가 한정이나 조건을 나타내는 부사와 함께 쓰일 때에는 그 부사의 위치에 따라 부분부정 또는 강한 전체부정의 뜻을 나

타낸다(예3).

[예 1] 樹欲靜而風不止, 子欲養而親不待也. — 나무는 고요히 있고자 하나 바람이 그치지 않고 자식이 부모를 봉양하고자 하나 부모는 기다리지 않는다. 《韓詩外傳》

無惻隱之心, 非人也. — 측은지심이 없으면 사람이 아니다. 《孟子》〈公孫丑·上〉

存乎人者, 莫良於眸子. — 사람에게 있는 것 중에 눈동자보다 진실된 것이 없다. 《孟子》〈離婁·上〉

曠安宅而弗居. — 편안한 집(仁을 비유)을 비워 두고 살지 않는다. 《孟子》〈離婁·上〉

[예 2] 人莫不飮食也, 鮮能知味也. — 사람이 마시고 먹지 않는 이가 없으나, 제대로 맛을 아는 사람은 드물다. 《中庸》

[예 3] 有德者, 必有言, 有言者, 不必有德. — 덕이 있는 사람은 반드시 말을 잘하지만, 말을 잘하는 사람이 반드시 덕이 있는 것은 아니다. 《論語》〈憲問〉

千里馬常有, 而伯樂不常有. — 천리마는 항상 있지만 백락은 항상 있는 것이 아니다. 《韓愈》〈雜說〉

3. **금지문(禁止文)**: 금지의 뜻을 나타내는 형식이다. 勿·莫·毋·無·不 등의 금지사를 사용한다.

[예] 過則勿憚改. — 잘못이 있으면 고치기를 꺼리지 말라. 《論語》〈學而〉

非禮勿視, 非禮勿聽. — 예가 아니면 보지 말고, 예가 아니면 듣지 말라. 《論語》〈顔淵〉

不患人之不己知. — 남이 자신을 알아주지 않음을 근심하지 말라. 《論語》〈學而〉

無欲速, 無見小利! 欲速, 則不達. 見小利, 則大事不成. — 일을 빨리 하려고 하지 말고 작은 이익을 돌아보지 마라! 빨리 하려 하면 목적을 달성하지 못하고, 작은 이익을 돌아보면 큰 일을 이루지 못한다. 《論語》〈子路〉

4. **의문문(疑問文)** : 의문의 뜻을 나타내는 형식이다. 의문사나 의문형의 조사를 수반한다.

   [예] 弟子<u>孰</u>爲好學? — 제자들 가운데 누가 배우기를 좋아합니까? 《論語》〈先進〉
   　　 是誠<u>何</u>心哉? — 이것은 진실로 무슨 마음입니까? 《孟子》〈梁惠王·上〉

5. **반어문(反語文)** : 알고 있는 사실이나 상황을 강조하기 위해 반대되는 사실이나 상황을 의문의 형태로 제시하는 형식이다.

   [예] 來言不美, 去言<u>何</u>美? — 오는 말이 곱지 않은데, 가는 말이 어찌 곱겠는가?
   　　 (한역 속담)
   　　 燕雀<u>安</u>知鴻鵠之志哉? — 제비나 참새가 어찌 기러기와 고니의 큰 뜻을 알겠는가? 《史記》〈陳涉世家〉
   　　 王侯將相, <u>寧</u>有種乎? — 왕후와 장상의 종자가 어찌 따로 있겠는가? 《史記》〈陳涉世家〉

6. **피동문(被動文)** : 어떤 사람이나 사물이 다른 사람이나 사물에 의해 어떤 동작을 하게 되는 뜻을 나타내는 문장의 형식이다.

   동사가 단독으로 쓰여 그 자체로 피동의 의미를 갖는 경우(예1), 동사가 於·于·乎 등 전치사 앞에서 피동의 의미를 갖는 경우(예2), 보조동사 被·見·爲·所·'見~于~'·'爲~所~'등이 쓰여 피동의 의미를 갖는 경우(예3) 등이 있다.

   [예 1] 蜚鳥盡, 良弓<u>藏</u>. 狡兎死, 走狗<u>烹</u>. — 나는 새가 다 없어지면 좋은 활은 활집 속에 감추어진다. 교활한 토끼가 죽으면 달리던 사냥개는 삶아 먹힌다. 《史記》〈越王句踐世家〉

   [예 2] 君子役物, 小人<u>役於</u>物. — 군자는 남을 부리고 소인은 남에게 부림을 받는다. 《荀子》〈修身〉

   [예 3] 趙高曰:"夫臣人與<u>見臣於</u>人, 制人與<u>見制於</u>人, 豈可同日道哉?" — 조고가 말하였다. "무릇 남을 신하로 삼는 일과 남에게 신하로 대해지는 일, 남

을 제압하는 일과 남에게 제압당하는 일을, 어찌 같은 날(나란히 두고) 말할 수 있겠습니까?"《史記》〈李斯傳〉

7. **사동문(使動文)** : 사람이나 사물에게 어떤 동작을 하게 하는 뜻을 나타내는 문장 형식이다. 동사가 단독으로 쓰여 그 자체로 사동의 의미를 갖는 경우(예1), 보조동사 使 · 敎 · 令 · 俾 · 遣 등이 쓰여 사동의 의미를 갖는 경우(예2), 명령 · 훈계 · 권유의 뜻을 갖는 동사가 쓰여 사동의 의미를 갖는 경우(예3) 등이 있다.

[예 1] 死孔明走生仲達. ― 죽은 제갈공명(諸葛孔明)이 산 사마중달(司馬仲達)을 달아나게 하다. 《通鑑節要》권25 後帝 12년)

[예 2] 常恐是非聲到耳, 故敎流水盡籠山. ― 항상 시비 따지는 소리가 귀에 이를까 두려워하여, 일부러 흐르는 물로 하여금 온통 산을 감싸게 하였도다. (崔致遠 詩〈題伽倻山讀書堂〉)

[예 3] 予助苗長矣. ― 내가 벼의 싹을 도와 자라도록 하였다. 《孟子》〈公孫丑 · 上〉)

8. **비교문(比較文)** : 어떤 것을 다른 것과 비교하거나 여럿 가운데서 하나를 선택하는 뜻을 나타내는 형식이다. 於 · 于 · 乎 등의 개사가 사용되어 비교의 의미를 갖는 경우(예1). 不如 · 不若 · 莫如 · 莫若 · '與其~寧~' · '與其~不若~' 등의 구문이 사용되어 비교의 의미를 갖는 경우(예2) 등이 있다.

[예 1] 傷人之言, 深於矛戟. ― 남을 해치는 말은 창보다도 그 상처가 깊다. 《荀子》〈榮辱〉)

[예 2] 與其媚於奧, 寧媚於竈. ― 안방에 아첨하기보다는 부엌에 아첨하는 것이 낫다. 《論語》〈爲政〉)

9. **감탄문(感歎文)** : 감탄 어조를 나타내는 문장 형식이다. 감탄사나 감탄조사를 사용한다.

[예] 噫! 天喪子! 天喪子! ― 아! 하늘이 날 버리는구나! 하늘이 날 버리는구나! 《論語》〈先進〉

嗟乎! 師道之不傳也, 久矣! ― 아! 사도(師道)가 전해지지 않은 지가 오래도다! (韓愈〈師說〉)

有放心而不知求, 哀哉! ― 마음을 잃어버리고서도 찾을 줄을 모르다니, 슬프구나! 《孟子》〈公孫丑·上〉

10. **한정문(限定文)** : 사물·행위의 범위나 정도를 한정하는 뜻을 나타내는 형식이다. 唯·惟·但·只·獨·特·直·徒 등 한정의 뜻을 나타내는 부사를 사용하는 경우(예1), 耳·爾·而已·而已矣 등 한정의 뜻을 나타내는 조사를 사용하는 경우(예2) 등이 있다.

[예 1] 唯仁者, 爲能愛人, 能惡人. ― 오직 어진 사람만이 남을 사랑할 수 있고 남을 미워할 수 있다. 《論語》〈里仁〉

참고 : 중국어 문장 관련 문법 용어 통일시안(중국언어연구회 1991년 6월 3차 통과)

1. 문장의 종류(class of sentence)
   (1) 單句 : 단문(포유문 포함)　　(2) 複句 : 복문(重文과 복문)

2. 문장구조(structure of sentence)
   (1) 竝列結構 : 병렬구조
   (2) 偏正結構―복문 이상 : 주종구조, 복문 미만 : 수식구조
   (3) 主謂結構 : 주술구조
   (4) 補充結構 : 보충구조(動補結構·形補結構)
   (5) 動賓結構 : 동목구조
   (6) 介賓結構 : 전목구조

3. 문장의 기본 형식
   (1) 主謂句 : 주술문
   ① 動詞謂語句 : 동사술어문　　② 形容詞謂語句 : 형용사술어문
   ③ 名詞謂語句 : 명사술어문　　④ 主謂謂語句 : 주술술어문
   (2) 疑問句 : 의문문　　(3) 反問句 : 반어문　　(4) 陳述句 : 진술문·서술문
   (5) 祈使句 : 명령문　　(6) 感歎句 : 감탄문　　(7) 無主句 : 무주어문
   (8) 獨詞句 : (독립어문)　　(9) 緊縮句 : 압축문(구조상 단문이되 의미상 복문)

4. 복문
   (1) 遞進 : 점층　　(2) 轉折 : 전환　　(3) 因果 : 인과
   (4) 假設 : 가정　　(5) 條件 : 조건　　(6) 承接 : 연접

[예 2] 堯舜, 與人同耳. — 요임금과 순임금도 보통 사람과 같을 뿐이다.《孟子》〈離婁·下〉

夫子之道, 忠恕而已矣. — 선생님(공자)의 도는 충서(忠恕)일 따름이다. 《論語》〈里仁〉

한문문장의 확장구조, 복합문

한문의 문장은 접속사를 사용하거나, 사용하지 않고도 둘 이상이 모여 새로운 문장으로 확장된다. 그것을 복합문〔복구(複句)〕이라고 한다. 복합문은 결합하는 둘 이상의 문장이 어떠한 관계에 있는가에 따라 대등관계〔등립관계(等立關係)〕와 주종관계(主從關係)로 나뉜다. 중국학자(易孟醇,《先秦語法》, 湖南敎育出版社, 1989)의 설에 따르면, 선진 시대의 연결사와 복합문은 9종류로 세분할 수 있다고 한다. 이 구분은 한문 문장의 확장구조를 설명할 때도 유효하다. 다만 몇몇 명칭은 좀더 친숙한 것으로 대체하기로 한다.

〈참고 : 선진 어법의 복합문 유형〉

類別		分句間 關系
等立複句	並列	1.相近, 相似 2.相對, 相反
	連貫	1.時間相承 2.事理相因
	遞進	遞進
	選擇	1.或此或彼 2.舍此取彼
	分合	1.先總後分 2.先分後合
主從複句	假設	假設與推拓
	讓步	先讓後進
	轉折	1.反轉 2.他轉
	因果	1.先因後果 2.先果後因
	目的	情態, 行爲, 動作的目的
	條件	1.必要條件 2.充分條件 3.必要充分條件 4.排除一介條件的其餘條件 5.無條件

1. **병렬관계** : 문장과 문장이 주종(主從)과 경중(輕重)의 차이가 없이 연결되거나(예1), 맞서는 관계를 이루는 것

(예2)을 말한다.

[예 1] 得道者多助, 失道者寡助. 寡助之至, 親戚畔之, 多助之至, 天下順之. — 正道를 얻은 사람은 도와주는 사람이 많고, 正道를 잃은 사람은 도와주는 사람이 적다. 도와주는 사람이 적은 데에 이르면 친척마저 배반하고, 도와주는 사람이 많은 데에 이르면 천하의 인민이 순종할 것이다. 《孟子》〈公孫丑·下〉
橘生淮南則爲橘, 生于淮北則爲枳. — 귤나무가 회하 이남에서 자라면 귤을 맺지만, 회하 이북에서 자라면 탱자를 맺습니다. 《晏子春秋》〈內篇·雜下〉

[예 2] 今天或者將大警晉也, 而又殺林父以重楚勝, 其無乃久不競乎? — 지금 하늘이 혹 우리 진(晉)을 경계하고 있지 않나 합니다. 그런데 임보(林父)를 죽게 하여 초(楚)가 거듭 승리하게 만든다면, 오랫동안 강자(强者)의 지위를 다투지 못하게 되지 않겠습니까? 《左傳》宣公 12년

2. **연관 관계** : 두 문장이 발생 순서에 차이가 있어서 시간상 이어지거나 사리상 이어진다.

[예] 溫故而知新, 可以爲師矣. — 옛것을 익혀 새것을 알면 스승이 될만하다. 《論語》〈爲政〉
六月丙午, 晉侯欲麥, 使甸人獻麥, 饋人爲之, 召桑田巫, 示而殺之. 將食, 張, 如厠, 陷而卒. — 6월 병오에 진후(晉侯)는 햇보리를 먹고 싶다하여 전인(甸人:국가의 경작지를 관리하는 관리)을 시켜 햇보리를 바치게 해서 궤인(饋人: 요리사)이 그것을 요리하였다. 그리고 상전(桑田)의 무당을 불러다가 햇보리로 만든 음식을 보여주고 죽여버렸다. 진후가 음식을 먹으려고 할 참에 배가 더부룩해져서 측간에 갔다가 빠져 죽었다. 《左傳》成公 10년

3. **점층(체진) 관계** : 뒤의 문장이 앞의 것과 비교해서 한 단계 더 발전되어 있는 관계이다. 일단 억제했다가 다시 높여 강조·찬양하는 억양(抑揚)의 구문도 여기에 속한다.

[예] 天地尙不能久, 而況於人乎? — 천지의 자연변화조차 오래 지속될 수 없는데, 하물며 사람에 있어서랴? 《老子》23장

死馬且買之五百金, 況生馬乎? — 죽은 말도 오백 금에 사거늘 하물며 살아 있는 말이야 말할 게 있겠습니까?《戰國策》〈燕策·一〉

爾不克敬, 爾不啻不有爾土, 予亦致天之罰于爾躬. — 그대들이 사리사욕을 억제하고 근신하지 않으면, 그대들은 단지 그대들의 땅을 소유하지 못하게 될 뿐만 아니라, 나도 하늘의 벌이 그대들에게 미치게 만들 것이다.《尙書》〈多士〉

4. **선택 관계**: 두 개 혹은 세 개 가운데 하나를 취하고 나머지는 버리거나(예1), 버리고 취하는 것이 아직 정해져 있지 않은 상태를 나타낸다(예2). 선택접속사를 쓰지 않고 대장(對仗: 대구법)의 형식을 이용하여 선택의 의미를 나타내기도 한다(예3).

[예 1] 其或是也, 其或非也邪? — 한 쪽이 옳고 한 쪽이 틀린 것인가?《莊子》〈齊物論〉

[예 2] 大天而思之, 孰與物畜制之? 從天而頌之, 孰與制天命而用之? 望時而待之, 孰與應時而使之? — 하늘을 위대하게 여기고 그것을 생각하는 것보다 차라리 물건을 저축하고 그것을 적절히 처리하는 것이 낫지 않겠는가? 하늘을 따르고 그것을 찬양만 하기보다는 차라리 천명을 적절히 제어하여 그것을 이용하는 것이 낫지 않겠는가? 때를 바라면서 그것을 기다리기보다는 차라리 시대에 호응해서 그것을 활용하는 것이 낫지 않겠는가?《荀子》〈天論〉

[예 3] 若楚之遂亡, 君之土也. 若以君靈撫之, 世以事君. — 만약 초(楚)가 결국 망한다면 당신〔秦〕의 땅이 됩니다. 만약 당신의 존엄으로 그들을 제압한다면 대대로 당신을 섬기겠습니다.《左傳》定公 4년

5. **분합(分合) 관계**: 종합의 의미를 지닌 절과 분할의 의미를 지닌 절로 이루어진다. 종합의 의미를 지닌 절이 앞에 올 수도 있고, 뒤에 올 수도 있다.

[예] 天下有大戒二. 其一命也, 其一義也. — 이 세상에는 크게 경계하여 잊지 말아야 할 것이 둘 있다. 하나는 명(命)이고, 또 하나는 의(義)이다.《莊子》〈人間世〉

6. **가설** : 어떤 사실이나 상황에 대하여 가정의 뜻을 나타내는 문장 형식이다. 若·假令·使·如·苟·儻(당) 등 가정 부사를 사용하는 경우(예1). 則·卽 등의 가정 접속사와 함께 사용되는 경우(예2). 문장 자체로서 가정의 의미를 갖는 경우(예3) 등이 있다.

[예 1] 苟非吾之所有, 雖一毫而莫取. — 진실로 나의 소유가 아니라면 비록 터럭 하나라도 취하지 말라. 《蘇軾〈赤壁賦〉》

[예 2] 學而不思則罔, 思而不學則殆. — 배우되 생각하지 않으면 어둡고, 생각하되 배우지 않으면 위태롭다. 《論語》〈爲政〉

[예 3] 朝聞道, 夕死可矣. — 아침에 도를 듣는다면 저녁에 죽더라도 좋다. 《論語》〈里仁〉

不奪不饜. — 다 빼앗지 않으면 만족하지 않을 것이다. 《孟子》〈梁惠王·上〉

7. **양보 관계** : 양보절은 양보접속사를 사용하고, 본 뜻을 표하는 절은 不·弗·猶·亦·必·則 등의 부사를 상용한다.

[예] 庖人雖不治庖, 尸祝不越樽而代之矣. — 요리사가 비록 요리를 잘하지 못한다 해도 제문 읽는 사람이 제구(祭具)의 위치를 타 넘어가서 그를 대신할 수는 없다. 《莊子》〈逍遙游〉

從許子之道, 則市賈不貳, 國中無僞. 雖使五尺之童適市, 莫之或欺. — 만약 허자의 학설에 따르게 되면 시장에 나온 물건의 값은 모두 한 가지로 통일되고 사람들 사이에는 속이는 일이 없어질 것이다. 비록 삼척동자를 시장에 심부름 보내도 그를 속이는 사람이 결코 없을 것이다. 《孟子》〈滕文公·上〉

8. **전절(轉折) 관계** : 앞 뒤 문장의 견해가 상반된 것을 반전(反轉)이라 하고(예1), 상이한 것을 타전(他轉)이라 한다(예2).

[예 1] 夫垂泣不欲刑者, 仁也, 然而不可不刑者, 法也. — 눈물을 흘리며 형벌의 집행을 바라지 않는 것은 仁이지만, 형벌을 집행하지 않으면 안 되는 것이 法이다. 《韓非子》〈五蠹〉

[예 2] 拱把之桐梓, 人苟欲生之, 皆知所以養之者, 至於身, 而不知所而養之

者, 豈愛身不若桐梓哉? 弗思甚也. — 두 손 둘레나 한 손 둘레쯤 되는 오동나무와 가래나무를 사람들이 만일 키우려고 한다면 누구나 다 나무를 키우는 방법은 알고 있지만, 자기 자신에 이르러서는 어떻게 키워야 할지 알지 못하니 어떻게 자기 몸을 사랑하는 것이 오동나무와 가래나무만도 못한가? 생각 없음이 심하구나. 《孟子》〈告子 · 上〉

9. **인과 관계** : 사물이 발생하게 되는 원인과 그 원인 때문에 발생하게 되는 필연적인 결과로 이루어진 문장이다. 앞에 원인, 뒤에 결과를 서술하기도 하고, 앞에 결과, 뒤에 원인을 서술하기도 한다.

[예] 使同乎若者正之, 旣與若同矣, 惡能正之? 使同乎我者正之, 旣同乎我矣, 惡能正之? — 너와 의견이 같은 자로 판정하게 하면 너와 의견이 같거늘 어찌 바르게 판정할 수 있겠는가? 또 나와 의견이 같은 자로 판정하게 하면 나와 의견이 같거늘 어찌 바르게 판정할 수 있겠는가? 《莊子》〈齊物論〉

君子賢其賢而親其親, 小人樂其樂而利其利, 此以沒世不忘也. — 군자는 어진 이를 존경하고 친근해야 할 분에게 친근히 하며, 소인은 오락을 즐기고 이익을 이롭게 여긴다. 이러한 까닭에 (군자가) 세상을 떠나도 (그 공덕을) 잊지 못한다. 《大學》

10. **목적 관계** : 정태 · 행위를 나타내는 구문과 정태 · 행위의 목적을 나타내는 구문이 결합한 것이다. 대개 목적 구문을 뒷부분에 놓고, '以'나 '爲' 등과 함께 쓴다.

[예] 齊大饑, 黔敖爲食于路, 以待餓者而食之. — 제나라에 심각한 기근이 발생하자, 검오가 길 옆에서 밥을 지었으니, 길 가는 굶주린 사람들에게 먹이기 위해서였다. 《禮記》〈檀弓 · 下〉

11. **조건 관계** : 조건을 나타내는 문장과 그 조건하에서 발생할 수 없거나 발생할 수 있는 상황이나 조건을 나타내는 문장으로 이루어진다(예1). 어떤 것은 필요충분조건을 나타낸다(예2).

[예 1] 知己知彼, 勝乃不殆. 知天知地, 勝乃無窮. — 자기를 알고 남을 알면 승리가 위태롭지 않고, 하늘을 알고 땅을 알면 승리가 끊이질 않는다. 《孫子》〈地形〉

[예 2] 有弗學學之, 弗能弗措也. 有弗問問之, 弗知弗措也. 有弗思思之, 弗得弗措也. 有弗辨辨之, 弗明弗措也. 有弗行行之, 弗篤, 弗措也. — 배우지 않은 것이 있으면 배워서, 잘하지 못하면 그만두지 말아야 한다. 묻지 않은 것이 있으면 물어서, 알지 못하면 그만두지 말아야 한다. 생각하지 않은 것이 있으면 생각하여서, 터득하지 않으면 그만두지 말아야 한다. 분별하지 않은 것이 있으면 분별하여서, 분명하지 않으면 그만두지 말아야 한다. 행하지 않은 것이 있으면 행하여서, 독실하지 않으면 그만두지 말아야 한다. 《中庸》

긴축복합문과 다중복합문

1. **긴축복합문(緊縮複合文)** : 의미상으로 복합문이지만 구조상으로는 단문인 것을 말한다. 동일한 주어를 설명하기 위해 술어를 연쇄적으로 늘어놓는 형식과는 다르다.

[예] 唯至人乃能游於世而不僻. — 오직 지인만이 세상에서 마음대로 행할 수 있고 치우치지도 않는다. 《莊子》〈外物〉

* '唯〔其爲〕至人'은 조건이지만 '唯~乃~'로 문장을 축소시켰다.

析薪如之何? 匪斧不克. 取妻如之何? 匪媒不得. — 장작을 팰 때 어찌하나? 도끼 아니면 팰 수 없네. 장가를 들려면 어찌하나? 중매가 아니면 안 되지. 《詩經》齊風〈南山〉

* '匪斧不克', '匪媒不得'은 둘 다 가설 복합문이므로 '若無斧則不克析薪', '若無媒則不得取妻'로 확대될 수 있다. 그러나 '匪~不~' 형식으로 문장을 축소시켰다.

不憤不啓, 不悱不發. — 알려고 애쓰지 않으면 지도해 주지 않고, 표현하려고 애쓰지 않으면 일깨워 주지 않는다. 《論語》〈述而〉

2. 다중복합문(多重複合文) : 각각의 복합문이 몇 개의 문장으로 나뉘고, 나뉜 문장이 다시 몇 개의 문장으로 나뉘는 경우를 다중 복구라고 한다. 문장이라기보다는 하나의 소문단을 이루었다고 볼 수도 있다. 《한비자(韓非子)》〈초견진(初見秦)〉의 예를 든다.

今天下之府庫不盈, 困倉空虛, 悉其士民, 張軍數十百萬, 其頓首戴羽爲將軍, 斷死於前, 不至千人, 皆以言死. 白刃在前, 斧鑕在後, 而却走不能死也, 非其士民不能死也, 上不能故也. 言賞則不與, 言罰則不行, 賞罰不信, 故士民不死也. (…) 當此時也, 隨荊以兵, 則荊可擧, 荊可擧, 則民足貪也, 地足利也, 東以弱齊燕, 中以凌三晉. 然則是一擧而覇王之名可成也, 四鄰諸侯可朝也, 而謀臣不爲, 引軍而退, 復與荊人爲和.

지금 여섯 제후국 국고의 재물이 모두 부족하고, 군량을 저장하는 창고도 모두 비었거늘, 초나라는 모든 백성들을 동원하여 출병수가 수백만입니다. 머리에 표시한 투구를 쓰고 몸에 깃으로 만든 활을 메고 있는 자를 장군으로 삼았고, 용감히 싸우다 죽기로 결심한 사람이 수천 명이며, 모두 이구동성으로 말하길 적과 죽을 때까지 싸우겠다고 했습니다. (양군이 교전을 하려 할 때) 앞에는 적군의 시퍼런 칼이 있고, 뒤에는 전쟁을 독촉하는 도끼가 있으나, 그들은 오히려 도망가고 죽으려 하지 않았습니다. 이것은 백성들이 죽을 줄 몰라서 그러는 것이 아니라, 군주가 그들로 하여금 희생을 하도록 시키지 못하기 때문입니다. 군주가 상을 주겠다고 해놓고 주지 않고, 벌을 가하겠다고 해놓고 행하지 않으니, 상벌이 명확하지 않으므로 백성들이 희생하려 하지 않는 것입니다. (…) 이때에, 진나라가 만약 파병하여 형(초나라)을 쫓으면, 바로 형을 멸망시킬 수 있고, 형을 멸망시키면 초나라의 백성들을 정성껏 어루만져 통제할 수 있고, 토지를 충분히 이용할 수 있으며, 동쪽으로는 제나라와 연나라를 약화시킬 수 있고, 중앙으로는 삼진(三晉)을 침범하여 괴롭힐 수 있습니다. 이처럼 한 번의 거사로 패주(覇主) 또는 제왕의 이름을 달성하고 사방에 있는 제후들로 하여금 와서 조회하게 할 수 있습니다. 그렇거늘 진나라의 참모들은 이렇게 하지 않고 군대를 이끌고 철수하여, (진나라는) 다시 형 사람(초나라 사람)과 화친을 맺었습니다.

주요 성분의 도치

한문 문장에서 품사의 위치는 고정적이어서 임의로 바꿀 수 없다. 그런데 동사와 목적어, 개사와 목적어의 위치는 경우에 따라 도치될 수 있다.

1. **동사와 목적어의 도치** : 동사가 앞, 목적어가 뒤에 놓이는 기본순서가 어떤 조건에서는 거꾸로 될 수 있다. 不·無·未·莫 등의 부정사를 지닌 부정문에서 목적어가 대사이면 그 대사(=목적어)는 동사 앞에 놓인다(예1). 또 의문문에서 목적어가 의문대사이면, 그 목적어(=의문대사)는 보통 동사 앞에 놓인다(예2). 그리고 목적어를 강조하기 위하여 조사 之·是·焉을 표지로 사용하여 목적어를 미리 제시할 수 있다(예3).

   [예 1] 不如以地請合于齊, 趙必救我, 若不吾救, 不得不事. — 오히려 땅을 가지고 제(齊)와 합하기를 청함만 못합니다. 그렇게 되면 조(趙)나라가 반드시 우리를 구할 것입니다. 만약에 우리를 구하지 않는다면 그때는 섬기지 않을 수 없습니다. 《戰國策》〈燕策〉
   * '不吾救'는 목적어 '吾'가 동사 '救'의 앞에 놓였다.

   [예 2] 內省不疚, 夫何憂何懼? — 안으로 성찰하여 허물이 없다면, 무엇을 근심하고 무엇을 두려워하겠는가? 《論語》〈顔淵〉

   [예 3] 雖天地之大, 萬物之多, 而唯蜩翼之知. — 천지가 광대하고 만물이 다양하다 해도(안중에 없고), 오직 매미의 날개만을 알 뿐이다. 《莊子》〈達生〉

2. **개사와 목적어의 도치** : 개사 뒤의 목적어는 일정한 조건에서 개사 앞으로 나올 수 있다. 의문대사가 개사의 목적어가 되면 보통 전치사 앞에 놓인다(예1). 개사 '以'의 목적어를 강조하려고 개사 앞에 목적어를 둔다(예2). 또 개사-목적어의 순서를 뒤바꾸기도 한다(예3).

   [예 1] 是障其源而欲其流也. 水奚自至? — 이것은 근원을 막은 채 흐름이 있기를

바라는 것이니, 그렇게 하면 물이 어디로부터 나온단 말인가? 《呂氏春秋》〈貴直〉》

[예 2] 吳起吮其父之瘡而父死. 今是子又將死也, 今吾是以泣. — 오기 장군님은 제 아들의 애비의 고름을 빨아주었기에 그 애비가 은혜에 감격하여 전사하였습니다. 지금 이 아들이 또 죽게 되었습니다. 지금 저는 그 때문에 우는 것입니다. 《韓非子》〈外儲說 · 左上〉

[예 3] 先名實者爲人也, 後名實者自爲也. — 명예(名譽)와 사공(事功)을 먼저 하여 중시하는 자는 남을 위하는(남에게 과시하는) 것이요, 명예와 사공을 뒤로 하는 자는 스스로를 위하는(자기 내면의 발전을 위하는) 것이다. 《孟子》〈告子 · 下〉

주요성분의 생략

한문에서는 문장의 주요 성분을 자주 생략한다. 화자와 청자가 묵계하여 생략하는 것이 아닌 경우라도 그렇다. 주어를 생략하거나(예1), 대화문에서 술어동사를 생략하기도 하고(예2), 曰자를 생략한다(예3). 그리고 대체사를 생략하는 일도 빈번하다(예4).

[예 1] 項羽召見諸侯將, 入轅門, 無不膝行而前, 莫敢仰視. — 항우가 제후의 장수들을 불러보자, 장수들이 원문(轅門: 즉 陣門)에 들어가면서 무릎으로 기어 앞으로 나아가지 않는 자가 없었으며, 감히 얼굴을 들고 바로 보는 이가 없었다. 《史記》〈項羽本紀〉

  *'入轅門'의 주어는 '諸侯將'이지만, 위 문구의 목적어를 이었으므로 생략하였다.

[예 2] 象曰: "謨蓋都君咸我績. 牛羊父母, 倉廩父母, 干戈朕, 琴朕, 弤朕, 二嫂使治朕棲." —상(象)이 말하였다. "도군(都君, 즉 舜)이 들어간 우물을 덮으려 꾀한 것은 다 내 공적이다. 소와 양은 부모님께 드리고 창고는 부모님께 드리고, 창과 방패는 내가 갖고, 거문고도 내가 갖고, 붉은 활도 내가 갖고, 두 형수는 내 잠자리를 돌보게 하여야지." 《孟子》〈萬章 · 上〉

*중간의 다섯 구를 완전한 구문 형식으로 만들면 "牛羊歸父母, 倉廩歸父母, 干戈歸朕(=我), 琴歸朕, 弤歸朕"이다. 동사 술어인 '歸'가 전부 생략되었다.

[예 3] 대화를 기록할 때에 동사 '曰'을 생략하는 일이 많다. 단 '對曰'과 '問曰'을 동시에 생략하는 일은 극히 드물다.《좌전(左傳)》의 예가 대표적이다(이 책 360쪽 참조).

[예 4] 齊命使, 各有所主, 其賢者, 使使賢主, 不肖者, 使使不肖主. — 저희 제나라는 사신을 파견하되, 각각 주장하고 전담하는 바가 있게 하였사오니, 어진이는 어진 군주에게 사신가게 하고 모자란 이는 모자란 군주에게 사신가게 합니다.《晏子春秋》〈內篇 · 雜下〉

* '使使賢主'와 '使使不肖主'의 두 구절에서 첫 '使'자의 뒤에 모두, 그 앞에서 말한 '賢者'와 '不肖者'를 각각 대리로 지시하는 대체사 '之'를 생략하였다.

문장 표현법

1. **호문(互文)** : 둘 이상의 구를 나란히 하여, 한쪽에서 진술하는 내용과 다른 쪽에서 진술하는 내용을 서로 보완함으로써 통합된 의미를 전달하는 형식을 말한다. 성어(예1)나 문장(예2)에서 모두 나타난다.

[예 1] 天長地久＝天地長久 — 하늘은 길고 땅은 오래다. 하늘과 땅이 길고 오래다. 천지는 영원하다.《老子》7장

日進月步＝日月進步 — 나날이 나아가고 다달이 걸어간다. 나날이 다달이 나아간다. 잠시도 쉬지 않고 진보한다.

[예 2] 不以物喜, 不以己悲＝不以物與己喜悲. — 외물 때문에 기뻐하지 않고, 자기 때문에 슬퍼하지 않는다. 외물과 자기 때문에 기뻐하지도 않고 슬퍼하지도 않는다. 외물이나 자기의 일 때문에 기뻐하지도 슬퍼하지도 않는다. (范仲淹〈岳陽樓記〉)

*오로지 조정과 국가의 일 때문에만 기뻐하거나 슬퍼한다는 뜻이다.

是故君子動而世爲天下道, 行而世爲天下法, 言而世爲天下則. — 그러므로 군자는 動함에 대대로 천하의 道가 되는 것이니, 行함에 대대로 천하의

법이 되고, 말함에 대대로 천하의 準則이 된다. 《中庸》

*이 문장에 대한 주희의 《중용집주》를 보면 이러하다. "動, 兼言行而言. 道, 兼法則而言. 法, 法度也. 則, 準則也."(動은 言·行을 겸하여 말한 것이고, 道는 法과 則을 겸하여 말한 것이다. 法은 法度요, 則은 準則이다.)

2. **대장법(對仗法)** : 한시나 한문에서 두 구(문장)를 대응시켜서 대(對)로 하는 방법이다. 두 문구의 글자수가 대체로 같고 문법적 구조도 같으며, 의미 내용도 개념이나 범주가 공통되어야 한다. 대우법(對偶法)이라고도 한다. 종래에는 대구법(對句法)이라고도 불렀으나, 이제는 사용하지 않는다. 율시(律詩)에서는 반드시 대장법을 사용하여야 하지만, 산문에서도 대장법을 잘 사용한다. 나란한 두 구가 대를 이루는 직대(直對)(예1)와 한 문장 이상을 건너뛰어 두 문장이 대를 이루는 격구대(隔句對)(예2)등이 있다.

[예 1]
```
┌ 國   破   山   河   在
│ 주어 술어 주어      술어
│
└ 城   春   草   木   深
  주어 술어 주어      술어
```
— 나라는 깨어져도 산하는 그대로 있고, 성에 봄이 와 초목 빛이 깊다. (杜甫 〈春望〉)

[예 2] A <u>鳥之將死</u>,₁ <u>其鳴也哀</u>.₂
　　　　B <u>人之將死</u>,₃ <u>其言也善</u>.₄
— 새는 죽으려 할 때에 그 울음소리가 구슬프고, 사람은 죽으려 할 때에 그 말이 선하다. 《論語》〈泰伯〉

* A와 B를 각각 한 구(문장)로 간주한다면 A와 B는 직대이지만, 전체가 1·2·3·4의 네 구로 이루어졌다고 본다면 1의 구는 2를 건너뛰어 3의 구와 대를 이루고 2의 구는 3을 건너뛰어 4의 구와 대를 이룬다고 말할 수 있다.

3. **점층법(漸層法)** : 유사한 구문을 누적하여 결론에 이르는 방식이다. 연쇄법(連鎖法)과 유사하되, 연쇄법이 대장(對仗, 즉 對句)을 사용하는 데 비하

여, 점층법은 반드시 대장(대구)을 사용하는 것은 아니다.

[예] 子貢問政. 子曰: "足食, 足兵, 民信之矣."
子貢曰: "必不得已而去, 於斯三者, 何先?"
曰: "去兵."
子貢曰: "必不得已而去, 於斯二者, 何先?"
曰: "去食. 自古皆有死. 民無信不立."
— 자공이 정치에 대해 묻자 공자께서 말씀하셨다. "식량을 풍족히 하고, 군대를 충분히 갖추며, 백성들의 믿음이 있어야 한다." 자공이 말했다. "부득이하게 이 세 가지 중에서 버려야 한다. 무엇을 먼저 버려야 합니까?" 공자께서 말씀하셨다. "군대를 버려야 한다." 자공이 말했다. "부득이하게 이 두 가지 중에서 버려야 한다. 무엇을 먼저 버려야 합니까?" 공자께서 말씀하셨다. "식량을 버려야 한다. 옛부터 사람에게는 모두 죽음이 있어 왔다. (그러나) 백성이 믿지 않으면 (정치는 제대로) 설 수 없다."《論語》〈顔淵〉
* '足食' '足兵' '民信之'의 셋을 나열한 뒤 '必不得已而去……何先?'의 대장을 이용하여 그 답변에서 '去兵 去食'을 제거시키고, 마지막으로 '信'을 강조하는 형식을 취하였다.

4. **쌍관법(雙關法)** : 대구를 양쪽에 나열하고〔雙〕 마지막에 빗장을 지르는〔關〕 듯이 하여 매듭을 짓는 방법이다.

[예] 吾嘗終日不食, 終夜不寢, 以思, 無益. —나는 일찍이 종일토록 먹지 않고, 한 밤 내내 잠자지 않고서 생각하였으나, 아무 보탬이 없었다.《論語》〈衛靈公〉

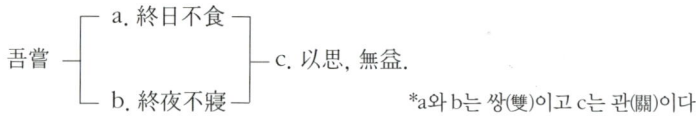

*a와 b는 쌍(雙)이고 c는 관(關)이다.

5. **유구법(類句法)** : 같은 글자수와 같은 구조의 문장, 같은 범주의 내용을 지닌 문장을 셋 이상 병렬하는 것을 말한다. 병렬되는 문장들 사이에 경중(輕重)의 구별이 없을 때에는 누층법(累層法) 혹은 층류법(層類法), 중첩

법(重疊法)이라고도 한다.

[예] a. 愛人不親, 反其仁
　　 b. 治人不治, 反其智 ├ d. 行有不得者, 皆反求諸己.
　　 c. 禮人不答, 反其敬

— 사람을 사랑하여도 그가 친하게 되지 않으면, 자기 자신의 인(仁)을 반성하라. 사람을 다스려도 그가 다스려지지 않으면, 자기 자신의 지(智)를 반성하라. 사람에게 예(禮)로써 대하여도 그가 예로써 답하지 않으면, 자기 자신의 경(敬)을 반성하라. 인과 지와 예를 실천하여 온당한 결과를 얻지 못하면, 돌이켜 자기 자신에게서 그 원인을 찾아라. 《孟子》〈離婁·上〉

* a, b, c는 격구대이면서 전체적으로는 유구법이다.

6. **연쇄법(連鎖法)** : 주로 대장(對仗)을 이용하면서 앞의 끝말을 다음 문장의 처음에 두어, 쇠사슬[鎖(쇄)] 잇듯이 적층해서 설득력을 강화시키는 방법이다. 점층법(漸層法)·승체법(承遞法)이라고도 부른다.

[예] 古之欲明明德於天下者, <u>先治其國</u>.①
　　 <u>欲治其國者</u>₁ <u>先齊其家</u>.②
　　 <u>欲齊其家者</u>₂ <u>先修其身</u>.③
　　 <u>欲修其身者</u>₃ <u>先正其心</u>.④
　　 <u>欲正其心者</u>₄ <u>先誠其意</u>.⑤
　　 <u>欲誠其意者</u>₅ <u>先致其知</u>.⑥
　　 <u>致知在格物</u>.₆

— 옛날에 명덕(明德)을 천하에 밝히고자 하는 자는 먼저 그 나라를 다스렸고,
　 그 나라를 다스리려고 하는 자는 먼저 그 집안을 가지런히 하였으며,
　 그 집안을 가지런히 하려는 자는 먼저 그 몸을 수련하였고,
　 그 몸을 수련하려 하는 자는 먼저 그 마음을 바로잡았으며,
　 그 마음을 바로잡으려 하는 자는 먼저 그 뜻을 정성되이 하였고,
　 그 뜻을 정성되이 하려는 자는 먼저 그 지혜를 다하였으니,
　 지혜를 다함은 물(物)에 이르름에 달려 있다(혹은 物을 바로 함에 달려 있다).
《大學》

7. 배비구(排比句) : 한문 문장은 보통 2구가 한 의미를 이루어야 의미를 파악하기 쉽고 호흡에도 맞는다. 그것을 계속 이어 사용하는 것을 배구(排句) 혹은 배비구(排比句)라 한다. 산문에서는 기세를 왕성하게 하기 위해 배비구를 많이 사용한다. 한유의 〈맹동야를 보내는 글(送孟東野序)〉도 기두(起頭: 글을 일으키는 처음 부분)에서 배비구를 많이 사용하였다.

大凡物不得其平則鳴.
草木之無聲, 風搖之鳴.
水之無聲, 風蕩之鳴.
其躍也或激之. 其趨也或梗之. 其沸也或炙之.
金石之無聲, 或擊之鳴.
人之於言也亦然,
有不得已者而後言.
其歌也有思, 其哭也有懷.
凡出乎口而爲聲者, 其皆有不平者乎!
— 대개 사물이 평형을 얻지 못할 때에는 음을 낸다. 소리가 없는 초목도 바람이 흔들면 음을 내고, 소리가 없는 물도 바람이 물결을 일으키면 음을 낸다. 거품을 일으키는 것은 부딪혀서 그렇고, 쏴 흘러 떨어지는 것은 담쌓아 막기 때문이며, 들끓어 일어나는 것은 불로 데우기 때문에 그렇다. 소리가 없는 금속이나 돌도 때리면 음을 낸다. 인간의 말의 경우도 그렇다. 어쩔 수 없는 것이 있기에 비로소 말이 나온다. 노래하는 것은 생각이 있어서고, 우는 것은 슬픔이 있어서다. 입에서 나오는 모든 음이란 모두 평형을 얻지 못함이 있기 때문이로다!

중복 글자의 회피

옛사람은 글자가 중복되지 않도록 글자를 고의로 바꾸는 일이 많았다. 이것을 변문피복(變文避複)이라고 한다. 산문의 글쓰기〔행문(行文)〕에서는 특히 주요 글자의 중복을 꺼렸다. 가의(賈誼)의 〈과진론(過秦論)〉을 보면

秦孝公<u>據</u>崤函直固, <u>擁</u>雍州之地, 君臣固守, 以窺周室, 有<u>席卷</u>天下, <u>包舉</u>宇內, <u>囊括</u>四海之意, <u>并吞</u>八荒之心.
— 진효공은 효(崤)와 함(函)의 굳센 형세를 의지하고 옹주 땅을 끼고서, 군주와 신하가 굳게 지키면서 주왕실을 엿보아, 천하를 석권하고 우주 내를 다 들어 감싸며 사해를 주머니 속에 꽁꽁 묶어 두려는 마음과 팔황(사방과 우주)을 한꺼번에 삼키려는 마음이 있었다.

라고 배비구를 사용한 부분이 있다. 여기서 '據崤函直固'와 '擁雍州之地'은 같은 구문인데 아래 구에서 '거(據)'를 '옹(擁)'으로 바꾸었다. 석권(席卷)·포거(包擧)·낭괄(囊括)·병탄(幷吞)은 진효공의 야심을 설명한 말이 되, 구마다 글자를 바꾸었다. 또 천하(天下)·우내(宇內)·사해(四海)·입황(八荒)도 중국의 영토 안을 가리키는 말이되, 구마다 글자를 바꾸었다.

수사의 방식

수사(修辭)란 주제의 상황에 따라 어휘, 구문, 표현 수법을 운용하여 사상과 내용을 적절하게 드러내는 방법을 말한다. 수사 방법을 운용하고 창조하거나, 연구하는 것을 수사학(修辭學)이라 한다.

수사에는 소극적 수사와 적극적 수사가 있다. 소극적 수사는 과학이나 법령의 해설문에서처럼 명확, 통달, 균형, 온당을 목표로 삼는 수사법을 말한다. 적극적 수사는 구체적인 형상을 제시하고, 신선하고 생동적인 감동을 자아내려고 하는 수사법을 말한다. 이러한 수사의 갖가지 격식을 수사격(修辭格)이라 한다. 《사해(辭海): 어언문자분책(語言文字分冊)》《辭海編輯委員會, 1980)의 〈수사학(修辭學)〉 부문에 실려 있는 주요 개념어를 소개하면 다음과 같다.

- **비유(比喩, 譬喻)** : 사고의 대상을 다른 사물에 빗대는 것을 말한다. 정문(正文)·비유(比喩)·비유어사(比喩語詞)의 셋으로 이루어지며, 그 세 가지 성분의 차이와 드러냄·감춤의 차이에 따라 다시 명유(明喻), 은유(隱喻), 차유(借喻)의 세 가지로 나뉜다.

  명유(明喻)는 비유와 비유되는 것의 유사관계를 분명히 드러내는 방식으로, 似·若 등의 비유어사를 사용한다. 은유(隱喻)는 정문과 비유가 명유보다 더 긴밀하게 일치하는 방식이다. 차유(借喻)는 정문과 비유의 관계가 은유보다 더 긴밀하여, 정문과 비유어사를 쓰지 않고 비유만으로 정문을 대신 나타낸다. 차유어 가운데는 상투어로 떨어진 것도 많다.

  [예] 繰成白雪桑重綠, 割盡黃雲稻正靑 — 흰눈을 켰던 뽕나무는 다시 푸르고, 누런 구름 잘랐던 벼이삭은 푸르네. (王安石〈木末〉詩)
  * '白雪'은 비단실을 차유하고 '黃雲'은 보리이삭을 차유한다.

- **차대(借代)** : A사물과 B사물이 서로 비슷하지는 않지만 서로 뗄 수 없는 관계에 있을 때 B사물의 명칭으로 A사물을 대신하는 것을 말한다.

  [예] 春塘春色古今同. — 춘당대(春塘臺)의 봄빛이 예나 지금이나 같다. (《춘향전》)
  * '춘당대'는 창경궁의 한 지명인데, 이것으로 궁궐을 차대한 것이다.

- **영츤(映襯)** : 상반되는 사물을 병렬하여 서로 대조를 이루어 부각시키는 방식.

  [예] 擧秀才, 不知書. 擧孝廉, 父別居. 寒素淸白濁如泥, 高第良將怯如黽. — 수재에 천거되었으나 글자도 모르고, 효렴으로 천거되었으나 부친과 별거한다. 가난하고 깨끗하다는 청백리가 진흙처럼 더럽고, 무과에 장원급제한 훌륭한 장수가 맹꽁이 같이 겁쟁이다. (한나라 桓帝·靈帝 때 중국민요)

- **염련(拈聯)** : A, B 종류의 사물을 이어서 함께 서술할 때, 본래 A사물에 적용되던 어휘를 B사물에다가 연용하는 것을 말한다.

- **이취(移就)** : A, B 두 사물이 서로 관련이 있을 때, 본래 A사물을 형용하는 데 사용한 수식어를 B사물에 옮겨놓는 것을 말한다. 사람을 형용하

는 수식어를 그 사람과 관련이 있는 사물을 수식하는 데 사용하는 경우
가 많다.
- 모상(摹狀) : 사물의 상황이나 소리를 묘사하는 것을 말한다.
- 쌍관(雙關) : 음이 같거나 뜻이 같은 관계를 이용하여 한 마디 말로 두 가지에 파급되도록 하는 것이다.

  [예] 空對着, 山中高士晶瑩雪. 終不忘, 世外仙姝寂寞林. — 멍하니 마주대하네, 산 중의 고승과 영롱한 눈[雪]. 끝내 잊지 못하겠어라, 세상 바깥의 쓸쓸한 숲. (《紅樓夢》 제5회)
  * '雪' 자는 설보차(薛寶釵)란 여성을 가리키고, '林' 자는 임대옥(林黛玉)이란 여성을 가리킨다.

- 비의(比擬) : 사물을 인간화하거나 사람을 사물화하는 수법. 앞의 것을 '의인(擬人)', 뒤의 것을 '의물(擬物)'이라고 한다.

  [예] 雄兎脚扑朔, 雌兎眼迷離. 兩兎傍地走, 安能辨我是雄雌? — 숫토끼는 다리가 깡충깡충, 암토끼는 곁눈질. 두 토끼가 곁에서 달리니 어찌 내가 암컷인지 수컷인지 구별할 수 있으랴? (〈木蘭詩〉)
  *마지막 구는 목란이 스스로를 사물에 비유한 것이다.

- 풍유(諷諭) : 본래의 뜻을 분명하게 말하기 불편하거나 혹은 형상적으로 이야기하고자 할 때 고사를 빌려 풍자와 훈계의 뜻을 담는 방식이다. 우언고사(寓言故事)가 여기에 속한다.

  [예] 수주대토(守株待兎) : 그루터기를 지켜서 토끼가 거기에 걸려 넘어지길 기다린다. 《韓非子》〈五蠹〉
  우공이산(愚公移山) : 우공이 집 앞산을 옮기다. 《列子》〈湯問〉

- 과장(誇張) : 상상력을 운용하여 사물의 특징을 확대하고 장황하게 꾸미는 방법이다.

  [예] 飛流直下三千尺, 疑是銀河落九天. — 허공의 물살이 곧장 떨어지길 삼천 길이나 하니, 은하가 구천에서 떨어지는 것이 아닌가 싶다. (李白 〈望廬山瀑布〉)

- 반어(反語) : 본의와 상반되는 말을 써서 본의를 표현하는 방식으로, 조

롱이나 풍자에 사용한다.
- 완전(婉轉) : 본의를 직설적으로 이야기하지 않고 완곡하고 함축적인 말로 암시하는 방식이다.
- 피휘(避諱) : 말할 때 금기시하는 사물에 부딪히면 그것을 직접 말하지 않고 별개의 말을 써서 서술하는 방법이다.

  [예] 百年後 — 돌아가신 뒤. 집안 어른이나 상대방의 죽음을 뜻한다.
- 반복(反復) : 동일 어구를 반복하여 강렬한 감정을 표현하는 방식이다.

  [예] 晨上散關山, 此道當何難! 晨上散關山, 此道當何難! 牛頓不起, 車墮谷間. 坐盤石之上, 彈五弦之琴. 作爲淸角韻, 意中迷煩. 歌以言志, 晨上散關上! — 새벽에 산관산을 오르니, 이 길이 어찌 이리 힘드냐! 새벽에 산관산을 오르니, 이 길이 어찌 이리 힘드냐! 소는 넘어져 일어나지 않고, 수레는 계곡 사이로 떨어졌네. 반석에 앉아서, 오현금을 타노라. 맑은 각운(角韻)을 소리내니, 마음이 더욱 미혹되는구나. 노래 불러 뜻을 이야기하며, 새벽에 산관산을 오르노라! (曹操, 〈秋胡行〉)
- 대우(對偶) : 글자수가 같고 구법이 비슷한 어구들을 써서 상반되거나 상관 있는 뜻을 표현한다. 대장(對仗)이라고도 한다. 문장의 표현법에서 이미 다루었다.

  [예] 橫眉冷對千夫指, 俯首甘爲孺子牛. — 눈썹 비껴 싸늘하게 일천 사람 손가락을 대하고, 머리 숙여 즐겨 어린애의 소가 된다. (魯迅〈自嘲〉)
- 배비(排比) : 구조가 서로 비슷한 구문을 병렬시켜서 글을 구성하는 방식이다. 문장 표현법에서 이미 언급하였다. 유구법(類句法)을 '배비'라고도 부른다.

  [예] 天變不足畏, 祖宗不足法, 人言不足恤. — 하늘의 변고는 두려워할 만하지 못하고, 왕조의 선왕대 일은 본받을 만하지 못하며, 사람의 말은 염려할 것이 못된다. (《宋史》〈王安石傳〉)
- 층체(層遞) : 구조가 비슷한 어구들을 써서 한 단계씩 올라가면서 사리(事理)를 드러내는 방법이다.

[예] 不聞, 不若聞之. 聞之, 不若見之. 見之, 不若知之. 知之, 不若行之. — 듣지 않는 것은 듣는 것만 못하고, 듣는 것은 보는 것만 못하며, 보는 것은 아는 것만 못하고, 아는 것은 실행하는 것만 못하다. 《荀子》〈儒效〉

● 정진(頂眞) : 연쇄법을 말한다. 정침(頂針), 연주(聯珠)라고도 한다. 앞 문장의 끝말을 아래 문장의 기두(起頭: 첫머리)로 삼아서 어구를 차례로 접근시켜 생동적으로 표현하는 방식이다.

[예] 楚山秦山皆白雲, 白雲處處長隨君. 長隨君, 君入楚山裏, 雲亦隨君渡湘水. 湘水上, 女蘿衣, 白雲堪臥君早歸. — 초산과 진산에는 모두 흰 구름이 떠 있고, 흰 구름은 곳곳마다 언제까지고 님을 따르네. (구름은) 님을 따라서, 그대가 초산으로 들어가면, 구름 역시 그대를 따라 상수를 건너네. 상수에서는, 여라(女蘿: 이끼의 일종)의 옷, 흰 구름을 깔개 삼아 누워 있나니, 그대여 얼른 돌아오소서. (李白〈白雲歌送劉十六歸山〉)

● 도장(倒裝) : 어구의 순서를 뒤집어서 어세를 강하게 하고 음절을 조절하거나 혹은 구법을 뒤섞는 효과를 나타내는 방법이다.

[예] 紅豆啄餘鸚鵡粒, 碧梧棲老鳳凰枝. — 앵무새는 남은 붉은 콩알을 쪼아먹고, 봉황은 오랜 벽오동 가지 위에 살고 있다. (杜甫〈秋興〉)
*이 구는 '鸚鵡啄餘紅豆粒, 鳳凰棲老碧梧枝'를 뒤집은 것이다.

● 경책(警策) : 간단하고도 기발하며 함의(含意)가 깊은 말로 사람을 경계시키고 감동을 주는 표현법이다.

[예] 尺有所短, 寸有所長. — 한 자도 짧을 때가 있고 한 치도 길 때가 있다. 《史記》〈白起王翦傳贊〉
嶢嶢者易缺, 皦皦者易汚. — 아스라이 높은 것은 이지러지기 쉽고, 지나치게 희디 흰 것은 더러워지기 쉽다. (李固〈與黃瓊書〉)

● 석자(析字) : 한자의 형(形)·음(音)·의(義)를 분석하여 그것과 합치하는 다른 글자를 빌려와 대치하거나 부연하는 방법이다. 같은 형을 이용하는 화형(化形), 합치하는 음을 이용하는 해음(諧音), 같은 뜻의 글자를 사용하는 연의(衍義) 등 세 가지가 있고, 그것을 종합하여 운용하는 방식도

있다.

[예 1] 화형: 子系中山狼, 得志便猖狂. — 늑대같은 손씨는 뜻을 이루자 미처 날뛰네. (《紅淚夢》 제5회)

    * '孫' 자를 '子'와 '系'로 파자(破字)하였다.

[예 2] 해음 : '魚'와 '余'는 소리가 합치하므로 '魚'로 '余'를 대신한다.

[예 3] 연의 : 《상서(尙書)》 "允釐百工, 庶績咸熙(백관을 잘 다스리고, 여러 공적을 모두 빛내도록 하시오)"를 《사기(史記)》는 "信飭百官, 衆功皆興"으로 대체하였다.

[예 4] 종합 : 椵를 '西貝'라 칭한다. — '椵'를 해음의 예에 따라 '賈'로 보고, 다시 화형의 예에 따라 '賈'를 '西貝'의 두 글자로 분석하였다.

● 회문(回文) : 회환(回環)이라고도 한다. 어휘의 순서를 빙빙 돌아가게 만들어 두 가지 사물이나 사리의 상호관계를 표현하는 방식이다. 한시에서 회문시(回文詩)가 그 대표적인 예이다.

[예 1] 驕傲不進步, 進步不驕傲. — 교만은 진보하지 못하고, 진보는 교만하지 않다.

[예 2] 회문시: 池蓮照曉月, 幔錦拂朝風. — 못 속의 연은 새벽달에 비치고, 장막 비단은 아침 바람에 스친다. (王融 〈春游回文詩〉)

    *뒤집어 읽으면 '風朝拂錦幔, 月曉照蓮池'(바람은 아침에 비단 장막을 스치고, 달님은 새벽에 연못을 비춘다)로 된다.

더 참고할 책

(1) 한문의 문장형식
- 왕력(王力) 저, 영남중국어문학회 편역, 《중국어문학통론》, 삼진사, 1984 / 王力, 《古漢語通論》, 中外出版社, 1976.
- 양백준(楊伯峻) 저, 윤화중 옮김, 《문언문법》, 청년사, 1989 / 楊伯峻, 《文言文法》, 北京出版社, 1956. 11.
- 황육평(黃六平) 저, 홍순효·한학중 역, 《한문문법강요》, 미리내, 1994. / 黃六平, 《漢語文言語法綱要》, 華正書局, 1988.
- 안병국, 《고대한어 어법의 기초》, 한국방송대학교출판부, 1998.
- 요진우(廖振佑) 저, 이종한 역, 《한문문법의 분석적 이해》, 계명대학교출판부, 2001. / 廖振佑, 《古代漢語特殊語法》, 內蒙人民出版, 2001.
- 易孟醇, 《先秦語法》, 湖南教育出版社, 1989.
- 牛島德次, 《漢語文法論》, 大修館書店, 古代編 1967 / 中古編 1971.
- 太田辰夫, 《中國語歷史文法》, 朋友書店, 1985(2版).

(2) 중국근대 백화 문법을 다룬 명저
- 太田辰夫, 《古典中國語文法》, 汲古書院, 1984.
- 志村良治, 《中國中世語法史研究》, 三冬社, 1984.
- 王德春 主編, 《修辭學詞典》, 浙江教育, 1987.
- 李思德·鄭龍潤·張永華, 《古漢語語法修辭詞典》, 明天出版社, 1988.
- 唐松波·黃建霖 主編, 《漢語修辭格大辭典》, 中國國際廣播, 1989.
- 鄭子瑜, 《中國修辭學史稿》, 上海教育出版社, 1984. 5.
- 周振甫, 《中國修辭學史》, 商務印書館, 1991.
- 陳光磊, 《中國修辭學通史：先秦兩漢魏晉南北朝卷》, 吉林教育出版社, 1998.
- 李熙宗, 《中國修辭學通史：明清卷》, 吉林教育出版社, 1998.

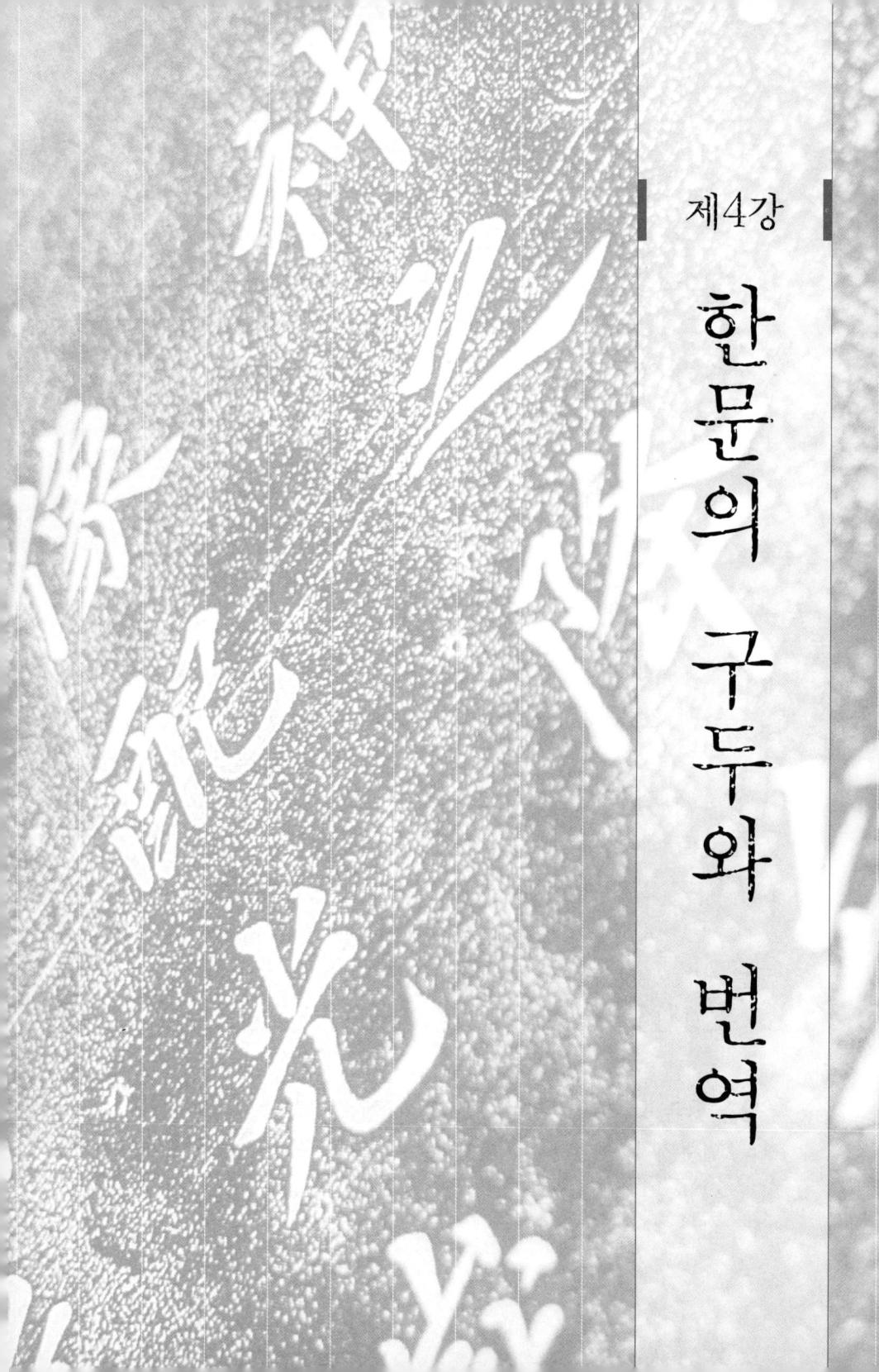

제4강

한문의 구두와 번역

Q 옛날 한문책들은 구를 끊어 놓지 않아 읽기 어렵지 않았나요?

A 옛날 책에도, 많지는 않지만 구를 끊어 놓은 것이 있었어요. 그런 것을 단구본(斷句本)이라 하죠. 문장이 끊어지는 곳에 〔句〕라는 글자를 넣어 두기도 하고, 점을 찍어 놓기도 하고(圈點이라 합니다), 행을 바꾸어 적기도 했어요. 그러다가 문법에 대한 관념이 발달하면서 서양의 구두 방식을 참조하여 오늘날에는 신식 표점을 찍게 되었습니다.

Q : 아참, 일본은 한문을 차례대로 읽지 않고 뒤집어서 읽는데, 우리나라나 중국은 순서대로 읽지요?

A 좋은 질문입니다. 일본은 일찍부터 한문을 자국어의 어순대로 순서를 바꾸어서 풀이하는 방식을 사용하였어요. 그것을 훈독(訓讀)이라고 해요. 그런데 그 방법은 실은 우리나라에서 건너간 듯해요. 조선시대에는 훈독을 하지 않고 순독(順讀)을 하였지만, 고려시대에는 불경을 읽을 때 훈독을 하였습니다. 1346년 이전에 인쇄된 고려《구역인왕경(舊譯仁王經)》의 잔권(殘卷)에서 순서 바꾸어 읽기 표시와 구결이 발견된 이후로 유사한 자료들이 그 동안 많이 발견되었어요. 또 본문의 양쪽 귀퉁이에 뾰족한 펜으로 읽는 순서와 토를 꾹꾹 눌러 표시한 각필(角筆) 자료도 발견되었습니다. 한자 문화권에서는 거란이라든가 고창(高昌: 5~7세기 東투르키스탄에 있던 한나라의 식민지 국가)이라든가 하는 곳에서도 모두 자국의 언어로 훈독을 하였다는 기록이 있어요. 원나라, 즉 몽고 민족은 한문을 직역한 직해(直解)의 문제를 만들어내었지요.

Q 한문고전을 현대어로 번역할 필요가 있나요? 한자와 한문은 왜 배우죠?

A 일제 강점기에 민족주의 및 진보주의 진영은 한문 고전자료를 정리하였고, 양백화(梁建植, 白華; 1889~1944) 등 중국문학 연구자도 중국 고전

을 현대어로 번역하기 시작하였죠. 1960, 1970년대부터는 한국학 분야 여러 연구자들이 한국 한문자료들의 번역에 힘을 기울이기 시작했습니다. 한국 한문고전의 번역과 관련하여 민족문화추진회·한국학중앙연구원(한국정신문화연구원)·세종대왕기념사업회는 특히 많은 성과를 내었죠. 2000년대 들어와 연구자들은 한문고전에서 새로운 문제(問題; topica, problema)를 발견해내려고 하고 있습니다. 동아시아의 지성사 및 문화사를 서로 비교하는 연구도 확산되고 있죠. 그러한 연구들은 모두 한문고전의 일차적 가공과 이차적 가공을 거쳐야 비로소 가능하기 때문에, 많은 한문고전들을 주석하고 번역하는 일이 과거 어느 때보다도 더욱 필요합니다.

일본에서의 한문고전 번역

- 일본에서는 근대 이후, 주소(注疏), 신주(新注), 일본 학자의 주석을 종합한 형태의 1차 가공서와 새로운 연구성과까지 참조한 번역서가 여럿 나와 있다.
- 漢文大系 22冊, 富山房, 1908~9년 발행, 1972년 증보, 1984년 증보 2쇄.
- 國譯漢文大系 正40冊, 續48冊, 國民文庫刊行會.
- 漢籍國字解全書 53冊, 早大出版部.
- 新釋漢文大系 104冊, 明治書院, 1962.
- 全釋漢文大系 33冊, 集英社, 1975.
- 漢詩大系 24冊, 集英社.
- 漢文叢書 40冊, 有朋堂.
- 全譯中國文學大系 (未完結), 東洋文化協會.
- 中國古典新書 100冊, 明德出版社.
- 中國古典選 20冊, 朝日新聞社 ※文庫版 38冊
- 中國古典文學全集 33冊, 平凡社.
- 中國古典文學大系 60冊, 平凡社.
- 中國の古典 33卷 (藤堂明保 監修), 學習研究社, 1981~.
- 中國の思想, 全12卷, 德間書店, 1964(1), 1973(改訂增補).
- 東洋文庫, 平凡社. 문고본 형태로 계속 간행.
- 中國詩人選集 33冊, 岩波書店.
- 中國詩文選 24冊, 筑摩書房.
- 中國の名詩 鑑賞 10冊, 明治書院.
- 中國文明選 15冊, 朝日新聞社.
- 中國の人と思想(加地伸行 主編) 12卷, 集英社, 1984.
- 中國の人と思想の世界(加地伸行 主編), 新人物往來社, 1984.

한문문헌의 구두 방식

갑골문 시기부터 한문에는 부호를 사용하여 구두(口讀) 방식을 표기한 경우가 있었으나 절대 다수의 한문 책에는 구두 부호를 하지 않았다. 현재 볼 수 있는 것은 대개 후대의 초록자(抄錄者)나 독자가 덧붙인 것이다. 초기에는 글 내용이 간단하여 구두를 할 필요가 없었을 것이고, 경서(經書) 등은 공동작업으로 이루어진 것인 데다가 소리를 옮겨 적는 경우가 많아 통일된 구두를 붙이기 어려웠을 것이다. 다만, 간혹 권점(圈點)을 사용하거나 구두 붙일 자리에 사이를 떼어두고는 하였다. 우리나라 한문 고전의 경우, 앞의 예는 《용비어천가(龍飛御天歌)》가 거의 유일하다. 뒤의 예는 드물기는 하지만 간혹 있다. 특히 시의

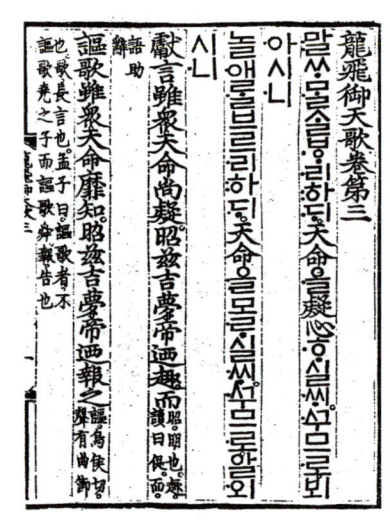

《용비어천가》의 구두

경우에 2구 1련씩 행을 바꾼 예가 있다. 이숭인(李崇仁)의 《도은집(陶隱集)》(1406년 무렵 초간 이후 중간된 간기 미상의 고려대 만송문고 소장본)에서 한시를 대부분 2구 1련씩 개행(改行)한 것이 그것이다. 이것은 조선후기에 한시를 2구씩 나란히 적는 원앙쌍대격(鴛鴦雙對格) 표기에 선행하는 것으로서 매우 주목된다.

중국의 16종 표점 부호	
구호(句號) .	문호(問號) ?
탄호(嘆號) !	두호(逗號) ,
돈호(頓號) 、	분호(分號) ;
모호(冒號) :	인호(引號) " "
괄호(括號) ( )	파절호(破折號) ―
생략호(省略號) ……	착중호(着重號) ·
연접호(連接號) -	간격호(間隔號) ·
서명호(書名號) 《 》	전명호(專名號) ＿

하지만 근대 문법학의 발달과 더불어 구두 방법이 정비되기 시작하여, 구와 문장 끝에 점을 찍는 방식이 사용되었다. 일본과 우리나라도 한 때 그러한 방식을 이용하였다. '5·4' 이후에는 서양 구두점을 사용한 구두 방식이 응용되었다.

그러다가 1951년 9월에 중국 중앙인민정부출판총서(出版總署)는 《표점부호용법(標點符號用法)》을 공포하였다. 1990년 3월 22일에는 국가어언문자공작위원회(國家語言文字工作委員會)와 중화인민공화국신문출판서가 〈표점부호용법의 수정 공포에 관한 연합 통지(關于修訂發布《標點符號用法》的聯合通知)〉를 공표하였다. 현재 중국에서는 본래의 14종에 연접호(連接號)와 간격호(間隔號)를 첨가하여 16종의 표점 부호를 사용한다.

한문의 현토와 언해

1. 우리나라 한문의 현토

옛 조상들은 한문을 읽을 때 우리말 토(吐)를 넣어 읽었다. 예컨대, 《명심보

漢字略字諺文			漢字略字諺文			漢字略字諺文			漢字略字諺文		
厓	厂	애	於乙	夛	어늘	爲時尼羅	夶	하시니라	五	五	오
厓隱	厏	앤	是於時乙	仒夛	이어시늘	是尼尼羅	仒夶	이시니라	是五	仒丠	이오
卧	卜	와	爲面	丆	하면	爲飛尼羅	夾	하노라	時里羅	夜	시리라
矣	厷	의	是面	仒丆	이면	爲奴羅	夶	하나니라	爲時尼羅	夶	하시니라
果	卩	과	爲旀	厼	하며	爲尼羅	夶	하니라	是尼	仒仁	이니
阿	卩	아	爲加尼	定	하더니	爲多	夛	하다	尼	仁	니
牙	卩	아	是戾尼	仒定	이러니	奴多	夛	로다	爲時古	夶	하시고
隱	卩	은	是戾時尼	仒定	이러시니	舍叱多	夶	삿다	爲古	夶	하고
飛隱	厼	난	羅	入	라	乎代	仒仒	호대	是五	仒丠	이오
伊	丨	이	尼羅	仒仒	니라	爲那	夶	하나	里五	仒丠	리오
卧伊	卜丨	와이	里羅	仒仒	리라	是那	仒仒	이나	是五	仒仒	이오
奴	又	로	印大	仒仒	인대	爲申大	仒仒	하신대	奴	丠	오
乙	乙	을	是羅	仒仒	이라	是那	仒仒	이나	於尼卧	仒仒	이로대
羅乙	乙	랄	尼羅	仒仒	니라	於時等	仒仒	어시든	是奴代	仒仒	이로대
爲士	羊	하사	爲也	为	하야	羅爲也	矛	라하야	奴羅爲也	矛	로라하야

토의 실제(이회문화사 영인 《纂註杜詩澤風堂批解》 권두에서)

감》에 '天地之間萬物之中唯人最貴'라는 문장이 있는데, 그것을 "天地之間, 萬物之中에 唯人이 最貴하니"라 읽거나, "天地之間萬物中厓 唯人是 最貴爲尼 所貴乎人者隱"처럼 厓(애)·是(이)·爲尼(하니)·隱(는)을 붙였다. 이와 같이 한문을 읽을 때 한문의 단어나 구절 사이에 붙이는 우리말을 구결(口訣) 혹은 토(吐)라 한다. 또 문장에 토를 다는 것을 '현토(懸吐)'라고 한다.

본래 '구결'은 불경을 구두로 설하는 것을 가리켰는데, 불경의 원문을 이해하기 쉽게 구두의 부분에 어조사를 사용한 데서 구결이라는 용어가 생겨났다고 한다. 이때의 '구결'은 '입겿'을 번역한 용어이다. 변계량(卞季良)의 회상(《세종실록》 10년 윤4월 기해)에 따르면 태종이 권근(權近)에게 오경의 '토'를 저술하도록 명령한 일이 있다고 하는데, 성종 때 성현(成俔)은 권근의 토를 '구결'이라고 불렀다. '토'와 '구결'은 같은 말이었다.

현토의 관습은 삼국시대에 이미 형성되어 있었던 듯하다. 그때는 한자의 약체자(略體字)를 이용하거나 획을 줄여서 구결〔토〕을 달았을 것이다.

2. 고려시대 구결과 각필

1973년 12월에 충남 서산(瑞山) 문수사(文殊寺)의 금동여래좌상(金銅如來坐像) 복장물(腹藏物)로 고려 시대 불경 낙장(落張) 5매가 발견되었다. 불경은 목판 인쇄의 《구역인왕경(舊譯仁王經)》으로, 원문 사이사이에 우리말 토(吐)가 붓으로 적혀 있었으며, 그 토는 한문의 왼쪽과 오른쪽에 나뉘어 적혀 있었다. 이

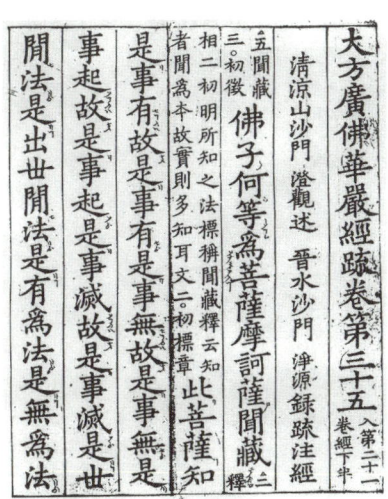

고려시대 불경에 나타난 훈독 표기의 예
《大方廣佛華嚴經䟽》卷第三十五

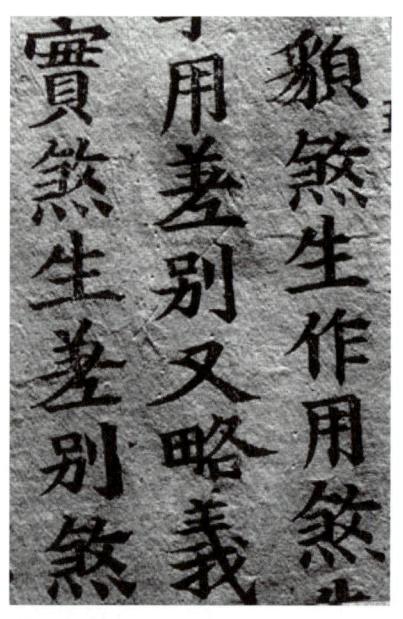

각필

것은 한문을 우리말 어순에 따라 재배열하여 읽었다는 점, 원문의 한자를 때로는 우리말 훈(訓)으로 새겨 읽었다는 점을 알려주는 대단히 귀중한 자료이다. 그 토를 가리켜 석독구결(釋讀口訣)이라 한다.

《구역인왕경》은 1346년(원나라 지정 6년) 이전에 인쇄된 것이라고 한다. 이후 여러 학자들이 그 이전의 훈독 자료도 속속 발견하였다. 고려시대의 구결은 한자 획의 일부를 생략해서 쓰거나 한자의 초서를 부호화하여 국어의 조사, 조동사와 한자의 음 등을 먹으로 표시하였다.

또 일본인 학자 고바야시 요시노리(小林芳規) 씨가 2000년 7월 초에, 성암고서박물관에 소장되어 있는 '초조대장경'(11세기 초 고려판 초판) 《유가사지론(瑜伽師地論)》 권8의 500행 정도에서 각필(角筆) 자료를 처음으로 확인하였다. 각필이란 상아나 나무, 대나무의 한쪽 끝을 뾰족하게 만든 필기구로, 그 끝으로 종이를 눌러서 문자, 부호, 그림을 표시한다. 각필 문자는 40년 전 일본에서 처음 발견된 후 중국, 티베트 등지에서도 발견되었다.

　한자 주위에 표시된 각필 부호는 한국어의 조사, 조동사, 경어 등을 나타내고, 단선은 한자의 액센트를 나타낸 것이라고 한다. 부호의 예는 일본의 '오코토 점'(한문 훈독 때 오쿠리 가나 대신에 한자 주위에 점으로 표시한 것)과 유사하고, 단선의 예는 돈황의 각필과 같다고 한다.

　각필 부호 가운데 부표(符標)는 현대의 문장부호와 같고 점토(點吐)는 표음문자의 속성을 가진다.

　고바야시 씨는 8세기에 일본으로 건너간 원효의 《판비양론(判比量論)》(일본 류타니 대학 소장)에 표시된 각필에서 가타카나 문자의 원형을 발견했다고 주장하였다(2002년 4월 3일 〈한겨레〉 기사). 《판비양론》은 원효대사가 671년에 쓴 것으로, 신라에 유학한 일본승려가 740년 천황가의 황후에게 헌납했다고 전한다.

3. 조선전기의 경서 현토 및 언해

조선 조정이나 유학자들은 유가 경전의 현토를 여러 차례에 걸쳐 개정하였다.
　우선 정몽주와 권근이 경전에 현토한 뒤 세조 연간에는 그것을 기초로 여러 경전에 본격적으로 현토를 하였다. 또한 세종 때는 경서를 언해(諺解)하기 시작하였다. 언해를 '석(釋)' 혹은 '번역(飜譯)'이라고도 한다. '석(釋)'은 한문을 번역하는 '훈독(訓讀)'을 의미한다. 16세기 후반의 이이(李珥) 수고본(手稿本) 《중용토석(中庸吐釋)》을 보면 구결이 들어가야 할 원문 구절의 끝자와 구결을 먼저 들고나서 언해의 문장을 실어두었다.
　선조 연간에도 여러 사람이 경서를 언해하였다. 교정청(校正廳)에서 편찬한 언해본은 조선후기에 널리 통용되었다.

〈표〉 조선 전기 경서의 현토·언해 과정

시기	현토·언해	작업자	비고
고려말	詩口訣	鄭夢周	전하지 않음
여말선초	詩書易口訣	權近	전하지 않음
1429(세종11)	句解孝經	經筵 소장본	210秩 印出, 1429년 5월 20일에 頒賜(세종실록).
1434(세종16) 무렵	四書五經口訣	集賢殿主宰 (金汶·金鉤·崔恒·徐居正 등)	전하지 않음
1465(세조11) 무렵	易口訣(康寧殿口訣)	세조와 문신	《周易傳義口訣》
1466(세조12) 무렵	小學·詩·書·禮·論·孟·庸·學 口訣	世祖(小學)·鄭麟趾(詩)·鄭昌孫(書)·申叔舟(禮)·李石亨(論)·成任(孟)·姜希孟(庸)·洪應(學) * 丘從直·金禮蒙·鄭自英·李永根·金壽寧·朴楗 교정	전하지 않음
중종 초	經書口訣(諺解)	柳崇祖 등	전하지 않음 《眉巖日記》참조
1539(중종34)	諺解孝經·小學	崔世珍	중종실록 5월17일
중종·명종 무렵	經籍吐釋	朴世茂 (선조 7년경, 書傳吐釋만 遺傳)	전하지 않음(眉巖日記)
명종·선조 무렵	四書三經釋義	李滉	現傳
1573(선조6)이전	四書口訣	柳希春	전하지 않음(眉巖日記)
1574(선조7)이전	大學吐釋	李珥	洪啓禧 芸閣活字本 四書諺解
1574년 무렵	經書口訣·諺解	柳希春(受命, 未完)	전하지 않음
1577(선조10) 무렵	中庸·論語·孟子 吐釋	李珥	洪啓禧 芸閣活字本 四書諺解
1585(선조18)부터 임란 이전	小學諺解 (선조19년 庚辰字本)	校正廳(鄭述·崔永慶·洪晩·韓百謙·鄭介淸 등)	1588년 1월 內賜本
	四書諺解 (선조23년 庚辰字內賜本)		1589년 7월 內賜本
	詩·書諺解(임란 이전에 成冊, 임란 이후 投進)		초간 시기 미상 《詩經諺解》는 1613년 9월에 內賜
	周易諺解		1594년 10월 24일 내사령(《선조실록》)
	孝經諺解		1590년 9월 내사본
1601~2 (선조34~35)	周易諺解	校正廳(尹根壽·洪暹·許筬·李好閔·朴弘老·申湜·康復誠·李德胤·金光燁·尹光啓·韓百謙)	現傳
1605년 완성 (인조조 간행)	周易本義口訣附說	崔岦	강원도 간성 간행 목판본

한문에 사용할 구두 부호와 표점 부호

우리나라에서 최근 주로 사용하는 구두부호와 중국에서 사용되는 '신식표점부호'를 대조하여 구두 부호를 정리하면 다음과 같다.

- 온점(마침표, 그침표), Period, 句號 : 한 문장이 끝났을 때의 마침표. 중국과 일본에서는 '。'표를 사용하지만, 우리나라에서는 '.'표를 사용한다.
- 반점(쉼표, 쉬는 표), Comma, 逗號 : 문장과 문장, 어절과 어절의 사이의 쉼표이다.
- 쌍점(콜론), Colon, 冒號 : 직접인용의 云・曰 등의 다음, 제시성 어구의 다음에 일시적 휴지를 나타낼 때 사용한다.
- 쌍반점(머무름표), Semicolon, 分號 : 복합문 내에서 서로 병렬하는 구문들 사이에 사용한다(우리나라에서는 아직 잘 사용하지 않는다).
- 큰따옴표, Double Quotation Marks, 引號 : 직접인용문에 사용한다. 세로쓰기의 경우에는 『 』(겹낫표, 引號)를 사용한다.
- 작은따옴표 Single Quotation Marks : 간접인용문에 쓰이며 직접인용문 속의 인용, 강조의 어구에 사용한다. 세로 쓰기의 경우에는 「 」(낫표, 引號)를 사용한다.
- 물음표(의문부호), Question Mark, 問號 : 한 문장이 끝났을 때, 물음이나 의심을 나타낸다.
- 느낌표(감탄부호), Exclamation Point, 歎號 : 한 문장이 끝났을 때, 느낌・부르짖음・놀람 등의 감정을 나타낸다.
- 사잇점(가운뎃점, 間點) : 몇 개의 병렬어가 계속될 때 사용한다. 중국에서 사용하는 丶(頓號)와 ・(間隔號)에 해당한다.
- 말줄임표(생략부호), 省略號
- 괄호(括弧), 括號 : 행문 가운데 주석의 성질을 갖는 어구를 본문과 분리시켜 표시한다.
- 파절부호, 破折號(—) : 행문 가운데 주석의 성질을 갖는 어구를 본문 속에서 표시하거나, 돌연한 전변(轉變)을 표명한다든가, 사항의 열거적 계승을 표시할 때 사용한다.

- 연접부호, 連接號(-) : '사대부-문인'처럼 긴밀한 두 단어를 하나로 연결할 때 사용한다.
- [ ] 원주(原註)를 적을 때 사용한다.
- 서명부호, 書名號《 》: 가로쓰기에서 책명을 표시한다. 세로쓰기에는 『 』(겹낫표)를 사용한다. 중국식 표점법의 서명호(書名號) 물결선에 대응한다.
- 편명부호〈 〉: 가로쓰기에서 편명(篇名)을 표시한다. 세로쓰기에서는 「 」(낫표)를 사용한다. 중국식 표점법의 전명호(專名號)에 상응한다. 한국에서는 한글 SW의 문제로 가로쓰기에서 책명을 겹낫표, 편명을 낫표로 표시하기도 한다.
- 판독불가능 부호(□) : 원문에서 판독이 어려운 글자에 사용한다. 글자 수만큼 네모 빈칸을 쳐둔다.
- 판독불가능 부호(▨) : 원문에 판독이 어려운 글자들이 있되 글자 수를 모를 때 사용한다.

주요 구두 부호의 사용 방법

1. **온점 (.)** : 단구(單句)의 끝에 온점을 찍거나(예1), 복구(複句)의 끝에 온점을 찍는다(예2).

   [예 1] 大器晩成. — 큰 그릇은 늦게 이루어진다. 《老子》 41장
   君子恥其言而過其行. — 군자는 말이 행동보다 앞서는 것을 부끄럽게 여긴다. 《論語》〈憲問〉

   [예 2] 先名實者爲人也, 後名實者自爲也. — 명예(名譽)와 사공(事功)을 먼저 하여 중시하는 자는 남을 위하는 것이요, 명예와 사공을 뒤로하는 자는 스스로를 위하는 것이다. 《孟子》〈告子·下〉 * '~也'의 구가 나란히 이어져 호흡이 연결되므로 앞의 也 뒤에는 반점(쉼표)을 찍는다. 중국의 표점에서는 쌍반점(;)을 사용한다.

2. **반점 (,)** : 주어는 원래 구두하지 않지만, 3~4글자 이상이라서 구분이 필

요하거나, 주어가 주제를 제시하는 기능을 하거나 주어 다음에 주어를 정의하는 말이 올 때는 쉼표를 찍는다(예1). 대장(對仗)이나 병렬문에서는 각 구 아래에 원칙적으로 쉼표를 찍는다(예2). 단, 두 글자로 된 구절이 둘 반복될 때는 끝에만 구두를 한다. '하여금'의 뜻으로 쓰인 使·俾 등은 그 밑에 3~4글자 이상의 단어·구·절이 오면 '(으)로'의 토(吐)가 오는 곳에 쉼표를 한다(예3). '非徒(非但)A, (乃)B'(A뿐 아니라 B도)의 구문은 A구 뒤에 반드시 쉼표를 하고, 비교나 선택을 나타내는 '與其A寧B' '與A孰若B' 등의 구문에서는 A의 뒤에도 반드시 쉼표를 한다(예4). 또 부사(시간부사·장소부사·방위부사 포함)의 구에 쉼표를 하고(예5), 주어와 술어가 도치되면 쉼표를 사용하여 분리시킨다(예6). 접속사의 앞이나 뒤에도 쉼표를 찍을 수 있다(예7).

[예 1] 子路, 人告之以有過則喜. — 자로는 남이 그에게 과실이 있음을 알려주면 기뻐하였다. 《孟子》〈公孫丑·上〉

[예 2] 有五斗先生者, 以酒德遊于人間. 人有以酒請者, 無貴賤皆往, 往必取醉. 醉則不擇地斯寢矣, 醒則復起飮也. 嘗一飮五斗, 因以爲號. — 오두 선생이라는 사람이 있어, 주덕으로 인간 세상에 노닐었다. 술을 마시게 해주겠다는 사람이 있으면, 귀천을 따지지 않고 누구의 곳이든 찾아갔으며, 가면 반드시 취하였다. 취하면 장소를 가리지 않고 거기 묵어 잠을 잤고, 술이 깨면 또 일어나서 술을 마셨다. 언제든 일단 술을 마시기 시작하면 다섯 말을 마셨으므로, 그것(오두)을 호로 삼았다. 〈王績〈五斗先生傳〉〉

[예 3] 使長惡不悛者, 知所以反省. 爲善不及者, 知所以依歸. 使天下之仕者, 皆欲立於王之朝.— 오랫동안 악행을 저질러 뉘우칠 줄

〈자치통감(資治通鑑)〉中華書局 標點本의 구두 예

(권198 唐紀14 太宗 貞觀 19年 8月)
乙酉, 至遼東. 丙戌, 渡遼水. 遼澤泥潦, 車馬不通. 命長孫無忌將萬人, 翦草塡道, 水深處以車爲梁, 上自繫薪於馬鞘以助役.
(안시성 싸움에 패한 당나라 태종은) 8월 을유에 요동에 이르렀다. 병술에는 요수를 건넜다. 요택은 질척질척한 늪이어서 수레와 말이 통하지 않았으므로, 장손무기에게 명하여 1만 명을 이끌고 풀을 베어 길을 메우고, 물이 깊은 곳은 수레로 다리를 만들게 하였는데, 상(태종)이 스스로 말채찍에 장작을 묶어서 일을 도왔다.

모르는 자에게 반성할 방도를 알게 하고 선행을 하되 일정한 정도에 이르지 못했던 자에게 돌아가 의지할 바를 알게 하며, 천하의 벼슬하는 이들로 하여금 모두 왕의 조정에 서기를 바라도록 만들겠습니다.

[예 4] 與其坐而待亡, 孰若起而拯之? — 자리에 앉은 채 죽음을 기다리는 것이, 어찌 일어나서 그것을 구하는 것과 같으랴? 《馮婉貞》

[예 5] 三年, 春, 王二月, 己巳, 日有食之. — (은공) 3년 봄, 왕 2월 기사의 날에 태양에 일식이 있었다. 《左傳》隱公 3년

광개토대왕비

[예 6] 伯魚之母死, 期而猶哭. 夫子聞之, 曰: "誰歟, 哭者?" 門人曰: "鯉也." 夫子曰: "嘻! 其甚也." 伯魚聞之, 遂除之. — 백어(공자의 아들 鯉)의 어머니가 죽고서, 일주기가 되었는데도 (백어는) 여전히 곡을 하였다. 공자가 그 소리를 듣고 물었다. "누군가, 곡하는 사람은?" 문인(제자)이 "리입니다"라고 하자, 공자는 "아아, 지나치구나" 하였다. 백어가 그 말씀을 전해 듣고, 마침내 곡을 그만두었다. 《禮記》〈檀弓·上〉

[예 7] 焉有仁人在位, 罔民而可爲也? 是故, 賢君必恭儉禮下. — 어찌 어진 이가 임금의 자리에 있으면서 (무지한) 백성들을 법의 그물로 훑는 일을 할 수 있겠는가? 그런 까닭에 어진 임금은 반드시 공경하고 검소하며 예를 갖추어 스스로를 낮추는 법이다. 《孟子》〈梁惠王·上〉

접미사 '者'가 붙어서 시간을 나타내는 昔者·頃者·向者 등에는 표점을 하고(예 생략), 간지(干支)·계절의 단어가 함께 올 때는 연·월·일 아래에 표점을 한다(예8). 공식 문건에서 상대에게 공경의 뜻을 표하기 위하여 관용상 사용하는 竊念·伏惟·恭惟·竊意·伏以·伏審 등의 뒤에는 쉼표를 사용한다. 또 짧은 서술어로 사용한 問·聞·案(按)의 아래에도 쉼표를 한다.

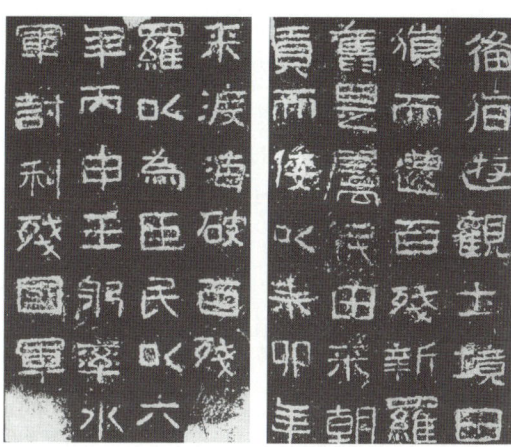

광개토대왕비

그리고 호현(呼懸) 및 전도(顚倒)된 어구의 아래에 쉼표를 사용한다(예9).

> **광개토대왕비문, 어떻게 끊어 읽을 것인가**
>
> 舊是屬民由來朝貢而倭以辛卯年來渡海破百殘新羅以爲臣民以六……
> "왜가 신묘년에 바다를 건너와서 백잔(백제)과 신라를 쳐부수고 신민으로 삼았다"인가?
> "왜가 신묘년에 왔기 때문에, (고구려가) 바다를 건너가 백잔과 신라를 쳐부수고 신민으로 삼았다"인가?

[예8] 十七年壬戌, 黃海道强賊林巨正, 截路殺人, 打破獄門. — 17년 임술(명종 17년 임술, 1562)에 황해도 도적 임꺽정이 길을 막고 사람을 죽였고, (옥에 갇혔으나) 옥문을 부수었다(달아났다). (李肯翊《燃藜室記述》)

[예9] 今圓首方足, 盜名蠹義, 貪利害物, 甚於鼠者, 多矣. — 지금 둥근 머리에 네모난 발을 가진 자(사람) 가운데, 이름을 훔치고 의리를 손상 입히며 이익을 탐내고 남(인민)을 해치기를 쥐보다 더 심하게 하는 자들이 많도다. (崔演《艮齋集》)

不得不慨者, 此矣! — 개탄하지 않을 수 없는 것이 바로 이것이로다! (金得臣《醫說》)

3. **쌍점(콜론) (:)** : 曰・云 등 진술하는 말의 뒤(예1)나 문답의 형식에 사용한다(예2).

[예 1] 徐子曰: "仲尼亟稱於水曰: '水哉水哉!' 何取於水也?" — 서자가 말했다. "공자께서는 물에 대해 자주 말씀하셔서 '물이여! 물이여!' 라고 하셨습니다만, 물에서 무엇을 취하신 것입니까?"

論語云: "子張問於孔子曰: '何如斯可以從政矣?'" — 논어에 이르길, "자장이 공자께 여쭈기를, '어찌하여야 정치를 수행할 수 있겠습니까?'"라고 하였다.

有疏, 略曰: "……" — 상소가 있으니, 대략 다음과 같다.

[예 2] 曰: "不動心有道乎?" 曰: "有." — "부동심하는 데 방도가 있습니까?" "있다."

"然則舜僞喜者與?" 曰: "否." — "그러하면 순임금은 거짓으로 기뻐한 것입니까?" "아니다."

4. **쌍반점 (;)** : 복합문에서 주 문장이 앞에 오고 종속문이 대장 형식으로 나열될 때 사용한다.

[예] 夫吏道有三; 上之有吏才, 次之有吏趣, 下則有之以爲利焉. — 무릇 관리로서의 도리에는 세 가지가 있습니다. 가장 윗길은 이재(吏才)가 있는 것이고, 그 다음은 이취(吏趣)가 있는 것이며, 가장 아랫길은 관직을 차지하여 이익으로 삼는 것입니다.(袁宏道〈張幼于〉)

5. **감탄부호** : 독립된 감탄사와 호칭 다음이나(예1) 감탄문의 끝에 사용한다 (예2).

[예 1] 居! 吾語汝. — 아! 내가 너에게 말하겠다.

硯乎硯乎! 爾麽, 非爾之恥. — 벼루여, 벼루여! 네가 작은 것은 네가 부끄러워할 바 아니로다. (李奎報〈小硯銘〉)

[예 2] 今天子接千歲之統, 封泰山, 而余不得從行, 是命也夫, 命也夫! — 지금 천자는 천 년의 전통을 이어받아서 태산에서 봉선의 의식을 행한다고 하시거늘, 나는 거기에 모시지를 못하였으니, 이것은 운명이로다, 이것은 운명이로다! (司馬遷〈太史公自序〉)

> **이야기 한 토막**
>
> 옛날 어떤 사람이 딸만 하나 두고 늦도록 아들이 없어 딸과 사위를 데리고 살았다. 그런데 부인이 죽고 재혼한 부인에게서 아들을 보았다. 아들이 여덟 살이 되었을 때 그 사람은 죽게 되었는데, 다음 유서를 한 장 써서 사위에게 주었다.
>
> 七十生男非吾子家産什物皆付吾壻他人勿侵.
>
> 사위는 유서를 보고, "70세에 아들을 낳았으니 나의 자식이 아니다. 가산과 집기를 모두 나의 사위에게 주니 다른 사람은 침범치 말라"로 끊어 읽고 기뻐하였다. 한편 재혼한 부인은 납득하지 못하여 관가에 하소하였다. 원님은 그 유서를 들여다보더니 사위에게 호통을 쳤다. 원님은 "七十에 生男한들 非吾子리오? 재산과 집기를 모두 주노니, 나의 사위는 (피붙이 아닌) 딴 사람이므로 침범하지 말라"고 풀이하였던 것이다.

6. **가운뎃점[間點]** : 명사가 병렬되어 그 구분이 필요한 때나(예1) '관직+성명' '관청+관직'으로 병렬될 때(예2) 사용할 수 있다.

   [예 1] 醉吟先生者, 忘其姓字·鄕里·官爵, 忽忽不知吾爲誰也. ― 취음선생이란 사람은 자기의 이름·출신지·관직을 잊어버렸다. 홀홀하여 자신이 누구인지를 알지 못한다. (白居易 〈醉吟先生傳〉)

   [예 2] 淸州人, 輸忠衛社協策靖難·同德佐翼·保社炳幾定難翊戴·純誠明亮經濟弘化佐理功臣, 大匡輔國崇祿大夫, 議政府領議政兼領經筵事·世子師·江原道觀察使·判兵曹事, 上黨府院君, 韓忠成公明澮之子也. ― 청주인, 수충위사협책정난·동덕좌익·보사병기정난익대·순성명량경제홍화좌리공신, 대광보국숭록대부, 의정부영의정 겸 영경연사·세자사·강원도관찰사·판병조사, 상당부원군은 충성공 한명회의 아들이다.

특수부호

한문 서적의 간행물에 붙는 특수부호로는 다음과 같은 것들이 있다.

1. **권점(圈點) (O)** : 구두의 표지로 작은 권점을 사용하는 이외에, 병렬되는

사항을 구분할 때 큰 권점을 사용한다. 권점을 환점(圓點) 혹은 백원권(白圓圈)이라고도 한다. 주희(朱熹), 즉 주자(朱子)의《사서집주》는 주석에서 단어 뜻을 풀이하기 이전에 글자의 발음을 주석하고 권점(○)을 사용해서 그 둘을 분리하였다. 또《논어》·《맹자》의 장구(章句) 분석은 편명(篇名)의 아래에 전편(全篇)의 장수(章數)를 밝히고, 장과 장의 사이는 권점(○)을 써서 분리하였다.

2. **성점(聲點)** : 한자의 네 귀퉁이의 한 곳에 둥근 점으로 성조(聲調)를 표시하는 것을 말한다. 현대 자전의 운자에서는 상·거·입성을 검은색으로 표시하고 평성만 흰색으로 표시하기도 한다.

| 。| 평성 | ˙| 상성 | ˙| 거성 | .| 입성 |

북한의《새옥편》에서는 다음과 같은 부호를 개발하였다.

| ○| 평성 | ○| 상성 | ○| 거성 | ○| 입성 |

3. **묵개자(墨蓋子)** 問或 : 인쇄할 때 특수한 단어들을 강조하기 위하여, 검은 바탕 속에 하얀 글씨를 넣어 둔 것을 말한다. 이것과 구별되는 것으로, 글자 없이 검은 바탕만 있는 묵등(墨等), 글자 없이 검은 줄의 테두리만 있는 백광(白匡) 등이 있다.

평, 비, 점

평(評)은 평론을 말한다. 원문에 붙이는 평을 특별히 비(批)라고 한다. 점(點)은 문장 가운데 정채(精彩) 있는 부분이나 중요한 부분에 붙이는데, 권

(圈)·광(匡)·선(線)도 함께 이용할 수 있다.

비(批)에는 편 머리에 붙이는 수비(首批), 편 끝에 붙이는 미비(尾批), 책 위의 천두(天頭)에 붙이는 미비(眉批), 자구 옆에 붙이는 방비(旁批), 원문 구절 중간에 끼워 넣는 협비(夾批) 등이 있다. 명나라 모곤(茅坤)의《당송팔대가문초(唐宋八大家文鈔)》는 수비로 견해를 밝히고 미비에서 남의 설을 인용하였다. 여조겸(呂祖謙)의《고문관건(古文關鍵)》은 방비를 사용하였다.

문장의 정묘한 곳, 전절(轉折)과 단속(斷續), 자법·구법·장법·문법을 표시할 때는 점(點)·권(圈, ○)·방광(方匡, □)·수장선(竪長線, ㅣ)·말 (抹)·별(撇, ﾉ)·절(截, 一) 등을 사용한다.

진덕수(眞德秀)가 편한《문장정종(文章正宗)》은 평점법을 제시하여, 그것이 조선의 문장론에 일정한 영향을 끼쳤다.《문장정종》의 권수(卷首)에 예시된〈용단연법(用丹鉛法)〉에 보면, 구두소점(句讀小點) 이외에, 표현이 멋지고 화려하거나 어휘가 신기한 것에 찍는 정화방점(菁華旁點)인 '▶'과 전체 글의 핵심어에 해당하는 자안(字眼)에 찍는 자안환점(字眼圜點)인 ○〔圈〕을 치는 방법이라든가, 의미 있고 중요한 어구에 치는 말(抹), 전환처에 사용하는 별(撇), 그리고 단락 나누기(節段)에 사용하는 절(截) 등의 부호를 규정하여 두었다. 여기서 중요한 것은 정화방점(點)과 자안환점(圈)이다. 논변류 글에서는 결론 문구에 권을 치고, 분석 및 예증의 문구에 점을, 비판 반박의 문구에 긴 선을 사용한다.

시문집이나 선집에 푸른 먹과 붉은 먹의 비점을 찍는 평점법은 남송 때 과거 응시생을 위한 학습용 서적에서부터 사용되었다. 즉 여조겸의《고문관건》이후로 사방득(謝枋得)의《문장궤범》, 진덕수의《문장정종》이 대표적인 예이다. 그러한 선가(選家)를 평점가(評點家)라고 한다. 남송 말기에는 유진옹(劉辰翁)이《노자》《장자》《세설신어》《왕마힐시집(王摩詰詩集)》《두공부시집(杜工部詩集)》《맹호연집(孟浩然集)》《육방옹집(陸方翁集)》

《도연명시집(陶淵明詩集)》《위소주집(韋蘇州集)》《간재시집(簡齋詩集)》 등에 평점을 붙인 것으로 알려져 있다. 이것들은 원나라 때 간행되어 널리 유포되었다. 송나라 말의 방회(方回)도《영규율수(瀛奎律髓)》에 평점을 붙였다.

명·청 때는 평점이 대단히 발달하여, 시문과 경사(經史)뿐 아니라 소설과 희곡에도 평점을 하였다. 또 산문과 관련된 평점서로 모곤(茅坤)의《당송팔대가문초》와 능치륭(凌稚隆)의《사기평림(史記評林)》(李光縉 증보) 등이 간행되었다. 귀유광(歸有光)은 오색의 붓으로《사기》에 권점을 쳤다. 김성탄(金聖嘆)은《재자필독고문(才子必讀古文)》을 엮어 평점법을 크게 활용하였다. 청대에 들어와 강희제는 평점을 붙인《고문연감(古文淵鑑)》을 간행하도록 하였고, 평점을 한《고문관지(古文觀止)》도 나왔다. 고문의 문체를 중시하였던 동성파(桐城派)의 경우 방포(方苞)·유대괴(劉大櫆)·요영박(姚永樸)·오여륜(吳汝綸)이 모두 고문을 가려 뽑고 평과 점을 붙였다. 서수쟁(徐樹錚)은《고문사류찬표주(古文辭類纂標注)》를 엮었다.

우리나라에서도 임진란 이전에는 유진옹 비점(유진옹의 호가 須溪여서 '須溪批點'이라고 함)이 고전을 이해하는 데 크게 참고되었다. 세종 때 집현전 학사들이《찬주분류두공부시(纂註分類杜工部詩)》를 엮을 때에도 수계비점을 첨입하였다. 또《수계교본도연명시집(須溪校本陶淵明詩集)》《수계선생교본위소주집(須溪先生校本韋蘇州集)》《수계선생평점간재시집(須溪先生評點簡齋詩集)》 등이 복간되었다. 광해군 때에는《국조시산(國朝詩刪)》《귀봉집(龜峯集)》《성소부부고(惺所覆瓿藁)》에 비(批)가 붙어 나왔다. 영·정조 때는 산문의 평점법이 발달하였다. 조귀명(趙龜命)은 자신의《건천고(乾川稿)》에 임상정(林象鼎)·이천보(李天輔)·이정섭(李廷燮)의 비(批)를 받았고, 서유구(徐有榘)는 자신의 초기 문집인《고협집(鼓篋集)》에 이덕무(李德懋) 등의 비를 받았다. 정조는 스스로《팔자수권(八子手圈)》을 엮었고, 남공철(南公轍)에게는 《사권(史圈)》을 엮게 하였다.

한문고전 번역의 기술적 과제

1. 전고(典故)의 확인

한문 원전을 이해하려면 전고(典故)라고 하여 고전의 시문에 근거하는 표현들이 지닌 의미를 잘 해석하여야 한다. 중국 백화운동의 선구자였던 호적(胡適, 1891~1962)은 문장에 전고를 사용하지 말라고 하였는데, 그것은 그만큼 전근대 시기의 문인들이 전고를 많이 사용하였다는 사실을 거꾸로 말해준다.

  2002년 4월에 국립중앙박물관에 갔다가 제1실 고려토기 전시실에서 '청자양각상감 연꽃 당초무늬 조롱박 모양 병'(12세기)에 상감되어 있는 한시를 번역한 설명문을 보았다. 그 청자의 한자식 명칭은 '청자양각상감 연당초문표형병(靑磁陽刻象嵌蓮唐草文瓢形甁)'이고, 영어명칭은 'Gourd-Shaped Bottle(Celadon with Carved Lotus Scroll Design and Inlaid Inscription of Poem)'이다. 그 한시는 다음과 같다.

    細鏤金花碧玉壺
    豪家應是喜提壺
    須知賀老乘淸興
    抱向春深醉鏡湖

박물관의 해설 플레이트에는 이 시가 다음과 같이 번역되어 있다.

가늘게 금 꽃 새긴 맑은 청자 병
부유한 집안의 즐거운 복항아리
모름지기 알겠네 반가운 손 오니 맑은 흥 일고
병과 잔 어루만지니 봄날에 더욱 취하겠음을

둘째 구의 '제호(提壺)'는 술병을 든다는 뜻이고, '희제호(喜提壺)'는 '술병 들기를 좋아한다'는 뜻인데, 위의 번역이 의역(意譯)이라고 보면 굳이 잘못이라고 할 것은 아니다. 그런데 셋째 구와 넷째 구의 번역은 오역(誤譯)에 가깝다. 셋째 구의 '하로(賀老)'와 넷째 구의 '경호(鏡湖)'는 전고가 있거늘, 그것을 무시하였기 때문이다.

경호(鏡湖)는 즉 감호(鑑湖) · 장호(長湖) · 경호(慶湖)라고도 부르며, 중국 절강성 소흥현(紹興縣) 서남쪽 2킬로미터에 있는 호수 이름이다. 당나라 개원(開元) 연간에 비서감(秘書監) 하지장(賀知章)이 은퇴하자, 천자가 경호의 일부를 하사하였다. 그래서 이 호수를 하감호(賀鑑湖)라고도 부른다. 따라서 위의 시는 이렇게 번역하는 것이 좋을 듯하다.

가늘게 금 꽃 새긴 푸른 옥 술병
부호가 응당 손에 들기 좋아하리.
모름지기 알겠네 하지장(賀知章)이 맑은 흥 타고
깊은 봄날 이걸 끌어안고 경호(鏡湖)에서 취하리란 것을.

이 시에서 하지장 운운한 것은 시인 자신, 혹은 이 청자를 끌어안고 봄날 좋은 경치 속에서 술을 마실 그 사람을 빗대어서 한 말이므로, '반가운 손 오니'라는 번역은 잘못이다.

2. 시문의 갈래별 특성 인식

한문고전의 '사회적 소외'를 극복하려면 대중이 읽을 수 있도록 풀어주고 다매체에 맞도록 가공을 하여야 한다. 그 경우, 원전에 대한 정확한 이해가 선행되어야 한다. 이를테면 이문구 님의 장편소설 《매월당 김시습》(문이당, 1992)은 매우 높은 수준의 역사소설이지만, 소설의 '이 가슴 씻으리니 어디가 그곳인가' 라는 장에서 김시습의 〈북명(北銘)〉을 번역한 것은 오류가 있다. 곧, "(…)선비의 풍도를 잊지 말라, 염치는 개운하고 흐뭇하더라. 세태의 흐름은 사특한 것. (…) 골짜기 피어오르는 구름에 반하지 말며, 임자 없는 달빛에 아첨하지 말라……."라고 한 부분은 뜻이 통하지 않는다. 《국역 매월당》(1977)의 오역을 답습하여 윤문하였기 때문인 것 같다.

〈북명(北銘)〉은 김시습이 1481년(성종 17)에 환속한 뒤에 지은 것으로, 선비로서의 풍모와 염치를 지켜야 한다는 뜻을 다잡은 내용이다. 새로 번역하면 다음과 같다.

> 쪽박 물과 식은 밥을 먹을지언정 자리 차지하곤 공짜 밥을 먹지 말며
> 한 그릇 밥 받으면 그에 부합하는 힘을 써서 의리에 합당해야 하리.
> 하루 닥칠 근심보다는 종신토록 근심할 일 근심하고
> 병들지 않고 구선(癯仙)처럼 파리하면서 안연(顏淵)처럼 뜻 바꾸지 않는 즐거움을 즐거야 하리.
> 선비 풍모와 염치 지킴을 숭상하고
> 세속 하는 짓 간특함을 미워하라
> 뭇사람 칭찬에 기뻐하지 말고
> 뭇사람 깔봄에 노여워 말라.
> 기꺼이 천리를 따라
> 유연히 얻음이 있게 하라.
> 무심히 봉우리 위로 피어나는 구름 그림자 같이
> 사심 없이 허공에 달려 있는 달빛과도 같이.

기거동작과 말하고 말하지 않음에서 모두 겉껍데기 육신을 잊어버려
저 상고의 삼황 때 순박함을 보존하고
몸가짐과 행동법도에서 옛 성인의 상상을 두어서
요순 삼대의 전형을 따를 일.
그대가 보고 반성하길 바라며
북벽에 쓰노라.

水一瓢食一簞切勿素餐, 受一飯使一力須知義適.
無一朝之患而憂終身之憂, 有不病之癯而樂不改之樂.
敦尙士風廉恥, 輕厭俗態詐慝.
勿喜矜譽, 勿嗔毁辱.
怡然順理, 悠然有得.
無心出岫之雲影, 不阿懸空之月色.
動靜語默忘形骸, 羲皇上世之淳朴.
容止軌則存想像, 唐虞三代之典則.
冀子觀省, 書於北壁.

명(銘)이란 문체는 압운을 한다는 점에서 운문(韻文)의 요소를 지닌다. 이 〈북명〉은 길이가 서로 다른 구들을 얽어두었지만, 운자(韻字)를 놓은 방식은 간단하다. 즉 첫 구에서는 '簞'과 '餐'을 놓아 평성 한운(寒韻)으로 압운하고, 둘째 구에서는 力의 직운(職韻)과 適의 맥운(陌韻)을 입성 범위 안에서 통압(通押)하여 단촉(短促)한 느낌으로 시작하였다. 하지만 전체적으로는 한 구 건너씩 압운〔격구압운(隔句押韻)〕하면서 2구 1련마다 안짝과 바깥짝 구의 길이를 같게 하고 형태상으로나 내용상으로 둘씩 짝을 이루도록 하였다. 즉, 실제의 운자는 適(陌韻) · 樂(藥韻) · 慝(職韻) · 辱(沃韻) · 得(職韻) · 色(職韻) · 朴(覺韻) · 則(職韻) · 壁(錫韻)의 아홉 글자이고, 전체 18구로 이루어졌다.

이 〈북명〉의 제1구는 공자의 제자 안연(顔淵)을 본받아 쪽박 하나의 물과

도시락 하나의 밥을 먹고 누추한 골목에 살더라도 청고(淸苦)함에서 얻는 즐거움을 누릴 일이지, 벼슬길에 나아가 제 직무를 옳게 보지 않아 시위소찬(尸位素餐)한다는 비난을 사서는 안 된다는 뜻이다(《논어》〈옹야〉와 《시경》 위풍 〈벌단(伐檀)〉에서 뜻을 취하였다). 제3구는 군자가 당장 눈앞의 걱정거리를 근심하여서는 안 되며 죽을 때까지 인(仁)과 예(禮)를 갖추어 순(舜) 같은 성인이 될 수 없을까 근심하여야 한다는 뜻이다(《맹자》〈이루 · 하〉에서 따왔다). 제11~12구는 제9~10에서의 "기꺼이 천리의 운행에 순응하여 유연히 체득하라"고 한 경지를 상징적으로 제시한 구절이다. '不阿'의 '阿'는 한 쪽으로 기울어 사사롭다는 뜻이니, '不阿'는 곧 '無心'과 같다.

그런데 《국역매월당》은 9운 18구의 형식을 고려하지 않고 편의대로 구를 나누었고, 제5~6구의 "敦尙士風廉恥, 輕厭俗態詐慝"을 "敦尙士風, 廉恥輕厭, 俗態詐慝"로 나누고는 그것을 억지로 "선비의 기풍을 높이 숭상하라/염치는 가뜬하고 아름다우니라/세속의 風態는 사특하니"로 번역해 두었다. 그리고 제11~12구의 "無心出岫之雲影, 不阿懸空之月色"에 대하여는 "산굴에서 나오는 구름 그림자에 마음을 두지 말고, 허공에 달린 달빛에 아첨도 하지 말라"와 같은 식으로 전혀 엉뚱하게 풀이하였다. 阿를 아첨으로 본 것은 잘못이다.

3. 시문 서술 형식의 이해

원전의 기재 형식을 분명히 파악하지 못하면 오역을 할 수 있다. 옆의 그림은 규장각 소장 《칠교해(七巧解)》 뒤에 적혀있는 칠언율시의 지어(識語)이다. 이것은 우리나라에서 한시를 적을 때 행을 나누어 두 줄씩 적는 원앙쌍대격(鴛鴦雙對格)으로 적혀 있다. 짝수 번째 구와 맨 처음 구에는 끝 글자가 운(韻)을 밟았으므로 운자를 따라 가면 읽는 순서를 알 수 있을 것이다. 하

지만 모 출판사에서 제작한《전통칠교
놀이》(1998년 초판, 2000년 11판) 해설집
에서는 이 기재 순서를 잘못 파악해서
시를 오역하고 말았다. 다음과 같이
읽어나가야 할 것이다.

〈歲在癸卯 仲夏之旣望 粧冊〉
欹仄方稜貌不同, 無端陸地泛孤篷.
三隅合處能成直, 七片分時又作空.
奇怪形容藏這裡, 縱橫變化在其中.
何人所做傳來久, 消遣多年妙理通.

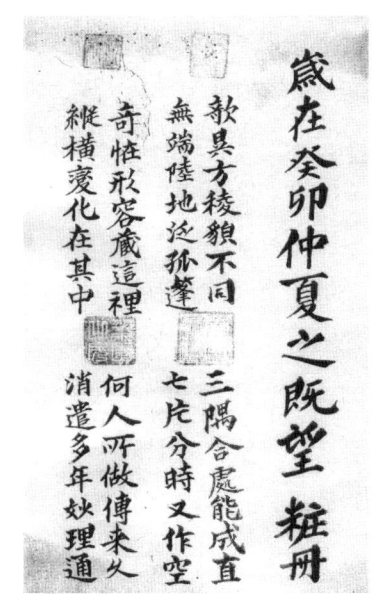
칠교해(七巧解)

〈계묘년 오월 십육일에 책을 장정하다〉
비스듬하고 모나고 모양이 각기 다른데
무단히 평지에 배 한 조각 띄우네.(칠교로
배 모양을 만듦)
세 모서리 합하면 곧게 되지만
일곱 조각 나뉘면 아무것도 아니네.
기괴한 형용이 여기에 감춰 있고
종횡무진 변화가 이 속에 들어 있도다.
어느 누가 만들어 지금껏 전해 오는지,
심심풀이 여러 해에 묘리를 통하였네.

직역과 의역

한문고전의 번역은 직역과 의역이 모두 필요하다. 직역은 원문의 정확한
뜻을 이해하는 데 도움이 되고, 의역은 그 자체가 하나의 창작으로서 감상

의 대상이 될 수 있다. 직역의 경우는 자료의 기초적 가공이라는 측면에서 완전한 주석을 곁들여 두어야 자료로서의 가치가 높을 것이다. 이에 비하여 의역은 가능한 한 원문의 뜻을 번역자 스스로의 사상과 심리로 재해석해서, 그 오묘한 뜻을 현대의 독자에게 생생하게 전하여야 한다.

의역의 한 예로, 당나라 때 여류시인 설도(薛濤)의 〈춘망(春望)〉시를 안서(岸曙) 김억(金檍)이 《지나명시선(支那名詩選)》(국회도서관 소장 7권)에 번역해 둔 동심초(同心草)라는 시를 들 수 있다. 〈춘망〉은 모두 4수인데, 그 가운데 한 수가 다음 시이다.

風花日將老, 佳期猶渺渺.
不結同心人, 空結同心草.

김억은 이 시를 7·5조의 〈동심초〉로 번역하고, 김성태 님은 1946년에 설도 작, 김안서 역시의 성악곡 '동심초'를 발표하였다. 많은 사람들에게 사랑을 받는 곡이다.

한문고전은 전문 연구자들이 나서서 정본(正本)을 만들고, 다시 그것을 대본으로 주석과 번역을 함으로써 해당 분야의 연구를 심화시킬 뿐만 아니라, 인접 과학의 연구자들이나 일반 독자들이 한문고전의 현대적 의의를 재발견할 수 있도록 해야 한다. 한문고전을 주석하고 번역할 때는 명확한 범례를 세워야 한다. 특히 원전의 문헌적 가치나 내용적 특성을 숙지하고 관련 자료를 충분히 조사한 뒤에 번역에 임해야 한다.

이러한 때에 더욱 전통 한학의 방법을 참조할 필요가 있다. 전통 한학은 소학(小學)의 문헌학적 방법을 발전시켜 왔고 그 방법을 의리학(義理學)에 연결시켜 매개적 현실에 간접적·매개적으로 참여하여 왔다. 전통 한학은 근대적 실증주의 학문방법을 구축하지는 못했지만, 엄밀한 독법(close reading)을 통해 주석을 종합하고 끊임없이 새로운 번역을 시도하여 온 것은 소중한 지적 유산이다. 그 전통을 지금 되새겨 보아야 할 것이다.

참고문헌

(1) 한문의 구두 및 기타 부호
- 안병희,《국어사 자료 연구》, 문학과지성사, 1992.
- 이승재,〈옛 문헌의 각종 부호를 찾아서〉,《새국어생활》2002년 제12권 제4호, 국립국어연구원, 12월 30일

(2) 구결, 이두, 훈독
- 남풍현·심재기,〈舊譯仁王經의 口訣 研究〉,《동양학》제6권, 단국대학교 동양학연구소, 1976.
- 이승재,《고려시대의 이두》, 국어학회, 1992.
- 金文京,《漢文と東アジア 訓讀の文化圈》, 岩波書店, 2011.
- 小林芳規,《角筆のみちびく世界》, 東京:中央公論社, 1989/1996.
- 남권희,《고려시대 기록문화 연구》, 청주고인쇄박물관 학술총서3, 청주고인쇄박물관, 2002.
- 최동언 집필,《조선식한문연구》, 태형철·고정웅·심승건·김철·서광웅 편집, 사회과학출판사, 2009.
- 박성종,《조선초기 고문서 이두문 역주》, 서울대학교 출판부, 2006. 4.
- 황성엽,《석독구결사전》, 박문사, 2009.
- 구결학회 홈페이지 http://www.kugyol.or.kr/

(3) 비, 평, 점
- 심경호,《한문산문미학》, 고려대학교 출판부, 2013.
- 심경호,《조선시대 한문학과 시경론》, 일지사, 1999.
- 요시무라 히로미치(芳村弘道),〈韓國本〈夾注名賢十抄詩〉의 基礎的 考察〉,〈漢字漢文研究〉창간호, 고려대학교 한자한문연구소, 2005. 12. pp. 175~287.

(4) 번역
- 오진탁,〈고전번역서평: 한문원전번역의 중요성과 과제-노자의 경우〉,《철학연구》40, 철학연구회, 1997, 봄.
- 吳志杰(우쯔지에)지음, 김용철·이정선·김승룡 옮김,《고전번역담론의 체계》, 고전번역학총서, 이론편: 1, 점필재, 2013.

고전을 읽어봅시다
《춘향전》의 천자 풀이

《춘향전(春香傳)》에서 이도령이 글공부하면서 춘향을 생각하는 장면은 각종 한적을 패러디하였다. 완판본(完板本) 《열녀춘향수절가》에서부터 그러한 해학이 나온다.

  퇴령을 기다리라 하고, 서책을 보려할 제, 책상을 앞에 놓고 서책을 상고하는데, 《중용》 《대학》 《논어》 《맹자》 《시전》 《서전》 《주역》이며 《고문진보》 《통감》 《사략》, 이백, 두시, 《천자문》까지 내어놓고 글을 읽는다.
  "《시전(詩傳)》이라. 끼룩끼룩 우는 징경이새가 물가에서 노닐도다. 얌전하고 아름다운 아가씨는 훌륭한 남자의 좋은 배필이로다〔關關雎鳩 在河之洲 窈窕淑女 君子好逑〕. 아서라 그 글도 못 읽겠다."
  대학(大學)을 읽는데, "《대학(大學)》의 도는 밝은 덕을 밝히는 데 있으며 백성을 새롭게 하는 데 있으며〔大學之道는 在明明德하며 在親民하며 在止於至善이니라〕 춘향이에게 있도다. 그 글도 못 읽겠다."
  《주역(周易)》을 읽는데, "원은 형코 정코〔乾은 元코 亨코 利코 貞코〕 춘향이 코 딱댄 코 좋고 하니라. 그 글도 못 읽겠다."
  "〈등왕각서(滕王閣書)〉라. 남창(南昌)은 옛 고을이요, 홍도(洪都)는 신부(新府: 새 고을)로다〔豫章故郡, 洪都新府〕. 옳다. 그 글 되었다."
  《맹자(孟子)》를 읽는데, 맹자께서 양혜왕을 뵈오니 왕이 이르기를 영감께서 천리를 멀다 않고 오셨으니〔孟子見梁惠王하신대 王曰, 叟不遠千里而來하시니 亦將有以利吾國乎잇가), 춘향이 보시러 오시니이까."

《사략(史略)》을 읽는다. "오랜 옛날이라. 천황씨는 쑥떡으로 왕 노릇하였으나 그 해의 간지(태세)를 세 별 섭제에서 일으키시니 노력하지 않아도 백성이 교화되어 형제 열두 사람이 각각 일만팔천 세를 누리다."

이에 방자가 여쭙는다. "여보 도련님, 천황씨가 목덕으로 왕노릇이란 말은 들었지만 쑥떡으로 왕노릇이란 말은 지금 처음 듣는 말이오."

"이 자식, 네가 모른다. 천왕씨 일만팔천 살을 산 양반이라, 이가 단단하여 목떡으로 잘 자셨거니와 오늘날의 선비들은 목떡을 먹겠느냐. 공자님께옵서 뒤에 오는 사람들을 생각하시어 명륜당에 현몽하고, 요즈음 선비들은 이가 부족하여 목떡을 못 먹으니 물씬물씬한 쑥떡으로 하라하여 조선 삼백육십 주 향교(鄕校)에 통지문을 보내고 쑥떡으로 고쳤느니라."

방자가 말하기를, "여보 도련님, 하늘님이 들으시면 깜짝 놀라실 거짓말도 다 듣겠소."

이 도령이 또 〈적벽부(赤壁賦)〉를 내어놓고 읽는다. "임술년 가을 칠월 열엿새날 내가 손님과 함께 적벽 아래 배 띄우고 노는데 맑은 바람은 고요히 이르고 물결은 일지 않으니〔壬戌之秋, 七月旣望, 蘇子與客泛舟, 游於赤壁之下, 淸風徐來, 水波不興〕. 아서라, 그 글도 못 읽겠다."

이번에는 《천자문》을 읽는다. "하늘 천 따 지."

방자가 듣고, "여보 도련님, 점잖지 않게 천자(千字)는 웬일이오."

"천자라 하는 글이 사서삼경(四書三經)의 근본 되는 글이라. 양나라 주흥사가 하룻밤에 이 글 짓고 머리가 희었기에 책이름을 백수문(白首文)이라 하였으니 낱낱이 새겨보면 뼈똥 쌀 일이 많으니라."

"소인 놈도 천자 속은 아옵네다."

"네가 알더란 말이냐."

"알기를 이르겠소."

"안다하니 읽어 봐라."

"예, 들으시오, 높고 높은 하늘 천(天), 깊고 깊은 따 지(地), 훼훼칭칭 감을 현(玄), 불에 탔다 누루 황(黃)."

"예 이놈, 상놈은 확실하다. 이놈, 어디서 장타령 하는 놈의 말을 들었구나. 내 읽을 테니 들어라. 하늘이 자시(子時)에 열렸으니 태극(太極)이 광대 하늘 천(天), 땅은 축시(丑時)에 열렸으니 오행(五行) 팔괘(八卦)로 따지(地), 넓고 넓은 하늘이 비고 또 비어서 사람의 마음을 지시하니 검을 현(玄), 스물 여덟 별자리〔二十八宿〕, 금목수화토(金木水火土)의 가운데 색 누루 황(黃), 우주의 해와 달이 거듭 빛나니 옥황상제 거처하는 높고 험한 집 우(宇), 긴 세월 지난 도읍지도 흥하다가 쇠하니 예는 가고 오늘이 오는 집 주(宙), 우임금이 구 년 홍수 다스리니 기자(箕子)가 덧붙여 설명한 〈홍범구주(洪範九疇)〉 넓을 홍(洪), 삼황오제 돌아간 뒤 나라를 어지럽히고 임금을 해치는 나쁜 사람들이 거칠 황(荒), 동방이 장차 밝게 열리려니 '밝고 밝은 하늘에 둥글고 붉은 해' 번뜻 솟아날 일(日), 수많은 백성이 태평을 노래하니 번화한 거리, 연기에 어리는 은은한 달빛의 달 월(月), 쓸쓸한 초승달이 시시때때로 불어나 십오일 밤에 찰 영(盈), 세상만사 생각하니 달빛과 같은지라, 십오야 밝은 달이 십육일부터 기울 측(昃), 온 하늘의 별자리는 〈하도낙서(河圖洛書)〉가 벌인 법이니 해와 달과 별들 중에 별 진(辰), '가련하게도 오늘 밤은 기생집에서 자겠구나.' 하고 노래하였으니 원앙금침에서 잘 숙(宿), 절대 가인과 좋은 풍류가 《춘추(春秋)》에 나열되어 있으니 벌일 열(列), 달빛 은은한 한밤에 온갖 심사 베풀 장(張), 오늘은 찬바람 쓸쓸히 불어오니 침실에 들거라 찰 한(寒), 베개가 높거든 내 팔을 베어라 이만큼 오너라 올 래(來), 에후리쳐 질끈 안고 임의 다리에 들어가니 눈 내리는 찬바람도 더울 서(暑), 침실이 덥거든 음풍(陰風)을 취하여 이리저리 갈 왕(往), 춥도 덥도 않은 때가 어느 때냐, 오동잎 지는 가을 추(秋), 백발이 장차 우거지리니 소년 풍채 거둘 수(收), 잎

진 나무에 찬바람 불고 강산에 흰 눈이 덮이니 겨울 동(冬), 자나깨나 못 잊는 우리 사랑 깊고 깊은 안채에 갈무리할 장(藏), 지난 밤 가랑비에 연꽃이 윤기 있고 태가 나니 부드러울 윤(潤), 이렇게 고운 태도 평생 보고도 남을 여(餘), 백년 기약 깊은 맹세 한없이 넓고 푸른 바다를 이룰 성(成), 이러저리 노닐 적에 세월의 흐름을 모르니 해 세(歲), 빈천할 때 맞은 아내 버려서는 아니 된다. 아내 푸대접 못 하니 《대전통편(大典通編)》에 법중 율(律), 군자의 좋은 배필, 춘향 입 내 한데 대고 쪽쪽 빠니 법중 려(呂)자 이 아니냐. 애고애고 보고지고."*

이도령은 《시경》의 문장을 읽으면서 아리따운 아가씨〔요조숙녀(窈窕淑女)〕를 춘향이라고 생각하고 집어던진다. 다음으로 《대학》을 인용하면서 대학의 도는 덕을 밝히는데 있으며 춘향에게 있다고 한다. 《주역》에서는 '원·형·이·정'의 '코' 토를 춘향이 코와 연결시켰다. 다음으로 〈등왕각서〉에 나오는 신부(新府)를 신부(新婦)라는 의미로 둘러 표현하였고, 《맹자》에 나오는 양혜왕의 질문을 '춘향이 보러 오시니이까'로 바꾸었다.

《사략》을 읽을 때에는 황제의 위엄을 '쑥떡질'로 눌러버린다. 〈적벽부〉를 읽을 때에도 손님과 뱃놀이하는 첫 장면을 읽자마자 집어던진다. 마지막에 펼쳐 읽는 《천자문》도 춘향으로 귀결된다. 처음에 이도령은 태극과 삼라만상 등을 내세워 거창하게 해석하지만, 결국 '가련하게도 오늘밤은 기생집에서 (자겠구나)' 이후에서는 춘향과의 사랑을 생각하면서 글자를 해

---

* 天(하늘 천)地(땅 지)玄(검을 현)黃(누를 황) : 하늘은 위에 있어 빛이 검고 땅은 아래 있어 빛이 누렇다.
宇(집 우)宙(집 주)洪(넓을 홍)荒(거칠 황) : 하늘과 땅 사이는 넓고 커서 끝이 없다.
日(날 일)月(달 월)盈(찰 영)昃(기울 측) : 해는 서쪽으로 기울고 달도 차면 점차 이지러진다.
辰(별 진)宿(잘 숙)列(벌일 열)張(베풀 장) : 성좌가 하늘에 넓게 벌려져 있다.
寒(찰 한)來(올 래)暑(더울 서)往(갈 왕) : 추위가 오면 더위가 가고, 더위가 오면 추위가 간다.
秋(가을 추)收(거둘 수)冬(겨울 동)藏(감출 장) : 가을에 곡식을 거두고 겨울이 오면 그것을 거둬들인다.
閏(윤달 윤)餘(남을 여)成(이룰 성)歲(해 세) : 24절기의 나머지 시각을 모아 윤달로 하여 해를 이루었다.
律(가락 률)呂(음률 려)調(고를 조)陽(볕 양) : 천지간의 양기를 고르게 하니 율은 양이요 여는 음이다.

석하였다.

천자 풀이 가운데 "빈천할 때 맞은 아내 버려서는 아니 된다. 아내 푸대접 못 하니 대전통편(大典通編)에 법중 율(律)"이라고 되어 있는 부분은 《열녀춘향수절가》에는 '조강지처불하당(糟糠之妻不下堂), 아내 박대 못하나니, 대동통편 법중율' 이라 하였다. '대동통편'은 '대전통편'의 잘못일 것이다. 이 사설은 《대전통편》이 나온 1785년(정조 9)부터 그 개정본 《대전회통》이 나온 1865년(고종 2) 사이에 삽입되었다. 그런데 이도령이 펼쳐 읽는 책들은 교양서였으므로, 양반이 아니더라도 글을 아는 서민이면 그것을 활용하여 '무상의 글쓰기'를 하였을 가능성이 있다.

제5강

문헌학의 상식

Q 중국의 옛날 책은 대체 몇 권이나 됩니까?

A 확실한 통계는 없어요. 명나라 초에 이루어진 《영락대전(永樂大典)》은 7~8,000종 2만 2,877권을 수록하였고, 청나라 때 《사고전서(四庫全書)》는 3,461부, 7만 9,309권을 수록하였어요. 《사고전서》에는 목록에만 올린 '존목(存目)'이 있는데, 거기에 6,793부, 9만 3,511권의 서적이 올라 있어요. 그렇다면 청나라 조정은 《사고전서》를 편찬할 때, 모두 1만 254부, 17만 2,860권을 장악하였던 셈이지요.

현재는 대개 8만 종 정도가 있다고 보는 것 같아요. 우선 1959년 상해도서관 《중국총서종록(中國叢書綜錄)》에 의하면 모두 3만 8,891종의 문헌이 있음을 알 수 있고, 손전기(孫殿起)가 편한 《판서우기(販書偶記)》와 그 《속편》의 통계에 따르면 청인의 단행본 저술이 약 1만 6,000여 종류입니다. 청 이전의 단행본은 1만 종이 전한다고 추정하지요. 또 1978년 9월에 나온 《중국지방지연합목록(中國地方志聯合目錄)》에 따르면 중국대륙의 180여 도서관에 모두 8,500여 종의 방지(方志)가 소장되어 있다고 합니다. 이것들을 모두 합하면 대략 7만 5,000여 종이 되는데, 거기에는 중복도 있겠지요. 그밖에 소설, 희곡, 창본, 불경, 도장,

북경 유리창의 서점에서 고 민영규 은사

156

보첩(譜牒), 금석탁본 등이 따로 있습니다. 따라서 현재 전하는 중국 고전문헌은 8만 종에 달한다고 할 수 있습니다.

참, 근세에는 서구 열강이 중국의 서적과 문서를 많이 약탈하였죠. 일본군도 많은 문헌을 약탈하였고요. 그런데 문화대혁명 시기(1966~1976)에는 그보다 더 많은 고서들이 휴지로 되었다고 해요. 소주(蘇州) 지역에서만 200여 톤의 고전적이 펄프로 바뀌고 말았대요.

> **함분루(涵芬樓) 장서와 사부총간**
>
> 1932년 '1·28사변' 때 일본군은 상해를 점거하고 '동방도서관'을 약탈하였다. 그 도서관은 1905년경에 '함분루'를 수장처로 삼아 도서를 수집하여 1923년에 동방도서관으로 개칭한 곳이다. 장서는 51만 8,000여 책에 달하였고, 지방지 한 항목만 2,640종 6만 5,682책이나 되었다고 한다. 당시 북평도서관 장서가 40여만 책이었다고 하니, 얼마나 소장 도서가 많았는지 짐작할 수 있다. 다행히 1920년대에 주요한 선본(善本)들을 사부총간(四部叢刊)이란 이름으로 영인하여 오늘날 많은 참고가 된다.

문헌학

1. 문헌의 범위

문헌(文獻)이란 말은《논어》〈팔일(八佾)〉편의 "하(夏)나라 예(禮)에 대해서는 내가 말할 수 있으나, 기(杞)로는 징험할 수 없다. 은나라 예에 대해서는 내가 말할 수 있으나, 송(宋)으로는 징험할 수 없다. 문헌이 부족하기 때문이다"에서 처음 나타난다. 여기서의 '문헌'은, 주희(朱熹)의 해석에 따르면, 역대의 문건과 당시 현자들의 학설을 모두 포괄한다. 송말 원초의 마단림(馬端臨)은 두우(杜佑)의《통전(通典)》을 이어 전장(典章)과 제도에 대한 전문 서적을 저술하고서《문헌통고(文獻通考)》라고 하였다. 그는 자서(自序)에서, 그 책의 취재원이 하나는 문헌기록이고 다른 하나는 구전의론(口傳議論)이라고 하였다. 마단림은 문헌기록을 각 줄 꼭대기에서부터 적고, 명류·현자의 의론은 격을 하나 낮추어 적어서 둘이 비교가 되도록 하였다. 이것이 바로 '문헌통고'(문과 헌을 통틀어서 고찰함)란 뜻이다.

그 뒤 문헌이란 말은 옛 문건만 가리키게 되었다. 현재는 문헌이란 말의 함의가 아주 넓어서, 인쇄형태나 비 인쇄형태의 서적 일체를 가리킨다. 중국의 경우 고전문헌이라고 하면 일반적으로 오사(五四) 운동 이전의 조판(雕版), 활자판(活字版), 수초(手抄)의 문헌을 가리키되, 문서(文書)·권책(卷冊)·비명(碑銘)·탁본(拓本) 등을 포괄한다. 중국은 1873년 한코우(漢口)에서 《소문일보(昭文日報)》를 창간하면서부터 근대식 연활자(鉛活字) 인쇄를 시작하였는데, 이 근대식 연인(鉛印) 출판물을 제외한 그 이전의 문자 자료가 모두 고전문헌에 속한다.

2. 교감과 문헌학

고대에는 동일 사건이 서로 다른 저작물 속에 기재되는 일이 많았다. 화두를 이끌어 가는 방법이 동일하고 때로는 문형도 비슷하되 몇몇 어구만 다른 것을 이문(異文)이라고 한다. 따라서 옛 문헌은 서로 대조해서 읽어야 뜻이 분명해지는 경우가 많다. 이를테면 《사기》〈진섭세가(陳涉世家)〉의 "士亦不敢貫弓而報怨"이란 말은 《한서》〈진승항적전(陳勝項籍傳)〉에 "士不敢彎弓而報怨(士도 활을 당겨 원한을 갚으려고 하지 않았다)"라고 씌어 있다. 두 글을 대조하여 '貫'이 '彎(당길 만)'의 통가자(通假字)임을 알 수 있다.

또 옛 책에는 글자가 어그러지고 빠져 있는 경우도 많다. 이때 동일 저작물의 각기 다른 판본들을 이용하여 교감(校勘)을 진행하는 한편, 각기 다른 저작물 속에 들어 있는 유사 기록들을 참고하여 정정을 할 수가 있다. 이러한 독서방법을 '교독법(校讀法)'이라고 부른다. 교감을 위주로 하는 학문을 '교감학(校勘學)' 혹은 '교수학(校讐學)'이라고 한다.

고려시대와 조선시대에는 문헌의 교감, 주석의 집성, 새로운 주석의 편찬과 같은 일차 문헌정리 방식을 발전시켰다. 문헌의 간행을 위해 본문을 교정하거나 목록을 작성하는 일로 그친 것이 아니라, 고전의 의미 해석을 위하여 본문비평에 중점을 두었다.

이를테면 이황(李滉)은 문인 이정(李楨)이 청주목사로 있으면서 주희(朱熹)의 여러 시들을 합본·인쇄하였을 때, 판본의 편차를 개정하는 방법을 세밀하게 지시하였다. 그뿐 아니라 《경서석의(經書釋義)》에서는 종래의 음주(音註)나 어법(語法)을 분석하여 경전의 뜻을 탐색하였다. 그의 문하에서 학봉(鶴峰) 김성일(金誠一)을 중심으로 한 영남 좌파가 형성되어 문헌학의 학풍을 발전시켰다. 조선후기에는 문헌학을 경전 해석에 더욱 적극적으로 활용하였다.

한편, 고전문헌 자료들은 정치적·사상적 이유 때문에 훼금(毁禁)되거나 개찬(改撰)된 예가 적지 않다. 유불도의 교섭 사실이나 정통 교학의 틀을 벗어난 지성의 고뇌가 문헌상으로 잘 드러나지 않는 것도 그러한 이유와 관련이 있다. 따라서 문헌고증은 문헌의 결락 사실, 개찬 사실을 해석하는 일을 포함하여야 한다.

전통 학술에서는 박학(博學)과 독서(讀書)를 가장 중시하였다. 《논어》에서 말한 "學而不思則罔, 思而不學則殆(공부만 하고 스스로 생각하지 않으면 지식이 분명치 못하고 자기 생각만 하고 고전을 공부하지 않으면 확신을 갖지 못한다)"라고 한 말은 바로 지식축적과 이론사유가 상보의 관계에 있어야 함을 강조한 말이다. 박학은 기초 지식을 체계 있게 쌓아 가는 일을 뜻하고, 독서는 저작물을 그 살아 숨쉬던 맥락 속에 위치시켜보고 현재적 의미를 파악하는 작업이다. 그 기초가 곧 문헌학이다.

한국의 전적·인쇄문화

1. 우리나라 인쇄술의 발달

우리나라 전적 문화는 전삼국 시대에 이미 발달하였다. 이른바 낙랑의 유적에서 봉니(封泥)나 간독(簡牘)이 나왔고, 또 경주 안압지에서도 목독(木牘)이 나왔다. 그러다가 두루마리에다 붓글씨를 쓰게 되었고, 목판인쇄술도 시작되었다. 불국사 석가탑에서 나온 《무구정광대다라니경(無垢淨光大陀羅尼經)》은 두루마리에 목판 인쇄한 전적이다.

> **무구정광대다라니경(無垢淨光大陀羅尼經)**
> 1966년에 석가탑을 보수할 때 발견되었다. 불국사는 경덕왕 10년(751)에 재건되었으므로, 일본 칭덕천황(稱德天皇)이 발원하여 770년경에 완성한 《백만탑(百萬塔)》다라니경이나 당나라 의종 함통(咸通) 9년(868)의 《대반야바라밀》보다 훨씬 앞서 만들어진 것이다. 국보로 지정되어 있다.
> 그런데 중국 학자들은 고려 목종 10년 (1007)의 《고려보협인다라니경》까지 250년 간 다른 목판본이 발견되지 않는다는 점을 들어서, 이것을 중국에서 인쇄한 것이라고 의심한다.

고려시대에는 사본(寫本)과 인본(印本)이 모두 발달하였다. 특히 중국에서 서적을 수입하여 교감해서 독자적인 책을 많이 엮었다. 북송의 소식(蘇軾: 東坡)은 고려에 책을 팔지 말라고 주장할 만큼 고려를 경계하였다.

고려 때는 판목(板木: 혹은 冊板)으로 찍은 목판본(木板本)과 활자로 인쇄한 활자본(活字本)이 모두 유통되었다. 그밖에도 금석(金石)에 새기는 금석문이 발달하고 그것을 탑탁(搨拓)한 탑본(榻本: 拓本)도 발달하였다. 금자(金字)나 은자(銀字)로 쓴 사경(寫經), 해인사 경판(經板)으로 찍은 대장경(大藏經)이 고려 전적문화의 높은 수준을 잘 말해 준다.

조선시대에는 사본, 목판본, 활자본, 금석문이 크게 발달하였다. 목판 인쇄는 중앙의 관서

해인사대장경판 사진이 들어있는 우표

나 민간인에 의하여 이루어진 것과 지방에서 이루어진 것이 있었다. 지방별로 이루어진 책판(冊版)의 목록은 약 200종이다. 《한국책판목록》(보경문화사, 1995)에 목록이 상세하다. 우리나라 고서의 사본, 목판본, 활자본은 윤병태, 《한국고서종합목록》(국회도서관, 1968)에 약 3만 7,000종이 올라 있다. 그 뒤 1만 여종이 더 발굴되어, 전부 약 5만 종의 전적이 전한다고 추정된다.

2. 우리나라 책의 형태

구한말부터 인쇄물에 사용한 양장(洋裝)과 달리, 고서들은 대개 실로 꿰맨 선장(線裝)이다. 우리나라 책은 편철할 때 철사(綴絲: 노끈이나 삼끈에 빨간 색이나 적갈색 물을 들여 사용)를 꿰매는 눈〔침안(針眼)〕이 대개 다섯 구멍이다. 이것을 오침안(五針眼)이라 부른다. 책 겉장에는 직접 책이름을 쓰거나, 책

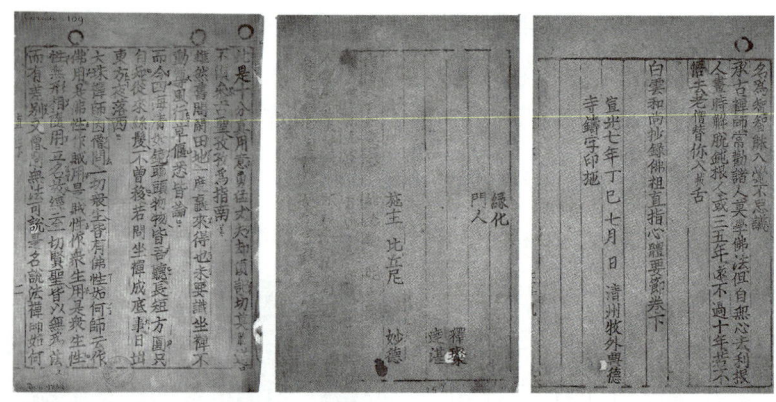

세계 최초의 금속활자본 : 백운화상초록불조직지심경요절(白雲和尙抄錄佛祖直指心經要節) 하권
고려 공민왕 때 백운(白雲) 경한(景閑)스님이, 선종의 역사와 법어를 총 정리한 《조당집(祖堂集)》과 《경덕전등록(景德傳燈錄)》을 중심으로 하여 전기는 생략하고 조종(祖宗)의 요추(要樞)들만 간추려서 《불조직지심체요절(佛祖直指心體要節)》이라는 이름으로 엮은 책. 흔히 《직지심경》이라고 하지만 《직지심요(直指心要)》로 보는 것이 타당하다. 1377년 7월 청주 교외에 있던 흥덕사(興德寺) 주자시(鑄子施)에서 인쇄한 하권이 프랑스 국립도서관에 보관되어 있다.
참고 : 백운 경한, 용학 역, 《활자의 혼을 찾아서》, (서원대학교 호서문화연구소, 1999. 8.)

이름을 인쇄한 종이인 '제첨(題籤)'을 붙인다. 그리고 책은 종이로 만든 지갑(紙匣)이나 베로 만든 포갑(布匣)에 담아 세워서 보존했다.

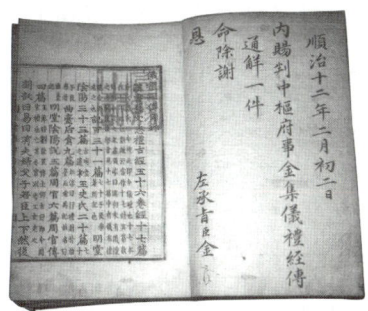

신독재 김집(金集)에게 하사된 서적. 내사기가 있다.

서양에서는 대개 짐승 가죽(皮)을 책 표지로 사용하였지만, 우리나라에서는 종이나 베, 비단(絹布)을 사용하였고, 그 가운데서도 종이를 가장 많이 썼다. 이때 종이는 두터운 장지(壯紙)를 치자로 누렇게 물을 들여 약간 노란빛이나 주황색을 내어 썼다. 이렇게 하는 것을 장황(裝潢)이라 말한다. 그런 다음에 기름이나 밀랍을 칠하거나 혹은 그 속에 담가 물기에도 견디게 하였다. 표지는 능화판(菱華板)이라는 판목(板木)으로 눌러 여러 가지 무늬를 요철(凹凸)로

내사기(內賜記)

내사기란 임금의 명(命)에 의하여 책을 나누어 줄(반사(頒賜)) 때 쓴 기록이다. 하사하는 책은 대개 교서관이나 주자소에서 찍은 책이지만, 지방 관아에서 찍은 책이 올라가 하사된 일도 있다. 하사하는 책의 수는 적을 때는 10부, 많아야 200부나 300부가 보통이었다. 책의 반사(頒賜)는 대개 승정원에서 맡아 하였으나, 정조 이후 규장각(奎章閣)에서 나누어 준 책도 있고, 대한제국 시대에는 비서원경(秘書院卿)이 쓴 내사기도 있다.

나타냈다. 이것을 능화문(菱華紋)이라 부른다. 능화문을 누른 것은 장식을 위한 것도 있지만, 표지와 그 속에 붙인 배접지(褙接紙)를 밀착시키기 위한 것이기도 하다.

고서는 선장본만 있는 것은 아니다. '낱장'으로 되어 있는 경우, 두루마리로 된 권자본(卷子本), 두루마리 가운데 심지(축)를 넣은 족자(簇子)〔축물(軸物)이라고도 함〕, 병풍이나 아코디언 모양의 첩장(帖裝)〔절첩(折帖), 첩본(帖本), 경탑장(經榻裝)〕, 첩장의 두 끝을 붙이거나 묶어서 두 끝을 잡고 들면 가운데 부분이 팔랑개비처럼 되는 선풍장(旋風裝)〔선풍엽(旋風葉)〕, 인쇄 안 된 뒷면

의 흰 종이 부분을 풀로 붙여 나비처럼 생긴 호접장(蝴蝶裝), 판심이 앞으로 나오고 인쇄 안 된 흰 종이를 접어 보이지 않게 하고 책등을 싼 포배장(包背裝) 등이 있다.

● 참고 : 윤병태, 〈우리 책의 역사〉, 《월간 책마을》 창간호, 1995. 2, pp.16~17.

판식

판면(版面)에 나타난 형식을 판식(版式, 板式)이라 한다. 고서의 표지를 젖히고 권수 사항을 넘긴 뒤 본체의 첫째 장을 펴보면 인쇄한 면이 나타난다. 포배장(包背裝)이나 선장본(線裝本)에서는 앞면, 즉 한 장의 절반만 접은 모양을 볼 수 있다. 그러나 호접장인 경우에는 온전하게 편 모양을 볼 수 있다. 우리나라의 판식은 중국이나 일본과 다르며, 시기별로 다르므로 판종(版種)을 감별할 때 매우 중요하다.

판식은 첫째 권 제1장 반엽(半葉)의 판면(版面)을 기준으로 하여 기록한다. 만일 권차(卷次)를 새로 시작하는 권이 또 있으면, 각각 그 제1장 앞면을 기준으로 하여 기록한다. 고서의 서지 기술은 국제도서관연맹(國際圖書館聯盟, IFLA)에서 제정한 〈국제 서지 기술 표준 〈고〉(國際書誌記述標準 〈古〉), ISBD(A)〉를 따른다.

● 참고 : 尹炳泰 등, 《韓國古文書整理法硏究》, 韓國精神文化硏究院, 1984.6.30, pp.319~405.

변란(邊欄) : 각 장에서 위 · 아래 · 왼쪽 · 오른쪽에 있는 줄을 말한다. 책에 따라 변란이 없는 것도 있다. 변란이 한 줄이면 단변(單邊), 변란이 두 줄이면 쌍변(雙邊), 변란이 세 줄이면 삼변(三邊)이라고 한다. 변란의 수가 여럿일 때, 바깥쪽을 외변(外邊), 가운데를 중란(中欄), 안쪽을 내변(內邊)이라 부른다. 족보와 같이 층을 이루고 있을 때는 층(層)이라 부르고, 층과 층 사이의 줄은 층선(層線)이라 부른다.

 변란의 모양은 위와 아래, 왼쪽과 오른쪽의 순서로 말한다. 왼쪽·오른쪽 변란이 각각 두 줄인 좌우쌍변(左右雙邊), 상·하·좌·우의 변란이 각각 하나인 사주단변(四周單邊), 상·하·좌·우 변란이 각각 두 줄인 사주쌍변(四周雙邊) 등이 있다.

광곽(匡廓) : 변란으로 둘러싸인 틀을 광곽이라고 한다. 겹장으로 접혀 있을 때는 그 반만 보이므로 반엽광곽(半葉匡廓), 줄여서 '반광(半匡)'이라 한다. 광곽의 크기는 변란의 내변 안쪽을 잰다. 변란 두께의 오차가 심하기 때문이다. 반엽광곽일 때, 상·하와 오른 쪽은 내변 안쪽을 재고, 왼쪽은 판심의 오른쪽 계선(界線)이나 괘의 안쪽을 잰다. 크기는 "높이×가로(센티미터)" 식으로 기록한다(〈예〉 半匡 : 32.7×20.3센티미터).

계선(界線) : 본면의 줄과 줄 사이에 그어진 선이다. 보통 줄마다 계선이 있지만, 두 줄이나 세 줄마다 계선이 있는 경우도 있다. 사본일 때는 계선이 없는 것도 있으나 괘를 그리거나 인쇄한 것도 있다. 일본 책은 계선이 없는 것이 많다.

항수(行數)와 항자수(行字數) : 옛책은 한 엽 혹은 반 엽의 줄[行] 수가 일정하고, 줄마다 글자 수도 대개 일정하다. 항자수는 광곽의 크기를 잰 면을 기준으로 삼는다. 반엽 광곽일 때, 앞면의 항자수만 센다. 또 항간(行間)과 계선 사이의 글자는 크기에 따라 특대자(特大字)·대자·중자·소자·특소자(特小字)라고 부른다(〈예〉 大字 6行 15字, 中字 10行 20字, 小字 注 4行, 特小字 注 4行). 글자 크기가 두 종류이고 작은 글자가 주(注)의 기능을 하면 "주

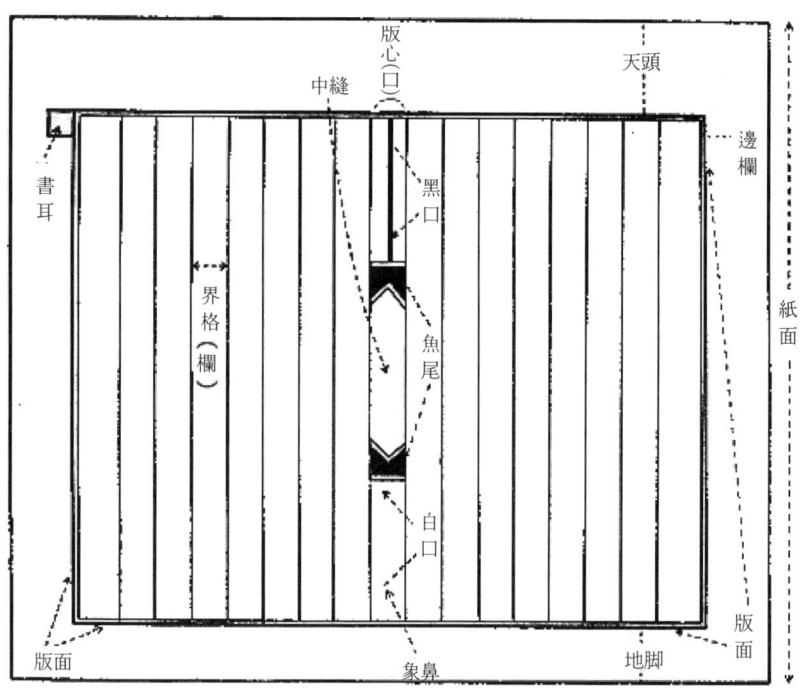

(注)"라고 기록한다(〈예〉 9行 17字, 注 雙行).

묵개자(墨蓋子), 신물(信物) : 묵개자(墨蓋子)는 바탕이 검은 속에 하얀 글씨가 있는 것이고, 묵등(墨等)은 글자 없이 검은 바탕만 있는 것이다. 백광(白匡)은 글자 없이 검은 줄의 테두리만 있는 것이고, 백원권(白圓圈)은 둥근 테두리만 있는 것이다. '원형 신물(圓形信物)'과 '어미형 신물(魚尾形信物)'은 신물의 모양이 둥글거나 고기 꼬리의 모양을 한 것을 말한다.

두주(頭注), 미주(尾注), 이격(耳格) : 변란 바깥에 두주(頭注), 미주(尾注), 이격(耳格)이 있는 책이 있다. 두주는 변란 바깥 위쪽에 주를 달아 둔 것이고, 미주는 아랫부분에 주를 달아둔 것이다. 이격은 변란 왼쪽에 귀처럼 붙여서 책의 권차(卷次)나 편명 등을 별도 표시하여 둔 것으로, 서이(書耳)라고도 한다.

판심(版心) : 판심은 앞면과 뒷면, 혹은 오른쪽 면과 왼쪽 면을 접을 수 있도록 경계를 이룬 판(版)의 중앙에 있는 부분이다.

- 판구(版口)[화구(花口)] : 흰 바탕이면 백구(白口), 검은 색이면 흑구(黑口)라 한다. 검은 부분의 두께에 따라 대흑구·중흑구·세흑구·선흑구 등으로 나뉜다. 판구에는 서명을 기록하거나[版口書名], 편명(篇名), 각수명(刻手名) 등을 기록해두기도 한다.
- 어미(魚尾) : 판심에 있는 고기 꼬리 같은 모양을 말한다. 다른 모양도 있다. 위에만 어미가 있으면 상 어미(上 魚尾), 위아래 어미가 마주보면 상하내향(上下內向), 위아래 모양이 둘 다 아래를 향하면 상하하향(上下下向)이라 부른다. 아래 어미의 자리에 선이 있는 경우도 있다. 어미는 전부 희거나[백어미] 검거나[흑어미] 한 것도 있고, 꽃잎 무늬가 들어 있는 화문어미(花紋魚尾)도 있다. 화문어미는 판심을 펴서 보이는 모양을 기준으로 꽃잎의 수(數)를 따진다. 어미 속에도 문자나 기호 또는 각수명(刻手名)이 있을 수 있다.

중봉(中縫) : 어미와 어미의 사이를 중봉이라고 한다. 여기에는 판심제(版心題), 권차(卷次), 편목(篇目), 장차(張次: 페이지) 등을 기록해 둔다. 판심제는 판심에 있는 서명(書名)이다. 권수제를 줄여서 표기한 경우가 많다.

목판본과 활자본

인쇄한 고서는 판목(板木 : 혹은 冊板)으로 찍은 목판본과 활자로 인쇄한 활자본으로 나뉜다. 활자에는 동활자(아연과의 합금), 도기 활자, 진흙활자, 목활자 등이 있다. 우리나라의 활자본은 동활자, 즉 금속활자로 인쇄한 것이 대표적이다.

1. 목판본과 활자본의 차이

기 준	목판본	활자본
광곽(匡廓)	네 귀퉁이가 붙어 있다.	떨어짐. 고착된 것도 있음.
변란(邊欄)	칼로 새긴 흔적이 있다.	새긴 흔적이 거의 없다.
변란(邊欄)과 계선(界線) 사이	떨어짐. 예외로 붙은 것도 있음.	밀린 흔적이 있음.
계선(界線)	나뭇결의 약한 부분에 끊긴 곳이 많음.	거의 안 끊김.
자열(字列)	대체로 바르다.	바르지 않다. 삐뚤다.
자간(字間)	아래 자획이 윗글자에 들어간 경우가 많다.	떨어짐. 예외도 있다.
계선(界線)과 글자 사이	닿거나 넘어서 있다.	떨어짐. 예외도 있다.
자체(字體)	일정치 않음. 복각본은 예외.	일정하고 같다. 목활자는 예외이다. 초인본에는 예외가 있다.
자획(字劃)	칼자국이 있고, 날카롭고 뾰족함, 나뭇결이 보임.	칼자국이 없다. 날카롭지 않다. 목활자는 예외이다.
어미(魚尾)와 판심계선(版心界線)	붙어 있는 경우가 많음.	분리됨.
묵색(墨色)	고르다.	짙고 옅은 차이가 있다.

2. 주자발(鑄字跋)

조선시대 금속활자 가운데 처음 나온 것은 1403년(태종 3)의 계미자(癸未字)이

권근의 계미자 주자발

永樂元年春二月, 殿下謂左右曰: "凡欲爲治, 必須博觀典籍, 然後可以窮理正心而致修齊治平之效也. 吾東方在海外, 中國之書罕至, 板刻之本, 易以剜缺, 且難盡刊天下之書也. 予欲範銅爲字, 隨所得書, 必就而印之, 以廣其傳, 誠爲無窮之利. 然其供費, 不宜斂民. 予與親勳臣僚有志者共之, 庶有成乎!" 於是悉出內帑, 命判司平府事臣李稷, 知申事臣朴錫命, 右代言臣李膺等監之. 軍資監臣姜天霔, 長興庫使臣金莊侃, 代言司注書臣柳荑, 壽寧府丞臣金爲民, 校書著作郎臣朴允英等掌之. 又出經筵古注詩書左氏傳以爲字本. 自其月十有九日而始鑄, 數月之間, 多至數十萬字. 恭惟我殿下, 濬哲之資, 文明之德, 萬機之暇, 留神經史, 孜孜無倦, 以濬出治之源, 而闡修文之化, 思廣德敎以淑當時, 而傳後世, 拳拳焉爲鑄是字, 以印群書, 可至於萬卷, 可傳於萬世. 規模宏大, 思慮深長, 如此, 王敎之傳, 聖曆之永, 固當並久而彌堅矣. 是年後十一月初吉, 推忠翊戴佐命功臣 正憲大夫 參贊議政府事 判禮曹事 寶文閣大提學 知經筵春秋成均館事 吉昌君 臣 權近, 拜手稽首敬跋

영락 원년 봄 2월, 전하께서 근신들에게 말씀하셨다. "(나라가 잘) 다스려지려면 반드시 널리 전적을 본 뒤에야 이치를 궁구하고 마음을 바르게 하며 수신·제가·치국·평천하의 효험에 이를 수 있는 것이다. 우리 동방은 바다 밖에 있어서 중국의 책이 잘 오지 않고, 판각한 판목들도 쉽게 깎여 이지러지므로 천하의 책을 다 간행하기란 어렵다. (그리하여) 나는 동을 주조하여 글자를 만들어 책을 얻는 대로 반드시 바로 인쇄해서 널리 유포하여 실로 무궁한 이익을 삼고자 한다. 그러나 비용을 백성에게서 거둘 수는 없으므로 나와 친훈과 신료 중에 뜻 있는 자들과 함께 비용을 대니 일이 잘 되기를 바란다."

그리고서 내탕금을 전부 내놓으라 하시고, 판사평부사 이직, 지신사 박석명, 우대언 이응 등에게 감독케 하시고, 군자감 강천주, 장흥고사 김장간, 대언사주서 유이, 수녕부승 김위민, 교서저작랑 박윤영 등에게 담당케 하셨다. 또한 경연에 보관된 고주본 시, 서, 좌씨전을 내 주셔서 자본(字本)으로 삼게 하셨다. 그래서 그 달 19일부터 주조하기 시작하여, 수개월 동안에 무려 수십만 자를 만들었다. 삼가 생각건대 우리 전하께서는 깊고 명철한 자질과, 문명의 덕을 지니시고, 국사를 돌보시는 틈에 경·사에 주의를 두시고, 싫증내지 않고 열심히 하셔서, 다스림을 내는 근원을 깊게 하시고, 문명을 닦는 교화를 넓히셨으며, 덕교를 널리 베풀어 당시를 맑게 하고 후세에까지 전할 것을 생각하시어, 힘써 이 활자를 주조하여 여러 책들을 인쇄하셔서, 인쇄한 책들이 만 권에 이르러 만세에 전할만하다. 규모의 크심과 사려의 깊고 원대하심이 이와 같으시기에, 왕교의 전함과 제왕의 역수가 진실로 둘다 영구하면서 더욱 견고해질 것이다. 이 해 11월 초길, 推忠翊戴佐命功臣 正憲大夫 參贊議政府事 判禮曹事 寶文閣大提學 知經筵春秋成均館事 吉昌君 신 권근은 손을 모으고 머리를 조아려 삼가 발문을 씁니다.

● 참고: 이 책에 인용한 계미자 주자발은 후대의 책에 붙어 있는 것이라서, 감독자의 이름 속에 민무질(閔無疾)이 빠져 있다. 원래는 이직(李稷) 다음에 민무질의 이름이 있었다. 그러나 태종비의 아우였던 민무질은 1407년 7월에 형 민무구(閔無咎)와 함께 권력 장악의 음모를 꾸몄다는 죄목으로 체포되었고, 1408년 10월에 자결을 명령받았다. 이후 그의 이름이 계미자 주자발에서 빠진 것이다. 만일 어떤 책이 계미자본이고, 그 뒤에 계미자 주자발이 붙어 있으며, 그 발문 속에 민무질의 이름이 들어 있다면, 그 책은 1403년부터 1408년 10월 사이에 간행되었다고 추정할 수 있다.

다. 계미자로 인쇄된 서적의 뒤에는 권근(權近)의 '계미자 주자발'이 있다. 그 뒤 경오자(庚午字)를 주조하였을 때는 변계량(卞季良)이 '주자발'을 썼다. 조선시대의 대표적인 활자는 갑인자로, 이 활자는 여러 번 다시 주조되었다. 세종 때 초주 갑인자로 찍은 책 뒤에는 김빈(金鑌)의 주자발이 붙어 있다.

3. 조선시대 판심 모양의 변화

우리나라 책은 활자본이라 하더라도 인기(印記)가 붙어 있지 않아 간행시기를 알 수 없는 경우가 많다. 그럴 때는 먼저 무슨 활자로 인쇄된 것인지 감정하고, 내사기(內賜記), 배접지(背接紙) 등을 살펴서 간행시기를 추정한다. 또 판심의 모양을 근거로 그 책의 초간 시기를 추정할 수도 있다.

손보기, 《한국의 고활자》(서울:보진재, 1971)에 따르면 조선 활자본의 판심은 다음과 같이 변화하였다.

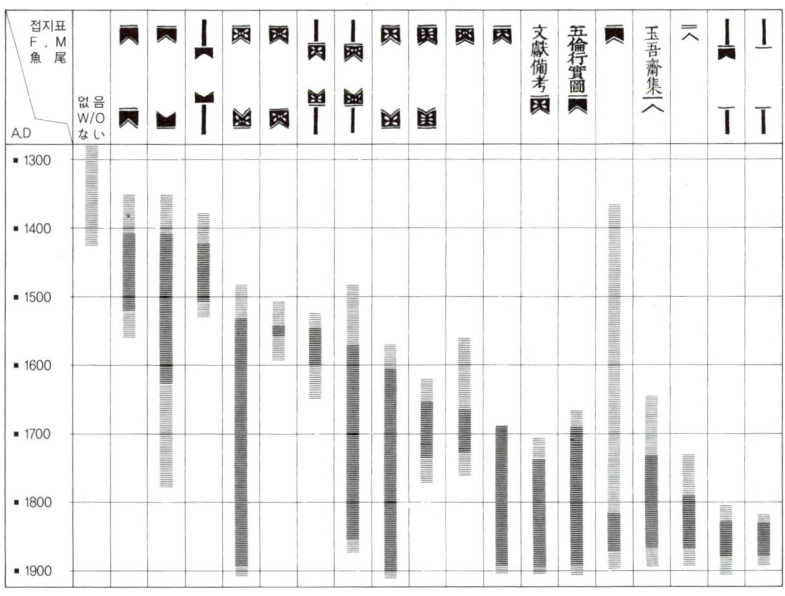

〈표〉 조선시대의 활자 사용표 (손보기, 《한국의 고활자》, 보진재, 1971)

연 도	활자 이름	중 국 체	한국인 글씨	한 글 체
1200	고려(高麗) 남명천(南明泉) 상정예문(詳定禮文)			
1300	심요법문(心要法問)			
	직지심경(直指心經) 나무활자(木活字)	송판(宋)		
1400	계미(癸未) 경자(庚子) 갑인Ⅰ(甲寅Ⅰ) 진양대군(晉陽大君) 안평대군(安平大君) 강희안(姜希顔) 정난종(鄭蘭宗) 갑진Ⅰ(甲辰Ⅰ) 계축(癸丑) 불경(佛經)	명판(明)	필서체(筆書體)	
1500	갑인Ⅲ(甲寅Ⅲ) 갑진Ⅱ(甲辰Ⅱ) 병자(丙子) 기묘(己卯) 섞인나무(木混字) 정사룡(鄭士龍) 갑인Ⅳ(甲寅Ⅳ) 한호(韓濩)	원판(元)		
1600	훈련도감(訓練都監) 갑인Ⅴ(甲寅Ⅴ) 갑인Ⅵ(甲寅Ⅵ) 현종실록(顯宗實錄) 한구Ⅰ(韓構Ⅰ) 운각Ⅰ(芸閣Ⅰ) 원종(元宗) 숙종(肅宗)	청판(淸)	행서체(行書體)	인서체(印書體)
1700	운각Ⅱ(芸閣Ⅱ) 운각Ⅲ(芸閣Ⅲ) 김경희(金慶禧) 운각Ⅳ(芸閣Ⅳ) 갑인Ⅶ(甲寅Ⅶ) 갑인Ⅷ(甲寅Ⅷ) 한구Ⅱ(韓構Ⅱ) 규장각(奎章閣) 생생(生生) 정리Ⅰ(整理Ⅰ)			
1800	장혼(張混) 전사(全史) 운각(芸閣) 정리Ⅱ(整理Ⅱ) 한구Ⅲ(韓構Ⅲ)			
	학부한글(學部한글) 정리한글(整理한글)			
1900				

한적을 소장한 주요 공공 도서관

우리나라 고문헌을 소장한 주요 공공 도서관으로는 국립중앙도서관, 규장각, 장서각 등이 있다.

규장각은 조선 22대 국왕인 정조(正祖) 대왕이 1776년에 즉위한 다음날 창설을 명하였다. 1781년(정조 5) 정조는 규장각을 친위기관으로 발전시키고, 강화도에 외규장각(外奎章閣)을 지어 서적을 분산하게 하였고, 교서관(校書館)을 규장각 외각(外閣)으로 삼아 서적 출판을 전담시켰다.

1907년 고종의 퇴위 이후 일제는 규장각을 장악하여, 정족산·오대산·태백산·적상산(赤裳山) 4대 사고(史庫)와 여러 기관에 보관 중이던《조선왕조실록》·《일성록(日省錄)》·《승정원일기(承政院日記)》등을 규장각 도서로 편입시켰다. 1910년 강제 합병뒤 조선총독부는 규장각을 취조국(取調局) 참사관실(參事官室)에 소속시켰다가, 1928~30년에 규장각 도서를 경성제국대학 부속도서관으로 이관하였다. 1946년 서울대학교가 개교하자 규장각 도서는 그 부속도서관으로 이관되었다. 1992년 3월 '서울대학교 규장각'이 독립하였다.

규장각은 고도서 17만 5,000여 책, 고문서 5만여 점을 소장하고 있다. 《조선왕조실록》정족산본 완질과 오대산본 낙질을 보관하고 있으며,《승정원일기》3,045책, 정조가 1777년에 북경에서 구입해 오게 한《고금도서집성(古今圖書集成)》, 의궤(儀軌) 500여 종 2,000여 권, 1872년 제작의 군현 지도 458매를 포함한 고지도 220여

수교(受敎) 현판 : 규장각신(奎章閣臣)의 입직일(入直日)과 시각을 규정한 왕의 명령을 새김

종 6,000여 장이 들어있다. 그리고 18세기 교서관의 책판(冊版) 1만 8,000여 장도 함께 보관하고 있다.

한편 장서각(藏書閣)은 1908년 대한제국 궁내부(宮內府)가 설치한 황실도서관으로 출발하였다. 일제의 강제 합병 뒤, 이른바 이왕직(李王職)은 그전부터 보관해온 서적들과 1911년에 인수한 적상산사고본 5,519책, 그리고 새로 모은 옛 전적들로 별도의 서고를 만들었다. 1915년에는 낙선재(樂善齋) 동남쪽에 벽돌집 서고를 신축하였고, 1918년 그 건물에 '장서각'이란 편액을 걸었으며, 1937년에는 창덕궁의 옛 건물로 이전하였다. 1981년 한국학중앙연구원(구 한국정신문화연구원)은 장서각 도서를 인수하고 그 이후 새로 구입한 고서도 아울러 왔다. 6·25 때 적상산사고본 조선왕조실록을 분실했으나, 고문서, 왕실 관계 자료, 정서(政書)·관안(官案)·방(榜)·보(譜)·도화(圖畵)·한글소설·사료(史料)를 상당수 소장하고 있다. 고서 8만 921책(양장본 제외), 고문서 720점, 서화류 642점에 달한다.

목록과 목록학

서적의 목록(目錄)은 그 서적이 속한 부류를 밝혀주어 서적의 성격을 알 수 있게 한다. 목록에 관한 학문을 목록학(目錄學)이라고 한다.

목록학을 교수학(校讐學)이라고도 한다. '교수'란 서적 정리의 한 과정을 가리키는 말이었지만, 뒤에는 그 뜻을 확대하게 되었다. 근대의 중국학자 장학성(章學誠)은 교수학(즉 목록학)의 임무가 "학술을 변별하여 드러내고 원류를 고찰하여 밝히는 것(辨章學術, 考鏡源流)"이라 하였다.

1. 중국의 목록학

중국의 목록학은 서한(전한) 때 유향(劉向)이 비부(秘府)의 서적을 교감하면서 교감이 끝날 때마다 편목을 열거하고 내용을 요약하여 천자에게 올린 데서 시작되었다. 유향이 죽은 뒤 아들 유흠(劉歆)이 그 일을 계속하여, 《칠략(七略)》을 만들어 올렸다. 유향은 "편목을 열거하고 취지를 요점만 기록하여 올렸다(條其篇目, 撮其指意, 錄而奏之)"고 하였다. 이것이 '목록'이란 말의 어원이다. 서적을 분류하여 편차를 매기고 서명과 편권(篇卷)을 기술하는 것이 광의의 목(目)이다. 각 서적의 내용을 논술하는 것이 녹(錄)이다.

목록학은 학문을 탐구할 때 꼭 읽어야 할 서적을 지시해준다. 청나라 말 장지동(張之洞)은 《서목답문(書目答問)》을 저술하여, 학자들이 읽어야 할 서목과 판본을 열거하였다. 민국 초기에 국학(國學) 열풍이 일어났을 때 양계초(梁啓超), 호적(胡適), 이립(李笠) 등은 필독서 목록을 제시하였다. 일본에서도 나가자와 기쿠야(長澤規矩也)가 《지나학입문서약해(支那學入門書略解)》(文求堂書店, 1930)를 발행하였다. 최근 미국에서는 Michael Loewe가 《Early Chinese Texts : A Bibliographical Guide》(UC Berkeley, 1993)를 엮었다.

또한 목록서는 서적의 내용, 작자의 정황을 알려주고, 서적의 진위를 밝혀주며, 없어진 서적을 찾을 때 도움을 준다. 목록서 가운데 작자와 저술동기, 서적의 내용, 득실 등에 대하여 소개하는 것을 내용제요(內容提要)라고 부른다. 《사고전서총목제요》가 바로 '제요'를 칭하고 있다. 현재는 영어 'summary'의 번역어로 쓰이지만, 목록학의 제요는 그것과는 함의가 다르다. 목록학은 또한 위서(僞書) 감정에 힘을 기울였다. 청나라 때 요제항(姚際恒)의 《고금위서고(古今僞書考)》는 이 방면의 고전이다.

중국의 전통적 분류법은 크게 칠략(七略)과 사부(四部)의 두 체제로 구분된다. 칠략(七略)은 앞서 말한 유흠(劉歆)이 창시한 분류법으로, 《한서》〈예문지〉에 따르면 집략(輯略)·육예략(六藝略)·제자략(諸子略)·시부략(詩賦略)·병서략(兵書略)·술수략(術數略)·방기략(方技略)의 7개 부문이다.

유흠의 뒤로 도서분류의 수에 변화가 많았는데, 《수서(隋書)》〈경적지(經籍志)〉에서 4부 분류법이 확립되어, 그것이 청나라 때까지 통용되었다.

2. 사고제요

청나라 건륭(乾隆) 황제는 기윤(紀昀) 등에게 명하여, 전국의 서적을 수집·정리하게 하였다. 기윤은 그 총재관(總裁官)으로서, 선진 시대부터 청에 이르기까지 3,503종의 서적을 4부 44류로 나누어 각기 7부씩 교정 필사하여 일곱 곳의 서고에 보관하고, 저본(底本)으로 삼은 책은 한림원에 보관하였다. 이것들을 사고전서(四庫全書)라고 하며, 이 작업에 참여한 문신들을 '사고관신(四庫館臣)'이라고 한다. 그들은 정리 보관되어야 할 책들에 관한 해제를 《사고전서회요(薈要)》 2부로 엮었고, 정리는 하였으나 《사고전서》에 수용하지 않을 저작 6,800여 종에 대하여도 '존목(存目)'을 작성하였다. 그리고 책의 교정이 끝나면 각각 제요(提要) 1편을 머리에 붙였다. 그런 뒤 제요만 뽑아서 《사고전서간명목록(四庫全書簡明目錄)》 20권을 엮었으며, 다시 책마다 붙인 제요를 정리한 뒤에 목록만 남아 있는 책들의 제요까지 덧붙여 《사고전서총목제요(四庫全

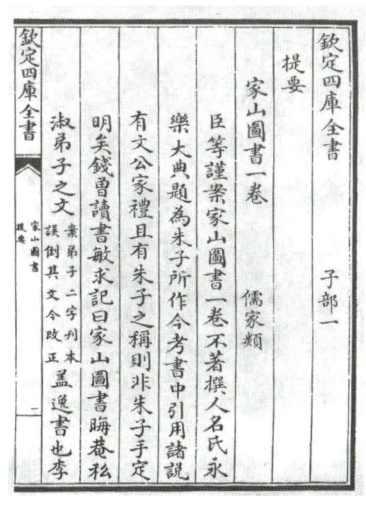

《사고제요》

書總目提要)》 200권을 편찬했다. 이것을 줄여서 《사고전서총목》 혹은 《사고제요》라고 말한다. 하지만 이 책에도 판본이나 저자, 학술 계통에 관한 설명에서 간혹 오류가 있다. 따라서 이 책을 읽을 때는 여가석(余嘉錫)이 저술한 《사고제요변증(四庫提要辨證)》(中華書局, 1974)을 참고할 필요가 있다.

3. 한국에서 근세 이전에 작성된 목록

신편제종교장총록(新編諸宗敎藏總錄) : 고려 의천(義天)이 1073년부터 17년 간 우리나라와 송·요·일본에서 유행하던 장소(章疏)를 수집하여 엮은 목록집으로, 3권 1책이다. 《속장목록》 혹은 《의천록》이라고도 한다. 일본 고산사(高山寺)에 1176년(명종 6) 필사본과 1644년(인조 22) 필사본이 있고, 별도로 1693년(숙종 19) 목판본이 여러 곳에 소장되어 있다. 중국의 《개원석교록(開元釋敎錄)》이 경·율·논 목록인데 비하여, 이 책은 경·율·논에 대한 주석서를 망라하였다. 총 1,010부, 4,857권의 책명을 올렸다.

해동문헌총록(海東文獻總錄) : 김휴(金烋, 1597~1640)가 저술한 도서 해제이다. 최치원(崔致遠)의 저술부터 고려·조선에 이르기까지 670여 종의 도서와 그 저자에 대해 설명하였다. 김휴는 임진왜란 뒤에 낙동강 주변의 명문가를 찾아다니면서 목록을 작성하였다. 서적들을 어제시집(御製詩集)·제가시문집(諸家詩文集)·경서류(經書類)·사기류(史記類)·예악류(禮樂類)·병정류(兵政類)·법전류(法典類)·천문류(天文類)·지리류(地理類)·보첩류(譜諜類)·감계류(鑑誡類)·주해류(註解類)·소학류(小學類)·자집류(字集類)·의약류(醫樂類)·농상류(農桑類)·중국시문선술(中國詩文選述)·동국시문선술(東國詩文選述)·중국동국시문합편(中國東國詩文合編)·유가잡저술(儒家雜著述)·제가잡저술(諸家雜著述) 등으로 분류하였다.

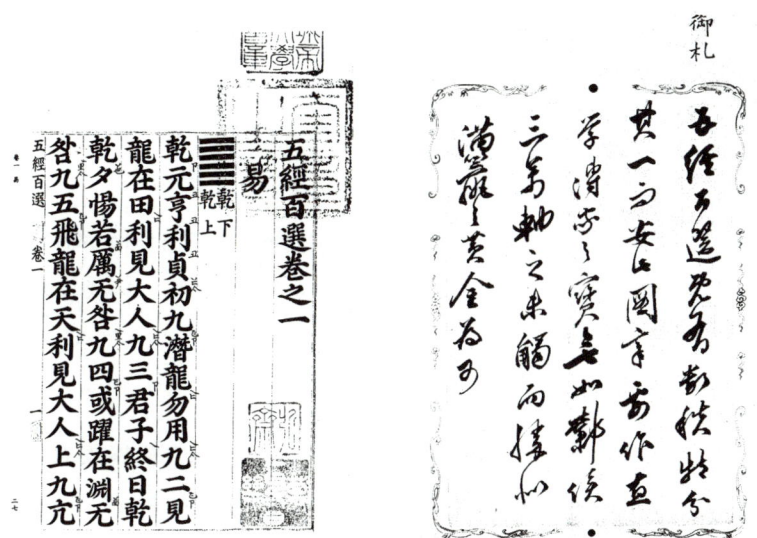

정조 편찬《오경백선(五經百選)》

군서표기(群書標記) : 정조(正祖)의 문집《홍재전서(弘齋全書)》에 들어 있다. 정조가 편찬을 명령한 명찬(命撰) 63종(147권), 정조 스스로 엮은 어정(御定) 88종(2,489권)의 해제이다. 민족문화추진회 2001년 간행《역주 홍재전서》에 번역본이 들어 있다.

4. 한국 근대의 주요 목록

조선고서목록(朝鮮古書目錄) : 일본이 강제 합병 뒤 조선의 고서·고기록을 조사하여 만든 것으로, 조선잡지사 조선고서간행회에서 1911년에 1책으로 간행하였다. 무라다 타케시(村田懋)가 자료를 수집하고, 아사미 린타로(淺見倫太郞)와 가와이 히로타미(河合弘民)가 편집을 지도하였다. 프랑스인 모리스 쿠랑(M. Courant)의《조선서적해제(朝鮮書籍解題)》, 고종 때의《문헌비고(文獻備考)》, 한치윤의《해동역사(海東繹史)》〈문예고(文藝考)〉를 중심으로 하고, 조선총독부 도서목록, 이왕가 도서목록, 외국어학교 경성 지부 발행 《한적목록(韓籍目錄)》, 기타 여러 장서목록을 참조해서 판본·사본을 구별하지 않고 3,000여 부를 목록에 올렸다. 절본(絶本)도 실었다.

조선도서해제(朝鮮圖書解題) : 조선총독부가 2,700종 서적에 대한 해제를 모아 1919년에 1책으로 간행하고, 1931년에 중간했다. 경·사·자·집의 4부로 나누고 다시 유(類)에 따라 세분했다.

조선사료조사목록(朝鮮史料調査目錄) : 일제 조선사편수회(朝鮮史編修會)가 조선의 시문집, 전서, 기타 고문적을 조사하여 정리한 것이다. 1926년에 1책으로 간행하였다. 조선왕조의 실록·지지(地誌)·금석(金石)과 일본의 저술, 중국 및 구미의 사료까지 포괄하였다.

일본 내 우리나라 책을 소장한 주요 도서관

- 호사분코(蓬左文庫) : 도쿠가와 이에야스(德川家康)의 고향 나고야(名古屋)시의 도쿠가와 박물관 내에 있다. 임진왜란 때 약탈해간 귀중서가 많다.
- 구나이쵸 쇼료부(宮內廳 書陵部) : 일본 천황가의 사무청인 구나이쵸에 속한 서적 담당 부서로, 귀중서가 비장되어 있다. 도쿄 소재.
- 나이카쿠 분코(內閣文庫) : 일본 국회도서관 관할의 문고이다. 도쿄 소재.
- 도요분코(東洋文庫) : 일본 국회도서관 관할의 동양학 관련 서고. 마에마 교오사쿠의 수집본인 재산루(在山樓) 문고가 있다.
- 오사카 후리츠 도쇼칸(大阪府立圖書館) : 오사카부의 공공도서관으로 우리나라 책이 많다. 특히 서유구(徐有榘) 집안의 서적을 소장하고 있다.
- 텐리도쇼칸(天理圖書館) : 텐리시(天理市) 도서관으로 텐리대학(天理大學) 내에 있다. 경성제대 교수였던 이마니시 류우(今西龍)의 컬렉션 가운데 상당수를 소장하고 있다.
- 쿄토다이가꾸(京都大學) 츄오도쇼칸(中央圖書館) 가와이분코(河合文庫) : 국립쿄토대학의 특수문고로 가와이 히로타미의 수집본을 소장하고 있다. 이 밖에 츄오도쇼칸, 분가쿠부 도쇼시츠(文學部圖書室) 등에도 우리나라 책이 분산 소장되어 있다.
- 도쿄다이가쿠(東京大學) 아가와 분코(阿川文庫) : 일제 때 땅 장사로 돈을 번 아가와 츄로(阿川重郎)가 수집했던 책을 기증한 것이다.
- 한편, 아사미 린타로의 수집본은 미국 캘리포니아 버클리(Berkeley) 대학에 소장되어 있다.

고선책보(古鮮冊譜) : 경성 주재 조선공사관 통역관이었던 마에마 교사쿠(前間恭作)는 자신이 수집한 조선책 442부 1,761책과 조선의 고지도 및 탁본류를 일본 도요분코(東洋文庫)에 기증하였는데, 도요분코는 1934년, 1956년, 1957년에 그 목록을 《고선책보》 3책으로 간행하였다.

이왕가장서각고도서목록(李王家藏書閣古圖書目錄) : 일제하의 이왕직(李王職)이 1935년에 간행하였다. 적상산 사고(전북 무주군)에 소장되어 있던 《조선왕조실록》, 각 영(營) 등록(謄錄), 의궤(儀軌) 등과, 이왕직이 수집한 도서를 대상으로 삼았다. 고도서 5,382부, 5만 6,076책, 신도서 2,577부, 4,096책을 올렸다.

이마니시 수집 조선관계문헌 목록(今西 蒐集 朝鮮關係文獻目錄) : 경성제대 교수였던 이마니시 류우(今西龍)가 수집한 조선 관계 문헌의 목록이다. 일본 텐리대(天理大) 오야사토(おやさと)연구소에서 1959년에 펴냈다.

청분실서목(淸芬室書目) : 일제 말, 해방 직후 활동한 국사학자이자 문헌학자였던 이인영(李仁榮)이 자신의 소장본을 중심으로 저자, 간행 시기, 목록학상의 특징을 한문으로 적었다. 우리나라 현대 문헌학의 시발점이라고 말할 수 있는 기념비적인 목록학 저술이다.

참고문헌

(1) 문헌학

① 문헌학 일반
- 長澤規矩也,《圖書學辭典》, 三省堂, 1979.
- 한국국학진흥원 자료부 편,《동아시아의 목판 인쇄》, 한국국학진흥원, 2008.

② 중국문헌학
- 李學勤 저, 임형석 역,《잃어버린 고리: 신출토문헌과 중국고대사상사》, 학연문화사, 1996.
- 錢存訓 저, 김윤자 역,《中國古代書史》, 동문선, 1990.
- 王重民,《中國目錄學史論叢》, 中華書局, 1984.
- 曹之,《中國古籍版本學》, 武昌:武漢大學出版社, 1993.
- 程千帆・徐有富,《校讎廣義》4冊, 濟南:齊魯書社, 中國傳統文化研究叢書, 1998.
- 淸水茂,《中國目錄學》, 東京:筑摩書房, 1991.
- 井上進 저, 이동철・장원철 옮김,《중국출판문화사》, 민음사, 2013 / 井上進,《中國出版文化史》, 名古屋大學出版會, 2002. 1.
- 宮紀子,《モンゴル時代の出版文化》, 名古屋大學出版會, 2006.
- 魯惟一(Michael Loewe) 主編, 李學勤 等譯,《中國古代典籍導讀》, 遼寧敎育出版社, 當代漢學家論著譯叢, 1997 /《Early Chinese Texts:A Bibliographical Guide》, edited by Michael Loewe, University of California, Berkeley:SSEC and IEAS, 1993.
- Carter, Thomas F., The Invention of Printing in China and Its Spread Westward. Revised by L.C.Goodrich. 2nd ed. New york:Ronald Press, 1955.

③ 한국문헌학
- 손보기,《한국의 고활자》, 서울:보진재, 1971.
- 윤병태,《한국서지연표》, 서울:한국도서관협회, 1972.
- 김두종,《한국고인쇄기술사》, 서울:탐구당, 1974.
- 손보기,《금속활자와 인쇄술》, 서울:세종대왕기념사업회, 1977.

- 유탁일,《한국문헌학연구》, 서울:아세아문화사, 1989.
- 안춘근,《한국서지학원론》, 서울:범우사, 1990,
- 안춘근,《옛책》, 빛깔 있는 책들 102-21(36), 서울:대원사, 1991.
- 尹炳泰,《韓國書誌年表》, 한국도서관협회, 1972.
- 윤병태,《한국의 도서목록》, 한국출판연구소, 1990.
- 윤병태,《조선후기의 활자와 책》, 서울:범우사, 1992.
- 리철화,《조선출판문화사: 고대-중세》, 서울:백산자료원, 1995, 영인본.
  *평양:사회과학출판사, 1995.
- 신양선,《조선후기 서지사 연구》, 서울:혜안, 1996,
- 천혜봉,《한국서지학(개정판)》, 서울:민음사, 1997.
- 이희재,《서지학신론》, 서울:한국도서관협회, 1998.
- 강순애,《고문헌의 조직과 정보활용》, 아세아문화사, 2006.
- (북한) 국립중앙도서관 서지학부,《조선서지학개관》, 서울:한국문화사, 1999, 영인본.
  *평양:국립출판사, 1955.10.
- 張伯偉 編,《朝鮮時代書目叢刊》9冊, 中華書局, 2004.
- 국립중앙박물관,《校書館印書體字》, 국립중앙박물관 소장 역사자료총서-7, 2007. 11.

④ 일본문헌학
- 川瀨一馬,《續日本書誌學之硏究》, 東京:雄松堂書店, 1980.
- 藤井 隆,《日本古典書誌學總說》, 大阪:和泉書院. 1991.
- 池田龜鑑,《古典學入門》, 東京:岩波書店, 岩波文庫, 1991.

(2) 소장 목록
① 한국
- 《韓國典籍綜合調査目錄》, 9책, 문화재관리국.
- 《海外典籍文化財調査目錄》, 韓國書誌學會, 1991~ .
  *河合文庫, 美議會, Columbia대학, Asami文庫, 日本 內閣文庫 등의 한국 고도서 목록.
- 윤병태 편,《韓國古書綜合目錄》, 국회도서관, 1968. 12.
  *우리나라 고전적의 소장처 현황을 종합적으로 파악할 수 있는 가장 중요한 목록.
- 千惠鳳,《日本蓬左文庫韓國典籍》, 연세국학총서 29, 지식산업사, 2003.

- 藤本幸夫,《日本現存朝鮮本研究(集部)》, 京都大學學術出版會, 2006.
- 정형우·윤병태 공편,《한국의 책판 목록》, 보경문화사, 1995.

② 중국
- 《中國近代現代叢書目錄》(上海圖書館編藏), 香港:商務印書館, 1980.
- 《中國近現代叢書目錄索引》(上·下), 上海圖書館編印, 1982.
- 《中國古籍善本書目·經部》(中國古籍善本書目編輯委員會), 上海古籍出版社, 1986.
- 《中國叢書綜錄》(上海圖書館), 北京:中華書局, 1962. /上海:上海古籍出版社, 1982(R).
- 王重民,《中國善本書提要》, 上海古籍出版社, 1983.
- 陽海淸·蔣孝達,《中國叢書綜錄補正》, 揚州:江蘇江陵古籍刻印社, 1984.

③ 일본
- 《京都大學人文科學研究所漢籍分類目錄, 附:書名人名通檢》(二册), 日本:京都大學人文科學研究所, 1963~1965. / 改訂版, 同研究所, 1980.
- 《國立國會圖書館漢籍目錄》, 國立國會圖書館編集發行, 1987.
- 《東京大學東洋文化研究所漢籍分類目錄, 書名人名索引》(二册), 日本:東京大學東洋文化研究所, 1973~1975 / 改訂版, 汲古書院, 1981.
- 《(增補)東洋文庫漢籍叢書分類目錄》, 東洋文庫, 1965.
- 《東洋文庫所藏漢籍分類目錄》, 東洋文庫, 集部 1967 / 經部 1978 /史部 1987.
- 《(改訂)內閣文庫漢籍分類目錄》, 內閣文庫, 1971.
- 《名古屋市蓬左文庫漢籍分類目錄》, 名古屋市:蓬左文庫, 1975.
- 《和刻本漢籍分類目錄補正》〔附書名索引·校点者索引·使用法〕, 汲古書院, 1980.
- 《東洋文庫東洋書分類目錄》〔中國部門〕(A Classified Catalogue of Books on the Section Ⅲ, China in the Toyo Bunko), 東京:東洋文庫, 1980.
- 《東洋文庫東洋書分類目錄著者名索引》(Author Index to A Classified Catalogue of Books in Section Ⅲ, China in the Toyo Bunko), 東洋文庫, 1985.
- 吉田寅·棚田省彦,《日本現存宋人文集目錄》, 汲古書院, 1972.
- 山根幸夫 等,《日本現存元人文集目錄》, 汲古書院, 1970.
- 山根幸夫 等,《日本現存明人文集目錄》, 大安, 1966 / 增訂版, 汲古書院, 1978.

- 西村元照,《日本現存淸人文集目錄》, 京都大學文學部內東洋史硏究會, 1972.
- 長澤規矩也,《和刻本漢籍分類目錄》, 汲古書院, 1976.

(3) 서지 목록
- 《(增訂)四庫簡明目錄標注》〔附, 總合索引〕, 上海:中華書局, 1959 / 上海古籍出版社, 1979(R).
- 《淸史稿藝文志及補編附索引》, 北京:中華書局 (二冊), 1982.
- 《唐書經籍藝文合志》〔附, 書名人名索引〕, 上海:商務印書館, 1956 / 1963(R).
- 《明史藝文志·補篇·附篇》〔附, 書名人名總合索引〕, 上海:商務印書館, 1959.
- 《遼金元藝文志書名人名總合索引》, 北京:商務印書館, 1958.
  *〈遼金元藝文志〉收錄.
- 《隋書經籍志》〔附, 書名作者名索引〕, 上海:商務印書館, 1955.
- 《四庫全書總目》〔附, 書名著者名索引〕, 上海:商務印書館 (4冊), 1933 / 中華書局(2冊), 1965(1), 1983(3).
- 《(續修)四庫全書提要》〔附, 書名索引〕, 臺北:商務印書館 (13冊), 1972.
- 余嘉錫,《四庫提要辨證》, 中華書局, 1980 / 雲南人民出版社, 2004.
- 姚覲元,《淸代禁燬書目》〔補遺 書名人名索引〕, 上海:商務印書館, 1957.
  *《淸代禁燬書目》所收.
- 楊家駱,《宋史藝文志廣編》〔附, 補編·附編·人名索引〕, 中國學術名著, 臺北:世界書局(2冊), 1963.
- 孫殿起,《販書偶記》〔附, 索引〕, 上海古籍出版社, 1962(再版).
- 孫殿起,《販書偶記續編》〔附, 索引〕, 上海古籍出版社, 1980.
- 楊家駱,《明史藝文志廣編》〔附, 書名人名索引〕, 臺北:世界書局 (4冊), 1963.
- 楊家駱,《兩唐書經籍藝文合志》〔附, 索引〕, 臺北:中國學術名著, 世界書局, 1963.
- 杜信孚,《明代版刻綜錄》(8冊), 楊州:江蘇江陵古籍刻印社, 1983.

제6강 사전과 공구서

자서와 자전

전통시대에 자형을 요체로 한 책을 '자서(字書)'라 한다. 하지만 현대의 자전(字典, Dictionary)은 과거의 자서와 달리 형·음·의 세 방면에 대하여 모두 해설하되, 특히 의를 위주로 삼아야 한다.

1. 자서의 이상

《설문해자(說文解字)》는 자형에 근거하여 음과 의를 탐구하였으나, 《옥편(玉篇)》 이후의 자서들은 의를 위주로 하였고 형에는 그리 관심을 두지 않았다. 한편 《간록자서(干祿字書)》와 《자학거우(字學舉隅)》는 자형만 말하였고, 《광운(廣韻)》《집운(集韻)》《운회(韻會)》 등의 운서는 자의를 함께 말하였다. 《운경(韻鏡)》《절운지장도(切韻指掌圖)》는 음만 다루고, 《석명(釋名)》은 성(聲)을 훈으로 삼았으므로, 음을 매우 중시하였다.

《강희자전(康熙字典)》에 이르러서는 형·음·의를 모두 중시하였다. 다만 자의를 해설하면서 경부(經部)·사부(史部)에서 인용할 때는 인용문의 편명까지 밝혔지만 자부(子部)·집부(集部)에서 인용할 때는 편명을 거의 들지 않았다. 인용문의 편명을 밝힌 것은 구양부존(歐陽溥存) 등이 엮은 《중화대자전(中華大字典)》(中華書局)에서 시작되었다. 그 후 《사해(辭海)》(1936년 초판 간행, 1979년 10월 수정발간 3책, 上海辭書出版社. 표제자 1만 4,872자, 단어 10만 6,578개 수록)도 이 방법을 채용하였다.

중국학자 왕력(王力)은 〈이상적 자전(理想的字典)〉(《國文月刊》33期, 1945. 3; 《龍蟲竝彫齋文集》1책에 재수록)에서, 자전은 자의가 파생된 내력을 진·한 이후까지 기술하고 시대의 선후를 구분하며 많은 글자로 한 글자를 풀이해야 한다고 주장하였다.

이를테면 '朝'의 본의는 《설문》에 따르면 아침[旦]이다. 여기서 '아침부터 식사 때까지'를 뜻하게 되고, 한편으로 '천자를 알현한다'는 뜻으로 전이하였다. '천자를 알현하다'는 뜻에서 '자식이 부모를 뵘'으로 확대되고, 한편으로는 의미가 전이되어 군신이 정치를 숙의하는 곳을 가리키게 되었다. '부모를 뵘'에서부터 '공경하는 사람을 만남'을 가리키게 되고, '군신이 정치를 숙의하는 곳'에서 '관부 청사(官府聽事)'를 가리키게 되었으며, 한편으로는 의미가 전이되어 '한 군왕이 통치하는 시기'를 가리키게 되었다. '朝'는 근대에 들어와 다시 '朝東' '朝北'과 같이 '向'의 뜻을 지니게 되었다.

모든 글자들에 대하여 '보계수(譜系樹)'를 그릴 수는 없겠지만, 자전은 의미의 파생이나 변화를 모두 충분히 반영하여야 한다.

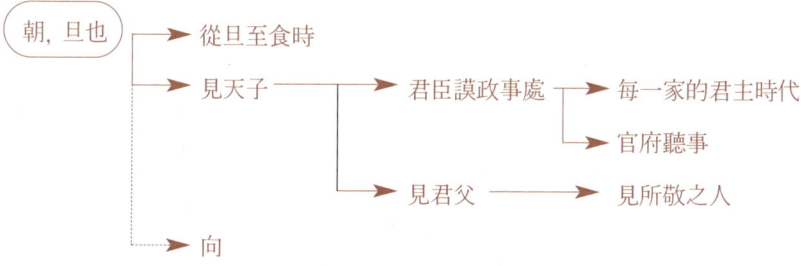

2. 고전 자서

중국 고대의 자서(字書)는 《이아(爾雅)》, 《방언(方言)》, 《설문해자》를 기원으로 삼는다. 자서는 한자의 자의 정보에 중점을 둔 것으로, 자음 정보에 중점을 둔 운서와 구별된다. 고전 자서 가운데 대표적인 것만 소개한다.

이아(爾雅) : 경전의 어휘를 풀이하려는 목적으로 만들어졌다. 십삼경(十三經)의 하나로 꼽힌다. 석고(釋詁)·석언(釋言)·석훈(釋訓) 등 일반 단어를 풀이한 3편과 석친(釋親) 이하 궁(宮)·기(器)·악(樂)·천(天)·지(地)·구(丘)·산(山)·수(水)·초(草)·목(木)·충(蟲)·어(魚)·조(鳥)·수(獸)·축(畜) 등 물명(物名)의 훈고(訓詁)를 밝힌 13편으로 이루어져 있다. 진(晉)나라 곽박(郭璞)의 주(注), 송나라 형병(邢昺)의 소(疏)로 이루어진 《이아주소(爾雅注疏)》가 나왔고, 청나라 소진함(邵晉涵)의 《이아정의(爾雅正義)》, 학의행(郝懿行)의 《이아의소(爾雅義疏)》가 나왔다.

〈석고〉는 동의어를 해석하였는데, 여러 단어들을 늘어놓은 뒤 하나의 단어로 해석하는 형태로 되어 있다. 단, 해석에는 총석(總釋), 호석(互釋), 체석(遞釋)의 방법이 섞여 있으므로 자의 해석이 분명하지는 않다.

- 총석(總釋) a·b·c·d·e·f·g, h也.
  [예] 初·哉·首·基·肇·祖·元·胎·俶·落·權輿, 始也. ('初'는 옷을 마름질하는 처음, '肇'는 《설문》에 의하면 '처음 엶', '祖'는 종족의 처음, '胎'는 생명의 처음이므로, '始'의 함의가 서로 다르다.)
- 호석(互釋) a, b也 ; b, a也.
  [예] 亮·介·尙, 右也 ; 左·右, 亮也.
- 체석(遞釋) a, b也 ; b, c也.
  [예] 邁·逢, 遇也 ; 邁·逢·遇, 遌(wu)也 ; 邁·逢·遇·遌, 見也.

또한 해석을 가하는 단어가 이의(異義)를 포함하는 경우도 있다.

a·b·c·d·e·f·g, h(h1·h2)也.
a·b·c, h1也. ; d·e·f·g, h2也.

[예] 胎·朕·賚·畀·卜·陽, 予也.(子에는 '나'라는 뜻과 '준다'는 뜻이 있다. 胎·朕·陽의 뜻은 '我'이고, 賚·畀·卜의 뜻은 '준다'이다.)

설문해자(說文解字) : 후한의 허신(許愼)이 한자 약 9,000글자에 대하여 문자의 성립을 설명하고 본의(本義: 문자의 원래의 의미)를 구명한 가장 오래된 자서이다. 본문 14권, 서목(敍目) 1권이다. 줄여서 《설문》이라고 한다.

허신은 '독체(獨體)'의 글자를 '文', '합체(合體)'의 글자를 '字'라 불렀으므로 이 책의 제목은 곧 "문(文)과 자(字)를 해설한다"는 뜻이 된다. 소전(小篆)을 위주로 하면서 고문(古文)과 주문(籒文)도 함께 수록하여 총 9,353자를 실었는데, 중문(重文=異體字)이 1,163자이다. 처음으로 부수 배열법을 창안하여 일(一)부에서 해(亥)부에 이르는 540부에 따라 글자들을 안배하였다. 그 부수법을 '시일종해(始一終亥)'라고 한다. 각 글자마다 먼저 자의(字義)를 풀이하고 다음으로 육서(六書)의 원리에 의거하여 자형(字形)을 분석하였다.

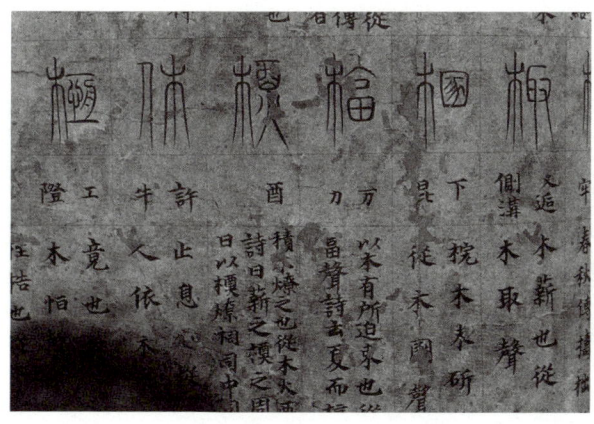

《설문해자》당나라 초본(鈔本)

원본은 없어졌고, 현재는 대서본(大徐本)이라 불리는 서현(徐鉉) 교정본과 소서본(小徐本)이라 불리는 서해(徐鍇)의 《설문해자계전(說文解字系傳)》이 전한다. 청대에 단옥재(段玉裁)의 《설문해자주(說文解字注)》, 왕균(王筠)의 《설문해자구두(說文解字句讀)》, 주준성(朱駿聲)의 《설문해자통훈정성(說文解字通訓定聲)》 등, 탁월한 업적이 차례로 나왔다.

> **문자학의 고전**
>
> 단옥재(段玉裁) 《설문해자주(說文解字注)》
> 19세기 초에 단옥재는 한문고전을 종횡으로 인용하여 후한의 허신이 지은 《설문해자》(줄여서 《설문》이라고 함)를 풀이하여 《설문해자주》를 저술하고 간행하였다. 단주(段注)라고 한다.
>
> 《설문해자》나 《설문해자주》는 소전(小篆)의 글자체를 한자의 초형(初形)으로 보고 한자의 짜임과 의미를 탐색한 것이므로 한자의 본의를 잘못 파악한 것이 있다. 하지만 고전적 사유의 체계를 이해하려면 《설문해자주》를 공부할 필요가 있다.

옥편(玉篇) : 남조 양(梁)나라 무제 때 태학박사 고야왕(顧野王)이 왕명을 받아, 《설문해자》를 바탕으로 저술하였다. 《설문해자》의 부수에서 11부를 없애고 13부를 증가시켜 총 542부 1만 6,917자를 수록하였다. 각 글자마다 반절(反切)로 음을 달고 고서를 인용하여 풀이하였다. 사부총간(四部叢刊)에 원간본(元刊本)을 영인하여 두었고, 총서집성(叢書集成)에 원본의 잔권(殘卷)을 수록하였다.

경전석문(經典釋文) : 당나라 육덕명(陸德明)이 경전의 주음(注音)과 석의(釋義)를 편한 것이다. 서록(序錄) 1권과 본문 29권으로 되어 있다. 《주역(周易)》《고문상서(古文尙書)》《모시(毛詩)》《주례(周禮)》《의례(儀禮)》《예기(禮記)》《춘추좌전(春秋左傳)》《춘추공양전(春秋公羊傳)》《춘추곡량전(春秋穀梁傳)》《효경(孝經)》《논어(論語)》《노자(老子)》《장자(莊子)》《이아(爾雅)》를 대상으로, 먼저 책이름과 장절(章節)을 밝히고 어구(語句)를 뽑은 뒤 주음과 석의를 달았다. 통용본 《십삼경주소(十三經注疏)》 가운데 《논어》와 《맹자》를 제외한 모든 책에 덧붙어 있다.

자휘(字彙) : 명나라 때 매응조(梅膺祚)가 엮었다. 내용에서 부록에 이르기까지 실용성을 강화하였다. 총 3만 3,179자를 214개 부수에 나누어 실었으며, 각 부수마다 필획의 순으로 글자를 배열하여, 이후 자서의 편찬에 중요한 영향을 끼쳤다.

> **패문운부(佩文韻府)**
>
> 청나라 강희(康熙) 43년(1704), 장옥서(張玉書) 등 76명이 칙명을 받아 편찬한 어휘집. 패문(佩文)은 강희제의 서재 이름이다. 정집(正集) 106권, 습유(拾遺) 106권, 모두 212권인데 이후 444권으로 분책하였다. 숙어의 말미의 글자가 속한 운(韻)에 따라 분류·배열하고 출전을 밝힘으로써 글 지을 때 어휘를 고르기 쉽도록 하였다. 시의 전고(典故)나 용사(用事)를 조사할 때 매우 유용하다. 1983년 중국 고적서점(古籍書店)에서 상무인서관(商務印書館) 만유문고본(萬有文庫本)을 영인하여 출판하였다.

정자통(正字通) : 명나라 장자열(張自烈)이 매응조의 《자휘(字彙)》를 계승하여 엮었다. 명나라 후기에는 《자휘》의 체제를 계승한 자서가 여럿 나왔는데, 이 책도 그 가운데 하나이다. 단, 이 책은 자형, 자음, 자의를 전면적으로 새롭게 수집하였다. 《자휘》의 3만 3,179자 이외에 새로 360자를 추가하고 이체자 119자를 수집하여, 214개 부수에 나누어 실었다.

강희자전(康熙字典) : 원명은 《자전(字典)》이다. 청나라 강희(康熙) 연간에 장옥서(張玉書) 진정경(陳廷敬) 등이 칙명을 받아 편찬하였다. 모두 36권이다. 매응조의 《자휘》와 장자열의 《정자통》에 기초하여 12집(集)으로 엮었다. 214부의 부수에 4만 9,030자(重文 1만 995자 포함)를 수록하였다.

경적찬고(經籍纂詁) : 청나라 완원(阮元)이 경사(經史)의 훈고(訓詁)를 위해 엮은 책으로 106권이다. 완원은 《십삼경주소교감기(十三經注疏校勘記)》의 저자이며 《황청경해(皇淸經解)》의 편집자이다. 당 이전의 경사(經史)·제자(諸子)·《초사(楚辭)》《문선(文選)》과 자서·운서에서 자료를 취하여 주석하였

〈표〉 중국의 고전 자서

고전 자전	편찬자	특징	영인본, 개편본
說文解字注	(後漢) 許愼 (淸) 段玉裁 注	540部로 나눈 字書.《설문해자》에 대한 주석서.	臺北:藝文印書館,1966. 上海古籍出版社, 1981.
康熙字典	(淸) 張玉書 등 奉敕撰	214부의 부수에 4만 9,030자 수록.	北京:中華書局,1958,1980. 臺北:啓業書局, 1979.
佩文韻府	(淸) 張玉書 등 奉敕撰	214부의 부수에 4,903자 수록. 平水韻의 106韻에 의해 單字 1만 개와 詞語 48만여 조를 실었다. 시문의 전고를 찾을 때 필수적이다.	臺北:商務印書館, 1966. 京都:中文出版社,1970. 北京:中國書店, 1970. 北京:上海古籍書店, 1983.
骿字類編	(淸) 張廷玉 등 奉敕撰		臺北:學生書局
古典複音詞彙輯林		《骿字類編》을 표제자의 획수 순으로 개편.	臺北:鼎文書局, 1978.
經籍纂詁	(淸) 阮元	經史의 訓詁를 위해 엮은 책. 106권.	臺北:西林出版社, 1971. 北京:中華書局, 1982.

다. 글자들을《패문운부》의 체제를 따라 운목(韻目)의 순서로 배열하였다.

3. 우리나라의 자전

우리나라에서 만들어진 자전(字典)은 크게, 초학자용 한자 학습서, 한자분류어휘집, 근대적 자전 등의 세 부류로 나뉜다.

초학자용 한자 학습서 : 유서(類書)의 형식을 참조하여 글자들을 분류하였다.
- 《훈몽자회(訓蒙字會)》: 1527년(중종 22)에 최세진(崔世珍)이 상·중권에 전실지자(全實之字) 2,240자를 32부문으로 나누어 수록하고, 하권에 반실반허자(半實半虛字) 1,120자를 잡어(雜語) 1부문에 수록하였다.
- 《신증유합(新增類合)》: 유희춘(柳希春)이 주자학 사상에 맞추어《유합

(類合)》의 풀이말을 정리하고 새로 분류하여 1574년(선조 7)에 해주에서 간행하였고, 다시 1576년에 수정하여 교서관에서 목판 간행하였다. 2권 1책으로, 27부문에 3,000자를 수록하였다.

- 《몽유편(蒙喩編)》: 1810년(순조 10)에 장혼(張混)이 편한 어휘집. 2권 1책의 활자본이다. 풀이말 없이 어휘만 나열한 것이 많다. 전체 어휘를 12부문으로 분류하였다. 장혼은 이 외에도

《훈몽자회(訓蒙字會)》

《아희원람(兒戱原覽)》《초학자휘(初學字彙)》 등의 자학 교재를 엮었다.
- 《자류주석(字類註釋)》: 1856년(철종 7)에 정윤용(鄭允容)이 4부 35류에 1만 1,000여 항목을 수록하였다. 필사본 2책이다.

이밖에 《정몽유어(正蒙類語)》(1884년), 《통학경편(通學徑編)》(1916, 1918) 등이 있다.

한자어휘분류집 : 조선후기에 자국의 문물과 문화를 재인식하려는 의식이 팽배되자, 한자어휘분류집이 여럿 출현하였다. 본래 《시경》의 학습에서 물명(物名)을 중시한 전통에서 출발하여 일반 물명을 고증하는 서적이 편성되기도 하였으나, 기타 한문 전적이나 백화문에 사용되는 한자 어휘에 대하여도 널리 풀이[훈석(訓釋)]를 하였다. 간혹 대응되는 우리말을 적어 이국어간 어휘대응 사전의 기능도 지녔다.

- 《신보휘어(新補彙語)》: 김진(金搢)이 1615년부터 인조 초에 걸쳐 편찬한 유서 형태의 어휘집. 1653년에 59권 13책으로 목판 인쇄된 이후, 1684년에

중간되었다. 17부문 649조 2,819목이다.

- 《재물보(才物譜)》: 1798년에 이만영(李晩永)이 편하였다. 태극·천보(天譜)·지보(地譜)·인보(人譜)·물보(物譜)로 분류하고 다시 각각 130∼140여 개 소부문으로 분류하였다. 국립중앙도서관에 8권 8책의 사본이 있다. 규장각과 장서각에도 있다.

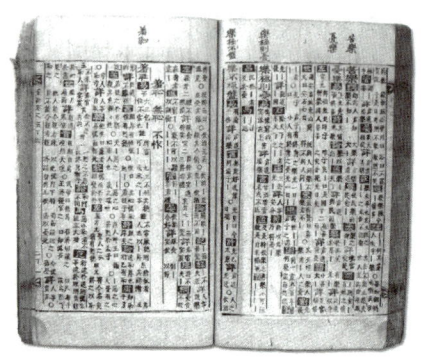

김진,《신보휘어(新補彙語)》, 목판본.

- 《광재물보(廣才物譜)》:《재물보》를 증보한 것으로, 필사본 4책인데, 편자·편년 미상이다. 서울대 규장각 가람문고에 있다.

- 《물보(物譜)》: 18세기 후반 이철환(李嚞煥)이 초한 것을 1802년에 이재위(李載威)가 체계화하였다. 2편 8부 49류에 물명 2,468항목(한자물명 1,469항, 국어물명 999항)을 수록하였다.

- 《물명고(物名考)》: 1820년대에 유희(柳僖)가 이만영의《재물보》의 지보(地譜)와 물보(物譜)를 고증한 내용이다. 5권 1책에 4류 14부문 701항목을 수록하였다.

- 《아언각비(雅言覺非)》와《청관물명고(靑館物名考)》: 정약용(丁若鏞)은 1819년에 속어를 고증한《아언각비》를 엮었다. 뒤에 3권 1책으로 인쇄되었다. 그는 또《청관물명고》를 엮어, 22류 1,748항목을 수록하였다.《물명괄(物名括)》이나《물명류(物名類)》의 표제로 된 것도 있으며, 부류나 항목의 수는 책에 따라 다르다.

- 《현(자)산어보(玆山魚譜)》와《몽학의휘(蒙學義彙)》: 정약전(丁若銓)은 흑산도 근처 바다에 서식하는 어류명을 분류하고 고증하여《현(자)산어보》를

엮었다. 그는 또 1804년에 정약용의 《이아술의(爾雅述意)》를 취사하여 《몽학의휘》를 엮었다.

● **《시명다식(詩名多識)》** : 정약용의 아들인 정학상(丁學祥)·정학포(丁學圃)가 조수·충어·초목의 이름을 설명한 책으로, 4권 2책이다.

이밖에 《사류박해(事類博解)》(1855년필사), 《만물록(萬物錄)》, 《물명찬(物名纂)》(1890년 필사), 《자의물명수록(字義物名隨錄)》, 《물명(物名)》이란 어휘집이 있다.

근대적 자전 : 근세이후 우리나라에서는 여러 자전들이 나왔다.
● **《자전석요(字典釋要)》** : 지석영(池錫永)이 1906년에 완성한 뒤 1909년 7월 30일에 회동서관(滙東書館)에서 간행한 최초의 근대적 자전으로, 1925년

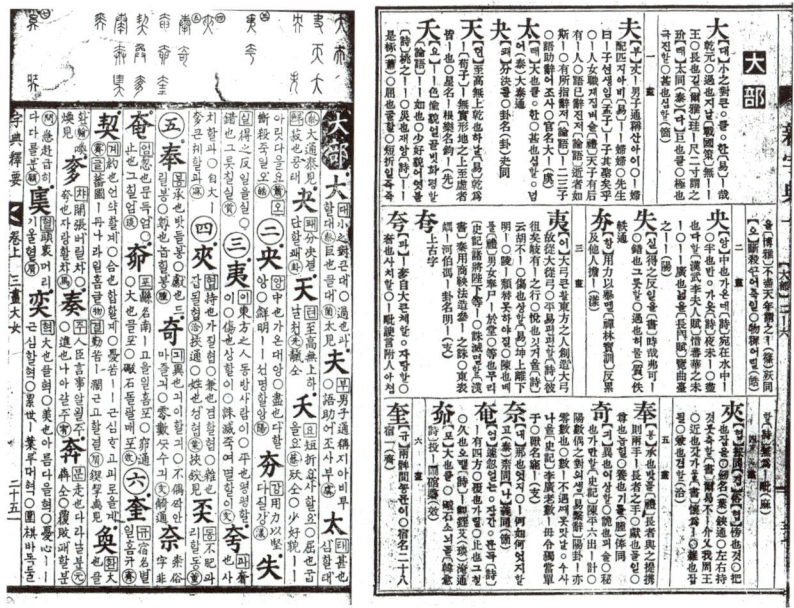

《자전석요(字典釋要)》 《신자전(新字典)》

에 이미 제16판이 발행되었다. 1945년에는 다시 영창서관(永昌書館)에서 재판이 나왔다. 상하 2권으로, 1만 6,295자를 수록하였다. 《강희자전》에서 자류와 새김 등을 본받되, 18세기 말에 이루어진 조선의 운서 《규장전운(奎章全韻)》과 《전운옥편(全韻玉篇)》 등을 참고로 자류와 자음, 새김을 확정하였다.

- 《신자전(新字典)》: 최남선(崔南善)의 조선광문회(朝鮮光文會)가 1915년에 편찬한 사전으로, 4권 1책 총 246장이다. 6,000여 자를 수록하였으며, 《강희자전》을 참고하여 획수순으로 배열하였다. 한자음은 《전운옥편》과 지석영의 《자전석요》를 참고로 하였다. 한자의 새김은 주시경(周時經)과 김두봉(金枓奉)이 담당하였다.

고전 자서의 부수법과 성훈

1. 부수법

한자들을 자서(字書)에 수록하려면 원칙이 있어야 할 것이다. 후한 때 허신(許愼)의 《설문해자》(기원 100년)는 540부를 세워 9,353글자를 분류 수록하는 부수법(部首法)을 고안하였다. 이 부수법은 그 뒤 여러 방식으로 개편되었다. 청나라 강희 황제의 명으로 이루어진 《강희자전》에서는 5만여 글자를 214부수로 분류하고, 부수를 필획의 순으로 늘어놓았다. 대만, 일본과 한국은 대개 이 《강희자전》식 부수법을 따른다. 그러나 중국(대륙)에서는 그것을 재조정하였다. 1953년의 《신화자전》은 189부를 세웠고, 1986~1993년의 《한어대사전(漢語大詞典)》(전12권)은 200부를 세웠다.

《강희자전》 부수법은 글자를 빨리 찾기 위한 실용성을 중시하였지만,

《설문해자》 부수법은 철학적 관념을 중시하였다. 즉,《설문해자》는 한자를 육서(六書)의 원리에 따라 분석하여, 의부(意符)의 구실을 하는 글자를 모두 부수자로 세우고, 그 부수자들을 철학적 원리에 따라 배열하였다. 태극을 상징하는 '一'부에서 시작하여 12지(支)의 마지막 '亥(해)'부로 마치므로, 그것을 '시일종해(始一終亥)'라고 한다. 또 전체 부수는 '음수6×양수9×10배=540부'이다.

사실 한자는 부수보다 발음으로 찾는 것이 편리하다. 그래서 옛날에는 한자를 운(韻)에 따라 분류한 운서(韻書)가 더 발달하였다. 하지만 오늘날에는 운(韻)을 모르면 글자를 찾기 어려우므로, 각각 자국의 발음 순서에 따라 글자를 배열하는 방식을 사용한다.

2.《설문해자》의 성훈과 오행설에 근거한 풀이

'東'이란 글자에 대해《설문해자》는 다음과 같이 해석하였다.

東 動也. 從木. 官溥說, 從日在木中. (6상 66b)
東 動이다. 木을 짜임요소로 한다. 관부(官溥)라는 사람의 설에 의하면, 해〔日〕가 나무〔木〕 가운데 있는 짜임이다.

맨 앞의 '東'은 소전(小篆)이다.《설문해자》는 이 서체를 기준으로 삼았다. 다음으로 '動이다'는 東의 본의(本義)를 부여한 훈고(訓詁)이다. '東'을 '動'이라 풀이한 이유는 두 가지이다.

첫 번째 이유는 '東'(현대 중국어음 [dōng])과 '動'은 발음이 같거나 혹은

> **성훈(聲訓)을 이용한 소설 : 박지원(朴趾源)의 〈호질(虎叱)〉**
> 똥구덩이에 빠진 북곽 선생에게 호랑이는 이렇게 꾸짖는다. "너희 유학자는 아첨꾼이다." 이 대목을 번역문으로 읽으면 무슨 뜻인지 이해되지 않는다. 원문은 "유(儒)는 유야(諛也)라"이다. 儒가 諛와 발음이 같기 때문에 이렇게 말한 것이다. 전국시대에는 '儒'를 '柔'로 풀이하여, 유학자가 온유(溫柔)한 태도를 지녔음을 가리켰다. 박지원은 그것을 뒤집어 '儒'는 '柔(부드럽다)'가 아니라 '諛(아첨한다)'라고 하였으니, 정말 놀라운 패러디이다.

극히 가깝다. 어떤 문자를 음이 같거나 비슷한 글자로 대체하여 풀이하는 방법을 '성훈(聲訓)'이라고 한다.

두 번째 이유는 오행설이다. 오행설은 木·火·土·金·水의 추이(推移)·순환(循環)을 가지고 세계의 다양한 현상을 판단·예측하는 철학이다. '東'의 방위는 '木'의 요소에 속하며, 계절 가운데 봄에 배당된다. 봄은 만물이 활동을 재개(再開)하여 초목이 싹트는 '動'의 계절이다. 그래서 '東'= 春= '動'이라는 훈고가 성립한다.

하지만 갑골문의 '東'은 '重'과 모양이 비슷하다. 아마도 처음에 '동쪽'을 重과 같은 발음으로 불렀기 때문에 重의 모양을 빌어다 모양을 조금 바꾸었을 가능성이 있다. 그렇다면 《설문해자》의 해석과는 달리 東자는 가차자였던 셈이다.

운서

한자를 운(韻)에 따라 분류하여 안배한 자전을 운서(韻書)라고 한다. 원래 운문을 지을 때 압운(押韻)을 조사하기 위해 사용되었다. 성조(聲調)가 같고 운이 같은 글자들을 한 부(部)로 삼고, 그 가운데 한 글자를 취해 표목으로 삼았으며, 음을 반절(反切)로 주(注)하였다.

1. 중국의 운서

위(魏)나라 이등(李登)의 《성류(聲類)》를 시작으로 중국에서는 170여 종의 운서가 편찬되었는데, 현재는 10여 종만 남아 있다. 수나라 때 육법언(陸法言)의 《절운(切韻)》은 잔권(殘卷)만 남았지만, 193운으로 나눈 실용적인 운서였다고 추정된다. 뒤에 당나라 왕인구(王仁昫)는 《간류보결절운(刊謬補缺切韻)》을 엮어 《절운》을 보완하였는데, 195운으로 나누었다. 한편 당나라 때는 혜림(慧琳)이 《경전석문》의 예를 따라 불경의 어휘를 주석한 《일체경음의(一切經音義)》를 만들었다. 모두 100권인데, 고려본이 최고 선본(善本)이다.

송나라 때 진팽년(陳彭年)등은 《절운》을 수정하여 《광운(廣韻)》을 엮었고, 이것을 206운으로 나누었다.

송나라 때는 과시용(科試用)으로 《예부운략(禮部韻略)》이 나왔다. 이 책은 《광운》과 동일하게 206운목으로 분류되어 있다. 그러다가 《평수신간운략(平水新刊韻略)》(王文郁 1229년)에서 106운으로 줄고, 《임자신간예부운략(壬子新刊禮部韻略)》(劉淵 1252년)에서는 107운으로 되었다. 106운을 평수운(平水韻)이라고 하며, 원·명 때 시운(詩韻)으로

> **반절(反切)**
>
> 두 글자로 다른 한 글자의 음을 이루어내는 전통적인 주음(注音) 방식으로, 운서(韻書)에 널리 사용되었다. 반절의 윗 글자를 반절상자(反切上字)라 하고 아랫 글자를 반절하자(反切下字)라고 한다. 반절상자는 반절로 주음(注音)되는 글자 즉 피절자(被切字)와 성모(聲母)가 같고, 반절하자는 피절자와 운모(韻母) 및 성조(聲調)가 같다. 즉 반절상자에서 성모를 취하고 반절하자에서 운모와 성조를 취한다. 예를 들어, '東'은 《광운》에 '德紅切'로 주음되어 있다. 德자의 성모 [d]와 紅자의 운모 및 성조 [óng]를 취하여 東자의 음 [dóng]을 이룬다는 뜻이다.

> **광운(廣韻)**
>
> 송나라 진팽년(陳彭年) 등이 칙명으로 편찬한 운서로, 5권이다. 본 이름은 '대송중수광운(大宋重修廣韻)'이다. 음운 체계는 당나라 《절운》의 체계를 따랐으며, 평성 57운, 상성 55운, 거성 60운, 입성 34운 등 총 206운으로 분운(分韻)하였다. 각 권 첫머리에 운목표(韻目表)가 있는데 해당 운목 아래 'ab同用'(a운과 b운은 함께 사용함)과 '독용(獨用)'의 구분이 있다. 원나라 이후 한시 제작에 적용되는 평수운은 이 운목을 기초로 해서 나왔다. 영인본이 여러 종류 있다(臺北: 藝文印書館 1976년; 中國:上海古籍出版社 1983년 영인).

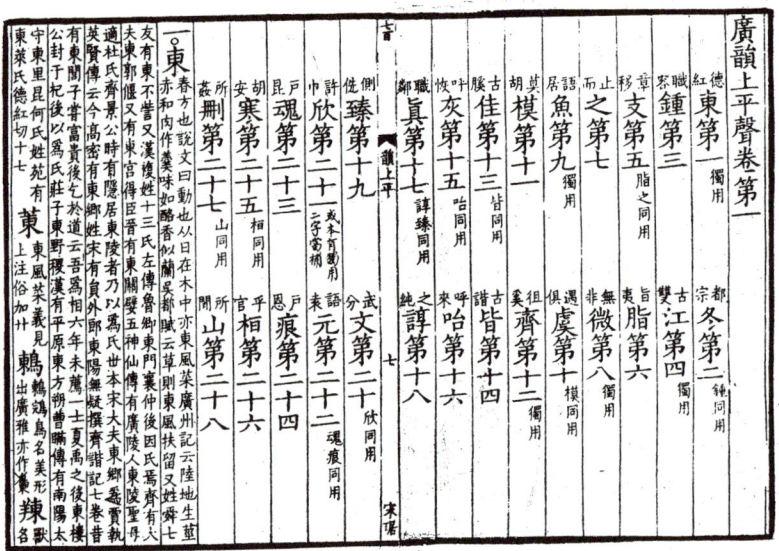

宋本《廣韻》(臺北:藝文印書館 영인)

정착되었다. 우리나라에서 복간한 《예부운략》도 이 체제를 따랐다.

그 뒤 《고금운회거요(古今韻會擧要)》(熊忠 찬. 원나라 大德 원년, 1297)는 운서의 체제에 등운표(等韻表)를 배합하였는데, 《임자신간예부운략》과 마찬가지로 107운으로 나누었다. 한편, 명나라 초의 《홍무정운(洪武正韻)》(樂韶鳳 등 1375년 칙찬)은 《예부운략》의 체제를 따르되 현실음을 일부 반영하여, 106운이 아니라 76운으로 구성하였다. 방음(方音)이 아닌 공통음(혹은 표준음)을 정음(正音)으로 삼으려 하였으나, 인위적인 합성음을 제시하고 말았다.

2. 우리나라에서 이용한 운서

우리나라에서는 중국의 운서를 토대로 하되 우리 실정에 맞는 운서를 만들어 왔다. 운서들 가운데에는 한자의 운(韻)만 수록한 것이 아니라, 여러 사실을 운별(韻別)로 분류하여 백과사전(즉 類書) 구실을 한 것도 있다. 또, 한자음을 표기한 정음(正音) 종류도 있다.

고려 덕종 연간(1031~1034)에 《예부운략》을 수입하고, 그 뒤 복간본(覆刻本)을 만들었다. 또 《배자예부운략(排字禮部韻略)》《고금운회거요(古今韻會擧要)》를 이용하였다. 조선초기에는 《홍무정운》을 받아들였고, 한자음을 한글로 적은 《홍무정운역훈(洪武正韻譯訓)》을 간행하였다.

그 뒤 《홍무정운》을 기초로 《동국정운(東國正韻)》을 만들었는데, 그 음은 《고금운회거요》의 반절(反切)을 한글로 번안하였다. 《동국정운》의 운목표(韻目表)는 《고금운회거요》에서의 내부분운(內部分韻)이라고 할 수 있는 자모운의 목록에 해당하며, 배열만 훈민정음 차례를 따랐다. 최세진(崔世珍)의 《사성통해(四聲通解)》는 여러 운서들을 참고로 하되, 《고금운회거요》의 체계를 따랐다.

조선중기에는 《예부운략》《운부군옥》《홍무정운》 등을 참고로 하여 편자 미상의 《삼운통고(三韻通攷)》가 나왔다. 운목은 《예부운략》을 그대로 따랐다. 그 뒤 1702년 박두세(朴斗世)의 《삼운보유(三韻補遺)》, 숙종 때 김제겸(金濟謙)·성효기(成孝基)의 《증보삼운통고(增補三韻通考)》가 나왔다. 1747년(영조 23)에 박성원(朴性源)은 《화동정음통석운고(華東正音通釋韻考)》를 엮어 《삼운통고》에 한글음을 표시하였다. 그 뒤에 나온 《삼운성휘(三韻聲彙)》와 《규장전운(奎章全韻)》은 《삼운통고》와 글자 순서만 다르고 체제는 같다.

동국정운(東國正韻) : 조선 세종이 훈민정음을 만든 뒤, 우리나라의 한자음을 바로잡을 필요가 있다고 생각하여, 신숙주·박팽년·최항·강희안 등 9명에게 편찬토록 한 운서이다. 1447년(세종 29)에 탈고, 이듬해에 6권으로 간행되었다. 국보 71호인 1권과 6권은 간송(澗松)미술관에서 소장하고 있고,

〈표〉 우리나라에서 간행된 주요 운서

우리나라 간행 운서	판 본	간행연도	복각, 신편 여부
新刊排字禮部韻略		1300~1679년 18종 목판본	중국 운서의 복각
新編直音禮部玉篇		1464~1540년 3종 목판본	중국 운서의 복각
古今韻會擧要		1398~1883년 7종 목판본	중국 운서의 복각
韻會玉篇		1563~1810년 3종 목판본	중국 운서의 복각
洪武正韻		?~1770 3종 목판본	중국 운서의 복각
洪武正韻譯訓		단종 3년(1455년경) 목활자와 갑인자 혼용 간본	《홍무정운》에 한글자음 병기. 16권 8책 가운데 14권 7책만 고려대 도서관에 소장
續添洪武正韻		필사본	최세진(崔世珍)이 《홍무정운역훈》을 보완. 현재 상권 105장만 전함.
東國正韻		세종 30년(1448) 활자본	신숙주(申叔舟)·최항(崔恒)·박팽년(朴彭年)이 왕명을 받들어 편찬. 《홍무정운》을 참고하고 《고금운회거요》의 음체계를 이용한 신찬 운서.
四聲通解		중종 12년(1517) 편찬	최세진이 《홍무정운역훈》의 음계를 보충하고, 자해(字解)가 없던 신숙주(申叔舟) 《사성통고》를 보완.
三韻通攷		광해군 6년(1614) 목활자본	《예부운략》을 기초로 하여, 평·상·거성과 입성을 따로 배열
三韻補遺		편자 미상	박두세(朴斗世)가 《삼운통고》를 수정·증보.
增補三韻通考		숙종 28년(1702) 목판본	《삼운통고》의 증보
華東正音通釋韻考		영조 23년(1747) 목판본	박성원(朴性源)이 《삼운통고》에 한글자음 병기. 박성원은 별도로 《화동협음통석(華東叶音通釋)》을 펴냈음.
三韻聲彙		영조 27년(1751) 목판본	홍계희(洪啓禧) 편찬. 평·상·거성과 입성을 따로 배열
奎章全韻		정조 16년(1792) 목판본 정조 20년(1796) 목판본	평상거입 4성을 한 면에 배열. 이덕무(李德懋) 등 편찬.
全韻玉篇		편자, 간행년도 미상 목판본	《규장전운》의 부편

국보 142호인 전질본은 건국대학교에서 소장하고 있다. 이 책에서 규정한 한자의 음은 훈민정음 창제 이후의 모든 서적의 한자음 표시에 적용되었으나, 인위적인 성격이 강하였기 때문에, 약 40년 뒤인 성종 중기 이후부터

는 쓰이지 않게 되었다. 실제 음과 거리가 먼 이상적 음을 제시하였고, 초·중·종성의 합을 중시해서 종성음이 없을 때에도 제로 음을 표시하였으며, 초성에 〔ㆆ〕을 사용하였다. 그리고 〔ㄹ〕종성이 중국의 입성자에 해당하므로 입성 발음에 가깝게 표기하고자 〔ㄹ〕종성에 〔ㆆ〕을 나란히 쓰는 '이영보래(以影補來)'의 표기법을 사용하였다.

규장전운(奎章全韻) : 정조의 명을 받아 이덕무(李德懋, 1741~1793) 등이 편찬한 운서이다. 1792년(정조 16)에 원고가 완성된 뒤 윤행임(尹行恁)·서영보(徐榮輔) 등의 검토를 거쳐 1796년에 간행되었다. 2권 1책이며 목판본이다. 원래 서명은 '어정규장전운(御定奎章全韻)'이다. 정조는 《삼운성휘》나 《화동정음통석운고》 등이 평상거입의 4성을 한꺼번에 배열하지 않고 평·상·거(平上去)만 같이 묶고 입성은 따로 배열하는 체재를 채택한 점, 수록 글자의 수가 적다는 점, 그리고 글자의 주석이 너무 간략하다는 점에 불만을 지니고 운서의 개정을 계획하였다.

  이 운서는 106개의 운목을 설정한 뒤 4성에 속하는 글자들을 한 면에 모두 표시하는 방식을 취하였다. 동일한 운에 속하는 글자들은 중국어 36자모순(字母順)이 아니라 국어 자모순에 따라 배열하였다. 예를 들어 동운(東韻)에 속하는 글자들을 "公, 東, 蒙, 蓬"의 순서로 배열하였다. 이 방식은 《삼운통고》의 체재를 따른 것이다. 각 글자에 대해서는 동음(東音)과 화음(華音)을 모두 표시하였는데, 화음은 ○ 안에 넣어 위쪽에 표시하고 동음은 속에 넣어 화음 아래쪽에 표시하였다. 속음을 병기하지 않고, 규범적 성격의 동음(東音)만 표기하였다. 이 책의 자매편이라고 할 《전운옥편(全韻玉篇)》이 속음을 다룬 것과 구별된다.

  이 책은 대본(大本)과 소본(小本)의 둘이 있으며, 발행 부수가 1만 권에 달하였다. 여러 차례 중간되었으며, 1846년(헌종 12)에는 '어정시운(御定詩韻)'

이라는 이름의 수진본(袖珍本: 소매에 넣을 수 있는 크기의 책)이 간행되었다. '정족산성내사본(鼎足山城內賜本)'이 《전운옥편》과 함께 영인되어 나왔다 (서광학술자료사, 박이정).

고전적 백과사전 : 유서

한 분야의 지식을 사전(辭典) 형식으로 설명한 것을 유서(類書)라고 한다. 사전(辭典)이 언어의 철자·발음·해석을 수록하는데 비하여 사전(事典)은 사항의 정보를 설명한다는 차이점이 있는데, 유서는 사전(辭典)의 편찬방식을 취하면서 내용은 사전(事典)과 같다. 일종의 백과사전(Encyclopedia)이다. 백과사전이란 말의 어원은 그리스어로 'egkuklopaideia'(원만한 지식의 교육)이라고 한다. 유서는 각 어휘에 관해 해설문을 들고, 시문 속의 용례를 제시하였다. 어휘를 운목별로 정리한 예도 있으나, 대부분 분류목을 설정하였다.

1. 중국의 유서

중국에서는 과거 시험에 경학 문제가 출제되었기 때문에 경서의 문장을 뽑고 주석(註釋)을 모아 유형으로 나눈 유서(類書)가 진작에 출현하였다. 즉, 기원전 2세기경에 《이아(爾雅)》가 나왔고, 후한 때 유희(劉熙)의 《석명(釋名)》이 그 뒤를 이었다. 수나라 우세남(虞世南)의 《북당서초(北堂書鈔)》 160권은 일서(逸書)와 일문(逸文)의 보고(寶庫)이다. 당나라 때 구양순(歐陽詢)은 칙명을 받아 624년에 《예문유취(藝文類聚)》 100권을 만들었다. 이것은 분류식(48부)이고 문헌을 초출(抄出)한 뒤 해석을 붙였으며 행문(行文)이 엄정하기 때문에 이후 유서의 표본이 되었다. 당나라 때는 백거이(白居易)의 《백씨육첩(白氏六帖)》 30권(중국학자들은 위작이라고 봄), 서견(徐堅)의 《초학기(初學記)》 30권도 나왔다. 송나라 때는 977년 이방(李昉) 등이 칙명에 의해 《태평어람(太平御覽)》 1천 권을 편찬하였다. 또 그 무렵, 도교 관련의 내용을 실은 《태평광기(太平廣記)》 500권도 나왔다.

> **《태평어람》의 55부 분류목**
>
> 天部·時序部·地部·皇王部·偏霸部·皇親部·州郡部·居處部·封建部·職官部·兵部·人事部·逸民部·宗親部·禮儀部·樂部·交部·學部·治道部·刑法部·釋部·道部·儀式部·服章部·服用部·方術部·疾病部·工藝部·器物部·雜物部·舟部·車部·奉使部·四夷部·珍寶部·布帛部·資産部·百穀部·飲食部·火部·休徵部·咎徵部·神鬼部·妖異部·獸部·羽族部·鱗介部·蟲豸部·木部·竹部·果部·菜部·香部·藥部·百卉部

1005년에는 왕흠약(王欽若) 등이 칙명을 받아 역대 군신(君臣)의 전기(傳記)를 엄선해서 평론한 《책부원귀(册府元龜)》를 편찬하기 시작하여, 1013년에 1,000권을 완간하였다. 민간에서는 왕응린(王應麟)의 《옥해(玉海)》 200권과 축목(祝穆)의 《사문유취(事文類聚)》 237권이 나왔다.

명나라 때는 1403년 해진(解縉) 등이 칙명에 따라 《영락대전(永樂大典)》을 편찬하기 시작하여 1408년에 2만 2,877권, 범례 60권을 완간하였다(正本은 명나라 말기에 없어졌고, 嘉靖·隆慶 연간에 만들어진 副本도 청나라 咸豊 연간에 점차 산실되었다. 1960년에 중화서국이 730권을 수집하여 영인출판하였고, 1986년에도 재차 797권을 영인하였다). 이것은 《홍무정운》에 발췌된 사항의 전문(全文)을 운목(韻目)에 따라 수록한 것으로, 후세에 고일서(古逸書)를 복원할 때 활용되었다. 민간본으로는 장황(章潢)의 《도서편(圖書編)》(127권, 1562)과 왕기(王圻)의 《삼재도회(三才圖會)》(80권, 1607년)가 유명하다.

청나라 때에는 1701년 장영(張英) 등이 칙명을 받아 《연감유함(淵鑑類函)》 150권을 엮었다. 1722년에는 진몽뢰(陳夢雷) 등이 칙명에 의해 《고금도서집성(古今圖書集成)》을 엮었고, 1728년에 장정석(蔣廷錫)이 그것을 개정하였다. 이 책은 본문 1만 권, 목록 40권에 달한다. 1915년 육이규(陸爾奎) 등 편찬의 《사원(辭源)》 2권 및 1931년의 보편(補編)은 서양식 백과사전과 사전(辭典)을 겸하였다.

육조나 수, 당에서 나온 유서들은 시문 제작에 활용하기 쉽도록 대구(對句)·대어(對語)를 중심으로 한 것이 많았다. 송 이후로는 미문(美文)의 문학이 퇴조하고 '어휘'를 중시하는 시문학이 보급됨에 따라, 유서에서도 '사항'을 분류하기보다 '어휘'를 운(韻)에 따라 분류하는 방식이 더 유행하였다. 원나라 음시부(陰時夫)가 엮은 《운부군옥(韻府羣玉)》 20권이 그 예이다. 하지만 명나라 영락제의 칙찬서 《영락대전》은 《홍무정운》의 운목에 따라 어휘를 배열하되, 유서의 성격을 지녔다. 청나라 강희제 때의 《패문운부》와 《변자유편》도 유서라고 할 수 있으나, 어휘 자체를 분류한 것은 아니다.

《예문유취》《초학기》《태평어람》《태평광기》《책부원귀》《사문유취》《연감유함》은 현재에도 전고 검색에 활용된다. 《태평어람》의 55부 분류법은 조선후기 유서에 영향을 끼쳤다.

한편 《태평광기》는 《삼국유사》의 '김현감호(金現感虎)'에 인용되어 있다. 〈한림별곡(翰林別曲)〉 2장에는 독서인이 《태평광기》를 열람하는 광경이 나온다. 조선 성종 초의 성임(成任)은 《태평광기》를 본떠 《태평통재(太平通載)》를 저술하였다. 17세기에는 《태평광기언해(太平廣記諺解)》가 나왔다.

> 〈한림별곡〉 제2장
>
> 唐漢書 莊老子 韓柳文集
> 李杜集 蘭臺集 白樂天集
> 毛詩尙書 周易春秋 周戴禮記
> 위 註조쳐 내 외 景 긔 엇더니잇고
> (葉)太平廣記 四百餘卷 太平廣記 四百餘卷
> 위 歷覽ㅅ 景 긔 엇더니잇고
>
> 독서인이 《당서》·《한서》·《장자》·《노자》·한유 문집·유종원 문집·이백 시집·두보 시집·난대영사(蘭臺令史) 시문집(玉臺新詠을 가리키는 듯함)·백거이 문집·《시경》·《서경》·《주역》·《춘추》·《대대례》·《소대례》등을 주석과 함께 읽고, 《태평광기》(400여 권이라 하였음)를 열람하는 광경을 노래하였다.

2. 우리나라의 유서

일찍이 신라 신문왕(神文王, 金政明)은 당나라 측천무후에게 표를 올려 《문관

〈표〉 중국의 대표적 유서(類書)

類書	편자	특 색	영인본, 색인
北堂書鈔 160권	(隋) 虞世南		京都·臺北 영인본 / 藝文印書館 영인.
藝文類聚 100권	(唐) 歐陽詢 等 奉勅撰	天·歲時·地 등 48部. 727개 細目.	臺北:新興書局, 1960 / 上海古籍, 1982.
初學記 30권	(唐) 徐堅 等 奉勅撰	《藝文類聚》의 체제를 따랐으며, 23部 313細目.	京都·臺北 영인 / 中華書局, 1962(색인).
事文類聚 237권	(宋) 祝穆		서울:書光社,1992(색인).
事物紀源	(宋) 高承		汲古書院, 1976(和刻本類書集成). 叢書集成初編 / 臺北 영인본.
山堂考索	(宋) 章如愚		臺北:新興書局
玉海	(宋) 王應麟		京都:中文出版社 / 臺北:華文書局, 1964
太平廣記 500권	(宋) 李昉 等	92部. 《四庫全書》는 小說 家에 편입시켰음.	北京:人民文學出版社, 1959. 北京:中華書局, 1982(색인). 臺北:新興書局(筆記小說大觀續編) 등.
太平御覽 1,000권	(宋) 李昉 等 奉勅撰	55部 4,558細目. 인용이 풍부하여 '類書之 冠' 이다.	北京:中華書局, 1960, 1985. 京都·臺北 영인. 1935년 哈佛燕京學社《太平御覽引得》.
册府元龜 1,000권	(宋) 王欽若 等 奉勅撰	17史에서 歷代君臣의 미사 를 뽑아 31部 1,104細目으 로 엮음. 宋代 최대 類書.	京都·香港·臺北 영인.
永樂大典	(明) 解縉 等	2만 2,877권 범례 60권	臺北:世界書局,1962 / 北京:中華書局,1986
五雜俎	(明) 謝肇淛		汲古書院(和刻本漢籍遺筆集),1972. 臺北:新興書局,1971.
通俗編	(明) 翟灝		叢書集成初編 / 北京:商務印書館,1958. 臺北 영인.
淵鑑類函 450권	(淸) 張英 等 奉勅撰	《太平御覽》·《事文類聚》등 17종의 類書와 總集을 기 초로, 45部 2,536細目으 로 구성.	臺北:新興書局,1960.
古今圖書集成 1만 권	(淸) 陳夢雷· 蔣廷錫 等 奉勅撰	6匯編 32典 6,109部.	上海:中華書局,1934 /臺北:鼎文書局 영인. 正祖가 구입한 원각본이 규장각에 있다.

사림(文館詞林)》가운데서 50권을 발췌하여 받았다(《舊唐書》東夷傳 新羅條). 문물제도를 정비할 때 중국 유서를 참고하려고 한 것이다. 고려 공민왕 13년에는 명주사도(明州司徒) 방국진(方國珍)에게서 《옥해(玉海)》와 《통지(通志)》를 전해 받고, 조선 태종 3년에는 명나라 예부(禮部)로부터 《산당고색(山堂考索)》을 전해 받았다.

현재 남아 있는 우리나라의 본격적 유서로는 조선 선조 때 권문해(權文海)가 엮은 《대동운부군옥(大東韻府群玉)》 20권 20책이 가장 오래되었다. 그 뒤 17세기에 들어와 이수광(李睟光)이 《지봉유설(芝峰類說)》(20권 10책)을 엮었는데, 천문·지리에서 초목과 금수에 이르기까지의 사물을 25부문, 182항목에 나누어 수록하였다. 1642년(인조 20)에는 김육(金堉)이 《유원총보(類苑叢寶)》 46권을 엮어(1643년 전남감영과 1644년 남한산성에서 목차와 함께 47권으로 간행), 천문·지리·관제·문학·진보(珍寶)에서 초목·충어까지의 사항을 25부문으로 분류 수록하였다. 1654년(효종 5)에는 오명리(吳命釐)가 고금의 사물을 70부문으로 분류하여 《고금설원(古今說苑)》 10권 10책을 간행하였다.

조선 영조 때는 국가 사업으로 《문헌비고》를 편찬하고, 고종 때 증보수정을 하였다. 또한 영조 때 이익(李瀷)의 《성호사설(星湖僿說)》 30권 30책, 정조 때 이규경(李圭景)의 《오주연문장전산고(五洲衍文長箋散稿)》 60책, 고종 때 이유원(李裕元)의 《임하필기(林下筆記)》 39권 33책 등도 한국 고금의 정치·사회·경제·지리·풍속·언어·역사 등에 관한 사항을 백과전서식으로 엮은 유서들이다.

한문고전을 읽을 때 유효한 우리나라 유서 셋을 소개하기로 한다.

- **대동운부군옥(大東韻府群玉)** : 조선 선조 때의 권문해(權文海, 1534~1591)가 편찬한 어휘자료집으로, 운목(韻目)에 따라 편찬된 역사서라는 뜻에

서 '운사(韻史)'라고도 불렸다. 20권 20책의 목판본이 현존하고, 문중에 그 판목(板木)이 보관되어 있다. 이 책은 2~7자로 이루어진 표제어휘들을 끝 글자 6,100여 자의 운자별로 분류하고 다시 106운(즉 平水韻) 운목과 운자에 따라 배열하였다. 운목별로 표제어휘를 배열하고 고사(故事)의 원문을 기록하는 방식은 음시부의《운부군옥》과 그 계열본을 모델로 삼았다. 우리나라의 문헌 174종과 중국의 문헌 15종에서 우리나라의 지리·국호(國號)·성씨·인명(부:종실)·효자(부:효녀)·열녀·수령·산 이름·나무 이름·꽃 이름·짐승 이름과 관련 어휘와 사실을 총망라하였다. 임진왜란 때 없어진 서적에 들어 있는 고사도 실었기 때문에 집일(輯逸: 輯佚)의 도구로 이용된다.

1812년(순조 12)에 목판 간행이 시작되어 1836년(헌종 2)에 완간되었다. 현전본 가운데 고려대학교 치암문고(癡菴文庫) 소장본이 초간본으로 알려져 있다. 1950년에 정양사(正陽社)에서 색인과 함께 단행본으로 영인하였고, 1976년에도 아세아문화사에서 재차 영인하였다.

대동운부군옥(大東韻府群玉)

- **오주연문장전산고(五洲衍文長箋散稿)** : 19세기 전반에 이규경(李圭景)이 편찬한 60권 60책의 유서로, 1,400여 항목을 고증하였다. 성균관대학교 대동문화연구원에서 영인 출간한 것이 있다. 현재 민족문화추진회에서 원문을 다시 교감하고 번역중이다.

- **증보문헌비고(增補文獻備考)** : 조선 개국이래 최초로 우리의 문화 제반에 관한 자료를 집성한 것이다. 영조 45~46년(1669~1770)에 홍봉한(洪鳳漢) 등이 왕명을 받아《동국문헌비고》100권 40책을 찬술한 뒤, 정조 6~24년(1782~1800)에 첫 번째 개정, 광무 7~11년(1903~1907)에 두 번째 개정을 하였다. 영조 때의《동국문헌비고》는 13고 100권 40책, 정조 때의《증정문헌비고》는 20고 246권 66책이었다.《증보문헌비고》는 16고 총 250권 40책으로 개편하였으며, 1908년에 홍문관 활자로 간행하였다. 세종대왕기념사업회가 1980년에 국역본을 간행했다.

《증보문헌비고》16고
1. 상위고(象緯考) 12권 : 천문학 관련의 역사적 사실을 기록.
2. 여지고(輿地考) 27권 : 국토 지리에 관한 전반적 사항을 기록.
3. 제계고(帝系考) 14권 : 왕계고와 씨족고를 합친 것.
4. 예고(禮考) 36권 : 역대의 종묘, 사직을 포함한 제반사항 서술.
5. 악고(樂考) 19권 : 종묘제례악 등 음악의 역사 기록.
6. 병고(兵考) 18권 : 역대의 군제 제반사항 서술.
7. 형고(刑考) 14권 : 형법 제도 제반사항 서술.
8. 전부고(田賦考) 13권 : 토지제도에 관한 자료 수록.
9. 재용고(財用考) 7권 : 경제에 관한 자료 수집.
10. 호구고(戶口考) 2권 : 역대 인구 기록.
11. 시적고(市糴考) 8권 : 상업과 무역에 관한 자료를 모음.
12. 교빙고(交聘考) 13권 : 외교 관계 자료 수집.
13. 선거고(選擧考) 18권 : 과거 등 인재등용에 대한 자료 수집.
14. 학교고(學校考) 12권 : 학교교육에 대한 자료 수집.
15. 직관고(職官考) 28권 : 관제에 관한 자료 수집.
16. 예문고(藝文考) 9권 : 우리나라 서적을 목록화. 정조 때 이만운 편.

총서

총서(叢書)는 서적을 보존하기 위해 여러 책을 한데 모아둔 것을 말한다. 총간(叢刊)·총각(叢刻)·합각(合刻)·전서(全書)·회각서(滙刻書)라고도 한다. 단,《만유문고(萬有文庫)》(商務印書館)나《사부비요(四部備要)》(中華書局)처럼 이름에는 '총서'라 되어 있지 않지만 총서인 예도 있고,《입택총서(笠澤叢書)》(唐 陸龜蒙)처럼 개인의 필기(筆記)인 예도 있다.

가장 방대한 총서는 청나라 건륭제(乾隆帝) 때의《사고전서(四庫全書)》이다. 영용(永瑢)·기윤(紀昀) 등 360여 명이 칙명을 받아 전국의 책을 수집하여 1772년부터 10년에 걸쳐 4부로 나누어 집성한 것이다. 대진(戴震)이 경부(經部)를, 소진함(邵晉涵)이 사부(史部)를, 주영년(周永年)이 자부(子部)를, 기윤이 집부(集部)를 책임졌다. 모두 3,503종, 7만 9,337권을 3만 6,304책에 수록하였고, 6,793종, 9만 3,551권은 '존목'에 목록만 올렸다. 전체 책은 우선 7부를 베껴서 문연각(文淵閣, 북경 紫禁城 안), 문원각(文源閣, 북경 頤和園 안), 문진각(文津閣, 熱河 承德 避暑山莊 안), 문종각(文宗閣, 江蘇省 鎭江 金山寺), 문소각(文溯閣, 遼寧省 沈陽 故宮 서쪽), 문회각(文滙閣, 강소성 楊州 大觀堂), 문란각(文瀾閣, 浙江省 杭州 孤山 聖因寺) 등 7곳에 보관하였다. 문연각 소장의 책은 대만으로 이송되어, 영인 출판되었다. 문진각 책은 현재 북경도서관에 소장되어 있고, 문소각 책은 난주시(蘭州市) 감숙성(甘肅省) 도서관에 소장되어 있으며, 문란각 책은 일부만 절강성 도서관에 소장되어 있다.

한편 정본(精本)을 영인하여 학술적 가치가 높은 총서는 1922년 상무인서관(商務印書館)에서 간행한《사부총간(四部叢刊)》'정편(正編)'과 1934년에 간행한 '속편(續編)', 그 뒤 다시 간행한 '삼편(三編)'이다. 이 총서의 정편은 4부의 서적 323부, 2,112책을 장정하였고 속편은 500책을 장정하였다.

뒤에 정편·속편·삼편을 합친 축인본(縮印本)이 나왔다. 정편 가운데 송간본(宋刊本)은 39종이다.

20세기 초 중화서국(中華書局)은 청나라 사람들의 연구성과를 흡수해서 336종의 서적을 《사부비요(四部備要)》에 수록하였다. 단, 영인한 것이 아니라 배인(排印)한 것이어서, 오자(誤字)가 많다.

그 뒤 상무인서관에서 1935년부터 간행하기 시작한 《총서집성초편(叢書集成初編)》은 기존의 100종 총서에서 중복된 것을 뺀 6,000여 종 가운데 4,100종, 2만 7,000권을 수록하였다. 처음에는 그 2만 7,000권을 2만 권으로 편집하고 다시 수진본(袖珍本) 4,000책으로 엮었다. 1950년대에 보인(補印)하여 전 권을 완성하였다. 1980년대 대만 신문풍서관(新文豊書館)에서 대형 축소본 120책으로 전체를 영인해 내었다. 이 총서는 쉽게 찾아볼 수 없는 단행본들을 수록하여 활용도가 높으나, 다만 상당히 많은 책을 배인(排印)하였으므로 1차 자료로서의 가치는 떨어진다.

① 판본을 위주로 한 총서 : 《사부총간(四部叢刊)》, 《백납본이십사사(百衲本二十四史)》, 《고일총서(古逸叢書)》 등. 앞의 둘은 상무인서관(商務印書館)에서 수집하여 인쇄한 것으로, 모두 원본을 영인하였다. '백납(百衲)'이란 역사서의 선본(善本)들을 여기저기서 모아 한데 합쳤다는 뜻이다. 《고일총서》는 청말 여서창(黎庶昌)이 주일공사(駐日公使)로 있을 때에 일본에 보존되어 있는 중국 고서를 원래대로 번각(飜刻: 한번 새긴 적이 있는 册板을 본래대로 다시 새김)하여 만든 것이다.

② 긴요한 것을 모음[輯要]을 위주로 한 총서 : 《사부비요(四部備要)》, 《총서집성(叢書集成)》 등. 《사부비요》는 경사자집(經史子集)의 4부 가운데 주요 서적을 한데 모아 간행한 책이다. 《총서집성》은 총서 100종류를 선정해서 그 가운데 실용도가 높은 책과 희귀한 책들을 각 부류마다 구비하였다.

③ 같은 부류를 모은 총서 : 주요한 것만 든다.

《고경해회함(古經解匯函)》, 청 종겸균(鍾謙鈞) 편. 한에서 당에 이르기까지 경(經)을 풀이한 서적들을 모았다.

《황청경해(皇淸經解)》, 청 완원(阮元) 편. 청대 해경(解經 : 경전풀이)의 저작을 수집.

《황청경해속편(皇淸經解續編)》, 청 왕선겸(王先謙) 편.《황청경해》의 속편.

《정의당전서(正誼堂全書)》, 장백행(張伯行) 편. 송명 이학(理學) 관련 저작만 수집.

《통지당경해(通志堂經解)》, 납란성덕(納蘭性德) 찬. 송·원시대 해경(解經)의 저작만 수집.

민족문화추진회에서 간행하는《영인표점 한국문집총간》, 한국학중앙연구원에서 간행하는《고문서집성》등도 이 부류에 속한다.

④ 같은 지역의 것만 모은 총서 : 청나라 호봉단(胡鳳丹) 편《금화총서(金華叢書)》등.

⑤ 한 사람 것만 다 모은 총서 : 장학성(章學誠)의 저작만 모은《장씨유서(章氏遺書)》, 장병린(章炳麟)의 저작만 모은《장씨총서(章氏叢書)》등.

⑥ 특정 시기 것만 다 모은 총서 : 명나라 하당(何鏜)이 한·위 학자들의 책만 수집한《한위총서(漢魏叢書)》등.

⑦ 일정한 기준 없이 모은 총서 : 청나라 포정박(鮑廷博)이 모은《지부족재총서(知不足齋叢書)》등.

지도와 방지(方志)

1. 중국의 지도와 방지학

1973년 겨울 장사(長沙) 마왕퇴(馬王堆)의 한대 묘를 발굴할 때, 3호묘에서 비단에 그린 지형도·주군도·성읍도가 나왔다. 그 뒤 중국의 지도는 서진 초의 배수(裴秀)가 만든 제도육체(製圖六體)를 발전시켜 왔다. 즉 당나라의 가탐(賈耽)과 원나라의 주사본(朱思本) 등이 그것을 발전시킨 뒤, 명대 나홍선(羅洪先)이 《광여도(廣輿圖)》를 개편하기까지, 중국의 지도는 계리획방(計里劃方: 리 수를 재어 네모 형태로 만듦)의 방격도법(方格圖法)을 이용해왔다. 이 제도법은 13세기 말 14세기 초에 아라비아 제도법에 영향을 주어, 14~15세기 유럽 지도학의 발전에 기여하였다. 우리나라 《대동여지도》도 방격도법을 사용하였다.

1980년대 초 중국사회과학원은 시대별 역사 지도집을 간행하였다. 즉 담기양(譚其驤)이 주편(主編)한 《중국역사지도집》 8책(북경:지도출판사, 1980)이 그것이다.

또한 중국에서는 일정한 행정 단위의 정치, 경제, 군사, 문화, 자연현상, 자연자원을 반영하는 종합적 저술인 지방지(地方志)가 발달하였다. 간단히 '방지(方志)'라고 부른다. 그 연원은 《주례(周禮)》·《산해경(山海經)》·《상서》〈우공(禹貢)〉 등 선진 시대의 문헌에 있다. 《주례》 춘관(春官) 종백(宗伯)의 아래에 속한 관직에 보면 "소사(小史)는 방국의 지[邦國之志]를 관장하고, 외사(外史)는 사방의 지[四方之志]를 관장하며, 송훈(誦訓)은 도방지(道方志)를 관장하여, 조칙으로 일을 살핀다"라고 되어 있다. 한나라 때 정현(鄭玄)은 "사방에서 오랫동안의 일을 기록한 것을 방지라고 부른다(四方所識久遠之事, 謂之方志)"라고 주석하였다. 중국의 방지는 송나라 때 이르러 형식이 갖춰지고 청나라 때에 성행하였다. 방지에 대하여 연구하는 전문분야를 방지학(方志學)이라고 부른다.

한편, 전국 규모의 방지는 일통지(一統志)라 불렀다. 곧, 원·명·청대에는 당송 시기에 있었던 《괄지지(括地志)》《원화군현지(元和郡縣志)》《태평환우기(太平寰宇記)》 등 전국 지리지를 기초로 일통지를 발전시켰다. 다만 《대원대일통지(大元大一統志)》 1,000권은 일찌감치 없어졌고, 《대명일통지(大明一統志)》 90권, 《대청일통지(大淸一統志)》 340권, 《중수대청일통지(重修大淸一統志)》 500권(건륭 50년), 《가경일통지(嘉慶一統志)》 560권(도광 22년)이 현재 남아 있다. 이 가운데 《대명일통지》는 우리나라의 《동국여지승람》 편찬에 영향을 끼쳤다. 《가경일통지》는 중국 행정구를 22통부(統部)로 나누고 각각의 인문지리와 자연지리의 사항을 25부문으로 나누어 상세하게 기록하였다.

2. 한국의 지리지(地理志)와 지도

우리나라에서도 지리지와 지도의 제작이 매 시기마다 이루어졌다. 주요한 성과를 살펴보면 다음과 같다.

- 《신증동국여지승람(新增東國輿地勝覽)》: 조선 중종 때 목판본 55권 25책으로 간행되었다. 이보다 앞서 세종은 재위 14년(1432)에 맹사성(孟思誠) 등에게 《신찬팔도지리지(新撰八道地理志)》를 만들게 하였다. 그 후 성종 때 양성지(梁誠之) 등이 왕명을 받아 《대명일통지》의 체제와 송나라 축목(祝穆)의 《방여승람(方輿勝覽)》 체제를 본뜨고 《신찬팔도지리지》를 대본으로 하여 1481년(성종 12) 《동국여지승람》 50권을 완성하였다. 현재 서울대 규장각에 계축자로 간행된 《동국여지승람》 영본(零本) 1책이 있다. 다시

1486년에 그것을 증산(增刪)하여 《동국여지승람》 35권을 간행하였고, 1499년(연산군 5)에 개수한 뒤, 1530년(중종 25) 이행(李荇)·홍언필(洪彦弼)이 증보하여 신증본을 완성하였다. 책머리에 각 도의 전도(全圖)를 실었고, 각권은 지역별(경도·한성·개성·경기도·충청도·경상도·전라도·황해도·강원도·함경도·평안도)로 연혁·풍속·묘사(廟社)·능침(陵寢)·궁궐·관부(官府)·학교·토산·효자·열녀·성곽·산천·누정·사사(寺社)·역원(驛院)·교량·명현·제영(題詠) 등을 실었다. 민족문화추진회의 국역본이 있다.

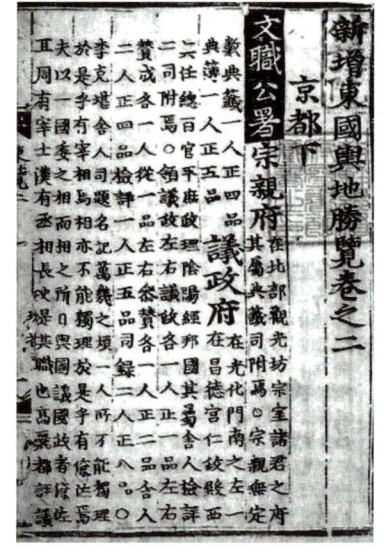

신증동국여지승람(新增東國輿地勝覽)
중종 15년(1530)간 목판본, 국립중앙도서관 소장

- 《여지도서(輿地圖書)》: 조선 영조 33년(1757)부터 영조 41년(1765)까지 각 읍에서 편찬한 읍지(邑誌: 지방 각 읍의 地志인 동시에 지방사, 행정사례집)를 모아 책으로 만든 전국 규모의 읍지로, 필사본 55책이 한국교회사연구소에 소장되어 있다. 1757년 홍양한(洪良漢)의 발의로, 왕명에 따라 홍문관에서 팔도 감사에게 명하여 각 읍의 읍지를 올려보내도록 함으로써 편찬이 시작되었다. 읍지의 기록 사항은 《동국여지승람》을 기초로 하되, 방리(坊里)·제언(堤堰)·도로(道路)·전결(田結)·부세(賦稅)·군병(軍兵) 등의 항목을 추가하였다. 뒤에 김응순(金應淳)과 이은(李溵)이 개수하였다고 한다.(노희방, 《여지도서》에 게재된 읍지도에 관한 연구〉, 서울대 교육대학원

석사논문, 1979; 양보경, 〈여지도서〉, 한국정신문화연구원《민족문화대백과사전》 15, 1992(2쇄).

• 읍지(邑誌) : 읍지란 한 고을의 역사적 · 지리적 사항들을 기록한 문서를 말한다. 촌락 문서가 그 효시라고 할 수 있다. 신라시대의 단성(丹城) 문서가 남아 있다. 조선시대에 들어와서는《동국여지승람》의 수교(讎校)를 맡았던 김종직(金宗直)이 1477년(성종 8년)경에《일선읍지(一善邑誌)》를 편찬한 것을 비롯하여, 여러 사람들이 각 지역의 읍지를 속속 만들었다. 고종 때에는 3차에 걸쳐 대대적으로 읍지를 편찬하였다. 각각 1868 · 1871 · 1874년, 1894~1895년, 1899년에 이루어졌다(양보경, 〈조선시대 읍지의 성격과 지리적 인식에 관한 연구〉,《지리학논총》별호 3, 서울대 사회과학대학 지리학과, 1987).

•《대동여지도(大東輿地圖)》: 김정호(金正浩)가 제작한 우리나라 지도로, 1861년(철종 12)에 저자 자신이 판각하여 초판을 발간하고 1864년에 재간했다. 김정호는 1834년에《청구도》를 제작하였는데,《대동여지도》는 그 후속편이되 지도첩의 양식을 취하였다. 지도 전체를 22첩(帖)으로 나누었다. 각 첩은 가로 8, 세로 12의 방안(方眼)으로 만들어 그 방안 하나를 사방 10리가 되도록 하였다. 따라서 축적은 약 16만 분의 1이다. 지도에는 산천 · 해도 · 영아(營衙) · 읍치(邑治) · 성지(城池) · 진보(鎭堡) · 역참(驛站) · 창고(倉庫) · 목소(牧所) · 봉수(烽燧) · 능침(陵寢) · 방리(坊里) · 고현(古懸) · 고산성(古山城) · 도로 등을 표시하였다. 또 도로망과 산천의 본지(本支)를 나타내었다.

김정호의 지도는 돌연히 나온 것이 아니다. 1757년 8월 홍양한(洪良漢)이《팔도분도첩(八道分圖帖)》을 영조에게 바쳤는데, 이것은 정상기(鄭尙驥)

의 《동국대지도》를 바탕으로 삼았다고 한다. 《동국대지도》는 1757년(영조 33년)경에 만들어진 것으로, 팔도도(八道圖)라고도 불리며, 현재 고려대학교 박물관에 소장되어 있다(95센티미터×59센티미터 크기의 9첩).

- **일본 육군 제작 1:5만 근세지도** : 일본 육군이 1914년부터 1918년까지 제작한 지도로 모두 722장이다. 《근세한국 오만분지일 지형도》라는 제목으로 영인되어 있다. 한자 지명과 함께, 옛 지명을 일본어로 나란히 적어 두었다.

색인과 인터넷 검색

한문고전을 공부하려면, 해당하는 문헌의 체제에 대하여 어느 정도 상식을 가지고 통용되는 텍스트를 직접 찾아보아야 한다. 예를 들어 《문선(文選)》을 공부하려면 그 책이 '문체'에 따라 배열되어 있어, 첫머리는 부(賦)이고, 부(賦)의 첫머리는 경도부(京都賦)라는 것, 부(賦)의 마지막은 '정(情)'이라는 것쯤은 알고 있어야 할 것이다.

하지만 문헌의 성격을 잘 모르거나 전문을 다 읽을 수 없을 때는 책의 형태로 간행된 색인을 찾아보거나 인터넷의 해당 사이트에서 원문 검색을 할 필요가 있다.

1. 색인

종래 책의 형태로 이루어진 색인집은 그 형식이 여러 가지였다.
① 운(韻)에 따른 배열 편집 : 《패문운부》와 《경적찬고》식이 대표적이다.

그런데 현대에 와서는 운(韻)을 모두 외울 수가 없으므로, 필획 색인이나 그 밖의 색인 방법을 보조 수단으로 덧붙여 둔 경우가 많다.

② 어구의 제일 첫 번째 글자의 필획 수에 따른 배열 : 섭소균(葉紹鈞)의 《십삼경색인(十三經索引)》이 대표적인 예이다. 경문의 첫 글자를 모르고 중간의 어휘만 알 때에는 검색이 쉽지 않다.

③ 검자(檢字) 색인 : 하버드-옌칭 인득(引得, index)이 대표적이다. 검자 색인의 배열 방식에는 부수필획검자법(部首筆劃檢字法), 필획수필검자법(筆劃首筆檢字法), 음서검자법(音序檢字法), 형수검자법(形數檢字法) 등이 발달하여 왔다. 형수검자법 가운데는 사각호마법(四角號碼法)이 대표적이다.

사각호마법은 한자의 필형을 두(頭)·횡(橫)·수(垂)·점(點)·차(叉)·삽(揷)·방(方)·각(角)·팔(八)·소(小)의 10가지(0~9)로 나누고, 각 글자에서 위쪽 왼편, 위쪽 오른편, 아래쪽 왼편, 아래쪽 오른편의 순서로 필형에 따라 번호를 붙여서 글자마다 네 자리 숫자를 얻어, 그 숫자의 순으로 글자를 배열한 것이다. 종래 색인서에 널리 사용하였으므로 알아두면 편리하다.

〈표〉 四角號碼檢字法(王雲五 發明, 제2차개정)

號碼	筆名	筆形	擧例	설명
0	頭	亠	王亠广疒	독립된 점과 독립된 가로획의 결합형태
1	橫	一乀乁	天土地江元風	橫[가로획], 挑[趯], 右鉤[오른갈고리]
2	垂	丨丿	山月千則	直[세로획], 撇[왼삐침], 左鉤[왼갈고리]
3	點	丶	宀木八之衣	點, 捺[오른삐침], 辶[착받침]의 末筆
4	叉	十乂	草杏皮大對	두 획의 교차
5	揷	扌	扌戈申史	한 획이 둘 이상의 획을 관통하는 형태
6	方	口	國鳴目四甲齿	네 변이 둘러싸고 있는 형태
7	角	厂几	羽門厃陜富衣學穹	橫[가로획]과 垂[수직선]의 끝이 닿은 형태
8	八	八丷人乚	分頁手余火永足平	八字形과 그 변형태
9	小	小丷丶亅	尖糸舞景惟	小字形과 그 변형태

2. 한중일 각국의 한적 정리와 인터넷 구축

중국 대륙은 고적전자출판(古籍電子出版)의 발전 속도가 동아시아에서 가장 빠르다. 현재 대규모로 전산화한 산품으로는 《문연각사고전서(文淵閣四庫全書)》《사부총간(四部叢刊)》《고금도서집성(古今圖書集成)》《대정신수대장경(大正新修大藏經)》《중국역대석각사료회편(中國歷代石刻史料匯編)》 등이 있다. 이 밖에 《이십오사(二十五史)》《전당시(全唐詩)》《전송시(全宋詩)》《전송사(全宋詞)》《강희자전(康熙字典)》 등도 또한 널리 사용되고 있다.

북경국학시대문화전파유한공사(北京國學時代文化傳播有限公司)가 완성한 《국학보전(國學宝典)》은 중문고적전문(中文古籍全文)의 데이터로, 수록한 고적은 3,800여 부, 글자 수는 8억 자에 달한다. 멀지 않아 《사고전서존목총서(四庫全書存目叢書)》와 《속수사고전서(續修四庫全書)》도 전산화하리라고 본다. 중화서국(中華書局)도 중국출판집단(中國出版集團)의 비준을 거쳐 《중화고적어료고(中華古籍語料庫)》《중화고적망(中華古籍網)》 등 고적의 전산화 사업을 입안하여 이미 착수에 들어갔다.

한편 대만에서는 국립연구기관인 중앙연구원(中央研究院)의 웹사이트에서 많은 데이터베이스를 공개하고 있다. 그 가운데 한적전자문헌(漢籍電子文獻)은 무료 공개 영역과 유료 공개 영역으로 나누어 자료를 공개하고 있다. 유료 공개 영역에서는 《태평어람(太平御覽)》《속자치통감장편(續資治通鑑長編)》《명실록(明實錄)》《청회전사례(清會典事例)》 등의 자료를 제공한다. 또한 최근에는 《25史 DB》를 구축해서 인터넷을 통해 공개하였다.

일본에서는 '전국한적데이터베이스협의회(全國漢籍データベース協議會)'가 결성되어 홈페이지를 운영하고 있다. 홈페이지는 현재 간사기관의 하나인 '교토대학인문과학연구소부속 한자정보연구센터(京都大學人文科學研究所附屬漢字情報研究センター)'가 관리 운영하고 있다(kanseki@kanji.

zinbun.kyoto-u.ac.jp).

일본에는 전국적인 도서목록 데이터베이스인 국립정보학연구소(國立情報學硏究所)가 운용하는 'NACSIS-Webcat'가 존재하지만, 전국한적 데이터베이스는 그와는 별도로 한적의 세계에서 전통적인 사부분류(四部分類)에 근거하여 전국적 규모의 종합목록 데이터베이스를 작성하고자 하는 것이다. 교토대학인문과학연구소부속 한자정보연구센터, 국립정보학연구소, 도쿄대학동양문화연구소부속 동양학연구정보센터가 2001년에 '전국한적데이터베이스협의회'를 조직하여 이 셋을 간사기관으로 삼아, 전국의 주요 대학도서관 공공도서관 소장의 한적의 서지정보를 모두 망라하는 〈총합한적목록데이터베이스〉를 작성하는 사업에 착수하였다. 2001년부터 제1기 5개년 사업에서는 35기관 소장의 한적 약 62만 레코드 데이터를 구축하여 웹에서 공개하였다.

한국에서는 정부의 문예중흥5개년계획(1974~1978)에 따라 1970년대에 이르러 고전적 정리사업의 토대를 마련하였다. 정부의 지원으로 국학자료보존회가 《한국전적종합목록(韓國典籍綜合目錄)》(1974~1978, 제1~7집)을 발간하였으며, 1977년도 정부의 고전국역사업촉진계획에 따라 《조선왕조실록》과 일반 고전 226종 908책을 민족문화추진회와 세종대왕기념사업회가 국역하기 시작하였다. 그리고 1978년에는 특별법에 따라 한국정신문화연구원(현 한국학중앙연구원)을 개원하였다. 1981년 북한에서 《리조실록》이 완역(간행은 1991년)된 이후, 1985년에 한국 정부는 고전국역사업 활성화방안을 수립하여 이듬해부터 실시하였다.

이후 민족문화추진회는 1988년부터 《한국문집총간》을 편찬하여 삼국시대부터 구한말에 이르는 시기의 대표적 문집 663종을 정리하기 시작하였다. 1992년에 민족문화추진회는 민족고전현대화계획을 수립하여, 《조선왕조실록》(태조~철종)을 완역하는 동시에 고종·순종시대의 《승정원일기(承政

院日記)》와 《일성록(日省錄)》을 국역하고 《한국문집총간》의 속편을 편간하게 되었다. 1993년에는 《조선왕조실록》 413책을 완간하고, 1995년에는 《국역 조선왕조실록》 CD-ROM을 간행하였다. 1993년에는 동국대 역경원에서 《고려대장경》의 번역 사업을 재개하여, 한글 대장경을 2000년에 318책으로 완역하였다(신승운, [韓國에서의 古典籍 整理事業 현황과 과제], 《민족문화》 28, 민족문화추진회, 2005).

한편 민족문화추진회는 1998년부터 《고전국역총서 CD-ROM》을 간행하고, 2000년부터 《한국문집총간총목차 CD-ROM》을 간행하였다. 2000년대는 정보통신부의 주관 하에 한국역사정보통합 시스템이 구축되었다. 2003년에는 국사편찬위원회와 서울시스템이 《표점교감 조선왕조실록》을 개발하여 현재 서비스 중이다. 정보통신부는 공공 근로 정보화사업의 일환으로 "지식정보연계활용체제구축사업" 및 그 후속 사업인 "지식정보자원관리사업"을 추진하여, 대규모 지식 자원 데이터베이스를 구축하고 있다. 현재 민족문화추진회가 구축해서 인터넷을 통해 서비스하고 있는 고전 문헌 데이터베이스는 원전의 종수로 500여 종, 책 수로는 800여 책에 달한다.

참고문헌

(1) 목록학과 공구서의 상식
- 장례홍(蔣禮鴻) 저, 심경호 역, 《목록학과 공구서》, 이회문화사, 1993. / 蔣禮鴻, 《目錄學與工具書》, 浙江古籍, 1985.
- 張舜徽, 《中國古代史籍擧要》, 湖北人民出版社, 1980.
- 潘樹廣, 松岡榮志 譯, 《中國學レファレンス事典》, 凱風社, 1988.
- 吳則虞, 《中國工具書使用法》, 上海古籍, 1988.
- 王重民, 《中國目錄學史論叢》, 中華書局, 1984.
- 朱天俊 李國新, 《中文工具書教程》, 北京大學, 1991.
- 長澤規矩也, 《支那學入門書略解》, 文求堂, 1930.
- 中國詩文研究會, 《漢文研究の手びき(三增訂報版)》, 中國詩文研究會, 1994.

(2) 사전(辭典)과 사전(事典)
- 杭州大學 編, 《古書典故辭典》, 江西人民, 1984.
- 徐成志 等編, 《常用典故辭典》, 上海辭書, 1985.
- 范之麟 吳庚舜 主編, 《全唐詩典故辭典》, 湖北辭書, 1989.
- 《辭海》, 上海古籍, 1989.
  *1936년 초판이 나왔으며, 백과사전의 성격을 지닌다. 1961년부터 각 과별로 16분책을 내었다. 1979년 신1판은 20책, 1989년 신2판은 26책이다. 1970년에 자전인 《辭海本》3권 본 이 별도로 간행되었다.
- 莊芳榮, 《中國類書總目初稿》, 學生書局, 1983. *類書書目이다.
- 高淸海 主編, 《文史哲百科辭典》, 吉林大學, 1988.
- 中國社會科學院, 《中國歷史大辭典》, 上海辭書出版社, 1984~ .
- 《中國大百科全書》, 中國大百科全書出版社, 1982~1987.
  *語言文字(1987), 中國文學(1986), 外國文學(1982), 戲曲曲藝(1983), 中國歷史 秦漢史(1986), 遼宋西夏金史(1988), 元史(1984), 地理學 人文地理學(1984), 考古學(1987), 哲學(1987), 民族(1986), 宗教(1987).
- 京都大學文學部東洋史研究室, 《東洋史辭典》, 東京:創元社, 1961.
- 下中邦彦, 《アジア歷史事典》, 平凡社, 1962.
- 島田虔次 等, 《アジア歷史研究入門》, 京都:同朋舍, 5册, 1983~1984.

- 日原利國,《中國思想辭典》, 硏文出版, 1984.
- 袁珂,《中國神話傳說詞典》, 上海辭書出版社, 1985.

(3) 인명 사전, 피휘
- 陳垣,《史諱擧例》, 北京:中華書局, 1928. / 同 1962(R).
- 南京大學歷史系,《中國歷代名人辭典》, 江西人民出版社, 1982.
- Franke H.,《宋代名人傳 Sung Biography》, 1976(英獨文).
- Hummel, A.W.,《靑代名人傳略 Eminent Chinese of The Ch'ing Period 1644~1912》, Washington D.C:Library of Congress, 1943~1944.
- Goodrich L.C.,《明代名人傳 Dictionary of Ming Biography 1368~1644》, New York:Columbia University Press, 1976.
- 陳高春,《中國語文學家辭典》, 河南人民出版社, 1986.
- 竹之內安巳,《現代中國人名辭典》, 國書刊行會, 1981.
- 陳德藝,《古今人物別名索引》, 嶺南大學圖書館, 1937. / 臺北:藝文印書館, 1965(R). / 臺北:新文豊出版 / 長春市:古籍書店, 1982.
- 陳乃乾・丁寧・何文廣・雷夢水,《室名別號索引(增訂本)》, 北京:中華書局, 1982.
- 王德毅,《清人別名字號索引・附異名表》, 臺北:新文豊出版公司, 1985.
- 湖南師範學院中文系古代文學敎硏室,《中國歷代作家小傳》3册, 長沙:湖南人民出版社, 1979~1981.
- 矢島玄亮,《漢譯漢名歐米人及びその著譯書一覽稿》, 仙台:東北大學附屬圖書館, 1966.

(4) 지방지, 지명 사전, 지도
- 中國科學院北京天文臺,《中國地方志聯合目錄》, 北京:中華書局, 1985.
- 崔建英,《日本見藏稀見中國地方志書錄》, 北京:書目文獻出版社, 1986.
- 田溶新 編,《韓國古地名辭典》, 고려대민족문화연구소, 1993, 1995(R).
- 馮承鈞 原編, 陸峻嶺 增訂,《西域地名(增訂本)》, 北京:中華書局, 1980.
- 嚴地,《(漢語拼音)中國常見地名表》, 北京:測繪出版社, 1977. *漢英法西對照.
- (淸) 顧祖禹,《讀史方輿紀要》, 臺北:新興書局, 1967(影印).
- 《中華人民共和國地圖集》, 北京:地圖出版社, 1986.
- 《中華人民共和國分省地圖集》, 北京:地圖出版社, 1974.

- 松田壽男・森鹿三,《アジア歷史地圖》, 平凡社, 1966.
- 譚其驤 主編,《中國歷史地圖集》, 全8册, 北京:地圖出版社, 1984~1987. *간화자. / 香港:三聯書店, 1991. *번체자.
- Albert Hermann North Ginsburg,《中國歷史地圖 An Historical Atlas of China》, Chicago: Aldine Publishing Co., 1966.
- 陳正祥,《中國歷史・文化地圖册》, 原書房, 1982.
- 黃葦 主編,《中國地方志辭典》, 黃山書社, 1985.

(5) 제도

- 邱隆 等,《中國古代度量衡圖集》, 北京:文物出版社, 1984.
- 丘光明 編著,《歷代度量考衡》, 科學出版社, 1992.
- 日中民族科學硏究所,《中國歷代職官辭典》, 國書刊行會, 1980.
- (唐) 杜佑,《通典》, 臺北:大化書局, 1978. / 北京:中華書局, 1984.
- (淸) 黃本驥,《歷代職官表(附簡釋總合索引)》, 上海:中華書局, 1965.

(6) 불교, 도교 사전

- 望月信亨,《佛敎大辭典》, 世界聖典刊行會, 1953~1963.
- 中村元,《佛敎語大辭典》3册, 東京書籍, 1975.
- 趙明基・閔泳珪 감수, 한국불교대사전편찬위원회 편,《韓國佛敎大辭典》, 7册, 寶蓮閣, 1982.
- 戴源長,《道學辭典》, 臺北:眞善美出版社, 1971.
- 李叔還,《道敎大辭典》, 臺北:巨流圖書公司, 1979.
- 野口鐵郞・石田憲司,《道敎硏究文獻目錄》, 平河出版社, 1983. *《道敎》第3卷 所收.

(7) 주요참고색인

- 中原ますゑ,〈中國書の索引一覽〉,《アジア・アフリカ資料速報》Vol.14, No.9, 日本國會圖書館, 1976.
- Mcmullen, D.L., Concordances and Indexes to Chinese Texts, Chinese Materials Center(San Francisco), 1975.
- 鄭恒雄,《漢學索引總目》, 臺北:學生書局, 1975.
- 船津富彦・竹內肇・服部匡延,《改訂漢籍引得書目稿》, 1974.

(8) 검색 CD

- 《四庫全書》*문연각 사고전서의 전 내용, 3만 6,000여 책(7만 9,000여 권)을 전문 검색할 수 있다. 텍스트 판은 총 183장(인민폐 8만 5,000元), 이미지판 총 153장.
- 《四部叢刊》*상해 상무인서관 발행 영인본(1922년 초판, 1932년 속편, 1936년 3편)을 수록. 총 504종 3,131책 2만 3,247항을 전문 검색할 수 있다. 총 24장.
- 《中國大百科全書》
- 《康熙字典》
- 《漢語大詞典》

(9) 도감

- (明) 王圻, 《三才圖會》, 臺北:成文堂出版社, 1970.
- 內田道夫·靑木正兒, 《北京風俗圖譜》, 平凡社, 1986.
- (江戶) 寺島良安, 《和漢三才圖會》, 吉川弘文館, 1906.
- 中國古代書畵鑑定組, 《中國古代書畵目錄》(1·2·3), 北京:文物出版社, 1984~.

(10) 연표

- 鄭鶴聲, 《近世中西史日對照表》, 1936. / 臺北:國立編譯館, 1972. / 北京:中華書局, 1981.
- 方詩銘·方小芳, 《中國史曆日和中西曆日對照表》, 上海辭書出版社, 1987.
- 齊召南, 山根倬三譯補, 《中國歷代年表》, 國書刊行會, 1980.
- 洪業·聶崇岐, 《讀史年表(附, 引得)》, 哈仏燕京學社, 1933. / 臺北:成文出版社, 1966.
- 陳垣, 《二十史朔閏表》, 北京:中華書局, 1962.
- 楊殿珣, 《中國歷代年譜總錄》, 北京:書目文獻出版社, 1980.

(11) 한국 관련 자료

- 민족문화추진회, 《(역주)홍재전서》 제18권, 《군서표기》, 1998.
- 민족문화추진회, 《국역 신증동국여지승람》 7책, 1969~1970.
- 《東輿備攷》, 경북대학교출판부, 1998(영인).
- 韓國地理志叢書, 아세아문화사.

- 《近世韓國五萬分之一地形圖》, 일본육군 1914~1918년 제작, 조선 1:50000 지도 722매.
- 서울대학교 규장각,《奎章閣所藏文集解說》7책, 1996~2001.
- 서울대학교 규장각,《규장각한국본도서해제》.
- 리종률·조규형·조승환·윤대준 집필,《팔만대장경해제》8책, 사회과학출판사, 1992.

제7강 유가 경전 해석학의 기초

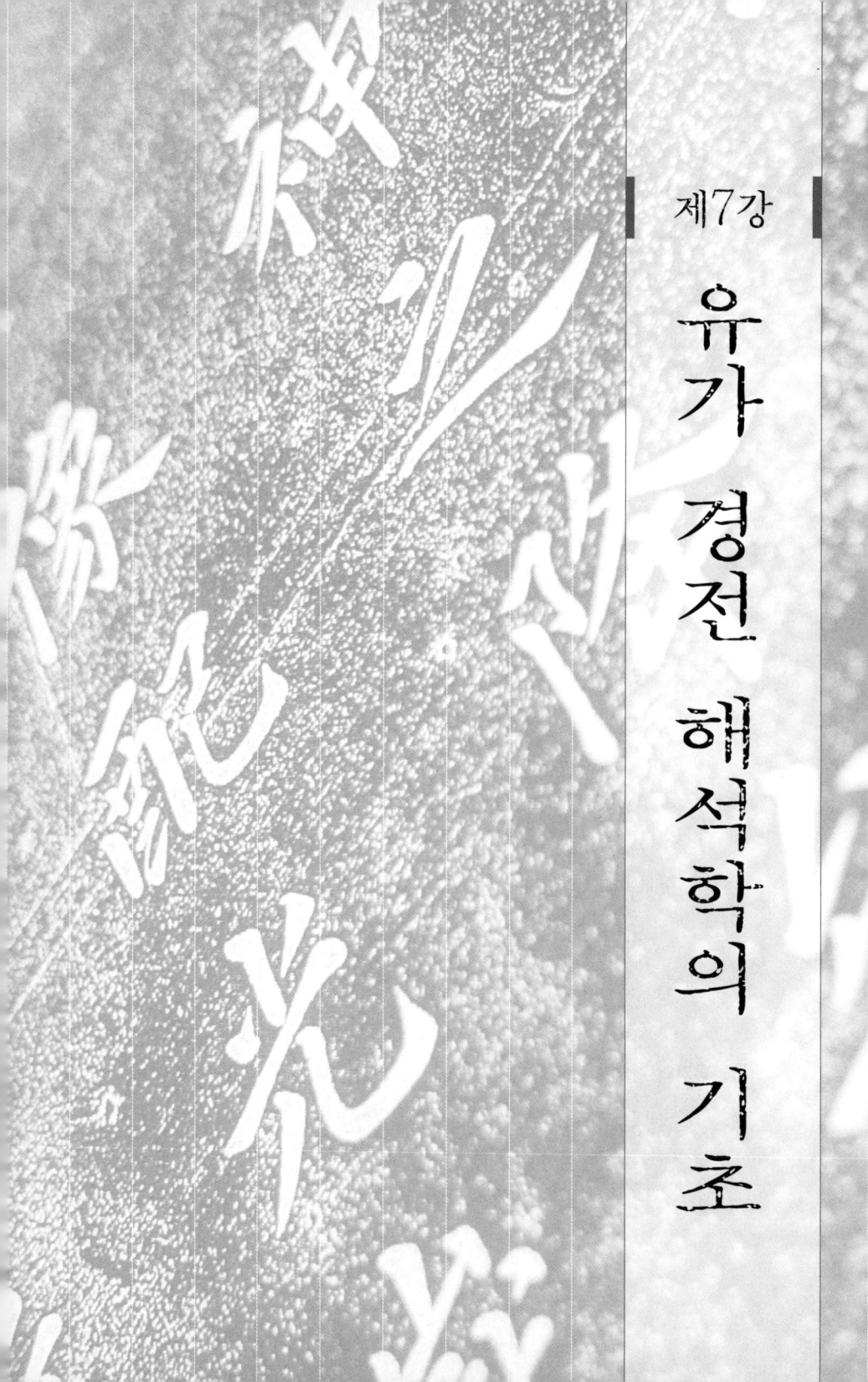

Q 유가 경전을 보면 왜 그렇게 주석이 많아요?

A 경전도 언어문자로 적혀 있고, 또 역사적 산물입니다. 그러니 경전을 이해하려면 언어문자를 분석하여야 하고, 그것이 성립한 역사적 배경을 알아야 합니다. 특히 유가 경전은 선진(先秦) 시대의 언어문자와 역사문화를 배경으로 하고 있기 때문에, 옛날의 전주(傳注)에 의존하지 않고 원문을 직접 읽으려고 한다면 단 한 줄도 이해하지 못할 겁니다. 그렇게 경전을 주석하는 학문을 경학(經學)이라고 하고, 한·당 때 이루어진 경전 주석을 주소(注疏: 註疏)라고 합니다. 청나라 학자 완원(阮元)은 "뜻 있는 사람이라면 책을 읽을 때 마땅히 경학에서부터 시작하여야 하고, 경학은 주소에서 시작하여야 한다"고 말하였죠《十三經注疏》〈重刻宋板注疏總目錄〉. 이 말은 현대에도 매우 중요한 지침이라고 할 수 있어요.

다만 옛날 주석은 너무 많습니다. 같은 구절에 대해 논란이 분분한 것도 많죠. 그러니 특정한 견해에 갇히는 것을 피하고 정평 있는 주석은 반드시 참조하되 스스로 체계를 세울 필요가 있어요. 다산 정약용(丁若鏞)이 〈소학주관서(小學珠串序)〉에서 재미있는 우화를 예로 든 적이 있죠. 서촉 땅에서 귀한 옥구슬들을 구한 아이가 그것들을 장안으로 팔러 가다가, 여기저기서 흘려버려 결국 맨 손으로 돌아왔다는 이야기죠. 여러 가지 지식들을 옥구슬에 비유하여, 그것들을 하나로 꿰는 체계가 없으면 무용하다고 말한 것이랍니다.

Q 유가의 기본 사상은 무엇인가요?

A 유가는 인본주의를 바탕으로 도덕을 중시하고 사적(私的) 이익을 배격하였습니다. 공자는 《논어》〈이인(里仁)〉편에서 "옳고 그름을 따지는데 밝은 사람은 군자이고 이익과 손해를 따지는데 밝은 사람은 소인이다"

라 하였고, 〈헌문(憲問)〉편에서는 "이익될 만한 일을 보거든 옳은가 그른가를 먼저 생각하라"고 하였습니다. 맹자는 생리적 욕구를 제외한 사단(四端)을 인간의 본질적 요소로 인정하였습니다. 성악설을 주장한 순자도 이성적 사유를 통해 생리적 욕구를 극복하고 도덕적 실천을 일으킬 수 있는 방법을 고민하였습니다. 그렇게 도덕을 중시하는 사상은 성리학에 이르러 거경궁리(居敬窮理)라는 수양론으로 이어졌지요. 성리학은 만물의 본질인 리(理)가 도덕법칙으로 작용한다고 보았으며, 인간의 본성 또한 리라고 하였습니다.

또한 유가는 사회적 실천을 중시하기 때문에 항상 정치에 깊이 관여하였으며, 그 기준은 《대학》이었습니다. 《대학》은 자신이 가진 밝은 덕을 밝히고 나아가 백성을 새롭게 함으로써 완전한 사회를 이룬다는 세 가지 강령(綱領)을 제시하였지요. 이 같은 생각이 수기치인(修己治人)의 의지, 그리고 사회의 무질서를 염려하는 우환의식(憂患意識)으로 나타났던 것입니다.

경학과 소학

유학 중에서 성현에 의해 이루어졌다고 믿어온 경전을 연구하는 학문을 경학(經學)이라고 한다. 경전은 전근대시기의 서목 분류에서는 경부(經部)에 속한다. 한편 경전의 언어를 대상으로 그 형·음·의를 연구하는 기초학을 소학(小學)이라고 한다. 소학의 저술도 역시 경부에 속한다.

1. 경학

경학은 경문의 자구 주석을 통해 사상을 개진하는 방법을 발전시켜 왔다. 때로는 경전을 자신의 의도에 부합시키는 일도 서슴지 않았다. 육구연(陸九淵, 象山)이 "육경(六經)이 나를 주석하고 내가 육경을 주석한다"고 선언한 것이나, 문화대혁명 때 극좌 이론가 조기빈(趙紀彬)이 《논어》를 반동 사상의 서적으로 해석한 것도 그 한 예다. 이렇게 부정적인 의미에서든, 긍정적인 의미에서든, 경전을 해석할 때 바탕이 되는 기초학이 곧 소학(小學)이다. 우리나라에서도 중국의 경학 연구 성과를 참조하면서 독자적인 경학을

〈표〉《사고전서총목》 경부(經部)

역류(易類)		《주역(周易)》 등	
서류(書類)		《상서(尙書)》 등	
시류(詩類)		《시경(詩經)》 등	
예류(禮類)		예(禮)에 관한 책	
	주례(周禮)	《주례》(주나라 관직 제도를 설명) 등	
	의례(儀禮)	《의례》(일상적 예의 범절을 설명) 등	
	예기(禮記)	《예기》(예에 관한 논문집) 등	
	삼례통의 (三禮通義)	삼례에 관한 책을 설명한 책들	송나라 섭숭의(聶崇義) 《삼례도집주(三禮圖集注)》 20권 등
	통례(通禮)	역대의 예(제도)에 관한 책들	송나라 진상도(陳祥道) 《예서(禮書)》 150권 등
	잡례서 (雜禮書)	개인집의 예절에 관한 것과 위의 어느 부류에도 속하지 않는 것	《주자가례》등
춘추류(春秋類)		《춘추》 등	
효경류(孝經類)		《효경》 등	
오경총의류 (五經總義類)		《시》·《서》·《역》·《예》·《춘추》 다섯 경전과 그 이외의 여러 경전을 한꺼번에 해설한 책	당나라 육덕명(陸德明) 《경전석문(經典釋文)》 30권 등
사서류(四書類)		《논어》·《대학》·《맹자》·《중용》	송나라 진양(陳暘) 《악서(樂書)》 200권 등
악류(樂類)		음악에 관련된 책	
소학류(小學類)			

발달시켰다.

경부의 서적은 다시 몇 가지 하위 부류로 나뉜다. 《사고전서총목》은 경부를 위의 표와 같이 배열하였다.

2. 소학

한자의 자형·자음·자의를 연구 대상으로 삼는 문자학(文字學)·음운학

(音韻學)·훈고학(訓詁學)을 '소학(小學)'이라고 한다. 경전을 연구하는 경학(經學)의 기초학이란 뜻이다. 우리나라의 주자학에서는 '소학'이라고 하면 아이들의 수신(修身) 과목을 주로 뜻한다. 하지만 조선 정조 때에는 소학의 두 가지 개념에 대하여 논한 글들이 나오게 된다. 정조는 '소학'에 관한 책문(策問)을 내었다. 청나라 때의 《사고전서총목제요(四庫全書總目提要)》에 보면 소학류는 4부 가운데 경학 부문의 하위에 소속되어 있다.

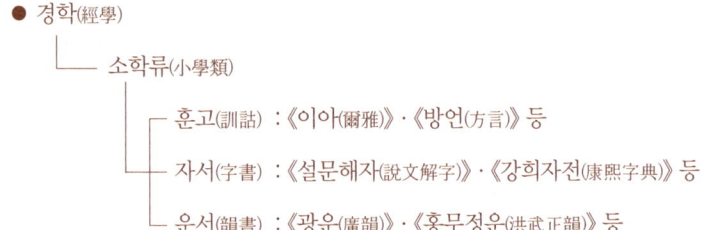

《주례》와 《한서》에 보면, 귀족 자제들이 여덟 살에 소학에 들어가서 보씨에게 육서를 배웠다고 하였다. 그 뒤 '소학'은 한자에 관한 학과를 가리키는 명칭으로 사용되었다. '자학(字學)'이라고도 불렀다.

1911년 신해혁명 이후, 학자들이 1900년경부터 발견되기 시작한 갑골문을 연구하면서 문자학은 비약적으로 발전하였다. 중화민국 시대에 북경대학 연구진은 문자학을 형의편(形義篇)과 음편(音篇)으로 나누고 그 둘을 훈고학에서 독립시켰다. 다시 1934년에 당란(唐蘭)은 《고문자학도론(古文字學導論)》에서, 문자학을 음운(音韻)과 사의(詞義)에서 독립시켜 한자 형체의 연구에 제한해야 한다고 주장하였다.

유교의 기본 경전

유교의 경전을 보통 사서삼경(四書三經)이라 한다. 또한 유가의 경전은 십삼경(十三經)이 있다고도 한다.

1. 사서삼경

사서(四書)란 《논어(論語)》《맹자(孟子)》《대학(大學)》《중용(中庸)》을 말하고, 삼경(三經)은 《시경(詩經)》《서경(書經)》《역경(易經)》을 가리킨다.

    사서는 논맹용학(論孟庸學)이라 말한다. 《대학》과 《중용》은 송나라 때 《예기(禮記)》에서 분리되어 《논어》·《맹자》와 함께 '사서'라 일컬어졌다. 남송의 주희(朱熹)는 《대학》과 《중용》에 주해하여 '장구(章句)'라 하고, 《논어》와 《맹자》에 주해하여 '집주(集注)'라 하였다(注=註). 그것을 《사서장구집주(四書章句集注)》라고 한다. 명나라 영락제 때는 《사서대전(四書大全)》을 편찬·간행하였다.

    《논어》는 유가의 근본문헌으로, 중국 최초의 어록(語錄)이다.

    《맹자》는 전국시대 추(鄒)나라 사람 맹자가 지은 사상서로 총 7편(각각 상하)이다. 맹자는 공자의 사상을 계승 발전시켰으므로 후세 사람들은 유교를 공맹지도(孔孟之道)라고 불렀다. 맹자는 공자가 말한 인(仁)에 의(義)를 덧붙이는 등 공자의 사상을 보완했다. 특히 인성론을 성선설(性善說)·사단설(四端說)·양지양능설(良知良能說)로 체계화하였다. 공자는 주나라를 중심에 두는 존왕(尊王)을 주장하였으나, 맹자는 어느 제후든 살육을 하지 않고 인의의 정치를 하면 천하를 통일할 수 있다(不嗜殺人者, 一之)고 주장하였다.

    《대학》은 《예기》의 제42편이었으나, 송나라 사마광(司馬光)이 처음으로 따로 떼어 《대학광의(大學廣義)》를 만들었다. 그 후 주희가 〈대학장구(大學章句)〉를 만들어 경(經) 1장(章)과 그것에 대한 풀이인 전(傳) 10장으로 구별하고, 새로 주석을 가하였다. 《대학》은 사람마다 자신이 가진 밝은 덕을 밝히고 나아가 백성을 새롭게 함으로써 완전한 사회를 이룬다는 세 가지 강령(綱領)을 제시하였다.

《중용》은 《예기》 제31편이었다가 독립된 것이다. 공자의 손자인 자사(子思)가 지었다고 전하지만 논란이 많다. 인간의 본성을 성(誠)이라고 보고 성으로 복귀하는 방법을 궁구하였다.

한편 삼경은 시서역(詩書易)이라고 일컫는다.

《시경》은 주나라 초기부터 춘추 초기까지 황하 중류 지방의 시 305편을 수록하였다. 국풍(國風)·소아(小雅)·대아(大雅)·송(頌)의 4부로 이루어져 있다. 국풍은 여러 나라의 민요, 아(雅)는 공식 연회에서 사용한 의식가(儀式歌), 송은 종묘의 제사에서 쓰던 악시(樂詩)이다. 원래 사가(四家)의 주가 전하였으나, 정현(鄭玄)이 모씨(毛氏)의 텍스트에 주해를 붙인 뒤 '모전(毛

〈표〉 사서오경의 영어 이름 : The Five Classics and the Four Books

易	the Book of Changes	a Source Book for the Divination in the Remote Ancient Age
書	the Book of History	Fragmentary Records of the Ancient Times
詩	the Book of Songs	the Most Ancient Anthology of Chinese Poetry
三禮	the Three Works on Rites*	the Political Institutions and Codes of Conduct of Ancient China
春秋三傳	the Spring and Autumn Annals and Its Three Commentaries	the History of the State of Lu and Its Explanations
論語	the Analect of Confucius	*1. the Book of Rites(禮記) 2. the Institutes of Zhou(周禮) 3. the Ritual(儀禮)
孟子	Mencius	
大學	the Great Learning	
中庸	the Doctrine of the Mean	

傳)' 만 남았으며, 그 때부터 《시》를 '모시(毛詩)' 라고도 부른다.

《서경》은 주나라 정치 문건들을 모은 주서(周書)에 다른 기록들이 더 보충된 것이다. 제왕이 천명(天命)을 보존하기 위해 지켜야 할 규범을 다루고, '명덕신벌(明德慎罰)' 의 정치 이념을 중시하였다.

《역경(주역)》은 전설상의 인물 복희(伏羲)가 팔괘(八卦)를 나누고, 신농(神農)이 64괘로 벌렸으며, 주나라 문왕(文王)이 괘에 대한 설명을 덧붙였고, 그 아들 주공(周公)이 다시 설명을 추가하였다고 전한다. 하지만 본래 점술서였다가 오랜 세월에 걸쳐 여러 사람들의 개편과 주석이 가해져서 오늘날의 형태로 되었다고 봄이 옳다. 주나라 역이라는 뜻에서 '주역' 이라고 한다. '역' 이라는 글자는 도마뱀의 모습을 본뜬 글자라는 주장도 있다. 그 설에 따르면 도마뱀의 몸 빛깔이 잘 변한다는 점에서 '변화한다' '바뀐다' 는 의미의 '易' 이라는 글자가 탄생했다고 한다.

2. 십삼경

한나라 때는 유가의 경전을 육경(六經)이라고 불렀다. 육경은 '육예(六藝)' 라고도 하며, 《시(詩)》《서(書)》《예(禮)》《악(樂)》《역(易)》《춘추(春秋)》의 여섯을 가리킨다. 《악》은 존재하지 않기 때문에 이것을 빼고 '오경' 이라고도 한다. 오경은 전한 때 국학(國學)의 교과목으로 채택되었다. 그 뒤 《역》《서》《시》에 《주례(周禮)》《의례(儀禮)》《예기(禮記)》(이상三禮), 《좌씨전(左氏傳)》《곡량전(穀梁傳)》《공양전(公羊傳)》(이상 三傳)을 합쳐 구경(九經)이라고 불렀고, 다시 《논어》와 《효경》을 더하여 십일경이라고 하였다. 당나라 때 개성(開成)의 석경(石經)에서는 《이아(爾雅)》를 더하여 십이경이라고 하였으며, 송나라 때에 《맹자》를 더하여 십삼경이라고 하였다.

한나라 때는 경전 본문의 자구와 문물제도를 풀이한 주(注)가 이루어지

13경	12경	11경	9경	삼경(三經)	역경(易經)[주역(周易)]	서경(書經)[상서(尙書)]	시경(詩經)[시(詩)]시삼백(詩三百)모시(毛詩)
				삼례(三禮)	의례(儀禮)	주례(周禮)	예기(禮記)
				춘추삼전(春秋三傳)	춘추좌씨전(春秋左氏傳)	춘추공양전(春秋公羊傳)	춘추곡량전(春秋穀梁傳)
			논어(論語)				
			효경(孝經)				
		이아(爾雅)					
	맹자(孟子)						

고, 위진(魏晉)시대에는 경전 본문의 뜻을 정하고 여러 주석들을 대상으로 정설을 정하려는 의소학(義疏學)이 크게 일어났다. 양나라 황간(皇侃)의 《논어의소(論語義疏)》와 《예기의소(禮記義疏)》(일부 없어졌다) 등이 그 대표적인

〈표〉 십삼경주소(十三經注疏)

주소본	권수	주가(注家)	소가(疏家)
周易注疏	10권	(魏) 王弼 注 (晉) 韓康伯 注	(唐) 孔穎達 等 正義
尙書注疏	20권	舊題 (漢) 孔安國 傳	孔穎達 等 正義
毛詩注疏	20권	舊題 (漢) 毛亨 傳 (漢) 鄭玄 箋	孔穎達 等 正義
周禮注疏	42권	鄭玄 注	(唐) 賈公彦 疏
儀禮注疏	17권	鄭玄 注	賈公彦 疏
禮記注疏	63권	鄭玄 注	孔穎達 等 正義
春秋左傳注疏	60권	(晉) 杜預 注	孔穎達 等 正義
春秋公羊注疏	28권	(漢) 何休 注	(唐) 徐彦 疏
春秋穀梁注疏	20권	(晉) 范甯 注	(唐) 楊士勛 疏
論語注疏	20권	(魏) 何晏 注	(宋) 邢昺 疏
孝經注疏	9권	(唐) 玄宗 御注	邢昺 疏
爾雅注疏	11권	(晉) 郭璞 注	邢昺 疏
孟子注疏	14권	(漢) 趙岐 注	舊題 (宋) 孫奭 疏

예이다. 당나라 때에는 공영달(孔穎達) 등이 오경《《역》《춘추》《시》《춘추좌전》《예기》)의 소(疏)를 편찬하여, '오경정의(五經正義)'를 이루었다. 송나라 때 황당(黃唐)이 그것들을 모아 합간(合刊)하였는데 이것이 십삼경주소(十三經注疏)이다. 명나라 때에는 십삼경의 경문을 돌에 새겨 태학에 세웠고 급고각(汲古閣)에서는 《십삼경주소》를 합간하였다. 이것을 급고각본(汲古閣本) 혹은 모본(毛本)이라고 한다. 청나라 때 완원(阮元)은 십삼경주소를 합간하고 교감기(校勘記)를 붙였다.

경전의 주석

1. 경전 주석의 종류

경전의 본문에 대한 주해 또는 이전 사람의 주해에 대한 주해를 주소(注疏: 註疏)라고 한다. 주(注:註)는 경(經)을 해석한 것이고, 소(疏)는 주(注)를 해석·부연한 것이다. 즉, 주(注)는 경(經)만 해석하는 반면에 소(疏)는 주(注)의 해석을 겸한다.

《설문해자》에 의하면 주(注)는 '물을 대다(灌也)'라는 뜻이라고 한다. 이것이 주(注)의 본의이다. 주석서를 주(注)라고 부른 것은 후대의 일이다. 주자학이 발전한 원·명 시대에는 注보다 註라는 글자를 즐겨 사용하게 되었다. 또 《설문해자》는 '소(疏)는 '소통시키다'의 뜻이다'라고 하였고, '소(疋)는 발인데, '기록하다'의 뜻이라고도 한다(疋, 足也. 一日: 疋, 記也)'라고 풀이하였다. 따라서 소(疏)는 '소통시키다[疏通]'와 '기록하다[疏記]'의 뜻을 겸한다.

주소(注疏)는 자의(字義)와 사의(詞義)에 대한 해석을 넘어서서, 문의(文意)

의 설명, 구두(句讀)의 분석, 문자의 교감, 어법(語法)의 설명, 수사법의 해설, 성어(成語) 및 전고(典故)의 해명, 고음(古音) 및 고의(古義)의 고증, 사건의 기술과 사실(史實)의 고증, 지명의 비정(比定), 범례(凡例)의 제시 등을 모두 포괄한다. 이것들을 모두 훈고(訓詁)라고도 불렀다.

주소(注疏)의 명칭은 매우 많다. 처음에는 전(傳), 설(說), 해(解), 고(詁), 훈(訓)이 있었고, 후에 다시 전(箋), 주(注), 석(釋), 전(詮), 술(述), 학(學), 정(訂), 교(校), 고(考), 증(證), 미(微), 은(隱), 의(疑), 의(義), 소(疏), 음의(音義), 장구(章句) 등의 별명(別名)이 나왔다. 이 가운데 명칭만 다를 뿐 실제로는 같은 것도 있고, 의미상 약간 차이가 있는 것도 있으며, 어떤 경우에는 서로 결합되어 새로운 명칭이 된 것도 있다. 훈고(訓詁), 고훈(詁訓), 해고(解詁), 교주(校注), 의소(義疏), 소증(疏證) 등이 후자의 예이다.

2. 주석의 여러 명칭

- 전(傳) : 《시경》의 모전(毛傳). 모형(毛亨) 혹은 모장(毛萇)의 주석.
- 주(注) : 정현(鄭玄)의 삼례주(三禮注).
- 전(箋) : 정현(鄭玄)의 정전(鄭箋). 정현은 《시》를 주하면서 이모공(二毛公)의 주 이외에, 자신의 견해를 기록하거나 보충을 한다는 뜻에서 箋이라 하였다.
- 해고(解故 ; 解詁) : 하휴(何休)의 《공양해고(公羊解故)》.
- 집해(集解) (1) : 두예(杜預)의 《춘추경전집해(春秋經傳集解)》. 두예는 《좌전》을 주석할 때 《춘추》의 경문과 좌씨(左氏)의 전문(傳文)을 연대순으로 편하면서 經을 앞에 두고 傳을 뒤에 두었다. 이때의 '集解'는 경과 전을 한데 모았다는 뜻이다.
- 집해(集解) (2) : 풀이들을 모은 것을 말한다.

주석과 관련된 특수 용어

① 某曰某·某爲某
문자의 의미 범주를 명시하는 방법이다. 석문(釋文), 즉 풀이글이 앞에 있고 풀이되는 단어가 뒤에 놓인다.
[예] 《이소(離騷)》의 "各興心而嫉妬(각자 마음에 불질러 질투하고 있네)"에 대하여 왕일(王逸)의 주는 "害賢爲嫉, 害色爲妬"라고 하였다.

② 某謂某也
개념 범위가 넓은 어휘의 문맥적 함의를 해석하는 데 사용한다. 풀이되는 단어가 앞에 놓이고 풀이글은 뒤에 놓인다.
[예] "會謂盟也"는 '會'가 '盟誓(맹서)'의 뜻임을 설명하고, "事謂征伐"은 '事'가 군사행동의 뜻임을 밝혀준다.

③ 某猶某也·某猶言某也
어떤 단어가 본문 속에서 지니는 의미를 설명하기 위해 그것이 다른 어떤 단어에 해당한다고 지적하는 방식이다. 풀이에 사용하는 단어와 풀이되는 단어가 꼭 호훈(互訓: 한 단어로 다른 단어를 풀이할 때 그 역으로도 성립하는 것)될 수 있는 것은 아니다.
[예] "側猶厓也"는 '側'이란 단어가 '厓(애)'와 같다는 뜻이지, '側' 자체가 '厓'의 뜻을 가졌다는 것은 아니다.

④ 某, 某貌
형용어를 해석하는 데 사용한다.
[예] '武貌(무모)'는 '씩씩한 모습', '茂盛貌(무성모)'는 '무성한 모습'이다.

⑤ 某之言某也·某之爲言某也
음이 같거나 가까운 글자를 이용하여 단어 뜻을 해석하는 방식이다. 풀이되는 단어는 풀이하는 단어와 음만 같을 뿐 아니라 의미상으로도 밀접한 관계가 있다. 즉 '성훈(聲訓)'의 관계이다.

⑥ 某, 如字
다음다의(多音多義)의 단어를 변별할 때 사용한다. '如字'란 어떤 글자를 본문 속에서 본래의 음대로 읽는다는 뜻이다.
[예] 《논어》〈이인(里仁)〉의 "苟志於仁矣, 無惡也(진실로 인을 지향한다면 악이 움틀까 걱정할 필요가 없다)"에 대하여, 주희(朱熹)의 《논어집주》는 "惡, 如字"라고 주하였다. 惡을 '악'이라고 읽으라는 뜻이다.

⑦ 某讀若某, 某讀如某, 某讀爲某, 某讀曰某, 某當爲某 등
어떤 글자가 그 문맥 속에서 어떤 뜻으로 읽히는지 밝히는 방식이다.
'當爲'는 잘못된 글자를 정정할 때 사용한다. 잘못된 글자를 앞에, 올바른 글자를 뒤에 놓았다.
[예] 《예기》〈학기(學記)〉의 "古之敎者, 家有塾, 黨有庠, 術有序, 國有學(옛날에는 교육을 위하여 집에는 塾을 두고 黨에는 庠을 두며 術에는 序를 두고 도성에는 學을 둔다)"에 대하여 정현(鄭玄)의 주는 "術當爲遂, 聲之誤也(術은 마땅히 遂이어야 한다. 비슷한 발음의 글자로 잘못되었다)"라고 하였다.

- 장구(章句) : 조기(趙岐)의 《맹자장구(孟子章句)》. 편을 나눈 이외에 장을 나누고 구를 끊어 해석하였다.
- 소(疏) : 경문을 주해한 것을 '注'라고 하고 '注'의 문맥 뜻을 소통케 하는 것을 '疏'라고 한다.
- 의소(義疏) : 양나라 황간(皇侃)의 《논어의소(論語義疏)》 《예기의소(禮記義疏)》.
- 정의(正義) : 공영달(孔穎達)의 《오경정의(五經正義)》. 올바른 풀이를 제시한다는 뜻에서 붙인 이름이다.
- 석문(釋文) : 육덕명(陸德明)의 《경전석문(經典釋文)》. 經과 注 속의 문자에 대해 뜻을 풀이하거나 반절로 음을 주석하였다. '音義'라고도 부른다.
- 음의(音義) : 육덕명(陸德明)의 《경전석문(經典釋文)》.
- 집주(集注 ; 集註) : 주희(朱熹)의 《사서장구집주(四書章句集注)》.

3. 파독과 변독

한문고전에서 어떤 글자들은 관습적인 음과는 다른 성조(聲調)나 발음으로 읽어 의미나 어법 기능이 달라지기도 한다. 그것을 파독(破讀)이라고 한다. 혹은 발음이 아주 달라졌을 때를 변독(變讀)이라고 구별하기도 한다. 또 파독을 '독파(讀破)'라고도 한다. 이를테면 범중엄(范仲淹) 〈악양루기(岳陽樓記)〉에 나오는 "浩浩湯湯, 橫無際涯(물살이 넓고 드넓어 옆으로 끝이 없네)"의 '湯'은 [탕(tàng)]이 아니라 [상(shāng)]으로 읽는다. '論說'의 '說'은 [설(shuō)]이지만 '遊說'의 '說'는 [세(shuì)]로 읽는다.

우리 한자음에는 성조가 남아 있지 않으므로 한자의 본래 성조를 구별하지 못하는 경우가 있다. '爲學之道(학문하는 도리)'의 '爲'는 현대중국어로 [wéi], '爲己之學(내면을 충실히 하는 학문)'의 '爲'는 [wèi]이지만, 우리말에서는 둘 다 [위]이다.

한문고전을 연구한 옛 사람들은 파독(변독)에 매우 주목하였다. 주희(朱熹)의 《사서집주(四書集注)》는 그런 한자에 일일이 주석을 붙였다. 조선 세종 때 정인지(鄭麟趾) 등이 편찬한 《용비어천가(龍飛御天歌)》는 권발(圈發)을 표시하였고, 최세진(崔世珍)의 《훈몽자회(訓蒙字會)》도 권발을 표시하였다. '권발'이란 한자의 네 귀퉁이의 한 곳에 둥근 점으로 성조를 표시하는 것을 말한다. 왼쪽 아래는 평성(平聲), 왼쪽 위는 상성(上聲), 오른쪽 위는 거성(去聲), 오른쪽 아래는 입성(入聲)과 같은 식이다.

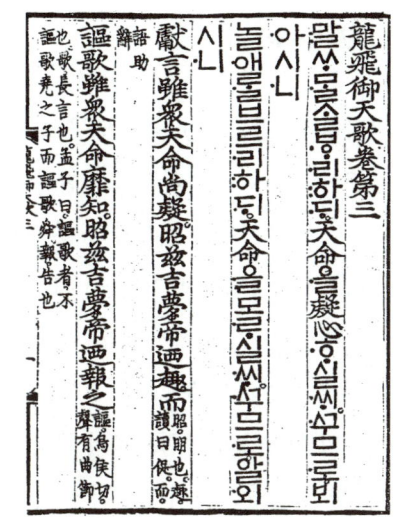

용비어천가의 권발
趣자의 오른쪽 아래에 동그라미가 있다. 입성의 표시이다. 이 글자는 '취'로 읽지 않고, '촉'으로 읽으며, '촉구한다'는 뜻이다.

한학과 송학, 그리고 고증학

한(漢)나라 때 유가의 경서는 모든 사람의 행위준칙으로 삼았고, 또 경서 공부는 관직을 얻는 지름길이었다. 경학은 크게 보아 한학(漢學)과 송학(宋學)의 두 조류가 있었다. 청나라 때는 경서의 자구를 고증하여 경서의 원래 뜻을 복원하려는 고증학(考證學)이 발달하였는데, 그 연원은 한학에 있다.

1. 한학(漢學)

한나라 때 번성했던 경서 연구의 학문을 '한학(漢學)'이라고 한다. 좁게는 훈고학(訓詁學)을 한학이라고 한다.

한나라 초기에는 진시황의 분서(焚書)로 없어진 책들을 수집하고 복원하였다. 그러다가 한 무제(武帝) 때 유교가 관학(官學)으로 자리잡으면서 경전에 대한 연구가 성행하였다. 이때 경전은 예서(隸書), 즉 금문(今文)으로 씌어진 것이었기 때문에 그 경학을 금문학(今文學)이라고 부른다. 초기에는 경전의 언어를 연구함으로써 문장을 바르게 해석하고 고전 본래의 사상을 이해하려는 훈고학이 발달하였다. 또 각 학자들마다 하나의 경전을 전공하여 훈고를 구술하였으므로, 그것을 사법(師法)·가법(家法)이라고 한다.

그런데 금문학에는 동중서(董仲舒)의 천인감응설(天人感應說)이나 재이설(災異說)에서 볼 수 있듯이 정치적 이데올로기가 들어 있었다. 이것은 자연의 이변을 하늘의 계시로 풀이하는 '참위학(讖緯學)'으로 발전하였다.

그러다가 전한 말에 유흠(劉歆)은 한 이전의 문자로 쓰여 있는 고문경을 중심으로 고문학(古文學)을 제창하였다. 그 뒤 허신(許愼)·마융(馬融)·정현(鄭玄) 등 고문학자들은 금문경이 진(秦) 이후 구전(口傳)에 의한 것이기 때문에 불완전하다고 비판하고 금문학이 중시한 위서(緯書) 및 음양재이설도 부정하면서 훈고명물(訓詁名物)의 연구방법을 활용하였다. 허신은 《설문해자》(기원 후 100년)를 완성하였고, 정현은 금문학과 고문학을 절충하여 경서 해석을 집대성하였다. 정현을 '경학대사(經學大師)'라고 일컫는다.

금문학자들은 육경에 공자의 정치적 견해가 담겨 있다고 보았다. 그래서 그들은 은미한 말속의 큰 의미〔微言大義〕를 찾아내려고 하였다. 이에 비하여 고문학자들은 공자가 고대의 사료를 정리한 것이 경이라고 보았다. 따라서 훈고에 치중하였고, 때로는 그 해석이 지나치게 자잘하였다.

당나라 때 이르러 여러 학자들이 칙명을 받아 종래의 주석을 감정해서 오경정의(五經正義)를 이루었다. 한나라 때부터 당나라 때까지의 학풍을 한·당 훈고학이라고 부른다. 또 한나라의 주(注)와 당나라의 소(疏)가 중심이었으므로 한당주소학(漢唐注疏學)이라고도 부른다. 단,《논어》《맹자》《이아》《효경》의 소는 송나라에 들어와서 작성되었다. 한나라와 위진시대 때 경전을 주석한 사람들을 주가(注家), 위진시대 이후 당나라, 북송초에 걸쳐 소(疏)를 만든 사람들을 소가(疏家)라고 부른다.

소가(疏家)는 주(注)를 참작하여 '정의(正義)'를 제시하되, 사법(師法)이 각기 다른 주(注)들을 가능한 한 많이 소개하였으며, '정의'와는 다른 주(注)에 대해서도 그 뜻을 소통시키고 그러한 주(注)를 낸 주가(注家)의 의도를 탐색하였다. 그것을 두고 '소는 주를 깨버리지 않았다〔疏不破注〕'고 일컫는다. 이 원리에는, 반대 견해까지를 포용하여 제3의 답을 찾아내려는 중국인의 사유방식이 잘 나타나 있다.

2. 송학(宋學)

송나라 초기에는 과거응시의 기회를 서민에게까지 개방하면서 시험과목으로 경(經)·의(義: 경에 대한 해설 논문)를 중시하였는데, 텍스트로는《오경정의》나《십삼경주소》의 고주(古注)를 사용하였다. 따라서 경학은 암송을 강요하는 기송(記誦) 학문으로 전락하였다. 하지만 일부 유학자들은 경전의 본의(本義)로 복귀할 것을 주장하면서《역경》과《중용》을 재발견하였다. 그들이 곧 송대의 도학가(道學家)로, 그들의 유학을 신유학(新儒學)이라고 부른다.

11세기 북송의 학자 주돈이(周敦頤)·정호(程顥)·정이(程頤)·장재(張載), 12세기 남송의 주희(朱熹) 등이 그 중심 인물이어서, 주정장주학(周程張朱

學)이라고 한다. 또는 그들의 출생지 이름을 따서 염락관민학(濂洛關閩學)이라고도 한다. 그 대표는 주희의 주자학(朱子學)이다.

도학가는 모든 인간이 이(理)를 구명하고 성(性)을 다하여 성인(聖人)이 될 수 있다고 보아, 이기심성(理氣心性)의 형이상학을 구축하고 실천윤리를 제시하였다. 그들은 경서를 한 구절, 한 단락씩 주해하던 한학의 폐풍을 타파하고 경전의 전체 사상, 곧 의리(義理)를 파악하고자 하였으므로 그들의 학문을 '의리의 학문〔義理之學〕'이라고 부른다.

주희(朱熹)는 한나라 때의 주석〔漢注〕을 수용하면서 그것을 묵수하지 않고 의리의 철학을 수립하였다. 그의 경전 주석을 신주(新注: 新註)라고 부른다. 주희는 경문(經文)을 해석할 때에 먼저 파독(破讀)의 사실을 알리거나 난독자의 음을 제시한 뒤, 권내주(圈內註)에서 명물(名物)·자구(字句)를 주석하고서 편장(篇章)의 문맥을 해석하였으며, 권외주(圈外註)에서 철학적 의의를 논하였다.

주자(朱子, 1130~1200)

이름은 희(熹)이고, 자는 원회(元晦)·중회(仲晦). 호는 회암(晦庵)·회옹(晦翁)·운곡산인(雲谷山人)·창주병수(滄洲病叟)·둔옹(遯翁)이다. 복건성(福建省) 우계(尤溪)에서 출생하였다. 어려서는 불교와 노자의 학문에도 흥미를 가졌으나, 24세 때 이연평(李延平)을 만나 사숙(私淑)하면서 유학의 정통을 계승하게 되었다. 강우(講友)로는 장식(張栻, 南軒)·여조겸(呂祖謙, 東萊)이 있으며, 논적(論敵)으로는 육구연(陸九淵, 象山)이 있었다. 19세에 진사시에 급제하여 71세에 생애를 마칠 때까지 여러 관직을 거쳤으나, 9년 정도만 현직에 근무하였다. 46세까지는 북송의 주돈이(周敦頤, 濂溪)·장재(張載, 橫渠)·정호(程顥, 明道)·정이(程頤, 伊川)의 저서를 교정하고 《논어》·《맹자》에 대한 기초적인 연구를 하였다. 이 시기에 《근사록》을 엮었다. 그 뒤 육구연 형제와 아호사(鵝湖寺)에서 토론하면서 존덕성(尊德性)에 대해 도학(道學)의 입장을 분명히 하였다. 이 시기에 《논맹집주혹문(論孟集註或問)》《시집전(詩集傳)》《주역본의(周易本義)》《역학계몽(易學啓蒙)》《효경간오(孝經刊誤)》《소학서(小學書)》《대학장구(大學章句)》《중용장구(中庸章句)》 등을 저술하였다. 사서(四書)의 신주(新註)를 완성한 것이다. 61세 이후에는 〈석전예의(釋奠禮儀)〉《맹자요로(孟子要路)》《예서(禮書:儀術禮經傳通解)》《한문고이(韓文考異)》《서전(書傳)》《초사집주후어변증(楚辭集註後語辨證)》을 저술하였다. 만년에는 권신 한탁주(韓侂冑)의 미움을 사서 많은 박해를 받았으나, 죽은 뒤 학문이 인정되어 시호가 내리고 태사(太師)·휘국공(徽國公)을 추증(追贈)받았다. 막내아들 주재(朱在)가 편찬한 《주문공문집(朱文公文集)》(100권, 속집 11권, 별집 10권), 여정덕(黎靖德)이 편찬한 《주자어류(朱子語類)》 140권이 있다.

〈표〉 경학의 역사

시기	春秋戰國	秦漢	魏晉 南北朝	隋 唐	宋 元 明	靑
경학	先秦儒學	訓詁學 義疏學 (今文學, 古文學)	→	漢唐訓詁學 (注疏學)	宋學 (程朱學·新儒學)	漢學(考證學)
경학 내용		注(=古注) 疏 ─────→			(北宋初) (兩宋)新注	
주요 서적	六經		十三經注疏 ──→		(北宋初) 四書五經大全 (南宋)四書章句集注 詩集傳·書集傳·周易傳義	十三經注疏

 남송 때의 육구연(陸九淵, 象山), 그리고 명나라 중엽의 왕수인(王守仁, 陽明)은 인간 주체를 중시하는 '심학'을 제창하였다. 심학은 송학, 즉 성리학에서부터 발전해 나온 것이되, 그것을 지양한 것으로서 별도의 학풍을 형성하였다.

3. 고증학(考證學)

 청나라 초부터, 주자학이나 양명학의 관념적 학풍을 부정하고 한나라 때의 훈고학을 재평가하고 실사구시(實事求是) 학풍을 주장하는 학자들이 나타났다. 고염무(顧炎武)·황종희(黃宗羲) 등이 그 대표적인 인물이며, 일생 주희의 주석을 비판적으로 검토한 모기령(毛奇齡)도 같은 계열에 속한다. 그 뒤 청나라 학자들은 고서의 교감(校勘)과 훈석(訓釋) 작업에 몰두하여, 종전의 주소(注疏)를 전면적으로 검토하고 정리하였다. 건륭(乾隆)·가경(嘉慶) 연간에 크게 발달하였으므로 건가학(乾嘉學)이라고도 부르며, '박학(朴學=樸學)'이라고도 부른다. 이들의 학풍을 고증학이라고 하는데, 송학에 대해서 한학이라고도 하고, 한나라 때 학풍과 구별하기 위해 청조한학(淸朝漢學)이라고도 한다.

 고증학자들은 공자의 도가 육경(六經) 그 자체에 실려 있으므로, 육경을 독파하여 그 참뜻을 이해하지 않으면 안 된다고 보았으며, 육경을 이해하기 위해서는 한대의 훈고학, 특히 허신(許愼)과 정현(鄭玄)의 훈고에 의거할 것을 주장했다. 그들은 옛 주석을 깊이 연구하되, 한학의 울타리 속에 갇히지 않았다. 인증(引證)이 해박하고 입론(立論)이 신중하였다.

4. 경학의 흐름

전통 한학은 큰 흐름만 짚어보면 한학·송학·고증학이 시대별로 교체되었지만, 어느 경우에나 선행하는 설을 비판적으로 검토하고서 새 견해를 제시하는 방법을 택하였다. 당(唐)과 송초의 학자들은 한나라 때의 주석을 소통시키는 작업을 대대적으로 행하였고, 정주학자(程朱學者)는 구주(舊注)를 비판적으로 검토하여 의리를 새롭게 발명하였다. 청대에는 교감(校勘)과 훈석(訓釋)의 작업으로 주소(注疏)를 재검토하였다.

당나라의 소가(疏家)는 정의(正義)를 제시하되, 정의에서 벗어난 구주(舊注)도 그대로 보존하고 이설이 제기된 이유를 상세히 분석하였다(앞서 말했듯이 이것을 疏不破注라고 한다). 구주(舊注)를 비판하고 신주(新注)를 제시한 주희(朱熹)도, 구주의 내용을 충분히 검토하고 정설로 인정할 수 있는 것은 그대로 받아들였으며, 반드시 주가(注家)의 이름을 밝혔다.《사서장구집주》의 서설(序說)과 같은 글은 아예 기존의 문장과 선학의 어록을 따와서 집록(集錄)하는 방식을 택하였고, 출전을 밝혔다.

그러다가 고증학이 발달하면서 문헌 비평과 귀납 분석의 방법이 더욱 치밀해졌다. 우리나라에서도 18세기 말 이후 성리학의 폐단을 비판하거나 보완하기 위해 고증학을 참조하였다.

그런데 전통적 경학은 경문을 해석할 때 언제나 '인정(人情:사람다운 실제 사실)'이나 '성인의 이상'에 조회하는 '합리(合理)'의 방법을 중시하였다.

합리의 방법이란 송의 구양수(歐陽脩)가 경학론에서 '인정'과의 합치 여부를 논리준거로 사용한 것에서 기원한다고 할 수 있다. 이 '합리'의 논리는 귀납논증이 아니므로 독자에게 공감을 강요하는 가설법(假設法)을 많이 사용하였다.

근세에 이르러 비로소 진정한 의미의 실증주의 학풍이 발달하였다. 중국의 의고파(疑古派)는 '고사누층조성사관(古史累層造成史觀)'의 관점에서 고대 역사를 심하게 비판하였다.

한편 일본의 중국학도 '가상설(加上說)'의 연구방법론을 활용하였다. 일본의 '가상설'은 도미나가 나카모토(富永仲基)가 에도(江戶) 중기에 《출정후어(出定後語)》라는 책을 저술하면서 제1권 〈교기전후(敎起前後)〉에서 천태(天台)의 오시팔교설(五時八敎說)을 부정하고 모든 불교 경전은 석가 적멸 후 오랜 세월에 걸쳐 집적되었다고 주장한 데서 비롯한다. 일본의 국학자 모토이 노리나가(本居宣長)도 그의 설을 지지하였고, 1900년대 초 나이토 고난(內藤湖南)도 '가상설'을 《주역》《상서》《이아》의 성립과정을 설명하는 데 원용하였다. 그 뒤 나이토의 제자인 다케우치 요시오(武內義雄)는 '가상설'을 이용하여 《논어》의 성립과정을 논하였고, 또 노자(老子)가 공자 이후의 사람이라고 주장하였다.

우리나라의 경학 연구도 경전을 역사적 산물로 보고 문맥적 의미를 객관적으로 연구한 위에, 경전에 담긴 정신을 현대적으로 재해석하는 연구방법을 확립해야 할 것이다.

사서집주와 사서집주대전

1. 사서집주

주희(朱熹)는 사서(四書)에 주석을 하였는데, 《대학》·《중용》의 주석은 '장구(章句)'라 하고, 《논어》·《맹자》의 주석은 '집주(集注)'라고 하였다. 후세 사람들은 그것을 아울러서 《사서장구집주(四書章句集注)》, 혹은 간단히 《사서집주(四書集注)》라고 부른다. 주희는 임종하기 하루 전에도 《대학장구》를 수정했다고 한다.

《사서집주》는 이학(理學)으로 사서(四書)를 주석하고 의리(義理)를 밝힌 것이지만, 훈고의 면에서도 탁월한 방법을 구사하였다.

> **교감(校勘)의 주요대상**
> 이문(異文) : 텍스트에 따라 다른 글자.
> 연자(衍字) : 앞 뒤 문맥상 군더더기로 더 들어가 있는 글자.
> 탈문(脫文) : 앞 뒤 문맥상 빠진 글자. 탈자(脫字)라고도 하며, 奪文, 奪字로도 쓴다.
> 착간(錯簡) : 앞 뒤 순서가 바뀌어 있는 어구, 문장이나 편장절.

ㄱ. 이문(異文)·연자(衍字)·오자(誤字)·탈문(脫文)·착간(錯簡) 등을 교감하였다.

ㄴ. 단어 뜻을 풀이하기 이전에 글자의 발음을 표시하고, 권점(○)을 넣어 그 둘을 분리하였다.

ㄷ. 단어의 뜻을 치밀하게 분석하였다.

ㄹ. 고대의 명물(名物), 예속(禮俗), 전장제도(典章制度)에 관해 간략히 고증하였다.

ㅁ. 문법을 설명하여 단어 뜻의 해석과 상호보완이 되게 하였다.

ㅂ. 표현방법과 수사방법을 설명하였다.

ㅅ. 주음(注音)과 석의(釋義) 외에 글의 내용을 개괄하여 장지(章旨)로 귀

납하게 하였다.

○. 문장의 맥락을 분명히 하기 위해서, 단어와 구절 및 장절(章節)이 전체 문장 속에서 지니는 의의를 파악하고 편장(篇章) 구조를 분석하였다. 《논어》·《맹자》의 장구 분석은 편명의 아래에 전편(全篇)의 장수(章數)를 밝히고, 장과 장의 사이에는 ○을 써서 분리하였으며, 어떤 장은 절 뒤에 장지와 기능을 설명하였다.

《사서집주》는 훈고를 통하여 문장의 의미를 파악하고, 장절을 분석함으로써 장지(章旨)를 설명하고 대의(大意)를 드러내는 방법을 사용하였다.

2. 사서집주대전

명나라 성조(영락제) 때 호광(胡廣) 등이 칙명을 받아 편찬한 《사서집주대전(四書集註大全)》(줄여서 《사서대전》이라고 함)과 《오경대전》(《주역》·《시경》·《서경》·《예기》·《춘추》 대전)을 대전본(大全本)이라고 한다.

《사서집주대전》은 주희의 《사서장구집주》를 기초로 하고, 주희가 스스로 문답을 가설하여 논한 《사서혹문(四書或問)》 등, 주희의 설을 한데 모아 엮은 것이다.

주희가 《대학장구》·《중용장구》·《논어집주》·《맹자집주》·《사서혹문》을 지은 이후로, 황간(黃幹)은 《논어통석(論語通釋)》을 지었고, 진덕수(眞德秀)는 주희의 어록(語錄)을 모아 《대학중용장구》 아래에 붙여 《집의(集義)》를 엮었다. 그 뒤에 나온 원나라 진력(陳櫟)의 《사서발명(四書發明)》, 호병문(胡炳文)의 《사서통(四書通)》은 상당히 정밀하였다. 진력의 문인 예사의(倪士毅)가 이 두 책을 하나로 합하여 《사서집석(四書輯釋)》을 이루었다. 영락 연간의 《사서대전》은 이 《사서집석》을 증보하고 산정하였을 뿐이되, 인용한

《대학혹문》·《중용혹문》에는 착오가 있다. 하지만 《사서대전》이 학관(學官)에 반포된 이후, 다른 책들은 폐기되었다.

한편 《춘추대전(春秋大全)》의 경우에는 원나라 사람 왕극관(汪克寬)의 《호전찬소(胡傳纂疏)》를 전부 답습하고, 그 속의 '우안(愚案)'이란 두 글자만 '왕씨왈(汪氏曰)'로 바꾸고 '여릉이씨(廬陵李氏)' 등 한두 조항을 더 넣었다〔여릉 이씨는 원나라 때 여릉 사람인 이렴(李廉)으로, 《춘추제전회통(春秋諸傳會通)》을 편찬하였다〕. 《시경대전(詩經大全)》은 원나라 사람 유근(劉瑾)이 지은 《시전통석(詩傳通釋)》을 그대로 답습하고, 그 속의 '우안(愚案)'만 '안성유씨왈(安成劉氏曰)'로 바꾸었다〔유근은 강서성 안복현 사람인데, 안복은 삼국·위진남북조 때 안성군에 속하였으므로 그를 안성 사람이라 하였다〕. 이 세 가지도 앞사람의 편저를 답습하였을 가능성이 높다.

흔히 중국의 관찬(官撰) 서적은 좋은 것이 없다고 말하지만, 특히 《사서집주대전》과 《오경대전(五經大全)》은 조잡하다.

청나라 초기의 대학자 고염무(顧炎武)는 논문집 《일지록(日知錄)》 권18에 '사서오경대전(四書五經大全)'이란 항목을 두어 그 문제점을 지적하고 다음과 같이 비판하였다.

당시 유신(儒臣)들이 황명을 받들어 이 《사서대전》과 《오경대전》을 찬수(纂修)할 때, 이들에게 찬전(餐錢)을 내리고 필찰(筆札)을 지급했을 뿐 아니라, 책이 완성된 날에 또 금을 하사하고 관직을 높여주었으니, 이 책의 찬수를 위해 국가 재정이 보통으로 소비된 것이 아니었다. 그러니 장차 이 책이 이루어짐으로써 가히 한 시대 교학 정책의 공로를 빛내고 백대 이후의 유림의 전통을 열었다고 말할 수 있었을 터인데도, 기껏 이미 완성되어 있던 책을 가져다가 죽 베끼기만 하여, 위로는 조정을 기만하고 아래로는 지식인들을 속였으니, 당나라와 송나라 때에 어디 이런 일이 있었단 말인가? 명나라 혜제(惠帝) 건문(建文) 연간에 그 많던 골경지신(骨鯁之臣: 강직한 신하)이 성조(成祖)의 남경 침략으로 모두 사라진 데다가, 과거 시험에 제의(制義), 즉 팔고문(八股文)으로 시험을 치르게 되면서 한 시대의 선비들이 모두 송·원 이래 전해 오던 실학(實

學: 참된 학문)을 버리고 윗사람과 아랫사람이 서로 속이며 봉급과 이익만 탐함으로써 다시는 실학을 알 수 없게 된 때문이 어찌 아니겠는가? 아아, 경학이 폐기되기에 이른 것은 실로 여기서부터 시작되었다. 뒷날의 군자들이 이러한 상황을 쓸어 없애 새로 고쳐보려 해도 제 힘을 내기 어려우리라!

경전 주석의 독해

1. 주소를 읽는 방법

본래 주(注)와 소(疏)는 경문과는 별도로 단행(單行: 단독으로 유포됨)하였다. 하지만《십삼경주소》가 확정된 이후 소(疏)와 육덕명(陸德明)의 석문(釋文: 즉 音義)을 주(注)에 붙여 출판하는 일이 유행하였다. 따라서《십삼경주소》를 보려면 어떤 것이 주(注)이고 어떤 것이 소(疏)이고 어떤 것이 석문(釋文)인가를 분명히 알아야 한다.《좌전》〈희공(僖公) 26년〉의 예를 통해 주소를 읽는 방법을 알아보자.

> 夏, 齊孝公伐我北鄙, 衛人伐齊, 洮之盟故也. 公使展喜犒師.
>   勞齊師○犒, 苦報反, 勞也. 勞, 力報反, 下文同.
>   〔疏〕注勞齊師○正義曰: 犒者, 以酒食餉饋軍師之名也. 服虔云: "以師枯槁, 故饋之飲食." 勞苦, 謂之勞也. 〈魯語〉云 : "使展喜以膏沐犒師."

여름, 제나라 효공이 우리 노나라의 북쪽 변경을 침벌하자, 위나라 사람이 제나라를 벌하였다. 조(洮)에서의 맹약이 있어서였다. 공(노나라 희공)이 전희를 시켜 군사를 위로하고 음식을 주게 하였다.

〔注〕제나라 군사를 위로한 것이다. ○犒는 苦와 報의 반절이니, 勞(위로)함이다. 이때의 勞는 力과 報의 반절이다. 아래의 글자도 이와 같다.

〔疏〕注의 "제나라 군사를 위로한 것이다"에 대하여 ○를 정의하길 다음과 같이 한다. 犒란 것은, 술과 음식으로 군사에게 주는 것을 이름한 것이다. 복건(服虔, 한

《春秋左傳注疏》(嘉慶二十年 重刊宋本) 卷16 僖公 26年

대의 경학가)은 "군사가 말라 시들었으므로 그들에게 음식을 주는 것이다"라고 하였다. 勞苦(수고로움을 위로함)를 勞라고 한다. 《국어(國語)》〈노어(魯語)〉에, "전희를 시켜서 메마른 군사들을 기름지게 하고 목욕하게 하였다"고 하였다.

여기서 큰 글씨[大字]는 《좌전》의 정문(正文, 본문)이다. 아래의 두 줄로 쓴 작은 글씨[쌍행소자(雙行小字)]의 '勞齊師'는 두예(杜預)의 주문(注文)이다.

작은 동그라미[소권(小圈)] 뒤의 '犒, 苦報反……'은 육덕명의 《석문》이다. '犒, 苦報反, 勞也'는 《좌전》의 경문을 해석한 말이고, '勞, 力報反'은 두예 주 '勞齊師'의 '勞'의 음을 주석한 것으로, 이 '勞'가 위로(慰勞)의 勞이지 피로(疲勞)의 노(勞)가 아님을 밝혀둔 것이다.

큰 글씨[大字]로 된 '소(疏)'라는 표시 이하가 소(疏)의 문장이다.

작은 동그라미 앞의 '注勞齊師'는 그 이하의 말이 주문(注文)의 '勞齊師' 세 글자를 주해(소통)는 하는 것임을 명시한 것이다.

2. 《맹자집주대전》 읽는 방법

조선시대 유학자들은 모두 대전본을 교재로 사용하였다. 지금도 주자학적인 논리로 사서오경을 공부하려면 이 책을 참고로 해야 한다. 《맹자집주대전(孟子集註大全)》의 예를 통하여 대전본 읽는 방법을 소개하기로 한다.

본문에 큰 글씨로 첫 칸부터 채워 새긴 것이 《맹자》 본문이다. 본문을 정문(正文)이라고 부른다. 본문(정문)에는 동그라미로 구두를 하였다. 단, 조선에서 만든 책에는 구두가 없다.

본문의 다음 행에 한 칸 내려 역시 큰 글씨로 새긴 것('叟, 長老之稱~蓋富國强兵之類')이 주희 《맹자집주》의 주문(註文:주의 글)이다. 주문에도 동그라미로 구두를 하였다. 조선에서 만든 책은 역시 구두를 하지 않았다.

《맹자집주》 주문의 '長' 자 다음에 작은 글씨로 '上聲' 이라 적은 것은

《맹자집주대전》〈양혜왕·상〉 제1장의 일부, 청나라 책에 의함.

《맹자집주대전》을 만들 때 《맹자집주》의 주문에 대하여 음주(音註:발음에 대한 주석)를 달아둔 것이다. '長'의 발음이 '상성'〔현대의 발음으로는 zhǎng〕이라는 것은 그 글자가 '어른'이란 뜻이지, 평성〔현대의 발음으로는 cháng〕 '길다'의 뜻이 아니라는 말이다. '長'이란 글자의 왼쪽 어깨 부분에 작은 동그라미가 쳐져 있는 것은 곧 상성의 발음을 표시한 성점(聲點)이다. 이 성점은 본문(정문), 《맹자집주》의 주문, 소주의 주문 곳곳에 표시되어 있다. 조선 판본에는 성점이 없다.

　《맹자집주》의 주문이 끝난 아래에 작은 글씨가 2행으로 적혀 있는데, 그것을 소주(小註)라고 한다. 소주에도 구두가 되어 있다. 단, 조선에서 간행한 책에는 구두가 없다. 이 소주는 예사의(倪士毅)의 《사서집석》에서 따온 것이다. 《맹자집주대전》을 포함한 《사서집주대전》의 소주는 주희의 《혹문(或問)》, 《어류(語類)》에서 따온 것이 많지만, 그밖에 남송 때부터 원나라 때까지 주자학자의 관련 발언을 따온 것도 있다. '蓋富國強兵之類'의 아래에 있는 소주에 나오는 '서산진씨(西山眞氏)'는 진덕수(眞德秀)를 가리킨다. 그는 《사서집편(四書集編)》을 엮은 일이 있다. 소주에 주자(곧 주희) 이외의 말이 언급되어 있을 때, 그 인물이 누구인지를 알려면 《사서대전》의 경우, 맨 첫머리에 실려 있는 〈사서집주대전범례(四書集註大全凡例)〉의 '인용선유성씨(引用先儒姓氏)'를 찾아보면 된다.

　《맹자집주》의 "仁者~事之宜也" 아래에 소주가 길게 붙어 있다. 각 소주는 여러 문헌에서 인용하여 온 것이다. '주자왈(朱子曰)' 이하 '문왈(問曰)' 부분까지는 주희의 《맹자혹문》과 《어류》 등에서 따왔다. '첩산사씨왈(疊山謝氏曰)' 이하는 송나라 사방득(謝枋得)의 설, '제갈씨왈(諸葛氏曰)' 이하는 제갈태(諸葛泰)의 설, '운봉호씨왈(雲峯胡氏曰)' 이하는 원나라 호병문(胡炳文)의 설이다.

　'此二句~後多放此'는 다시 주희의 《맹자집주》의 주문(註文)이다. '放'

자에 '與倣同'이라 한 것은 이 放자가 '놓을 방'의 뜻이 아니라 '모방할 방(倣)'과 통하는 글자[고금 관계]임을 밝혀 준 것이다. '放'자 왼쪽 어깨에 상성(上聲)임을 알려주는 성점이 붙어 있다. '후다방차(後多倣此)'란 "이후 대부분 이것을 따른다[이것에 준한다]"라는 뜻이다. 《맹자》본문 각 장(章)의 첫 부분에 그 장의 전체 뜻인 '대지(大旨)'를 두는 경우가 많다고 환기시켜둔 것이다.

정약용의 경전주석학

정약용은 자신의 설을 주장하기 위해 기존의 학설들을 비판적으로 검토하였다. 그는 경전 연구에서, 청나라 초기의 주자비판자 모기령(毛奇齡)의 설이나 일본 고학파(古學派)의 학자인 오규 소라이(荻生徂徠) 및 타자이 준(太宰純)의 설까지 참고하였다. 일례로 《논어》〈태백(泰伯)〉편의 "民可使由之, 不可使知之"라는 구절을 해석한 부분을 보기로 한다. 《논어》의 이 구절은 우민정책(愚民政策)을 표방한 말이라고 거론되기도 한다. 그러나 그 해석에는 이설이 있다.

후한의 정현(鄭玄)은 민(民)이란 명(冥: 어둡다)이란 뜻이고 유(由)는 따른다는 뜻이라 보고, 바른 도리로 시키면 반드시 따를 것이되, 만일 그 본래를 안다면 어리석은 자는 혹 가볍게 여겨서 실행하지 않을 수 있다고 풀이했다(民者冥也. 由, 從也. 以正道教之, 必從. 如知其本來, 則愚者或輕而不行).

그런데 위(魏)의 하안(何晏)은 《논어집해(論語集解)》에서 "유(由)는 씀(用)이다. 쓰게 할 수는 있어도 알게 할 수는 없다는 것은 백성이 나날이 쓰되 알 수 없다는 말이다"라고 하였다. 이에 비해 양(梁)의 황간(皇侃)은 《논어의소

《論語義疏》에서 하안의 설을 따르되, "천도(天道)를 알 수 있도록 할 수 없다"는 뜻이라고 보았다.

주희는《논어집주》에서 "백성은 리(理)의 당연(當然)에서 말미암아 나갈 수 있게 할 수 있지만 그들에게 그러한 바의 소이(所以)를 알게 할 수는 없다"고 했다. 이 주석에 따르면, 위의 구절은 "인민들로 하여금 정해진 도리에 따르도록 시킬 수는 있어도, 그 의의를 일일이 알게 할 수는 없다"로 해석된다. 황간의 설을 더욱 관념화하였다.

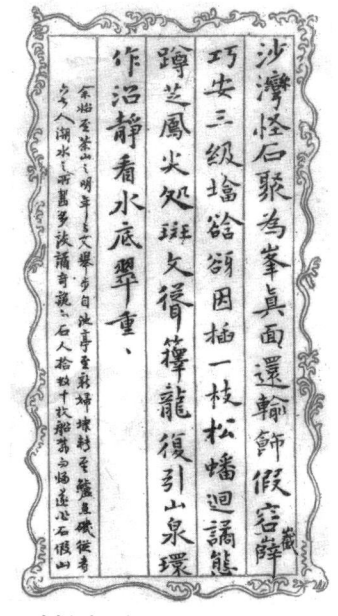

정약용의 글씨

청초의 모기령(毛奇齡)은 민이란 학관의 준수(俊秀)와 사(士), 관사(官師) 이외의 사람이니,《주관(周官)》구직(九職)의 '임민(任民)'이라는 민(民)자와 같은 뜻이며, 그 일(事)이란 '구직(九職)'의 '임사(任事)'라는 事자와 같은 뜻이라고 하였다. 그리고 '使之'란 단지 그들에게 봄이면 파종하고 경작하게 할 뿐이지 천지의 도를 따르는 실상을 이야기해줄 수는 없다는 뜻이라고 풀이했다. '일'의 개념을 현실적으로 규정하여 주희의 관념론을 배격한 것이다.

일본의 이토 진사이(伊藤仁齋)는《논어고의(論語古義)》에서 "백성을 다스리는 도리는 마땅히 그들을 위해 학교를 세우고 가르침을 베풀어, 그들로 하여금 나의 도야(陶冶)에서부터 말미암게 해야지, 만약 그들로 하여금 은혜가 나에게서 나옴을 알게 한다면 불가하다는 뜻이다"라고 풀이했다. 교화의 방법을 설명한 것으로 풀이한 것이다.

일본의 오규 소라이(荻生徂徠)도 "사람의 앎에는 경지에 이르는 것도 있고 이르지 못하는 것도 있으니, 성인이라도 억지로 할 수 없다. 그러므로 백성으로 하여금 그 가르침을 따라나가게 할 수는 있어도 백성들로 하여금 가르침의 근본(이유)을 알게 할 수는 없다"고 풀이했다. 이토 진사이의 설을 이었다.

정약용(丁若鏞)은《논어고금주(論語古今註)》에서, "공자는 그의 입으로 스스로 말하기를 '교육에는 차별이 없다(有敎無類)'고 하였거늘, 또다시 반대로 '알게해서는 안된다'라고 말할 수 있겠는가?"라고 반문하고, "백성을 어리석게 하여 스스로 그 왕위를 견고히 한다면 머지않아 그 나라는 반드시 멸망하게 될 것이다"라고 해서, 이 구절이 우민정책을 말한 것이 아니라고 주장했다. 공자가 말하는 바는 어쩔 수 없는 사세(事勢)이지 고의적으로 그렇게 모의(謀意)한 것이 아니라는 것이다. 모기령의 설에 가깝다.

한편 근래의 환무용(宦懋庸)은《논어계(論語稽)》에서 원문을 '民可, 使由之. 不可, 使知之'로 끊어 읽고, "백성들에 대하여 백성들이 좋다고 여기는 것은 스스로 그것에 따르도록 하고, 좋지 않다고 여기는 것은 그것을 이해시킨다"나 혹은 "세론(世論)이 좋다고 여기는 것은 함께 그것에 따르도록 하고, 세론이 좋지 않다고 여기는 것은 그것을 이해시킨다"로 풀이할 수 있다고 주장했다.

참고문헌

(1) 경학과 동양고전 일반

- 하경용(何耿鏞) 저, 장영백 등 역,《경학개설》, 청아출판사, 1992 / 何耿鏞,《經學概說》, 武漢:河北人民出版社, 1984.
- 타케우치 테루오(竹內照夫), 이남희 역,《사서오경》, 까치, 1991 / 竹內照夫,《四書五經》, 日本:平凡社, 東洋文庫 44.
- 피석서(皮錫瑞) 원저, 주여동(周予同) 주석, 이홍진 역,《중국경학사》, 형설출판사, 1995 / 皮錫瑞 著, 周予同 注,《經學歷史》.
- 양계초 저, 이기동 · 최일범 공역,《청대학술개론》, 여강출판사, 1987.
- 양계초 저, 이민수 역,《중국문화사상사》, 정음사, 1974 / 梁啓超,《中國學術思想變遷之大勢》.
- 김용옥,《절차탁마대기만성》, 통나무, 1989.
- 이인웅,《헤르만 헤세와 동양의 지혜》, 두레, 2000.
- 진순신 저, 서석연 역,《공자왈 맹자왈:유교 3천년》, 고려원, 1993.
- 나카무라 하지메(中村 元) 저, 김지견 역,《동양인의 사유방법》, 까치, 1990 / 中村 元,《東洋人の思惟方法》, 春秋社, 1961.
- 여영시 저, 김종윤 역,《중국 전통적 가치체계의 현대적 의의》, 전주대학교 출판부, 1997.
- 牟宗三,《中國哲學十九講》, 臺灣:學生書局, 1983.
- Li Sining(李思敬), The Five Classics and the Four Books : Sources of the Confucian Tradition(四書五經說略), Shandong Friendship Press(山東友誼出版社), 1998.

(2) 중국 철학사 및 한국 철학사

- 호적(胡適) 저, 송긍섭 외,《중국고대철학사》, 대한교과서주식회사, 1990년(4판).
- 임계유 저, 전택원 역,《중국철학사》, 까치, 1990 / 任繼愈,《中國哲學發展史: 先秦》, 人民出版社, 1983.
- 노사광 저, 정인재 역,《중국철학사: 고대편》, 탐구당, 1986.
- 풍우란 저, 정인재 역,《중국철학사》, 형설출판사, 1977 / 馮友蘭, A History of Chinese Philosophy, Vol.I, Princeton Univ., 1952.

- 북경대 철학과, 박원재 역,《중국철학사: 선진편》, 자작아카데미, 1994.
- 타케우치 요시오(武內義雄) 저, 이동희 역,《중국사상사》, 여강출판사, 1987.
- 후외려, 양재혁 역,《중국철학사(상)》, 일월서각, 1988.
- 葛兆光,《七世紀前中國的知識·思想與信仰世界》, 復旦大學出版社, 1998.
- 고려대 민족문화연구원 한국사상연구소,《자료와 해설: 한국의 철학사상》, 예문서원, 2001.

(3) 유교사와 유교문화론 참고서적
- 토가와 요시오(戶川芳郎)·하치야 쿠니오(蜂屋邦夫)·미조구치 유우조오(溝口雄三) 저, 조성을 외 역,《유교사》, 이론과 실천, 1990.
- 하치야 구니오(蜂屋邦夫) 저, 한예원 역,《중국사상이란 무엇인가》, 학고재, 1999.
- 가지 노부유키(加地伸行) 저, 김태준 역,《유교란 무엇인가》, 지영사, 1996.
  *유교는 재생이론(再生理論)을 바탕으로 하기 때문에 종교라고 볼 수 있다고 논하였다.
- 김승혜,《원시유교: '논어' '맹자' '순자'에 대한 해석학적 접근》, 민음사, 1990.
- 이승환,《유가사상의 사회철학적 재조명》, 고려대학교 출판부, 1989.
- 마루야마 마사오(丸山眞男) 저, 이근우 역,《일본정치사상사》, 통나무, 1998.
- Vitaly A. Rubin 저, 임철규 역,《중국에서의 개인과 국가: 공자·묵자·상앙·장자의 사상 연구》, 현상과 인식, 1983.
- 방동미(方東美) 저, 남상호 역,《원시 유가·도가 철학》, 서광사, 1999.
- 임계유(任繼愈) 편, 권덕주(權德周) 역,《중국의 유가와 도가》, 동아출판사, 1993.
- David L. Hall & Roger T. Ames, Thinking Through Confucius, New York: State University of New York Press, 1987.
- 한국사상사연구회,《조선유학의 자연철학》, 예문서원, 1998.

(4) 중국 사상의 과학적 배경
- 박성래 편저,《중국과학의 사상: 중국에는 왜 과학이 없었던가?》, 현대과학신서 10, 전파과학사, 1978(1), 1990(6).
- 야마다 케이지(山田慶兒) 저, 김석근 역,《주자의 자연학》, 통나무, 1991.
- 야마다 케이지(山田慶兒) 저, 박성환 역,《중국과학의 사상적 풍토》, 전파과학사, 1994. / 山田慶兒,《混沌の海へ: 中國的思考の構造》, 朝日新聞出版, 1982.
- 조셉 니담 저, 이석호 외 공역,《중국의 과학과 문명》(1)~(3), 을유문화사, 1985.

(5) 중국 논리학
- 中村元, 『論理の構造』(上下), 靑土社, 2000.
- 카지 노부유키(加地伸行) 저, 윤무한 역,《이야기 중국논리학사》, 법인문화사, 1994.
- 짱 옹시 저, 정진배 감수,《도와 로고스: 해석적 다원주의를 위하여》, 강, 1997.
- 楊沛蓀 主編,《中國邏輯思想史教程》, 甘肅人民出版社, 1988.
- Chad Hansen, Language and Logic in Ancient China, Ann Arbor: The University of Michican Press, 1983.

(6) 문헌과 사료 안내
- 굴만리, 장세후 역,《한학 연구의 길잡이》, 이회, 1998. / 屈萬里,《古籍導讀》, 臺灣開明書店.
- 양계초 저, 이계주 역,《중국고전학입문》, 형성사, 1995.
  *삼성문화문고《중국고전입문》을 개정한 것이다. '총설' '주요 고전의 해제와 독법' '중국학 입문서 요록'으로 구성되어 있다.
- 蔣伯潛,《十三經概論》, 上海古籍出版社, 1984.
- 蕭捷父,《中國哲學史史料源流擧要》, 武漢大學出版社, 1998.
- Loewe(魯維一), *Early Chinese Text: A Bibliographical Guide*, U.C. Berkley U.P., 1993 / 魯維一(Loewe), 李學勤 等譯,《中國古代典籍導讀》, 遼寧教育出版社, 1997.

(7) 훈고학
- 주대박(周大璞) 편, 정명수·장동우 역,《훈고학의 이해》, 도서출판 동과 서, 1997.
- 김 근,《한자는 중국을 어떻게 지배했는가》, 민음사, 1999.
- 전광진 편역,《중국문자훈고학사전(중국대백과전서)》, 동문선, 1993.

(8) 유학사 관련 인물 평전과 주요 저서의 번역
- 浦國雄(미우라 구니오) 지음, 이승연 옮김,《인간주자》, 창작과비평사, 1996.
- 三浦國雄,《朱子》, 人類の知的遺産 19, 講談社, 1979.
- 大西晴隆,《王陽明》, 人類の知的遺産 25, 講談社, 1979.
- 이민수 역,《近思錄·近思續錄》, 을유문화사, 1984.
- 황종희(黃宗羲) 저, 김덕균 옮김,《명이대방록》, 한길사, 2000.

(9) 유학·동양학 관련 사전
- 趙吉惠 郭厚安 主編,《中國儒學辭典》, 遼寧人民, 1988.
- 江上波夫 編,《東洋學の系譜》1集, 2集, 大修館書店, 1994.
- 高田時雄 編,《東洋學の系譜》(歌美篇), 大修館書店, 1996.

원문자료

(1) 경학 관련
- 《十三經注疏》, 上海:開明書店, 1934 / 臺北:藝文印書館, 1965 / 臺北:新文豊出版, 1978 / 北京:中華書局, 1980.
- (淸) 阮元,《皇淸經解》184種, 臺北:復興書局, 1961(영인). *청대 경학 자료.
- (淸) 王先謙,《皇淸經解(續)》209種, 臺北:復興書局, 1972(영인).
- (淸) 納蘭性德,《通志堂經解》140種, 臺北:大通書局. *宋學의 기본자료.
- (淸) 馬國翰,《玉函山房輯佚書》約580種, 臺北:文海出版社, 1967.

(2) 주자학 관련 원문자료
- 胡廣 等 奉勅撰,《四庫全書》, 影印文淵閣四庫全書, 臺灣商務印書館, 1983~1986.
- 《四書輯釋章圖通義大成》, 日本 公文書館 소장.
- 胡廣 等 奉勅撰,《五經大全》, 影印文淵閣四庫全書, 臺灣商務印書館, 1983~1986.
- 胡廣 等 奉勅撰,《性理大全》, 影印文淵閣四庫全書, 臺灣商務印書館, 1983~1986.
- 朱熹,《晦庵集》, 影印文淵閣四庫全書, 第1141册 集部80 別集類 ~ 第1170册 集部109 別集類, 臺灣商務印書館, 1983~1986.
- 朱熹,《朱子大全》(上·中·下), 保景文化史, 1984.
- 黎靖德 編,《朱子語類》(1~32), 北京:中華書局, 1986.

(3) 주요 총서

- 王雲五 主編,《國學基本叢書》400種, 商務印書館, 1957.
- 《四部叢刊》約 330種, 臺北:商務印書館, 1927~1929 ;《四部叢刊正編》, 臺北:商務印書館, 1978. ;《四部叢刊廣編》, 臺北:商務印書館, 1981.
- 陸費逵 主編,《四部備要》351種, 上海:中華書局, 1927~1931.
- 《叢書集成新編》, 臺北:新文豊出版公司, 1985(영인) /《新編叢書集成》, 서울: 以會文化社, 1993.
- 《百部叢書集成》4145種, 臺北:藝文印書館, 1968(영인).

(4) 훈고학 사전

- (淸) 劉淇 撰,《助字辨略》5卷, 中華書局, 1954. *虛辭 476개를 뽑아 重言 省文 助語 斷辭 疑辭 詠嘆辭 등 30類로 나누어 訓詁하였다. 허사만을 논의한 최초의 저서이다.
- (淸) 王引之 撰,《經典釋詞》10卷, 江蘇古籍, 1985. *虛辭 160개를 喉音(1-4) 牙音 舌音 등 古聲母에 따라 배열하였다.
- 楊樹達 撰,《詞詮》, 中華書局, 1954. *허사 약 500개를 예증과 함께 설명하였다.
- 裴學海,《古書虛字集釋》, 中華書局, 1954. *허사 290개를《經典釋詞》를 모방하여 喉・牙・舌・齒・脣音의 5류로 배열하였다.
- 向熹,《詩經詞典》, 四川人民,1986. *《시경》에서 2,826개 글자와 약 1,000개 단어를 뽑아 쓰임을 풀이하였다.
- 楊伯峻 徐提 編,《春秋左傳詞典》, 中華書局, 1985. *《춘추좌전》에서 단어 1만여 조를 뽑아 풀이하고 용례를 들었다.

제8강 사서와 사서학

Q 사서는 각기 다른 책인데 거기에 어떤 공통된 사상이 있나요?

A 사서는 성립된 시기가 각각 다르므로 논제를 전개하는 방식도 다르고 주제 사상도 조금씩 다르지요. 하지만 그것들은 인본주의 사상을 축으로 서로 긴밀하게 연계된 것으로 읽혀 왔습니다.

《논어》에는 은나라의 상제(上帝) 관념, 주나라의 천명(天命) 사상과 예(禮)의 제도를 계승하고 요·순·우·탕·문(文)·무(武)·주공의 사상을 종합한 면이 있다고 해요. 그런데 공자는 하늘에 대한 관심을 인간에 대한 관심으로 바꾸었습니다. 《논어》〈선진(先進)〉편에 보면, 자로가 죽음에 대해 묻자 공자는 "사람답게 사는 것도 아직 다 모르는데 어찌 죽음을 말하겠느냐"고 하였습니다. 또《논어》〈위령공(衛靈公)〉편에 보면 "사람이 능히 도를 넓히는 것이지 도가 사람을 넓히는 것이 아니다"라고 하였는데,《중용》에서는 "도는 사람에게서 멀리 있는 것이 아니다"라고 하였지요. 이 생각을 이어 맹자는 사람다움의 실현 근거로 성선설을 주장하였습니다.

논어

《논어(論語)》는 공자 문하의 제자 및 그 뒤의 유가들이 공자(기원전 552~479)의 말, 공자와 제자 사이의 대화, 공자와 당시 사람들과의 대화, 제자들의 말 그리고 제자들간의 대화를 기록하여 엮은 책이다. 이 책은 '중국 사상의 총 원천'(梁啓超의 말)이라고 일컬어진다. 공자의 행실을 기록한 《공자가어(孔子家語)》가 별도로 있으나, 왕숙(王肅)의 위작이라 하므로 신용할 수 없다. 따라서 현재 공자의 인간됨과 사상을 이해할 수 있는 확실한 자료로는 《논어》 이외에 달리 없다.

《논어》는 어록(Confucian Analects)이기에, 말씀의 본의를 찾기가 쉽지만은 않다. 더구나 20개의 편들과 각 편의 각 장(章)은 체계적으로 배열되어 있지 않다.

1. 논어의 성립

근세의 학자 장학성(章學誠)은 《논어》가 전국시대에 이루어졌다고 하였다. 그런데 '논어' 라는 명칭이 어떤 뜻인지는 분명하지 않다. 《한서》〈예문지〉

는, 공자가 죽자 문인들이 의논하여 제자들의 기록을 편찬하였으므로 《논어》라 한다고 하였다. 그러나 《석명(釋名)》(漢劉熙)에서는 "論은 곧 倫으로 윤리가 있음이다. 語는 편다는 뜻으로, 자기가 하고 싶은 말을 펴는 것이다"라 하였고, 《경전석문(經典釋文)》(唐 陸德明)에서는 "論은 綸·輪·理·次·撰"이라고 하였다. 대체로 보아 《석명》과 《석문》의 설은 천착(穿鑿)인 듯하다.

〈논어〉 20편

● 학이(學而)·위정(爲政)·팔일(八佾)·이인(里仁)·공야장(公冶長)·옹야(雍也)·술이(述而)·태백(泰伯)·자한(子罕)·향당(鄕黨)
● 선진(先進)·안연(顔淵)·자로(子路)·헌문(憲問)·위령공(衛靈公)·계씨(季氏)·양화(陽貨)·미자(微子)·자장(子張)·요왈(堯曰)

현재의 《논어》는 모두 20편이다. 전반 10편을 상론(上論), 후반 10편을 하론(下論)이라고 한다, 각 편 첫 장에서 두 글자 또는 세 글자를 따다가 편명으로 삼았다, 각 편마다 여러 가지 내용을 담고 있다. 〈학이(學而)〉는 학문의 필요성, 〈팔일(八佾)〉은 예(禮), 〈이인(里仁)〉은 인(仁), 〈공야장(公冶長)〉과

▶ 장안 비림(碑林)의 공자상

◀ 곡부(曲阜) 문물국(文物局) 사구(司寇) 공자상

〈옹야(雍也)〉는 제자의 인물됨, 〈향당(鄕黨)〉은 공자의 용의(容儀)·행동·음식·의례, 〈자로(子路)〉는 정치, 마지막 〈요왈(堯曰)〉은 역대 성인의 정치적 이상을 설명하였다.

2. 《논어》의 텍스트

《논어》의 고본(古本)으로 노나라의 노(魯)논어, 제나라의 제(齊)논어, 고(古)논어의 세 가지 텍스트가 전한다. 노논어는 20편, 제논어는 노논어보다 〈문왕(文王)〉과 〈지도(至道)〉 두 편이 더 많다. 고논어는 한나라 때 공자의 고택에서 발견되었다고 하는데, 〈문왕〉과 〈지도〉 두 편이 없고, 〈요왈〉 아랫 장과 〈자장문〉을 합쳐서 모두 21편이다. 전한 말 장우(張禹)가 노논어와 제논어를 비교하여 20편으로 개정한 것이 오늘날 전하는 《논어》의 원형이다.

《논어》 가운데 어떤 부분은 공자의 어록이라 보기 어렵다. 청나라 최술(崔述, 호 東壁)은 《수사고신록(洙泗考信錄)》과 《논어여설(論語餘說)》에서, 뒤 4편(〈계씨〉·〈양화〉·〈미자〉·〈요왈〉)에 의심스런 부분이 특히 많다고 하였다.

하안(何晏)의 《논어집해(論語集解)》(20권)와 주희의 《논어집주(論語集註)》(10

> **《논어》가 사람 마음을 풀어준다?**
> 조선후기의 학자 이덕무(李德懋)는 이렇게 말하였다. "평소 가슴속에 불평한 기운이 있으면 때때로 까닭없이 슬픔이 생겨 탄식하는 것이 극도에 달하게 된다. 이때 《이소(離騷)》와 〈구변(九辨)〉을 외우면 더욱 감촉(感觸)함이 심해진다. 그때 마음을 가라앉히고 《논어》를 읽으면 그 기운이 반드시 풀어진다. 이러하길 여러 번 하고 나니 비로소 성인의 기상이 천 년 뒤에도 능히 사람의 객기(客氣)를 변화시킨다는 것을 알았다."
> 김희문(金希文)이 말하였다. "형의 말이 어찌 그렇게 내 마음과 같은지! 나도 그런 객기가 있어서, 벌레 울고 달이 밝을 때면 늘 감회가 깊었습니다. 지난해 북한산에 올라가서 《논어》를 공부하다가 눈이 내린 뒤에 동쪽 성문에 올랐더니, 첩첩한 산봉우리는 뾰족하고, 눈빛은 눈을 어지럽게 하여, 마음이 매우 쓸쓸해졌어요. 그래서 급히 돌아와 《논어》를 읽었더니 비로소 마음이 가라앉았답니다. 형의 말이 과연 옳소. 옛날에 여백공(呂伯恭, 呂祖謙)은 기운이 지나치게 매섭고 억세었으나, 병중에 《논어》를 읽어 기질을 변화시켰다고 합디다."
> 이 대화는 이덕무의 《청장관전서(靑莊館全書)》 제48권 〈이목구심서(耳目口心書)〉에 실려 전한다.

권)가 가장 영향력이 있는 주석이다.

현대 번역으로는 전목(錢穆)이 지은 《사서석의(四書釋義)》 가운데 《논어》 부분, 양백준(楊伯峻)의 《논어역주(論語譯注)》가 뛰어나다. 또 맑시즘의 관점에서 《논어》를 해석한 조기빈(趙紀彬)의 《논어신탐(論語新探)》도 읽어두는 것이 좋다.

3. 공자

공자의 일생에 관해 신뢰할 만한 기록은 사마천(司馬遷) 《사기(史記)》 권47의 〈공자세가(孔子世家)〉이다. 이후에 나온 공자의 전기는 모두 이것을 기초로 하였다. 다만 이 전기도 공자가 죽고 난 400년 뒤의 글이므로 확실치 않은 점이 많다.

공자는 이름이 구(丘), 자(字)는 중니(仲尼)이다. 자(子)는 '선생'이란 뜻으로 높여 부르는 말이다(단, 공자의 이름이 글에 나와 있을 때는 이름을 읽지 않고 피하여 아무개 某라고 한다). 공자는 춘추시대 말기에 노(魯)나라의 창평향(昌平鄕) 추읍(陬邑, 산동성 曲阜 남동)에서 태어났다. 아버지의 이름은 흘(紇), 자는 숙량(叔梁)이고, 어머니는 안징재(顏徵在)이다. 공자는 세 살 때 부친을 잃고 빈곤 속에 자랐으나, 주나라의 전통 문화를 학습하였으며, 말단 관리를 거쳐 50세가 넘어 노나라 정공(定公)에게 발탁되었다. 공자는 노나라 실력자인 세 중신의 세력을 눌러 공실의 권력을 회복하려 하였으나, 기원전 497년, 56세 때 실각하여 노나라를 떠났다. 그 후 14년 간 여러 나라를 유세하다가, 기원전 484년, 69세 때 고향에 돌아가 교육에 전념하였다. 이 무렵 아들 리(鯉)와 제자 안회(顏回) 및 자로(子路)가 잇달아 죽는 불행을 겪었다. 74세로 사망하였다.

공자는 주 왕조의 질서를 모범으로 삼아 이상적인 덕치(德治)를 실현시키고자 하였다. 특히 가족제도 속에 사회질서의 원리가 있다고 보고, 보편적인 도덕의 기초를 인(仁)이라는 인간 내면의 자연성에서 구하였다. 또한 인(仁)이 사회에서 구현되려면 사회규범인 예(禮)가 필요하다고 보았다. 공자의 사후에 맹자(孟子)와 순자(荀子)가 나와서 유학을 더욱 발전시켰다.

《사기》〈공자세가〉에 보면, 정나라에서 공자는 제자들과 길이 어긋나 동문 부근에 우두커니 서 있었는데, 그를 본 정나라 사람은 공자의 제자 자공(子貢)에게 이렇게 말하였다고 한다. "동문에 사람이 있었습니다. 이마는 성스런 천자 요임금과 닮았고 목덜미는 고대의 사법관 고요(皐陶)와 같으며 어깨는 정 나라의 재상 자산(子産)과 닮았습니다. 하지만 허리부터 아래로는 우 임금에게서 세 치 정도 못 미쳤고, 실의한 모습은 마치 집 잃은 개와 같았습니다(東門有人, 其顙似堯, 其項類皐陶, 其肩類子産. 然自要以下不及禹三寸, 纍纍若喪家之狗)."

광(匡) 땅 사람이 공자를 붙잡아서 고통을 주었을 때, 공자는 이렇게 말하였다. "주나라의 문왕은 이미 돌아가셨으나 문왕이 만든 문화는 내 몸에 있는 것이 아닌가! 하늘이 문화를 멸망시키고자 한다면 후세에 살고 있는 내가 이 문화에 간여할 수가 없다. 내가 이 문화에 간여할 수 있었던 것은 하늘이 이 문화를 멸망시키려 하지 않기 때문이다. 그렇다면 나를 광 땅의 사람이 어떻게 할 수 있으랴?(文王旣沒, 文不在玆乎! 天之將喪斯文也, 後死者不得與于斯文也. 天之未喪斯文也, 匡人其如予何?)" 공자는 곤궁에 처해서도 문화의 담당자라는 자부심을 잃지 않았던 것이다.

4. 유교무류(有敎無類)

공자는 계층과 신분에 구애되지 않고 학문을 가르쳤다. 그 정신이 '유교무류(有敎無類)'라는 말에 나타나 있다. 《주례》는 "예는 서민에 미치지 않는다"는 전통을 세웠으나, 공자는 지배자가 서민을 가르치지 않고 죽음에 내모는 것에 반대하였다.

공자는 인·효·정치와 같은 주요 개념들을 설명할 때 대화 상대와 상황에 따라 '다른 방식으로' 정의하였다. 그렇다고 원칙 없이 말을 바꾼 것이 아니다. 공자 스스로 "내 도는 하나로 꿴다(吾道一以貫之)"라고 하였듯이, 일관성 추구야말로 공자 철학의 특징이었다.

공자는 제자가 3,000명이었고, 그 가운데 고제(高弟)가 77명이었다고 한다. 《사기》〈중니제자열전〉에는 공자의 말을 인용하여, "내 문하에서 학업을 닦아 통달한 자가 77명이 있는데, 모두 재능이 뛰어난 사람들이다. 덕행으로는 안연(顔淵)·민자건(閔子騫)·염백우(冉伯牛)·중궁(仲弓)이 있고, 정치에는 염유(冉有)·계로(季路)가 있고, 언어에는 재아(宰我)·자공(子貢)이 있고, 문학에는 자유(子由)·자하(子夏)가 있다. 자장(子張)은 편벽되고, 증삼(曾參)은 노둔하며, 자고(子固)는 우직하고, 자로는 거친 데가 있고, 회(回)는 여러 번 끼니를 굶었다. 자공(子貢)은 명을 받지 않고 재산을 불렸으니, 억측하여도 여러 번 적중하였다"라고 하였다.

① 안회(顔回)

노나라 사람으로 자(字)는 자연(子淵)이다. 공자보다는 서른 살 어렸다. 가난하였지만, 29세에 머리털이 모두 희어질 정도로 학문에 열중했다. 31세로 그가 요절하자 공자는 "하늘이 나를 버리는구나!(天喪予, 天喪予!)"〈先進〉편)라고 탄식하였다. 안회에 관한 기록에는 다음과 같은 것들이 있다.

顔淵問仁. 子曰: "克己復禮爲仁. 一日克己復禮, 天下歸仁焉. 爲仁, 由己而由人乎哉?" 顔淵曰: "請問其目." 子曰: "非禮勿視, 非禮勿聽, 非禮勿言, 非禮勿動." 顔淵曰: "回雖不敏, 請事斯語矣." — 안연이 인에 관해 공자에게 묻자 공자가 말하였다. "자기를 이기고 예로 돌아가는 것이 인이다. 하루라도 자기를 이

기고 예로 돌아간다면, 온 세상 사람들이 다 인으로 돌아갈 것이다. 인의 실천은 자기에게서 말미암는 것이니, 남으로부터 말미암겠는가?" 인을 실천하는 '조목'은 무엇인가 묻자 공자는 이렇게 답하였다. "예가 아니면 듣지도 말고, 예가 아니면 말하지도 말고, 예가 아니면 보지도 말고, 예가 아니면 행동하지도 말라." "안회가 어리석고 불민합니다만, 이 말씀을 실천하고자 평생 노력하겠습니다."《顔淵》

子曰:"賢哉, 回也! 一簞食一瓢飮, 在陋巷, 人不堪其憂, 回也不改其樂. 賢哉, 回也!"―어질구나, 回여! 한 그릇 밥과 한 표주박 물을 마시며, 좁고 누추한 거리에 사니, 남들은 그 근심을 견디지 못하거늘, 回는 그 즐거움을 고치지 않는구나. 《雍也》
吾與回言, 終日不違如愚. 退而省其私, 亦足以發. 回也不愚. ―내가 回와 종일 이야기해도 그는 한번도 나를 반대하는 일이 없었으니, 마치 바보처럼 보였다. 그러나 그가 물러가서 하는 일을 살펴보면 내가 가르친 것을 완전히 터득한 것처럼 행동하였다. 回는 결코 바보가 아니다.《爲政》
哀公問:"弟子孰爲好學?" 孔子對曰:"有顔回者, 好學, 不遷怒, 不貳過. 不幸短命死矣. 今也則亡. 未聞好學者也." ―노나라 애공이 "제자들 중에 누가 학문을 좋아했는가?" 하고 묻자 공자가 대답하였다. "안회라는 자가 있어 학문을 좋아했습니다. 노염을 남에게 옮기지 아니하며, 허물을 거듭 저지르지 않았습니다. 그러나 불행하게도 명이 짧아 일찍 죽었습니다. 지금은 학문을 좋아하는 자가 있다는 말을 듣지 못하였습니다."《雍也》

② 단목사(端木賜)

위(衛)나라 사람으로 자(字)는 자공(子貢)이다. 공자보다 나이가 31세 어렸다. 외교에 대한 능력이 뛰어났으며, 경제적인 면에서도 성공을 거두었다. 《사기》〈화식열전(貨殖列傳)〉에 보면, 그는 네 마리 말이 끄는 수레를 타고 많은 폐백을 갖추어 제후들을 방문하였는데, 이르는 곳마다 제후들이 대등한 예〔항례(抗禮)〕로 대하였다고 한다. 공자는 그를 사리에 통달한 사람이라고 계씨(季氏)에게 추천하였다. 하지만 말재주에 대해서는 꾸지람을 한 적도 있다. 공자가 죽자 상례를 주재하였으며, 다른 제자들과 달리 6년 상을 치렀다. 단목사에 관한 기록에 다음과 같은 것이 있다.

子謂子貢曰:"女與回也孰愈?" 對曰:"賜也何敢望回? 回也聞一以知十, 賜也聞一以知二." 子曰:"弗如也! 吾與女弗如也." — 공자가 자공에게 말하였다. "너와 回는 누가 더 나으냐?" 자공이 대답하였다. "賜가 어찌 감히 回와 같기를 바라겠습니까? 回는 하나를 들어 열을 알지만, 賜는 하나를 들어 겨우 둘을 압니다." 공자가 말하였다. "그에게 미치지 못하고말고! 나와 너는 그에게 미칠 수 없다." 《公冶長》

③ 중유(仲由)

변(卞)땅의 사람으로, 자(字)는 자로(子路)이다. 공자보다 9살 어렸다. 처음에 수탉 깃 갓을 쓰고 수퇘지 가죽띠를 두른 차림으로 찾아와 공자를 업신여겼으나, 공자가 예로써 대하매 감동하여 제자가 되었다. 훗날 위(衛)에서 자고(子羔)와 함께 벼슬을 하던 그는, 자신을 등용시킨 사람을 위해 목숨을 바쳤으며, "군자는 죽을 때도 갓을 벗지 않는다"고 하면서 죽는 순간까지 갓끈을 풀려고 하지 않았다. 그 시체가 소금에 절여져 공자에게 전달되었을 때 공자는 큰 충격을 받았다.

子路問政. 子曰:"先之勞之." 請益. 曰:"無倦." — 자로가 정치에 관해 묻자, 공자가 대답하길 "몸소 먼저 하며, 백성의 일에 수고하여야 한다." 더 여쭙자, "게을리 말라"고 말씀하셨다. 《子路》

子曰:"道不行, 乘桴, 浮于海. 從我者, 其由與!" 子路聞之, 喜. 子曰:"由也, 好勇過我. 無所取材." — 공자가 말씀하길, "도가 행해지지 않는구나, 뗏목을 타고 바다로 흘러가리라. 나를 따를 사람은 아마 중유이겠지!" 자로가 그 말을 듣고 기뻐하였다. 공자가 말하길, "중유는 용맹을 좋아함이 나보다 훨씬 더 하지만, 가져다 쓸 바가 없도다"라고 하였다. 《公冶長》

子路曰:"君子尚勇乎?" 子曰:"君子義以爲上, 君子有勇而無義, 爲亂. 小人有勇而無義, 爲盜." — 자로가 묻기를, "군자도 용맹을 숭상합니까?" 공자가 말하길, "군자는 의를 으뜸으로 삼으니, 군자가 용맹이 있고 의가 없으면 난을 저지르고, 소인이 용맹만 있고 의가 없으면 도적질을 한다." 《陽貨》

④ 증삼(曾參)

자는 자여(子輿)로, 공자보다 46세 어리다. 공자 문하의 증점(曾點)의 아들이다.《논어》에서는 그를 증자(曾子)라고 경칭하였다. 그는 공자의 도의 진수를 얻어, 공자의 손자 공급(孔伋, 자는 子思)에게 전했다고 한다. 공자가 그에게《효경》을 짓게 했다는 설이 있다.

5.《논어》의 영역

《논어》의 외국어 역은 예수교 선교사의 라틴어역(1662년)이 최초로, 이것은 루이 14세의 명으로 편찬된《중국의 철학자 공자(Confucius Sinarum

How does Confucius formulate the equivalent of the Golden Rule ("Do unto others as you would have them do unto you")? Is his a stronger injunction or a less demanding one?
어떻게 공자는 '골든룰(네가 그들에게 받고 싶은 만큼 다른 사람에게 행하라)'과 동일한 개념을 형성했을까? 공자의 충서(忠恕) 개념이 성경의 것보다 더 강한 개념이었을까? 덜 강요적인 개념이었을까?

The Golden Rule(Matthew 7:12)
Sometimes claimed to be a uniquely Christian contribution to ethics, the "Golden Rule" has also been argued to be an eloquent expression of the universal principal underlying the concept of law. Compare the similar saying by Confucius.
In everything do to others as you would have them do to you; for this is the law and the prophets. – New Revised Standard Version
골든룰(마태복음 7:12) : '골든룰'은 기독교가 윤리에 기여한 바라고 주장되기도 하고, 또한 법의 기초가 되는 보편적 개념을 설득력 있게 표현한 것이라 주장되어 왔다. 공자가 말한 비슷한 문구와 비교해 보라. "무엇이든지 남에게 대접을 받고자 하는 대로 너희도 남을 대접하라. 이것이 율법이요 선지자이기 때문이다." (*신 보편 개정 버전)

* the similar saying by Confucius.
Zhonggong asked about perfect virtue. The Master said, "When abroad, behave to everyone as if you were receiving an important guest; treat people as if you were assisting at a great sacrifice; Do not do to others as you would not wish done to yourself. Thereby you will let no murmuring rise against you in the country, and none in the family……"
중궁이 완전한 덕[仁]에 대해 물었다. 공자께서 말씀하셨다. "외국에 있을 때는 마치 중요한 손님을 맞는 것처럼 모든 사람에게 행동하라. 그리고 사람들을 부릴 때에는 큰 제사의식을 수행하는 것처럼 대하라. 네가 당하길 원치 않는 일을 다른 사람에게 행하지 마라. 그러면 나라 안에서도 너에 대한 잡음이 일어나지 않을 것이고, 가정에서도 잡음이 일어나지 않을 것이다."

James Legge
(理雅各, 1815~1897)

스코틀랜드 출신의 성직자이지만, 중국학 학자로서 더 유명하다. 말라카(1839~1843)와 홍콩(1843~1873)에서 선교사와 교육자로서 34년을 봉사한 뒤 1875년에 은퇴하였다. 그는 1863년 홍콩에 거주하면서 중국인 학자 Wang Tao(王韜, 1822~1897)와 함께 중국학을 연구하였다. 프랑스 중국학자들은 중국문학 연구자에게 수여하는 줄리앙(Julien)상을 그에게 주었다. 그리고 영국 옥스퍼드대학은 레게를 첫 번째 중어중문학과 교수로 받아들였다. 1876년에 교수직을 시작하여 죽을 때까지 중국학 방면에서 수많은 업적을 남겼다. 레게의 사서 번역은 유교의 고전적 전통에 고유의 일신교적 사상이 내포되어 있다는 주장을 깔고 있다. 1905년 그의 딸이 레게 자서전을 출판하였는데, 선교 활동을 강조한 반면, 경전 번역의 성과나 그것과 관련된 논쟁거리는 언급하지 않았다.

제임스 레게 영역 《논어》

Philosophus》》(1687년)에 수록되었다. 이 선교사 번역본은 주희의 《논어집주》에 비판적이었고, '천(天)' '상제(上帝)' '귀신(鬼神)' 등에 인격성을 인정하였던 명나라 장거정(張居正)의 《논어직해(論語直解)》를 채용하였다. 그 뒤 《논어》는 영어, 독일어, 불어, 이태리어, 스페인어, 에스페란토어로 번역되었다. 영역만 20종 이상이라고 한다. 영국 프로테스탄트 선교사 제임스 레게(James Legge)의 번역본 《The Four Books》(1879년)가 가장 유명하다.

생각해 봅시다

(1) 〈안연〉편에 나오는 다음 글들을 보면 공자는 제자들에게 인(仁)에 대하여 각기 다르게 설명하였습니다. 어째서일까요?
- 顔淵問仁. 子曰: "克己復禮爲仁. 一日克己復禮, 天下歸仁焉. 爲仁, 由己而由人乎哉?" 顔淵曰: "請問其目." 子曰: "非禮勿視, 非禮勿聽, 非禮勿言, 非禮勿動." 顔淵曰: "回雖不敏, 請事斯語矣."
- 仲弓(冉雍)問仁. 子曰: "出門如見大賓, 使民如承大祭. 己所不欲, 勿施於人. 在邦無怨, 在家無怨." 仲弓曰: "雍雖不敏, 請事斯語矣."
- 司馬牛問仁. 子曰: "仁者, 其言也訒." 曰: "其言也訒, 斯謂之仁矣乎?" 子曰: "爲之難, 言之得無訒乎!"
   * '訒'은 '조심한다'는 뜻.

(2) 〈안연〉편에서 공자는 사마우(司馬牛)에게, 마음속에 부끄러움이 없고 남들에게 공손하게 대하면 두려울 것이 없다고 하였고, 공자의 제자 자하(子夏)는 그에게 다른 사람들과 형제처럼 지낼 수 있으리라고 하였습니다. 공자와 자하는 왜 사마우에게 그런 말을 했을까요?
- 司馬牛問君子. 子曰: "君子不憂不懼." 曰: "不憂不懼, 斯謂之君子矣乎?" 子曰: "內省不疚, 夫何憂何懼?"
- 司馬牛憂曰: "人皆有兄弟, 我獨亡!" 子夏曰: "商聞之矣. 死生有命, 富貴在天. 君子敬而無失, 與人恭而有禮, 四海之內, 皆兄弟也, 君子何患乎無兄弟也."
   * 사마우는 공자를 죽이려 하였던 송나라 사마환퇴(司馬桓魋)의 아우임. '亡'는 '없을 무'. '失'은 '방일(放佚)'의 뜻.

맹자

맹자는 공자의 제자 증삼(曾參)과 증삼의 제자 자사(子思)의 뒤를 이어 사맹학파(思孟學派)를 개창하였다. 공자의 덕치사상을 발전시켜 인정(仁政) 학설을 개진하였으며, 그 이론적 근거로 성선설(性善說)을 주장하였다.

1. 맹자와 《맹자》의 성립

《사기》의 〈맹가·순경열전(孟軻荀卿列傳)〉에 따르면 맹자의 이름은 가(軻)이고 추(騶, 騶는 鄒와 통한다) 사람이라고 하였다. 그런데 《공총자(孔叢子)》〈잡훈(雜訓)〉과 그 주석에서는 맹자의 자가 자거(子居)이고 '가난하게 살아 세상에 쓰이지 않았으므로(居貧坎軻)' 이름을 가(軻)라 하였다 하고, 또 자를 자여(子輿)라 한다고도 하였다. 《곤학기문(困學紀聞)》(宋 王應麟 撰)은 그 설을 견강부회라고 보았다.

《사기》에서는 맹자가 "자사(子思)의 문인에게서 수업했다"고 하였다. 맹자를 자사의 제자라고 말한 기록도 있다. 그러나 자사와 맹자의 생졸년을 살펴보면 맹자는 결코 자사에게서 수업을 받을 수 없었다고 한다(毛奇齡《四書賸言》/ 崔述《孟子事實錄》). 맹자는 기원전 372년에 나서 기원전 289년에 향년 84세로 죽은 듯하다.

《맹자》는 맹자가 은퇴한 뒤 만장(萬章) 등의 제자와 함께 지은 것이라는 설이 있으나《사기》, 맹자가 죽은 뒤 제자들이 기록과 기억을 토대로 모아서 엮은 듯하다. 〈양혜왕(梁惠王) 상·하〉〈공손추(公孫丑) 상·하〉〈등문공(滕文公) 상·하〉〈이루(離婁) 상·하〉〈만장(萬章) 상·하〉〈고자(告子) 상·하〉〈진심(盡心) 상·하〉와 같이 총 7편 14장구(章句)로 이루어져 있다. 단,《사기》〈맹자열전〉에서는《맹자》 7편이라고 하였는데《한서》〈예문지〉에서는

11편이라고 하였다. 조기(趙岐)의 〈맹자제사(孟子題辭)〉는 추가된 4편이 성선(性善)·변문(辯文)·설효경(說孝經)·위정(爲政)이라고 하였다. 이《외서》4편이 언제 없어졌는지는 알 수 없고, 그 일문(佚文)만 옛 전적에 보인다.

2. 《맹자》의 고전적 가치

실수가 없도록 마음을 삼간다는 뜻으로 '조심'이란 말이 있다. 操心이라고 적는다. 중국어의 '소심(小心)', 일본어의 '용심(用心)'에 해당한다. '소심'은《시경》에 '소심익익(小心翼翼: 대단히 삼감)'이란 어구가 있는 데서 알 수 있듯이, 오래전부터 쓰인 말이다. '용심'은《논어》《맹자》《장자》뿐만 아니라《화엄경》에도 나올 정도로 흔한 말이다. 이에 비해 '조심'은 뉘앙스가 비장하고 또 의미가 철학적이다. 본래《맹자》의 〈진심·상〉편에서 나왔다. 즉, 갖가지 곤경에 처한 사람은 "마음 쓰기를 위태로운 듯이 하고 환난에 대해 염려하기를 깊이 하므로 사리에 통달하게 된다(其操心也危, 其慮患也深, 故達)"는 구절에 나온다.

그런데 '조심'에서 붙잡을 조(操)자를 사용한 것은 〈고자·상〉편(제8장)과도 관련이 있다. 맹자는, 사람에게는 누구나 인의(仁義)의 마음인 양심이 있지만 도끼로 산의 나무를 베어내듯이 하면 양심을 잃어버릴 수 있다고 경고하였다. 그러면서 한편으로, 양심을 잃어버렸다 해도 잘 양성하면 회복할 수가 있다고 하였다. 이 때 공자의 말(혹은 고어)을 인용해서 "(양심 혹은 마음이란) 잡으면 보존할 수가 있고 놓으면 없어진다(操則存, 舍則亡)"고 했다. 조심이란 말은 심성수양의 뜻을 연상시키는 것이다. 그 말이 우리의 일상어로 된 것은《맹자》가 우리에게 각별한 고전이었기 때문이다.

맹자는 공자의 인(仁) 사상을 구체화해서 유학 사상을 발전시킨 철학자일 뿐만 아니라, 살육이 자행되던 시대에 '살인을 좋아하지 않는 자'라야 천하를 통일할 수 있다고 왕도정치의 이념을 역설한 정치가였다. 그가 실의한 뒤 만년에 집필하였다는 《맹자》는 유가 경전으로서 사서삼경, 사서오경, 십삼경 등의 분류에 꼭 들어간다. 게다가 그 문체는 한문문장의 모범이기도 하였다. 하지만 《맹자》가 그 지위를 인정받기까지는 우여곡절이 있었다. 《맹자》가 경(經)으로 존중받게 된 것은 남송의 주자(주희)가 그것을 사서의 하나로 인정한 뒤부터인 듯하다. 아마 "군주가 신하를 하찮게 여기면 신하도 군주 보기를 원수같이 여기게 된다"는 말에 담긴 군신관계의 상대론 때문일 것이다. 혹은 맹자가 '혁명'의 설을 과격하게 주장하였기 때문이라고도 한다.

혁명이란 본디 《역경》에 나오는 말로, 천명(天命)이 개혁된다는 의미였다. 한 군주에게 있던 천명이 다른 군주에게로 옮아간다는 뜻이다. 그런데 맹자는 천명의 소재를 민중에게서 찾고, 민심의 향배에 따라 천명이 바뀔 수 있다고 주장하였다. 심지어, 민의에 반하는 군주를 방벌(放伐, 추방하거나 토벌함)할 수 있다고도 하였다. 은나라 정벌과 주나라 정벌의 정당성에 대해 질문을 받자, 맹자는, 신하가 군주를 죽인 일이 없고 '한 사람의 필부'를 죽였을 뿐이라고 대답하였다. 민심이 떠난 군주를, 《상서》의 논리를 이어 '외로운 사나이(獨夫)'로 간주하였던 그 답변은 매우 신선하고 그만큼 급진적이었다. 다음이 그 원문이다.

齊宣王問曰: "湯放桀, 武王伐紂, 有諸?" 孟子對曰: "於傳有之." 曰: "臣弑其君可乎?" 曰: "賊仁者謂之賊, 賊義者謂之殘, 殘賊之人謂之一夫, 聞誅一夫紂矣, 未聞弑君也." 〈梁惠王·下〉
제선왕이 물었다. "탕왕이 걸왕을 유치(留置)시키고 무왕이 주왕을 정벌하였는데, 그러한 일이 있었습니까?" 맹자가 대답했다. "전에 있었습니다." 왕이 말했다. "신하가 그 임금을 죽일 수 있습니까?" 맹자가 말했다. "인을 해치는 자를 적이라 하고 의를 해치는 자를 잔이라 하여, 잔적의 사람은 한 사내라고 하니, 한 사내인 주를 주살했다고는 들었으나 임금을 시해했다고는 듣지 못했습니다."
公孫丑曰：'伊尹曰：'予不狎于不順', 放太甲于桐, 民大悅, 太甲賢, 又反之 民大悅. 賢者之爲人臣也, 其君不賢則, 固可放與?" 孟子曰："有伊尹之志則 可, 無伊尹之志則簒也.〈盡心·上〉
공손추가 말했다. "이윤이 '나는 순리가 아니면 익숙치 못하다' 하고 태갑을 동 땅으로 추방하자 백성들이 크게 기뻐하였다가, 태갑이 어질어져 다시 돌아오자 백성들이 크게 기뻐하였습니다. 어진 이가 신하가 되어 그 임금이 어질지 못하면 진실로 추방할 수 있습니까?" 맹자가 말했다. "이윤의 뜻이 있다면 그럴 수 있지만, 이윤의 뜻이 없다면 임금의 자리를 찬탈하는 것입니다."

이러한 혁명론(방벌론)을 위정자가 달갑게 여길 리 없었다. 과연 명나라 태조 주원장은 혁명으로 정권을 잡았지만, 《맹자》의 혁명론을 매우 싫어하였다, 그래서 《맹자》를 금서로 삼았다가, 뒷날 관련 부분을 삭제한 채 간행하도록 하였다. 일본에서도 에도(江戶)의 어떤 관백은 《맹자》를 금서로 삼았다고 한다.

맹자는 전국시대의 지적 풍토로부터 영향을 받아 변론술과 비유법을 빈번하게 사용하였다. 그 언설이 임기에 능하였으므로 혹자는 맹자를 두고 변재(辯才)가 뛰어나다고 비판하였다. 북송 때 정이는, 안연은 아성(성인에 버금가는 존재)이지만 맹자는 한 등급 아래의 대현(大賢)이라고 평하였다. 이런 이유에서 《맹자》는 유가 경전 가운데서 격이 낮게 취급되었다. 그러나 중국의 진보적인 지식인들은 기존의 사유체계를 넘어서 새로운 철학을 구축하려고 할 때 《맹자》의 심성론에 주목하였다. 우리나라에서도 강화학파 학자들이 특히 그 심성론에 큰 가치를 두었다.

사실 《맹자》는 쉬운 책이 아니다. 주희도 이 책은 읽기가 어렵다고 고백했다. 맹자가 성(性)을 기질 문제와 연관시키지 않고 본원을 곧장 탐색한 점, 정(情)을 말하면서 측은·수오·사양·시비를 인의예지의 단(端)이라고 논한 점, 수양의 방법으로 구방심(求放心 : 풀어진 마음을 찾아서 회복시킴)을 강조한 설은 특히 그렇다. 더구나 맹자의 사상은 시간에 따라 변화하였다. 처음에는 인의설에서 출발해서 다음에는 왕도론을 말하고 다시 성선설을 역설했으며, 마지막에는 정신주의로 나아갔다(하치야 구니오,《중국사상이란 무엇인가》). 맹자의 사상을 이해하려면 그 점을 잘 살펴야 할 것이다. 그 뿐만 아니다.《맹자》는 춘추대의와 중화중심주의의 논리를 담고 있다. 우리로서는 정말 '제대로 읽어야 할(善讀)' 책이다.

하지만 맹자는 인류의 역사와 지성의 발전에 매우 선명한 이념을 제시하였다. 정치적으로는 민본주의(혹은 중민주의)를 주장하였고, 인간학적으로는 양심(인의의 마음)의 회복을 제창하였다. 한나라 때 역사가 사마천은 맹자가 '하필이면 이로움을 말씀하십니까?(何必曰利)' 라 하고 인의의 왕도정치를 역설한 대목에 이르러 책을 덮고, 그 높은 이상에 감동하여 한숨을 쉬었다고 하였다. 역사유물론의 관점에서 보면 맹자의 이 정치론은 전제왕권의 유지나 강화에 기여했을 뿐이라고 재단할 수 있을지 모른다(유택화,《중국 고대 정치사상》). 하지만 맹자가 "백성(민중)이 고귀하고 사직(국가)은 그 다음이며 군주는 가볍다"라고 언명한 것을 보라. 그 선언은 전근대시기 내내 정치의 정당성을 되묻는 담론의 기제였다. 또, 인간의 양심을 믿은 맹자의 심성론은 어떤가. 그것에 대해, 전제군주가 민중을 지배하는 데 필요한 방안을 제출한 것이라고 일축할 수 있을까. 맹자는 특히 지식인의 각성을 촉구하였다. 지식인들에게 "뜻을 높이 가지라(尙志)"고 하였다. "해와 달은 본래 밝다. 자그마한 구멍이라도 내어 빛을 받아들이면, 거기에 그 빛은 반드시 내리쬔다(日月有明, 容光必照焉)"고도 하였다. 인간 일반에게 자기반성과 자기향상을 강조한 그 계몽성을 결코 폄하할 수가 없다.

조선의 지식인들은《맹자》가 지닌 두 측면을 명확하게 파악하고 심성 수련을 바탕으로 왕도정치의 이상을 실현시키고자 노력하였다. 군사(君師, 군주이면서 유학의 사표)이고자 하였던 정조는 《맹자》를 거듭 읽고 꼼꼼하게 메모를 하고, 특별 선발의 문신들에게 조목조목 질문을 던졌다. 동아시아의 군주 가운데 《맹자》의 심성론을 정치에 접목시키려 하였던 군주는 정조가 유일한 듯하다.

'조심'이란 말이 우리 일상어로 정착이 되었던 것은 《맹자》가 그렇게 군주에서부터 사대부 지식인에 이르기까지 널리 읽혔기 때문일 것이다. 맹자는 인간의 정신적 완성을 긍정하였으며 민중의 실제 삶을 중시하는 정치이념이 실현되기를 기대하였다. 그러한 이유에서 이 고전은 앞으로도 오래오래 살아남을 것이다. ('천명을 등진 군주는 추방하라' 〈한겨레〉 2005년 5월 27일 '고전다시읽기' 게재)

3. 《맹자》의 텍스트와 《맹자자의소증(孟子字義疏證)》

《맹자》는 남송 때 이르러서야 《논어》에 버금가는 지위를 얻었다. 《맹자》에 주석한 책으로 지금 남아 있는 것은 한나라 사람 조기(趙岐)의 주석이 가장 오래되었다. 남송 말, 원 이후로는 주희의 《맹자집주》(7권)가 널리 유행하였다.

현대 중국어 번역으로는 근대의 전목(錢穆)이 지은 《사서석의(四書釋義)》 가운데 《맹자》, 양백준(楊伯峻)의 《맹자역주(孟子譯註)》가 뛰어나다.

《맹자자의소증》은 청나라 때 대진(戴震, 1724~1777)이 1777년에 완성한 것

> **맹자 속에 맹꽁이 울음이 들어 있다니?**
>
> 북송 때 왕안석(王安石)은 《논어》 〈옹야(雍也)〉의 구절인 "知之爲知之, 不知爲不知, 是知也"를 두고, 제비의 말소리를 흉내낸 것이라고 하였다. 우리말로 읽고 토를 달면 "지지위지지요, 부지위부지니, 시지야니라"이니, 영락없는 제비 지저귀는 소리이다. 이에 대하여 유반(劉攽)은 《논어》 〈위정(爲政)〉의 "觚不觚, 觚哉觚哉('고불고'면 '고재고재')"가 비둘기 소리 같다고 짝으로 내세웠다. 《설부(說郛)》라는 책에 나온다. 그런데 이수광(李睟光)은 이 글을 읽고는 《맹자》 속에서 맹꽁이 울음과 비슷한 구절을 찾아내었다. 즉, "獨樂樂, 與衆樂樂, 孰樂('독악낙'과 '여중악락'이 '숙락'이니이꼬)?"이다. 이것은 유반이 찾아낸 구절보다 더 교묘하게 제비 소리에 짝이 된다. 이수광의 일화는 《지봉유설(芝峯類說)》에 나온다.

으로, 총 3권이다. 대진은 고증학자로 환파(晥派)의 한학(漢學)을 대표하는 인물이다. 그는 고증과 훈고를 통해 이(理)·천도(天道)·성(性)·재(才)·도(道)·인의예지(仁義禮知)·성(誠)·권(權) 등 《맹자》의 주요 개념을 밝히는 한편, 이(理)와 욕(欲), 인성(人性), 도(道)와 기(氣) 등 고대 사상사의 기본적인 문제에 대하여 견해를 피력하였다. '천리를 보존하고 인욕을 없앤다(存天理, 滅人欲)'고 주장하였던 이학가(理學家)의 관점을 비난하고, 인욕을 없애는 것은 곧 천리를 끊어버리는 것이라고 지적하였다.

4. 용광필조(容光必照)

《맹자》〈진심(盡心·上)〉에, 일반적인 언술과는 좀 다르게 보이는 철학적인 문구가 있다. "孔子登東山而小魯하시고 登太山而小天下하시다"로 시작되는 부분이다.

공자가 노나라 동산(東山)에 올라가 내려다보고 노나라를 작다고 여기고 태산(太山: 泰山)에 올라가 내려다보고 천하를 작다고 여겼다는 뜻의 이 구절은 공자의 웅지(雄志)를 말해주는 명문으로 널리 알려져 있다.

그 허두의 뒤에 다음 말이 이어진다.

"故로 觀於海者에 難爲水요 遊於聖人之門者에 難爲言이라. 觀水有術하니 必觀其瀾이라(그러므로 바다를 본 일이 있는 사람에게는 웬만한 물은 큰 물일 수가 없고, 성인의 문하에서 배운 자에게는 웬만한 말은 대단한 말일 수가 없다. 물의 크고 작음을 보는 데는 방법이 있으니, 그 물결이 이는 상태를 보면 된다)."

'바다를 본 자'라는 표현은 '성인의 문하에서 배운 자'를 도출하기 위한 비유어이다. 정말로 크고 올바른 진리에 접한 사람은 시답잖은 논리에 좌우되지 않을 것이다. 이 뒤에 용광필조(容光必照)의 성어가 나온다.

"日月이 有明하니 容光이어든 必照焉이라(해와 달은 본디 밝음이 있으므로

태산 정상의 표지판   태산 오악독존(五嶽獨尊)

자그마한 구멍이라도 내어서 빛을 받아들이면, 거기에 해와 달의 빛은 반드시 내리쬐 게 되어 있다)."

해와 달의 밝음이란 곧 진리 그 자체이다. 빛(光)은 진리의 단서(端緒)이 다. 우리는 '빛을 받아들이는' 통로를 만들어야만 한다. 일상에 젖어 그저 그렇게 살아가는 사람은 세상에 진리란 없다고 생각하기 일쑤다. 진리는 객관적으로 존재한다. 다만 빛을 받아들이려는 노력을 하지 않기 때문에 진리를 내 것으로서 체험하지 못할 따름이다. 이 구절은 《주역》에서 말하 는 자강불식(自强不息, 自彊不息)의 자세와 통하는 면이 있다. 부지런히 스 스로를 갈고 닦아서 온전한 인격체를 형성하는 일을 한문의 고전들은 공통 적으로 촉구하고 있다.

《맹자》의 이 장(章)은 다음과 같이 끝을 맺는다.

流水之爲物也는 不盈科면 不行하나니, 君子之志於道也에도 不成章이면 不 達이라.
흐르는 물이라는 것은 도중의 웅덩이를 채우지 않고서는 앞으로 흘러나가지 않는다. 마찬가지로 군자가 성인의 도에 뜻을 둔 경우에도 구획을 맺지 않으면 목표에 도달 할 수가 없다.

등급을 뛰어넘지 말고 차근차근 수련하라고 맹자는 말한다. 다른 곳에서 맹자는 알묘조장(揠苗助長)의 고사를 말하였다. 송나라 농부가 벼 싹이 빨리 자라지 않는다고 벼의 뿌리를 조금씩 들어주었더니 벼들이 말라죽고 말았다는 이야기이다. 누구나 자신의 내면에 지닌 호연지기(浩然之氣)를 길러서 충만한 상태로 만들어야 하겠지만 그렇다고 조급하게 굴어서는 안 된다. 차근차근 자신을 다잡아 가는 방법이란 곧 인의(仁義)의 삶을 매순간 실천해가는 일이다. 맹자는 그것을 집의(集義)라고 하였다. 의(義)를 쌓아나가는 일이야말로 인격주체를 형성하는 가장 올바른 방법이다. 다시 말하면 진리를 받아들이려고 끊임없이 노력할 때에 비로소 진리는 나에게 현시(顯示)되는 것이다.

중용

1. 《중용》의 작자와 성립

《사기》〈공자세가〉에서는 "자사(子思)가 《중용(中庸)》을 지었다"고 했다. 육덕명의 《경전석문》 및 공영달의 《정의》에서 인용한 설은 《사기》와 같다. 송나라 왕백(王柏)은, 《중용》은 자사가 지은 것이기는 하지만 그 경문은 《예기》의 편찬자인 '소대(小戴: 한나라 戴聖)'가 어지럽혔다고 의심하였다. 청나라 최술(崔述)은 《중용》의 문장은 《맹자》에서 채집해온 것이지 자사가 지은 것이 아니라 하였다(《洙泗考信錄·餘錄》에 보인다). 현대의 철학가 풍우란(馮友蘭)은 《중용》의 중간 단락은 자사가 원래 지은 것이지만, 처음과 끝의 두 단락은 후대의 유학자가 덧붙인 것이라고 논하였다(《중국철학사》 제1편 제14장). 즉, 《순자》〈비십이자(非十二子)〉에서는 자사와 맹가(孟軻)를 하나의 학파로 보는데,《소대예기(小戴禮記)》(즉《예기》)의 〈중용〉에서 말하고 있는 의리도 《맹자》의 학설과 같으므로, 이 편은 실제로 자사가 지었다고 생각된다. 그러나 《소대예기》의 〈중용〉에는 "지금 천하에는 수레는 같은 궤(軌)를 사용하고, 책은 같은 문자를 쓰며 행동에서는 같은 윤리를 쓰고 있다"는 말이 있다. 이 말은 진(秦)나라가 중국을 통일한 후의 상황을 가리킨다. 또 《중용》에는 "화악(華嶽)을 싣고 있으나 무겁게 여기지 않았다"는 말이 있으므로 노나라 사람의 말이 아닌 것 같다. 그리고 명성(命性)과 성명(誠明) 등의 개념은 《맹자》의 학설을 부연한 듯하다는 것이다. 그렇다면 《중용》은 진한(秦漢) 초기의 유학자가 지었다고 추정할 수 있다.

심지어 《중용》이 성(性)과 명(命)을 연결시킨 것은 《장자》 외편 〈변무(騈拇)〉(전국말기 이후에 성립되었다고 추정됨)에서 따온 것이라는 설도 있었다. 그런데 최근에 형문(荊門) 곽점(郭店)의 초묘(楚墓, 기원전 4세기 중엽~3세기 초)에서 나온 죽간에 "性自命出, 命自天降. 道始於情, 情生於性"이라는 글귀가 있어, 성명의 개념이 맹자의 시대에 이미 형성되어 있었음을 알게 되었다. 아마도 지금의 《중용》은 진시황 무렵, 혹은 진한 교체기, 혹은 한나라 문제 때, 여러 자료를 부분적으로 채용하여 종합한 듯하다.

2. 《중용》의 구성

주희는 《중용》 전체를 33장(章)으로 나누었다. 그 1장(首章)은 도의 근본이 하늘로부터 부여받은 천성에 있으므로, 본질은 자신에게서 떠날 수 없음을 밝히고, 본래 있는 것을 양성하여 살피는 일이 중요하다는 점을 강조하였으며, 중화(中和)가 이루어지면 천지가 제 위치에 서고 만물이 올바로 생성한다고 말하였다. 그 다음의 10개 장은 1장의 본지를 되풀이하였다고 일컬어져왔다.

天命之謂性, 率性之謂道, 修道之謂敎. 道也者, 不可須臾離也. 可離, 非道也. 是故君子, 戒愼乎其所不睹, 恐懼乎其所不聞. 莫見乎隱, 莫顯乎微, 故君子愼其獨也. 喜怒哀樂之未發謂之中, 發而皆中節謂之和. 中也者, 天下之大本也. 和也者, 天下之達道也. 致中和, 天地位焉, 萬物育焉.

하늘에서 품부(稟賦)받은 것을 성(性)이라 하고, 그 성을 그대로 따르는 것을 도(道)라 하며, 그 도를 닦는 것을 교(敎)라고 한다. 도란 것은 잠시도 떠날 수 없다. 떠난다면 도가 아니다. 그러므로 군자는 보이지 않는 데를 경계하여 삼가고 들리지 않는 곳을 두려워한다. 숨기는 것보다 더 보이는 것이 없고, 작은 일보다 더 드러나는 것이 없다. 그렇기 때문에 군자는 혼자 있을 때에도 모든 일을 삼간다. 기쁨, 노여움, 슬픔, 즐거움이 아직 나타나지 않은 것을 중(中)이라 하고, 그러한 감정이 나타나되 규율에 맞는 것을 화(和)라고 한다. 중(中)이라는 것은 모든 사람의 본연의 천성이고, 화(和)라는 것은 모든 사람에게 공통되는 도리이다. 중과 화를 이루면 하늘과 땅이 각기 제자리에 안정되고, 모든 물건이 제 생명을 잘 키워나갈 수 있다.

그런데 현대 연구자들은 1장(首章), 2장 이하 '중용'을 논한 전반부, '효(孝)'를 논한 부분, 20장 이하 '성(誠)'을 논한 부분의 4개 부분으로 구성되어 있다고 본다.

3. 중용(中庸)과 성(誠)의 뜻

《중용》에 이런 말이 있다.

> 仲尼曰: "君子中庸, 小人反中庸. 君子之中庸也, 君子而時中. 小人之反中庸也, 小人而無忌憚也."
> 중니는 이렇게 말하였다. "군자는 중용(中庸)을 하고 소인은 중용에 반대로 한다. 군자가 중용을 하는 것은 군자이면서 때에 맞게 한다는 것이고, 소인이 중용에 반대로 한다는 것은 소인이면서 거리낌이 없다는 것이다."

'중용'이란 말은 《논어》〈옹야(雍也)〉편에서 "중용의 덕이여, 지극하구나! 백성들 중 그러한 덕을 가진 이가 드문 지 오래되었다"라는 구절에 나타난다. 주희는 "中은 어느 한편에 치우치거나 기울지 않고 지나치거나 모자라지 않는 상태이고, 庸은 평소라는 뜻이다"라고 설명하였다. 중정(中正)을 일상적으로 보존한다는 의미이다. 《중용》에서는 또 '때에 맞음(時中)'을 중시하였다. 이미 《맹자》도 '때[時]'에 관심을 가졌다. 《맹자》〈공손추·상〉에, "올바른 임금이 아니면 섬기지 않고, 올바른 백성이 아니면 부리지 않으며, 다스려지면 나아가고 어지러워지면 물러난 사람은 백이(伯夷)이다. 누구를 섬긴들 임금이 아니며, 누구를 부린들 백성이 아니냐고 하면서, 다스려져도 나아가고 어지러워져도 나아간 사람은 이윤(伊尹)이다. 벼슬을 할 만하면 벼슬을 하고 그만둘 만하면 그만두며 오래 계속할 만하면 계속하고 빠르게 할 만하면 빠르게 하신 분은 공자이다(非其君不事, 非其民不使, 治則進, 亂則退, 伯夷也. 何使非君, 何使非民, 治亦進, 亂亦進, 伊尹也. 可以仕則仕, 可以止則止, 可以久則久, 可以速則速, 孔子也)"라 하였다. 또 맹자는 공자를 '시의에 따라 행동한 성인'이라고 칭송하였다. 〈진심·상〉에서는 "자막(노나라 현인)은 중도를 행하였다. 중도를 행하는 것은 도에 가깝다고 할 수 있지만, 중도를 행하여도 임기응변[權]을 알지 못하면 한 가지 일을 고집하는 것과 같다. 한 가지를 고집함을 미워하는 이유는 그것이 도를 해치기 때문이다. 한 가지를 들어서 백 가지를 폐하기 때문이다(子莫執中, 執中爲近之. 執中無權, 猶執一也. 所惡執一者, 爲其賊道也, 舉一而廢百也)"라고 하였다.

그리고 《중용》은 공자가 말한 '충서(忠恕)의 도'를 발전시켰다. '충서의 도'라는 것은 다른 사람의 입장에서 생각하는 것이므로, 평이하고 '일상적(庸)'인 도리이다.

子曰: "道不遠人, 人之爲道而遠人, 不可以爲道. 詩云: '伐柯伐柯, 其則不遠.' 執柯以伐柯, 睨而視之, 猶以爲遠. 故君子以人治人, 改而止. 忠恕違道不遠, 施諸己而不願, 亦勿施於人. 君子之道四, 丘未能一焉. 所求乎子以事父, 未能也. 所求乎臣以事君, 未能也. 所求乎弟以事兄, 未能也. 所求乎朋友先施之, 未能也. 庸德之行, 庸言之謹. 有所不足, 不敢不勉, 有餘不敢盡. 言顧行, 行顧言, 君子胡不慥慥爾?

공자는 이렇게 말하였다. "도는 사람에게서 멀리 있지 않다. 사람이 도를 행하여도 사람에게서 멀다면 도라고 할 수 없다. 《시》에서 '도끼 자루를 잡고 도끼 자루를 베니, 그 본받을 것이 멀리 있지 않다.' 라고 하였다. 도끼 자루를 잡고 도끼 자루를 베는데, 노려보면서 멀리 있다고 여긴다. 그러므로 군자는 사람을, 사람의 자연스런 본성을 기준으로 다스리다가, 그 사람이 스스로 잘못을 고치면 꾸짖기를 그만 두었다. 충서(忠恕)는 도와 거리가 멀지 않다. 충서란 자신이 겪어보아 원하지 않는 것은 다른 사람에게도 하지 말라는 것이다. 군자의 도는 네 가지이지만, 나는 그 중에서 한 가지도 못하였다. 자식에게 요구하는 부모를 섬기는 일, 그것을 잘 하지 못하고, 신하에게 요구하는 것으로 군주를 섬기는 일, 그것을 잘 하지 못한다. 동생에게 요구하는 것으로 형을 섬기는 일, 그것을 잘 하지 못하고, 친구에게 요구하는 것으로 먼저 베푸는 일, 그것을 잘 하지 못한다. 일상적인 항상된 덕을 행하고, 일상적인 항상된 말을 조심해야 한다. 부족한 것이 있으면 열심히 힘쓰지 않을 수 없고, 여력이 있으면 자신의 힘을 다하지(남을 능가하려고 하지) 않는다. 말을 하려고 하면 그것을 실행할 수 있는지 되돌아보고, 실행하려고 하면 그것이 올바른 말인지를 되돌아보아야 한다. 군자가 어떻게 독실하지 않을 수 있겠는가?"

한편 《중용》의 후반부에서 집중적으로 언급된 성(誠)은 우주원리(宇宙原理)를 가리킨다고 보는 것이 통설이다. 하지만, 성(誠)은 본래 천지가 만물을 화육(化育)하기 위한 조건이자, 인간을 인간답게 만드는 원리인 성(性)이 발휘되기 위한 조건이지, 천지나 인간의 '원리' 라고 할 수는 없다는 주장도 있다. 성(誠)은 사람을 신뢰시키고 만민의 화육을 실행할 수 있는 내적 상태이면서, 성(性)이 발휘되어 자기를 완성할 수 있는 내적 상태이기도 하므로, 민중감화와 자기수양이 성(誠)을 통해 일체화한다고 말할 수 있다는

것이다(末永高康, "《禮記》中庸篇の〈誠〉の說について", 小南一郎 編《中國の禮制と禮學》, 京都大學人文科學硏究所, 2001).

4. 《중용》 제27장

《중용》 제27장에 "숭고한 최고의 경지에 도달하면서 동시에 중용을 실천한다(極高明而道中庸: both attains to the sublime and yet performs the common task)"라는 문장이 있다. 현대중국의 철학가 풍우란(馮友蘭)은 이 구절을 표준으로 삼아, 중국철학사 전체를 이 정신이 심화되어가는 과정으로 보았다. 즉 그는 《신원도(新原道)》의 〈총론〉에서 다음과 같이 논하였다.

> 인간이 인간인 이상 그 최고의 성취는 성인(聖人)이 되는 것, 다시 말하면 인간의 최고 경계인 '천지경계(天地境界, the transcendence sphere)'를 획득하는 것이다. 중국 철학의 입장을 돌이켜 볼 때, 이것을 획득하기 위해서 소위 출세간적(出世間的)인 방법을 취하는 철학이 있다. 그 방법은 사회 일반에 공통적인 보통의 생활, 즉 중국의 전통적인 표현에 의하면 인륜일용(人倫日用)과는 서로 용납될 수 없는 것이다. 철학은 출세간적이지 않으면 안 된다고 생각하는 입장이 곧 불교·도교의 입장이다. 그러한 입장은 '고명(高明)을 다하고는 있으나 중용을 따르지 않는' 철학이다. 이러한 철학은 지나치게 이상주의에 치우쳐 있다. 한편, 출세간적 철학과는 반대로 인륜일용을 중시하고 현실 정치 및 일상의 도덕에 관심을 가지지만, 최고의 경계에는 관심을 기울이지 않는 철학적 입장이 있다. 이것은 '중용을 따르지만 고명을 다하지 아니하는' 철학, 다시 말하면 현실주의에 편중된 철학이다.

풍우란은 중국 철학이 추구하는 최고의 경계를, '인륜일용을 초월하면서 동시에 인륜일용 안에 머무르는 것'(超人倫日用而又卽在人倫日用之中)에서 찾았다. 그리고 《중용》에 나오는 "極高明而道中庸"의 '而'자는 고명(高

明)과 중용(中庸)이 여전히 대립하고 있으면서 내적으로는 그 두 가치가 본래 이미 하나로 통일되어 있음을 보여주고 있다고 한다. 현실의 표면적 대립을 어떻게 본래의 통일적 상태로 이끌어갈 수 있는가, 하는 것이 바로 '중국 철학의 문제'이고, 이 문제에 대한 올바른 해답을 추구하는 것이 '중국 철학의 정신'이며, 궁극적 해답을 제시하는 것이 '중국 철학의 공헌'이라고 보았다. 그리고 그는 그러한 지향이 체현된 성인의 인격을 '내성외왕(內聖外王)'의 인격이라고 불렀다. 그러나 풍우란은 중국 철학의 모든 학파들이 만족할 만한 해결 방안을 제시하지 못했다고 보고, '신이학(新理學)'이라는 새로운 철학 체계를 건설하고자 하였다.

> **풍우란(馮友蘭 : Feng You Lan, 1894~1990)**
>
> 신문화 운동기에 전통의 재해석을 과제로 설정하고, 서양 철학의 논리적 방법을 이용하여 중국 철학을 연구한 사상가이다. 신문화운동기, 민국기를 거치고, 인민해방 이후의 중국의 사상계에서 좌파적인 사상 개조의 경험을 겪고, 등소평 시대의 개혁개방의 풍조와 함께 부활하여 타계하기 직전까지 북경대학 교수로서 젊은 학자들을 양성하였다. 하남인민출판사에서 《삼송당전집》 20권이 나왔다. 1920년대 저작인 《중국철학사》는 이 분야의 중요 저작으로 꼽힌다. 풍우란은 1960년대, 좌파적 사상 개조를 거치고 《중국철학사》를 수정한 《중국철학사신편》의 집필을 시도하였으나, 제1권으로 끝이 났다. 그 뒤 등소평 시대가 시작된 1980년대에 들어와 81년 타계하기 전까지 《중국철학사신편》 7권을 완성하였다. 사상가로서의 면모를 잘 보여주는 저술로, 1930~40년대의 《정원육서(貞元六書)》 6권이 있다.

대학

1. 《대학(大學)》의 작가와 성립 시기

《대학》은 본래 《예기》의 제42편이었으나 송나라 사마광(司馬光)이 따로 떼어서 《대학광의(大學廣義)》를 만들었다.

남송 때 주희는 정자(程子)의 설에 근거하여 《대학》의 차례를 경(經) 1장과 전(傳) 10장으로 나누고, 경 1장은 공자의 말을 증자가 조술한 것, 전 10장은 증자의 뜻을 문인들이 기록한 것이라고 보았다. 그러나 청나라 대진(戴震)은 그 설을 의심하였고, 최술(崔述, 《洙泗考信錄·餘錄》)은 "《대학》의 경문은 번거롭고 여운이 없으며 대구어(對句語)가 많아서 전국 시대의 것으로 생각되므로 공자와 증자의 말이 아니다. 그러나 전(傳)은 틀림없이 증자에게서 나왔다"고 단정하였다. 일본의 타케우치 요시오(武內義雄)는 《대학》의 '정심(正心)'이 동중서(董仲舒)의 〈대현량책(對賢良策)〉에서 영향을 받은 듯하므로 《대학》은 한 무제 이후 이루어졌다고 보았다. 현재로서는 최술의 견해가 더 나은 듯하다.

2. 주희의 《대학장구》

주희는 《대학》을 재편성하고, 경(經)에서 명명덕(明明德: 명덕을 밝히는 일)·신민(新民: 백성을 새롭게 하는 일)·지지선(止至善: 지선에 머무르는 일)"을 3강령(三綱領), 격물(格物)·치지(致知)·성의(誠意)·정심(正心)·수신(修身)·제가(齊家)·치국(治國)·평천하(平天下)를 8조목(八條目)으로 정리하였다.

> 大學之道, 在明明德, 在新民, 在止於至善. 知止而后有定, 定而后能靜, 靜而后能安, 安而后能慮, 慮而后能得. 物有本末, 事有終始, 知所先後, 則近道矣. 古之欲明明德於天下者, 先治其國. 欲治其國者, 先齊其家. 欲齊其家者, 先修其身. 欲修其身者, 先正其心. 欲正其心者, 先誠其意. 欲誠其意者, 先致其知. 致知在格物. 物格而后知至, 知至而后意誠, 意誠而后心正. 心正而后身修, 身修而后家齊, 家齊而后國治, 國治而后天下平. 自天子以至於庶人, 壹是皆以修身爲本. 其本亂而末治者, 否矣. 其所厚者薄而其所薄者厚, 未之有也. 此謂知本, 此謂知之至也.
> 대학의 도는 밝은 덕(明德)을 밝게 하는 데 있고, 백성들을 새롭게 하는 데 있고, 지극

한 선에 머무는 데 있다. 머무는 곳을 안 뒤에야 안정이 있다. 안정한 뒤에야 고요할 수 있다. 고요한 뒤에야 편안할 수 있다. 편안한 뒤에야 사려할 수 있다. 사려한 뒤에야 얻을 수 있다. 만물에는 근본과 말단이 있고, 일에는 시작과 끝이 있다. 먼저 하고 뒤에 할 것을 알면, 도에 가까워진다. 옛날에 밝은 덕을 온 세상에 밝게 하려는 사람은 먼저 그 나라를 다스렸다. 그 나라를 다스리려고 하는 사람은 먼저 그 집안을 다스렸다. 그 집안을 다스리려고 하는 사람은 먼저 그 자신을 수양하였다. 그 자신을 수양하려고 하는 사람은 먼저 그 마음을 바르게 하였다. 그 마음을 바르게 하려고 하는 사람은 먼저 그 뜻을 정성스럽게 하였다. 그 뜻을 정성스럽게 하려고 하는 사람은 먼저 그 앎을 지극하게 하였다. 앎을 지극하게 하는 것(致知)은 사물을 궁리하는 데(格物) 있다. 사물이 궁리된 뒤에야 앎이 지극해진다. 앎이 지극해진 뒤에야 뜻이 정성스럽게 된다. 뜻이 정성스럽게 된 뒤에야 마음이 바르게 된다. 마음이 바르게 된 뒤에야 자신을 수양하게 된다. 자신을 수양한 뒤에야 집안이 다스려진다. 집안이 다스려진 뒤에야 나라가 다스려진다. 나라가 다스려진 뒤에야 온 세상이 평화로워진다. 천자에서 서민에 이르기까지 한결같이 모두 자신을 수양하는 것을 근본으로 삼는다. 그 근본이 어지러우면서 말단이 잘 다스려진 일은 없다. 후하게 대해야 할 일을 야박하게 하고, 야박하게 할 일은 후하게 하는 일은 이제껏 있어본 적이 없다. 이것을 두고, 근본을 안다고 하고, 앎이 지극하다고 한다.

이 단락은 뜻이 명료하지만 '치지격물(致知格物)'은 설명하지 않았다. 주희는 '격물'을 '사물의 이치 구명(究明)'으로 보고, 그것이 '평천하'라는 궁극 목적과 연결된다고 여겨 '보전(補傳)'〔보망전(補亡傳)이라고도 함〕을 끼워 넣었다.

주희의 설은 명나라 영락 연간의 《사서대전》에 그대로 채택되고, 《예기대전(禮記大全)》에서는 《대학》과 《중용》이 삭제되었다. 고려 말에 주희의 《사서장구집주》가 수용되고, 다시 조선 세종 연간에 대전본(大全本)이 수입되어 반포된 이후, 우리나라 학자들도 《대학》은 주희의 장구본(章句本)에 따라 학습하였다.

3. 왕양명(王陽明)의 장구(章句) 비판

　명나라 중엽의 왕수인(王守仁, 자는 陽明)은 주희의 격물치지론이 쇄말(瑣末)한 형식에 구애됨을 비판하고 《대학》의 고본(古本)을 들고 나와 성의(誠意)를 《대학》의 중심에 두어야 한다고 주장하였다. 그는 〈대학고본서(大學古本序)〉를 지어, 주희가 치지(致知)의 知를 지식(知識)이라 해석한 것과 격물(格物)의 物을 바깥의 사물로 해석한 데 대하여 불만을 품고, 격물을 '마음 안의 물(物)을 바로잡는다'는 뜻으로 해석하였다. 그는 치지(致知)란 '치양지(致良知)'로, 자신의 마음을 바르게 하여 자신의 양지(良知)를 발현한다는 뜻이라고 보았다.

　왕수인(양명)은 맹자가 〈진심(盡心・上)〉편에서 '배우지 않아도 알고 일삼지 않아도 할 수 있다'고 했던 양지양능(良知良能)을 중시하였다. 또한 마음의 움직임이 곧 리(理)의 구현이라는 생각에서, 앎이란 실천의 시작이며 실천이란 앎의 완성이라고 하여 지행합일(知行合一)을 주장하였다. 그는 이렇게 말하였다. "내가 말하는 격물치지는 내 마음의 양지를 모든 사물에 다하는 것이다. 내 마음의 양지란 하늘의 이치이다. 내 마음의 양지, 즉 하늘의 이치를 사물에 다하면 사물이 그 이치를 얻게 된다. 내 마음의 양지를 다하는 것이 치지(致知)이며 사물이 그 이치를 얻는 것이 격물(格物)이다."
《傳習錄》中 〈答顧東橋書〉)

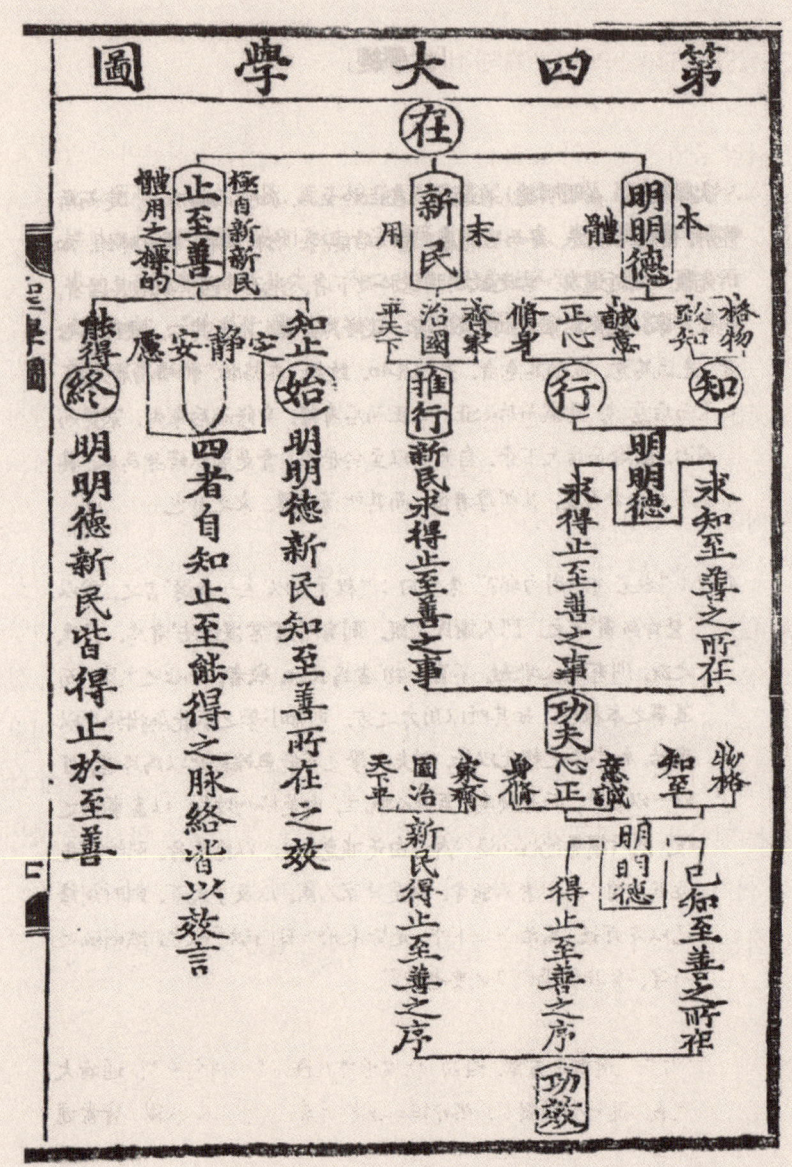

퇴계 이황(李滉)의 〈대학도(大學圖)〉

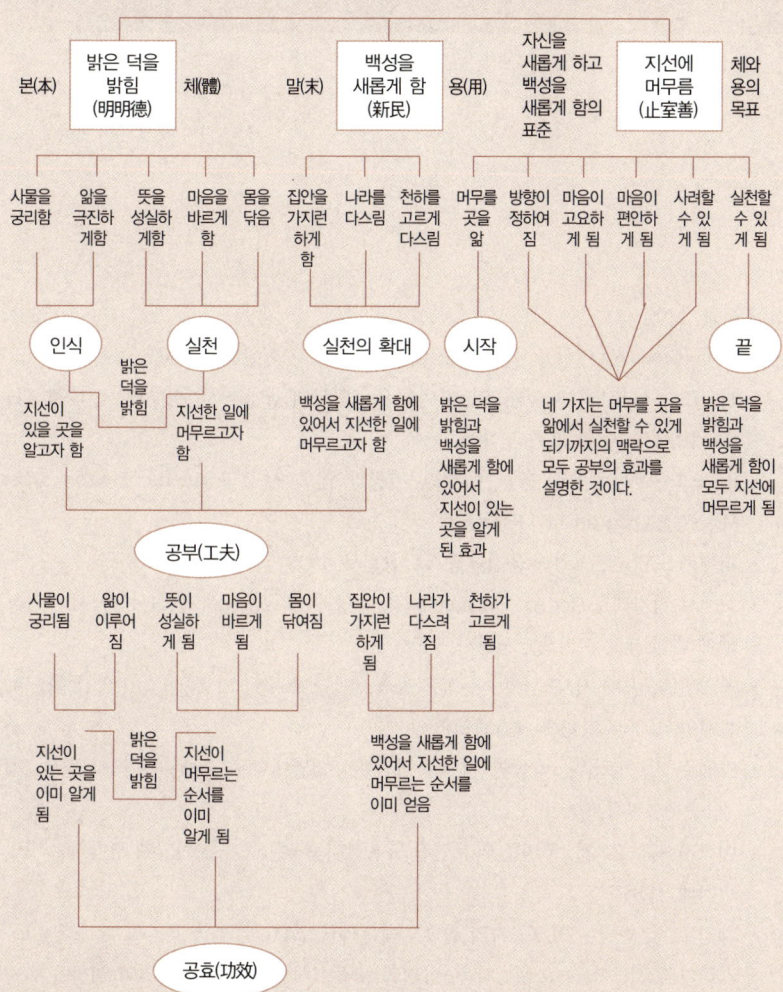

이황 〈대학도〉 (이광호 역, 《성학십도》, 홍익출판사, 2002)

참고문헌

(1) 공자와 《논어》

- H. G. Creel 저, 이성규 역, 《공자-인간과 신화》, 지식산업사, 1983.
- 카이즈가 시게키(貝塚茂樹) 저, 박연호 역, 《공자의 생애와 사상》, 서광사, 1991 / 貝塚茂樹, 《孔子》, 岩波書店, 1952/1967.
- R. 도오슨 저, 김용헌 옮김, 《공자》, 지성의 샘, 1993. / Raymond Dawson, 《Past Masters》, Oxford Univ. Press.
- 피에르 도딘 저, 김경애 옮김, 《공자》, 한길사, 1998.
- 허버트 핑가레트(Herbert Fingarette) 저, 송영배 역, 《공자의 철학:서양에서 바라본 禮에 대한 새로운 이해》, 서광사, 1993.
- 조기빈(趙紀彬) 저, 조남호·신정근 공역, 《반논어: 孔子의 論語 孔丘의 論語》, 예문서원, 1996 / 趙紀彬, 《論語新探》.
- 양백준 저, 이장우·박종연 역, 《논어역주》, 영남대학교 중국문학연구실총서 제1권, 중문출판사, 1997.
- 이장지(李長之) 저, 조명준 역, 《인간공자:현대중국은 공자를 어떻게 평가하는가?》, 한겨레, 1985.
- 채인후 저, 천병돈 역, 《공자의 철학》, 예문서원, 2000.
- 시라카와 시즈카(白川 靜) 지음, 장원철 옮김, 《사람의 마음을 움직여 세상을 바꾸리라: 전혀 다른 공자 이야기》, 한길사, 2004 / 白川 靜, 《孔子傳》, 中公文庫, 1972.
- 사라 알란 저, 오만종 역, 《공자와 노자, 그들은 물에서 무엇을 보았는가》, 예문서원, 1999.
- 성백효 역, 《현토완역 논어집주》, 전통문화연구회, 1990.
- 김학주 편저, 《논어》, 서울대학교 출판부, 1993.
- 정요일, 《논어강의》(천·지·인), 새문사, 2010~2011.
- 서지문, 《서양인이 사랑한 공자, 동양인이 흠모한 공자》 2책, 양서원, 2012.

- 심경호 역·해설, 《논어》(1~3), 민음사, 2013.
- 이노우에 야스시(井上 靖) 지음, 《나의 스승 공자》, 현대문학북스, 2002.
  *공자의 사후 그 추종자들이 《논어》를 편집하는 과정을 소설화하였다.
- 데자키 오사무(出崎統) 감독, 《공자전》, KBS 영상사업단, 1995.
  *대만 만화가 정문(鄭問)이 일본 잡지에 연재했던 《동주영웅전(東周英雄傳)》을 원작으로, 한국의 KBS, 대만의 PTS, 일본의 NHK가 공동 제작한 전기 애니메이션이다.
- 후메이(胡玫) 감독, 《공자》, 중국 2009. (영화)

(2) 맹자
- 안병주·이지형·이운구 공역, 《신역맹자》, 현암사, 1965.
  *원문의 편차를 달리해서 주요 사상·개념별로 재정리해서 번역했다.
- 류웨이화(劉蔚華) 외, 곽신환 역, 《직하철학》, 철학과현실사, 1995.
- 김형효, 《맹자와 순자의 철학사상》, 삼지원, 1990.
- 양구오룽(梁國榮) 지음, 이영섭 옮김, 《맹자 평전》, 미다스북스, 2002.
- 성백효 역, 《현토완역 맹자집주》, 전통문화연구원, 1991.

(3) 중용
- 김학주 역주, 《중용》, 서울대학교 출판부, 1995.
- 차주환, 《중용·대학》, 범우사, 1996.
- 성백효 역, 《현토완역 대학·중용 장구》, 전통문화연구회, 1991.

(4) 대학
- 김학주 역주, 《대학》, 서울대학교 출판부, 1995.
- 이동환 역해, 《대학:원전과 뜻풀이로 읽는 유학 사상의 진수》, 현암사, 2008.
- 이황 저, 이광호 역, 《성학십도》, 홍익출판사, 2002.
- 김기현, 《대학: 진보의 동아시아적 의미》, 사계절, 2002.

고전을 읽어봅시다
이가원(李家源) 선생님이 들려주신 옛날 이야기

옛날 어느 글방 선생님 하나가 있었다. 그는 늘 그의 제자들에게 《맹자》를 삼천 번〔원문에는 삼천변(三千遍), 이하 같음〕만 읽으면 '툭' 하고 '탁' 하는 소리가 날 것이라 하였다. 이 말을 독신(篤信)한 한 제자가 절에 들어가서 오랜 시간을 허비하여 《맹자》를 읽어서 삼천 번을 돌파하고는 잠자코 기다려 보아도 '툭' '탁' 소리가 들리지 않았다. 그는 크게 의혹을 품고서 그의 글방 선생에게 편지를 써서 보내드렸다.

夫子學不厭, 而敎不倦, 前日不知弟子之不肖, 使之讀孟子, 若過三千遍, 必有툭탁之聲. 夫子我師也, 豈欺我哉? 弟子之於孟子, 盡心焉耳矣, 尙無툭탁之聲. 若是, 則弟子之惑, 滋甚. 吾惛, 不能進於是矣. 願夫子, 輔吾志, 明以敎我, 我雖不敏, 旣嘗試之. 弟子, 齊宿而後敢言, 不識, 能至否乎?

선생님께서는 배우기를 싫어하지 않으실 뿐더러 가르치시는 일에도 게을리하지 않으셔서 전날 저의 불초함을 알지 못하시고 《맹자》를 읽게 하시되, 만일에 삼천 번만 읽으면 반드시 '툭' '탁' 하는 소리가 날 것이라고 하셨습니다. 선생님은 저의 스승이오라, 어찌 저를 속이시겠습니까. 이제 제가 《맹자》에 성심을 다 기울였으나, 오히려 '툭' '탁' 소리가 나지 않사오니, 이리하여 저의 의혹이 점차 부풀어오르곤 하였습니다. 실인즉 제가 어두워서 이 경지에 이르지 못한 것이오니, 원컨대 선생님께서 저의 뜻을 도와주셔서 밝게 저를 가

學不厭, 而敎不倦. 〈공손추·하〉
前日不知虞之不肖, 使虞敦匠事. 〈공손추·하〉
文王我師也, 周公豈欺我哉? 〈등문공·상〉
寡人之於國也, 盡心焉耳矣. 〈양혜왕·상〉
若是, 則弟子之惑, 滋甚. 〈공손추·상〉
吾惛, 不能進於是矣. 願夫子, 輔吾志, 明以敎我? 我雖不敏, 請嘗試之. 〈양혜왕·상〉
弟子, 齊宿而後敢告, 不識, 能至否乎?〈공손추·하〉

르쳐 주소서. 제가 비록 불민하오나 이미 일찍이 시험해보았습니다. 저는 경의를 지니고 말씀을 여쭈오니, 알지 못하겠습니다. 제가 이 경지에 이를 수 있겠습니까. 아니 되겠습니까.

이 편지의 전문은 거의《맹자》중에 나오는 말들이다. 그 중에서 몇 글자를 제외하고는 대개 집구(集句)로 이루어진 것이었으나 의연히 천의무봉(天衣無縫)이다. 이 편지를 받아 읽은 그 글방 선생님은 다음과 같은 답장을 썼다.

惡, 是何言也? 是非爾所知也. 我明語子. 君子欲其自得之也, 此所謂툭탁之聲也! 其如是, 孰能禦之? 則無敵於天下, 然而不文者, 未之有也.

惡, 是何言也? 〈공손추 · 상〉
是非爾所知也. 〈만장 · 상〉
我明語子. 〈공손추 · 하〉
君子欲其自得之也. 〈이루 · 하〉
其如是, 孰能禦之? 〈양혜왕 · 상〉
則無敵於天下, 然而不王者, 未之有也.
〈공손추 · 상〉

아아, 이게 무슨 말이냐? 이는 너희가 알 바가 아니다. 내 이제 너에게 밝게 일러 줄 테다. 군자는 스스로 깨달으려 하는 법이니, 이것이 곧 이른바 '툭' '탁' 의 소리이니라! 이렇게 글 읽은 효과가 빠르다면 누가 그를 막을 수 있단 말인가? 이는 곧 천하에 대적할 자 없을 것이니, 그러고서도 문장을 못할 리는 없을 것이다.

이 답장도 역시 몇 글자를 제외하고는 모두《맹자》의 원전에서 나온 말들이다. 참 그 선생님에 그 제자야말로, '교인불권(敎人不倦)'이요 '심열성복(心悅誠服)'이었다.

● 참고 : 이가원, 〈맹자가 우리 문학에 끼친 영향의 가지가지〉, 안병주 · 이지형 · 이운구 역해, 《신역 맹자》, 현암사, 1969, 11판, pp.543~561.

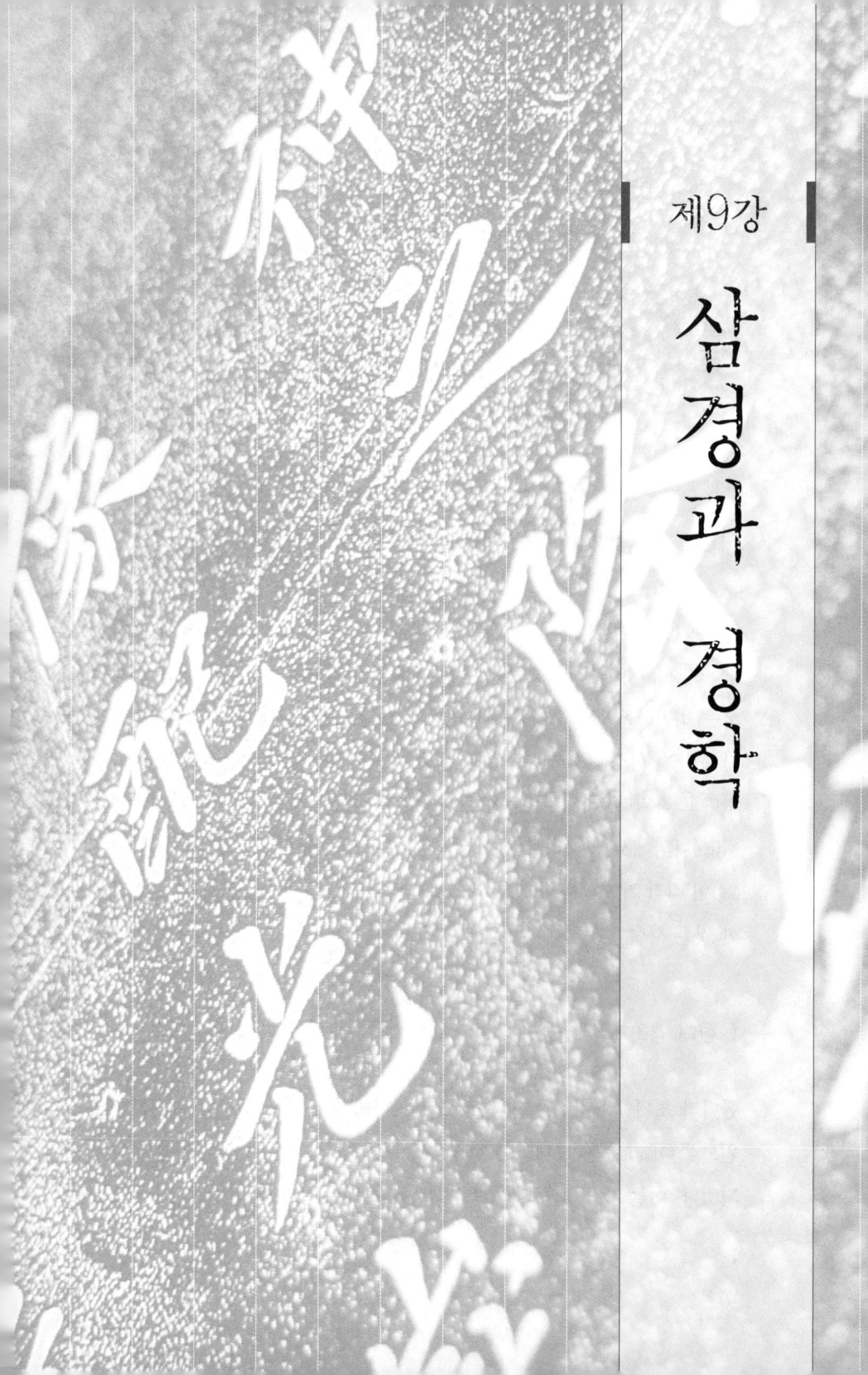

제9강

삼경과 경학

시(詩), 시 삼백(詩三百), 시경(詩經)

《시경》은 중국에서 가장 오래된 시가 총집이다. 옛날에는 《시》라고만 하였다. 《한서》〈예문지(藝文志)〉에서는 '시를 채집하는 관원'이 채집한 시를 모은 것이라고 하였으나, 진위는 알 수 없다. 또 《사기》〈공자세가〉는 공자가 《시》를 산정(刪定)했다고 하였는데, 당나라 때 공영달(孔穎達)은 믿을 수 없다고 하였다. 하지만 《논어》〈자한(子罕)〉에 "선생님이 말씀하셨다. 내가 위(衛)나라에서 노나라로 돌아온 후에 음악이 바르게 되었고 아(雅)와 송(頌)이 각각 제자리를 찾았다"라고 하였으므로, 공자가 《시》의 편집에 간여한 것은 사실인 듯하다.

1. 한대 경학과 《시경》

한나라 초기에 《시》를 논한 사람으로 노나라에 신배공(申培公), 제나라에는 원고생(轅固生), 연(燕)나라에 한영(韓嬰)이 있어 모두 《시》로 학관의 박사가 되었다. 이들 3가가 전한 《시》를 '삼가시(三家詩)'라고 하며, 금문(今文)으로 씌어 있었다. 그런데 전한 말에 모공(毛公)이 자하(子夏)로부터 유래한다는 고문(古文)의 《시》를 조정에 올렸다. 단, 학과목으로 개설되지는 않았다. 동한 말에 금문과 고문을 아울러 익힌 '경학대사(經學大師)' 정현(鄭玄)이 고문의 《모전(毛傳)》을 위주로 《시》를 주석한 이후 모형(毛亨)의 고문 《모시(毛詩)》가 널리 퍼졌다. 당나라 정관(貞觀) 때 공영달이 칙명을 받아 《모시정의(毛詩正義)》를 편찬함으로써, 모시 서(毛詩序), 모전(毛傳), 정현의 전(箋), 공영달의 소(疏)가 일체로 된 '모정지학(毛鄭之學)'이 국가공인의 시경학으로 되었다. '모정지학'은 《시》의 시편을 정치적 맥락에서 해석하였다. 한편 3가설 가운데 한시(韓詩)의 설은 《한시외전(韓詩外傳)》의 형태로 상당부분 남았으나, 나머지는 일부만 각종 문헌 속에 흩어져 전하다가 청나라 왕선겸(王先謙)의 《시삼가의집소(詩三家義集疏)》에 수집 정리되었다.

모시(毛詩: 毛亨의 시경 주해서)에서는 주남(周南)의 첫 편인 〈관저(關雎)〉의 앞에 긴 서문을 붙여 풍(風)의 의미에 대하여 논하였다. 이것을 '모시대서', 줄여서 '대서'라고 한다. 그 글에 "위정자는 이로써 백성을 풍화(風化)하고 백성은 이로써 위정자를 풍자(諷刺)한다"라고 하였다. 또 "풀 위에 바람이 불면 풀은 반드시 눕는다(草上之風, 草必偃)"라고도 하였다. 시편(詩篇: 《시》의 각편)은 위정자의 덕에 의해 백성들이 교화된 상태를 판정하는 수단이 되고, 또 백성들이 위정자를 비판하는 도구가 된다는 뜻이다. 그런데 이 구절 다음에 "누가 알랴 바람 속에서 풀이 다시 일어서고 있음을(誰知風中草復立)"이라 하였다. 백성들의 저항 의지를 인정한 셈이다.

2. 주희의 《시집전(詩集傳)》

송나라 학자들은 한·당의 '모정지학'에 대해 회의를 품었다. 이때 주희는 《시집전(詩集傳)》(8권)과 《시서변설(詩序辨說)》을 저술하여 〈시서(詩序)〉의 오류를 비판하고 《시》 본문에 의거하여 시인(詩人: 《시》 시편의 작자)의 본의(本意)를 탐구할 것을 주장하였다.

근래의 연구에 따르면 국풍 160편은 대부분 민간가요이다. 그러나 한나라 때 〈모시서(毛詩序)〉는 《시》를 정치교화의 산물로 보아, 많은 시편에 대하여 그것이 당시의 군주와 정치를 찬미하거나 풍자한 것이라고 천착하고 부회하였으며, 남녀 애정을 노래한 시편도 정치적인 뜻을 함축한다고 해석하였다. 그런데 주희는 국풍의 대부분이 '민속가요의 시'라고 보고, 이른바 변풍(變風: 주나라의 왕도가 쇠퇴한 이후에 지어진 국풍)에 나오는 많은 연애시들은 음시(淫詩), 즉 '남녀상열지사(男女相悅之詞)'라고 풀이하였다. 그리고 《논어》에서 공자가 《시》의 본질이라고 제시하였던 '사무사(思無邪)'라는 말을 《시》의 효용적 측면[詩敎]에서 해석하였다. 즉, 독자가 시의 선한 내용을 보고 감발(感發)하거나 시의 나쁜 내용을 보고 징창(懲創)할 수 있으므로, 《시》를 읽음으로써 정을 다스려 삿됨이 없는 본원의 성(性)을 회복할 수 있다고 논하였다.

주희의 시경론은 원나라 때 국가의 공인을 받았다. 그러나 원·명·청의 시경 학자들은 주희의 설을 따르느냐[宗朱] 주희에 반대하느냐[反朱]로 논쟁을 반복하였다.

근대 이후 연구자들은 〈시서(詩序)〉의 작가, 공자 산정설(孔子 刪定說)의 진위, 육의(六義: 風雅頌과 賦比興)의 개념 등을 논하는 한편, 《시》와 풍속의 관계를 밝히고 있다. 마셀 그라네 (Marcel Granet)의 《중국고대의 제례와 가요》는 《시》 해석에 민속학적 방법론을 도입한 근대적 연구의 효시이다.

마셀 그라네(Marcel Granet, 1884~1940)

파리 고등사범학교(에콜 노르말 쉬페리얼)에서 뒤르켐(Durkheim)에게 배우고, 샤반느의 가르침으로 중국학을 하였다. 1911년부터 13년까지 북경에 유학하였으며, 1920년에 박사논문을 제출하였다. 일생 중국학 학자로서 저술과 교육에 열중하였다. 1919년에 저술한 책이 《중국고대의 제례와 가요》(Fêtes et chansons anciennes de la Chine)이다.

3. 《시》의 체재

《시》는 15국 국풍(國風)과 소아(小雅)·대아(大雅) 및 송(頌)으로 이루어져 있다. 시편의 제목은 시구 가운데 한 단어를 골라 매겼다. 국풍의 첫 작품 〈관저(關雎)〉, 소아의 첫 작품 〈녹명(鹿鳴)〉, 대아의 첫 작품 〈문왕(文王)〉, 주송(周頌)의 첫 작품 〈청묘(淸廟)〉, 이 넷을 사시(四始)라고 한다. 첫째 것을 중요시하는 관념에서 나온 명명법이다.

국풍은 주남(周南)·소남(召南) 25편, 패(邶)·용(鄘)·위(衛) 39편, 왕풍(王風) 10편, 정풍(鄭風) 21편, 제풍(齊風) 11편, 위풍(魏風) 7편, 당풍(唐風) 12편, 진풍(秦風) 10편, 진풍(陳風) 10편, 회풍(檜風) 2편, 조풍(曹風) 4편, 빈풍(豳風) 7편이다. 주남·소남은 종래에는 은나라 말기, 주나라 초기의 작이라고 여겨 왔으나, 주나라 선왕 때부터 춘추 초까지의 작품인 듯하다. 패·용·위는 모두 동주 때 위나라의 시이다. 빈풍은 주공(周公, 旦) 때의 시라고 여겨 왔으나, 일본의 시라카와 시즈카(白川靜)는 주나라 이왕(夷王: 姬燮)·여왕(厲王: 姬胡) 때 작이라고 고증하였다.

소아는 74편이 남아 있다. 제목만 있는 것까지 합치면 80편이다. 대아는 모두 31편이다. 소아와 대아는 주나라 때 사대부들이 지은 것으로, 서주의 수도 호경(鎬京: 현재의 서안)과 동주의 수도 낙읍(洛邑: 현재의 낙양)에서 이루어졌다.

송은 주송(周頌)·노송(魯頌)·상송(商頌)의 3부인데, 각각 31편, 4편, 5편(이름만 남은 것까지 합하면 12편)이다.

4. 《시》의 문학적 특징

《시》의 각 편은 1구 4언을 기조로 한다. 또 표현수법으로 부(賦)·비(比)·

흥(興)을 사용하는데, 그 셋을 풍아송(風雅頌)의 양식 개념과 합하여 '육의(六義)'라고 한다. '부'는 직서법, '비'는 비유법, '흥'은 상상이나 연상법을 뜻한다. 그리고 《시》는 인물이나 사물의 묘사가 매우 생동적이면서 섬세하며, 언어의 대비와 반복, 첩자(疊字)·쌍성(雙聲)·첩운(疊韻)을 잘 사용하였다.

《시》의 내용과 소재는 매우 다양하다.

우선, 지배계급의 수탈과 부패, 강제노동과 불합리한 정역(征役) 등을 묘사하고 풍자한 내용이 많아서, '사회시'의 전통을 열었다. 국풍의 〈벌단(伐檀)〉·〈석서(碩鼠)〉·〈척호(陟岵)〉(이상 魏風), 〈식미(式微)〉·〈격고(擊鼓)〉(邶風), 〈토원(兎爰)〉(王風), 〈보우(鴇羽)〉(唐風), 소아의 〈황조(黃鳥)〉·〈하초불황(何草不黃)·〈채미(采薇)〉가 대표적이다.

● 위풍(魏風) 석서(碩鼠)

碩鼠碩鼠, 無食我黍! 三歲貫女, 莫我肯顧. 誓將去女, 適彼樂土. 樂土樂土, 爰得我所!
碩鼠碩鼠, 無食我麥! 三歲貫女, 莫我肯德. 誓將去女, 適彼樂國. 樂國樂國, 爰得我直!
碩鼠碩鼠, 無食我苗! 三歲貫女, 莫我肯勞. 誓將去女, 適彼樂郊. 樂郊樂郊, 誰之永號?

쥐야 쥐야 큰 쥐야. 내 기장 먹지 마라. 오랫동안 너를 견뎌왔건만 너는 나를 돌봐줄 기색 없구나. 맹세코 너를 떠나 저 행복한 땅으로 가리라. 즐거운 땅 행복한 땅이여, 거기에 내가 살리라. / 쥐야 쥐야 큰 쥐야. 내 보리 먹지 마라. 오랫동안 너를 견뎌왔건만, 나에게 은덕을 끼칠 듯이 없구나. 맹세코 너를 떠나 저 행복한 나라로 가리라. 즐거운 땅 행복한 나라여. 거기에 내가 살리라. / 쥐야 쥐야 큰 쥐야. 내 쌀을 먹지 마라. 오랫동안 너를 견뎌왔건만 너는 고생을 위로할 줄 모르는구나. 맹세코 너를 떠나 저 행복한 세상으로 가리라. 즐거운 땅 행복한 세상이여. 누가 길이 울부짖고만 있으랴?

● 위풍(魏風) 척호(陟岵)

陟彼岵兮, 瞻(첨)望父兮. 父曰: "嗟! 子子行役, 夙夜無已. 上愼旃(전)哉! 猶來無止!"
陟彼屺兮, 瞻望母兮. 母曰: "嗟! 子季行役, 夙夜無寐. 上愼旃哉, 猶來無棄!"
陟彼岡兮, 瞻望兄兮. 兄曰: "嗟! 子弟行役, 夙夜必偕. 上愼旃哉, 猶來無死!"

저 민둥산에 올라, 아버지 계신 곳을 바라보노라. 아버지는 말씀하시리, "아아, 우리 아들이 부역에 나가, 밤낮으로 쉬지를 못하는구나. 부디 조심해라. 살아 돌아와야지, 거기 머물지를 말아다오!" / 저 푸른 산에 올라, 어머니 계신 곳을 바라보노라. 어머니는 말씀하시리, "아아, 우리 막내가 부역에 나가, 밤낮으로 잠을 자지 못하는구나. 부디 조심해라. 살아 돌아와야지, 우리를 버리지 말아다오!" / 저 산마루에 올라, 형님 계신 곳을 바라보노라. 형님은 말씀하시리, "동생이 부역에 나가 밤낮으로 반드시 사람들과 고생하겠구나. 부디 조심해라. 살아 돌아와야지, 죽지 말아다오!"

또한 어떤 시편은 청춘남녀의 사랑, 짝사랑, 신혼생활의 달콤함, 버림받은 여인의 원한 등을 토로하였다. 이 가운데 남녀간 사랑노래는 군신 사이의 관계를 비유한 것으로 해석되어 왔다. 〈관저(關雎)〉·〈도요(桃夭)〉(이상 周南), 〈야유사균(野有死麕)〉(召南), 〈출기동문(出其東門)〉·〈장중자(將仲子)〉·〈준대로(遵大路)〉·〈여왈계명(女曰鷄鳴)〉·〈교동(狡童)〉·〈건상(褰裳)〉·〈풍우(風雨)〉·〈자금(子衿)〉·〈야유만초(野有蔓草)〉(이상 鄭風), 〈곡풍(谷風)〉(邶風), 〈백주(柏舟)〉·〈맹(氓)〉·〈백혜(伯兮)〉(鄘風), 〈목과(木瓜)〉(衛風), 〈대거(大車)〉(王風), 〈주무(綢繆)〉(唐風) 등이 그 예이다.

● 정풍(鄭風) 장중자(將仲子)

將仲子兮, 無踰我里, 無折我樹杞. 豈敢愛之? 畏我父母! 仲可懷也, 父母之言, 亦可畏也!
將仲子兮, 無踰我牆, 無折我樹桑. 豈敢愛之? 畏我諸兄! 仲可懷也, 諸兄之言, 亦可畏也!
將仲子兮, 無踰我園, 無折我樹檀. 豈敢愛之? 畏人之多言! 仲可懷也, 人之多言, 亦可畏也!

둘째 도련님, 우리 마을을 넘나들어 우리 집 버들을 꺾지 마세요. 그것이 아까워서겠어요? 우리 부모님이 두려워요. 도련님도 그립지만 부모님의 말씀이 또 두려운 걸요. / 둘째 도련님, 우리 집 담장을 넘나들어 우리 집 뽕나무를 꺾지 마세요. 그것이 아까워서겠어요? 손윗 형님들이 두려워요. 도련님도 그립지만 형님들의 말씀이 또 두려운 걸요. / 둘째 도련님, 우리 집 뜰을 넘나들어 우리 집 박달나무를 꺾지 마세요. 그것이 아까워서겠어요? 다른 사람들의 말 많음이 두려워요. 도련님도 그립지만 사람들의 말 많음이 또 두려운 걸요.

- 〈모시서〉: "장중자는 정나라 장공을 풍자한 작품이다. 그의 어머니 무강의 요청을 이기지 못해 결국 자신의 친동생 공숙단을 해쳤다. 동생 공숙단이 멋대로 하는데도 형 장공은 잡아주지 못했고 재상 제중이 몇 차례 간언했는데도 듣지 않았다. 작은 일을 참아 하지 못하다가 큰 난리가 생기고 말았다(將仲子, 刺莊公也. 不勝其母, 以害其弟. 弟叔失道而公弗制, 祭仲諫而公弗聽, 小不忍以致大亂焉)."

[해설] 정나라 장공(莊公)은 태어날 때 다리부터 나와 하마터면 어머니 무강(武姜)을 죽일 뻔했다. 그래서 무강은 친아들인 장공을 증오했다. 그 대신 순산한 공숙단을 편애하여 왕으로 세우려 했다. 무강의 희망은 물론 수포로 돌아갔지만 봉지(封地)를 수도로 하게끔 손을 썼다. 교만해진 공숙단은 반란을 일으키게 되고 정권 다툼에 실패하여 도망치고 만다. 이런 사태를 미리 짐작한 재상 제중이 거듭 간언(諫言)하지만 장공은 듣지 않았다.《좌전》隱公 元年) 그러나 〈모시서〉의 이 해설은 견강부회라고 하겠다. 현대의 관점에서 보면 여성이 남성의 구애를 조심스레 받아들이는 내용으로 풀이된다.

그리고 돌아가신 부모나 죽은 남편을 그리워하며 애도하는 내용도 있다. 당풍(唐風)〈갈생(葛生)〉과 소아〈육아(蓼莪)〉가 대표적이다.

- 소아 육아(蓼莪)

蓼蓼者莪, 匪莪伊蒿. 哀哀父母, 生我劬勞!
蓼蓼者莪, 匪莪伊蔚. 哀哀父母, 生我勞瘁.
缾之罄矣, 維罍之恥. 鮮民之生, 不如死之久矣!
無父何怙? 無母何恃? 出則銜恤, 入則靡至.

父兮生我, 母兮鞠我. 拊我畜我, 長我育我, 顧我復我, 出入腹我, 欲報之德, 昊天罔極!
南山烈烈, 飄風發發. 民莫不穀, 我獨何害?
南山律律, 飄風弗弗, 民莫不穀, 我獨不卒!

무성하게 자란 다북쑥은 다북쑥이 아니라 큰 쑥이네. 슬프구나, 우리 부모님, 나를 낳고 고생하셨구나. / 무성하게 자란 다북쑥은 다북쑥이 아니라 큰 쑥이네. 슬프구나, 우리 부모님, 나를 낳고 초췌해지셨구나. / 병이 비어있는 것은 오직 항아리의 부끄러움일 뿐이네. 가난한 백성의 삶은 일찍 죽는 것만 못하구나! / 아버지 안 계시니 누구를 의지할까? 어머니 안 계시니 누구를 믿을까? 나가면 걱정뿐이고 들어오면 갈 곳이 없네. / 아버지 나를 낳으시고 어머니 나를 기르시니 나를 어루만져주시고 키워주시고 길러주시며, 나를 돌아보고 또 살펴보시며 들어오고 나갈 때 또 돌아보시니, 그 은덕을 보답하고자 하나, 하늘이 무정하시구나! / 남산은 높디높고 회오리바람은 쌩쌩부는데, 다른 백성들은 잘 지내지 않는 이 없건만, 어찌 나만 홀로 해를 입는가! / 남산은 높다랗고 회오리바람은 몰아치는데, 다른 백성들은 잘 지내지 않는 것이 없건만, 나만 홀로 부모님을 끝내 모시지 못하는구나!

- 〈모시서〉: "'육아'는 유왕(幽王)을 풍자한 것이다. 인민들이 노역으로 고통을 겪어서 효자가 부모를 끝까지 봉양하지 못하기 때문이다(蓼莪, 刺幽王也. 民人勞苦, 孝子不得終養爾)."
- 정현 〈전(箋)〉: "(효자가) 끝까지 봉양하지 못한다는 것은 양친이 병들어 죽어갈 때 마침 부역의 곳에 있어서 뵈올 수 없음을 가리킨다(不得終養者, 二親病亡之時, 時在役所, 不得見也)."
- 주희 《시집전》: "인민들이 노역으로 고통을 겪어, 효자가 (부모를) 끝까지 봉양할 수 없으므로 이 시를 지었다(人民勞苦, 孝子不得終養而作此詩)."
  주희는, 유왕을 풍자했다느니(刺幽王) 부역의 곳에 있었다느니(時在役所) 하는 근거 없는 이야기는 하지 않고 이 시편이 효자의 심정을 읊었다고만 해석했다.

한편, 빈풍 〈칠월(七月)〉과 같은 달거리 형식의 농민생활시도 있다. 그리고 주나라 민족의 기원과 발전을 읊은 서사시도 있다. 대아 〈생민(生民)〉・〈공류(公劉)〉・〈면(緜)〉 등이 그것이다. 또한 문왕과 무왕의 전공을 칭송한 〈황의(皇矣)〉・〈대명(大明)〉도 서사시이다. 한편 상송의 〈현조(玄鳥)〉는 제비(玄鳥)가 은나라 조상을 낳았다는 전설을 기록하고 은나라의 발전과정을 생동적으로 기술하였다.

이에 비해, 소아 〈학명(鶴鳴)〉과 소아 〈무장대거(無將大車)〉는 상당히 철학적인 내용을 담고 있다고 볼 수 있다.

● 소아 무장대거(無將大車)

無將大車, 祇自塵兮. 無思百憂, 祇自疧兮.
無將大車, 維塵冥冥. 無思百憂, 不出於熲.
無將大車, 維塵雝兮. 無思百憂, 祇自重兮.

큰 수레를 끌지 마라, 스스로 먼지만 뒤집어쓰니. 온갖 걱정을 생각하지 마라, 스스로 병만 들게 하니. / 큰 수레를 끌지 마라, 먼지만 자욱하니. 온갖 걱정을 생각하지 마라, 불안한 마음에서 벗어나지 못하리니. / 큰 수레를 끌지 마라, 먼지만 가득 일어나니. 온갖 걱정을 생각하지 마라, 스스로 거북함만 만드니.

- 〈모시서〉: "대부가 소인들을 이끈 것을 후회하는 것이다.(大夫悔將小人也.)"
- 정현 〈전(箋)〉: "주나라 대부가 소인들을 이끈 것을 후회하는 것이다. 몽매한 왕의 시대에는 소인의 무리가 많아져 어진 이가 그들과 더불어 일을 수행하나 도리어 비방을 당하니, 스스로 소인과 함께 했음을 후회하는 것이다.(周大夫悔將小人. 幽王之時, 小人衆多, 賢者與之從事, 反見譖害, 自悔與小人並.)"
- 주희 《시집전》: 이것도 역시 부역에 나가 힘들고 괴로워서 근심하고 생각 많은 자가 지은 것이다(此亦行役勞苦而憂思者之作). 이 시에서 '수레'를 인생의 고뇌, 혹은 인생 자체를 비유한다고 본다면 이 시는 인간 실존의 부조리를 노래한 것으로도 해석할 수 있다.

> **단장취의(斷章取義)**
>
> 《시경》 시편의 한 구절을 끊어다가 상황에 맞추어 읊는 방식을 말한다. 《춘추좌전》에 보면 춘추시대의 외교가들은 《시경》 시편의 한 구절을 자기 식으로 해석하여 자신이나 자국, 혹은 상대방이나 상대방 국가의 특수한 상황을 비유하고 논평하는 방식을 사용하였다. 그것을 부시(賦詩: 《시경》 시편을 읊음)라고 하였다. 그러나 단장취의는 《시경》 시편의 인용에서만 일어나지 않고, 후대에는 모든 문학에서 일어날 수 있었다. 중국 근세의 문호 노신(魯迅)이 쓴 "橫眉冷對千夫指, 俯首甘爲孺子牛"라는 시구가 있는데, 마오쩌둥(毛澤東)은 천부(千夫)를 적(敵), 유자(孺子)를 인민대중이라 해석하였다. 이것도 일종의 단장취의다.

서(書), 상서(尙書), 서경(書經)

《서경》은 중국 고대 문화의 원류를 담고 있는 책이다. 순자(荀子)는《서경》을 '정치의 기(紀)'라 하였고 공영달은 '군주의 사고(辭誥: 명령과 통고)의 법전'이라고 하였다. 대개 ① 군왕과 대신 사이의 대화[모(謨)] ② 군왕에 대한 대신의 건의[훈(訓)] ③ 인민에 대한 군왕의 통고[고(誥)] ④ 전쟁에 임하는 군왕의 맹서[서(誓)] ⑤ 군왕이 신하에게 특권과 책임을 부과하는 명령[명(命)] 등 다섯 종류의 문건으로 이루어져 있다. 사마천의《사기》는 중국 고대사를 서술할 때《서경》과《시경》에서 자료를 많이 취하였다. 서구에서는 'Document Classic' 혹은 'Book of Document'라고 이름한다.

1.《상서》의 뜻과 체제

《상서》는 우서(虞書)·하서(夏書)·상서(商書)·주서(周書)로 이루어져 있으며, 요(堯)·순(舜)과 하(夏)·은(殷)·주(周) 시대의 기록이라고 알려져 있다. 원래는 '서(書)'라고 부르다가 한나라 때 들어와서 '상서(尙書)'라고 불렀다. 송나라 때는 '서경(書經)'이라 부르게 되었다. '상서'란 상고의 글(書)이기에 숭상해야 할 것이라는 뜻인 듯하다. '서(書)'는 본래 공문이라는 뜻이었다.《상서》의 여러 편은 대부분 정부의 공문서이므로 '상서'라 이름지었다고도 한다.

 《상서》의 각 편에는 서(序)가 있어 각 편이 지어진 경위를 밝혔다. 공자가 이 서(序)를 지었다는 설이 있었지만 훨씬 후대의 사람이 지은 듯하다.《사기》〈공자세가〉와《한서》〈예문지〉에서는 공자가《상서》를 편정했다고 하였으며,《한서》〈예문지〉에서는 또 공자가《상서》 100편을 엮었다고 하였다.《선기검(璿璣鈐)》(《상서정의》에 인용)에서는, 옛날에《서》가 3,240편이었는데 공자의 산정을 거쳐 120편이 되었으며, 그 가운데 102편은 《상서》이고 18편은 《중후(中侯)》라고 하였다. 공자는 《서》를 편찬한 듯하지만, 반드시 100편으로 맞추지는 않았을 것이다.

2. 고문상서(古文尚書)와 금문상서(今文尚書)

한대의 경서에는 금문(今文)과 고문(古文)의 차이가 있었다. 금문이란 당시 통행되던 예서(隸書)를 말한다. 예서로 쓰인 경전을 금문경(今文經)이라 한다. 고문이란 진나라 이전에 동쪽 지역에서 통행한 문자인데(王國維의 설), 그 글자체로 적힌 간독(簡牘)이 전한 때 집 벽에서 출토되고 민간에 전하였다. 이로써 금문경과 고문경의 어느 것을 택하느냐 하는 문제로 논쟁이 일어났다.

현재 전하는 《상서》는 58편인데 25편은 고문(古文)이고, 33편은 금문(今文)이다. 서한 문제(文帝) 때 진(秦)의 박사였던 복생(伏生)이 벽 속에 감추어 두었던 29편을 얻어, 당시에 통용하던 예서로 기록해낸 것이 '금문상서'이다(그것을 합하여 28편으로 만들고 다시 33편으로 쪼갠 것이 오늘날의 《상서》 속에 들어 있는 '금문상서' 33편이다). 그런데 한나라 경제(景帝) 때 노공왕(魯恭王)이 공자의 옛집을 허물다가 옛글자인 과두문(蝌蚪文)으로 씌어진 '고문상서'를 얻었고, 한나라 무제 때 박사였던 공안국(孔安國)이 그 '고문상서'를 해독하니 모두 58편이었다고 한다. 이후 여러 사람들이 또 가짜 '고문상서'를 만들어 바쳤다. 그 뒤로 본래의 공안국 《고문상서》는 전하지 않고 《위(僞)고문상서》가 '고문상서'의 구실을 하였다. 그러나 송나라 때 들어와 그것이 위작이라고 의심하는 사람들이 나타났다. 원나라 오징(吳澄)은 《서찬언(書纂言)》을 지어 '고문상서(위고문상서)' 25편을 《서》와 구분하였고, 명나라 매작(梅鷟)은 《상서고이(尚書考異)》를 지어 위작 사실을 논하였다. 다

시 청나라 염약거(閻若璩)의 《상서고문
소증(尙書古文疏證)》과 혜동(惠棟)의 《고
문상서고(古文尙書考)》는 '고문상서'
25편이 위작이라고 판정하였다.

그런데 '위고문상서'라고 할 〈대우
모(大禹謨)〉편에 "인심은 위태롭고 도
심은 미미하므로, 정밀하고 전일하여
중용의 도리를 견지하라(人心惟危, 道心
惟微. 惟精惟一, 允執厥中)"는 말이 있
다. 송나라 때 진덕수(眞德秀)는 그것을
두고 "요·순·우가 전수한 심법으로,
만세 성학의 연원이다(堯舜禹傳授心法,
萬世聖學之淵)"라고 하였다. 이른바 '16
자 심전(心傳)'이다. 따라서 주자학자
들은 〈대우모〉를 포함한 '위고문상서'

복생이 전한 〈금문상서〉 29편	
1. 〈堯典〉('愼徽五典' 이하)	16. 〈梓材〉
2. 〈皐陶謨〉('帝曰來禹' 이하)	17. 〈召誥〉
3. 〈禹貢〉	18. 〈雒誥〉
4. 〈甘誓〉	19. 〈多士〉
5. 〈湯誓〉	20. 〈無佚〉
6. 〈盤庚〉	21. 〈君奭〉
7. 〈高宗肜日〉	22. 〈多方〉
8. 〈西伯戡黎〉	23. 〈立政〉
9. 〈微子〉	24. 〈顧命〉
10. 〈牧誓〉	25. 〈康王之誥〉
11. 〈鴻範(곧 洪範)〉	26. 〈柴誓〉
12. 〈大誥〉	27. 〈甫刑〉
13. 〈金縢〉	28. 〈文侯之命〉
14. 〈康誥〉	29. 〈秦誓〉
15. 〈酒誥〉	

복생 이후에 구양생(歐陽生)과 대소 하후(大小夏侯)가 〈강왕지고〉를 〈고명〉과 합하여 28편으로 만들었고, 다시 하내(河內)의 여인이 얻었다는 〈태서(泰誓)〉가 첨가되었는데, 이로써 금문상서는 여전히 29편이었다.

를 전혀 위작이라고 보지 않았다. 사실은 이 '人心惟危, 道心惟微'는 《순자》 〈해폐(解蔽)〉편에서 따왔고, '允執厥中'은 《논어》('厥'이 '其'로 되어 있다)에서 따온 것이고, '惟精惟一'은 조작된 말이라고 한다.

지금 통행하고 있는 《상서》 58편 가운데 고문(위고문) 25편은 사료로서의 가치는 적지만, 동진 이래 반드시 읽어 왔고, 또 시문이나 정치이론에 응용되어 왔으므로 그 내용을 알아두어야 한다.

《상서》의 각 편이 지어진 시대는 서로 다르다. 〈요전(堯典)〉(위고문본 〈순전〉 포함), 〈고요모(皐陶謨)〉(위고문본 〈익직〉 포함), 〈우공(禹貢)〉, 〈감서(甘誓)〉는 모두 우하(虞夏) 때의 《서》이며, 〈탕서(湯誓)〉, 〈고종융일(高宗肜日)〉, 〈서백 감려(西伯戡黎)〉, 〈미자(微子)〉는 모두 은나라 때의 《서》이며, 〈목서(牧誓)〉,

〈홍범(洪範)〉,〈금등(金縢)〉은 모두 주나라 초기의《서》라고 한다. 그러나 문체로 본다면 그 글들은 전국시대 사람이 옛날에 대해 서술한 것임을 알 수 있다.〈우공〉만은 춘추 말기에 지어졌으리라고 추정된다.

주해본으로는 '십삼경주소'의《상서주소(尙書注疏)》에 들어있는《공안국전(孔安國傳)》(13권)을 읽어야 한다. 이것은 실은 공안국이 집필한 것이 아니지만 공안국의 집필이라고 알려져 왔다(僞孔安國傳이라고 '僞' 자를 붙여 말한다). 근래에 들어와서는 갑골문·금문이나 기타 사료를 이용하여《상서》를 논하는 연구가 활발하다. 굴만리(屈萬里)의《상서석의(尙書釋義)》는 새로운 설을 많이 채록하여 두었다.

3. 상서의 내용과 사상

《서경》은 주공(周公) 전후의 여러 편(篇)이 먼저 성립된 뒤 은(殷)부분이 추가되고, 다시 하(夏), 또다시 요(堯), 순(舜)으로 거슬러 올라갔다고 본다. 이 학설을 '가상학설(加上學說)'이라고 한다. 현행본 58편 가운데 '오고(五誥)'라고 일컬어지는〈대고(大誥)〉·〈강고(康誥)〉·〈주고(酒誥)〉·〈소고(召誥)〉·〈낙고(洛誥)〉 등과〈금등(金縢)〉·〈자재(梓材)〉·〈다사(多士)〉·〈다방(多方)〉 등이 맨 먼저, 주나라 초기에 이루어졌을 것이다.

《상서》를 역사적 문건으로 볼 때 주나라의 성립과 관련하여 가장 중요한 글은 주서(周書)에 들어 있는〈태서(泰誓)〉이다. 이 편은 무왕(武王)이 은나라 주(紂)를 토벌할 때 신하들과 맹세한 말을 실어두었다.

〈태서(泰誓)〉를 제외한 '금문상서' 28편의 내용은 다음과 같다. '우서(虞誓)'는 하늘의 질서에 따라 민업을 일으키고, 관직을 세우며 유덕자를 임명하고, 군신이 서로 경계하여 이상정치를 실현한다는 내용이다. 특히,〈고요모〉에서는 정교의 이념으로서 유덕자가 왕위를 계승해야 함을 밝혔다.

'상서(商書)'는 천명을 계승하여 삼가 지킬 것을 밝히고, 백성의 이익과 편리함을 위하여 수도를 옮기는 내용이다. 한편, 상서(商書) 〈고종융일〉 이하는 '주서(周書)'의 〈목서〉와 같은 계통으로, 민심을 잃은 자에게는 외명(畏命)이 내린다고 하여 혁명의 가능성을 말하였다.

'주서(周書)'는 다섯 부류로 나뉜다. 첫째로, 〈홍범〉·〈금등〉·〈대고〉의 세 편이다. 〈홍범〉은 오행설에 기초하여 정치질서를 바로잡고 복서(卜筮)의 신비적 수단으로써 하늘의 뜻을 점쳐서 상벌을 행할 것을 밝혔다. 〈금등〉·〈대고〉는 군신관계의 문란이나 내란 등을 경계하였다. 둘째로, 〈강고〉·〈주고〉·〈자재〉의 세 편은 여러 군주와 관리들에게 천명과 왕명을 받들고 은나라의 선례와 문왕의 가르침에 따라 덕을 밝히고 일을 신중히 하며 백성을 보전해야 한다고 선포하였다. 셋째는, 〈소고〉·〈낙고〉·〈다사〉·〈무

홍범구주(洪範九疇)

홍범구주는 유가사상의 정치적 도덕적인 범주를 망라한 것이다. 서양의 카테고리를 '범주'라고 번역하는 것은 바로 《상서》의 홍범구주에 의한 것이다. 홍범 구주의 내용을 개괄하면 다음과 같다.

(1) 5행(五行) : 수, 화, 목, 금, 토. 의식주 생활 수단에 이바지하는 자연적 물질.
(2) 공경(敬)스럽게 5사(五事)를 행한다 : 모(貌), 표(表), 시(視), 청(聽), 사(思) 등 개인적인 수양의 내성적 계기.
(3) 두텁게[農] 8정(八政)을 행한다 : 식(食), 화(貨), 사(祀), 사공(司空), 사도(司徒), 사구(司寇), 빈(賓), 사(師) 등 나라 일을 나누어 맡은 각 반.
(4) 화합[協]하는데 5기(五紀)를 쓴다 : 세(歲), 월(月), 일(日), 성진(星辰), 역수(曆數) 등 천문과 달력에 의한 경륜.
(5) 세움[建]에 황극(皇極)을 쓴다 : 왕도의 극치를 보이며, 중앙에 위치하는 범주.
(6) 다스림[乂]에 3덕(三德)을 쓴다 : 정직(正直), 강극(剛克), 유극(柔克) 등의 세 가지 통치방법.
(7) 밝힘[明]에 계의(稽疑)를 쓴다 : 복서(卜筮) 즉 점 치는 방법.
(8) 생각[念]함에 서징(庶徵)을 쓴다 : 우(雨), 양(陽=晴: 개임), 욱(燠=暑: 더위), 한(寒), 풍(風), 시(時=調和) 등의 천기를 보는 방법.
(9) 누리고[享] 삶에 5복(五福)을 쓰며, 두렵게[威] 함에 6극(六極)을 쓴다 : 5복은 수(壽), 부(富), 강녕(康寧: 건강), 유호덕(攸好德: 좋아하는 덕, 안심입명의 도덕적 생활), 고종명(考終命: 천명을 마칠 때까지의 삶을 말한다. 6극은 흉단절(凶短折: 흉은 7세 전의 죽음, 단은 20세 전의 죽음, 절은 30세 전의 죽음), 질(疾: 병), 우(憂), 빈(貧), 악(惡: 악을 저지르는 생활), 약(弱: 몸과 마음이 약함)을 말한다.

일〉·〈군석〉·〈다방〉·〈입정〉의 7편이다. 이 가운데 〈소고〉·〈낙고〉는 새로운 도읍을 건설하여 천명에 답하는 것을, 〈다사〉는 천명에 따라서 은의 선비들을 회유하는 일을, 〈무일〉은 임금이 백성의 뜻을 좇아서 덕을 닦는 일을, 〈군석〉은 주공(周公)과 소공(召公)이 협력하여 국가의 안정을 도모하는 일을, 〈다방〉은 제후와 관료들에게 군주의 명령에 순종해야 함을, 〈입정〉은 유덕한 관리를 임용하여 형벌을 신중히 할 것을 밝혔다. 넷째로, 〈고명〉·〈여형〉의 2편은 〈소고〉 이하 편의 결론으로, 〈고명〉은 왕업 계승의 예를 밝혔고, 〈여형〉은 명덕(明德)·신벌(愼罰)을 논하였다. 다섯째로, 〈비서〉·〈문후지명〉·〈진서〉의 3편은 모두 춘추시대에 여전히 왕도가 행해졌음을 밝혔다.

《상서》의 주된 사상은 '명덕신벌(明德愼罰)'이다. 이것은 본래 군주 자신이 지켜야 할 계명을 밝힌 것인데, 뒷날 역대 제왕들이 지켜야 할 규범으로 되었다. 또한 《상서》는 애민(愛民)·중민(重民)의 사상을 담고 있으며, 그 사상 전통은 유교 정치철학으로 확립되었다.

4. 《상서》의 주요 텍스트

《상서》의 텍스트로서 주요한 것은 다음 셋을 들 수 있다.

① (청) 완원(阮元) 교감 '십삼경주소'의 《상서주소(尚書注疏)》: 《상서정의(尚書正義)》라고도 한다. 당나라 공영달(孔穎達)이 칙명을 받아 편찬한 '오경정의' 가운데 하나이다. 실제 작업은 왕덕소

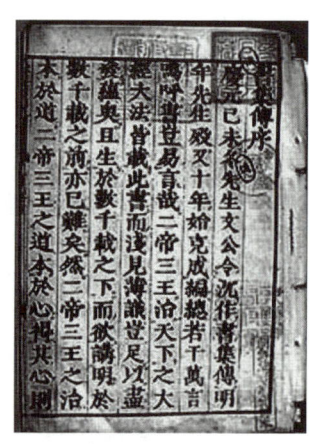

채침(蔡沈) 《서집전서(書集傳序)》

318

(王德韶)와 이자운(李子雲)이 하였다.
② (명) 영락제 칙명의 '사서오경대전' 가운데 《서전대전(書傳大全)》: 주희(朱熹)의 제자 채침(蔡沈)이 완성한 《서집전(書集傳)》의 주를 중심으로 하고, 주희의 설과 주희 이후 주자학자들의 주를 모았다. 조선 세종 이후 우리나라에서 널리 이용되었다.
③ (일본) 부산방(富山房) 1911년 간행 '한문대계(漢文大系)' 제2권(服部宇之吉·星野恒 편): 주소(注疏)와 채침 《서집전》의 주를 절충하였다.

《상서》 원문을 읽어봅시다

주서(周書) 〈무일(無逸)〉 10장

周公曰: 嗚呼君子! 所其無逸. 先知稼穡之艱難乃逸, 則知小人之依. 相小人, 厥父母勤勞稼穡, 厥子乃不知稼穡之艱難, 乃逸乃諺, 旣誕, 否則侮厥父母曰: 昔之人無聞知.
군자는 무일(無逸:편안하지 않음)에 처하여야 한다. 먼저 밭갈고 농사짓는 노동의 어려움을 알고 그 다음에 편안함을 취해야 비로소 백성들의 고통〔小人之依〕을 알게 된다. 그러나 오늘날 사람들의 모습을 보건대 그 부모는 힘써 일하고 농사짓건만 그 자식들은 농사일의 어려움을 알지 못한 채 편안함을 취하고 함부로 지껄이며 방탕 무례하다. 그렇지 않으면 부모를 업신여겨 말하기를 옛날 사람들은 아는 것〔聞知〕이 없다고 한다.

이 글은 주공(周公)이 조카 성왕(成王)에게 안일에 빠지지 말라고 경계한 내용이라고 한다. '무일(無逸)'은 노동의 체험을 중시하는 사상으로, 문화대혁명 시절인 1950년대 하방운동(下方運動 : 고위 간부·지식인들을 자신의 직위보다 낮은 곳이나 변방에 근무토록 하여 관료주의화를 막고자 했던 정책)의 사상적 근거가 되었다.

우하서(虞夏書) 〈요전(堯典)〉 부분

日若稽古帝堯, 曰放勳. 欽明文思安安, 允恭克讓. 光被四表, 格于上下. 克明俊德, 以親九族. 九族旣睦, 平章百姓. 百姓昭明, 協和萬邦. 黎民於變時雍. 乃命羲和, 欽若昊天. 歷象日月星辰, 敬授人時. 分命羲仲, 宅嵎夷, 曰暘谷. 寅賓出日, 平秩東作. 日中星鳥, 以殷仲春. 厥民析, 鳥獸孶尾. 申命羲叔, 宅南交. 平秩南訛, 敬致. 日永星火, 以正仲夏. 厥民因, 鳥獸希革. 分命和仲, 宅西, 曰昧谷. 寅餞納日, 平秩西成. 宵中星虛, 以殷仲秋. 厥民夷, 鳥獸毛毨. 申命和叔, 宅朔方, 曰幽都. 平在朔易. 日短星昴, 以正仲冬. 厥民隩, 鳥獸氄毛.

옛 요임금을 돌아보건대 이런 말들이 있었다. 요는 위대한 공훈이 있다. 공경하고 밝으며 문채롭고 생각함이 매우 편안하시며 진실로 공손하고 능히 겸양하시어, 광채가 사표(四表)를 덮으시고 하늘 위와 땅바닥까지 이르셨다. 크고 뛰어난 덕을 밝히시어 구족을 친히 하셨고 구족이 이미 화목하거늘 백성을 고르게 하셨으며 백성이 덕을 밝히자 만방을 화합하게 하셨다. 이에 백성들이 감화하여 유화하게 되었다. 이에 희씨와 화씨에게 명하여 하늘의 운행을 본받아서 해와 달과 별의 운행을 일일이 재고 관찰하여 조심성 있게 농사짓는 데 필요한 책력을 만들게 하셨다. 희씨와 화씨에게 나누어 명하여 희중에게는 우이에 머물게 하시고는 양곡(暘谷)으로 가서, 떠오르는 해를 공경히 맞이하고 봄의 농사짓는 일을 순서대로 정하라. 하루 동안의 낮과 밤의 시간이 똑같고 저녁에 주작성(朱雀星)을 보게 되거든 춘분으로 정하라. 그러면 백성들은 흩어져 나가서 농사짓고, 새와 짐승들은 새끼를 낳고 번식할 것이다. 희숙에게는 계속 남교에 머무르게 하시고, 명도(明都)로 가서 여름철 농사짓는 순서를 정하는 데 조심하고 삼가라. 하루의 해가 가장 길고 저녁에 별을 보고 하지의 때를 정하라. 그렇게 되면 백성들은 더욱 흩어져 힘써 농사지을 것이고 새와 짐승은 털을 갈고 자랄 것이다. 또 화중에게 명하여 서쪽 지방에 살게 하고, 매곡(昧谷)으로 가서 지는 해를 공경스레 보내고, 가을철 성숙기의 순서를 정하도록 하라.

주서(周書) 〈목서(牧誓)〉

時甲子昧爽, 王朝至于商郊牧野, 乃誓. 王左杖黃鉞, 右秉白旄以麾, 曰: "逖矣西土之人." 王曰: "嗟! 我友邦冢君, 御事司徒司馬司空亞旅師氏千夫長百夫長, 及庸蜀羌髳微盧彭濮人, 稱爾戈, 比爾干, 立爾矛, 予其誓. 王曰: "古人有言曰: '牝鷄無晨. 牝鷄之晨, 惟家之索', 今商王受, 惟婦言是用. 昏棄厥肆祀, 弗答; 昏棄厥遺王父母弟, 不迪, 乃惟四方之多罪逋逃, 是崇是長, 是信是使, 是以爲大夫卿士. 俾暴虐于百姓以姦宄于商邑, 今予發, 惟恭行天之罰. 今日之事, 不愆于六步七步, 乃止齊焉. 夫子勖哉! 不愆于四伐五伐六伐七伐, 乃止齊焉. 勖哉夫子! 尙桓桓, 如虎如貔如熊如羆, 于商郊; 弗迓克奔, 以役西土. 勖哉夫子! 爾所弗勖, 其于爾躬有戮!"

갑자일 동틀 무렵에 왕이 아침에 상나라의 국경인 목야(牧野)에 이르시어 군사들에게 맹세하니, 왕이 왼손에는 황금도끼를 잡고 오른손에는 흰 깃발을 들고서 휘두르며 말씀하셨다. "멀리 왔다. 서토(西土)사람들아!" 왕이 말씀하셨다. "아! 우리 우방인 총군(冢君)과 나의 조정인 사도(司徒)·사마(司馬)·사공(司空)과 아(亞)와 사씨(師氏)와 천부(千夫)의 우두머리와 백부(百夫)의 우두머리 및 용(庸)·촉(蜀)·강(羌)·무(髳)·미(微)·여(盧)·팽(彭)·복(濮) 사람들아. 너희 창을 들고 너희 방패를 나란히 하고 너희 긴 창을 세우라. 내가 맹세를 하겠다." 왕이 말씀하셨다. "옛 사람의 말에 '암탉은 새벽에 울지 말아야 하니, 암탉이 새벽에 울면 집안이 망한다' 하였다. 지금 상왕 수(受)가 부인의 말을 따라 혼미해서, 지내야 할 제사를 버려 보답하지 않으며, 남기신 왕부모의 아우들을 버려 도리로 대우하지 않고, 사방에 죄가 많아 도망해온 자들을 높이고 우두머리로 삼으며 믿고 부려서, 그들로 대부와 경사를 삼아 백성들에게 포악하게 하고 상나라 읍에서 갖은 몹쓸 짓을 한다. 이제 나 발(發)은 공손히 하늘의 벌을 행하니, 오늘의 싸움은 6보와 7보에서 머물러 대오를 가지런히 하라. 군사들은 힘쓸지어다. 진격해서 4벌, 5벌, 6벌, 7벌을 하고는 일단 머물러 진용을 갖추어라. 힘쓸지어다, 군사들아! 부디 굳세게 용맹을 떨쳐 범과 같이 비휴와 같이, 곰과 같이 큰곰과 같이 상나라 국경으로 진격하라. 도망하는 자들을 맞아 싸우지 마라. 이로써 서토(서쪽 제국)를 위해 역군이 되라. 힘쓸지어다, 군사들아! 너희이 힘쓰지 않으면 너희들 몸에 죽음이 있을 것이다!"

역(易), 역경(易經), 주역(周易)

《역》은 은나라 때 갑골 복점(卜占)과 주나라 때 서죽(筮竹) 서점(筮占)에서 나왔다. 《주례》에 보면 태복(太卜)이라는 관리가 삼역(三易)을 관장하였다는 말이 있다. '삼역'은 《연산(連山)》·《귀장(歸藏)》·《주역》을 말한다. 그런데 주나라의 《역》이라는 《주역》만 남았으므로 《주역》을 《역》이라고 부른다. 《주역》은 본래의 본문인 경(經)과 해설 부분인 전(傳)으로 이루어져 있으나, 해설 부분도 한나라 때 경(經)의 지위로 격상하여, 《주역》 전체를 《역경》이라 부르게 되었다.

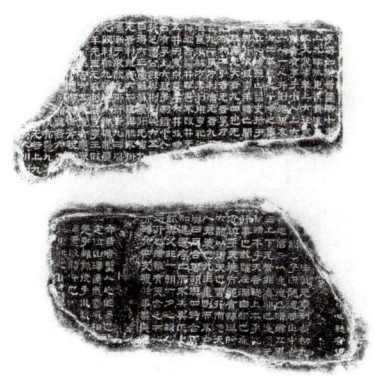

희평석경 잔석(熹平石經殘石)
희평석경 중 〈주역〉의 한 부분으로, 학자이며 서예가인 채옹(蔡邕)이 예서체로 썼다. 동한 영제 희평 4년부터 유가(儒家)의 경전들을 돌에 새겨 태학(太學)에 세움으로써 교과서의 표준으로 하였는데 이 희평석경도 그 중 하나이다.

1. 변화의 경전 주역

《주역》은 음(陰)과 양(陽)의 상보적 원소들을 기초로 하여 64괘 384효로 자연과 인간 세계의 생성과 변화의 원리를 펼쳐 보인다.

《주역》은 자연과 인간세계의 변화에 주목하였으므로, 영어로 'The Book of Change(변화의 경전)'라고 한다. '易(역/이)'은 변역(變易)이라는 뜻과 간이(簡易)하다는 뜻을 함께 지닌다. '변역'은 천지만물의 변화라는 말이고, '간이'는 그 변화 법칙이 극히 규칙적이어서 알기 쉽다는 뜻이다.

《주역》〈계사전(繫辭傳)·하〉에 "窮則變하고 變則通이라"라는 말이 있다. 궁하면 변하고 변하면 통한다는 뜻이니, 어떤 상태가 극도에 이르면 변화가 일어나고 변화가 일어나면 곤란했던 일이 풀려나간다는 말이다.

극에 도달하면 변하게 된다는 것은 자연의 법칙이다. 《순자(荀子)》에서도 "가득 차면 뒤집어진다(滿則覆)"고 하였고, 《관자(管子)》에서는 "하늘의 도는 극에 이르면 돌아간다(天道至則反)"고 하였다. 또 《노자(老子)》에서도 "화는 복이 연유하는 바요, 복은 화가 숨어 있는 바(禍兮, 福之所倚. 福兮, 禍之所伏)"라고 하였다. 고정된 현재의 상태에 집착하지 말고 변화의 가능성을 늘 염두에 두라는 것이 동양 고전의 공통된 정신이었다.

> **《주역》의 변통사상과 패러다임 전이론**
>
> 《주역》에서 말한 변통의 사상은 토머스 쿤이 그의 대표적인 저서 《과학혁명의 구조》에서 말한 패러다임(paradigm) 전이(shift) 과정과 유사하다.
>
> 전 패러다임(정상과학 nomal science) → 위기(변칙성 anomaly의 증대) → 경쟁적 패러다임의 출현 → 과학혁명 → 새로운 정상과학

2. 양효(陽爻)·음효(陰爻), 팔괘(八卦), 상(象)

> ── 양/강건함/하늘/높음/낮/적극성/남자/지아비/군주/대/나아감/움직임/부유함/겉/참//
> ─ ─ 음/유순함/땅 / 낮음/밤/소극성/여자/지어미/신하/소/물러남/고요함/가난함/속/거짓//

《주역》은 기수획(奇數劃) 과 우수획(偶數劃) 을 기초로 한다. 이 부호를 효(爻)라 한다. 효는 효(效)로, 만물의 모습인 상(象)을 본떴다는 뜻이다. 양효와 음효를 세 개씩 조합하여 8개 부호를 만들어 자연과 인간사회의 현상을 상징하는 것이 팔괘이다. 3획에 의하여 2대 1의 강약 관계가 생겨난다. 괘(卦)란 걸친다(掛)는 뜻으로, 현상의 모습을 걸쳐서 보인다는 말이다. 팔괘를 팔경괘(八經卦)라고도 한다. 팔괘가 견주는 대표적 물상을 정상(正象)이라 하며, 거기서 더 복잡한 상들이 파생되었다. 이를테면 태극기(太極旗)의 네

〈8괘의 상징〉

乾	坤	震	巽	坎	離	艮	兌
健	順	動	入	陷	麗	止	說
馬	牛	龍	鷄	豕	雉	狗	羊
首	腹	足	股	耳	目	手	口
父	母	長男	長女	中男	中女	少男	少女

귀퉁이에 그려져 있는 건(乾)·곤(坤)·감(坎)·리(離)는 각각 하늘·땅·물·불을 상징한다(중앙의 태극은 음과 양의 순환과 조화를 상징한다).

3. 복희팔괘(선천팔괘), 문왕팔괘(후천팔괘)

복희 8괘 방위

문왕 8괘 방위

복희팔괘(伏羲八卦)는 선천(先天)의 대원리를 도상화한 것이라고 일컬어져 왔다.

진(震)은 동북방으로 초봄, 리(離)는 동방으로 봄, 태(兌)는 동남방으로 초여름, 건(乾)은 남방으로 여름, 손(巽)은 서남방으로 초가을, 감(坎)은 서방으로 가을, 간(艮)은 서북방으로 초겨울, 곤(坤)은 북방으로 겨울이다. 건괘가 남쪽에 오고 반시계 방향으로 돌아간다. 건괘의 세 양효 가운데 맨 마지막에 생성된 세 번째 양효가 음효로 변하고, 그 다음에는 두 번째 양효가 음효로 변하며, 그 다음에는 두세 번째 효가 다 음효로 변한다. 이렇게 해서 건(乾)·태(兌)·리(離)·진(震)·손(巽)·감(坎)·간(艮)·곤(坤)의 순서로 된다.

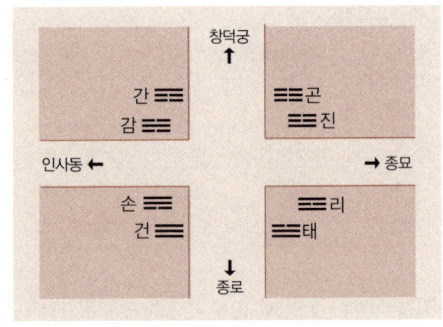

팔괘마당의 선천방위

한편, 문왕팔괘는 우주 만물이 생성된 이후, 즉 후천(後天)의 인간사회에 적용된다. 팔괘를 가족 구성원에 견주면 건은 아버지(老陽), 곤은 어머니(老陰), 진은 장남(長男:괘의 중심인 괘주가 첫 번째 양효이므로 장남이다. 괘주가 두 번째 양효이면 중남이다), 감은 중남(中男), 간은 소남(少男), 손은 장녀(長女), 리는 중녀(中女), 태는 소녀(少女)이다. 문왕 8괘는 변화 속의 안정을 중시하므로 중남·중녀가 남북의 축에 있고, 노음과 노양은 리·감에 자리를 물려주고 물러나 있다. 어머니는 나이 들수록 일에 참견하므로 남서쪽, 아버지

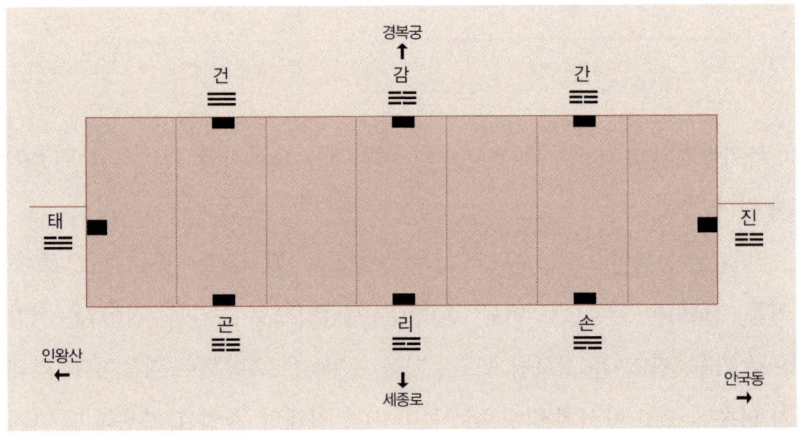

광화문의 후천방위

는 나이 들수록 일에서 손을 떼므로 북서쪽에 있다. 변화(일)에서 가장 중요한 역할을 할 장남은 동쪽에 있고, 위에서 장녀가 도와주고 아래에서 소남이 보좌한다. 소녀는 부모에게 의지하므로 그 사이 즉, 서쪽에 있다.

서울의 종로 3가에는 '팔괘마당'이 정비되어 붉은 기둥의 조형물들이 세워져 있는데, 이것은 선천방위(복희팔괘방위)를 따르고 있다. 한편, 광화문(光化門)은 후천방위(문왕팔괘방위)를 지키고 있다(송호빈 군의 조사에 의한다).

4. 육십사괘(六十四卦), 상하경(上下經), 십익(十翼)

8괘만으로는 만물의 변화를 충분히 상징할 수가 없다. 그래서 《주역》은 3획괘인 8괘(小成卦)를 둘씩 중첩하여 6획괘 64개(大成卦)를 만들었다. 8괘를 상하로 조합하면, 8×8=64개의 괘가 이루어진다. 6획괘에서 아래의 3획괘를 내괘(內卦)·하괘(下卦), 위의 3획괘를 외괘·상괘라 한다. 《주역》의 본문에서 이(履)는 '태하건상(兌下乾上)'이라 되어 있는 것을 볼 수 있다. 이것은 이괘가 "하괘는 태이고 상괘는 건이다"라는 뜻이다.

64괘는 각각 6효로 이루어져 있으므로, 64괘는 전부 384효이다. 《주역》은 이 64괘 384효의 괘효사(卦爻辭)와 괘효상(卦爻象), 그리고 그 변화를 가지고 점을 친다. 《주역》 경전은 상하 2편으로 나뉘어져 있다. 건괘(乾卦)에서 리괘(離卦)까지의 30괘를 상경(上經), 함괘(咸卦)에서 미제괘(未濟卦)까지 34괘를 하경(下經)으로 배열하였다.

십익(十翼)은 《역전》이라 불리던 것으로, '익'이란 경을 돕는다는 뜻이다. 〈단전(彖傳)〉 2편, 〈상전(象傳)〉 2편, 〈문언전(文言傳)〉 1편, 〈계사전(繫辭傳)〉 2편, 〈설괘전(說卦傳)〉 1편, 〈서괘전(序卦傳)〉 1편, 〈잡괘전(雜卦傳)〉 1편 등 7종 10편이다.

〈단전〉은 64괘의 각 괘사(卦辭)를 해석하였다. 〈상전〉은 〈소상(小象)〉과 〈대

상괘하괘	乾 ☰ [天]	兌 ☱ [澤]	離 ☲ [火]	震 ☳ [雷]	巽 ☴ [風]	坎 ☵ [水]	艮 ☶ [山]	坤 ☷ [地]
乾 ☰ [天]	乾	夬	大有	大壯	小畜	需	大畜	泰
兌 ☱ [澤]	履	兌	睽	歸妹	中孚	節	損	臨
離 ☲ [火]	同人	革	離	豊	家人	旣濟	賁	明夷
震 ☳ [雷]	无妄	隨	噬嗑	震	益	屯	頤	復
巽 ☴ [風]	姤	大過	鼎	恒	巽	井	蠱	升
坎 ☵ [水]	訟	困	未濟	解	渙	坎	蒙	師
艮 ☶ [山]	遯	咸	旅	小過	漸	蹇	艮	謙
坤 ☷ [地]	否	萃	晉	豫	觀	比	剝	坤

TRIGRAMS UPPER ▶ LOWER ▼	Ch'ien ☰	Chên ☳	K'an ☵	Kên ☶	K'un ☷	Sun ☴	Li ☲	Tui ☱
Ch'ien ☰	1	34	5	26	11	9	14	43
Chên ☳	25	51	3	27	24	42	21	17
K'an ☵	6	40	29	4	7	59	64	47
Kên ☶	33	62	39	52	15	53	56	31
K'un ☷	12	16	8	23	2	20	35	45
Sun ☴	44	32	48	18	46	57	50	28
Li ☲	13	55	63	22	36	37	30	49
Tui ☱	10	54	60	41	19	61	38	58

Key for Identifying the Hexagrams

상(大象)〉으로 이루어져 있다. 〈소상〉은 효사(爻辭)를 풀이하였고, 〈대상〉은 상괘(외괘)의 상(象)과 하괘(내괘)의 상의 관계를 말하였다. 〈문언전〉은 건(乾)·곤(坤) 2괘의 괘효사만 해석하였다. 〈계사전〉은 효사를 풀이한 뒤, 점서(占筮)와 의리(義理)의 관계를 논하였다. 〈설괘전〉은 괘효의 상(象)에 관해 설명하되, 제1장과 제2장은 역학의 이치를 서술하였다. 〈서괘전〉은 64괘의 배열 순서를 설명하였고, 〈잡괘전〉은 64괘의 순서를 뒤섞어 설명하였다.

5. 효(爻)와 위(位), 중(中)·정(正)과 응(應)·비(比)·승(承)·승(乘)

괘의 6효는 아래에서 위로 점진적으로 발전하는 일련의 변화를 표시한다. 가장 아래의 효를 초효(初爻)라 하고, 그 다음을 2효, 3효, 4효, 5효라고 하

64괘의 영문 이름

Part I

1. Ch'ien 乾 The Creative
2. K'un 坤 The Receptive
3. Chun 屯 Difficulty at Beginning
4. Mêng 蒙 Youthful Folly
5. Hsü 需 Waiting(Nourishment)
6. Sung 訟 Conflict
7. Shih 師 The Army
8. Pi 比 Holding Together 〈Union〉
9. Hsiao Ch'u 小畜 The Taming Power of the Small
10. Lü 履 Treading 〈Conduct〉
11. T'ai 泰 Peace
12. P'i 否 Standstill 〈Stagnation〉
13. T'ung Jên 同人 Fellowship with Men
14. Ta Yu 大有 Possession in Great Measure
15. Ch'ien 謙 Modesty
16. Yü 豫 Enthusiasm
17. Sui 隨 Following
18. Ku 蠱 Work on What Has Been Spoiled [Decay]
19. Lin 臨 Approach
20. Kuan 觀 Contemplation(View)
21. Shih Ho 噬嗑 Biting Through
22. Pi 賁 Grace
23. Po 剝 Splitting Apart
24. Fu 復 Return(The Turning Point)
25. Wu Wang 无妄 Innocence (The Unexpected)
26. Ta Ch'u 大畜 The Taming Power of the Great
27. I 頤 The Corner of the Mouth(Providing Nourishment)
28. Ta Kuo 大過 Preponderance of the Great
29. K'an 坎 The Abysmal(Water)
30. Li 離 The Cling, Fire

Part II

31. Hsien 咸 Influence(Wooing)
32. Hêng 恒 Duration
33. Tun 遯 Retreat
34. Ta Chuang 大壯 The Power of the Great
35. Chin 晉 Progress
36. Ming I 明夷 Darkening of the Light
37. Chia Jên 家人 The Family 〈The Clan〉
38. K'uei 睽 Opposition
39. Chien 蹇 Obstruction
40. Hsieh 解 Deliverance
41. Sun 損 Decrease
42. I 益 Increase
43. Kuai 夬 Break-through(Resoluteness)
44. Kou 姤 Coming to Meet
45. Ts'ui 萃 Gathering Together 〈Massing〉
46. Shêng 升 Pushing Upward
47. K'un 困 Oppression(Exhaustion)
48. Ching 井 The Well
49. Ko 革 Revolution(Molting)
50. T'ing 鼎 The Caldron
51. Chên 震 The Arousing(Shock, Thunder)
52. Kên 艮 Keeping Still, Mountain
53. Chien 漸 Development(Gradual Progress)
54. Kuei Mei 歸妹 The Marrying Maiden
55. Fêng 豐 Abundance 〈Fullness〉
56. Lü 旅 The Wanderer
57. Sun 巽 The Gentle(The Penetrating, Wind)
58. Tui 兌 The Joyous, Lake
59. Huan 渙 Dispersion 〈Dissolution〉
60. Chieh 節 Limitation
61. Chung Fu 中孚 Inner Truth
62. Hsiao Kuo 小過 Preponderance of the Small
63. Chi Chi 既濟 After Completion
64. Wei Chi 未濟 Before Completion

며, 가장 위의 효를 상효(上爻)라 한다. 초, 2, 3, 4, 5, 상이 곧 효가 놓이는 위치이므로, 그것을 위(位)라고 부른다.

그리고 양효는 9의 수로 표시하고 음효는 6의 수로 표시한다. 본래는 9, 6 이외에 7, 8의 수도 있어, 9와 7이 양효, 6과 8이 음효이지만, 9와 6으로 각각 양효, 음효를 대표한다. 9와 7은 다같이 양효이되, 9는 변하는 효로 노양(老陽)이고 7은 불변하는 효로 소양(少陽)이다. 6과 8은 다같이 음효이되, 6은 변하는 효로 노음(老陰)이고 8은 불변하는 효로 소음(少陰)이다. 《주역》은 변하는 효를 가지고 점을 치는 까닭에 양의 수를 9로 대표시키고, 음의 수를 6으로 대표시킨다.

《주역》은 각 괘의 효에 대하여 효의 위(位)와 9, 6의 수를 합쳐서 부른다. 이를테면 건괘(乾卦)는 초구, 구2, 구3, 구4, 구5, 상구로 부른다. 초효와 상효는 '초'와 '상'이라는 효위를 먼저 말하고 음양의 수(즉 9인가 6인가)를 뒤에 든다. 나머지 2, 3, 4, 5 효의 경우는, 음양의 수(즉 9인가 6인가)를 먼저 말하고 나서 효위(즉 2, 3, 4, 5)를 꼽는다.

6효의 자리(位)에는 음의 자리와 양의 자리가 있다. 초, 3, 5의 홀수 자리를 양위(陽位)라고 하고, 2, 4, 상의 짝수 자리를 음위(陰位)라 한다. 또 6효의 위는 각각 천지인(天地人)에 배당되고, 계층 관념에 따라 높고 낮은 지위를 표시한다.

《주역》에서는 중(中)과 정(正)이 존중된다.

정(正)이란 양효가 양위(초, 3, 5)에 있거나 음효가 음위(2, 4, 상)에 있는 것을 말한다. 이에 비하여 반대로 양효가 음위에 있거나, 음효가 양위에 있으면 부정(不正)이라고 한다. 중(中)이란 하괘(內卦)의 중앙인 2위에 음효가 온 경우와 상괘(外卦) 가운데인 5위에 양효가 온 경우를 말한다. 중(中)은 중용의 덕을 의미한다. 중(中)이거나 정(正)이면 대체로 길(吉)하고, 중(中)도 아니고 정(正)도 아니면 대체로 흉(凶)하다. 그리고 중(中)이 정(正)보다 더 존중된다. 예를 들어 기제괘(旣濟卦)는 6효가 전부 정(正)하고 또 육2는 유순중정(柔順中正), 구5는 강건중정(剛健中正)하다. 이에 비하여 미제괘(未濟卦)는 6효가 전부 부정(不正)하다.

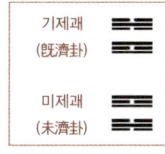

괘효에서 초효의 위(位)는 일의 시작을 나타내고 상효의 위는 일의 마침을 나타낸다. 제3효는 하괘(내괘)에서 상괘(외괘)로 이행하는 위치로, 난관(難關)이다. 만일 양효가 제3효의 위에 자리하면 지나치게 억세어 부중(不中)하다는 비난이 일고, 음효가 제3효의 위에 자리하면 지나치게 여려서 적임이 아니라는 비난을 면하기 어렵다.

《주역》의 괘효에는 응(應), 비(比), 승(承), 승(乘)의 관계가 있다.

응(應)이란 하괘의 하위(초효)와 상괘의 하위(4효), 하괘의 중위(2효)와 상괘의 중위(5효), 하괘의 상위(3효)와 상괘의 상위(상효)가 각각 대응함을 말한다. 이때 음양이 다르면 서로 이끌고, 음양이 같으면 서로 반발한다. 이에 비해 비(比)란 이웃하는 두 효가 하나는 음이고 하나는 양이어서 서로 친할 때를 말한다. 만일 이웃하는 두 효가 모두 음이거나 양일 때에는 어긋나서 비의 관계가 아니다.

승(承)이란 서로 이웃하는 두 효에서 음효가 양효의 아래에 있어 받아들

명이괘(明夷卦)

상육	― ― 음위 군자(君子)	천
육 5	― ― 양위 천자(天子)	
육 4	― ― 음위 경(卿)	인
구 3	―― 양위 대부(大夫)	
육 2	― ― 음위 사(士)	지
초구	―― 양위 서인(庶人)	

'명이'는 곤상리하(坤上離下)로, '밝은 태양이 땅속에 빠져 들어간 상태'를 상징하며, '밝고 지혜로운 사람이 상처를 입고 때를 기다리는 형국'이니, 곧 암흑시대를 가리킨다. 이 괘의 초구(初九)는 "지혜롭고 양심적인 사람이지만 상층부의 음흉함이 모든 것을 좌우하기 때문에 인정받지 못하므로, 조용히 때를 기다려야 한다."는 것을 나타낸다. 청나라 초기의 사상가 황종희(黃宗羲)는 자기가 처한 시대를 암흑시대로 보고 새로운 시대를 갈망한다는 뜻에서 《명이대방록(明夷待訪錄)》을 집필하여, 전제주의의 개혁과 혁신을 주장하였다.

인다는 뜻이다. 이에 비해 승(乘)이란 서로 이웃하는 두 효에서 음효가 양효의 위에 있어 올라탄다는 뜻이다. 음효가 양효의 아래에 있으면서 양효를 받아들이는 것은 순(順)이지만, 음효가 양효의 위에 있어 양효를 올라타면 역(逆)이다.

6. 괘사(卦辭)·효사(爻辭)

64괘에는 각 괘마다 그 괘의 의의를 서술하고 길흉화복을 단정하는 괘사(卦辭)가 있다. 이를테면 "건(乾), 원형이정(元亨利貞)"과 같은 식이다. 옛설에 따르면 괘사는 문왕이 만들었다고 한다. '단사(彖辭)'라고도 불렀다. 단(彖)은 돼지(豕)가 돌진하는 형상으로, 결단·결정이란 뜻이다.

각 괘의 6효에는 효마다 그 효의 의의를 서술하고 길흉화복을 단정하는 언어인 효사(爻辭)가 있다. 예를 들면 "건초구(乾初九), 잠룡물용(潛龍勿用)"과 같은 식이다. 효사는 주공(周公)이 만들었다는 옛설이 있다.

괘사와 효사는 처음에는 길흉을 단정하는 단순한 점사(占辭)였다가 십익이 이루어지면서 도덕적이고 철학적인 의미가 덧붙게 되었다. 그래서 괘사와 효사에는 길(吉)·흉(凶)·회(悔)·인(吝)·구(咎)·여(厲)라는 점사가 보인다. 길은 행복을 얻는 일, 흉은 재앙에 부딪히는 일이다. 회(悔)는 후회가 생긴다는 뜻이고, 인(吝)은 행동이 곤궁한 지경을 초래한다는 뜻이다. 길흉회린은 맞물려 순환한다. 구(咎)는 재(災) 혹은 과(過)로 풀이되며, 재앙에 걸림을 말한다. 《주역》은 무구(无咎)를 높이 친다. 무구란 후회하여 잘못을 고치는 일이다. 여(厲)는 위난(危難)이란 뜻이다. 일어날 상태에 대비해서 마음을 바로잡으라는 의미를 담고 있다.

7. 역학(易學)의 역사

《주역》의 연구는 상수학(象數學), 의리학(義理學), 고증역학(考證易學)과 현대의 과학역(科學易) 등 여러 방면에서 이루어져 왔다.

전한 때 경방(京房)과 후한 때 정현(鄭玄)은 상수학을 열었다. 특히 경방은 음양오행을 가미하여 괘변(卦變)을 논해서 모든 괘에 천문의 기후와 인사의 길흉을 연계시켰다. 한편 위진 시대의 왕필(王弼)은 노장사상에 입각하여 《주역》의 의미를 파악함으로서 의리역의 토대를 마련하였다. 당나라 때 공영달은 《주역정의(周易正義)》를 편찬하면서 왕필 주역을 기본으로 삼았다. 이후 북송의 주돈이(周敦頤, 호는 濂溪)는 《역통서(易通書)》를 지었고, 소옹(邵雍, 시호는 康節)은 상수학의 관점에서 《황극경세(皇極經世)》를 지었

> **헤르만 헤세와 《주역》**
>
> 헤르만 헤세의 소설 《유리알 유희》는 25세기경 '카스탈리엔'이라는 이상향에 모인 영재들이 고도의 정신적 놀이인 '유리알 유희'를 수련하는 이야기로, 주인공 크네히트가 중국 사상을 그 유희에 접목시키는 것으로 되어 있다. 이 소설에서는 스승과 제자와의 관계에 관한 대목에서 《주역》의 몽괘(蒙卦)가 나온다. 크네히트는 《주역》의 비밀을 배우기 위해 노형(老兄)을 찾아가는데, 노형이 그를 위해 점을 쳐서 몽괘를 얻는다.
>
> 청년의 어리석음이 성공을 한다.
> 내가 어리석은 젊은이를 찾는 것이 아니고,
> 그 어리석은 젊은이가 나를 찾는다.
> 첫 번째 점에서 나는 정보를 제공한다.
> 그가 여러 번 물어 오면 짐이 되며,
> 귀찮게 굴면 나는 가르치지 않는다.
> 끈질기게 견디는 것이 길하리라.
>
> 크네히트는 여러 달 동안 '죽림'에 머물며, 마침내 신비로운 중국식 생활 방식의 대가가 된다. 크네히트는 카스탈리엔에서 마리아펠스로 전출 명령을 받는데, 주역 점을 치자 여괘(旅卦)가 나왔다. 괘사는 "조그마한 것으로 만족한다. 끈질기게 견디는 것이 나그네에게 복을 가져온다"이다. 주효에 대한 효사는, "나그네에는 숙소에 이른다. 여비는 그대로 가지고 있으며 그는 젊은 사람의 시중을 받게 된다."이다. 크네히트는 주역 점의 설명과 같이 야코부스라는 뛰어난 역사학자를 만나고 젊은 사동의 시중을 받게 된다.

주희(朱熹) 《주역본의(周易本義)》
王利器 所藏 怡府藏板本 明善堂重梓 四卷本,
四川省: 巴蜀書社, 1989影印

다. 북송의 정이(程頤)는 《역전(易傳)》('伊川易傳')을 지어 의리역을 발전시켰고, 남송의 주희는 《주역본의(周易本義)》를 지어 상수역과 의리역을 종합하였다. 명나라 래지덕(來知德)은 복잡한 괘변(卦變)의 원리를 제시하였다.

우리나라에서도 삼국시대의 대학에서 《주역》을 강의했다고 한다. 고려 시대에는 우탁(禹倬)이 역동선생(易東先生)이라 불릴 만큼 역학에 밝았다. 하지만 저술은 남아 있지 않다. 그 뒤 조선초에 권근(權近)이 《주역천견록(周易淺見錄)》, 조선 중엽에 이황(李滉)이 《계몽전의(啓蒙傳義)》, 순조 연간에 정약용이 《주역사전(周易四箋)》을 저술하였다.

독일 철학자 라이프니쯔는 1703년에 《주역》의 2진법이 자신의 2진법과 부합하는 것을 보고 감탄을 하였다. 이미 17세기 초에 프랑스 선교사 르기(P. Regis)는 《주역》을 라틴어로 번역하였는데(Autiquissimus Sinarum Liber), 이후 1876년 영국 성공회 선교사 맥클라치(Rev. Canon McClafchie)의 영역본이 나왔고 여러 나라 말로 번역이 되었다. 영역본으로 정평이 있는 것은 레게(James Legge)의 《중국 성전집(Sacred Books of China)》제2책에 수록된 번역물(옥스퍼드대학, 1882)이다. 20세기초 서양에서 《주역》을 연구한 최고 권위자로는 독일인 리하르트 빌헬름(Richard Wilhelm)과 아들 헬무트 빌헬름(Helmut Wilhelm)을 꼽는다. 리하르트 빌헬름은 《주역》을 독일어로 번역하였는데(Das Buch Per Wandlunger), 이것은 서양의 '표준역본'으로 손꼽힌다.

1950년대에는 스페인과, 아르헨티나에서도 《주역》 연구서가 나왔다. 근세의 심리학자 칼 융(C. G. Jung)은 30년 간 《주역》을 연구하여 집단무의식 이론과 역학 이론을 접목시켰다.

8. 《주역》의 주요 텍스트

《주역》의 주요 텍스트로는 다음과 같은 것들이 있다.

① (청) 완원(阮元) 교감 '십삼경주소'의 《주역주소(周易注疏)》
② (송) 정이(程頤) 《주역정씨전(周易程氏傳)》
③ 주희(朱熹) 《주역본의(周易本義)》
④ (명) 영락제 칙명 찬 '사서오경'의 《주역전의대전(周易傳義大全)》: 조선 세종 때부터 가장 많이 읽혔다.
⑤ (일본) 부산방(富山房) 1913년 간행 '한문대계(漢文大系)'의 제16권(星野恒·伊藤東涯 편): 주소(注疏)와 정이·주희의 주를 참작하여 정리하였다.
⑥ (대만) 엄영봉(嚴靈峰) 편찬 《无求備齋易經集成》(臺北:成文書局, 1975): 한나라 때부터 민국시기까지 319명 362부 역학서를 모두 망라하였다.

주역의 괘사와 효사를 읽어봅시다

君子는 終日乾乾하여 夕惕若이니 厲하나 无咎니라 (重天 乾卦 九三爻辭)
군자   종일건건   석척약   려   무구   乾(乾下乾上)

풀이 군자는 온종일 부지런히 힘쓰고 저녁에도 마음을 놓지 않으니, 위험한 때나 자리에 있더라도 허물이 없다.

해설 군자는 언제나 덕을 닦고 일을 옳게 바로잡으려고 애쓴다. 윗자리에 있어도 교만하지 않고 아랫자리에 있어도 근심하지 않으며, 늘 부지런히 힘쓰고 조심한다면, 비록 위태로운 자리에 있다고 해도 허물이 없을 것이다. 구(九)는 양효(陽爻)이고 삼(三)은 양(陽)의 자리이다. 대단히 굳세되 가운데[中] 있지 못하고 하괘(下卦)의 맨 위에 자리하여 위태로운 처지이다. 그러므로 강건하여 신중하고 조심해야 하는 위치이다.

同人于野면 亨하리니 利涉大川이며 利君子貞하니라. (天火 同人卦辭)
동인우야   형   이섭대천   이군자정   同人(離下乾上)

풀이 들판에서 남과 어울리니 형통하다. 큰 강을 건넘에 이로우며, 군자가 올곧음에 이롭다.

해설 동인괘는 음(六二)이 제 자리를 얻어 중심에 있으면서 상괘 건의 가운데에 있는 양(九五)과 호응하므로 남과 화합하는 상이 있다. 하나밖에 없는 음이 다섯 양과 어울리기 때문에, 천하의 사람들과 화합하는 것이 마치 넓게 펼쳐진 들판과 같다. 큰 강을 건너는 중대한 난관에 부딪혀도 협동하여 극복할 수가 있다. 그러나 남들과 화합하기 위해서는 사악(邪惡)함을 버리고 정도(正道)를 지키지 않으면 안 된다. 경기도의 이천(利川)이란 지명은 여기서 유래되었다.

童觀이니 小人은 无咎어니와 君子는 吝하리라. (風地 觀 初六爻辭)
동관   소인   무구   군자   린   觀(坤下巽上)

풀이 아이처럼 관찰한다. 소인은 허물이 없을 것이지만 군자는 후회할 것이다.

해설 관괘는 九五와 上九의 두 양효가 아래의 네 음효를 내려다보고 네 음효는 그 두 양효를 올려다보므로 '관'의 형상이 있다. 또 관괘는 곤하(坤下) 손상(巽上)이어서 바람이 땅 위에 두루 분다는 뜻이 되어, 두루 돌아다니며 살펴보는 일을 상징한다. 그런데 初六은 음유(陰柔)의 성질이면서 관괘의 가장 아래에 자리잡아, 관괘의 주효인 九五와 멀리 떨어져 있다. 따라서 九五의 중정(中正)의 덕을 우러러 볼 수 없으므로, 보는 것이 천박하고 비근하여 아이들이 사물을 관찰하듯 유치하다. 시정배라면 이렇게 하더라도 탈이 없겠지만, 지식인이나 윗사람의 경우에는 곤란을 당하여 후회하게 될 것이다. 긴 안목으로 현실의 여러 국면을 바라보아야 함을 경계한 말이다.

白賁니 无咎리라 (山火 賁 上九爻辭)
백비   무구   賁(離下艮上)

풀이 희게 꾸미니, 허물이 없다.

해설 산 아래에서 불이 타올라서 산의 바위를 황백색으로 빛나게 하는 것이 비(賁: 山火)의 형상이다. 또 하괘 이(離)를 태양으로 보아, 저녁 해가 산을 비추어 산에 광채가 난다는 뜻이다. 따라서 비는 꾸밈(裝飾)을 지닌 괘이다. 그런데 꾸밈이란 실질이 있어야 비로소 조화의 미를 지니게 된다. 하괘 이(離)는 세 효가 모두 양이었다가 한 가운데 음유(陰柔)가 온 것이라고 볼 수 있는데, 그것은 실질 내용이 충실하였던 곳에 장식미가 더한 것이라고 말할 수 있다. 또 상괘 간(艮)은 세 효가 모두 음이었다가 맨 위에 양강(陽剛)이 온 것이라고 볼 수 있는데, 그것은 장식미에 실질 내용이 더하여 장식의 참뜻이 실현된 것이라고 말할 수 있다. 上九는 꾸밈이 극도에 이르러 꾸밈이 없는 데로 나아간 것이다. 본바탕 자체의 아름다움을 발견함으로써 꾸밈의 폐단에 빠지지 않으므로 재앙을 면할 수 있다.

負且乘이라 致寇至니 貞이라도 吝하리라. (雷水 解 六三)
부차승   치구지   정   인   解(坎下震上)

풀이 물건을 짊어지고 마차를 탄다. 도적을 오라고 부르는 짓이다. 올곧더라도(혹은 고집스럽게 굴면) 유감스러운 일이 생긴다.

해설 해괘는 곤란함이 풀린다는 뜻이다. 해괘의 아래 괘는 감(坎)으로, 험난함의 상이다. 상괘 진(震)은 움직임의 상이다. 즉 오랜 동안의 험난함이 가까스로 해소됨을 뜻한다. 그런데 六三은 음유(陰柔)에다가 중(中)도 아니고 정(正)도 아니며, 또 아래 괘인 감(坎)의 맨 위에 있다. 덕이나 재능이 모자라는 소인이 九四의 대신(大臣)에게 발탁된 형국이다. 등짐 진 미천한 사람이 마차를 타고 고관대작처럼 행세하여 도적을 불러들이는 격이다. 덕이나 재능이 모자라면서 고위직에 있는 것은, 비록 정당하게 그 지위를 얻었다 해도 결국 곤란한 일을 초래해서 후회할 일이 생기게 된다.

火在水上이 未濟니 君子가 以하여 愼辨物하여 居方하나니라. (火水 未濟 大象傳)
화재수상 미제 군자 이 신변물 거방 未濟(坎下離上)

풀이 불이 물 위에 있는 형상이 미제(未濟)이다. 군자는 이것을 본받아 삼가 사물을 변별하여 저마다 제자리에 있도록 한다.

해설 미제괘는 미완성의 의미를 지닌다. 여섯 개의 효가 모두 제자리를 차지하지 못하였다. 게다가 불(火:離)이 위에 있고 물(水: 坎)이 아래에 있는 형상이다. 불은 타오르므로 그 위치는 위에 있으며 방위상으로는 남쪽에 속한다. 물은 아래로 적시므로 그 위치는 아래에 있으며 방위상으로는 북쪽에 속한다. 따라서 미제괘는 물과 불이 섞이지 않아 사물을 조리하는 공을 이루지 못하지만 물과 불은 확연히 구별되어 있다. 군자는 미제괘의 형상을 보고, 사물들을 그 성질에 부합하는 장소에 둔다. 이를테면 군자와 소인은 서로 구별하여 두어야 혼란이 일어나지 않는다. 《주역》은 모든 일이 완성된 기제(水火 旣濟)의 다음에 미제(未濟)를 두었다. 모든 것은 일단 이루어졌더라도, 아직 성취하지 않은 일이 있음을 깨닫고 분발(奮發)해야 한다. 변통(變通)하여야 일을 성취하기 마련이다.

주역점 보는 방법

1. 설시법(댓개비 50개로 점하는 방법)

〈준비사항〉

① 길이 12~30센티미터 정도의 대를 직경 2~5밀리미터 정도 되게 가늘게 쪼개어 50개(Yarrow Stalks)를 만든다.
② 점의 결과를 그릴 수 있는 깨끗한 종이를 준비한다. 종이 왼쪽에는 괘를 그릴 수 있는 공간을 남기고, 오른쪽에는 점쳐서 알고자 하는 내용을 자신의 이름과 같이 적는다.
③ 남향의 깨끗한 방 한 가운데 책상을 두고 경건한 마음으로 점을 친다.

〈설시법〉

① 50개의 댓개비 중에서 하나를 뽑아 상 위에 가로로 놓는다:태극(太極)을 상징한다.
② 나머지 49개의 댓개비를 들고 정성스러운 마음으로 두 무더기로 나눈다:양의(兩儀)를 상징한다.
③ 오른손에 있는 댓개비무더기를 상에 내려놓고, 그 중 하나를 뽑아 왼손의 넷째와 새끼손가락 사이에 끼운다:왼손의 댓개비무더기는 天, 상위에 내려놓은 오른손의 댓개비무더기는 地, 손가락 사이에 끼운 것은 人으로, 삼재(三才)를 상징한다.
④ 오른손으로 왼손에 들고 있는 댓개비 무더기를 4개씩 덜어낸다. 나머지는 1~4개 중의 하나이다. 이것을 왼손 셋째와 넷째 손가락 사이에 끼운다. 손가락 사이에 끼운 나머지를 제외한 댓개비무더기는 내려놓는다:네 개씩 세는 것은 사계절을 뜻하며, 나머지를 끼우는 것은 윤달을 상징한다.
⑤ 오른손으로 ③에서 상위에 놓아두었던 댓개비무더기를 든다. 오른손에 들고 있는 댓개비를 위와 같은 방법으로 왼손으로 4개씩 덜어낸다. 나머지는 1~4개중 하나이다. 이것을 둘째와 셋째 손가락 사이에 끼운다. 손가락 사이에 끼운 것을 제외한 댓개비무더기는 오른쪽 상위에 내려놓는다.
⑥ 왼손에 모인 댓개비를 모두 합하여, 처음 一자로 내려놓은 댓개비(태극을 상징한 댓개비)의 왼쪽 위에 수직방향으로 놓는다(왼손에 끼운 댓개비들의 경우의 수는 1·1·3, 1·2·2, 1·3·1, 1·4·4이므로 댓개비의 합은 5 또는 9이다):이것이 18변 중 제1변이다. 설시는 3변을 단위로 한 효가 이루어지므로, 이것을 6번씩 모두 18번 끝내야 한 괘를 얻는다.

⑦ 태극과 ⑥에서 내려놓은 댓개비를 제외한 나머지 무더기(44 또는 40)로 ②③④⑤를 반복한 후 태극을 상징한 댓개비의 중간에 수직 방향으로 올려놓는다(이번에 남게 된 댓개비들의 경우의 수는 1·1·2, 1·2·1, 1·3·4, 1·4·3이므로 댓개비의 합은 4 또는 8이다):이것이 18변 중 제2변이다.
⑧ 태극과 ⑥과 ⑦에서 내려놓은 것을 제외한 나머지 무더기(40 또는 36 또는 32)로 ②③④⑤를 반복한 후 태극을 상징한 댓개비 제일 오른쪽에 수직방향으로 올려놓는다(이번에 남게 되는 댓개비의 경우의 수는 1·1·2, 1·2·1, 1·3·4, 1·4·3이므로 댓개비의 합은 4 또는 8이다):이것이 18변 중 제3번이다.
산 위에 남은 무더기(이 무더기는 36, 32, 28, 24개 가운데 하나일 수밖에 없다)를 4로 나눈 수를 얻는다. 그 수는 반드시 9, 8, 7, 6 가운데 하나다. 이때 9는 노양(老陽)으로 변효(變爻)이다. 8은 소음(小陰)으로 불변효이다. 7은 소양(小陽)으로 불변효이다. 6은 노음으로 변효이다.
⑨ 이렇게 하면 첫 번째 효(초효)를 얻을 수 있다.

이상 ①~⑨를 다시 다섯 번 반복하여 2효, 3효, 4효, 5효, 상효를 얻는다. 이로써 한 괘를 정한다.

〈결과를 판정하는 방법 a〉
① 6효 모두 불변효:본괘(本卦)의 괘사로 점을 친다.
② 변효가 하나 이상:변효가 음효이면 양효로 바꾸고, 변효가 양효이면 음효로 바꾸어, 지괘(之卦)를 얻어, 본괘와 지괘로 점을 친다.

〈결과를 판정하는 방법 b〉
① 6효 모두 불변효:본괘(本卦)의 괘사로 점을 친다.
② 1개의 효가 변효:본괘의 변효(變爻) 효사로 점친다.
③ 2개의 효가 변효:본괘의 변효 중에서 상효(上爻)의 효사로 점친다.
④ 3개의 효가 변효:본괘와 지괘(之卦)의 괘사로 점을 치는데, 본괘가 체(體)가 되고 지괘는 용(用)이 된다(현재 처해 있는 상태를 體라 하고, 일이 진행되는 과정 및 결과를 用이라고 한다). 단, 지괘가 비(否), 점(漸), 여(旅), 함(咸), 미제(未濟), 곤(困), 고(蠱), 정(井), 항(恒)일 경우 본괘의 괘사로 점을 치고, 익(益), 서합, 비, 기제(既濟), 풍(豊), 손(損), 절(節), 귀매(歸妹), 태(泰)일 경우에는 지괘의 괘사로 점을 친다.
⑤ 4개의 효가 변효:지괘의 변하지 않은 불변효 중에서 하효(下爻)의 효사로 점친다.

⑥ 5개의 효가 변효:지괘의 불변효 효사로 점을 친다.
⑦ 6개의 효가 모두 변효:건(乾)괘는 용구(用九), 곤(坤)괘는 용육(用六)으로 점치고 나머지 62괘는 지괘의 괘사로 점을 친다.

2. 동전으로 점치는 법(척전법)

동전 3개로 여섯 효를 얻을 수 있다. 동전을 던지기 전에는 경건한 마음가짐을 취하여야 한다. 동전 3개를 던져 앞면(얼굴) 3개가 나오면 노양, 뒷면(숫자) 3개가 나오면 노음, 앞면 2개가 나오면 소음, 뒷면 2개가 나오면 소양이라는 식이다.

동전 세 개를 던져, 처음에는 소양, 두 번째는 소음, 세 번째는 소양, 네 번째는 소음, 다섯 번째는 노음, 여섯 번째는 노음으로 나왔다고 하자. 그 결과를 64괘와 대조하여 보면, 본괘(本卦)는 명이괘(明夷卦), 지괘(之卦)는 가인괘(家人卦)이다.

명이괘는 형상이 불[離]이 밑에 있고 땅[坤]이 위에 있는 형국이다. 괘사는 "明夷는 利이나 艱貞이라"고 하여 '밝고 지혜로운 사람이 상처를 입고 때를 기다리는 형국으로 암흑시대'를 뜻한다.

그리고 지괘인 가인괘는 불[離]이 밑에 있고 바람[巽]이 위에 있는 형국으로, 괘사는 "家人은 利女貞이라"고 하여 문제의 핵심은 바깥에 있는 것이 아니라 내부에 있다고 풀이하고 있다.

본괘와 지괘는 나의 처지가 극히 어려운 상황임을 잘 말해 준다. 이때 명이괘와 가인괘에서 세 번째 효인 九三 효사에 주목할 필요가 있다.

명이괘에서 "九三은 明夷에 于南狩면 得其大首이나 不可疾이요 貞이니라"라고 하였고, 가인괘에서는 "九三은 家人이 嗃嗃이면 悔厲라도 吉이나 婦子嘻嘻면 終吝하리라"라고 하였다. 이것은 현재의 처지가 어렵더라도 참고 부단히 노력하라는 가르침을 들려 준다.

참고문헌

(1) 시경
- 신석초 역, 《시경》(상·하), 서문당, 1972.
- 김학주 역, 《시경》, 명문당, 1984.
- 성백효 역, 《현토완역 시집전》, 전통문화연구회, 1993.
- 성균관대학교 대동문화연구원 편, 《시경》, 성균관대학교 출판부, 1995.
- 김학주, 《중국고대문학사》, 대우학술총서, 민음사, 1983.
- 심경호, 《조선시대의 한문학과 시경론》, 일지사, 1999.
- 揚之水, 《詩經名物新証》, 北京古籍出版社, 2000.
- 許志剛, 《詩經論略》, 遼寧大學出版社, 2000.
- 劉毓慶, 《詩經圖注》(國風·雅頌), 2冊, 臺灣:麗文化公司, 2000.
- 向 熹, 《詩經詞典》, 四川人民出版社, 1986, 1997(2판).
- 服部宇之吉·星野恒 編, 《毛詩》漢文大系 卷12, 日本:富山房, 1911.
- 石川忠久 編, 《毛詩》, 新釋漢文大系 卷110~112, 日本:明治書院, 1997-2000.

(2) 서경
- 성균관대학교대동문화연구원 편, 《서경》, 성균관대학교 출판부, 1993.
- 차상원 역, 《서경》, 명문당, 1984.
- 이재훈 역해, 《서경》, 고려원, 1996.
- 劉起釪, 《尙書學史》, 北京:中華書局, 1989.
- 蔣善國, 《尙書綜述》, 上海古籍出版社, 1988.
- 加藤常賢 編, 《尙書》, 新釋漢文大系 卷25, 日本:明治書院, 1982.
- 小野澤精一 編, 《尙書》, 新釋漢文大系 卷26, 日本:明治書院, 1983.

(3) 주역
- 廖名春·康學偉·梁韋弦 지음, 심경호 옮김, 《주역철학사》, 예문서원, 1996.
- 김상섭 역, 《고형의 주역》, 예문서원, 1995.
  *高亨, 《周易古經今注》. 고문헌에 의거하여 《주역》 경문을 새로 해석하였다.
- 金景芳·呂紹綱 저, 한철연 기철학 분과 공역, 《역의 철학—주역계사전》, 예문지, 1993.

- 리하르트 빌헬름 저, 《주역강의》, 소나무, 1996.
- 카오 화이민(高懷民) 저, 정병석 역, 《주역철학의 이해》, 문예출판사, 1995.
- 朱熹・蔡元定 원저, 김상섭 역, 《역학계몽(易學啓蒙)》, 예문서원, 1995.
- 陳鼓應 저, 최진석・김갑수・이석명 공역, 《주역, 유가의 사상인가 도가의 사상인가》, 예문서원, 1996.
- 今井宇三郎, 《易經》(上・中・下), 新釋漢文大系 23・24・63, 明治書院, 1987 / 1993 / 2008.
  * 주자의 《本義》를 위주로 하고 《程傳》 및 《周易折中》의 태도를 옳다고 전제한 위에, 漢易의 古注釋도 참고로 하였다.
- 今井宇三郎, 《宋代易學の研究》, 明治圖書出版, 1958.
- 鈴木由次郎, 《漢易研究》, 明德出版社, 1963.
- 鈴木由次郎, 《易經》(上・下), 全釋漢文大系, 集英社, 1974.
- 戸由豊三郎, 《易經注釋史綱》, 風間書店, 1968.
- 張善文 編, 《周易辭典》, 上海古籍出版社, 1992.
- 呂紹綱 編, 《周易辭典》, 吉林大學出版社, 1992.
- 張其成 主編, 《周易大辭典》, 華夏出版社, 1992.
- Shaughnessy, Edward. *The Composition of Zhouyi*. Ann Arbor: University Microfilms International, 1985.
- Smith Kidder, Peter K. Boll, Joseph A. Adler, and Don J. Wyatt. *Sung Dynasty Uses of the I Ching*. Princeton University Press, 1990.
- 嚴靈峯 編, 《無求備齋 易經集成》, 臺灣:成文出版社, 1975.
- Kunst, Richard. The *Original "Yijing": A Text, Phonetic Transcription, Translation, and Indexes, with Sample Glosses*. Ann Arbor: University Microfilms International, 1985.

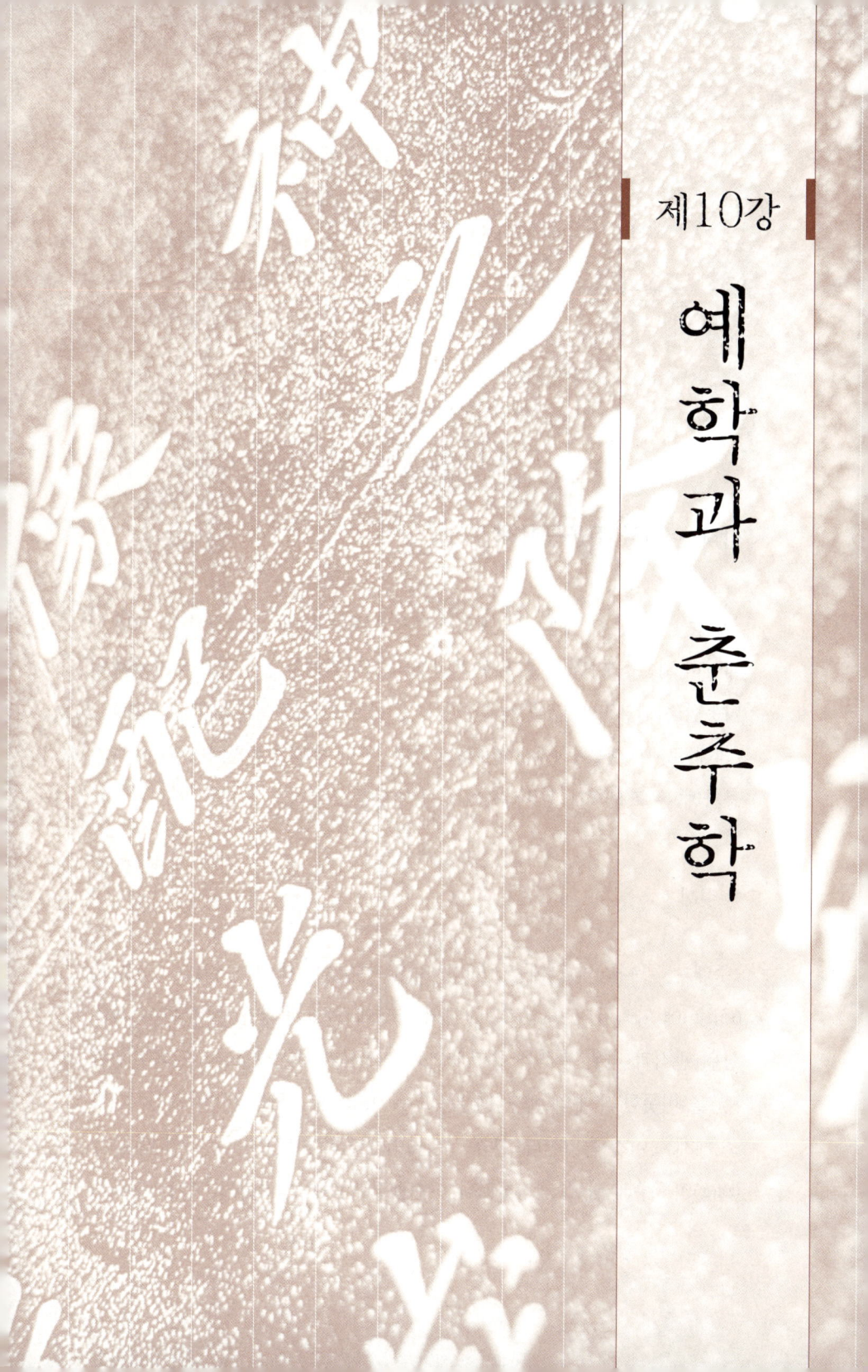

제10강

예학과 춘추학

삼례(三禮)와 주문공가례

'예'는 지금 흔히 예절이나 예의라는 뜻으로 사용되지만, 사실 이 개념은 대단히 넓은 의미를 지녔다. 관혼상제의 통과의례는 물론이고 국가의례를 비롯한 사회제도 일반을 가리킨다. '예'에 관한 고전은《주례》·《예기》·《의례》로, 이 셋을《삼례(三禮)》라고 한다. 또한 주희가 편찬하였다는《주문공가례》는 조선후기의 우리사회에 큰 영향을 끼쳤다.

1. 주례

《주례》는 주나라의 관제를 천(天)·지(地)·춘(春)·하(夏)·추(秋)·동(冬)의 6상(象)에 따라 6부로 나누고 각각의 아래에 60개 관직을 두어(모두 6×60), 상위 관직과 하위 관직을 유기적으로 연계시켜 해설하였다.《당육전(唐六典)》을 비롯한 후대의 예제(禮制)는 모두 이 책에 근거를 둔다. 조선시대 6조 체제도 이것에 의한다. 본래 '주관(周官)'이라 하였으나, 한나라 때 유흠(劉歆)이 '주례'라고 개칭하였다. '주관경(周官經)'이라고도 한다. 한나라 정현(鄭玄)의 주(注)와 당나라 가공언(賈公彦)의 소(疏)가 대표적인 주석이다.

주공(周公)이 저술하였다고 전하지만, 그 내용이 주나라 정치제도와 부합되지 않는다. 전국시대 사람이 이상적 정치제도를 구상해서 만든 듯하다. 한나라 때 정권을 찬탈한 왕망(王莽)이 신(新)을 세울 때 이 책의 제도를 모방한다고 선언하였으므로, 왕망 때 나온 위서(僞書)라는 설도 있다.

북송 때 신법을 내세운 왕안석(王安石)이 이《주례(周禮)》의 제도를 많이 참고했다고 한다.

> 《주례》의 6종 수뇌관직
> 천관 : 총재(冢宰) - 수상(首相)
> 지관 : 사도(司徒) - 교화(敎化)를 관장
> 춘관 : 종백(宗伯) - 제사를 관장
> 하관 : 사마(司馬) - 군사를 담당
> 추관 : 사구(司寇) - 형벌 사무를 담당
> 동관(고공기) : 사공(司工) - 공공 공사의 감독

2. 예기

《의례》가 예(禮)의 경문(經文)이라면《예기》는 해설서에 해당한다. 모두 49편(編)이다. 전한의 대성(戴聖)이, 공자의 제자를 비롯하여 한나라 여러 사람들에 이르기까지 많은 사람들의 손으로 이루어진《예기》200편 중에서 골라 편찬하였다고 한다. 한나라 초에 노(魯)의 고당생(高堂生)이《의례(儀禮)》17편을 전한 후에 선제(宣帝) 때 후창(后蒼)이라는 사람이 자신이 알고 있던 예를 양(梁) 땅의 대덕(戴德)과 그의 종형의 아들 대성(戴聖) 및 패(沛) 땅 사람 경진(慶晉)에게 전수하여 예학에 대대(大戴), 소대(小戴), 경씨(慶氏) 3가의 학통이 생겼다. 대덕이 전한 학문이《대대례(大戴禮)》이고, 대성이 전한 학문이《소대례(小戴禮)》이다. 지금 말하는《예기》는《소대례》이다. 한편《소대례》는 85편이었다고 하나 지금은 불완전한 형태로 남아 있다.

《예기》에는 곡례(曲禮)·단궁(檀弓)·왕제(王制)·월령(月令)·예운(禮

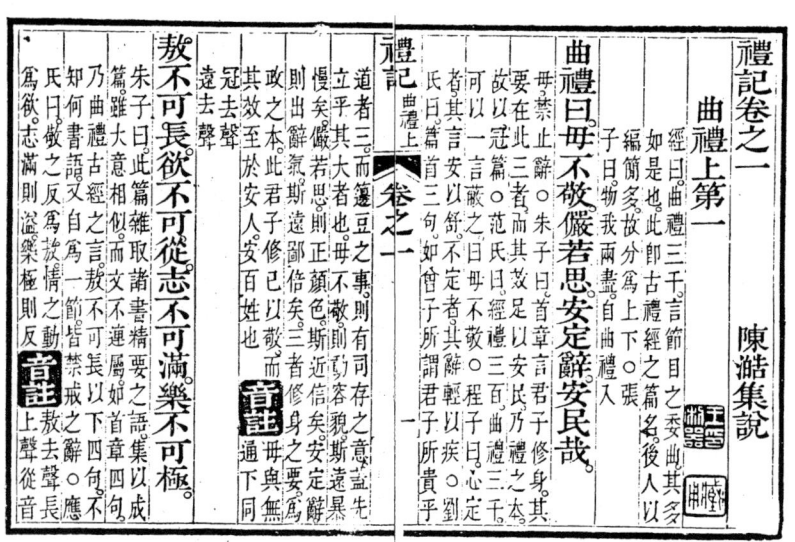

王利器 所藏 怡府藏板 明善堂 重梓《禮記集說》

運)·예기(禮器)·교특생(郊特牲)·명당위(明堂位)·학기(學記)·악기(樂記)·제법(祭法)·제의(祭儀)·관의(冠儀)·혼의(婚儀)·향음주의(鄕飮酒儀)·사의(射儀) 등의 편이 있고,〈대학〉·〈중용〉도 그 속에 있다.

'십삼경주소'에 들어 있는《예기정의(禮記正儀)》는 후한 때 정현(鄭玄)의 주(注), 당나라 공영달(孔穎達)의 소(疏)로 이루어져 있다.

송나라 때 위식(衛湜)이《예기집설(禮記集說)》160권을 저술하여 상세한 주를 달았고, 송말 원초의 진호(陳澔, 호 雲莊)는 위식의 설을 간결하게 정리하여《예기집설(禮記集說)》10권을 저술하였다. 명나라 영락제 때 칙찬본《오경대전》의《예기집설대전》《예기대전》은 이 진호의 주를 위주로 하였다. 조선시대에는 이《예기집설대전》을 주로 참고하였다.

3. 의례

《의례》는 복잡한 의례(Ritual) 행동을 기록한 책이어서 아주 읽기 어렵다. 한유(韓愈)는 "지금 시대에 응용할 수 없다"고까지 말하였다. 《의례》는 동시에 진행되는 두 의식 절차를 계기적으로 서술하는 등, 입체적 행동을 평면으로 처리하였기 때문에 더 읽기 어렵다고 한다.

《의례》에 기록된 예제는 적어도 서주 시기에 행해졌다고 추정되며, 춘추시기에 이 《의례》 17편이 이루어졌다고 본다. 이 책은 처음에 '예(禮)'라고 불렀으나, 의절(儀節)에 관한 기술이 많다 하여 후세에 '의례'라고 부르게 되었다. '예고경(禮古經)' '사례(士禮)' 등으로 부르기도 한다. 사관례(士冠禮)·사혼례(士昏禮)·사상견례(士相見禮)·향음주례(鄕飮酒禮)·향사례(鄕射禮)·연례(燕禮)·대사례(大射禮)·빙례(聘禮)·공식대부례(公食大夫禮)·근례(覲禮)·상복(喪服)·사상례(士喪禮)·기석례(旣夕禮)·사우례(士虞禮)·특생궤식례(特牲饋食禮)·소뢰궤식례(少牢饋食禮)·유사철(有司徹) 등 17편으로 되어 있다.

작자로 주공(周公)을 내세우기도 하지만 근거가 박약하다. 기록상으로는 고당생(高堂生)이 전한 것으로 되어있다. 그런데 한나라 경제(景帝) 때 노(魯) 공왕(恭王)이 공자의 옛집에서 얻었다는 《의례》 56편은 고대문자로 씌어진 '고문의례(古文儀禮)'였다고 한다. 이에 비하여 이 17편의 것은 '금문의례(今文儀禮)'

景宋刻嚴州本儀禮(士禮居黃氏叢書所收)

이다.

《의례》의 주해서로는 후한 정현(鄭玄)의 주(注)와 당나라 가공언(賈孔彦)의 소(疏)가 가장 권위가 있다. 하지만 당 태종 때의 《오경정본(五經定本)》과 《오경정의(五經正義)》에는 《의례》가 들어 있지 않다. 그러다가 당 고종 때 가공언(賈公彦)이 정현의 《의례주》에 소(疏)를 붙인 이후로 이른바 '정씨예학(鄭氏禮學)'이 전하게 되었다. 청대에 들어와 한학(漢學)이 부흥하면서 장이기(張爾岐)의 《의례정주구두(儀禮鄭注句讀)》가 나왔다.

《의례》는 실제 의식을 서술한 것이므로 독해를 위해서는 회도(繪圖)를 참고로 해야 한다. 정현 주(注)나 가공언 소(疏)에도 회도(繪圖)가 붙어 있었다고 하며, 섭숭의(聶崇義)《신정삼례도(新定三禮圖)》, 장혜언(張惠言)《의례도(儀禮圖)》등이 뒤에 나왔다. 초순(焦循)은 종이 그림에 인물·기물 등을 나타내는 작은 기(棋)를 만든 '습례격(習禮格)'을 이용하여 의례를 익히는 방법을 서술하였다. 대만 대학의 한 교수는 《의례》의 의식 내용을 애니메이션으로 제작하였다고 한다.

《의례》는 삼례 가운데 가장 오래된 책이었으므로, 송학(宋學)의 전통에서도 중시되었다. 성리학을 완성한 주희(朱熹)는 만년에, 후세 사람들이 참조할 수 있도록 예에 관한 고전을 정리하는데, 《의례》를 중심에 두고 《예기》와 《주례》, 그리고 경(經)·사(史)·잡서에 나오는 관련 글들을 독특한 분류 체계에 따라 정리하기 시작하였다. 이 작업은 그의 제자이자 사위인 황간(黃幹)과 제자 양복(楊復) 등에 의해 《의례경전통해(儀禮經傳通解)》로 결집되었다.

조선시대 사대부의 전례는 흔히 《주문공가례(朱文公家禮)》나 《사례편람(四禮便覽)》을 이용하였지만, 국가 전례는 《의례》를 참고하였다. 인조 때 인조의 친부를 종묘에 제사하는 문제로 논란이 일어났을 때 최명길(崔鳴吉)은 《의례》〈상복(喪服)〉의 "남의 후사가 된 자(爲人後者)"라는 구절에 대하여

> **조선시대 복상(服喪)과 《의례》**
>
> 인조는 반정으로 즉위한 뒤 생부를 대원군(정원군, 원종)으로 추존하고 생모를 계운궁(인헌왕후)으로 높였는데, 생모가 돌아가자 삼년복을 입으려 하였다. 하지만 조정의 의론은 인조가 선조의 뒤를 이었으므로 두 번 부모의 복을 입을 수 없다고 저지하였다. 다시 인조가 장기(杖期)의 복을 입으려 하였으나, 조정의 의론은 부장기(不杖期)로 등급을 내리고 인조의 아우 능원대군이 상주가 되어야 한다고 주장하였다. 그 때 최명길(崔鳴吉)은 인조를 양자로 보는 설을 반박하여 "전하는 승중(承重)하였다. 양자로 간 것이 아니다"라고 하였고, 별묘를 세우고 인조가 제주(祭主)가 되어야 한다고 주장하였다. 1만 글자가 넘는 이 차자(箚子) 때문에 최명길은 젊은 문신들에게 배척을 받게 된다. 당시 논란의 가장 핵심이 되는 경문의 조항이 바로 《의례》〈상복(喪服)〉의 "남의 후사가 된 자(爲人後者)"라는 구절이었다. 조정 신하들과 최명길 사이에는 이 구절의 해석을 둘러싸고 일견 지리해 보이지만 매우 치밀한 논리를 교환하였다.

"방계의 지손으로 줄기[통(統)]를 잇는 것을 위인후(爲人後)라 하고 한 몸[일체(一體)]으로서 곧바로 전하는 것을 위조후(爲祖後)라고 이르니, 위인후(爲人後)가 되면 자기를 낳아준 사람을 백부니 숙부니 하고, 위조후(爲祖後)가 되면 아버지가 비록 돌아가셨더라도 이름을 바꾸지 않습니다. 이것이 바로 옛날과 오늘날의 상례(常禮)인 것입니다"라고 해석하였다.

조선조에서 결코 《의례》를 소홀히 하지 않았다. 정조(正祖)는 《의례》를 비롯한 삼례를 공부하여 수권(手圈)을 엮었는데, 《의례》에 탈오가 많다는 사실을 지적하였다. 더 소급한다면 상고시대부터 이미 《의례》에 나타나 있는 예제가 우리의 전례에 어떤 식으로든 영향을 주었을 것이라고 생각된다.

4. 주자가례(Family Rituals)

조선시대 사대부의 관(冠)·혼(婚)·상(喪)·제(祭) 사례(四禮)에 관한 예제(禮制)에 많은 영향을 주었던 책이 《주자가례(朱子家禮)》이다. 이 책은 주희(朱熹)가 유가(儒家)의 예법(禮法)·의장(儀章)에 관하여 상술한 책이라고 알려져, 《문공가례(文公家禮)》라고도 한다. 혹은 이 책은 주희 사후에 세간에 통용된 미완성의 서적이라고 한다. 판본으로는 10권본, 4권본 《성리대전》 판본), 5권본, 7권본(《성리대전》판본을 기초로 하되 7권으로 분책한 조선판본)이 있다.

명나라 성화(成化)연간에 구준(丘濬)은 위의 《주자가례》를 대폭 수정하고 의절고증(儀節考證)・잡록(雜錄)을 추가하여 《문공가례의절(文公家禮儀節)》 8권을 만들었는데, 이것이 조선시대에 전래되어 널리 행하였다. 또한 미완의 부분을 보충하기 위하여, 김장생(金長生)의 《가례집람(家禮輯覽)》(1685년 간행), 조호익(曺好益)의 《가례고증(家禮考證)》(1646년 간행), 유계(俞棨)・윤선거(尹宣擧)의 《가례원류(家禮源流)》(1715년 초간), 이의조(李宜朝)의 《가례증해(家禮增解)》(1771년 탈고, 1792년 간행), 김종후(金鍾厚)의 《가례집고(家禮集考)》(1801) 등이 속속 나왔다. 1632년에는 신식(申湜)이 엮은 《가례언해(家禮諺解)》 10권 5책이 원성(原城: 원주)에서 목판으로 간행되었다.

한편 조선 후기의 성리학자 이재(李縡)는 가례에서 특히 실제 생활에 긴요한 관혼상제의 4례만을 모아 《사례편람(四禮便覽)》을 엮었다. 이 저술은 후손들의 수정과 증보를 거쳐 1844년(헌종 10)에 수원에서 8권 4책의 목판본으로 간행되었고, 1900년(광무 4)에 다시 《증보사례편람》으로 간행되었다. 사례에 관한 실용서로 널리 활용되었다.

주례 〈고공기〉

《주례(周禮)》의 〈동관〉 부분은 진작에 없어지고, 그 대신에 〈고공기(考工記)〉가 들어 있다. 〈고공기〉는 수공업 생산기술에 관한 자료를 많이 보존하고 있을 뿐 아니라, 생산관리 제도, 기물(器物) 제도, 도시건설 제도, 정전구혁(井田溝洫) 제도 등에 관한 기록도 실어두었다. 서한 말기에 세상에 나온 이후로 역대 학자들은 이 책을 매우 중시하였다. 정현(鄭玄)은 〈고공기〉를 주석하면서, 글 속에 제나라 방언이 많다고 지적하였고, 청나라 강영(江

永)은 책 속에 나오는 문(汶)·제(濟)같은 강물 이름이 제로(齊魯) 지역의 이름이란 점을 근거로, 이 책이 제나라 사람의 저작물이라고 단정하였다. 곽말약도 〈율씨〉(栗氏)와 〈재인〉(梓人)의 '양(量)'이 모두 제나라의 '양'이란 점을 들어, 이 책이 제나라에서 성립되었다고 논증하였다. 직관의 명칭으로 보아 이 책은 춘추 연간에 성립하였다고 생각된다.

〈고공기〉에는 6개의 대공(大工)과 30개 전업(專業)이 있는데, 각 업종마다 전문직 관원이 생산을 관리한다. 즉, 직명에는 '인(人)'이나 '씨(氏)'나 '사

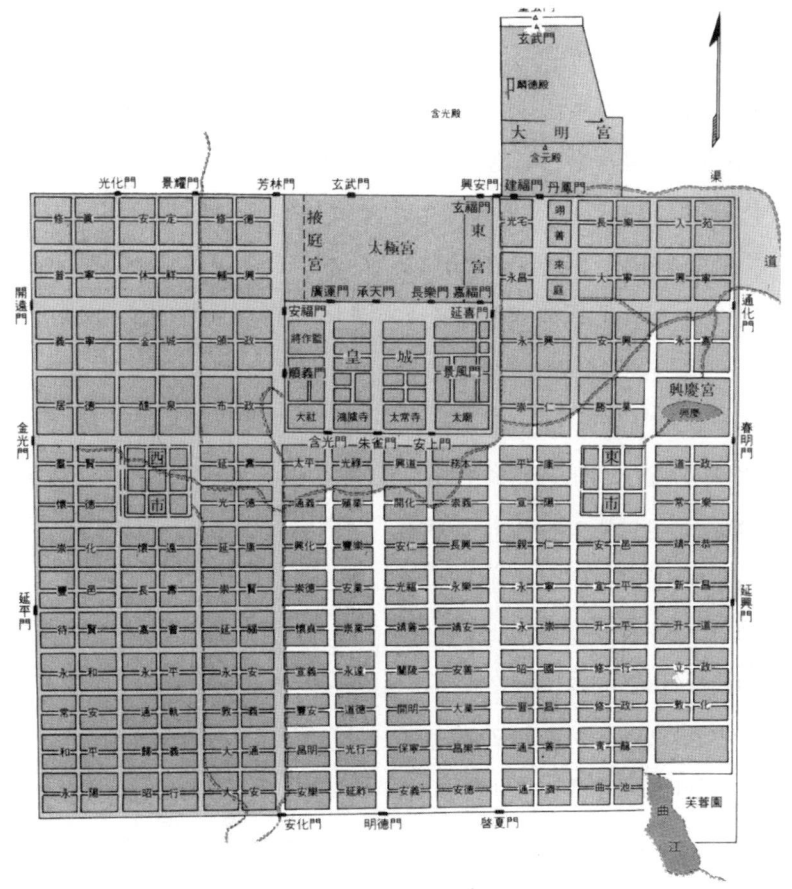

당나라 장안의 조방제(條坊制)

(師)'가 붙어 있고, 그들의 상부에는 '사공(司空)'이라는 영수(領袖)가 있다. 각급 분공(分工)은 등위가 분명하고 조직이 아주 엄밀하다. 각 대공(大工)에는 또 서로 다른 전업을 나누어 두었다. 나무를 다루는 공인은 일곱, 쇠를 다루는 공인은 여섯, 가죽을 다루는 공인은 다섯, 색칠을 하는 공인은 다섯, 연마하는 공인은 다섯, 진흙을 개는 공인은 둘과 같은 식이다. 중요 산품은 모두 각 전업 공관(工官)의 협작에 의해 만들어진다. 수레는 전형적인 예이다. 이 〈고공기〉의 생산관리 체제는 민간의 수공업이 아니라 관급 수공업의 제도를 반영하거나 이상화해둔 것이라고 말할 수 있다.

〈고공기〉 그 가운데, 〈장인〉(匠人)의 영국(營國) 부분은 서주 초기의 도시건설 체제, 계획 제도, 계획 방법을 반영하는 듯하다. 그 도성제도는 고대 이후 도시건설에 실제로 응용되었다. 한나라 장안(長安), 수·당의 장안과 낙양(洛陽), 송나라 동경(東京)과 임안(臨安), 원나라 대도(大都), 명나라 북경에 이르기까지, 〈장인〉 '영국'의 도성제도 이념에 의한 조방제(條坊制) — 즉, '좌묘우사(左廟右社 : 궁궐을 중심으로 남면하여 왼쪽에 종묘, 오른쪽에 사직을 배치함)' '전조후시(前朝後市 : 궁궐 앞에 조정관청, 궁궐 뒤에 저자를 배치함)'와 같은 배치나 기반식(基盤式) 도로망에 의한 조방제(條坊制) — 가 구현되었다. 또한 일본의 헤이안쿄오(平安京)나 쿄토(京都)도 그러한 도시계획을 따랐다.

우리나라에서도 신라 왕성은 기반식 도로망과 방(坊)이 계획되어

丁若鏞, 《與猶堂全書》
제5집 제3권 〈經世遺表〉 권3

있었다. 그것도 〈장인〉의 '영국' 부분과 관련이 있었을 것이다. 조선후기의 진보적 지식인들도 〈고공기〉의 '영국'을 도시계획의 모델로 생각하였다. 이를테면 정약용(丁若鏞)은 《주례》에 나오는 6향(六鄕)을 왕성 내의 구역분할 개념으로 파악하여, 왕성 도시계획안을 제시한 바 있다(尹正淑,〈다산 정약용의 匠人營國圖說에 관한 일고찰〉,《이숙임 교수 화갑기념 논집》, 이화여자대학원, 1995).

《주례》의 주요 텍스트로는 청나라 완원(阮元)의 교감기가 붙은 '십삼경주소'의 《주례주소(周禮注疏)》(附釋音周禮注疏)가 있다. 또한 청나라 손이양(孫詒讓)은 별도로 《주례정의(周禮正義)》를 만들었고, 현대의 임윤(林尹)은 《주례금주금석(周禮今註今釋)》을 펴냈다. 일본의 혼다 지로(本田二郎)는, 기존의 주들을 참고로 하여 《주례통석(周禮通釋)》(秀英出版, 1979)을 엮었다.

사례편람(四禮便覽)

조선시대에는 실생활에서 적용할 수 있는 세세한 예절을 연구하는 학문이 발달하였다. 그것을 예학(禮學)이라고 한다. 특히 관례, 혼례, 상례, 제례의 사례(四禮)를 대단히 중시하였는데, 주자의 《가례(家禮)》가 미비점이 많았기 때문에 학자들마다 그것을 보완해서 각자의 집안에서 준칙으로 삼을 예법을 마련하려고 하였다. 그 가운데 대표적인 저술이 조선 후기에 이재(李縡)가 편술한 《사례편람》이다. 원고를 1844년(헌종 10)에 이르러 증손 이광정(李光正)이 8권 4책의 목판본으로 간행하였다. 그 뒤 1900년에 황필수(黃泌秀)·지송욱(池松旭) 등이 보정을 더해 《증보사례편람》을 출판하였다. 《가례》의 원칙을 지키면서 시속(時俗)과의 절충을 꾀하였으므로, 이 책은 다른 많은 예학서들의 기준이 되었다.

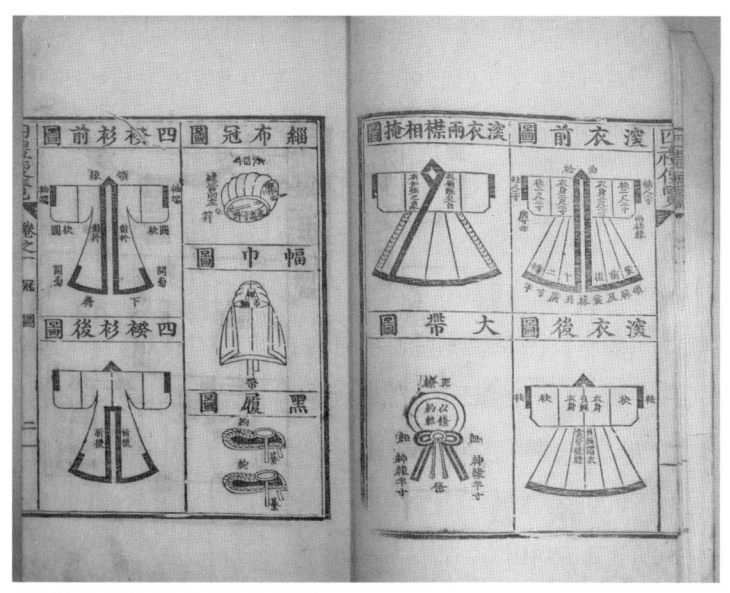

고려대학교 도서관 소장 목판본 〈사례편람〉

이 책은 관혼상제의 4례에 대해 차례로 설명하고 그림을 곁들였다.

관례는 양반층의 청소년이 머리에 관을 쓰고 성년이 되는 의식으로, 여자의 관례는 계례(笄禮)라 하였다. 대개 혼례식의 일환으로 혼례 직전에 행하였다. 혼례는 결혼식을 말하며 의혼(議婚) · 납채(納采) · 납폐(納幣) · 친영(親迎)으로 구분된다. 의혼은 결혼을 의논하는 절차, 납채는 사주 또는 사성(四星)을 보내는 절차, 납폐는 신랑 집에서 신부 집에 혼인을 허락한 데 대한 감사의 뜻으로 예물을 보내는 절차, 친영은 신랑이 처가로 가서 예식을 올리고 신부를 맞아오는 의례이다. 상례는 장례식으로, 유교에서는 초종례(初終禮)로부터 습렴(襲斂), 치장(治葬), 각종 흉제(凶祭)에 이르기까지 19절차로 되어 있었다. 초종례는 임종에 대한 준비, 초혼(招魂) 의례, 시체 거두기[收屍], 사자상 차리기, 발상, 호상, 부고발송 등에 관한 내용이 있다. 습렴은 시신을 씻기고서 시체를 의금(衣衾)으로 싸는 소렴(小殮)과 시체를 입관하는 대렴(大殮)을 행한 뒤, 명정(銘旌)을 세우고 영좌(靈座)를 세워 조석으로 전(奠)을 올리면서 곡을 하고 상제들이 상복을 입는 성복(成服) 등의 절차를 가리킨다. 치장은 장지와 장일을 정해 구덩이를 파고 시신을 매장한 뒤 신주(神主)를 만드는 절차를 말한다. 흉제는 치장이 끝나고 혼백을 상청에 모시고 거행하는 우제(虞祭)로부터 소상(小喪)·대상(大喪)·담제(禫祭)·길제(吉祭)가 끝날 때까지의 각종 제례를 말한다. 소상은 사망 후 1주년이 되는 날에 지내고, 대상은 사망 후 25개월이 되는 기일에 지낸다. 담제는 대상 후 1개월이 지난 다음 달에, 3년 상을 무사히 마쳤으므로 자손들의 마음이 담담하고 평안하다는 뜻으로 지내는 제사이다. 담제 후부터는 일반인이 되었다 하여 길제를 행한다. 한편, 제례는 조상을 기리는 의식으로, 시제(時祭)·차례(茶禮)·묘제(墓祭) 등으로 나뉜다.

춘추학

《춘추》는 원래 노(魯)나라의 역사서인데 공자가 다시 정리를 한 것으로 추측된다. 연대순으로 되어 있는 편년체 역사로서, 1년을 4시로 나누어서 기록한 것으로, 춘·하·추·동을 줄여서 '춘추'라고 부른 것이라고 보면 된다. '춘추경(春秋經)'이라 하면, 공자가 노나라 은공(隱公) 원년에서부터 애공(哀公) 40년까지 242년간의 역사 기록에 대하여 선악의 가치 판단을 어떤 식으로든 개입시킨 것이라고 말할 수 있다.

1. 춘추삼전(春秋三傳)과 호씨전(胡氏傳)

《춘추》의 본문은 대단히 간략하여, 그것이 정말로 공자의 손으로 이루어진 것인지, 혹은 정말로 공자가 이른바 '미언대의(微言大義)'를 이 책에 담았는지, 단정하기 어렵다. 하지만 맹자를 비롯한 뒷날의 유학자들은 그 속에 '미언대의'가 있다고 믿었다. 그들에 의하면 공자가 《춘추》에서 강조한 것은 군신의 변별과 존왕사상(尊王思想)이었다고 한다. 공자가 살았던 춘추시대(기원전 770~403)는 동주(東周) 왕조의 권위가 흔들리고 하극상이 만연하였는데, 공자는 《춘추》의 정리를 통해, 신하된 자가 분수를 지켜 군주에게 충성을 다하여야 한다는 대의(大義)를 밝히고 군주에 대해서도 왕도(王道)를 행할 것을 요구하였다는 것이다. 왕도란 인의(仁義)에 의해 정치를 하는 것으로, 무력과 권력에 의해 인민을 강압적으로 지배하는 패도(覇道)와 구별된다.

'춘추경(春秋經)'을 해설하려고 한 것이 '춘추전(春秋傳)'이다. 《공양전(公羊傳)》《곡량전(穀梁傳)》《좌전(左傳)》과 송나라 때 나온 《호씨전(胡氏傳)》이 있다. 《공양전》·《곡량전》·《좌전》을 '춘추삼전(春秋三傳)'이라고 한다. 《좌전(左傳)》은 '좌씨전(左氏傳)'이라고도 하며, 30권이다. 이 《좌전》은 《춘추경》의 사건에 대해서 그 발단, 경과, 삽화 등을 상술하여 내용을 이해하기 쉽도록 하였다. 《좌전》을 편찬한 사람은 노나라의 좌구명(左丘明)이라고 한다. 《곡량전》과 《공양전》은 각각 곡량씨(穀梁氏)와 공양씨(公羊氏)가 역시 《춘추경》을 해설한 책이다. 이 책들은 경문 기록의 제 원칙을 설명하는 데 치중하였다.

2. 춘추 경문의 필법

《춘추》는 간단한 문자로 이루어진 '대사기(大事記)'라서 완전한 산문이라 보기 어렵다. 그러나 역대로 《춘추》를 연구해온 학자들은 《춘추》가 수사(修辭)면에서 상당한 고려를 하여 한 단어, 한 어구라도 모두 특정한 의미를 지니고 있다고 보았다. 다음 글을 예로 보자.

春, 王正月, 戊申, 朔, 隕石于宋五. 是月, 六鷁退飛宋都.
주나라 월력 정월 무신일 초하루에, 송나라에 운석이 떨어졌는데 다섯 개였다. 이 달에 여섯 마리 익새가 송나라 수도를 향해 거꾸로 날아갔다.

《공양전》은 이 기사가 먼저 '떨어졌다〔隕〕'고 한 뒤에 '돌〔石〕'이라 하고 제일 나중에 '다섯〔五〕'이라 한 것은 이것이 청각에 호소하는 사건을 서술하였기 때문이라고 풀이하였다. 즉, 우선 '꽝'하고 울리는 '떨어지는' 소리를 듣고 나서, 사람들이 자세히 본 뒤에야 비로소 '돌'이라는 사실을 알게 되고, 다시 수를 세어보고 '다섯' 덩이임을 알았기 때문에, '隕石于宋五'라고 하였다는 것이다. 또 먼저 '여섯〔六〕'이라 한 뒤에 '익새〔鷁〕'라 하고 그리고서 '물러났다〔退〕'고 한 것은 이 기사가 시각에 호소하는 사건을 기록하였기 때문이라고 풀이하였다. 사람들은 처음 보고서 '여섯' 마리의 새라는 것을 알고, 다시 자세히 관찰한 뒤에 '익새'라는 사실을 알았으며, 다시 자세히 보고서야 거꾸로 날아간다는 것을 알게 되었으므로, '六鷁退飛'라고 썼다는 것이다. 이것은 훌륭한 수사법이라고 할 수 있을 것이다.

춘추 경문은 이렇게 은미한 필법을 이용하여 역사사건과 인물에 대한 작자의 시비포폄(是非褒貶)을 담았고 한다. 그러한 필법을 곧 '춘추필법(春秋筆法)'이라고 부른다.

3. 좌전의 문체

《좌전》은 인명의 제시에서, 동일한 사람을 관직명이나 이름 등 여러 가지 호칭으로 불렀기 때문에 글을 읽다보면 그것이 같은 사람인지 아닌지 잘 알 수가 없다. 그렇기 때문에 《좌전》은 읽기 어렵다고 말한다. 하지만 《좌전》은 서사 산문의 모범으로 인정될 만큼, 예술적으로 수준이 높다.

《좌전》은 파란 많고 광활한 전쟁 장면, 복잡다단한 내부 정변과 외교투쟁을 일목요연하게 묘사해내었다. 또한 '대사기(大事記)'식의 《춘추》에 비하여 세부묘사를 중시하였다. 이를테면 위(衛)나라 장공(莊公)이 기씨(己氏) 처의 두발이 아름다운 것을 보고 사람을 시켜서 그 머리칼을 잘라다 자기 처 여강(呂姜)의 가발로 쓰게 한 일이 있다. 뒤에 공인(工人)이 위장공의 학대를 이기지 못하여 위장공을 전복시키려 하였을 때, 위장공은 기씨의 방으로 도망가서 한 덩이 옥을 보이며 기씨에게 목숨을 구해달라고 청하였다. 기씨는 "너를 죽이면, 이 옥덩이가 설마 저절로 도망가지는 못하겠지?"라고 말하였다. 이것은 세부묘사가 매우 치밀하다고 할 수 있다.

당나라 때 유지기(劉知幾)는 《좌전》을 논평하면서, 전쟁의 승리를 묘사할 때에는 "적을 수확하여 다 없앤다(收獲都盡)"라 하고 전쟁의 실패를 묘사할 때에는 "쏠리어 쓰러지고 앞으로 고꾸라진다(披靡橫前)"라고 하며, 국가의 흥성을 묘사할 때에는 "재미가 무궁하다(滋味無量)"라 하고 국가의 쇠망을 묘사할 때에는 "처량하고 가련하다(凄凉可憐)"고 하였다는 점을 지적하였다. 곧, 《좌전》 언어표현의 형상성이 뛰어나다.

한편, 송대의 진규(陳騤)는 《문칙(文則)》이란 책에서, 《좌전》에 명(命)·서(誓)·맹(盟)·도(禱)·간(諫)·양(讓 : 꾸짖음)·서(書)·대(對) 등 여덟 가지 문체의 모범이 들어 있다고 하였다. 《좌전》에 들어 있는 풍유체 산문으로 《좌전》선공 11년(기원전 598)의 기록을 들 수 있다. 이것은 당시 진(陳)나라의 내란을 기술하였는데, 그 때 초장왕(楚莊王)이 난리를 평정한다는 구실로 진나라를 멸망시켜, 진나라를 초나라의 현으로 삼아버렸다. 그러자 초장왕의 대부 신숙시(申叔時)는 다음과 같은 비유를 하였다.

牽牛而蹊人之田, 而奪之牛. 牽牛而蹊者信有罪矣, 而奪之牛, 罰已重矣.

소를 끌고 남의 밭에 들어갔는데, 저쪽 사람이 그 소를 빼앗아버린 것입니다. 소를 끌고 남의 밭에 들어간 자는 정말 죄가 있기는 하지만, 그 소를 빼앗는 것은 벌이 너무 중합니다.

신숙시는 이 비유를 이용하여 초장왕에게 진나라를 회복시켜 제후들의 비난을 면하라고 권하였고, 초장왕은 그의 권고를 따랐다.
《좌전》에는 완결된 우언의 글도 있다. 《좌전》에는 '순망치한(脣亡齒寒)' '위과가부첩(魏顆嫁父妾 : 즉 結草報恩의 고사)' '의공호학(懿公好鶴)'(《좌전》 閔公 2년에, 衛懿公이 학을 좋아하며 大夫가 타는 수레에 학을 태우기까지 하였는데, 狄人이 쳐들어 왔을때 衛나라 사람들이 "학을 시키면 되지 않는가"라 하며 戰意를 보이지 않았다. 그래서 결국 衛가 狄人에게 패배하고 말았다는 고사), '안영간번형(晏嬰諫繁刑)'(《좌전》 소공(昭公) 3년에, 시장 근처에 살던 晏嬰에게 齊景公이 무엇이 비싸고 무엇이 헐하냐고 묻자, 발뒤축 베인 자가 신는 踊이 비싸고 보통 신발은 싸다고 대답하여, 제경공이 형벌을 줄였다는 고사가 나온다) 등의 우언 고사가 있다. 또 이를테면 《좌전》 소공 22년(기원전 520년)에 '수탉이 꼬리를 자른〔雄鷄斷尾〕' 고사가 있다.

賓孟適郊, 見雄鷄自斷其尾. 問之, 侍者曰, "自憚其牲也." 遽歸告王, 且曰, "鷄其憚爲人用乎?"
빈맹(賓孟)이 교외에 가서 수탉이 스스로 꼬리를 자르는 것을 보았다. 이유를 묻자, 곁에 모시는 사람이 말하길 "희생물이 될까봐 스스로 꺼려하여서입니다"라고 하였다. 빈맹은 급히 돌아와 왕에게 알리기를 "닭이 사람에게 희생으로 쓰이는 것을 꺼려서이겠습니까?" 운운하였다.

빈맹은 주경왕(周景王)의 총신(寵臣)이자, 자조(子朝: 주경왕의 아들)의 사부였다. 당시 왕위계승 문제로 투쟁이 격렬하여, 빈맹은 대단히 위험함을 느껴, 주경왕에게 빨리 자조를 태자로 세우라고 권하였는데, 기회가 왔을 때 즉각 결단하여('수탉이 꼬리를 끊는다'에 쌍관 의미가 있다) 남에게 이용되는 일을 면해야 한다고 말하려고 이 고사를 강론하였다. 이 고사는 수탉이 꼬리를 끊는 거동을 가지고 주경왕이 응당 과감한 행동을 취해야 한다는 것을 암시하였다.

그리고 《좌전》에는 '기언(記言)'을 통하여 사건의 경위와 진상을 분명하고도 생동적으로 드러낸 서술이 많다. 일례로 노나라와 제나라가 장작(長勺)에서 전쟁한 사실을 기록한 부분을 보기로 한다. 《좌전》에는 표제가 없지만 증국번(曾國藩)의 《경사백가잡초(經史百家雜鈔)》는 〈제와 노의 장작 전투(齊魯長勺之戰)〉란 제목을 붙였다. 《춘추》의 경문은 "莊公十年春, 王正月, 公敗齊師于長勺"(장공의 10년 봄, 왕의 정월에 공이 제의 군사를 장작에서 패배시키다)이라고만 되어 있다. 이것을 《좌전》에서는 조귀(曹劌: 《사기》에는 '曹沫'로 표기)와 노(魯)나라 장공(莊公)이 전선에서 지휘하는 모습을 기언(記言)을 통해 서술하였다.

十年春, 齊師伐我. 公將戰. 曹劌請見. 其鄕人曰: "肉食者謀之, 又何閒焉?" 曰: "肉食者鄙, 未能遠謀." 乃入見. 問何以戰. 公曰: "衣食所安, 弗敢專也, 必以分人." 對曰: "小惠未徧, 民弗從也." 公曰: "犧牲玉帛, 弗敢加也, 必以信." 對曰: "小信未孚, 神弗福也." 公曰: "小大之獄, 雖不能察, 必以情." 對曰: "忠之屬也. 可以一戰. 戰則請從." 公與之乘. 戰于長勺. 公將鼓之. 劌曰: "未可." 齊人三鼓. 劌曰: "可矣." 齊師敗績. 公將馳之. 劌曰: "未可." 下視其轍, 登軾而望之. 曰: "可矣." 遂逐齊師. 旣克. 公問其故. 對曰: "夫戰, 勇氣也. 一鼓作氣, 再而衰, 三而竭. 彼竭我盈, 故克之. 夫大國難測也. 懼有伏焉. 吾視其轍亂, 望其旗靡, 故逐之."

장공 10년 봄에, 제나라 군대가 우리 노나라에 침입하였다. 장공이 응전하려고 하자, 조귀(曹劌)는 알현을 청하였다. 그와 동향의 사람이 말하였다. "고기 먹는 상류인들이 꾀하는 일이거늘, 너같은 자가 끼어들게 뭐냐?" 조귀는 말하였다.

"고기 먹는 사람들은 생각이 얕아서 원대한 계획을 세우지 못한다." 마침내 궁중에 들어가 장공을 만나보고는, "무엇을 믿고 전쟁을 하십니까?"하고 물었다. 장공은 말하였다. "나는 훌륭한 옷을 입고 맛난 음식을 먹되, 감히 독차지하지 않고서, 반드시 남에게 나누어주었다." 조귀는 대답하였다. "작은 은혜는 모두에게 골고루 돌아가지 않습니다. 인민이 따르지 않을 것입니다." 장공은 말하였다. "신에게 바치는 희생이나 옥과 비단은 그것을 바치면서 (祝詞 속에서) 결코 거짓말을 하여 속인 일이 없다. 반드시 참말을 하였다." 조귀는 대답하였다. "그것은 자잘한 신뢰여서, 크게 미더운 것이 아닙니다. 신도 복을 내리지 않을 것입니다." 장공은 말하였다. "크든 작든 소송에 관하여는 나는 명찰의 힘은 없지만 가능한 한 실정을 파악하여 재판하고 있다." 대답하였다. "그것은 충실됨이라고 할 수 있습니다. 그렇다면 일전(一戰)을 해볼 만하겠습니다. 전쟁을 하게 되면 제가 따라가겠습니다." 장공은 그와 전차에 함께 타고 출정하였다.

장작에서 교전하게 되었다. 장공이 진군의 큰북을 치려고 하였을 때, 조귀는 "아직 안됩니다"라고 말하였다. 제나라의 군진에서는 세 번 큰북을 울렸다. 조귀는 "됐습니다" 하였다. 제나라 군대는 크게 패하였다. 장공은 곧바로 추격을 명하려고 하였으나, 조귀는 "아직 안됩니다"라고 말하였다. 수레에서 내려 적의 전차의 바퀴자국을 조사하고는, 수레 앞의 횡판에 올라가 적의 상황을 살펴본 뒤에, "좋습니다"라고 하였다. 그래서 제나라 군사를 추격하였다.

승리를 얻은 뒤에, 장공은 어째서 그랬는가 물었다. 조귀는 대답하였다. "무릇 전투는 용기에 달려 있습니다. 한번 큰북을 울리면 용기가 끓어오르지만, 두 번 큰북을 치게 되면 그 용기가 줄어들고, 세 번 큰북을 치면 용기가 다 없어집니다. 적의 용기가 다하고 우리편은 용기가 넘쳤습니다. 그렇기 때문에 승리를 얻은 것입니다. 대체로 대국의 군대는 무슨 짓을 할지 모릅니다. 복병이 있지 않나 염려하였습니다. 나는 적의 수레바퀴 자국이 흐트러져 있는 것과 적의 깃발이 옆으로 쓰러져 있는 것을 보았습니다. 그래서 추격한 것입니다."

4. 《좌전》의 주와 우리나라에서의 《좌전》 공부

두예(杜預)는 《좌전》에 주석하면서, 《춘추》의 경문과 좌씨(左氏)의 전문(傳文)을 연대순으로 편하면서 경(經)을 앞에 두고 전(傳)을 뒤에 두었다. 그리고 그것을 '집해(集解)'라고 일컬었다. 따라서 두예가 '집해'라 한 것은 경(經)과 전(傳)의 글을 모아 풀이하였다는 뜻이지, 주석들을 모았다는 뜻이 아니다.

우리나라 사람들은 한문 문체를 익히기 위하여 《좌전》을 많이 읽었다. 최석정(崔錫鼎)은 《좌전》을 고문의 모범으로 제시하려고 《좌씨집선(左氏輯選)》 8권을 엮었다. 최석정은 그 서문에서 "좌씨는 몸소 국사(國史)로서 전적을 종람(縱覽)하여 그 글이 풍부하면서도 매끄럽고 그 기사(紀事)가 자상하면서도 핵심적이다"라고 평가하였다. 《좌씨집선》은 각 전(傳)마다 요지를 적고 '정백극단(鄭伯克段)'의 예처럼 표목을 세웠다. 그리고 이항복(李恒福)이 엮은 《노사영언(魯史零言)》(1673년 서문이 있는 목판본 30권 14책이 현전한다)의 체제를 따라서 전전(全傳)·집전(集傳)·부전(附傳)으로 나누었다.

효경

《효경(孝經)》은 공자와 그의 제자 증자(曾子)의 문답 가운데 효와 관계되는 것을 모아놓은 형태로 되어 있다. 천자(天子)·제후(諸侯)·대부(大夫)·사(士)·서인(庶人)의 효를 나누어 논술하고 효가 덕(德)의 근본임을 밝혔다. 글의 작자는 증자인지, 아니면 다른 문인들인지 명확하지 않으나, 공자가 증자에게 이 책의 집필을 명하였다는 말이 전한다. 이 책은 진시황의 분서 때 하간(河間)의 안지(顔芝)라는 사람이 감추어두었던 것을 그의 아들 정(貞)이 헌왕(獻王)에게 바침으로써 세상에 알려졌다. 이것은 당시의 유통되던 문자인 예서(隸書)로 씌어 있었으므로 〈금문효경(今文孝經)〉이라고 한다. 그 뒤 노(魯) 공왕(恭王)이 공왕후 공자의 옛집을 허물 때 〈고문효경(古文孝經)〉이 발견되어 공안국(孔安國)이 전하였다. 이후 〈고문효경〉은 여러 차례 망실되어 지금 존재하는 〈고문효경〉이라는 것은 공안국이 전한 것은 아니다.

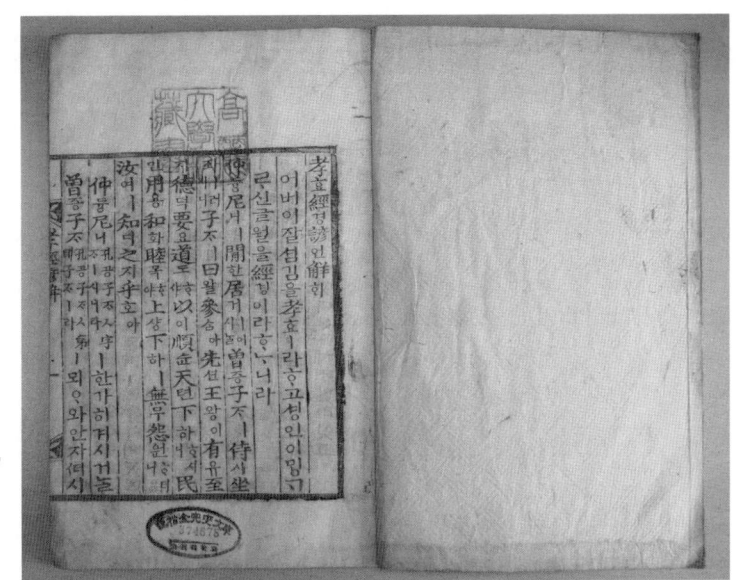

고려대학교 도서관 소장 목판본 〈효경언해〉

이 책이 우리나라에 전래한 시기는 확실하지 않으나, 신라시대 독서삼품과(讀書三品科)의 과목 가운데 하나로 쓰였다는 기록이 있다. 유교 효도의 기본서로 널리 유행하였으리라 짐작된다. 조선시대는 《효경언해(孝經諺解)》가 간행되어 더 널리 유포되었다. 저 '남녀칠세부동석(男女七歲不同席)'이란 말은 이 《효경》에 들어 있다.

참고문헌

(1) 춘추
- 신동준 옮김, 《춘추좌전》(1~3), 한길사, 2006.
- 정태현 역주, 《(譯註)春秋左氏傳》(1~7), 전통문화연구회, 2002~2009.
- 呂祖謙 저, 정태현·김병애 역, 《東萊博議》, 전통문화연구회, 2010.
- 鎌田正, 《春秋左氏傳》, 新釋漢文大系 30~33, 日月治書院, 1971.
- 楊伯峻, 《春秋左傳詞典》, 北京:中華書局, 1986.
- 野間文史, 《春秋學(公羊傳と穀梁傳)》, 研文出版, 2001.

(2) 삼례
- 賀業鉅 저, 윤정숙 역, 《중국 도성제도의 이론 —《주례·고공기》의 도성제도—》, 이회문화사, 1994 / 원서:《考工記營國制度研究》, 中國建築工業出版社, 1985년 1판, 1987년 2차 인쇄.
- 오강원 역, 《의례》(1~3), 청계출판사, 2000.
- 池田末利 譯註, 《儀禮》, 東京:東海大學出版部, 1979(初版 1쇄), 1997(3쇄).
- 本田二郎, 《周禮通釋》, 東京:秀英出版, 1979.

(3) 예론서
- 허전(許傳) 원저, 한국고전의례연구회 역주, 《사의(士儀)》(역주 5책, 원전 1책), 보고사, 2006.
- 少南一郎 編, 《中國古代禮制研究》, 京都大學人文科學研究所, 1995. 3.
- 경성대학교 한국학연구소 편, 『韓國禮學叢書』60책, 2008.
- 柳長源 저, 정경주·권진호·이성혜·조창규·신승훈·남재주·유영옥 역, 《국역 상변통고(常變通攷)》10책, 한국고전의례연구회 역주, 신지서원, 2009 / 한국고전번역원 한국고정종합 DB.
- 박종천, 《예, 3천년 동양을 지배하다:몸짓의 예술인가 억압의 기제인가》, 글항아리, 2011.

제11강

제자백가

Q 중국사상사에 관한 책을 보면 제자백가(諸子百家)라는 말이 있던데요, 제자백가란 무엇인가요?

A 제자백가란 중국 전국시대(BC 5~BC 3세기)에 활약한 학자와 학파를 통틀어 가리키는 말입니다. 제자(諸子)란 여러 선생이란 뜻이고 백가란 수많은 유파를 뜻합니다. 《한서(漢書)》〈예문지(藝文志)〉에서는 옛 서적을, 유가·도가·음양가·법가·명가·묵가·종횡가·잡가·농가 등 9류로 분류하였는데, 여기에 소설가를 더한 것을 제자백가라고 합니다. 단, 《사고전서》에서는 육경 이외에 자기 학설을 세운 저술가의 서적을 자부(子部)에 넣고 그것을 모두 14부로 나누었습니다. 이것이 대개 제자백가의 범주를 망라한다고 하겠지요. 제자백가 가운데서 공자의 유가가 가장 먼저 일어나서 인(仁)의 교의를 수립하였고, 다음으로 묵적(墨翟: 墨子)이 겸애(兼愛)를 주장하여 묵가를 일으켰으며, 다시 노자·장자 등의 도가와 기타 학파가 나와 제자백가의 시대를 열었죠. 이 가운데 유(儒)·묵(墨) 2가는 계보를 이루었으나, 나머지는 자유사상가라 할 수 있습니다.

《사고전서총목》의 자부총서(子部總敍)

《사고전서》는 자부(子部)를 14부로 나누었다. 유가(儒家, Confucian writers), 병가(兵家, Military experts), 법가(法家, Legal writers), 농가(農家, Writers on agriculture), 의가(醫家, Writers on medicine), 천문산법(天文算法, Astronomy and math), 술수(術數, Mantic arts), 예술(藝術, The fine arts), 보록(譜錄, Manuals, e.g., on cooking), 잡가(雜家, Miscellaneous writers), 유서(類書, Encyclopaedias), 소설(小說, Essays ; miscellaneous works), 석가(釋家, Buddhists), 도가(道家, Daoists) 등이다.

《사고전서총목》 자부의 총서는 학술의 흐름과 변화를 다음과 같이 논하였다.

> 육경 이외의 것으로 학설을 내세운 책은 모두 자부에 속한다. 처음에는 뒤섞여 있었는데 《칠략(七略)》(劉歆 찬)에서 그것을 구별한 이래로 명칭과 종류가 정해졌다. 또 애초에는 뒤얽힘이 많았지만 동중서(董仲舒; 기원전 179~104)가 구별하여 밝힌 이래로 순수한 것과 잡된 것이 구분되었다. (…) 전하는 책이 많아서 한

부를 이룰 수 있는 것으로는 유가 이외에 병가가 있고 법가가 있으며, 농가·의가·천문산법·술수[1]·예술[2]·보록[3]·잡가·유서·소설가가 있고, 이단으로 석가와 도가가 있다.

순서대로 나열하면 모두 14류다. 유가를 제일 위에 놓는다. 학문의 일을 갖추려면 무력이 있어야 한다. 그래서 다음에 병가를 두었다. 병(兵)은 형벌을 내리는 것과 부류가 같다. 당·우(唐虞:요·순) 시대에 고요(皐陶, 咎繇)가 없었다면 도적과 간사한 무리들을 금할 수 없었을 것이며, 백성들의 풍속이 위에서 움직이는 대로 적절히 조화를 이루지 않았을 것이다. 그래서 다음에 법가를 두었다. 백성은 나라의 뿌리이며 곡식은 백성의 하늘이다. 그래서 다음에 농가를 두었다. 약에 관한 학문과 의술 서적은 기술적인 일을 다룬 것이지만, 사람이 죽고 사는 일은 여기에 매여 있다. 그렇기에 신농씨(神農氏)와 황제(黃帝)는 성인(聖人)으로 천자가 되었지만, 그것을 친히 연구하였다. 그래서 의가를 다음에 두었다. 백성의 일을 존중하는 자는 먼저 때를 알려주어야 하는데, 때를 알려주는 것은 기후의 관측을 근본으로 하며 기후의 관측은 수학(數學)을 쌓는 것을 근본으로 한다. 그래서 천문산법을 다음에 두었다. 이상의 육가는 모두 세상을 다스리는 자들이 통괄하여야 할 것들이다.

백가가 지닌 재주 가운데서 어떤 것은 유익하지만 어떤 것은 무익하다. 하지만 후자의 설법이라 하더라도 행한 지 오래되어 도리상 끝내 제거하기 어렵다. 그러므로 술수(術數)를 다음에 두었다. 기예에 노니는 것 또한 학문을 하면서 틈틈이 하는 일로써, 한 가지 기예라도 신의 경지에 들 수 있고 기예에는 간혹 도가 깃들어 있기도 하다. 그래서 예술을 다음에 두었다. 이상의 두 가지는 모두

---

[1] 술수(術數) : 음양오행(陰陽五行)의 상생상극(相生相剋), 조화(造化)를 다루는 학문을 말한다. 수학(數學)은 조화의 원류를 미루어 천술하는 것을 말하고, 방술(方術)은 풍수지리설 및 점복과 길흉화복, 명서(命書) 따위를 연구하는 운명철학 등을 말한다.
[2] 예술(藝術) : 회화, 서예, 인장류(印章類) 및 금기류(琴棋類) 따위를 다루는 학문이다.
[3] 보록(譜錄) : 기물(器物), 음식(飮食) 및 조수충어(鳥獸蟲魚) 따위를 포괄한 후 계통을 밝히고 도록(圖錄) 등을 들어 설명하는 것을 말한다.

〈표〉 제자백가 14부류

儒家類			주(周) 순황(荀況) 《순자》 20권
兵家類			주 손무(孫武) 《손자》 1권
法家類			주 한비(韓非) 《한비자》 20권
農家類			후위 가사협(賈思勰) 《제민요술(齊民要術)》 10권
醫家類			당 왕빙(王冰) 주석 《황제소문(黃帝素問)》 24권
天文算法類	推步	천문학	《주비산경(周髀算經)》 2권(지은이 모름)
	算書	수학(數學)	《구장산술(九章算術)》 9권(지은이 모름)
術數類	數學	운수・신수	한 양웅(揚雄) 《태현경(太玄經)》 10권
	占候	조짐	구담실달(瞿曇悉達) 《당개원점경(唐開元占經)》 125권
	相宅相墓	집터・묘터	《택경(宅經)》 2권(지은이 모름)
	占卜	점	한 초연수(焦延壽) 《역림(易林)》 16권
	命書相書	관상・사주	당 이허중(李虛中) 주석 《명서(命書)》 3권
	陰陽五行		명 정도생(程道生) 《둔갑연의(遁甲演義)》 2권
	雜技術		명 장봉익(張鳳翼)의 《몽점류고(夢占類考)》 12권
藝術類	書畵		당 장회관(張懷瓘)의 《서단(書斷)》 3권
	琴譜		송 주장문(朱長文)의 《금사(琴史)》 6권
	篆刻		원 오구연(吾邱衍)의 《학고편(學古編)》 1권
	雜技		송 안천장(晏天章)의 《원원기경(元元棋經)》 1권
譜錄類	器物		송 여대림(呂大臨)의 《고고도(考古圖)》 10권・《속(續)》 5권・《석문(釋文)》 1권
	食譜		당 육우(陸羽)의 《다경(茶經)》 3권
	草木鳥獸蟲魚		송 구양수(歐陽脩) 《낙양모란기(洛陽牧丹記)》 1권
雜家類	雜學		진(秦) 여불위(呂不韋)가 지었다는 《여씨춘추(呂氏春秋)》 20권
	雜考		한 반고(班固)의 《백호통의(白虎通義)》 4권
	雜說		한 왕충(王充)의 《논형(論衡)》 30권
	雜品	품평서	송 주밀(周密)의 《운연과안록(雲烟過眼錄)》 4권, 《속록(續錄)》 1권
	雜纂		명 도종의(陶宗儀)의 《설부(說郛)》 120권
	雜編		명 육심(陸深)의 《엄산외집(儼山外集)》 34권
類書類		종류별모음집	송 이방(李昉) 등이 편집한 《태평어람(太平御覽)》 1,000권
小說家類	雜事	이야기집	남조 송 때 유의경(劉義慶)이 짓고 양나라 유효표(劉孝標)가 주석을 단 《세설신어(世說新語)》 3권
	異聞	기이담	진(晉) 곽박(郭璞)이 주석을 달았다는 《산해경(山海經)》 18권
	瑣語	소소한 이야기	진(晉) 장화(張華)가 지었다는 《박물지(博物志)》 10권
釋家類		승려의 저술	양나라 승려 승우(僧祐)가 편집한 《굉명집(宏明集)》 14권
道家類		도가의 저술	진(晉) 왕필(王弼)이 주석을 단 《노자(老子)》 2권

작은 도이지만 볼 만한 것들이다. 《논어》〈양화〉편에서 말하였듯이》《시경》을 보면 많은 지식을 취할 수 있고, 《주역》(계사전)에서는 그릇을 만든다고 하였다. 널리 들으면 취할 것이 있고, 잘 운용하면 바탕이 된다. 그러므로 보록(譜錄)을 다음에 두었다. 무리에서 나온 말은 여러 갈래로 나와 한 가지 무리로 이름할 수 없는데, 많이 쌓아놓으면 모두 정화를 주워 모을 수 있다. 그래서 잡가(雜家)를 다음에 두었다. 하급 관리들의 여러 가지 일을 분류하는 것 또한 말이 섞여 있다. 옛날에는 자부에 붙여두었는데 지금은 그 예를 따라서 유서(類書)를 다음에 두었다. 패관(稗官)[4]이 기술한 것은 모두 다 말류다. 그렇지만 그것으로 견문을 넓힌다면 노름이나 바둑 하는 것보다는 훨씬 나을 것이다. 그래서 소설가를 다음에 두었다. 이상의 사가(四家)는 모두 곁에다 두고 참고할 만한 것들이다. 불가와 도가 이씨(二氏)는 실질을 벗어난 학문이므로 석가와 도가를 끝에 두었다.

노자(老子)

노자는 이 세상에 절대적으로 옳은 것이란 없다고 보았다. 절대로 변하지 않는 것도 없다. 어떠한 사물이라도 그 속에는 대립 국면이 있고, 그 대립 국면은 서로 전화(轉化)한다. 그 전화의 원리가 '도(道)'이다. '도'는 본질적으로 의지가 없다. 작위(作爲)하는 하늘이 아니라 '저절로 그러한(自然)' 본연의 상태가 '도'이다. 우주론적으로 보면 '도'는 천지가 발생하기 이전의 혼돈체이며, 만물을 형성할 수 있는 가능태이다.

---

[4] 패관(稗官) : 입자가 작은 쌀, 곧 피를 '패(稗)'라 한다. 항간에 떠도는 하찮은 이야기를 비유한다. 항간의 전설 등을 수집하여 적는 벼슬을 패관이라 한다.

1. 노자의 가르침

우리 삶은 어떤 목적성에 의하여 이루어지기보다는 우연한 사건의 연속인 경우가 많다. 알 수 없는 힘에 내 삶이 휘둘리는 듯하여 어처구니없기까지 하다. 물론 그 우연이라는 것도 더 큰 합목적성을 띠고 있을지 모른다. 그러나 우리는 알지 못한다. 세상은 내 얄팍한 지식의 범위를 뛰어넘어 신령한 모습을 띠고 있기에, 나는 도무지 어찌할 수가 없다. 그렇기에 《노자》, 곧 《도덕경》은 29장에서 "천하는 신령한 그릇이므로 어찌할 수가 없다(天下神器, 不可爲也)"라고 하였다. 죽음은 늘 삶과 마주하고 있다. 살아 있다고 의식할 때 우리는 이미 죽어가고 있다. 인정하기 싫지만 인정해야 한다. 그렇기에, 죽음도 삶의 한 고리로 받아들이라고, 삶의 양면성을 전관(全觀)하라고 《도덕경》은 가르친다. 삶을 전관할 때, 우리는 정신적 안정을 얻는다. 그것은 나른한 도피가 아니다. 바로 지금 내가 살고 있는 이 현실을 더욱 참되게 살아나갈 용기를, 그로써 갖게 된다. 우리가 평소에 신봉하는 과학과 지식은 교지(巧智)로 전락하기 쉽다. 교지를 버리고 어머니 자궁 같은 도의 세계, 어떤 그릇도 될 수 있는 가능성을 지닌 통나무(樸)의 상태로 돌

도교와 태극

도교

도교는 유교와 함께 동양 사상의 큰 줄기를 이룬다. 도교는 '미신'과 '도피주의'로 점철되어 있다고 비판받기도 하지만, 인간을 자연의 한 부분으로 보고 자연법칙에 따르는 자연중심의 삶을 추구한다는 점에서 생태주의의 이상을 지닌다. 유교가 강한 사회성을 띠고 인간 중심의 도덕사회를 지향하고 있는 것과는 달리, 도교는 개인 중심적 평등사상을 주장하는 사상체계를 기반으로 한다. 자연을 거스르지 않고서도 그 속에 내재되어 있는 객관적인 법칙들을 발견해 가는 도교 사상을 재평가할 필요가 있다.

죽간(竹簡): 죽간은 폭 2~3센티미터, 길이 30~50센티미터 정도 크기의 대나무쪽으로, 보통 20자나 30자를 적을 수 있었다.

안압지에서 출토된 목간

아가라고《도덕경》은 속삭인다. 꽉 차 있으면 더 채울 수 없지 않느냐. 텅 비어 있는 듯하지만 크게 차 있는 것이야말로, 아무리 써도 고갈되지 않는 법이다(大盈若沖, 其用不窮. —《도덕경》45장).

우리는 모두 자기 자신의 내재 원인에 따라 존재 방식과 사회적 실천 방식을 결정해야 하리라. 사람은 땅을 본받고, 땅은 하늘을 본받고, 하늘은 도를 본받고, 도는 절로 그러함을 본받는다(人法地, 地法天, 天法道, 道法自然. —《도덕경》25장)고 하였듯이. 그리고 저 '도(道)'가 만물을 생기게 해놓고도 간섭하거나 소유하지 않고, 무엇을 행하고도 자랑하지 않으며, 길러 놓고도 군림하지 않는 것(萬物作焉而不辭, 生而不有, 爲而不恃, 功成而弗居 —《도덕경》2장)처럼, 우리 인간은 집착과 지배욕을 버려야 할 것이다.

사람들은 언어에 의한 규정을 절대적인 것으로 착각하고 만물을 차별하고 결국 스스로를 구속하기 일쑤이지만, 노자의 패러독스는 언어 문자의 한계와 오류를, 언어 문자를 가지고 고발한다. 불과 5,000언의《노자》가 전하는 메시지는 결코 작지 않다.《노자》는 우리에게 '죽음에 이르는 병'을 떨쳐

버리고 이 시대에 만연한 물신주의(物神主義)를 극복할 지혜를 제시한다.

2. 《도덕경》의 텍스트

《도덕경》은 도가의 비조가 되는 책으로, 옛날에는 주나라 이이(李耳; 혹은 老聃)가 지었다고 전해져왔다. 《도덕경》을 해석한 책으로는 위(魏)나라 왕필(王弼)의 주(2卷)가 통행하였다. 송의 섭적(葉適)은 《도덕경》을 지은 노자가 공자를 가르친 노담이 아니냐고 의심하였다(《習學記言》). 왕중(汪中)은 《노자고이(老子考異)》에서 공자가 예를 물은 사람은 노담이며 《오천언》을 지은 사람은 일찍이 진헌공(秦獻公)을 알현한 적이 있는 주나라의 태사(太史) 담(儋)이므로 별개의 인물이라고 하였다.

하상공이 주석을 단 《노자하상공주(老子河上公注)》 2권이, 《한서》 〈예문지〉에는 없으나 《수서》 〈경적지〉에 처음 이름이 올라 있다. 《사기》 〈악의열전(樂毅列傳)〉에 보면 하상장인(河上丈人)은 《노자》에 통달했다고 하였다. 갈홍(葛洪)의 《신선전(神仙傳)》에서는 하상공이 한나라 문제 때 황하 가〔河上〕에 거처하였는데 문제가 친히 가서 《노자》에 대하여 물었다고 하였다. 하상공이 곧 하상장인이다. 다만 지금 전하는 《노자하상공주》 2권은 위작일 가능성이 높다.

《도덕경》은 텍스트에 따라 전승 계통이 다른 까닭에 원문이 조금씩 다르다. 종래에는 주로, 조숙한 천재였던 왕필(王弼; 226~249)의 주석을 이용하여 원문을 해석하여 왔다. 그런데 1973~1974년에 중국 호남성 마왕퇴(馬王堆)에서 두 종류의 백서(帛書)가 발견되고, 1993년에 호북성 곽점촌(郭店村)의 무덤에서 세 편의 죽간(竹簡)이 발견되어, 《도덕경》의 해석은 이제 새 국면으로 접어들었다.

3. 《노자》와 우리 문학

노자는 일찍부터 우리 문화와 관계가 깊었다.

고구려 때 을지문덕의 〈수나라 우익위 대장군 우중문에게 주는 시(與隋右翊衛大將軍于仲文)〉는 영양왕 23년(612)에 평양성 근처까지 쳐들어온 수나라 장군의 기를 꺾으려는 의도로 지은 것으로 각 구절마다 다섯 글자씩, 네 구절로 이루어진 오언시(五言詩)이다.

神策究天文	귀신같은 책략은 천문을 꿰뚫었고
妙算窮地理	기묘한 계산은 지리에 통달했네.
戰勝功旣高	싸워 이긴 공이 이미 높으니
知足願云止	만족함을 알아 그치기를 바라노라.

을지문덕은 우중문에게 시를 보내어 겉으로는 상대방을 칭송하는 듯하면서 은근히 그의 허세를 비꼬았다. 그런데 이 시의 마지막 구는 《도덕경》에 있는 "족함을 알면 욕되지 않고 그칠 줄 알면 위태하지 않다(知足不辱, 知止不殆)"란 말에서 따왔다. 을지문덕은 도교사상을 잘 알고 있었던 모양이다. 어쩌면 고구려 대신들 가운데는 도교를 믿고 있던 사람이 많았는지 모른다. 신라의 화랑 사상도 도교를 포함하였지만 삼국 가운데 도교가 가장 성했던 나라는 다름 아닌 고구려였다. 고구려는 7세기 전반에 당나라로부터 도교를 적극 수용하였다.

노자의 글귀는 불교적인 무소유의 관념과 연결되어 영혼의 상처를 치유하는 목소리로 울려퍼지는 경우가 많다.

장자(莊子)

예전에는 주나라 장주(莊周)가 지었다고 했다. 《한서》〈예문지〉에는 52편이라고 기록되어 있으나, 지금 텍스트는 대개 33편(10권)으로, 곽상(郭象)이 엮은 것이다. 이 책은 진위가 분명치 않지만, 육조시대 이래로 널리 통용되었다. 당나라 현종이 장자에게 남화진인(南華眞人)의 호를 올렸으므로, 《장자》를 《남화진경(南華眞經)》이라고 부른다. 옛 주석을 모은 책으로 청나라 왕선겸(王先謙)의 《장자집해(莊子集解)》(8권)가 있다.

1. 《장자》의 성립

장주(莊周)는, 송(宋)의 몽읍(蒙邑: 河南省商邱縣)에서 출생하였다고 하며, 맹자와 비슷한 시대에 활약한 것으로 전한다. 관영(官營)인 칠원(漆園)에서 일한 적이 있었으므로 그를 칠원리(漆園吏)라고 부른다. 그 이후 그는 평생 벼슬을 살지 않았으며, 초(楚)나라 위왕(威王)이 재상으로 맞아들이려 하였으나 사양하였다.

진(晉)의 곽상(郭象)이 산수(刪修)한 33편(內篇 7, 外篇 15, 雜篇 11) 가운데 〈내편〉이 원형에 가깝다고 한다. 근세의 실증주의 학자 호적(胡適)은, 〈내편〉 7편은 대체로 믿을 만하지만 거기에도 후인들이 더 넣은 부분이 있으며, 〈외편〉·〈잡편〉은 믿을 수 없다고 하였다(《中國哲學史大綱》 상권). 어떤 이는 이 책을 두고, 전국·진·한의 도가가 지은 단편들을 한데 모은 책이라고 보았다(《古史辨》 제1책).

《세설신어》〈文學〉에 따르면, 상수(向秀)가 《장자》의 뜻을 풀이하여 현학(玄學)에 획기를 가져 왔으나, 그가 〈추수(秋水)〉와 〈지락(至樂)〉 두 편에 대해 주석을 끝내지 못하고 죽은 뒤, 곽상(郭象)이 상수의 풀이를 표절하여

〈표〉 장자의 편명과 내용

구분	장자 편명(篇名)	내 용
内篇	소요유(逍遙遊) 제1	세속에 시달림을 받는 자아를 없애고 至人의 마음을 얻어 자연스럽게 자적(自適)의 묘(妙)를 얻을 것을 말함.
	제물론(齊物論) 제2	도를 체득하면 사물의 우열과 차이가 없음을 논함.
	양생주(養生主) 제3	생명을 편안하고 오래도록 유지할 수 있는 근본을 논함.
	인간세(人間世) 제4	실제 사회에 있어서 인간의 존재 양식에 대하여 논함.
	덕충부(德充符) 제5	덕(德)이 충실하게 되어 자연스레 나타나는 징표를 논함.
	대종사(大宗師) 제6	인간이 존숭해야 할 조물주 혹은 도에 대하여 말함.
	응제왕(應帝王) 제7	제왕이란 무위자연(無爲自然)의 도를 본받아야 함을 논함.
外篇	변무(騈拇) 제8	성명(性命)의 정(情)에 내맡기는 생활을 해야 한다는 명제를 제시함.
	마제(馬蹄) 제9	성인의 인의(仁義)가 소박한 자족적 인간성을 해침을 논함.
	거협(胠篋) 제10	성지(聖知)·인의(仁義)의 정치를 배격하고 무위(無爲)의 정치를 논함.
	재유(在宥) 제11	군주의 정치는 인민의 본생(本生)을 도와야 한다고 논함.
	천지(天地) 제12	군주의 덕을 논함.
	천도(天道) 제13	성인의 지정(至靜)을 말하는 등, 제왕의 도에 대하여 논함.
	천운(天運) 제14	〈천지〉·〈천도〉편을 이어 무위의 정치를 논한 글들을 모음.
	각의(刻意) 제15	의지를 강고하게 하고 행위를 고결하게 할 것을 논함.
	선성(繕性) 제16	자적(自適)의 인생관에 근거하여 시세(時勢)를 비판함.
	추수(秋水) 제17	각자 성분(性分)에 안주하라고 강조하고, 만물일제관을 피로함.
	지락(至樂) 제18	생사를 초월한 무위(無爲)가 곧 최고의 쾌락임을 말함.
	달생(達生) 제19	〈양생주〉편과 비슷한 주제를 논하되, 현실에 즉하여 고찰함.
	산목(山木) 제20	재(材)·부재(不材)의 경지를 초월한 무위자연의 도덕향(道德鄕)에서 노닐 것을 주장하는 등, 처세(處世)에 대하여 논함.
	전자방(田子方) 제21	〈덕충부〉편과 비슷한 설을 논함. 활을 쏘지 않는 활쏘기 기술에 대한 우화 등이 들어 있음.
	지북유(知北遊) 제22	〈대종사〉편과 비슷한 논리를 전개함. 생명을 기(氣)의 변화로 보고, 운명론적 관점을 피력함.
雜篇	경상초(庚桑楚) 제23	양생(養生)의 설을 위생(衛生)의 관점에서 논한 글과, 처세술을 논한 여러 단문들로 이루어짐.
	서무귀(徐无鬼) 제24	욕망이나 호오(好惡) 등의 속정(俗情)에서 벗어나야 한다는 것을 논한 우언(寓言) 등, 여러 우언을 모았음.
	측양(則陽) 제25	시비(是非)의 상대·모순을 포괄하는 것이 무엇인지 논함.
	외물(外物) 제26	세상일이란 생각처럼 이루어지지 않으므로 감정이나 마음의 평온을 해치기 쉬움을 논한 글 등, 여러 글을 모았음.
	우언(寓言) 제27	사물을 표현하는 우언(寓言)·중언(重言)·치언(巵言) 가운데 사물을 영구히 조화하는 것은 천균(天均: 천체의 자연스런 운행)에 근거하는 치언이라고 논한 글 등, 여러 글을 모았음.
	양왕(讓王) 제28	권세보다도 내 몸을 존중해야 함을 논한 글들을 모음.
	도척(盜跖) 제29	성명(性命)의 정(情)을 보존하는데서 더 나아가 자자적(自恣的) 관능주의와 향락주의의 주장을 전개한 글들을 모음. 후대인의 작이라고 하는 도척(盜跖)의 변(辯) 등이 들어 있음.
	설검(說劍) 제30	검술을 좋아하는 문왕의 마음을 돌려 싸우지 않고 검객을 타도하는 방법에 대하여 논함.
	어부(漁父) 제31	어부와 공자의 형식주의를 비판하고 내성(內省)하여 자기 마음의 본래 모습을 궁구해야 한다고 강조하는 이야기를 가공으로 설정하였음.
	열어구(列禦寇) 제32	허심(虛心)에 철저해서 무능자가 되어야 함을 역설(逆說)한 우언 등 여러 편의 우언으로 이루어졌음.
	천하(天下) 제33	옛 도술(道術)의 붕괴를 개탄하고, 여러 유파의 사상에 대하여 논한 논문.

자기의 주석인 것처럼 하였다고 전한다. 그렇다면 《장자곽상주(莊子郭象注)》 10권은 상수의 주를 개정한 데 불과한 셈이 된다.

2. 무용의 용(無用之用)과 양생(養生)의 방법

《장자》는 소극적 은일(隱逸)과 반사회적 지향을 존중하였다. 특히 '유(有)' 보다 '무(無)'의 가치를 우선시하여, 무용의 용을 주장하였다. 〈변무〉편에는 "오리 다리가 비록 짧지만 이어주면 걱정하게 되고, 학의 다리가 길지만 끊어버리면 슬퍼한다. 따라서 본성이 길면 잘라서는 안 되고, 본성이 짧다면 이어서도 안 된다"라고 하여, 인간은 누구나 각자의 본성대로 삶을 살아갈 뿐이라고 하였다. 〈소요유(逍遙遊)〉에서는 '현실을 초극한 유희'를 강조하였다. 이때 긴 바람을 받고 수만 리를 나는 대붕(大鵬)과 나뭇가지 사이를 옮겨다니는 메추라기는 둘 다 난다는 점에서는 같다고 말하여, 행복의 지표가 결국은 차이가 없다고 하였다. 〈제물론〉에서는 "생사를 잊고 시비를 잊어버리고 경계가 없는 상태에서 노닐라"고 하였으니, 이 경계가 없는 상태란 속세간의 가치에 따라 용(用)과 무용(無用)을 나누는 상태를 뛰어넘은 경지이다. 《장자》는 진정한 성인은 '좌망(坐忘)'의 경계에서 노닌다고 하였다. '좌망'이란 세속의 시비판단을 잊은 상태를 말하며, 무용지용을 즐길 줄 아는 경지이다.

그런데 아무리 무용지용을 즐기는 자라고 하더라도 현실 생활 속에서 삶을 영위하지 않을 수 없다. 그래서 《장자》는 현실 생활에 대처하는 방법에 대하여 다각도로 논하였다. 〈양생주(養生主)〉가 양생의 관건을 밝힌 것은 그 대표적인 예이다. 이 〈양생주〉는 첫째, 도살쟁이가 소의 뼈와 살을 가르는 것을 비유로 들어, 사람은 하나의 규율을 포착하여 복잡한 생활환경에 적응함으로써 '유인유여(游刃有餘: 여유를 지니고 대처함)' 해야 한다고 말하였다. 둘째, 외다리 사람을 비유로 들어 형체의 잔질(殘疾)이 인간에게 아무 결정적인 영향을 끼치지 않는다고 설명하였다. 셋째, 늪에 사는 꿩을 비유로 들어 정신이 만일 질곡을 입는다면 양생에 큰 해가 된다고 설명하였다. 넷째, 노자(老子)의 친구가 노자의 죽음에 조문하는 것을 비유로 들어 사람의 생사는 자연현상이므로 감정을 과도하게 격동시킬 필요가 없다고 하였다. 다섯째, 섶나무의 불을 비유로 들어, 형체가 소멸하여도 정신은 존재한다는 이치를 설명하여, 양생의 도는 정신생활에 주목하여야 하며 생사의 문제에 괘념하지 말아야 한다고 논하였다.

3. 부정의 미학

장자는 인위(人爲)와 작은 지혜〔小知〕를 부정하였다. 지식은 시대·지역, 그리고 사람들에 따라 다르기 때문에 보편타당한 객관성을 보장할 수 없다. 장자는 이러한 지식에 입각한 행위를 인위(人爲)라고 보았다. 물오리의 다리가 짧다고 하여 그것을 이어주거나 학의 다리가 길다고 하여 그것을 잘라주면 그들의 본성을 해치게 되듯이 인위는 자연을 훼손할 수 있다.

장자는 자기의 주장이나 관점을 제기하지 않았을 뿐만 아니라 모든 주장이나 관점을 부정하였고, 자기 존재까지 부정하였다. 한 번은 자기를 말이라 하고, 한 번은 소라고 했으며(제왕에게 응할 때), 일체를 대수롭지 않게 여겼다. 간혹 자기의 의견이나 주장을 말했지만 즉시 부정으로 돌아섰다. 우주의 모든 사물과 형상이 움직이고 있으며 "움직임이 없으면 변함이 없고, 때가 없으면 이동이 없다"(〈秋水篇〉)는 생각 때문이었다. 그는 우주의 사물이 모두 변동하고 있는 이상 그 형상을 잘 포착할 수 없고 그 때문에 알 수 없다고 보았다. 심지어 "어떻게 내가 아는 것이 모르는 것이 아님을 알겠는가" "내가 어떻게 모르는 것이 아는 것이 아님을 알겠는가"라 하였다(〈齊

物論)). 그가 이렇게 형상을 부정한 것은 형상을 통해서는 파악할 수 없는 우주의 진리를 추구하기 위해서였다. 그는 우주의 진리와 규율을 이해하기 위해서는 인간 세계의 진리와 지식을 매개로 삼아야 하지만 이 인간세계를 부정해야만 참된 지에 이를 수 있다고 보았다. 그렇기에

知天之所爲, 知人之所爲者, 至矣. 知天之所爲者, 天而生也. 知人之所爲者, 以其知之所知, 以養其知之所不知, 終其天年而不中道夭者, 是知之盛也.〈大宗師〉
하늘이 행한 바(하늘이 인간에게 부여한 바)를 알고 인간이 행할 바(인간으로서 해야 할 바)를 안다면 지극한 사람이다. 하늘이 행한 바를 안다는 것은 천연(자연) 그대로 살아가는 것이다. 인간이 행할 바를 안다는 것은 사람의 지혜로서 알 수 있는 바를 활용하여 지혜로 알 수 없는 바(하늘이 행한 바)를 완성하는 것이니, 이렇게 하여 하늘이 부여한 수명을 다하여 중도에 요절하지 않는 것이 바로 지혜의 가장 뛰어난 점이다.

라 하면서도, 이것 역시 인생계의 입장에서 말한 것이기 때문에, 곧 이어서 "그렇지만 이것에는 여전히 걱정거리(결함)가 있다. 대체 인간의 지혜는 그것이 의거하는 근거가 있어야 비로소 진위를 판단할 수가 있거늘, 그 근거는 도무지 일정하지가 않다(雖然有患. 夫知有所待而後當, 其所待者特未定也)"라고 하였다(〈大宗師〉). 이렇게 장자는 불완전한 지를 넘어서 참된 지를 이해하고자 하였으므로, 우주간의 사물에 생명을 부여했고, 해골과도 함께 말하고 나비와도 함께 날 수 있었다.

장자는 노자(老子)와 마찬가지로 도(道)를 천지만물의 근본원리라고 본다. 도는 일(一)이며 대전(大全)이므로 대상이 없다. 도는 어떤 대상을 욕구하거나 사유하지 않으므로 무위(無爲)하다. 도는 스스로 자기존재를 성립시키며 절로 움직인다. 그러므로 저절로 그러하다. 도는 있지 않은 곳이 없다. 거미·가라지·기왓장·똥·오줌 속에도 있다. 이는 일종의 범신론(汎

神論)이다.

도가 개별적 사물들에 전개된 것을 덕(德)이라고 한다. 도가 천지만물의 공통된 본성이라면 덕은 개별적인 사물들의 본성이다. 인간의 본성도 덕이다. 이러한 덕을 회복하려면 습성에 의하여 물들은 심성(心性)을 닦아야 한다. 이를 수성반덕(脩性反德)이라고 한다. 장자는 그 방법으로 심재(心齋)와 좌망(坐忘)을 들었다. 덕을 회복하게 되면 도와 간격 없이 만날 수 있다.

도와 일체가 되면 도의 관점에서 사물들을 볼 수 있다. 이를 이도관지(以道觀之)라고 한다. 물(物)의 관점에서 사물들을 보면 자기는 귀하고 상대방은 천하다고 할 수 있다. 그러나 도(道)의 관점에서 사물들을 보면 만물을 평등하게 볼 수 있다. 인간은 도와 하나가 됨으로써 자연에 따라 살아갈 수 있으며 자유를 누릴 수 있다. 이러한 자유는 천지만물과 자아 사이의 구별이 사라진 지인(至人)이라야 누릴 수 있다. 이 지인은 사람들과 조화를 이루고 천지만물들과도 사이좋게 살아갈 수 있다. 장자는 노자의 무위사상(無爲思想)을 계승하되 현세와의 타협을 거부하는 것이 더욱 철저하여, 바로 그와 같은 면에서 분방한 세계를 펼쳐보였다.

4. 장자와 우리나라

장자의 사상은 위진현학(魏晉玄學)의 사상적 기반이 되었으며 남북조 시대에 성행한 반야학(般若學)과 당나라 때 융성한 선종(禪宗)의 형성에 영향을 주었다. 송·명 이학(理學)은 유학을 위주로 하면서도 내면적으로는 장자철학을 수용하였다. 장자의 초탈사상은 문학 예술에도 영향을 주었다. 우리나라 유학자들은 《장자》를 이단이라고 비판하면서도, 그 자유분방한 세계를 동경하였고, 우언(寓言)의 문장을 좋아하였다. 산림의 선비들과 문인들은 그 문장을 애독하였다.

순자(荀子)

주(周)의 순황(荀況)이 찬했다. 유가의 중요한 전적으로 《논어》·《맹자》 및 《예기》를 제외하면 맨 먼저 이 책을 든다. 예전에는 당나라 양경(楊倞)의 주석본(20卷)이 성행하였다가 청나라 왕선겸(王先謙)의 《순자집해(荀子集解)》(20卷)가 나온 이후 이것이 통용된다.

《순자》〈유좌(宥坐)〉편에 이러한 이야기가 나온다.

"공자가 노(魯)나라의 사법관인 사구(司寇)로 있을 때였다. 아버지와 자식이 무슨 일인가로 서로 다투어 맞고소하였다. 공자는 그들을 구금한 채 석 달 동안 방치하여 두었다. 마침내 아버지 쪽에서 재판을 취하하겠다고 하였으므로, 공자는 두 사람을 풀어 주었다. 노나라의 권력자 계손씨(季孫氏)가 불쾌하게 여겨 말하였다. '선생이 나를 속였군. 전에 내게 나라를 다스리려면 효(孝)를 제일로 삼아야 한다고 했으니, 지금 이 사건에서는 당연히 불효한 아들을 죽여야 할 것이 아닌가? 그런데 방면하고 말다니!' 공자의 제자 염구(冉求)가 계손씨의 말을 전해주자, 공자는 크게 탄식하며 이렇게 말했다. '아아, 높은 지위에 있는 사람이 정치를 잘못하면서 민중을 죽인다면 그게 옳단 말인가(上失之, 下殺之, 其可乎)?' 민중을 올바른 길로 인도하지 않고서 결과만 보고 재판한다는 것은 죄 없는 자를 죽이는 것이 된다. 군대가 전투에서 졌다고 해서 병사를 목베어 죽인다면 온당하지 못하다. 재판 심리가 순조롭지 않다고 민중을 덜컥 형벌에 처한다면 온당하지 못하다. 죄가 민중에게 있는 것이 아니기 때문이다. 지금 정치하는 꼴을 보면, 행정을 게을리 하면서 그저 벌주고 죽이고 하는 일만 가혹하게 하고 있으니, 이것은 백성을 해치는 것이다. 농사는 때맞추어 해야 하거늘 세금을 아무 때나 걷고 부역에 내몰고 있으니, 이것은 백성을 거칠게 대하는 것이다. 백성들을 가르치지 않고 성과만 올리려고 독촉하고 있으니, 이것은 백성을 학대하는 것이다. 이 세 가지를 제거한 뒤에 비로소 형벌을 시행하여야 할 것이다."

이 이야기는 《공자가어(孔子家語)》〈시주(始誅)〉편에도 나온다. 윗자리의 사람이 솔선수범(率先垂範)해야 한다는 뜻을 담은 일화이다. 《회남자(淮南子)》〈태족훈(泰族訓)〉에 보면 "법은 정치의 도구이다(法者, 治之具也)"라고 하였다. 《관자(管子)》〈법법(法法)〉에서는 "작은 은혜나 끼치는 것은 백성들의 적이요, 원수이다. 법이란 것은 백성들을 보호하는 부모와 같다(惠者民之仇讐也, 法者民之父母也)"고 하였다.

순자를 형법(刑法) 사상가로서, 정치의 가장 중요한 도구인 법률이 마치 부모가 자식을 지켜주듯, 소외되기 쉬운 민중들을 보호하여야 한다고 보았다. 하지만 전통시대의 법률은 형평성이 어긋나고 권력의 부속물에 지나지 않는 경우가 많았다. 그래서 법률의 문구를 엄격하게 지키는 형무관을 혹리(酷吏: 가혹한 관리)라든가 도필리(刀筆吏: 법률 문안이나 만지는 관리)라고 불렀다. 혹리나 도필리의 존재는 《순자》의 근본 사상과는 거리가 멀다. 단, 《순자》에서는 교화를 우선시 하는 뜻이 그리 강하지 않다. 《서경(書經)》에 말하길, "아무리 합당한 형벌이라 하더라도 즉흥적으로 실시해서는 안 된다. 내 자신이 게을러서 순리대로 일을 행하지 못하고 있다"라고 하였으니, 유가에서는 윗자리의 사람은 형벌을 부과하기보다 교화를 우선해야 함을 더욱 강조하였다.

한비자(韓非子)

1. 한비와 《한비자》

한비는 한(韓)나라 제후(諸侯)의 서자(庶子)이다. 그는 형명(刑名)과 법술(法

術)의 학을 좋아하였으며, 그의 사상은 황로(黃老)에 바탕을 두었다. 한비는 말더듬이였지만 저술은 잘 하였다. 이사(李斯, 기원전 ?~208, 진시황의 재상)와 함께 순자(荀子)에게 배웠는데, 이사는 자신이 한비만 못하다고 여겼다. 한비는 한나라가 영토가 깎이고 국력이 약해지는 것을 보고서 여러 번 글로 한왕에게 간언하였으나 한왕은 그의 말을 듣지 않았다. 이에 한비는 나라를 다스리려면 법제를 정리하고 밝히는 일에 힘써 군주의 위세로 신하들을 제압하고 올바른 인물을 구하여 책임을 맡겨서 부국강병(富國强兵)을 실현하여야 한다는 정치 이론을 수립하였다. 그는 유자(儒者)들이 지식으로 국법을 어지럽히고, 협객(俠客)들이 무력으로 국가의 법을 어긴다고 여겨 그들을 증오하였다. 정직한 인물들이 부정한 신하들 때문에 수용되지 못함을 비관하고, 지나간 역사 속에서 성공과 실패의 변화를 두루 살펴본 뒤 〈고분(孤憤)〉·〈오두(五蠹)〉·〈내외저(內外儲)〉·〈세림(說林)〉·〈세난(說難)〉 등을 지었다. 그는 특히 군주를 설득하는 유세(遊說)의 어려움을 알고서 〈세난〉을 지었으나 그 자신은 진나라에서 죽임을 당하였다.

《한비자》는 총 55편, 20권으로 이루어져 있는데, 각 편마다 체제가 일정하지는 않으면서도 연관성을 지닌다. 특히 변박(辨駁)의 문체는 왕충(王充) 등 철학자에게 영향을 주었고, 역사고사를 모은 〈세림〉편은 《전국책(戰國策)》의 모범이 되었다. 청나라 왕선신(王先愼)의 《한비자집해(韓非子集解)》 20권과 근년의 진기유(陳奇猷)의 《한비자집석(韓非子集釋)》(1958년/1961년 補)이 이용하기 편리하다.

2. 한비의 법가사상

한비는 도덕적 관점이 아닌 현실성의 관점에서 인간을 파악하여, 인간을 '자리적(自利的) 인간'으로 보았다. 즉, 인간은 생물학적 조건이 충족되어야 하는 존재이기에 욕망은 필연적이라고 인정했다. 동시에 그는, 인간은 욕망을 충족시키려 하다가 오히려 재앙에 빠지게 된다는 사실에 주목하고, 유가의 윤리도덕으로는 사회의 안정과 발전 문제를 해결할 수 없다고 여겨, 법가(法家)의 법치사상을 유가의 사상 체계 속에 도입하였다. 순자는 "사람은 본성이 악한데 소위 선량하다는 것은 위장이며 거짓이다(人之性惡, 其善者僞也)"라 하였고, 인성이 악한 이유는, 사람은 "욕심을 가지고 태어나는 데(人生而有欲)" 사회의 재화는 한정되어 있기 때문이라고 했다. 한비는 그러한 성악설을 기초로 극단적인 법치사상을 구상해냈다. 즉 순자는 여전히 현인(賢人) 정치를 주장하였으나, 한비는 인의(仁義)를 사적인 이해관계의 반영으로 보고 국가공리주의, 절대군주권의 확립을 주장하였다. 그 방편으로 한비는 법(法)·술(術)·세(勢)를 중시하였다.

　法 : 법이란 관부에서 제정하고 공포한 법률 문건으로, 백성들이 상벌에 대하여 정확한 기준과 인식을 갖도록 하는 근거가 된다. 이것은 신하가 익히고 따라야 한다.(法者, 憲令著於官府, 刑罰必於民心, 賞存乎愼法, 而罰加乎姦令者也. ―〈定法〉)

　術 : 술이란 사람들의 능력과 수완에 따라서 관직을 주고, 관직의 명분에 맞는 사업을 하도록 요구하며, 살생의 권한을 쥐고 신하들의 능력과 공적을 평가하는 것을 말한다. 이것은 군주가 움켜쥐어야 한다.(術者, 因任而授官, 循名而責實, 操殺生之柄, 課群臣之能者也. 此人主之所執也. ―〈定法〉)

　勢 : 세라는 것은 군주가 백성과 신하들을 이겨 그들을 순종하게 하는 자본과 역량이다.(勢者, 勝衆之資也. ―〈八經〉)

　한비는 군주들이 권력으로 위엄과 지위를 갖춰야 하며 동시에 자신을 권력의 절대자로 만들어야 한다고 보았다. 그래서 그는 어디에나 존재하며 시간적으로도 영원한 도(道)란 오로지 군주에 의해서만 체현된다고 보았다. 한비는 도가와 같이 도(道)의 본체론을 전개하였으나, 그의 도는 군주의 초월성과 유일성을 의미하고 보장하는 존재론적 근거가 되었다.

묵자(墨子)

옛날에는 주나라 묵적(墨翟)이 지었다고 하였다. 중국 학자들은 그가 대략 기원전 479년에서 381년 사이에 살았으며, 공자 제자의 문하에서 교육을 받았다고 본다.

현대의 철학사가들은 선진시대에는 유가・도가・묵가가 솥발처럼 맞섰다고 보지만, 《묵자》에 대해서는 청나라 손이양(孫詒讓)의 《묵자한고(墨子閒詁)》(15卷)가 세상에 나온 이후에야 비로소 연구가 심화되었다. 양계초(梁啓超)는 〈경(經)・상〉은 묵자 자신이 지었고, 〈경・하〉는 묵자 자신이 지은 것과 제자들의 손에서 나온 것이 섞여 있으며, 나머지 편은 제자들이나 후인들이 지은 것이라고 하였다(《梁任公近著》제1집 〈讀墨經餘記〉). 주희조(朱希祖)는 〈비성문(備城門)〉이하 11편에 한나라 관명 및 제도가 많이 나오므로 그 11편은 한나라 때 나왔다고 보았다(《淸華週刊》30권 9기).

《묵자》는 격언 투의 문장이어서 지루하고 반복적이다. 어리석은 대중들을 염두에 두고 집필하였기 때문인 듯하다. 묵자도 공자와 마찬가지로 여러 나라 제후들을 찾아다니면서 지배자가 백성들의 운명을 개선하는 데 관심을 두어야 한다고 설득하였다. 다만 묵자는 최대 다수의 기본적인 욕구를 충족시킬 것을 주장하여 겸애(兼愛)의 개념을 제시하였다. 그런데 묵자는 지배자의 이타주의는 상벌이라는 외부적 행동을 통해서만 이루어질 수 있다고 보았다. 이처럼 그는 통치를 일종의 기술이라고 생각하여, 법가 사상의 단초를 열었다. 또한 묵자는 유토피아를 위해서는 인간 개개인이 국가를 위한 톱니바퀴와 같은 존재가 되어야 하며, 최대 다수의 기본 욕구를 충족시키는 데 불필요한 인간의 감정이나 예술과 같은 것은 폐지해야 한다고 주장하였다. 묵자의 사상은 기원전 3, 4세기에 성행하였으나, 인간의 자율성을 부인하는 극단적·맹목적 공리주의를 주장했기 때문에 널리 받아들여지지 않아 자연스레 소멸한 듯하다.

손자(孫子)

"전쟁이란 나라의 가장 중대한 문제다. 백성을 모두 살리느냐 모두 죽이느냐를 판가름하는 마당이며, 나라가 생존하느냐 멸망하느냐를 결정짓는 갈림길이다. 모든 것은 전쟁과 이어져 있으니 언제나 적의 정보를 잘 살피고 자신의 전략을 신중하게 생각하지 않으면 안 된다(兵者, 國之大事, 死生之地, 存亡之道, 不可不察也.)." 이렇게 시작하는 《손자》는, 약 2,500년 전인 춘추시대 말기 오나라에서 병법가로 활약한 손무(孫武)가 저술하였다는 병서(兵書: 병법서)이다. 이 《손자》는 〈병세(兵勢)〉의 장, 〈허실(虛實)〉의 장, 〈구지(九地)〉의 장 등 13장으로 이루어져 있다. 그 주된 내용은 ① 싸우지 말고 이김 ② 승산(勝算)이 없으면 싸우지 않음의 두 가지를 전제로 삼고 있다.

손무에 대해 《사기》 〈손자오기열전(孫子吳起列傳)〉에 간단한 전(傳)이 있다. 손무는 제(齊)나라 출신으로, 병법에 뛰어나 오나라 왕 합려(闔廬)의 장수가 되어 초나라를 격파하고 제나라를 위협하였다. 그러나 《손자》에는 전국시대의 일이라 보기 어려운 사실이 나오고, 《춘추좌씨전》에 손무에 대한 언급이 없다. 이에 비해 《사기》에는 손자라고 불린 손빈(孫賓, 臏)이 별도로 있고, 그에 관한 이야기에 《손자》의 내용과 부합하는 것이 많다. 손빈은 제나라 출생으로, 방연(龐涓)의 모함을 입어 위(魏)나라에서 다리가 잘렸으나, 제나라 장수 전기(田忌)에게 발탁되어, 위나라 장군이 되어 있던 방연에게 복수를 하였다. 아마도 《손자》는 손무가 처음 지었지만, 후대 사람이 첨가하거나 수정한 부분이 있는 듯하다. 1972년에 한나라 무덤에서 발견된 죽간(竹簡)에 손빈의 병서가 적혀 있는 것으로 보아, 본래 《손자》는 손씨 가문의 병법서였을 가능성이 높다.

《신당서》〈예문지(藝文志)〉에 의하면 병가가 23인이고 병서가 60부 319권이었다고 한다. 하지만 현재는 그 대부분이 없어지고 《손자》를 비롯하여, 《오자(吳子)》·《사마(司馬)》·《울료자(尉繚子)》·《육도삼략(六韜三略)》·《이위공(李衛公)》·《태종문답(太宗問答)》 등 '무경칠서(武經七書)'만 남았다.

《손자》는 "한 번 망한 나라는 다시는 존재할 수가 없다(亡國不可復存)"라는 관점에서 전쟁의 해독을 말하였으며 국가 간 이해관계를 중시하였다. 또한 전쟁의 승패가 주장(主將)의 지혜·재능·신념·애정·용기·위엄 등 자질에 달려 있다고 보았다. 조조(曹操)는 《손자병법》을 교정하고 주석할 만큼 《손자》를 중시하였고, 실전과 대비하였다.

또 인간생활 자체가 혈전장(血戰場)이라 할 수 있으므로, 《손자》의 가르침은 '처세의 비결'로 자주 응용되고 있다.

《손자》는 후대에 많은 영향을 끼쳤다. 이를테면 《사기》〈전단열전(田單列傳)〉에

兵以正合, 以奇勝, 善之者, 出奇無窮, 奇正還相生, 如環之無端. 夫始如處女, 適人開戶. 後如脫兎, 適不及距, 其田單之謂邪!

전쟁이란 正攻으로 시작하지만 말미에는 기습하여 이기는 것이다. 이것을 잘 하는 자는 기이한 계략이 무궁하여, 기습과 정공이 서로 이어지길 마치 고리에 마디가 없는 것처럼 한다.

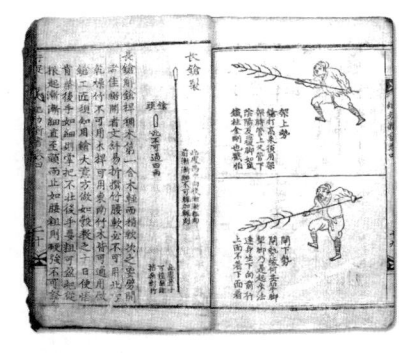

병법서의 하나 《기효신서(紀效新書)》

대체로 처녀처럼 약하게 보여 적이 문을 열어 허술하게 하고, 뒤에는 그물을 벗어난 토끼처럼 적이 방어하지 못하게 하는 것이다. 이것은 바로 전단을 두고 한 얘기가 아니겠는가!

라는 말이 있다. 처음 몇 구는 《손자》〈세(勢)〉편에 나오는 말을 이용하였고, 처녀 운운한 부분은 〈구지(九地)〉편에서 따온 것이다.

《삼국사기》를 보면 김유신(金庾信)이 도살성(道薩城) 아래서 병마와 쉬고 있을 때 물새가 동쪽으로 날아가는 것을 보고 백제의 척후가 숨어 있다고 예측하는 대목이 있다. 그것은 《손자》의 '새가 날면 복병이 있다(鳥飛則伏)'는 구절을 응용한 것이라고 생각된다. 을지문덕의 살수대첩과 강감찬의 흥화진대첩은 《손자》〈행군(行軍)〉의 절수(絶水) 전술을 응용하였다. 조선시대에는 무과취재(武科取才) 과목으로 《손자》를 지정하였다.

《손자》는 19세기 초 프로이센의 클라우제비츠(Karl von Clausewitz)가 저술

《손자》〈허실(虛實)〉과 클라우제비츠 《전쟁론(Vom Kriege)》의 일부를 비교하여 보자.

- 故形人而我無形, 則我專而敵分. 我專爲一, 敵分爲十, 是以十攻其一也, 則我衆而敵寡, 能以衆擊寡者, 則吾之所與戰者, 約矣. 吾所與戰之地不可知, 不可知, 則敵所備者多, 敵所備者多, 則吾之所戰者, 寡矣. 故備前則後寡, 備後則前寡, 故備左則右寡, 備右則左寡, 無所不備, 則無所不寡. 寡者備人者也, 衆者使人備己者也. 故知戰之地, 知戰之日, 則可千里而會戰. 不知戰之地, 不知戰之日, 則不能救右, 右不能救左, 前不能救後, 後不能救前, 而況遠者數十里, 近者數里乎? 以吾度之, 越人之兵雖多, 亦奚益于勝敗哉? 故曰: 勝可爲也. 敵雖衆, 可使無鬪.
- But this superiority has degrees, it may be imagined as twofold, threefold or fourfold, and every one sees, that by increasing in this way, it must (at last) overpower everything else.
In such an aspect we grant, that the superiority in numbers is the most important factor in the result of combat, only it must be sufficiently great to be a counterpoise to all the other co-operating circumstances.
The best strategy is always to be very strong, first generally then at the decisive point. Therefore, apart from the energy which creates the Army, a work which is not always done by the general, there is no more imperative and no simpler law for strategy than to keep the forces concentrated.—No portion is to be separated from the main body unless called away by some urgent necessity. (《전쟁론》 3편 8장과 11장)

한 《전쟁론(Vom Kriege)》에 비견된다. 이 《전쟁론》은 레닌이 즐겨 인용하였으며, 스트라이크에서 군사과학으로 자주 응용되었다. 클라우제비츠의 국민전·총력전은 《손자》의 영향을 받은 것이라는 설도 있다. 하지만 《손자》는 병법서로서만이 아니라, 경세치국의 규범서로서도 의미가 있다.

관자(管子)

통용본은 86편이다. 제(齊)나라 재상 관이오(管夷吾) 즉, 관중(管仲)이 지었다고 한다. 그러나 이 책에는 관중이 죽은 후의 일이 기록되어 있으므로 관중 자신이 짓지 않은 것은 분명하다. 단 《한비자》 〈오두(五蠹)〉에는 "상·관(商·管)의 법을 보관한 자가 있었다"라 하였으니, 전국시대에 이미 이런 책이 있었으되, 편목은 지금 판본과는 달랐을 것이다. 호적(胡適)은 전국 말년의 사람이 법가·유가·도가 및 기타의 말을 한 데 아우르고, 또 환공(桓公)과 관중이 문답한 여러 편을 위조하고 관중의 공적에 관해 기록한 몇 편을 추가하여 관중의 저술처럼 부회하였다고 논하였다(《中國哲學史大綱》 상권). 양계초(《諸子略考釋》)와 나근택(羅根澤 《管子探源》)은 전국·서한의 사람이 엮었으리라 보았다.

《관자》는 대체로 전국시대 제나라 지역의 관자학파가 핵심 부분을 저술하고, 그 뒤 여러 단계에 걸쳐 여러 사람들이 다른 부분들을 집성한 것이라고 한다. 관자학파는 아마도 법가사상을 중심으로 하되 유가나 음양가, 명가, 병가, 농가 등 여러 학설을 종합하면서 부국강병의 실효를 거둘 수 있는 방안을

관자(管子)

모색한 듯하다. 다만 그 학파는 관중과 관련이 있었을 것이다. 관중(?~BC 645)은 제나라 환공의 정치와 외교를 보좌하여 제나라를 강대국으로 만든 명재상이다. 그는 바다와 황하를 이용한 무역을 일으키고, 국내외 화폐의 유통에 유의하여 도량형을 통일하고 상업경제의 발전에 힘써서, 민중의 욕망과 국가이익을 일치시켰다. 그러한 실효를 거두었기에, 그의 사상을 계승한 학파가 성립하였을 법하다. 중국과 일본에서는 이 고전에 진작부터 깊은 관심을 두고, 교감과 역주를 하고 많은 연구 성과를 내었다. 또한 이 고전을 고대 경제학의 거작으로 꼽아, 그 경제사상을 조명한 저술도 많이 나왔다.

"창고가 가득 차야 예절을 알고, 의식이 풍족해야 영욕을 안다(倉廩實則知禮節, 衣食足則知榮辱)"는 말이 있다. 이 유명한 구절은 바로 《관자》의 맨 처음 편인 〈목민(牧民)〉에 나온다. 여기서 '목민'이란 백성을 다스리는 군주를 말한다. 《목민심서》의 '목민'이 지방관인 것과는 다르다. 《관자》의 〈목민〉편은 예(禮)·의(義)·염(廉)·치(恥)가 국가를 지탱하는 네 밧줄이라고 하였다. 물질적 기반 위에 인륜도덕을 수립하는 것을 정치의 큰 강령으로 삼은 것이다.

《사기》를 쓴 사마천은 사람들이 이익 추구에만 골몰하는 것에 대해 혐오하였지만, 가난을 싫어하고 이익을 구하는 것이 인간의 지극히 당연한 모습이라는 것을 알았다. 그래서 〈화식열전〉을 설정하고는 《관자》의 "창고가 가득 차야 예절을 알고, 의식이 풍족해야 영욕을 안다"는 말을 인용했다. 풍요로운 생활이 인간을 선행과 예절바른 행동으로 인도하여 자긍심과 수치를 아는 사회윤리의 확립으로 향하게 한다고 말하고자 한 것이다. 《관자》는 중농주의로서 상업을 억제해야 한다고 보았고, 《사기》는 상업의 가치를 높이 평가하였다. 하지만 물질 기반 위에 사회윤리가 성립한다고 본 것은 공통된다.

사실, 유학을 사상의 중심이라고 믿는 사람들에게, 패도를 말하고 있는 《관자》는 껄끄럽다. 유학자는 왕도정치와 패도정치를 준별해서 패도를 입에 담지 않도록 경계하였다. 미암 유희춘(柳希春)의 묘지명에, 유희춘이 《관자》를 거들떠보지 않았다고 칭송한 것은 그러한 사정을 잘 말해준다. 하지만 선인들은 유교의 교양만 쌓은 것이 아니라, 유교의 이념을 국가정치에 실현하고자 하였으므로 대부분 정치를 담당하고 행정을 보아야 하였다. 실질 정치와 실무 행정의 문제에 대해서는 도덕주의의 엄숙한 논리만 원론적으로 주장할 수는 없었을 것이다. 정치와 행정의 구체적 사안에 대해 어떠한 원리로 접근할 것인가? 그 고민은 군주와의 경연에서도 불거져 나왔고, 조정 신료나 목민관으로서 직무를 담당하면서 더욱 깊어졌다.

조선의 많은 지식인들 가운데는 《관자》에 특별한 관심을 가진 분들이 많았다. 《관자》는 국가의 재정과 군비를 강화하려는 실제 정치의 지침을 담은 책이기에 열람하지 않을 수 없었다. 정조는 세손 때 경희궁의 주합루(宙合樓)에서 공부하였다. '주합'이란 말은 《관자》의 편명(篇名)에서 따왔다. 이것은 역대로 국왕들이 정치의 원리를 《관자》에서 참조하였다는 사실을 시사해준다.

허균(許筠)은 《관자》가 관중의 저작이라고 보고 그 독후감을 남겨 이렇게 말하였다. "아, 세도(世道)는 이미 쇠퇴했다. 왕도를 끝내 행할 수 없다면, 어떻게 하여야 관자와 같은 인물을 얻어 정치를 하고 백성을 다스릴 수 있을까?" 그 뒤 허목(許穆)은 1673년(현종 14년) 충주목사 권대재(權大載)가 청사를 중창하고 이름을 절애당(節愛堂)이라 하자 기(記)를 지으면서 《관자》를 크게 인용하였다. 허목은 목민의 요체가 공자가 말한 "절도 있게 쓰고 백성을 사랑하라(節用而愛民)"에 있다고 하되, 그 구체적인 방안은 《관자》가 말한 "목민(牧民)은 사시(四時)에 힘쓰고 창고를 잘 지키는 데 있다."와 "백성의 간사함을 막는 것은 허세를 금하는 것보다 더 나은 것이 없다."에 있다고 강조하였다. 정치에서 가장 소중한 것은 백성과 식량이며, 재물의 낭비를 방지하기 위해 백성들이 허세를 부리지 않도록 경계해야 한다고 본 것이다. 허목은 《동사(東事)》에 우리나라의 인문지리 및 경제지리 사실을 집필하면서 《관자》의 〈지원(地員)〉편과 《사기》의 〈화식열전〉의 체재를 본떠 '지승(地乘)' 편을 설정하였다. 그 뒤 실학자들과 정조 때의 개명 관료들이 모두 《관자》를 깊이 읽었다.

실학자인 성호 이익(李瀷)은 《관자》의 예의염치론을 매우 중시했다. 예가 끊어지면 기울어지고 의가 끊어지면 위태하며 염이 끊어지면 엎어지고 치가 끊어지면 멸망하게 된다고 보고, 기울어짐은 바로잡을 수 있고 위태로움도 편하게 만들 수 있고 엎어진 것도 일으킬 수 있지만 멸망한 것은 회복시킬 수 없다고 하였다. 《관자》를 읽으면서 국가의 기강을 염려하였던 것이다.

《관자》에는 현대 우리나라 정치에 대해 유효한 발언이 아주 많다. 무엇보다도 〈사순(四順)〉편에서 정치의 요결이 민심의 소재를 정확히 파악해서 그들이 원하는 바를 충족시켜 주는데 있다고 밝힌 말을 주목할 필요가 있다. "민심을 그 본성대로 펴나가게 하면 나라가 흥성하고 민심을 거역하면 나라가 패망한다. 인민들은 우환이나 노고를 싫어하므로 위정자인 내가 그들을 편안하게 하고 즐겁게 해주어야 한다. 인민들은 가난함과 미천함을 싫어하므로 위정자인 내가 그들을 부유하게 하고 귀하게 해주어야 한다."

(심경호, '관자학파 사상 집대성한《관자》', 〈한겨레〉 2006년 9월 1일 '고전 다시 읽기')

여씨춘추(呂氏春秋), 회남자(淮南子), 열자(列子)

여씨춘추(呂氏春秋)는 진나라 여불위(呂不韋)가 여러 학자들을 모아서 편찬한 책이다. 선진시대 제가의 학설을 포괄하여, 잡가(雜家)의 중요 전적이다. 근세에 허유휼(許維遹)의 《여씨춘추집석(呂氏春秋集釋)》이 나왔다. 진기유(陳奇猷)의 《여씨춘추교석(呂氏春秋校釋)》(上海: 學林出版社, 1985)이 교감·주석본으로 뛰어나다.

《회남자》는 기원전 2세기에 서한의 회남왕(淮南王) 유안(劉安, 기원전 179~121)이 문객들과 함께 쓴 책이다. 고유(高誘)가 주석을 달았다. 《한서》〈회남왕전〉에 의하면 한무제가 즉위할 때 유안이 입조하여 이 책을 진상한 것으로 되어 있다. 원래는 내·외·중 세 책이 있었다고 하나, 중편·외편은 유실되고 〈내편〉 21편만 전한다. 《여씨춘추》의 구조를 계승했으리라 추정된다. 이 《회남자》는 형이상학·우주론·국가정치·행위규범 등의 내용을 다루었는데, 음양오행가와 도가를 결합시킨 것이 특징이다. 즉, 《노자》와 《장자》의 우주생성론을 발전시켜, 도(道)가 태허(太虛)에서 나오고 태허는 우주를 낳으며, 이것이 다시 양의(兩儀)를 낳고, 그것이 결합하여 만물을 낳는

> **압구정과 〈열자〉**
>
> 조선시대 한강 부근에는 정자가 많았다. 그 가운데 가장 유명하고 또 시빗거리가 된 것이 한명회(韓明澮)의 압구정(狎鷗亭)이다. 한명회는 세조의 찬탈을 주도한 모사가로, 성종 때까지도 권력을 내어놓지 않으려고 버둥거려 비난을 샀다. 그런 그가 한강 남쪽에 정자를 짓고 '압구'라 이름하였다. 물새와 가까이 지내고 세상 욕심을 잊겠다는 뜻으로, 《열자》〈황제(黃帝)〉의 고사에서 따온 말이다. 해변에 사는 어떤 사람이 갈매기와 친하여 갈매기들이 늘 가까이 와서 놀았다. 그것을 본 그의 아버지가 한 마리를 잡아오라고 했다. 그 사람이 다음날 바닷가로 나가자, 갈매기가 한 마리도 날아오지 않았다. 그의 기심(機心: 욕심)을 알아차린 것이다. 한명회는 정자를 지어놓고도 벼슬에 연연하여 가지 못하였다. 임금이 그를 송별하는 시를 짓자 문사들이 다투어 차운(次韻)하여 수백 편에 이르렀다. 그 가운데 최경지(崔敬止)의 다음 시가 단연 으뜸이었다.
>
> 세 번이나 은총을 흠씬 입자
> 정자 있어도 와서 놀 뜻이 없구나.
> 마음속 욕심을 가라앉힌다면
> 벼슬살이 바다에서도 갈매기와 친하련만.
> 三接慇懃寵渥優, 有亭無計得來遊
> 胸中政使機心靜, 宦海前頭可狎鷗

다고 하였다. 이 설은 후대 학자들에게도 영향을 주었다.

　전체적으로 볼 때《회남자》는 도가의 입장에서 유가사상을 비판하고, 한편으로는 법가사상을 힘써 배척하여, 한무제의 이데올로기와 배치한다고 한다.

　한편 열자(列子)는 옛날에는 주(周)의 열어구(列禦寇)가 찬했다고 하였다. 《한서》〈예문지〉에 8편이라고 되어 있다. 진나라 때 장잠(張湛) 주본(注本)이 통용되었다. 그런데 근인 마서륜(馬叙倫)은 20가지 사례를 열거하여 그 책이 위서임을 증명하였다(天馬山房叢書《列子僞書考》). 양계초는《한서》〈예문지〉에 저록된《열자》는 이미 없어졌고 지금 보는 8권본은 양진(兩晉)의 불교사상이 섞여 있으므로, 장잠(張湛)이 위작한 것이라고 보았다(〈古書眞僞及其年代〉). 하지만 학자들은 이 책을 많이 읽었다.

논형(論衡)

동한의 왕충(王充, 27~98)이 30여 년만에 완성한 책이다. 왕충은 후한의 '유물주의 무신론' 사상가로서 특히 해방 이후의 중국에서 높이 평가되었고, 그 영향으로 전후의 일본에서도 연구가 활발하였다.《후한서》〈왕충전〉본전과《수서》〈경적지〉에는 권수가 달리 기록되어 있는데, 전하는 것은 30권 85편(15권의 〈招致〉 제44편은 편명만 전한다)이다. 통용 판본은 명나라 가정(嘉靖) 연간의 통진초당본(通津草堂本)을 영인한 것들이다.《논형》의 주석서로는 황휘(黃暉)의《논형교석(論衡校釋)》30권(商務印書館, 1935년)과 북경대학 중문과 편《논형주석》(中華書局, 1979년)이 있다.

　왕충은 반고(班固)와 반고의 부친 반표(班彪)를 사사하였다. 하지만 반고가 백호관(白虎觀) 학술회의의 일원으로 선발되는 등 후한 왕조를 대표하는 체제측 학자였던 것과는 대조적으로, 재야 사상가로서 일생을 살았다. 왕충은 그 시대에 만연했던 참위·미신을 격렬히 비판하여,《논형》을 저술하였다. 또 〈자기(自紀)〉·〈대작(對作)〉·〈안서(案書)〉·〈수송(須頌)〉·〈일문(佚文)〉·〈초기(超奇)〉·〈정현(定賢)〉·〈예증(藝增)〉 등 편에서 주장한 문학이론은 유협(劉勰)의《문심조룡(文心雕龍)》에 영향을 주었다. 〈자기〉편은 자서전인데, 거기서 왕충은 유가로서 규범적인 삶을 살았기에 현실과 모순을 일으킨 자신의 삶을 반추하였다.

세설신어(世說新語)

남조 송나라의 유의경(劉義慶, 403~444)이 지었으며, 상·중·하 세 권이다. 〈덕행(德行)〉·〈언어(言語)〉·〈정사(政事)〉·〈문학(文學)〉 등 모두 36문(門)으로 나누어 한말에서 동진에 이르는 사대부 및 지식인들의 기행(奇行)과 일화를 1,131장(章)으로 기록하였다. 위진시대 청담(淸談)의 기풍을 반영하며, 육조시대 이른바 지인소설(志人小說: 逸事小說)의 대표작으로 손꼽힌다. 언어가 정련되어 있고 사의(辭意)가 심오하여 후세의 필기소설에 많은 영향을 끼쳤다. 양(梁)의 유효표(劉孝標)는《세설신어》에 주석을 달았는데, 무려 400여 종에 달하는 책을 인용하여 많은 사료를 보충했다. 현대에 이루어진 여가석(余嘉錫)의《세설신어전소(世說新語箋疏)》(中華書局, 1983년)와 서진악(徐震堮)의《세설신어교전(世說新語校箋)》(中華書局, 1984년) 모두 훌륭한 교주본이다.

산해경(山海經)

《산해경》은 '여행자의 안내서' '지리사전' '모험기록' '주술적인 교과서' '진한(秦漢) 방사(方士)의 비밀 기록' '직공도(職貢圖)의 선구' 등으로 일컬어진다. 《수서(隋書)》《구당서》《신당서》의 〈경적지(經籍志)〉에서는 사부(史部) 지리류(地理類)로 분류되어 있었으나, 《송사》〈예문지〉에서는 자부(子部) 오행류(五行類)로 분류되었으며, 다시 《사고전서총목제요》에서는 자부 소설가류로 분류되었다. 권수도 일정하지 않았는데, 원나라 때부터는 18권으로 되었다.

《산해경》은 〈오장산경(五藏山經)〉(1~5권), 〈해경(海經)〉(6~13권), 〈대황경(大荒經)〉(14~18권)으로 이루어져 있다. 옛날에는 하우(夏禹: 우임금)와 그 신하 백익(伯益: 翳)이 지은 것이라고 하였으나, 각기 다른 작가에 의해 수집되고 편찬된 세 개의 원문체계로 이루어져 있다고 본다. 대다수의 학자들은 〈오장산경〉이 가장 오래된 부분(전국시대)이라고 간주하고 있으나, 그것이 〈대황경〉과 〈해내경〉보다 더 뒤라고 보는 설도 있다. 성립 지역은 초(楚), 제(齊), 촉(蜀), 파(巴), 낙양(洛陽) 등으로 의견이 엇갈린다. 《산해경》의 현대 교주본으로는 원가(袁珂)의 《산해경교주(山海經校注)》(上海古籍出版社, 1980)가 있다. 《산해경》의 체재와 연구사에 대하여는 서경호, 《산해경연구》(서울대학교출판부, 1996)를 참조하면 좋다.

3세기 이전 곽박(郭璞)의 주밖에 없었다가, 송나라 때 왕숭경(王崇慶)의 《산해경석의(山海經釋義)》가 나왔고, 명나라 중엽에 양신(楊愼)의 《산해경보주(山海經補注)》가 이루어졌으며, 청나라 초엽에 오임신(吳任臣)의 《산해경광주(山海經廣注)》18권이 나와서 본격적인 연구가 시작되었다. 그 뒤 청대 중엽인 1781년에 필원(畢沅)의 《산해경신교정(山海經新校正)》이 간각되고, 1809년에 학의행(郝懿行)의 《산해경전소(山海經箋疏)》가 간각되었다.

《산해경》은 조선에서 공식적으로 간행된 기록이 없다. 다만 1490년(경술, 성종 21) 2월 15일의 실록 기록에, 제도 감사(諸道監司)에게 《산해경》과 《관자(管子)》 등을 구하여 올리라는 명령이 있었다. 그러나 《산해경》을 간행하였다는 기록은 없다.

주희(朱熹)는 《초사(楚辭)》를 연구하는 과정에서 《산해경》이 《초사》의 기록을 기초로 환상적인 이야기를 덧붙인 것이며, 따라서 역사적 사실을 기록물로 취급해서는 안 된다는 주장을 하였다. 따라서 성리학자들은 이 책을 그리 신뢰하지 않았던 것이 사실이다. 오히려 도연명이 〈독산해경시(讀山海經詩)〉 13수를 지어, 유유자적한 삶을 살아가고자 하는 의식을 표출한 이래로, 중국이나 조선의 문인-지식인들 가운데 《산해경》을 거론하는 일이 간혹 있었다. 이를테면 신흠(申欽)은 춘천 유배시절에 〈독산해경(讀山海經)〉 13수의 연작시를 남겨, 곤액을 당한 절박감을 이겨내려고 하였다.

그런데 조선후기의 박지원(朴趾源)과 이덕무(李德懋)는 《산해경》에 깊은 관심을 가지고 《산해경》의 문체를 흉내내어 〈대황경 동경(大荒經東經)〉과 주(注)를 지었다. 경전(經典)과 성리군서(性理群書)의 범위를 벗어난 독서경험에서 비롯된 것이다. 박지원이 《산해경》의 문체를 패러디한 것을 통해,

18세기 지성의 독서 범위가 대단히 광범해진 사실을 알 수가 있다. 다만 박지원이 〈산해경보〉를 지었을 때는 아직 필원의 《산해경신교정》도 간각되지 않았을 때이므로, 양신(楊愼)의 《산해경보주(山海經補注)》나 오임신의 《산해경광주(山海經廣注)》를 보았던 것인지 잘 알 수가 없다.

고전을 읽어봅시다

《산해경》에 〈동황경(東荒經)〉 보경(補經)과 주석이 있다?

〔보경(補經) 경문〕 백제의 서북쪽 3백 리 거리에 탑이 있고, 탑 동쪽에 벌레가 있는데 이름이 '섭구(囁愳)'이다. 귀와 눈은 바늘구멍 같고 입은 지렁이의 구멍 같으며, 그 성품이 매우 슬기로우면서 양보하기를 좋아하고 몸을 잘 감추며, 두 팔, 두 다리, 다섯 손가락을 모아 하늘을 가리킨다. 그의 마음은 개자(芥子) 크기 만한데 먹물을 잘 먹으며, 토끼를 보면 그 털을 핥고 언제나 자신이 자기 이름을 부른다〔일명 영처(嬰處)라 한다고 한다〕. 이것이 나타나면 천하가 문명(文明)으로 되고, 그것을 먹으면 미련하고 어질지 못한 병이 나아서, 마음과 눈이 밝게 되고, 슬기와 지식이 늘어난다.

〔주〕 고찰하건대, 섭구 벌레는 생김새가 모나고 침착하며, 색은 하야면서 검은 반점이 무수히 나 있다. 길이는 주나라 자로 한 자가 채 못되고, 그 몸피는 반 자 쯤 되는데, 맥망(脈望)〔좀이 신선(神仙)이란 글자를 세 번 먹으면 이 벌레가 된다고 한다〕을 잘 기르며, 건협(巾篋 : 갓 상자) 속에 몸을 숨기고 있다. 옛날 학식이 깊고도 겸손한 성품의 이 아무개가, 그 벌레가 제 몸 감추는 것이 자기와 같음을 사랑해서, 가만히 길러 번식시켰으므로, 보고 듣고 말하고 생각하는 것이 서로 깊이 관계를 지니게 되었다. 지금 〈보경〉에서 말한, "두 팔과 두 다리에 손가락이 다섯이며, 먹물을 먹고 토끼를 핥는다. 스스로 이름하기를 영처라고 한다"고 한 것은 잘못이다. 《산해경》을 어떤 이는 백익(伯益)이 지은 것이라고 하지만 황당하고 근거 없어 이미 육경(六

제11강 제자백가 ••• 399

經) 축에 끼지 못하니, 아마 지금 그것을 보충한 사람도 황당무계(荒唐無稽)한 사람일 것이다. 섭구 벌레에 대해 내가 일찍이 오유선생(烏有先生 : 아무 곳에서 존재하지 않는 사람)에게 들었는데, 오유선생은 무하유향(無何有鄕 : 어디에도 존재하지 않는 마을) 사람에게 듣고, 무하유향 사람은 태허(太虛)에게 들었다 한다.

● 이 〈보경〉을 지은 사람은 연암 박지원(朴趾源)이고 그 글에 주(注)를 단 사람은 스스로 '섭구' 벌레를 자처한 이덕무(李德懋)이다. 이덕무는 박지원에게 《이목구심서(耳目口心書)》를 빌려준 지 하루만에 책을 찾아오면서 "귀와 눈은 바늘구멍 같고 입은 지렁이 구멍 같으며 마음은 개자(芥子)만하니, 대방가(大方家)의 웃음을 자아낼 뿐이다"라고 겸손해 하였다. 그러자 박지원은 그것이 무슨 벌레냐고 해학적으로 물어왔고, 이덕무는 '섭구' 벌레라고 답하였다. '섭구'는 '말을 함부로 하지 않음'과 '두려워 조심한다'는 뜻이다. 그러자 박지원은 《산해경》 보경(補經)을 지어 보냈으며, 이덕무는 또 곽박(郭璞)의 주를 모방하여 주를 붙였다. '백제의 서북쪽 300리 거리'에 있는 탑이란 곧 한양(서울)에 있는 원각사 탑, 즉 백탑(白塔)이다. 이 해학적인 글은 이덕무의 《청장관전서(靑莊館全書)》 권62에 실려 있다.

● **참고** : 심경호, 《간찰, 선비의 마음을 읽다》 한얼미디어, 2006, pp.222~230 '박지원이 이덕무에게 준 희작의 간찰'

참고문헌

(1) 제자백가 관련 개설서 및 연구서

- 카이즈카 시게키(貝塚茂樹) 저, 김석근 역,《제자백가: 중국고대의 사상가들》, 까치, 1989. / 貝塚茂樹,《諸子百家: 中國古代の思想家たち》, 岩波書店, 1962.
- V. A. 루빈(Rubin Vitalii) 저, 임철규 역,《중국에서의 개인과 국가: 공자, 묵자, 상앙, 장자 사상》, 현상과 인식, 1983.
- 벤자민 슈월츠 저, 나성 역,《중국 고대사상의 세계》, 살림, 1996. / Benjamini Schwartz, *The World of Thought in Ancient China*, Belknap Press of Harvard University Press, 1985.
- 장기균 외 저, 숙대중국문화연구소 역,《중국사상의 근원: 제자백가》, 문조사, 1989.
- 陳舜臣·市川宏·尾崎秀樹·岡崎由美·草森紳一 저, 이재정 역,《영웅의 역사 2 : 제자백가》, 솔, 2002. /《中國の群雄 二, 戰國の知者》, 講談社, 1998.
- 강신주,《철학의 시대:춘추전국시대와 제자백가》, 사계절, 2011.
- 송영배·신영근 외,《제작백가의 다양한 철학흐름》, 사회평론, 2009.
- 徐復觀 저, 유일환 역,《중국인성론사: 도가·법가 인성론》, 을유문화사, 1995.
- 傅斯年 저, 장현근 편,《중국정치사상 입문》, 지영사, 1997.
- 劉澤華 저, 노승현 역,《중국 고대 정치사상》, 예문서원, 1994.
- 朱伯崑 저, 전명용 외 역,《중국고대윤리학》, 이론과 실천, 1990.
- 이택후 외 저, 권덕주 외 역,《중국미학사》, 대한교과서주식회사, 1992.
- 호적(胡適) 저, 민두기 외 역,《중국고대철학사》, 대한교과서주식회사, 1990.
- 오오하마 아키라(大濱晧) 저, 김교빈 외 역,《중국 고대의 논리》, 동녘, 1993.
- 가지 노부유키(加地伸行), 윤무학 역,《이야기 중국 논리학사》, 법인문화사, 1994.
- 곽말약(郭沫若), 조성을 역,《중국고대사상사》, 까치동양학 6, 까치, 1991.
- 任繼愈 편, 전원택 역,《중국철학사》, 까치, 1990.
- 窪德忠,《도교사》,《세계종교사》총서, 한국어역, 분도출판사, 1990.
- 양계초 외, 김홍경 역,《음양오행설의 연구》, 신지서원, 1993.
- 呂思勉,《先秦學術槪論》, 中華大百科全書出版社, 1985.
- 羅焌,《諸子學述》, 岳麓書社, 1995.
- 高懷民,《中國先秦與希臘哲學之比較》, 中央文物供應社, 1983.

- 蔡尙思, 《中國古代學術思想史論》, 廣東人民出版社, 1990.
- A. C Graham, *Disputers of the Tao: Philosophical argument in ancient China*, Open court., 1987.

(2) 노자, 장자, 도교
- 김충열, 《김충열교수의 노장철학강의》, 예문서원, 1995.
- 奧平卓・大村益夫, 《老子・列子》, 德間書店, 1965(1), 1973(2).
- 김경탁, 《노자》, 양현각, 1983. / 삼경당, 1985.
- 오오하마 아키라(大濱晧) 저, 임헌규 역, 《노자의 철학》, 인간사랑, 1992 / 大濱晧, 《老子の哲學》, 勁草書房, 1962.
- 임계유(任繼愈) 저, 권덕주 외 역, 《중국의 유가와 도가》, 동아출판사, 1993.
- 진고응(陳鼓應) 저, 최진석 역, 《노장신론: 노자・장자 철학의 새로운 이해》, 소나무, 1997.
- 허항생(許抗生) 저, 노승현 역, 《노자철학과 도교》, 예문서원, 1995 / 許抗生, 《老子與道家》, 新華出版社, 1991.
- 이재권, 《도가철학의 현대적 해석: 중국고대사상에 대한 언어철학적 탐구》, 문경출판사, 1995.
- 黃釗, 《道家思想史綱》, 湖南師範大學出版社, 1991.
- 張成秋, 《先秦道家思想硏究》, 臺灣:中華書局, 1983.
- 김용옥, 《노자철학 이것이다》, 통나무, 1989.
- 김용옥, 《길과 얻음》, 통나무, 1989.
- 김학주, 《노자와 도가사상》, 명문당, 1988.
- 홈스 웰, 《노자와 도교》, 서광사, 1988.
- 李叔還, 《道教大辭典》, 巨流圖書公司, 1979.
- 王弼 저, 임채우 역, 《왕필의 노자: '무'의 철학을 연 왕필의 노자 읽기》, 예문서원, 1997.
- 임어당 저, 장순용 역, 《장자가 노자를 이야기하다》, 자작나무, 1998.
- 모로하시 데츠지(諸橋轍次) 저, 심우성 역, 《공자・노자・석가》, 동아시아, 2001.
- 小川環樹 譯註, 《老子》, 中央公論社, 1981.
- 武內義雄, 《老子の硏究》, 改造社, 1940.
- 木村英一, 《老子の新硏究》, 創文社, 1986.
- Holmes Welch 저, 윤찬원 역, 《노자와 도교: 도의 분기》, 서광사, 1988.

- 楠山春樹, 《老子傳說の硏究》, 創文社, 1979.
- 任繼愈 編, 《老子全譯》, 巴蜀書社出版, 1992.
- 막스 칼텐마르크(Kaltenmark, Max) 저, 장원철 옮김, 《노자와 도교》, 까치, 1993.
- 안동민 역, 《장자》, 현암사, 1993.
- 감산덕청, 오진탁 역, 《감산의 장자 풀이》, 서광사, 1990.
- 리우샤우간(劉笑敢) 저, 최진석 역, 《장자철학》, 소나무, 1990 / 劉笑敢, 《莊子哲學及其演變》, 中國社會科學出版社, 1993.
- 후쿠나가 미쓰지(福永光司) 저, 임헌규 · 임정숙 공역, 《난세의 철학: 장자》, 민족사, 1991 / 福永光司, 《莊子》, 朝日新聞社, 1966.
- Thomas Merton 저, 황남주 역, 《장자의 길》, 고려원미디어, 1991.
- 何顯明 저, 현채련 · 리길산 공역, 《죽음 앞에서 곡한 공자와 노래한 장자》, 예문서원, 1999.

(3) 순자, 한비자, 회남자, 묵자, 손자, 여씨춘추, 논형, 관자
- 안병주 외, 《한비자 · 묵자 · 순자》, 삼성출판사, 1988.
- 周群振, 《荀子思想硏究》, 文津出版社, 1987.
- 우치야마 도시히코(內山俊彦) 지음, 석하고전역구회 옮김, 《순자 교양강의》, 돌베게, 2013 / 《荀子》, 講談社, 1990.
- 北京大學荀子注釋組, 《荀子新注》, 中華書局, 1979.
- 陳啓天, 《韓非子校釋》, 中華叢書委員會, 1998.
- 盧瑞鐘, 《韓非子政治思想新探》, 三民書局, 1989.
- 가이즈카 시게키(貝塚茂樹) 지음, 이목 옮김, 《한비자 교양강의》, 돌베개, 2012.
- 이석명, 《회남자》, 사계절, 2004.
- 이운구 · 윤무학 공저, 《묵가철학연구》, 성대 대동문화연구소, 1995.
- A. C Graham, *Later Mohist Logic: Ethics and Science*, Hong Kong: The Chinese University Press, 1978.
- 김학주, 《묵자》, 대우학술총서, 민음사, 1988.
- 김기동, 《중국 병법의 지혜》, 서광사, 1993.
- 이병호 역, 《손빈병법》, 홍익출판사, 1996.
- 유동환 역, 《손자병법》, 홍익출판사, 1999.
- 유동환 역, 《조조병법》, 바다출판사, 1998.
- 이종학 편저, 《전략이론이란 무엇인가:손자병법과 전쟁글을 중심으로》, 충남대학교

출판문화원, 2012(개정보완판 3판).
- 김기동 · 부무길 공저, 《손자의 병법과 사상 연구》, 운암사, 1997.
- 김근, 《여씨춘추:제자백가의 위대한 종합》, 2012.
- 이주행 역주, 《논형》, 소나무, 1996.
- 湯孝純 주석, 李振興 교열, 김필수 · 고대혁 · 장승구 · 신창호 역, 《관자》, 소나무, 2006.
- 신창호, 《관자:최고의 국가 건설을 위한 현실주의 사상》, 살림, 2013.

원전자료

- 《諸子集成》, 香港: 中華書局, 1978.
- 《新編諸子集成》 8冊, 臺灣:世界書局, 1978年 / 《新編諸子集成》, 北京: 中華書局, 1982.
- 錢穆, 《先秦諸子繫年》, 東大圖書公司, 1986.
- 蔣伯潛, 《諸子通考》, 正中書局, 1978.
- 羅根澤, 《諸子考索》, 人民出版社, 1958.
- 張心澂, 《僞書通考》, 明倫出版社.
- 鄭良樹, 《續僞書通考》, 學生書局, 1984.
- 이세열 역, 《漢書藝文志》 '諸子略', 1995 / 陳國慶 編, 《漢書藝文志注釋彙編》, 臺灣: 木鐸出版社, 1983.
- 中國社會科學院哲學硏究所中國哲學史硏究室, 《中國哲學史資料選輯: 先秦之部 上中》, 中華書局, 1984.
- Wing-tsit Chan, *A Source Book in Chinese Philosophy*, Princeton U.P., 1963.
- 《正統道藏》, 臺北: 藝文印書館, 1977.
- 孫德謙, 《諸子通考》, 臺灣: 廣文書局, 1975.
- 馬岡, 《中國思想史資料導引》, 臺灣: 牧童出版社, 1977.

제12강

역사 고전

Q 한문으로 적힌 역사서들 가운데도 널리 익힌 고전들이 있나요?

A 네. 동아시아의 문화권에서 널리 익힌 고전들도 있고, 우리나라에서 편찬되어 고전으로 인정된 것들도 있습니다. 또, 현대의 관점에서 고전으로 평가할 만한 서적들도 있고요.

Q 한문 서적은 경·사·자·집의 4부(四部)로 분류된다고 하셨죠? 역사서는 그 가운데 사부(史部)에 속하겠군요? 아닌가요?

A 그렇습니다. 역사 고전들은 사부(史部)에 속합니다. 사부는 또 15부류로 나뉘지요. 우측의 표를 참고하세요. 이 가운데 목록류는 제7강에서 다루었고, 지리류는 제8강에서 언급한 바 있습니다.

〈표〉 사부(史部)의 15부류

명 칭	영 문 명
정사(正史)	Standard histories
편년(編年)	Annals
기사본말(紀事本末)	Topically arranged histories
별사(別史)	Unofficial histories
잡사(雜史)	Miscellaneous histories
조령주의(詔令奏議)	Edicts and memories
전기(傳記)	Biographical works
사초(史抄)	Historical excerpts
재기(載記)	Contemporary records
시령(時令)	Regulation of time
지리(地理)	Geography
직관(職官)	Government offices
정서(政書)	Government institutions
목록(目錄)	Bibliography ; Epigraphy
사평(史評)	Historiography

이십사사(二十四史), 이십오사(二十五史)

중국의 정사(正史) 즉 정통 역사서는 24종류이기 때문에 흔히 '24'사라고 부른다. 정사(正史)란 역대 왕들의 연대기인 본기(本紀)와 저명한 개인의 사적(事績)을 기록한 열전(列傳)을 요소로 하는 기전체(紀傳體)에 따라 편찬된 중국 역대의 역사를 말한다. 연표(年表)・계보(系譜) 또는 제도를 기록한 지(志, 또는 書) 등을 포함하는 것도 있되 이것들은 필수 조건은 아니다.

24사라는 명칭은 청나라 때 그 24종의 역사서를 합각(合刻)한 무영전본(武英殿本, 줄여서 殿本이라 함)이 간행되면서 생겨났다.

24사는 우선 한나라 사마천(司馬遷)이 상고시대부터 한나라 무제(武帝) 때까지의 역사를 기록한 《사기(史記)》부터 손꼽는다. 그런데 《사기》이하는 단대사(斷代史)로서, 1왕조마다 1부씩 사서(史書)가 만들어졌다. 《사기》와 반고(班固)의 《한서(漢書)》, 범엽(范曄)의 《후한서(後漢書)》, 진수(陳壽)의 《삼국지(三國志)》를 4사(四史)라고 부른다.

여기에 《진서(晉書)》《송서(宋書)》《남제서(南齊書)》《양서(梁書)》《진서(陳書)》《위서(魏書)》《북제서(北齊書)》《주서(周書)》《수서(隋書)》《신당서(新唐

〈표〉 이십오사(二十五史)

사서	권수	저자	주가(注家)
史記	130권	(漢)司馬遷	(晉)裴駰 集解
漢書	120권	(漢)班固	(唐)司馬貞 索隱 (唐)張守節 正義
後漢書	120권	(劉宋)范曄	(唐)顏師古 注
		志 30권: (晉)司馬彪 찬	(唐)章懷太子
三國志	65권	(晉)陳壽	志 :(梁)劉昭 注
晉書	130권	(唐)房喬 등	(宋)裴松之 注
宋書	100권	(梁)沈約	何超 音義
南齊書	59권	(梁)蕭子顯	
梁書	56권	(唐)姚思廉	
陳書	36권	(唐)姚思廉	
魏書	114권	(北齊)魏收	
北齊書	50권	(唐)李百藥	
周書	50권	(唐)令狐德 등	
隋書	85권	(唐)魏徵 등	
南史	80권	(唐)李延壽	
北史	100권	(唐)李延壽	
舊唐書	200권	(五代)劉 등	
新唐書	255권	(宋)歐陽脩·宋祁	
舊五代史	150권	(宋)薛居正 등	
新五代史	74권	(宋)歐陽脩 등	徐無黨 注
宋史	496권	(元)托克托 등	
遼史	116권	(元)托克托 등	
金史	135권	(元)托克托 등	
元史	210권	(明)宗濂 등	
明史	332권	(淸)張廷玉 등	

書》《신오대사(新五代史)》, 그리고 남송 때에 이루어진《남사(南史)》《북사(北史)》를 더하여 17사(史)라 하였다. 명나라 말 급고각(汲古閣)에서 이 17사를 간행하였고, 청나라 때 왕명성(王鳴盛)이《십칠사상각(十七史商榷)》을 지

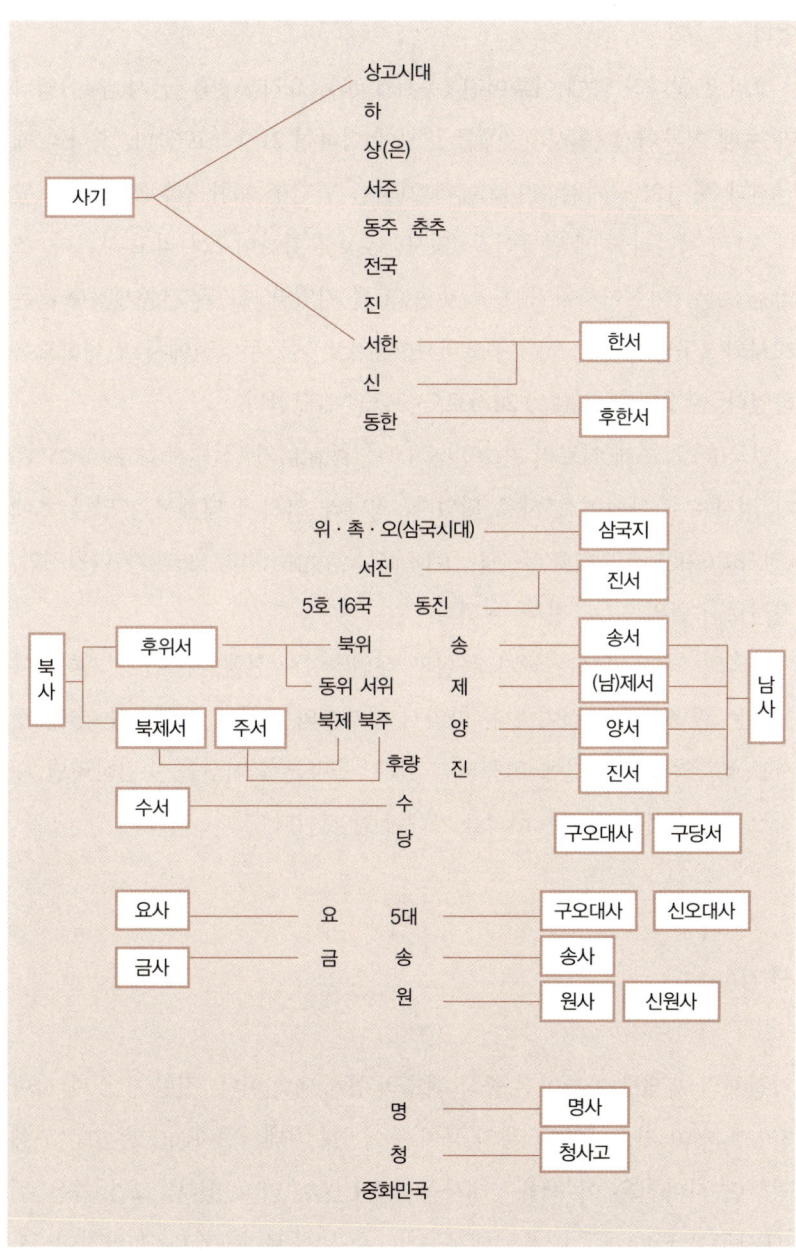

정사(正史)와 역대왕조와의 관계(신승하, 《중국사학사》, 고려대출판부, 2000)

었다.

그리고 원나라 말에 이루어진 《송사(宋史)》《요사(遼史)》《금사(金史)》명나라 초에 이루어진 《원사(元史)》를 17사에 더하여 21사라고 한다. 명나라 때 남경과 북경의 국자감(國子監)에서 21사를 합각(合刻)한 감본(監本)이 나왔다. 다시 청나라 초에 만들어진 《명사(明史)》를 합하여 22사라고 부른다. 조익(趙翼)은 《이십이사차기(二十二史箚記)》를 지었다. 그 뒤 건륭제(乾隆帝)는 22사와 《구당서(舊唐書)》《구오대사(舊五代史)》를 무영전에서 인쇄하도록 하였다. 이것이 전본(殿本) 24사로, 3,243권에 달한다.

민국(民國) 초에 이르러 가소민(커사오민, 柯劭忞)의 《신원사(新元史)》(257권)가 정사로 추가되어 25사로 되었다. 청나라 역사에 대해서는 민국 초에 《청사고(淸史稿)》(趙爾翼 등 편찬, 民國 16년 淸史館 排印, 536권)가 나왔지만, 정사로서 권위 있는 《청사》는 없다.

중국의 역사 편찬은 국가 득실과 선언(善言)·선행(善行)만 기재하여야 한다는 관념이 지배적이었다. 따라서 대부분의 정사는 지배층의 향배, 정사(政事), 역사적 사건에 편중되어 있다. 올바른 역사상을 수립하려면 새 자료를 수집하고 새로운 해석을 가해야 할 것이다.

사기(史記)

기전체의 체제로 이루어진 중국 최초의 통사(通史)이다. 전한(서한) 때 사마천(司馬遷)이 저술하였다. 책의 끝에 붙어 있는 〈태사공자서(太史公自序)〉에 의하면 사마천은 이 책을 '태사공서(太史公書)'라고 했다. 그가 죽은 뒤 '태사공서(太史公書)' 혹은 '태사공기(太史公記)'로 불렸고, 그 약칭이 '사기'이다.

〈태사공자서〉에서 사마천은 전한 때 동중서(董仲舒)가 《춘추번로(春秋繁露)》〈유서(俞序)〉편에서 공자의 말씀으로 인용하였던 "공언(空言)에 싣는 것은 행사(行事)로 드러냄만큼 절실하지도 뚜렷하지도〔深切著明〕 못하다"라는 취지의 말을 재인용하여, 전언왕행(前言往行:《주역》大畜卦 象傳, "君子以多識前言往事, 以畜其德.")을 통하여 인생의 교훈을 절실하게 드러내고자 하였다고 저술 의도를 밝혔다. 사마천이 '행사(行事)'를 통하여 드러내고자 한 교훈의 핵심이 무엇인지, '행사'를 절실하고 뚜렷하게 드러내는 방식이 어떤 것이었는지를 둘러싸고 많은 논의가 전개되었다.

《사기》는 열전에 큰 비중을 두었고, 합리적으로 믿을 수 있다고 판단된 자료만 채록하였다. 열전의 첫 머리에는 이념을 지키려다 죽은 백이(伯夷)·숙제(叔齊)의 열전을 두고, 마지막에는 이(利)를 좇는 상인의 삶을 그린 화식열전(貨殖列傳)을 두어, 도덕적 당위의 실천과 의욕적 본능 사이에서 방황하고 고뇌하는 인간의 모습을 제시하였다. 또한 《사기》는 문체와 구성이 매우 뛰어나다. 〈이사열전(李斯列傳)〉에서는 주제에 대한 다양한 접근 방식을 활용하였고, 〈자객열전(刺客列傳)〉에서는 구도를 교묘하게 설정하였으며, 〈여불위열전(呂不偉列傳)〉에서는 극적 효과를 운용하였다.

1. 사마천

《사기》의 저자 사마천(司馬遷; 기원전 145?~ 87?)은 자(字)가 자장(子長)이고, 사마담(司馬談)의 아들이다. 태어난 곳은 하양(夏陽), 지금의 섬서성(陝西省) 한성현(韓城縣)이다. 근처에 황하의 나루로 유명한 용문(龍門)이 있다. 7세 때 아버지가 천문 역법과 도서를 관장하는 태사령(太史令)이 된 이후 무릉(武陵)에 거주하며 고문을 읽었고, 20세 때는 강남·산동·하남 등지를 여행하였다. 그 뒤 벼슬길에 들어서서, 기원전 111년에는 파촉(巴蜀)에 파견

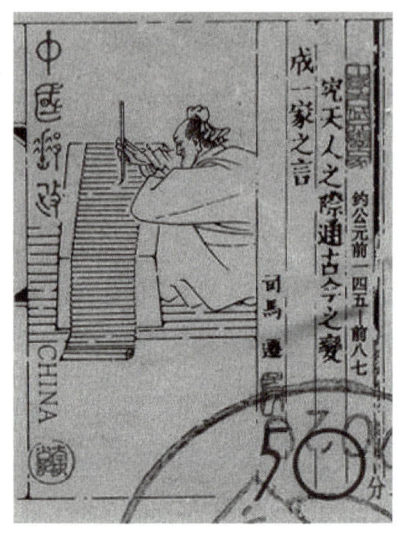

중국 우표에 나타난 사마천
《사기》는 "하늘과 인간의 관계를 구명하고, 과거와 현재의 변화를 종합하여 대가로서의 저술을 이루었다〈究天人之際, 通古今之變, 成一家之言〉"고 평가된다. 이 말은 본래 사마천 자신이 〈보임안서(報任安書)〉에서 스스로의 저술에 대해 자평한 것이다.

되었으며, 기원전 110년에는 무제의 태산 봉선(封禪)에 수행하여 장성 일대와 하북·요서 지방을 여행하였다. 기원전 110년 사마담이 죽으면서 역사서의 완성을 부탁하자, 유지를 받들어 기원전 108년 태사령이 되어 황실 도서에서 자료를 수집하기 시작하였다. 기원전 104년(무제 태초 원년) 태초력(太初曆) 제정에 참여한 후, 《사기》 저술에 본격적으로 착수하였다. 그러나 흉노에게 투항하지 않을 수 없었던 이릉(李陵) 장군을 변호하다가 황제의 노여움을 사서, 기원전 99년에 궁형(宮刑)을 받았다. 〈보임안서(報任安書)〉에서 그는 《사기》의 완성을 위해 치욕을 감수하였던 쓰라린 심정을 술회하였다. 기원전 95년, 황제의 신임을 회복하여 환관의 최고 지위인 중서령(中書令)이 되었으며, 기원전 90년에 《사기》를 완성하였다.

2. 《사기》의 체계

《사기》는 52만 6,500 글자라고 한다. 본래는 죽간(竹簡) 혹은 목간(木簡)에 기록되어 있었다.

《사기》는 제왕의 연대기인 본기(本紀) 12편, 제후왕을 중심으로 한 세가(世家) 30편, 역대 제도 문물의 연혁에 관한 서(書) 8편, 연표인 표(表) 10편,

뛰어난 개인의 활동을 다룬 열전(列傳) 70편 등, 총 130편으로 구성되었다. 각 편의 숫자는 모두 우주의 수와 관련이 있어서, 본기 12편은 북극성에, 세가는 28수(宿)에 각각 대응시켰다. 더구나 〈천관서〉는 천문의 주기에 따라 인간의 역사도 변한다는 관념을 담았다. 하지만 사마천은 초자연적인 힘에서 해방된 인간 중심의 역사를 발견하였고, 공자의 《춘추》를 모범으로 삼아 상고시대부터 한 왕조의 무제에 이르기까지의 연대기를 적었다.

'본기'는 〈오제본기〉〈하본기〉〈은본기〉〈주본기(周本紀)〉〈진본기〉〈진시황본기〉〈항우본기〉〈고조본기〉〈여후본기(呂后本紀)〉〈효문본기(孝文本紀)〉〈효경본기(孝景本紀)〉〈효무본기(孝武本紀)〉로 이루어져 있다. 〈오제본기〉〈하본기〉는 신화전설 시대의 제왕기이다. 〈진시황본기〉 다음에 〈항우본기〉가 있고, 그리고 〈고조본기〉가 이어진다. 진말 동란기에 포학한 진나라를 멸망시킨 항우의 공적을 높이 평가하였기 때문이다. 〈고조본기〉의 뒤에는 후계자 혜제(惠帝)의 연대기가 없고 〈여후본기〉가 있다. 여후는 척부

사면초가(四面楚歌)

항왕(項王; 項羽)의 군대는 해하(垓下)에서 주둔했는데, 병사가 줄어들고 식량도 다하였으며 한나라 군사 및 제후의 병사들이 몇 겹으로 포위하고 있었다. 밤에 한나라 군영 사면에서 초나라 노래가 들려오니, 항왕이 크게 놀라 말하였다. "한나라가 이미 초나라를 차지했는가? 어째서 초나라 사람이 이리도 많은가." 항왕은 밤에 일어나 막사 안에서 술을 마셨다. 미인(美人) 우희(虞姬)가 항상 따르고, 명마인 오추마는 항상 그를 태웠다. 이에 항왕은 강개해서 비가(悲歌)를 불렀는데, 스스로 시를 지어 노래했다. "힘은 산을 뽑고 기운은 세상을 덮을 만하나, 때가 불리하니 오추마도 나아가지 않네. 오추가 나아가지 않으니 어쩌면 좋은가? 우여! 우여! 어쩌면 좋단 말이오!" 노래를 몇 번 불렀는데, 우미인도 따라 불렀다. 항왕이 두서너 줄 눈물을 흘리니, 좌우에 있던 사람들이 모두 울었고 차마 (항왕을) 쳐다볼 수 없었다.

項王軍壁垓下, 兵少食盡, 漢軍及諸侯兵圍之數重. 夜聞漢軍四面皆楚歌, 項王乃大驚曰: "漢皆已得楚乎? 是何楚人多也!" 項王則夜起, 飮帳中. 有美人名虞, 常幸從, 駿馬名騅, 常騎之. 於是項王乃悲歌, 慷, 自爲詩曰: "力拔山兮氣蓋世, 時不利兮騅不逝. 騅不逝兮可奈何, 虞兮虞兮奈若何!" 歌數闋, 美人和之. 項王泣數行下, 左右皆泣, 莫能仰視.

*주희는 항우가 한낱 여성 때문에 눈물을 흘렸다는 사실에 의문을 품고 《통감강목》에서 이 대목을 삭제하였다. 그러나 김만중(金萬重)은 《서포만필(西浦漫筆)》에서 이 대목이야말로 영웅 항우의 내면을 잘 드러내준다고 보았다.

인(戚夫人)과 그 아들 조왕(趙王)을 고조의 사후 '인체(人彘)'로 만든 잔혹한 여성으로, 혜제가 병으로 죽은 뒤 태후로서 주권을 장악하였다. 사마천은 현실론의 관점에서 여후를 본기에 설정하였다.

《사기》는 본기 12편에 이어, 역사의 추이를 10편의 연표로 제시하였다. 춘추시대에 상당하는 250년 간은 〈십이제후연표(十二諸侯年表)〉한 편에 종합하였다. 전국시대 250여 년 간은 진·한·위·조·초·연·제 7국의 연표인 〈육국표(六國表)〉에 종합하였다. '칠국표'라 하지 않고 '육국표'라 한 것은, 진나라 2세 황제 원년부터 한 고조의 통일까지 8년간 기록인 〈진초지제월표(秦楚之際月表)〉를 별도로 두었기 때문이다.

표 10편 뒤에 〈예서(禮書)〉〈악서(禮書)〉〈율서(律書)〉〈역서(曆書)〉〈천관서(天官書)〉〈봉선서(封禪書)〉〈하거서(河渠書)〉〈평준서(平準書)〉의 서(書) 8편이 이어진다. '예=의례, 악=음악, 율=병법, 역=천문, 천관=점성, 봉선=제사, 하거=치수, 평준=화폐'에 관한 사항을 부문별로 기록한 것이다. 〈봉선서〉에서는 천지의 신을 제사지내는 국가 의식을 기록하면서, 방술사들이 무제를 기만하고 정치를 왜곡시킨 실태를 적어두었다.

다음 세가 30편은 황제로부터 분봉을 받은 제후에 관한 기록이다. 〈오태백세가(吳太伯世家)〉로부터 한나라의 〈삼왕세가(三王世家)〉까지인데, 그 속에 제후가 아닌 〈공자세가〉와 〈진섭세가(陳涉世家)〉가 들어 있다. 공자의 학문과 그 영향의 원대함을 높이 평가하여 '세가'의 반열에 넣은 것이다. 진섭은 처음으로 반진(反秦) 쿠데타의 횃불을 든 인물이기에 중시하였다.

《사기》의 마지막에 열전 70편이 있다. 전(傳)은 본래 고전에 주석한다는 의미였다. 사마천은 그 의미를 확대하여 역사 무대에서 활약한 인물들의 초상을 전기적으로 묘사한 기록을 배열하여 전하였다. 단, 열전에는 〈남월열전〉〈조선열전〉〈흉노열전〉〈서남이열전〉〈대완열전〉 등, 외국의 지리·풍속·역사·산물과 생활풍습을 기술한 것도 들어 있다.

3. 《사기》의 주요 주제

① 천도는 옳은가 그른가(天道是邪非邪)

열전 70편의 첫 부분에 등장하는 것이 백이·숙제의 전기이다. 주나라 무왕이 은나라의 주왕(紂王)을 토벌하려고 하자, 백이 숙제는 무왕의 말고삐를 붙잡고(혹은 말머리 앞에서) 방벌(放伐)하여서는 안 된다고 간언(諫言)하였다. 수양산에서 굶어 죽어가면서 백이 형제는 다음 노래를 남겼다.

登彼西山兮, 采其薇矣.
以暴易暴兮, 不知其非矣.
神農·虞·夏, 忽焉沒兮, 我安適歸矣.
于嗟徂兮, 命之衰矣.
저 서산(西山)에 올라 고사리를 캐노라
폭(暴)으로 폭(暴)을 바꾸면서도 그 잘못을 모르다니!
신농(神農)·우(虞)·하(夏)는 홀연히 몰하였나니, 나는 어디로 돌아가랴
아아 가리라 운명이 쇠한 것인가.(신농, 우=순, 하=우는 고대의 성스런 세 천자)

공자는 백이 형제를 두고 "인(仁)을 구하여 인을 달성하고 죽어갔으므로 세상을 원망하는 일이 없었다"라고 말하였지만, 사마천은 의문이 들었다. 천도는 편애하는 일없이 늘 착한 사람의 편을 든다고 말하지만, 백이·숙제처럼 선한 사람들이 굶어죽고 만 것은 어째서인가? 그러나 사마천은 백이·숙제에게서 독립특행(獨立特行: 홀로 우뚝 서서 올바른 도리를 실천함)의 위대한 인격을 발견하였다.

② 계명구도(鷄鳴狗盜)

전국시대에는 한 가지 기예나 한 가지 재능만이라도 있으면 누구나 역사의

무대에 등장하여 역사의 한 순간을 움직일 수 있었다.

　전국시대 제나라의 맹상군(孟嘗君), 조나라의 평원군(平原君), 위나라의 신릉군(信陵君), 초나라의 춘신군(春信君)은 공자(公子: 왕실의 자제)로서 식객(食客)을 많이 거느렸던 인물들이다. 맹상군 전문(田文)의 식객 가운데 풍환(馮驩)은 초라한 인물이었는데, 장검을 두드리면서 "장검아, 돌아갈까 보다. 나는 아직 집도 없구나"라고 노래하였다. 맹상군은 진나라의 소왕(昭王)의 초빙을 받아 진나라로 가서 포로가 되었다가 계명구도(鷄鳴狗盜: 닭 울음 소리를 잘 내고 개처럼 몸을 굽혀 들어가 물건을 잘 훔치는 인물들)의 식객들로부터 도움을 받아 위기를 벗어났다. 그 뒤 진나라는 맹상군을 중상(中傷)하였고, 제나라 왕은 맹상군을 재상직에서 파면하였다. 이것을 보고 수천 명의 식객들이 모두 떠나갔지만 풍환만은 남아서, 기지를 발휘하여 다시 맹상군의 위세를 세워주었다. 맹상군이 제나라 재상에 복직하자 본래의 식객들이 다시 돌아오니, 맹상군은 한숨을 쉬었다. 풍환은, "생명 있는 것은 반드시 죽게 마련입니다. 마찬가지로 부귀한 몸이 되면 선비들이 많이 모이고 빈천한 몸이 되면 벗이 없어지는 것 또한 필연적인 도리입니다"라고 그를 위로하였다.

③ 자객열전(刺客列傳)

사마천은 전국시대에 국가의 명운을 걸고 의리에 살고 의리에 죽어간 테러리스트에게 깊은 관심을 보여 〈자객열전〉을 〈이사열전〉의 앞에 두었다.

　〈자객열전〉의 예양(豫讓)은 "사(士)는 자신을 알아주는 사람을 위해서 죽고, 여자는 자기를 좋아해주는 사람을 위해서 화장을 한다(士爲知己死, 女爲悅己容)"라고 말하였다. 그는 자기가 섬기던 지백(智伯)이 조나라 양자(襄子)에게 살해되자 원수를 갚으려 하다가 살해되었다.

　기원전 227년, 시황제가 한나라와 조나라를 멸망시킨 여세를 몰아 연나

〈채지충(蔡志忠)의 만화에 나타난 맹상군(孟嘗君)의 어린시절 이야기〉
제(齊)나라의 공자 맹상군(孟嘗君) 전문(田文)은 음력 5월 5일 단오날에 태어났는데 그날 태어난 아이는 문설주까지 닿을 정도로 키가 컸을 때 아버지를 죽일 수 있다고 해서 그 아버지 전영(田嬰)은 아이를 기르지 말라고 하였다. 그의 어머니는 몰래 그를 키웠으나, 어느 날 발각되고 말았다. 화를 내는 아버지에게 맹상군은 이렇게 말하였다. "사람의 목숨은 하늘에서 받는 것입니까, 아니면 문에서 받는 것입니까?" "하늘에서 받는 것이라면 무엇을 염려하십니까? 문에서 받는 것이라면 제가 문을 훨씬 더 높게 만들고 말겠습니다."
5월 5일은 양기가 강한 날. 일본은 그날을 양력으로 바꾸어 어린이날이라고 정하였다.

형가가 진시황을 공격하다가 시의가 던진 약롱(藥籠)에 맞아 주춤하는 장면(《金石索》).

라를 공격하려고 하자, 연나라 태자 단(丹)은 자객을 놓으려고 계획하였다. 이때 전광(田光)은 연나라에 망명해 와 있던 위(衛)나라 사람 형가(荊軻: 荊卿)를 추천하고 자결하였다. 형가는 진나라로부터 망명한 번오기(樊於期) 장군의 목과, 연나라의 비옥한 토지인 독항(督亢)의 지도를 가지고 진나라로 떠났다. 그는 친구 고점리(高漸離)의 축(筑) 연주에 맞추어 "바람 소소하고 역수는 차가워라. 장사 한 번 가서는 다시 돌아오지 않으리(風蕭蕭兮易水寒, 壯士一去兮不復還)"라는 노래를 불렀다. 형가는 진시황이 독항 지도를 펼칠 때 비수로 찌르려 하였으나, 시의(侍醫)가 약롱을 던져 실패하였으며, 진시황에게 왼쪽 다리를 베이고 좌우 사람들에게 찔려 죽었다. 진시황은 대군을 출동시켜 연나라 수도 계성(薊城)을 함락시키고, 5년이 못되어 연나라를 멸망시켰다. 고점리는 장님이 되어 축을 연주하다가, 납덩어리를 넣어둔 축으로 진시황을 공격하였으나, 실패하고 사형을 당하였다.

〈자객열전〉의 끝 부분에서 사마천은 "조귀〔조말(曹沫)〕부터 형가(荊軻)에 이르기까지 다섯 명의 자객들은, 비록 의리를 성취한 자도 있고 성취하지 못한 자도 있지만, 모두 의리의 뜻이 분명하여 그 의지를 저버리지 않고 이름을 후세에 드리웠으니, 그것은 정말 이유가 없지 않다"라고 말하였다.

《사기회주고증(史記會註考證)》

4. 《사기》의 연구

《사기》는 한나라 때 철학서로 다루어지다가, 위진·수당을 거치면서 사학서로 인정받았으며, 당·송·명·청에서는 문장의 모범이 되었다. 《사기》에 대하여는 진작부터 주석이 있어서, 송(宋)나라 배인(裴駰)은 《집해(集解)》, 당나라 사마정(司馬貞)은 《색은(索隱)》, 장수절(張守節)은 《정의(正義)》를 이루었다. 이것을 삼가주(三家注)라고 한다. 삼가주는 북송 때 이르러 《사기》 본문과 합각(合刻)되었다. 그런데 《정의》는 일본인의 필사본이 별도로 전하는데, 그 내용이 합각의 텍스트와는 조금 다르다. 다키가와(瀧川資言)는 《사기회주고증(史記會注考證)》(대만:中新書局, 1977년 영인)을 집필하여 일본 사본을 중심으로 《정의》를 복원하고 고증하였다. 단, 일부 중국학자들은 그 복원을 신뢰하지 않는다.

한서(漢書)

《한서》는 후한 때 반고(班固)가 부친 반표(班彪)와 합작한 기전체(紀傳體) 역사서로, 전한 시대를 대상으로 삼은 단대사(斷代史)이다. 《사기》와 더불어 중국 사학사상 대표적인 저작으로 손꼽히며, 미문(美文)의 모범이기도 하다. 모두 120권이며, '전한서(前漢書)' 또는 '서한서(西漢書)'라고 한다. 반표는 한 무제 이후의 역사를 보완하고자 《후전(後傳)》 65편을 편집하였으나 완성하지 못하였다. 그 뒤 반고가 그 뜻을 이어 역사서를 편찬하다가 국사를 마음대로 한다는 모함을 받아 한때 투옥되었으며, 명제(明帝)의 명으로 저작에 종사하게 되어, 장제(章帝) 건초(建初) 연간에 일단 완성을 보았다. 다만 〈팔표(八表)〉와 〈천문지(天文志)〉는 누이 반소(班昭)가 화제(和帝)의 명으로 이어서 작업을 하였고 다시 마속(馬續)이 보완하였다.

《한서》는 한 고조 유방(劉邦)부터 왕망(王莽)의 난까지 12대 230년 간을 대상으로 하였으며, 12제기·8표·10지(志)·70열전으로 이루어져 있다. 후한부터 삼국시대에 걸쳐 응소(應劭)·복건(服虔)·여순(如淳)·맹강(孟康) 등 20여 명이 주석을 남겼는데, 당나라의 안사고(顔師古)가 그 주석들을 집성하였다. 현재의 간본에는 모두 안사고의 주석이 부각(付刻)되어 있다. 안사고 이후의 주석은 청나라 말의 왕선겸(王先謙)이 엮은 《한서보주(漢書補注)》에 집대성되어 있다.

《한서》는 《사기》의 기전체를 답습하였지만, 역사관은 《사기》와 다르다. 《사기》는 현실론의 관점에서 〈항우본기〉·〈진섭세가〉를 설정하였으나, 《한서》는 그 둘을 열전으로 강등하였다. 또 《사기》는 〈여후본기〉를 두었으나, 《한서》는 그것을 '본기'에서 제외시키고 혜제(惠帝)의 무의미한 연대기를 '본기' 속에 끼워 넣었다.

조선시대 《사기》와 《한서》의 공부

《사기》의 문학적 연구는 명나라 때 양신(楊愼)·당순지(唐順之)·가유기(柯維騏)·모곤(茅坤)과 명나라 말기의 귀유광(歸有光) 등에 이르러 고조되었다. 이 무렵 능치륭(凌稚隆)은 양신의 《사기제평(史記題評)》, 당순지의 《정선비점사기(精選批點史記)》, 모곤의 《사기초(史記鈔)》 등 이른바 평주본(評注本)을 계승하여, 1576년(명나라 만력 4년)에 《사기평림》 130권을 간행하였다. 능치륭은 《사기평림》 130권 이외에도 《사기찬(史記纂)》 24권(혹은 12권)·《한서평림(漢書評林)》 100권·《한서찬(漢書纂)》 67권 등을 남겼다. 《사기평림》은 임진왜란 이전에 갑인자로 인쇄된 적이 있다. 그리고 17세기 말에는 《사기

《사기평림》조선 목판본 　　　일본 1883년 간행 報告社藏版《補標史記評林》

평림》이 현종실록자로 간행되고 또 정판(整版)되었다. 한편《한서평림》도 영남 관찰영에서 판각되었다.

　《사기찬》은 능치륭이《사기평림》을 간행한 뒤 다시 작품을 뽑아 17권으로 모은 것인데, 왕세정(王世貞)의 서문(만력 7년=1579년)을 붙인 능씨주묵인본(凌氏朱墨印本)이 있다. 이 책을 토대로 조선 학자들은《사찬》을 재편집하여 광해군 2년(1610년)에 훈련도감자로 인출하였다. 한편《한서찬》 8권은 정조 연간에 무신자로 간행되었다.

　세종조에는《한서》 100책이 경오자로 간행되고(뒤에 현종실록자로도 간행), 중종 36년(1541)에는 명례방(明禮坊)에서 목활자본《한서열전(漢書列傳)》이 간행되었으며, 명종 21년(1566)에는 안장(安瑋)이 편찬한《한서전초(漢書傳抄)》가 목판 인쇄되었다. 선조 말에는 최립(崔岦)이《사기열전》과《한서열전》을 선별하여《한사열전초(漢史列傳抄)》를 엮었다. 정조 20년(1796)에는

《사기영선(史記英選)》이 정유자로 간행되었고, 비슷한 시기에 《한초(漢草)》(漢艸, 漢書列傳選)라는 선집(選集)이 정유자로 간행되었다. 《사기영선》이나 《한초》는 주석이 없는 백문본(白文本)이다.

전국책(戰國策)

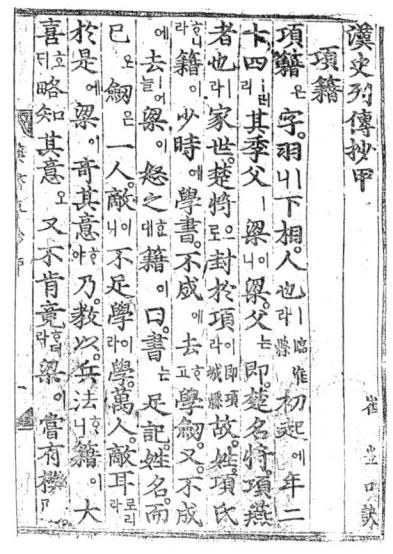

최립《한사열전초(漢史列傳抄)》목판본

선진 문헌 가운데 전국시대(기원전 481부터 기원전 403년 혹은 기원전 221년까지) 여러 제후국의 역사를 다룬 유일한 문헌이다. 한나라 때 유향(劉向)이 쓴 것으로 알려져 왔으나, 단독저술이 아니고 전국시대 종횡가(縱橫家)들의 저술을 유향이 집록(集錄)한 것이라고 한다. '책'은 '궤계(詭計)' '밀모(密謀)' '음모(陰謀)'의 뜻이라고 보는 설과, 죽간이나 목간과 같은 '문헌(文獻)'을 뜻한다고 보는 설이 있다. 유향은 '궤계'와 '밀모'의 뜻으로 보았던 듯하다. 모두 33권으로, 서주·동주·진(秦)·제(齊)·초(楚)·조(趙)·위(魏)·한(韓)·연(燕)·송(宋)·위(衛)·중산(中山)의 12책으로 이루어져 있다. 이 책은 각 제후국의 지방문헌, 제후의 고사·일사(軼事), 외교 이론 및 실천과 관련된 자료 등을 포괄하고 있다. 특히 책사(策士)와 모사(謀士)들의 글을 많이 수록하여, 그들의 예지와 유머를 살필 수 있다. 사족(蛇足)·모순(矛盾)·어부지리(漁父之利)·삼인성호(三人成虎)·전화위복(轉禍爲福)·호가호위(狐假虎威) 등의 성어도 여기에 들어 있다.

《사기》는 이 책의 기록을 주요한 사료로 삼았으나, 뒤에《전국책》이 다시

《사기》의 글에 따라 개정한 곳도 있어서 문헌상으로는 상당히 복잡한 문제를 안고 있다. 1973년에 마왕퇴(馬王堆)에서 발견된《(별본)전국책》혹은《백서 전국책》《전국종횡가서》라고도 부름) 27장 가운데 60퍼센트는 현재의《전국책》에 없는 것이어서, 유향이 정리하기 이전의 자료라고 추측된다.

통감(通鑑)

북송의 사마광(司馬光; 1019~1086)은 1065~1084년에 걸쳐 전국 초기부터 오대의 말년에 이르는 통사(通史)인《자치통감(資治通鑑)》을 저술하여, 편년체를 부활시켰다. 줄여서 '통감'이라고도 한다. '자치통감'은 치도(治道)에 자료가 되고 역대를 거울로 삼는다는 뜻이다.

1. 《자치통감》의 구성과 내용

모두 294권으로, 주(周)나라 위열왕(威烈王)이 진(晉)나라의 3경(卿)인 한(韓)·위(魏)·조(趙)씨를 제후로 인정한 기원전 403년부터 5대(五代) 후주(後周)의 세종(世宗) 때인 960년에 이르기까지 1,362년 간의 역사를 1년씩 단위로 묶어 편찬하였다. 곧, 주기(周紀) 5권, 진기(秦紀) 3권, 한기(漢紀) 60권, 위기(魏紀) 10권, 진기(晉紀) 40권, 송기(宋紀) 16권, 제기(齊紀) 10권, 양기(梁紀) 22권, 진기(陳紀) 10권, 수기(隋紀) 8권, 당기(唐紀) 81권, 후량기(後梁紀) 6권, 후당기(後唐紀) 8권, 후진기(後晉紀) 6권, 후한기(後漢紀) 4권, 후주기(後周紀) 5권 등 모두 16기(紀) 24권이다.

사마광은 우선《통지(通志)》8권을 영종(英宗)에게 올렸는데, 영종은 편찬국을 개설하여 통사를 엮도록 명하였다. 사마광은 정사(正史)는 물론 실록·야사·소설·묘지명 등 322종의 자료를 참고로 하여 《춘추좌씨전(좌전)》의 서법(書法)에 따라 완성하여 올렸는데, 신종(神宗)이 '자치통감'이라 이름을 붙이고 자서(自序)를 지었다.

본래 편년체는 연월일의 아래에 사건들을 쪼개어 기술하기 때문에 사건의 경과를 잘 알 수 없다는 결함이 있다. 《춘추》도 삼전(三傳)에 의하지 않고는 기록의 의미를 파악하기 어렵다. 그런데 《좌전》은 사건을 고립적으로 기술하지 않고, 사건의 유래를 소급하여 서사물로서 구성하였다. 《통감》은

자치통감의 고사 : 구밀복검(口蜜腹劍)과 겸청즉명(兼聽則明)

자치통감(資治通鑑) 당기(唐紀) 현종(玄宗) 천보(天寶) 원년에, '구밀복검(口蜜腹劍)'의 성어가 있게 된 기사가 나온다.

현종 황제와 친족인 이임보(李林甫)는 글씨와 그림에 능하고 재주가 많아서 황제의 신임을 얻었는데, 아첨하는 재주도 있어서 19년 동안이나 재상의 자리에 있었다. 한편으로 그는 학식 있거나 재능 있는 사람들을 중상하고 제거하였다. 어느 날, 이임보는 황제가 병부시랑(兵部侍郞) 노현(盧絢)을 중용하여 화주(華州) 자사(刺史)로 보낼 것이라는 말을 듣고 황제에게 노현이 병을 앓고 있다고 중상하여 그를 강등하게 하였다. 또 이임보는 황제가 엄정지(嚴挺之)를 중용할 것이라는 소식을 듣고 엄정지에게 "내가 황제께 주청(奏請)드렸으니 경사(京師)에게 가서 병을 치료하시오."라고 하였다. 엄정지가 경사로 가자, 이임보는 황제에게 "엄정지는 나이가 많아 몸이 쇠약한 데다가, 중풍으로 치료를 받고 있는 중이니, 중직에 등용하지 마옵소서."라고 말하였다. 세월이 흐르자, 세상 사람들은 마침내 그의 위선적인 면목을 발견하고 '이임보는 입으로는 달콤한 말을 하지만 뱃속에는 칼이 들어있다'라고 말을 하였다(世爲李林甫口有蜜腹有劍).

또 당기(唐紀)에 태종(太宗) 때의 기사에 '겸청측명(兼聽則明)'의 고사가 나온다.

재상 위징(魏徵)은 명석한 데다가 역사에 정통하였기 때문에 당태종의 두터운 신임을 받았다. 서기 628년, 당 태종은 제위에 오른 지 얼마 되지 않은 어느 날, 그에게 물었다. "나라의 군주로서 어떻게 해야 일을 공정하게 처리하고 잘못을 저지르지 않겠는가?" 위징은 이렇게 대답했다. "많은 사람의 의견을 들어보면 자연히 바른 결론을 얻을 수 있습니다. 한쪽 말만 듣고 믿는다면 일을 잘못하게 될 것입니다(兼聽則明, 偏信則暗)." 위징은 다음과 같은 교훈을 예로 들었다.

"진(秦)나라 2세는 조고(趙高)의 말만 믿다가 망하였고, 양(梁) 무제는 주이(朱異)만 믿다가 굴욕을 당하였으며, 수(隋) 양제는 우세기(虞世基)만 믿다가 고성각(鼓城閣)의 변을 초래하였습니다. 이와 반대로, 상황을 더 많이 이해하고 더 많은 의견을 듣는다면 이러한 재앙은 막을 수도 있고 피할 수도 있습니다. 요임금은 백성들을 찾아다니며 물었기 때문에 묘(苗)의 악행을 분명하게 알 수 있었고, 순임금은 눈과 귀가 밝았으므로 공공(共工)·곤(鯀)·환두(驩兜)의 잘못된 행동을 꿰뚫어 보았습니다. 현명한 군주는 언로(言路)를 막지 않으며, 아래 사람들의 상황을 위 사람들에게 전할 수 있게 함으로써 정확한 결정을 내리는 법입니다."

그 장점을 살렸다. 또한 등장인물의 대화를 통하여 사건 진행을 서술하는 방식을 활용하였다.

《자치통감》은 위·오·촉 3국의 경우 위(魏)나라의 연호를 쓰고 남북조의 경우 남조의 연호를 써서, 그 둘을 정통(正統)으로 보았다. 중요한 기사에는 '신광왈(臣光曰)'이라는 표제어로 사마광의 평론을 첨부하였다.

사마광은 별도로 《통감고이(通鑑考異)》 30권을 지어 사실을 고증하였고, 《통감목록(通鑑目錄)》 30권과 《통감석례(通鑑釋例)》 1권으로 목록과 범례를 밝혔으며, 《계고록(稽古錄)》 20권을 지어 서술의 부족을 보충하였다.

뒤에 주희(朱熹)는 《자치통감》을 축약하고 재편집하여 1172년에 《자치통감강목(資治通鑑綱目)》을 완성하였다. 유럽에서 최초로 간행된 중국역사서인 J.A.M. 무아리아크 드 마야의 《중국통사 Histoire generale de la Chine》(1777~1785)도 주희의 《강목》을 토대로 하였다고 한다.

우리나라에서도 고려 중엽에 《자치통감》을 별도로 교정한 일이 있다. 그리고 조선 세종 때는 왕과 신하들이 《자치통감강목훈의(資治通鑑綱目訓義)》를 엮었고, 성종 때에는 통감의 편년체 서술 방법을 본떠서 《동국통감(東國通鑑)》을 만들었다.

2. 통감절요(通鑑節要)

중국 송나라 휘종 때 강지(江贄)가 사마광의 《자치통감(資治通鑑)》 294권 가운데서 대요를 뽑아 만든 50권으로 추린 역사서이다. 강지의 호를 덧붙여 《소미통감(少微通鑑)》이라고도 한다. 《자치통감》은 너무 거질(巨帙)이어서 열람하기 어려우므로, 주희(朱熹)는 《자치통감강목(資治通鑑綱目)》(59권)을 엮었고, 원추(袁樞)는 《통감기사본말(通鑑記事本末)》(42권)을 엮었는데, 강지의 이 책도 그러한 축약본 가운데 하나이다. 강지는 주기(周紀) 5권을 2권

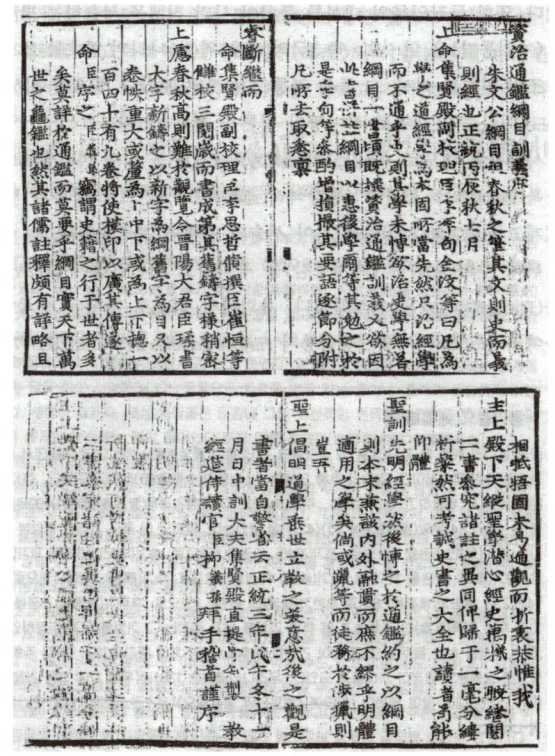

《자치통감강목훈의》
유의손(柳義孫) 발문: 일본
大阪府立圖書館藏 정조조 목판본

으로, 진기(秦紀) 40권을 5권으로, 송기(宋紀) 16권과 제기(齊紀) 10권을 1권으로, 양기(梁紀) 22권을 1권으로, 진기(陳紀) 10권을 1권으로, 수기(隋紀) 8권을 1권으로, 당기(唐紀) 81권을 14권으로, 후량기(後梁紀) 8권과 후한기(後漢紀) 4권을 1권으로, 후주기(後周紀) 5권을 1권으로 줄였다. 강지의 후손 강묵(江默)이 주희에게 이 책의 가치를 묻자 주희는 그 가치를 크게 인정하였다. 1237년 강연(江淵)이 윤색을 하고 음주(音注)를 달아 간행한 이후로, 여러 차례 중간되었다. 이 때 주희의 《통감강목》의 영향으로 정통론의 관점이 끼어들게 되었다. 우리나라에서는 1381년(우왕 7)에 처음 간행되고, 주자학을 신봉하던 조선시대에 많이 읽혔다.

십팔사략(十八史略)

중국 남송(南宋) 말에서 원(元)나라 초에 걸쳐 살았던 증선지(曾先之)가 편찬한 중국 역사서이다. 원명은 《고금역대십팔사략(古今歷代十八史略)》이다. 광해군 때 문인 허균(許筠)은, 중국인이 조선의 문장을 망치기 위해 《고문진보》와 함께 이 《십팔사략》을 엮어서 침투시켰다고까지 말하여, 이 책의 통속성을 비판하였다. 하지만 그만큼 조선 중기 이후로  교양서로 널리 읽혔음을 알 수 있다. 철학에서의 《논어》, 시에서의 《당시선(唐詩選)》과 함께, 역사에서는 이 《십팔사략》이 가장 기초적인 한문고전으로 꼽힌다.

  이 책은 《사기》《한서》부터 《신오대사》까지 17종의 정사, 송나라 때의 《속송편년자치통감(續宋編年資治通鑑)》《속송중흥편년자치통감(續宋中興編年資治通鑑)》 등 18사의 사료(史料)로부터, 태고 때부터 송나라 말까지의 역사사실을 발췌하여 초학자용으로 엮은 것이다. 원래 2권이었으나, 명나라 초기에 진은(陳殷)이 음과 해석을 달아 7권으로 만들었고, 유섬(劉剡)이 보정(補正)하고 왕봉(王逢)이 점교(點校)한 것을 더하여 하경춘(何景春)이 간행하였다. 원저자 증선지는 강서성 여릉(廬陵) 사람으로, 진사를 자칭했지만 진사시에 합격한 흔적이 없다. 진은·유섬·하경춘도 모두 전기(傳記)를 알 수 없다. 증선지 등의 본관이나 활동지로 볼 때 이 책은 강서성이나 복건성 부근에서 간행된 듯하다. 원나라 때 이 지역 사람들은 남인(南人)이라고 차별을 당하였으므로, 아마도 증선지는 망국의 한과 남인으로서의 분노

를 담아 통속적인 민족사를 저술한 듯하다(陳舜臣, 〈廬陵の曾先之〉, 《蘭におもう》, 德間文庫, 東京: 德間書店, 1986).

이 책은 부정확하기 때문에 사료적 가치가 없지만, 중국왕조의 흥망을 일목요연하게 알 수 있고, 많은 인물들의 약전(略傳)·고사(故事)·금언(金言)을 잘 이해할 수 있다.

삼국사기

김부식(金富軾)이 고려 인종의 명을 받아 1145년(인종 23)경에 편찬한 삼국시대의 정사(正史)이다. 최산보(崔山甫)·이온문(李溫文) 등이 함께 자료를 고찰하고 김충효(金忠孝)·정습명(鄭襲明)이 총재의 일을 맡았다.

기전체(紀傳體)로, 본기 28권(고구려 10권, 백제 6권, 신라 12권), 지(志) 9권, 표 3권, 열전 10권으로 되어 있다. 지(志)는 신라의 제도를 해설하는 데 치중하였고, 영토 문제를 중시하여 지리지(地理志)에 중점을 두었다. 표(表)는 박혁거세 즉위년(기원전 57)부터 경순왕 9년(935)까지를 3권으로 나누었는데, 조금 소략한 편이다. 자료로 《고기(古記)》《삼한고기(三韓古記)》《신라고사(新羅古史)》《구삼국사(舊三國史)》《고승전(高僧傳)》《김대문(金大問)》《화랑세기(花郞世記)》《계림잡전(鷄林雜傳)》《제왕연대력(帝王年代曆)》《최치원(崔致遠)》 등 우리사서와 《삼국지》《후한서》《진서》《위서》《송서》《남사》《북사》《신당서》《구당서》《자치통감》 등 중국 사서를 참고로 하였다.

1174년(명종 4)에 고려사신이 이 책을 송나라에 보냈다는 기록이 《옥해(玉海)》에 보이므로, 초간본은 12세기 중엽(1149~1174)에 나온 듯하다. 성암(誠庵) 박물관의 잔본(殘本)과 일본 궁내청(宮內廳) 소장본은 2차 판각본이다. 1394년(조선 태조 3)에 3차 판각이 있었으나, 김거두(金居斗) 발문으로 그 사실을 추정할 수 있을 뿐이다. 1512년(중종 7)에 4차로 판각된 책에는 이계복(李繼福) 발문이 있다. 중종임신본(中宗壬申本) 혹은 정덕임신본(正德壬申本), 아니면 정덕본(正德本)이라고 부르는데, 이병익(李炳翼) 소장본과 옥산서원본(玉山書院本)이 전한다. 1760년(영조 36)에는 현종실록자본이 내사(內賜)되었다.

김부식은 〈진삼국사기표(進三國史記表)〉(《東文選》에 수록)에서, 《고기(古記)》의 내용이 빈약하고 문체가 보잘 것이 없으므로 국사를 다시 만들었다고 밝혔다. 신채호(申采浩)는 이 책이 유교중심의 사대주의적인 개악서(改惡書)라고 보았으나, 독자적인 역사의식이 없었던 것은 아니다.

《삼국사기》는 열전을 10권 두었다. 왕후·종실·공주 등을 입전(立傳)하지 않고, 김유신에게 3권을 배당하였으며, 나머지 7권에 49명(附傳된 인물까지 계산하면 68인)을 입전하였다. 열전의 제1~3권은 김유신전(선조와 후손의 전을 附傳), 제4권은 을지문덕·거칠부·이사부·김인문·김양·흑치상지·장보고·사다함의 전기이다. 제5권은 을파소·후직·밀우·박제상·귀산·온달 등 10인의 전기이다. 제6권은 강수·최치원·설총·김대문 등 학자의 열전이다. 제7권은 해론(奚論)·관창·계백 등 충의열사 19인의 전기다. 제8권은 향덕(向德)·성각(聖覺)·김생·솔거·도미(都彌)·설씨녀·지은(知恩) 등의 열전이다. 제9권은 창조리(創助利)와 연개소문(淵蓋蘇文)의 열전이니, 즉 반신(叛臣)을 입전하였다. 제10권은 궁예와 견훤의 열전이니, 즉 역신(逆臣)을 입전하였다.

고전을 읽어봅시다
《삼국사기》 열전의 예 : 권45 〈온달전(溫達傳)〉의 일부

〈온달전〉은 고구려 25대 왕인 평강왕(平岡王), 곧 평원왕(平原王, 재위 559~590)의 공주와 민간의 우직한 청년 온달과의 사랑을 그리고, 온달이 평양왕(平陽王)[본문에는 양강왕(陽岡王)] 때 신라군과 아차산성(阿且山城) 전투에서 전사하기까지의 사적을 서술하였다. 그 일부는 소설적이다.

 於是, 公主以寶釧數十枚繫肘後, 出宮獨行. 路遇一人, 問溫達之家, 乃行至其家. 見盲老母, 近前拜, 問其子所在, 老母對曰: "吾子貧且陋, 非貴人之所可近. 今聞子之臭, 芬馥異常, 接子之手, 柔滑如綿, 必天下之貴人也. 因誰之侜, 以至於此乎? 惟我息不忍饑, 取楡皮於山林, 久而未還." 公主出行, 至山下, 見溫達負楡皮而來. 公主與之言懷, 溫達悖然曰: "此非幼女子所宜行, 必非人也, 狐鬼也. 勿迫我也!" 遂行不顧. 公主獨歸, 宿柴門下, 明朝更入, 與母子備言之. 溫達依違未決, 其母曰: "吾息至陋, 不足爲貴人匹, 吾家至窶, 固不宜貴人居." 公主對曰: "古人言, '一斗粟猶可舂, 一尺布猶可縫[1], 則苟爲同心, 何必富貴然後可共乎?" 乃賣金釧, 買得田宅奴婢牛馬器物, 資用完具. 初, 買馬, 公主語溫達曰: "愼勿買市人馬, 須擇國馬病瘦而見放者, 而後換之." 溫達如其言. 公主養飼甚勤, 馬日肥且壯.
 공주는 보물 팔찌 수십 개를 팔에 끼고 홀로 궁궐을 나와 길에서 사람을 만나 온달의 집을 물어 그 집에 이르렀다. 공주는 눈 먼 노모를 보고 나아가 절하고 아들 있는 곳을 물었다. 노모가 대답했다. "내 아들은 가난하고 비천하므로 귀인이

---

1) 一斗粟猶可舂, 一尺布猶可縫 : 《史記》 "孝文十二年, 民有作歌, 歌淮南 王曰: '一尺布尙可縫, 一斗粟尙可舂', 兄弟二人不相容." 여기서는 부부의 합심을 강조한 말.

《삼국사기》〈온달전〉(조선 중종 임신년간본) 오자가 간혹 있다.
- 蒙―家
- 實―寶
- 具―且
- 釗―釧
- 策―第

가까이 할 바가 못 됩니다. 당신 냄새를 맡으니 향기가 비상하고, 당신 손을 만져보니 부드럽기가 솜 같으니 필시 천하의 귀하신 분일 것입니다. 누구에게 속아 이곳에 오셨습니까? 내 자식은 굶주림을 참지 못해 느릅나무 껍질을 벗기러 산으로 간 지 오래 되었는데 아직 돌아오지 않았습니다." 공주는 산 밑에 이르러, 온달이 느릅나무 껍질을 지고 오는 것을 보았다. 공주가 속마음을 말하자, 온달은 화를 내며, "이곳은 어린 여자가 다닐 곳이 아니다. 넌 사람이 아니라 여우나 귀신일 것이다. 가까이 오지 마라!" 하고는, 돌아보지도 않고 가버렸다. 공주는 홀로 돌아와 사립문 가에서 자고 다음날 아침 다시 들어가 모자에게 상황을 말하였다. 온달은 머뭇머뭇 하였는데, 어머니가 말했다. "내 자식은 너무 비루해서 귀인의 배필이 될 수 없고, 우리 집은 극히 가난하여 귀인이 거처할 곳이 못됩니다." 공주가 대답했다. "옛 말에 '한 말 곡식이라도 오히려 찧을 수 있고, 한 자 베도 오히려 꿰맬 수 있다' 고 했습니다. 정말로 마음을 같이한다면 어찌 반드시 부귀한 뒤라야 같이 살 수 있겠습니까?" 그리고는 금팔찌를 팔아서 밭과 집과 노비, 마소, 기물을 사들여 소용되는 물품을 갖추었다. 말을 살 적에 공주는 온달에게 말했다. "장사꾼의 말을 사지 마시고 꼭 병들고 야위어 버려진 국마를 가려서 사세요." 온달은 그 말대로 하였다. 공주가 열심히 먹여 길렀으므로 말은 나날이 살찌고 건장해졌다.

삼국유사

고려 승려 일연(一然)이 1281년(충렬왕 7)경에 편찬한 사서(史書)로, 왕력(王歷: 表)·기이(紀異)·흥법(興法)·탑상(塔像)·의해(義解)·신주(神呪)·감통(感通)·피은(避隱)·효선(孝善) 등 9편목 5권으로 이루어져 있다.

1. 《삼국유사》의 편찬과 구성

이 책은 일연이 70세 후반부터 84세로 죽기까지 운문사(雲門寺)와 인각사(麟角寺)에 주석(住錫)할 때 엮은 것으로 추정된다. 이 책의 가섭불연좌석(迦葉佛宴坐石)조의 '지금 지원(至元) 18년(1281)'이라는 연대는 충렬왕 7년, 76세의 일연이 운문사에 살고 있을 때에 해당한다. 또 이 책에 일연의 직함은 '인각사주지'로 되어 있어서, 만년에 그가 인각사 주지로 있었던 사실과 일치한다.

〈왕력〉편은 연대표로, 각 왕의 대수, 즉위 시기 및 재위 연수, 능의 소재, 왕모와 왕비, 연호의 사용, 외침 등 국가적 사건을 기록하였다. 〈기이〉편은 고조선부터 후삼국까지의 역사를 57항으로 기록하였다. 〈흥법〉편은 삼국의 불교사를 6항목으로 기록하였고, 〈탑상〉편은 탑과 불상에 관한 사실을 31항목으로 기록하였다. 〈의해〉편은 신라 고승전기 14항목, 〈신주〉편은 신라 신이승(神異僧)에 대한 3항목을 수록하였다.

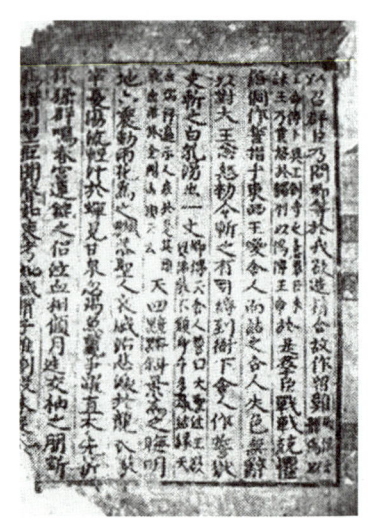

곽영대 씨 소장 《삼국유사》

〈감통〉편은 영이(靈異)·감응(感應)에 관한 10항목, 〈피은〉편은 초일(超逸)한 인물의 행적 10항목, 〈효선〉편은 효도·선행에 관한 미담 9편을 수록하였다. 따라서 《삼국유사》는 모두 144항목이다.

《삼국유사》에는 일연의 제자 무극(無極)이 1310년 무렵 첨가한 기록이 있으나, 당시 초간되었는지는 알 수 없다. 조선초 간본으로 송은본(松隱本: 郭永大 소장 殘本)과 석남본(石南本: 宋錫夏 구장 殘本)이 있다. 그 뒤 1512년(중종 7)에 경주부윤 이계복(李繼福)이 중간하였다(中宗壬申本 또는 正德本이라 부른다). 중간본의 안정복(安鼎福) 수택본(手澤本)은 이마니시 류우(今西龍)의 손에 들어 갔다가(1926년 경성제대 문학부 영인/ 1932년 고전간행회 영인/ 1964년 일본 학습원 동양문화연구소 영인) 일본 텐리도서관(天理圖書館)에 소장되어 있다. 고려대 만송문고(晩松文庫)에 완본이 있다(1983년에 영인). 영역본으로 《Samgukyusa》(translated, by Ha Tae-Hung & Grafton K.Mintz, Yonsei University Press, 1972 1st print)가 있다.

> **《삼국유사》 14세기 판본 보물서 국보로 승격**
>
> 2002년 7월 26일 문화재청(www.ocp.go.kr)이 국보로 지정예고한 《삼국유사》는 곽영대씨가 소장하고 있던 보물 제419호. 모두 다섯 권으로 나뉘어진 《삼국유사》의 3·4·5권만 남아 있고 1·2권은 없는 결본(缺本)이지만 가장 오래된 판본이라 국보로 지정키로 했다. 문화재청은 이와 함께 네 가지 《삼국유사》를 보물로 지정예고 했다. 성암고서박물관 소장 제2권, 부산 범어사 소장 제4·5권, 고려대 도서관 소장 제3·4·5권, 서울대 규장각 소장 전권(제1·2·3·4·5권) 등이다.
> 완전한 판본은 서울대 규장각 소장본이 유일하다. 그러나 제작연대가 16세기로 떨어져 보물에 그쳤다. 성암고서박물관 소장품은 국보로 지정된 곽영대씨 소장품과 비슷한 14세기 판본. 지금까지 학계에서도 거의 알려지지 않았던 희귀본인 범어사 소장품은 14세기 경주에서 만들어졌으며, 구결(口訣)로 토를 달아 읽기 편하게 했다. 고려대 소장본은 가장 널리 알려진 조선 중종 때 간행된 것으로 구결이 달려 있다.《중앙일보》, 2002. 7. 29.〉

《삼국유사》는 《고승전(高僧傳)》 체재를 본받았지만, 그것과는 달리 '기이편' '탑상편' '효선편'을 설정하고, 승려만이 아니라 속인도 대상으로 삼았다. 일연은 고기(古記)·사지(寺誌)·금석문·사서·승전(僧傳)·문집 등을 수집함은 물론, 설화와 전설들도 주요 자료로 이용하였다. 문헌 자료 50

> **《삼국유사》 조선 초 판본 국보 제306호로 지정**
>
> 문화재청(청장 노태섭)은 29일 개인이 소장하고 있는 '삼국유사' 권 제3~5를 국보로 지정했다.
> 국보 제306호로 등록된 '삼국유사'(3권 1책·33.6×21.3센티미터)는 푸른비단으로 개장(改裝)한 표지에 '乙亥 昔珠(을해 석주)'라는 작은 글자가 확인돼 조선 중종 7년(1512) '정덕본(正德本)'보다 앞선 조선 초기에 나온 것으로 평가되고 있다. 고려 왕들의 이름을 피하는 '어휘(御諱)'와 관련해 이 판본에는 태조 왕건의 아버지 왕륭(王隆)의 이름을 피해 '隆' 자가 꼭 필요한 경우에는 대신 '豊(풍)'을 썼는가 하면 武(무·2대 혜종의 이름)는 일부 획을 빠뜨린 경우도 있다. (《동아일보》, 2003. 1. 30.)

조목에 대해서는 근거를 밝혔다. 오늘날의 방지(方志)는 문헌과 구전 자료를 망라해야 한다고 하는데, 《삼국유사》는 그러한 이상을 이미 모델로서 제시한 것이라고 하겠다.

2. 일연의 역사의식

일연의 역사의식은 〈기이〉편의 서문에 잘 나타나 있다. "성인이 예악으로 나라를 일으키고 인의(仁義)로 가르침을 베푸는 데 있어 괴력난신(怪力亂神)은 말하지 않았다. 그러나 제왕이 장차 일어나려 함에 부명(符命)을 받고

> **일연 스님의 유언**
>
> 박영돈
>
> 경상도 군위군 인각사 보각국존비에 보면 다른 고승대덕의 말씀들과는 전혀 다른 이야기가 있다.
> 일연 스님이 "오늘은 내가 갈 것이다" 하니, 그 제자들이 한 말씀 해주시기를 간절히 청하였다. 그러자 스님은 주장(拄杖)을 높이 쳐들어 한 번 내리치고 말했다. "이것은 아픈가?" 또 한 번 내리치며 말했다. "이것은 아프지 아니한가?" 또 한 번 내리치며 말했다. "이것은 아픈가 아니 아픈가?" 스님은 이어서 말하였다. "부디 분별해보라. 분별하고 명변하는 일은 눈앞 현실에 있다. 여러 선덕(禪德)께 널리 날마다 이를 알려라. 아프고 가려운지 가렵지 아니한지, 모호하여 분별하지 못하는 것을 밝게 분별하도록 하라."
> 마음을 마음으로 전하는 어려운 방법론보다는 한 단계 끌어내려진, 아주 쉽고 평범한 가운데서 천하 불변의 진실을 찾아야 하리라. 우리 주변에서 일어나는 시시한 일들 속에서 옳은가 옳지 않은가를 구별하는 일, 어마어마하고 크나큰 대의명분 속에서 의(義)를 찾는 것이 아니라 사소하고 아주 근접한것 가운데서 찾고 그것을 분별할 수 있는 능력을 기르는 일이 중요하다. 그 점을 새삼 느끼기 때문에, 스님의 마지막 유언이 가슴에 와 닿는다. (《고전문화》 19, 2001. 11. 17.)

도록(圖籙)을 받아 반드시 남과 다른 점이 있은 연후에야 능히 대변(大變)을 타고 대기(大器)를 쥐어 대업(大業)을 이룰 수 있었던 것인데 삼국의 시조가 모두 신이한 데서 나왔다는 것이 무엇이 괴이하겠는가?" 일연은 고조선—위만조선—마한으로 이어지는 상고사 체계를 세우고, 신이한 전통을 자랑스럽게 기술하였다. 안정복은 《동사강목(東史綱目)》에서 《삼국유사》를 허황하다고 비판하였고, 일본인 이마니시 류우는 민담집이라고 보았다. 하지만 최남선(崔南善)은 《삼국유사》가 고사(古史)의 원형을 보존하였다고 평가하였다.

3. 《삼국유사》의 고증

《삼국유사》의 역주본은 여럿 나왔다. 그런데 일본인 이마니시 류(今西龍)가 《삼국유사》를 영인 출판한 뒤, 해방 전 서울에서 교수 생활을 했고 오랫동안 교토(京都)의 도시샤(同志社) 대학에서 근무한 미시나 아키히데(三品彰英 1902~1971)는 1958년에 '삼국유사 연구회'를 만들어 미국 하버드 대학 옌칭연구소의 동방학연구 일본위원회에서 지원을 받아 《삼국유사》를 고증하기 시작하였다. 1975년에는 그 첫권이 나왔다. 이후 미시나의 제자 무라카미 요시오(村上好雄, 1914~)가 출간을 주도하였다. 무라카미는 1995년에 《삼국유사고증》 5권을 완간하였다.

조선왕조실록

조선왕조실록은 조선 태조부터 철종까지 25대 472년간(1392~1803)의 역사를 편년체로 기록한 것으로, 총 1,893권 888책이다. 《단종실록》의 경우에는 부록 1권이 있고,《선조실록》《현종실록》《경종실록》의 경우에는 수정·개수 실록이 별도로 있다.

실록(Veritable Records)은 다음 국왕이 즉위한 뒤 실록청(實錄廳)을 개설하여, 보고문서 등을 정리해둔 춘추관시정기(春秋館時政記), 선대 왕 재위시의 사관(史官)들이 작성한 사초(史草), 승정원일기(承政院日記), 의정부등록(議政府謄錄), 일성록(日省錄) 등 정부 주요기관의 기록을 토대로 하고, 개인의 문집, 관련 인물의 문집이나 행장, 비문 등을 참고로 하여 편찬하였다. 완성된 실록은 정족산(鼎足山)·태백산(太白山)·적상산(赤裳山)·오대산(五臺山)의 4개 사고(史庫)에 각각 1부씩 보관하였다. 임진왜란이나 병자호란 등의 전쟁을 거치면서 일부 소실되기도 하였으나 다시 출간하거나 보수하여 왔다.

정족산·태백산 사고의 실록은 1910년 일제가 경성제국대학으로 이관한 것을 광복 후 서울대학교가 규장각에 보관해왔다. 1984년에는 정족산본과 태백산본을 분리하여 안전하게 보관하고 있다. 오대산 사고의 실록은 일본으로 반출되었다가 관동대지진으로 소실되고 27책만 남았다. 2006년에 반환되어 우리나라로 돌아왔다. 적상산본은 장서각(藏書閣)에 소장되어 있다가 1950년 한국전쟁 당시 북한이 가져가 김일성종합대학에 소장되어 있다고 한다. 조선왕조실록은 정족산본 1,181책, 태백산본 848책, 오대산본 27책, 기타 산엽본(散葉本) 21책을 포함해서 총 2,77책이 일괄적으로 국보 제 151호로 지정되어 있으며, 1997년 10월에 유네스코 세계기록유산으로 등록되었다.

중국에도 편년체 실록으로 《황명실록(皇明實錄)》(2,964권)과 《대청역조실록(大淸歷朝實錄)》(296년 간의 기록)이 있다. 하지만, 《조선왕조실록》은 규모나 내용에서 그것들보다 앞선다. 실은 고려시대의 실록도 조선 초까지는 전하였던 듯하지만, 현재는 남아 있지 않다. 조선시대의 실록 편찬은 고려

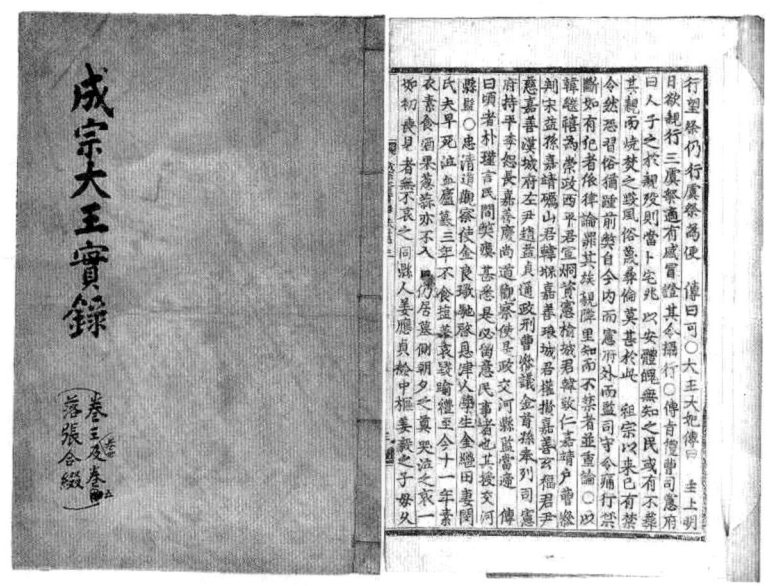

장서각 소장 《성종강정대왕실록》 권3~5 부분

시대의 전통을 이은 것이되, 활자(금속활자나 목활자)를 이용하여 간행하였다는 점이 특이하다. 민족문화추진회와 세종대왕기념사업회에서 실록을 번역하였고, 북한에서도 번역본 《이조실록》 100책을 간행하였다.

위의 그림은 장서각에 보존된 적상산본 《성종강정대왕실록(成宗康靖大王實錄)》 잔본이다. 성종의 재위 25년 1개월 간(1469~1494)의 정치를 기록한 것으로, 성종이 승하한 뒤 4개월 뒤인 1495년 4월에 편찬되기 시작하여 1499년 3월에 인쇄가 완료되었다. 남한에 남은 적상산사고본 실록은 이 책이 유일하다. 목활자본이다.

동국통감(東國通鑑)

상고시대부터 고려 말까지의 역사적 사건이나 고사를 이해하는 데 가장 널리 이용되어 온 책이 《동국통감》으로, 모두 56권 28책이다. 본래 세조 때인 1463년에 최항(崔恒) 등이 왕명을 받아 편찬을 착수하였으나 완성하지 못하고, 성종 15년(1484)에 서거정(徐居正)·정효항(鄭孝恒) 등이 왕명에 의해 완성하여, 활자로 간행하였다. 이 책은 《자치통감》의 체제를 따랐으며, 《삼국사기》 《삼국유사》와 중국 사료를 참조하여 저술하였다. 고증이 잘못된 곳이 있지만, 편년체라서 편리하다. 신라·고구려·백제와 고려 공양왕 때까지 1,400년 동안의 사적을 서술하고, 따로 단군·기자·위만의 고조선 및 한사군·이부(二府)·삼한의 역사를 외기(外記)로 하여 책머리에 실었다. 광복 이전에 조선고서간행회본·광문회본(光文會本)이 유포되었다.

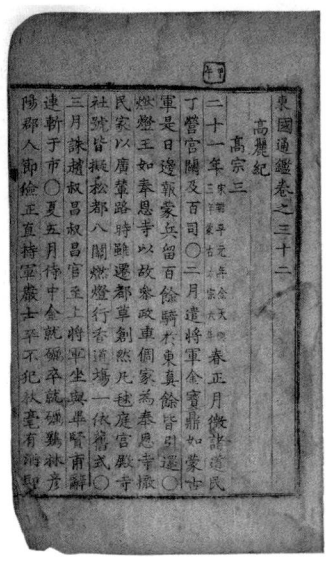

성암고서박물관 소장 동국통감 권32.

참고문헌

(1) 중국사 입문

- 하계군(何啓君) 저, 조관희 옮김,《중국사학입문》, 고려원, 1989.
  *중국 근대사학의 대가 고힐강(顧頡剛)의 강의를 제자가 노트한 것.
- 권중달,《(권중달 교수의) 자치통감사론강의》, 삼화, 2011.
- 中國學術名著提要編委會,《中國學術名著提要(歷史卷)》, 復旦大學出版社, 1994(1版) / 1995(2 次印刷).
- 山根幸夫 編,《中國史研究入門》(上・下), 山川出版社, 1983.
- Michael Loewe,《Everyday life in Early Imperial China; During the Han Period BC 202~AD 220》, New York: Dorest Press, 1988.
- 마이클로이 저, 이성규 역,《고대 중국인의 생사관》, 지식산업사, 1988(2쇄) / Michael Loewe, Chinese Ideas of Life and Death; Faith, Myth and Reason in the Han Perion(B.C. 202~A.D. 220), London, 1982.
- Endymion Wilkinson, Chinese History: A Manual, Revised and Enlarged, Harvard-Yenching Institute Monograph Series 52, Harvard University Press, 2000.

(2) 사기

- 瀧川資言,《史記會注考證》, 臺灣:中新書局, 1977(R).
- 이성규,《사기:중국 고대사회의 형성》, 서울대학교 출판부, 2007(수정판).
- 정범진 외 역,《사기열전》7책, 까치, 1996.
- 하야시다 신노스케(林田愼之助) 저, 심경호 역,《인간 사마천》, 강, 1995, 2004(2쇄).
- 이인호,《사기 : 중국을 읽는 첫 번째 코트》, 살림, 2005.
- 김영수 역,《사기》, 알마, 2010.
- 張新科 俞樟華,《史記研究史略》, 中國 : 三秦出版社, 1990.
- 張新科 俞樟華,《近十多年來史記文學成就研究摭述》, 文史知識, 1991.
- 李長之,《司馬遷之人格與風格》, 臺灣 : 開明書局, 1980.
- 楊燕起 俞樟華,《史記研究資料索引和研究論著提要》, 蘭州大學出版社, 1989.
- 楊燕起 陳可靑 賴長揚,《歷代名家評史記》, 北京師大出版社, 1985.
- 郭雙成,《史記人物傳記論考》, 中州古籍出版社, 1985.

- 黃繩,《史記人物畵廊》, 廣東人民出版社, 1988.
- 梁啓超,《史記解題及其讀法》(《國學研讀法》에 수록), 臺灣 : 中華書局, 1973.
- 吉田賢抗・寺門日出男・水澤利忠・靑木五郞,《史記》13册, 新釋漢文大系 38~41, 85~92, 116, 明治書院, 1973~2004.

(3) 한서

- 안대회 편역,《한서열전》, 까치, 2010(개역판).
- 오키 야스시(大木康) 지음, 김성배 옮김,《사기와 한서:중국 정사(正史)의 라이벌》, 천지인, 2010 / 大木 康,《史記と漢書 : 中國文化のバロメーター》, 岩波書店, 2008.
- 小竹武夫 譯,《漢書》(上・中・下 三册), 東京 : 筑摩書房, 1985.
- 王先謙,《漢書補注》, 中華書局 영인, 1993.
- 楊樹達,《漢書窺管》, 上海古籍出版社, 1982.
- 吳恂,《漢書注商》, 上海古籍出版社, 1983.

(4) 통감

- 김도련・정민 편,《현토완역 통감절요》전4권, 아세아문화사, 1982.
- 司馬光 지음, 권중달 옮김,《자치통감》(1~31, 부록), 삼화, 2000~2013.
- 司馬光 編, 王夢樵 選注, 朴鍾赫 譯,《資治通鑑經世要訣 100選》, 아세아문화사, 1998. / 王夢樵 選注,《通鑑故事一百篇》, 北京 : 新華出版社.
- 馮惠民,《通鑑地理注詞典》, 濟南 : 齊魯書社, 1986.
- 佐伯富,《資治通鑑索引》, 京都大學文學部內東洋史硏究會, 1961 / 京都 : 同朋舍, 1974(R).
- 荒木敏一 等,《資治通鑑胡注地名索引》, 京都大學人文科學硏究所, 1967 / 京都 同朋舍, 1974(R).

(5) 한국의 역사서

- 金相鉉,《韓國史學史의 硏究》, 을유문화사, 1985.
- 鄭求福,《三國遺事의 史學史的 考察》, 한국정신문화연구원, 1987.
- 정구복 외,《삼국사기의 원전 검토》, 한국정신문화연구원, 1995.
- 박인호,《韓國史學史大要》, 이회, 1996.
- 하정룡・이근직,《삼국유사 교감연구》, 신서원, 1997.

- 이어령, 《이어령의 삼국유사》, 서정시학, 2007.
- 정구복, 《한국중세사학사》, 집문당, 1999.
- 신현식, 《삼국사기 연구》, 일조각, 1981.
- 배현숙, 《조선실록의 서지적 연구》, 중앙대학교대학원 도서관학과 박사논문, 1982년 12월.
- 미시나 아키히데(三品彰英), 《三國遺事考證》 5册, 1975~1995.
- 동아대학교 국역, 《고려사》, 서울시스템, CD-ROM.
- 한국정신문화연구원, 《역주 삼국사기》 5책, 1996, CD-ROM.

역사 관련 사전

- 鄭天挺·譚其驤 主編, 《中國歷史大辭典》全 6卷, 上海辭書出版社, 1983~2010.
  *斷代史 9책과 民族史 歷史地理 思想史 史學史·科技史의 專科史書 5책 등 전부 14卷으로 발간예정이다.
- 《中國文化史詞典》(楊金鼎 主編), 浙江古籍, 1987.
- 《中國歷代職官辭典》(日本: 日中民族科學研究所), 中州古籍, 1987.
- 《中國歷代官制辭典》(徐連達 主編), 安徽古籍, 1991.

원전자료

- 《二十四史》, 北京:中華書局, 1973~1976.
- 《二十五史》, 上海:開明書店, 1941 / 臺北:藝文印書館(R)
- 《二十五史補編》, 臺北:開明書店 1959(R).
- 《二十四史》 CD, 國學寶典光盤.

제13강

불교 한문

Q 불교경전은 산스크리트어[梵語]로 된 것이 원전 아닙니까? 한문으로 된 불교 경전을 읽을 필요가 있나요?

A 불교 경전은 본래 산스크리트어나 파리어(巴利語)로 적혀 있는 경전이 더 원형에 가깝겠지요. 그런데 중국에서 그것을 한문으로 번역하거나 중국에서 아예 새로운 경전이 만들면서 중국적인 불교가 형성되었습니다. 그 중국적인 불교가 우리나라나 일본에 심대한 영향을 끼쳐서 동아시아의 불교를 성립시켰지요. 그뿐 아니라 불경에 대한 많은 연구서들도 한문으로 이루어졌습니다. 우리나라의 불교는 한문으로 기록된 불경과 의소(義疏)를 기초로 발달하였고, 근세에 이르도록 산스크리트어를 연구하는 일은 드물었지요. 《진언집(眞言集)》이 망월사(望月寺)에서 간행된 예가 있지만, 그것은 매우 이례적입니다. 따라서 동아시아의 불교를 이해하려면 한문으로 적힌 불경이나 의소(義疏)가 지닌 독자적인 가치를 인정해야 합니다.

아참, 우리나라 지식인들은 대부분 불경에도 밝았어요. 특히 불교의 '마음 다스리는 공부'는 유학의 심성 수양과 통한다고 보았기 때문이죠. 삼교일치나 삼교혼합의 경향이 있는 중국의 경우는 더 말할 것이 없습니다. 따라서 옛날 지성의 사유 방식을 이해하려면 불교 관계의 주요 서적들도 함께 읽어야 한다고 생각합니다.

Q 불교 경전의 한문도 유교 경전의 한문과 어법이 같나요?

A 예, 불교 경전의 한문도 한문인 이상 유교 한문과 문법상의 큰 구조는 같습니다. 그러나 불교 경전의 문체는 유교 경전의 그것과 상당히 다릅니다. 산스크리트어의 음사(音寫)나 불교 나름의 관용적인 표현이 많을 뿐만 아니라, 대부분의 글이 각 구 네 글자를 기본으로 하며, 동사의 연용(連用)이 많다는 점이 큰 특징입니다. 선어록(禪語錄)의 경우에

는 옛 한문에 구어(口語)의 요소가 가미되어, 중세 중국어의 문법과 언어습관을 반영하고 있습니다.

Q 불교사상과 유교사상의 큰 차이는 무엇입니까?

A 제가 답할 수 있는 물음은 아니군요. 그 둘의 차이를 사상체계의 면, 사회적 기능의 면, 종교적 속성의 면 등 여러 각도에서 살필 수 있겠지요. 다만 인간 존재의 문제와 관련시켜 논한다면, 결함 세계에 대처하는 방식에서 그 둘은 차이가 있습니다. 인간 주체는 세계 속에 살면서 여러 가지 저항과 장애를 체험하게 마련입니다. 이때 세상이 아무리 변고가 있다고 해도 여전히 정연한 천지운행의 도리를 따르고 있다고 간주하여 인정(人情)과 세태(世態) 속에 갖추어져 있을 도리를 긍정적으로 발견하려고 한 것이 유교, 특히, 주자학의 태도입니다. 이에 비하여 불교사상가는 이 결함 투성이의 세상을 환망(幻妄)이요 허위(虛僞)라 간주하고는 생사의 절대모순의 국면에서 기사회생(起死回生)하려고 하는 것이지요.

대장경

　대장경(大藏經)은 불교성전 일체의 총칭으로, 일체경(一切經)이라고도 한다. 부처의 말씀을 모은 경(經), 불제자들이 지켜야 할 수행덕목을 모은 율(律), 마명·용수·천친 같은 논사들의 교리를 모은 논(論) 등 삼장(三藏)으로 이루어지므로, 삼장경(三藏經) 혹은 장경(藏經)이라고도 한다.
　대장경 원본으로는 인도 고대의 표준문장어인 산스크리트(sanskrit: 범어, 하느님의 말)어로 기록된 범어본(梵語本)과 파리어(巴利語: 서민들의 속어)로 기록된 파리어본이 있었다.
　산스크리트어 장경을 원본으로 하여 한역장경·서장장경이 이루어지고, 한역과 서역장을 원본으로 하여 몽고장경·만국장경·일본장경 및 고려팔만대장경이 번역되었다. 대승권인 중국·서장·몽고·한국·일본 등은 산스크리트어계 장경을, 남방의 스리랑카·버어마·태국 등은 파리어계 장경을 기초로 한다.
　불교는 후한 명제(28~75년) 때 중국에 전하였는데, 환제·영제 시대(132~189년)에는 불경이 한역되기 시작하였다. 즉, 안세고(安世高)는 원시 경전

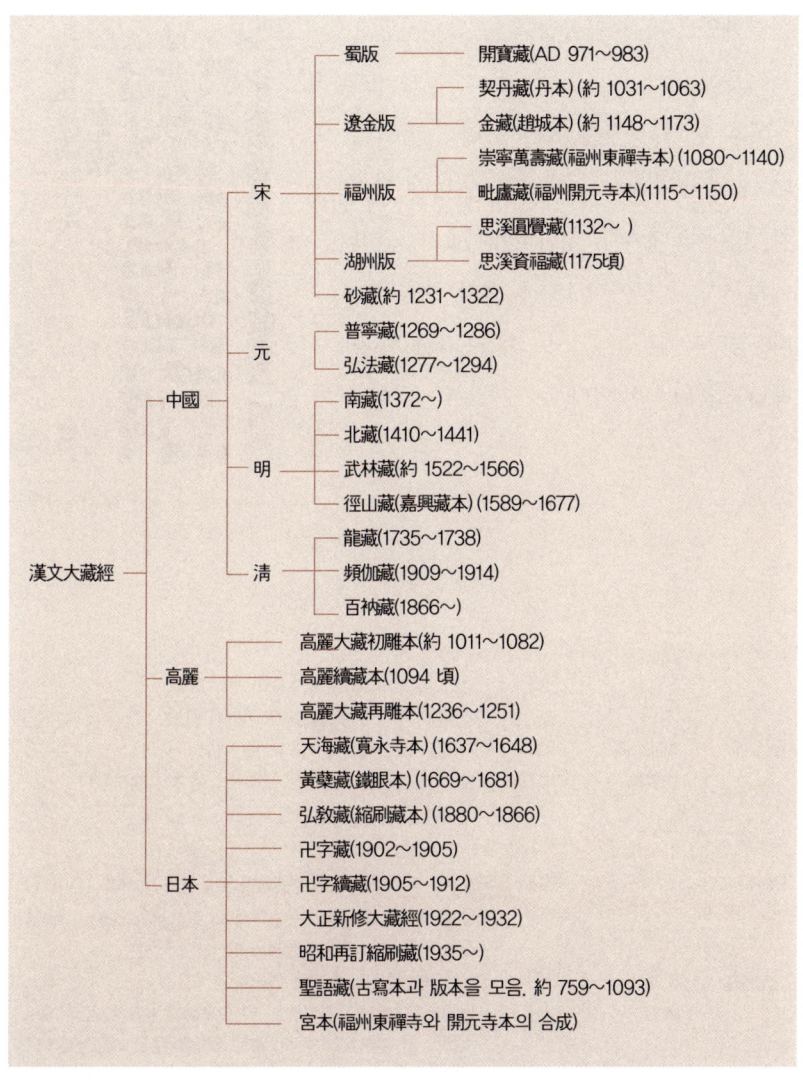

을 번역하고 지루가참(支婁迦讖)은 대승경전을 번역하였다. 삼국시대의 지겸(支謙), 서진의 축법호(竺法護, Dharmaraksa), 동진의 구마라지바(鳩摩羅什, Kumarajiva)·각현(覺賢)·담무참(曇無讖) 등이 많은 경전을 번역하였다. 다시 진제삼장(眞諦三藏)은 '논'을 번역하고, 현장삼장(玄奬三藏)은 '경'과 '논'을 번역하였으며, 불공삼장(不空三藏)은 밀교 서적을 번역하였다.

이후 한역 경전은 여러 차례 간행되었다. 송나라와 요·금 때 8차, 원나라 때 2차, 명나라 때 4차, 청나라에서 1차, 고려에서 3차, 일본에서 7차에 걸쳐 간행되었다. 청나라에서는 별도로 빈가본(頻伽本)과 백납본(百衲本)이 있다.

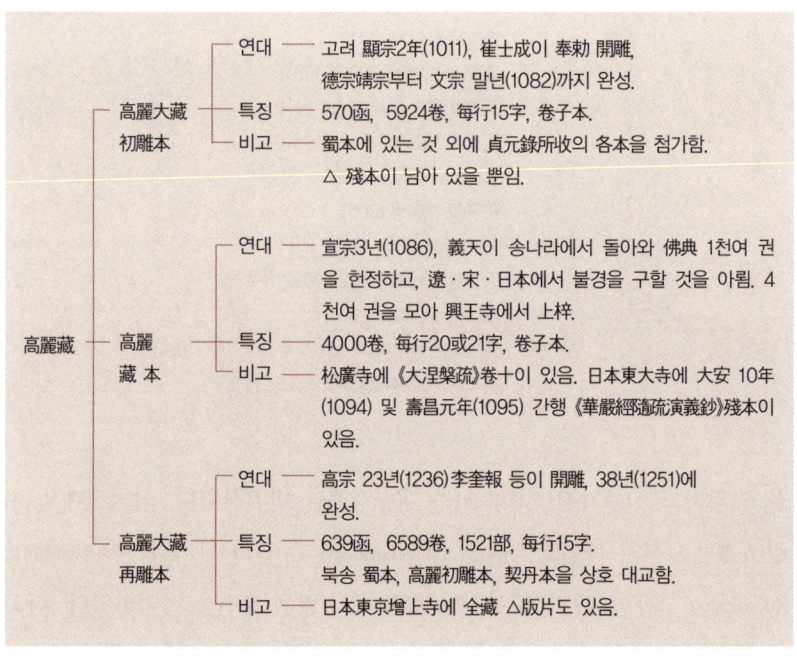

남해박물관 모각 탑본

高麗藏	高麗大藏 初雕本	연대	고려 顯宗2年(1011), 崔士成이 奉勅 開雕. 德宗靖宗부터 文宗 말년(1082)까지 완성.
		특징	570函, 5924卷, 每行15字, 卷子本.
		비고	蜀本에 있는 것 외에 貞元錄所收의 各本을 첨가함. △ 殘本이 남아 있을 뿐임.
	高麗 藏本	연대	宣宗3년(1086), 義天이 송나라에서 돌아와 佛典 1천여 권을 헌정하고, 遼·宋·日本에서 불경을 구할 것을 아룀. 4천여 권을 모아 興王寺에서 上梓.
		특징	4000卷, 每行20或21字, 卷子本.
		비고	松廣寺에 《大涅槃疏》卷十이 있음. 日本東大寺에 大安 10年(1094) 및 壽昌元年(1095) 간행 《華嚴經隨疏演義鈔》殘本이 있음.
	高麗大藏 再雕本	연대	高宗 23년(1236)李奎報 등이 開雕, 38년(1251)에 완성.
		특징	639函, 6589卷, 1521部, 每行15字. 북송 蜀本, 高麗初雕本, 契丹本을 상호 대교함.
		비고	日本東京增上寺에 全藏 △版片도 있음.

대정신수대장경(大正新脩大藏經)

(1) 정장(正藏) 55책
 경장(經藏) : 아함(阿含)·본연(本緣)·반야(般若)·법화(法華)·화엄(華嚴)·보적(寶積)·열반(涅槃)·대집(大集)·경집(經集)·밀교(密敎) 10류.
 율장(律藏) : 미사색부(彌沙塞部)·마하승기부(摩訶僧祇部)·담무덕부(曇無德部)·살바다부(薩婆多部)·해탈계경(解脫戒經 ; 迦葉遺部)·보살계(菩薩戒) 등.
 논장(論藏) : 석경론(釋經論)·비담(毗曇)·중관(中觀)·유가(瑜伽)·논집(論集) 등 5류.
 잡장(雜藏) : 경소(經疏)·율소(律疏)·논소(論疏)·제종(諸宗)·사전(史傳)·사휘(事彙)·외교(外敎)·목록(目錄) 등 8류.

(2) 속장(續藏) 30책
 맨 마지막의 고일(古逸)·의사(疑似) 두 부류는 돈황고일(敦煌古逸)의 경(經)·율(律)·논소(論疏)와 의위경(疑僞經)을 수록하였고, 나머지 29권은 일본에서 저술한 속경소(續經疏)·율소(律疏)·논소(論疏)·제종(諸宗)의 4류와 실담(悉曇)을 수록하였다.

(3) 도상(圖像) 12책
 일본 각 사원에 소장된 역대의 불교화상(佛敎畵像), 밀종명왕상(密宗明王像), 금강상(金剛像), 각종 만다라도(曼荼羅圖) 등 363종을 수록하였다.

(4) 총목(總目) 3책
 중국 역대 여러 판본의 장경목록(藏經目錄), 일본각 사원에 소장된 사본(寫本) 및 각본(刻本)의 장경목록, 그리고 대정장감동록(大正藏勘同錄), 대정장총목록(大正藏總目錄), 총색인(總索引), 역저목록(譯著目錄) 등 77종으로 이루어져 있다.

고려 대장경

고려 대장경은 현종 2년에 초조(初雕)되고, 거란장(契丹藏)과의 교감을 통해 고종 23년에 재조(再雕)되었다. 재조본에 대해서는 수기(守其)대사의 교정별록(校正別錄)이 별도로 있다. 재조본은 세계적으로 널리 알려진 정본(精本)이다.

대정신수대장경(大正新脩大藏經)

대장경 가운데 가장 널리 알려진 텍스트가 《대정신수대장경》이다. 신활자 배인본(排印本)이어서 잘못된 글자와 구절이 많지만, 불경과 율·논을 가장 많이 모아두었다는 이유에서 널리 통용된다. 이것은 일본 대정(大正) 13년 (1924)에 타카구스 준지로(高楠順次郎)와 와타나베 우미아사(渡邊海旭)가 대정일체경간행회(大正一切經刊行會)를 조직하고, 오노 겐묘(小野玄妙) 등이 편집과 교감을 주관하여 1934년에 인쇄 간행한 것이다. 3,493부, 1만 3,520권의 장경을 정장(正藏) 55책, 속장(續藏) 30책, 별권(別卷) 15책(圖像 12책, 總目 3책 포함) 도합 100책으로 수록하였다. 오타니 대학(大谷大學) 대장경용어연구회(大藏經用語硏究會)가 출판한 《대정신수대정장색인(大正新脩大正藏索引)》이 있다.

중국의 불교

중국의 불교 가운데는 인도에서 성립된 교학 체계를 이어받은 종파도 있고 독자적으로 조직된 것도 있다. 인도의 교학 체계를 이은 것에는 비담종(毗曇宗)·구사종(俱舍宗)·삼론종(三論宗)·사론종(四論宗)·지론종(地論宗)·섭론종(攝論宗)·법상종(法相宗)이 있고, 특정한 경전을 의지하여 중국에서 조직된 교학 체계로는 율종(律宗)·열반종(涅槃宗)·정토종(淨土宗)·선종(禪宗)·천태종(天台宗)·화엄종(華嚴宗)·진언종(眞言宗)이 있다. 율종은 사분율종(四分律宗)·십송율종(十誦律宗)·승기율종(僧祈律宗)을 포함하고 선종은 오가칠종(五家七宗)으로 나뉜다.

중국에서는 인도 전래의 경전을 번역한 경전에만 의지하는 종파(학파)가

중국의 주요 불교

삼론종 : 길장(吉藏, 549~622)
천태종 : 지의(智顗, 538~597)
법상종 : 현장(玄奘, 602~664) ─ 규기(窺基, 632~682)
화엄종 : 지엄(智儼, 602~668) ─ 법장(法藏, 643~712)
　　　　└─── 징관(澄觀) ─ 종밀(宗密, 780~841) ; 지론종계통
선　종 : 달마(達磨, 420~479) ─ 5조 홍인(弘忍, 605~675)
　　　　　└─ (북종선) 신수(神秀, ?~706)
　　　　　└─ (남종선) 혜능(慧能, 638~713)

뿌리를 내리지 못하였다. 다만, 인도의 논사(論師)들이 지은 불교 교리의 해석서인 '논(論)'을 근거로 하는 비담종, 구사종, 성실종(成實宗), 삼론종, 지론종, 섭론종, 법상종(法相宗) 등은 가까스로 학파를 형성하였다. 경전에 의지하는 열반종이나 진언종은 큰 세력을 얻지 못하였다. 이에 비해 율종, 정토종, 선종, 천태종, 화엄종은 중국적인 불교로 성장하였다.

인도나 동남아시아에서는 소승불교가 유력하였으나, 중국에서는 대승불교가 유행하였다. 수·당 시대에 있었다는 13종 가운데 소승불교는 비담종(구사종)뿐이었다. 특히 중국에서는 선종이 크게 발달하였다. 중국의 선종은 정토염불(淨土念佛)의 수행과정, 중국인의 사유 방법에 들어맞는 종파이다. 백장회해선사(百丈懷海禪師, 720~814)가 선원(禪院)을 만들고 청규(淸規)를 확립한 뒤, 통쾌한 임제종(臨濟宗), 근엄한 위앙종(潙仰宗), 세밀한 조동종(曹洞宗), 기특한 운문종(雲門宗), 상세한 법안종(法眼宗)들이 각각 종풍을 드날렸다. 원나라 때는 라마교가 유행하였지만, 선종 세력이 다시 커졌다.

교상판석

동진 초기부터 당나라 초기까지 여러 불교 학자들은 어느 한 '경'이나 '논'에 근거를 두고 교설들의 지위를 정하려고 하였다. 그것을 '교상판석(敎相判釋)' 또는 '교판(敎判)'이라고 한다.

'교판' 가운데 두드러진 것이, 석가세존이 성도한 뒤 입멸할 때까지 설법 기간을 다섯 시기로 나누어 각 경전을 대응시키는 '오시(五時) 교판'이다. 이것은 유송(劉宋: 위진남북조 시대의 송나라) 시대의 혜관이 처음으로 주장하였으며, 천태대사 지의(智顗)가 약간 고친 것이 널리 행하였다. 교판에는 천태의 5시교, 화엄의 5시교, 열반종의 5시교 등의 구별이 있다.

이 가운데 천태오시교를 살펴보면 다음과 같다.

제1 화엄시(華嚴時). 석가세존이 붓다가야에서 정각을 이루고는 삼칠일 동안 보리수 아래서 보살들을 위하여 《화엄경》을 설하였다. 이 가르침에 의지한다면 즉각 진리를 깨달을 수가 있다.

제2 녹원시(鹿苑時). 《화엄경》의 가르침을 듣고도 어리석은 중생들은 그것을 이해하지 못하였으므로 그들을 인도하는 방편으로 베나레스 부근의 사슴 동산에서 12년 동안 소승의 가르침을 설하였다.

제3 방등시(方等時). 소승의 가르침을 이해한 사람들을 위해서 8년 동안 《유마경》《사익경(思益經)》《금광명경》《승만경》 등의 대승 경전을 설하여 그들로 하여금 소승을 부끄럽게 여겨 대승으로 향하겠다는 생각을 일으키게 하였다.

제4 반야시(般若時). 석가세존은 그 뒤 22년 동안 《반야경》을 설하여 공(空)의 이치를 알게 하였다.

제5 법화열반시(法華涅槃時). 석가세존은 최후의 8년 동안 《법화경》을 설하여 소승을 행하는 자나 대승을 행하는 자나 다 함께 진리를 깨달을 수 있음을 밝히고, 돌아가시는 때에《열반경》을 설하여 불성의 이치를 밝혔다고 한다.

경전을 고증하면 이러한 시간 배당은 의문점이 많다. 특히《화엄경》의 경우는 더욱 그러하다. 이에 대하여 지상대사 지엄은 화엄의 교리에 의지해본다면 과거·현재·미래의 삼세는 상즉상입(相卽相入)하므로 시간적인 전후의 모순이 있더라도 조금도 지장이 없다고 주장하였다.

경전의 분류, 12분교

12분교(十二分敎)는 석가세존의 적멸 직후에 열린 제1 결집 이후에, 경전을 문체, 문장 및 기술의 형식과 내용 등을 기준으로 12가지로 분류한 것이다. 12부경, 12분성교, 12분경이라고도 한다. 12분교에서 인연과 비유, 논의 등 세 가지를 뺀 아홉 가지를 9분교라 부른다.

낙양의 용문석굴

경(經)은 범어 'sutra'의 번역어로, '수다라(修多羅)'라 음역한다. 제행무상(諸行無常), 제법무아(諸法無我), 열반적정(涅槃寂靜) 같은 사상을 완전히 표현한 경문을 말한다.

고기송(孤起頌)은 범어 'gatha'의 번역어로, '게송' 또는 '송'이란 뜻이다. '가타(伽陀)' '게타(偈陀)' 또는 '게(偈)'라 음역하기도 하는데, 운(韻)을 밟은 시 형식을 취하고 있다. 산문체로 된 경전의 1절 또는 총결에 운문을 사용하여 오묘한 뜻을 읊은 것을 말한다. 경전에서 본문의 내용을 거듭 읊는 중송과 다르다.

중송(重頌)은 범어 'geya'의 번역어로, '기야(祈夜)'라 음역한다. 고기송과는 대조적으로, 본문의 뜻을 운(韻)을 밟지 않은 시 형식으로 거듭 설하는 부분이다.

무문자설(無問自說)은 범어 'udana'의 번역어로, '감흥어(感興語)'라 번역하기도 하고 '우타나(優陀那)'라 음역하기도 한다. 석가가 제자나 신도의 질문에 의하지 않고 종교적 체험을 그대로 설한 부분이다.

> **게송**
>
> 경론 등의 각 품이나 각 장의 서두나 말미에 해당 품(혹은 장)의 내용을 핵심되는 어구로 요약하거나 또는 개인적 감흥을 토로하는 형식을 게송(偈頌), 줄여서 송(頌)이라 한다. 7언절구 형식을 취한 것이 많다.
> 송은 불경 가운데 창송(唱頌)의 가사로서 네 구로 된 게를 말한다. 경전에서 산문으로 설한 대의를 한데 모아 운문 형식으로 부연해서 노래한 기야(祈夜)에서 발전해 나왔다. 즉 앞의 경의(經義)를 거듭 설하고 그 내용을 노래하기 때문에 중송게(重頌偈), 응송(應頌)이라고도 한다. 단, 게송 가운데는 승려의 개인적 생각을 토로한 창작시도 있다.

미증유법(未曾有法)은 범어 'abhuttadharma'의 번역어로, '희법(稀法)'이라고도 하고 '아부다달마(阿浮多達磨)'라 음역하기도 한다. 범부(凡夫)가 경험하지 못하는 성자 특유의 심경(心境)이나 정신적 기적 같은 것을 설한 부분이다.

여시어(如是語)는 범어 'iti vuttaka'의 번역어로, '이제불다가(伊帝弗多迦)'라 음역한다. 거의 대부분의 경전 첫 머리에 '여시아문(evam maya-srutam)' 즉 '이와 같이 나는 들었노라'라고 하여, '부처님께서 이와 같이 설하셨다'는 뜻을 표현하였다.

인연(因緣)은 범어 'nidana'의 번역어로, '니타나(尼陀那)'라 음역한다. 경전을 설하게 된 사정이나 동기 등을 서술한 부분이다.

비유(比喩)는 범어 'avadana'의 번역어로, '아파타나(阿波陀那)'라 음역한다. 경 가운데 비유나 우언(寓言)으로 교리를 설명한 부분을 말한다. 불경에 따라서는 비유의 이야기만으로 구성된 것도 있다.

본생(本生)은 범어 'jataka'의 번역어로, '자다가' 또는 '자타카' 음역한다. 석존이 전생에 행한 육바라밀(六波羅蜜)의 행업 등을 말한 부분이다.

수기(授記)는 범어 'vyakarana'의 번역어로, '화가라나(和伽羅那)'라 음역한다. 석존이 제자들에게 다음 세상에서 성불하리라는 것을 낱낱이 예언한 경문으로, 문답식으로 의론을 전개하다가 마지막에 석존이 인가하는 형식을 취하였다.

논의(論議)는 범어 'upadesa'의 번역어로, '축분별소설(逐分別所說)'이라고도 한역하며, '우파제사(優波提舍)'라 음역한다. 석존이 논의하고 문답하여 온갖 법의 내용을 명백히 밝힌 부분을 가리킨다.

방광(方廣)은 범어 'vaipulya'의 번역어로, 방등(方等)이라고도 번역하고, '비부략(毗浮略)' '비불략(毗佛略)' '비부라(毘富羅)' 등으로 음역하기도 한다. 석존이 문답 형식으로 철학적 내용을 설교하는 경문을 말한다.

경전의 삼분(三分) : 서(序) · 정종(正宗) · 유통(流通)

동진 때의 도안(道安)은 하나의 경전이 서분(序分) · 정종분(正宗分) · 유통분(流通分)의 3단으로 조직되어 있다고 갈파하였다. 단, 짧은 경전은 정종분만 있는 것도 있고, 서분과 유통분으로 이루어진 것도 있다.

서분은 경문의 첫 머리에 '여시아문'이라고 시작해서 경을 설한 때와 장소, 그리고 대상 등 일체의 사정을 서술한 부분이다. 정종분은 석존의 설법을 서술한 경의 본체이다. 유통분은 경문의 마지막에 설법을 들은 대중의 감격, 계발의 정도, 그리고 장래

> **육성취(六成就)**
> 석존의 가르침이 틀림없다는 것을 확인하는 신성취(信成就 : 如是)
> 내가 직접 들었다는 문성취(聞成就 : 我聞)
> 설법의 때를 명시하는 시성취(時成就 : 一時)
> 설법을 한 것이 붓다였다는 주성취(主成就 : 佛)
> 설법한 장소를 밝히는 처성취(處成就 : 在舍衛國)
> 어떤 사람이 들었는가를 밝히는 중성취(衆成就 : 與大比丘)

에 이 경을 읽는 사람의 이익이나 공덕, 또는 경의 이름 등을 기록한 부분이다.

서분은 여섯 가지 형식적 요건을 갖추는데, 그것을 육성취(六成就)라고 한다. 곧 신(信)·문(聞)·시(時)·주(主)·처(處)·중(衆)을 말한다.

《법화경(法華經)》을 예로 들면, "如是我聞, 一時, 佛住王舍城耆闍山中, 與大比丘衆萬二千人俱"로 시작한다. '如是我聞'은 결집자가(結集者)가 임의로 지어낸 이야기가 아니라 들은 내용이라는 것을 밝힌 것으로, 이것이 곧 신(信)과 문(聞)이다. 그 다음의 '一時'는 시(時)를 나타낸 것인데, 다른 경전의 경우에는 여기에 어느 때인지를 분명히 밝히는 경우가 많다. 다음으로 '佛'은 이야기를 설하는 주체, 즉 주(主)가 부처임을 밝힌 것이다. 그 다음의 '王舍城耆闍山中'은 설법을 하였던 처소, 즉 처(處)를 밝힌 것이다. 그리고 불교 경전은 설법의 당시에 누가 함께 하였는지를 반드시 밝히는데, 이《법화경》에서는 '大比丘衆萬二千人'과 함께 하였다고 밝혔다.

《금강경(金剛經)》의 경우에는 서두가 "如是我聞, 一時, 佛住舍衛國祇樹給孤獨園, 與大比丘衆千二百五十人俱"로 되어 있다.

법화경(法華經)

《법화경》은《화엄경》《금강경》과 함께 대승 삼부경(三部經)의 하나이다. 원래《법화경》은 서진 때 축법호의《정법화경(正法華經)》10권 27품(276년), 구마라지바의《묘법연화경(妙法蓮華經)》7권 28품(406년), 수나라 때 사나굴다(Jnanagupta)의《첨품묘법연화경(添品妙法蓮華經)》7권 27품(601년) 등 3종의 번역본이 있는데, 그 가운데《묘법연화경》이 제일 유명하다. '묘법연화경'은 '삿다르마분다리카 수트라(Saddharma-puṇḍarīka-sũtra)'의 번역어로, '백

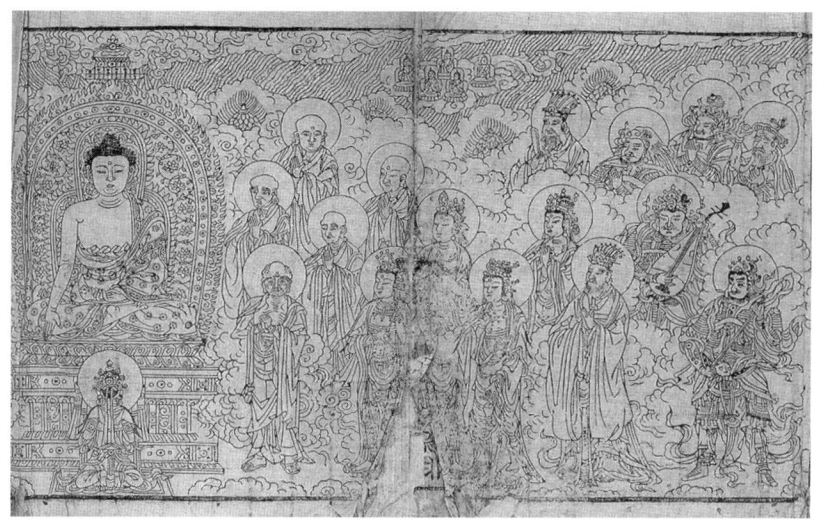

동국대학교 박물관 소장 1463년 간행 《妙法蓮花經(諺解本)》變相圖

련(白蓮)같은 올바른 가르침'이란 뜻이다. 28품으로 이루어진 이 경전은 《화엄경》과 함께 한국불교사상의 확립에 가장 크게 영향을 끼쳤으며, 우리나라에서 가장 많이 읽히고 사경(寫經)되었다.

이 경은 석존의 지혜를 열어(開) 보이려는(示) 목적으로 편찬된 것으로, 악인이나 여인까지도 성불이 가능하다고 설하고 있다. 천태대사 지의는 이 경의 교리를 체계적으로 정립함으로써 천태종을 수립하였다. 또한 총 28품 가운데 제25품 〈보문품(普門品)〉은 일명 '관음경'이라 하며, 관음신앙 성립에 큰 영향을 주었다. 제11품 〈견보탑품〉은 보살 집단의 불탑(佛塔) 숭배 사상을 반영하고 있는데, 우리나라 다보탑과 석가탑의 조성에 모체가 되었다.

《법화경》 7권 28품 가운데 1품부터 14품까지를 적문(迹門), 그 이하를 본문(本門)이라고 한다. 적문이란, 현세의 모습을 나타낸 부처님(석가모니불)은 그 근원불(법신 비로자나불)이 중생을 제도하기 위하여 본지(本地)로부터 흔적을 드리운 것이라는 뜻이다. 본문은 진실한 부처님은 옛날에 이미 성불

제13강 불교 한문 ••• 459

하였다고 설하며, 부처님의 본지와 근원과 본체를 밝히는 부분이다. 근래의 설에 따르면, 제9분 〈수학무학인기품〉까지는 성문(聲聞)을 성불시키기 위해 말씀한 것, 제10 〈법사품〉부터 제22 〈촉루품〉까지는 보살의 활동에 대하여 말씀한 것, 제22품 이하는 여러 보살들의 자비행에 대한 별도의 내용을 뒷사람이 덧붙인 것이라고 한다.

법화경에서 가장 중요한 사상은 삼승(三乘: 聲聞乘, 緣覺乘, 菩薩乘)이 결국은 일승(一乘)으로 귀일한다는 회삼귀일(會三歸一) 사상이다.

부처의 가르침은 중생의 기근(機根)에 대응하여 설해진 것이어서, 대기설법(對機說法), 혹은 수기설법(隨機說法)이라고 한다. 따라서 실제의 가르침은 때로는 서로 모순이 발생하기도 한다. 그런데 《법화경》은 석존의 가르침을 일승 → 삼승 → 일승이라는 구도로 정리하였다. 즉, 부처는 처음에 《화엄경》으로 일승을 설하였으나, 중생의 이해를 넘어서 있어 중생이 알아들을 수 없자, 방편(方便)으로 삼승의 가르침을 설하였고, 마지막으로 《법화경》으로 일승을 설하였다고 한다. 따라서 법화경은 순수한 원교(圓敎: 완전한 가르침)임을 선언한다.

《법화경》은 일불승(一佛乘: 부처가 되는 유일한 가르침)밖에 없다는 점을 전제하고 있다. 그런데 이 일불승과, 삼승 속의 보살이 같은가 다른가 하는 의론이 중국에서 발생하였다. 그것은 방편품의 일승·삼승 문제를 다시 거론한 비유품(譬喻品)의 삼거화택(三車火宅)의 비유를 해석하는 문제를 둘러싸고 발생하였다. 타오르는 집〔火宅〕 속에서 놀이에 골몰하고 있는 아이들(중생)을 집으로부터 탈출시키기 위해 부친(부처)이 집 밖에는 양, 사슴, 소의 세 가지 수레(삼승)가 있어서 그것을 줄 테니 바깥으로 나오라고 거짓말을 하여(방편의 가르침을 설함), 아이들이 가까스로 바깥으로 나오게 한다. 아이들이 부친이 약속한 수레를 달라고 부친에게 요구하자, 부친은 세 가지 수레가 아니라 하나의 훌륭한 대백우거(大白牛車: 일승을 가리킴)를 준다. 이

대백우거가 처음의 세 가지 수레 가운데 우거와 같은 것인지 아닌지에 대하여 설이 분분한데, 천태지의(天台智顗)는 별도의 것이라고 보았다.

《법화경》〈제바달다품(提婆達多品)〉에서는 사갈라용왕(娑竭羅龍王)의 여덟 살 난 딸의 성불을 이야기하고 있다. 즉, 지적보살(智積菩薩)이 문수보살(文殊菩薩)에게 "《법화경》에 의하여 속히 성불할 수 있습니까?"라고 묻자, 문수는, 8세 용녀가 한순간에 보리심(菩提心)을 발하여 불퇴전(不退轉)을 얻었다고 답하였다. 지적은, 석존조차도 장기간의 엄격한 수행을 거쳐 비로소 깨달음을 얻었으므로, 그 여성이 극히 짧은 시간에 깨달음을 열었다는 것은 믿을 수 없다고 응수하였다. 그러자 돌연 용녀가 등장한다. 사리불(舍利弗)은 "여성에게는 다섯 개의 장해(障害)가 있어서, 범천왕(梵天王)·제석(帝釋)·마왕(魔王)·전륜성왕(轉輪聖王)·불신(佛身)이 될 수 없다"고 하였다. 그러자 용녀는 보주(寶珠)를 부처에게 헌상하였고, 부처는 그것을 즉각 받아들였다. 용녀는 자신의 성불이 보주의 헌상·수납보다도 훨씬 신속하다고 선언하고, 순식간에 남자로 변화하여〔變成男子〕 사바세계(娑婆世界)의 남방에 있는 무구세계(無垢世界)에서 부처의 모습을 현성하였다.

불경 가운데 《해용왕경(海龍王經)》 권3 〈여보금수결품(女寶錦受決品)〉은 여성의 몸으로 그대로 성불한다〔即身成佛〕고 설하였지만, 인도 사회에서 전통적인 가치관과 충돌을 피하기 위해 《법화경》은 '변성남자'의 설을 세운 듯하다. 《열반경(涅槃經)》은 '일체중생에게 모두 불성이 있다(一切衆生, 悉有性佛)'고 하므로, 남녀평등의 사상이 강하다. 하지만 '변성성불'이 당시로서는 남녀평등을 구체적으로 말하는 충격적 선언이었다고 생각된다(참고: 菅野博史, 〈法華〉, 中村 元 編著, 《新 佛敎語源散策》, 東京書籍, 1986, pp.259~260).

화엄경(華嚴經)

《화엄경》은 구역(舊譯: 佛馱跋陀羅譯) 60권과 신역(新譯: 實叉難陀譯) 80권이 있다. 공상적인 장엄 세계를 묘사하여 불교철학을 설파한 내용이다. 《화엄경》은 일승과 삼승, 본경과 말경의 구별을 초월하는 절대교로서의 별교일승(別敎一乘)이라는 측면과, 동화 융합의 역용(力用)으로서의 동교일승(同敎一乘)이라는 측면을 동시에 지닌다. 인간이 행하는 권가(權假: 진실에 이르는 수단을 빌림)의 교법은 그것이 불설로서의 가치를 지니는 이상 자위구경(自位究竟)하면 언젠가는 별교일승으로서의 화엄에 진입하지 않을 수 없다고 보는 것이다.

《화엄경》은 사사무애(事事無礙)를 설한다. 사사무애는 어떠한 사물이건 고립되어 있지 않고 다른 것과 관계를 이루고 있다는 뜻이다.

화엄종 교학을 대성시킨 현수대사는 거울 등불을 만들어 사람들에게 법계무진(法界無盡)의 이치를 깨닫게 하였다. 즉 거울 열개를 가지고 팔방에 다 하나씩 세우고 그 위아래에도 하나씩 놓아 거울 면이 서로 대하게 만들되, 거울들의 간격을 똑같이 하고 가운데에 불상을 놓고는 불을 하나 두어 그것을 비추어, 그것들이 서로 서로 비추고 비치는 모양을 만들었다. 그리고 그것을 비유로 사용하여, 어떠한 사물이건 그것만이 고립되어 존재해 있는 것이 아니라 다른 모든 것에 의해 한정되고 영향을 받아서 성립되고 있다는 중중무진(重重無盡)의 관계를 직관적으로 이해시켰다.

금강경(金剛經)

《금강경》은 대승불교 반야부 경전[無我印 경전] 600여 권 가운데 골수(骨髓)

라 일컬어진다. 한역으로 6종이 있으나 구마라지바가 번역한 《금강반야바라밀경(金剛般若波羅蜜經)》 1권이 가장 널리 유통된다. 금강과 같이 견고하여 능히 일체 '번뇌'를 끊어 없애는 진리의 말씀이라는 뜻이다. 특히 선종에서 5조 홍인대사 이래 소의경전으로, 공(空, Sunya) 사상에 의해 번뇌와 분별지를 끊음으로써 반야의 지혜를 얻어 깨달음을 증득할 수 있다는 것을 설하였다. 그러나 이 경은 대승불교의 초기에 성립하였기 때문인지, 공(空)이란 글자가 한 번도 나오지 않는다. 〈법회인유분〉 제1에서 시작하여 〈응화비진분〉 제32로 끝나며, 부처님의 제자 수보리존자(須菩提尊者)와 부처님이 문답을 전개하는 식으로 되어 있다.

《금강경》에서 가장 주목되는 문구는 '응무소주 이생기심(應無所住而生其心)'이다. '마땅히 머무는 바 없이 그 마음을 일으켜라' '일체의 것에 집착함이 없이 그 마음을 활용하라'라는 뜻이다. 모든 것이 공이기 때문에 집착할 필요가 없고 집착하지 않은 마음의 상태로 마음을 쓰라는 것이며, 그러할 때 비로소 '평등즉차별' '차별즉평등'이라는 중도의 진리를 체득할 수 있다는 것이다. 6조 혜능(慧能)이 《금강경》을 읽다가 이 대목에서 홀연 깨달았다고 한다.

반야심경(般若心經)

《반야심경》은 대승불교의 반야부 경전〔無我印 경전〕 600여 권 가운데 안목(眼目)이라 일컬어진다. 276자 밖에 되지 않아 불교 경전 가운데 가장 짧다. 하지만 불교의 모든 의식에서 반드시 독송되는 중요한 경전이다. 원래 이름은 《마하반야바라밀다심경(摩訶般若波羅蜜多心經)》이며, 줄여서 《심경》이라고 한다. 마하는 크다〔大〕, 많다〔多〕, 초월하다〔勝〕의 뜻이고, 반야는 범어 '프라즈냐(prajna)' 즉 지혜라는 뜻이며, 바라밀다(波羅蜜多)는 '파라미타 (parammita)'의 음사어로 '저 쪽에 도달함[到彼岸]'이라는 뜻이다. 심(心)은 '흐리다야(hridaya)'의 음사어로 심장·정수라는 뜻이고, 경(經)은 '수트라 (sūtra)' 즉 성전이라는 뜻이다. 이 경은 미혹과 차별 세계에서 깨달음을 얻어 무차별의 세계에 이르게 되면 공(空), 즉 자유를 얻게 된다고 설한다.

《반야경》의 산스크리트 원본에는 대본(大本)과 소본(小本)이 있다. 대본은 소본의 앞뒤에 서분(序分)과 유통분(流通分)이 더 있으며, 그 한역본은 무려 600권이나 된다. 한역본 《반야경》 가운데 중요한 것만 10종류가 있으므로 십본반야(十本般若)라고 한다.

《반야경》의 한역본 가운데 현장(玄奘)의 649년 역본이 널리 통용된다(단, 번역문은 구마라지바가 403년 번역한 《마하반야바라밀경》〈習應品〉의 일부와 일치하므로, 현장 역이 아니라는 설도 있다). 현장 번역본은 소본을 번역한 것이다. 우리나라에서는 신라승 원측(圓測)이 현장 역본에 주석한 《반야바라밀다심경찬(般若波羅蜜多心經讚)》이 있다.

이 경은 "觀自在菩薩, 行深般若波羅密多時, 照見五蘊皆空, 度一切苦厄"이란 말로 시작한다. "관자재보살(관세음보살)이 (삼계·사생·육도의 고통받는 중생을 구제하기 위하여) 깊은 반야바라밀을 수행할 때 오온(물질적 현상, 감각작용, 의지적 충동, 식별작용)이 모두 공함을(실체가 없음을) 확연히 알고 이 모든 고통(4고·8고)에서 벗어났다"는 뜻이다. 이어서 "舍利子, 色不異空, 空不異色, 色卽是空, 空卽是色, 受想行識, 亦復如是"라고 하였다. "사리자여, 물질적 현상이 그 본질인 공과 다르지 않고, 공 또한 물질적 현상과 다르지 않으니, 물질적 현상이 곧 본질인 공이며, 공이 곧 물질적 현상이니라. 감각작용, 지각작용, 의지적 충동, 식별작용도 다 공이니라"라는 의미이다. 마지막에는 저 유명한 "아제아제 바라아제 바라승아제 보리사바하(羯諦羯諦, 波羅羯諦, 波羅僧羯諦, 菩提薩婆訶)"로 끝나는데, 독송할 때는 이 부분을 세 번 낭송한다.

원각경(圓覺經)

원래 이름은 《대방광원각수다라요의경(大方廣圓覺修多羅了義經)》이다. 크고, 방정하고, 광대한 원각을 설명함이 모든 수다라(경) 가운데서 으뜸되는 경이라는 뜻이다. 줄여서 '대방광원각경' '원각수다라요의경' '원각요의경' '원각경'이라고 한다. 당나라 불타다라(佛陀多羅)에 의해 번역되었다고 하지만,《수능엄경》을 근거로 하고《대승기신론》의 교의를 짜 넣어 중국에서 만들었다고 보는 학자가 많다. 주석서로는 당나라 종밀(宗密)의《대방광원각경대소》를 비롯한 9종이 있다. 조선시대 함허득통(涵虛得通), 즉 기화(己和)도《원각경해》(3권)을 이루었다. 우리나라에서는 전문강원의 교과목으로《금강경》·《수능엄경》·《대승기신론》과 함께 4교과의 한 과목으로 채택하여 왔다.

　이 경은 원융불이(圓融不二)한 경지인 '원각'을 돈교(頓敎)의 측면에서 밝히고, 그 수행과 깨달음의 길을 점교(漸敎)의 측면에서 가르친다. 석존이 문수·보현·보안·금강장·미륵·청정혜·위덕자재·변음·정제업장·보각·원각·현선수 등 12보살들과 문답하면서 대원각의 묘리와 그 관행을 설한 내용으로, 1권 12장으로 구성되어 있다.

　제1 문수보살장은 누구나 본래부터 갖고 있는 원각에 환원하기만 하면 생사가 곧 열반이요 윤회가 곧 해탈이 됨을 가르쳤다. 제2 보현보살장부터 제11 원각보살장까지는 원각을 닦고 증득하는 데 필요한 사고와 실천에 대하여 설하였다. 마지막으로 제12 현선수보살장에서는 이 경의 이름과 신수봉행의 방법, 그리고 수지(受持) 공덕과 이익에 대하여 설하였다.

백유경(百喩經)

인도의 승려 가사나(伽斯那, 상가세나)가 98종류의 짧은 풍자 이야기를 가려 뽑은 것으로, 남제(南齊) 영명(永明) 10년(492), 구나비지(求那毘地, 구나비릿티)가 한문으로 번역하였다. 혹은 '백비경(百譬經)' '백구경유경(百句警喩經)' '치화만(痴華鬘)'이라고도 칭한다. 각 이야기는 "옛날에 바보가 있었다"로 시작한다. 중국 풍자문학의 발달에 일정한 영향을 끼쳤다. 그 가운데 '우인식염유(愚人食鹽喩)' '살군우유(殺群牛喩)' 등이 특히 유명하다. '우인식염유'는 불설(佛說)이 좋은 줄만 알고 그것에 탐닉하되 스스로 체득하지 못하는 어리석음을 비유한 것이다.

昔有愚人, 至于他家. 主人與食, 嫌淡無味. 主人聞已, 更爲益鹽. 旣得鹽味, 便自念言, "所以美者, 緣有鹽故. 況復多也?" 愚人無智, 便空食鹽. 食已口爽, 返爲其患. 〈愚人食鹽喩〉

옛날에 어떤 바보가 남의 집에 갔다. 주인이 그에게 먹을 것을 주었는데, 덤덤하고 아무 맛이 없는 듯하였다. 주인이 그렇다는 것을 듣고는 소금을 더 쳐주었다. 소금 맛을 얻은 뒤에 바보는 홀로 중얼거리길, "맛이 있는 것은 본디 소금이 있어서이니, 더 많이 먹으면 어떠랴?"라고 하였다. 이 바보는 무지하였으므로, 공연히 소금을 먹었다. 그렇게 먹자 입맛이 상하여 도리어 소금 때문에 탈이 되었다.

昔有一人, 有二百五十頭牛. 常驅逐水草, 隨時餧食. 時一虎噉食一牛, 爾時牛主卽作念言, "已失一牛, 俱不全足, 用是牛爲?" 卽便驅至深坑高岸, 排著坑底, 盡皆殺之. 〈殺群牛喩〉

옛날에 어떤 사람이 250두의 소를 가지고 있으면서, 늘 물풀을 따라 소를 몰아 수시로 잘 먹였다. 어느 때인가 한 마리 호랑이가 으르렁대며 달려들어 소 한 마리를 먹었다. 그 때에 그 소 주인은 혼자 말을 하길 "이미 소 한 마리를 잃어 온전하지 않게 되었으니, 이 소를 어떻게 하겠는가?" 하였다. 그리고 즉시로 깊은 구덩이가 보이는 높은 언덕으로 나머지 소들을 몰고 가서, 구덩이 아래로 떠밀어 모두 죽여버렸다.

불교 한문의 특징

불교경전의 한문은 일반 한문과는 몇 가지 다른 점이 있다(金岡照光, 《佛敎漢文の讀み方》, 東京: 春秋社, 1978를 참조).

(1) 연독(連讀)하는 복합어 술어가 일반 한문보다 많다.

예1) 照見五蘊 — 오온을 비추어본다. (〈摩訶般若波羅蜜多心經〉)

예2) 澍甘露法雨, 滅除煩惱燄, 諍訟經官處, 怖畏軍陣中, 念彼觀音力, 妙音觀世音, 梵音海潮音, 勝彼世間音. — 감로의 법우를 부어서, 번뇌의 불꽃을 제거하노라. 쟁송하여 관가를 거치고, 군진 속에서 두려워 떨더라도, 저 관음의 힘을 생각하면, 뭇 원한이 모두 물러나 흩어지리. 묘음인 관세음이 저 세간음보다 나은 것을. (《妙法蓮華經》〈觀世音菩薩普門品〉偈)

(2) 주어와 술어 사이에 음조를 고르는 기능을 하는 而를 사용하는 일이 많다.

예) 爾時世尊, 而說頌曰…… — 그 때 세존께서 송을 설하시어……

(3) 시간을 나타내는 '於'가 동사 앞에 놓이는 예가 많다.

예) 於無量億劫, 一心不懈怠. — 무량 억겁에 있어서 일심으로 게을리 하지 않았다. (《묘법연화경》〈分別功德品〉)

(4) '於何(~을 ~하여야 하는가)'의 구법이 많이 나온다.

예) 於是舍利弗心念, 日時欲至, 此諸菩薩當於何食? — 이에 사리불이 마음속으로, 일시가 이르러오는데 이 여러 보살들이 무엇을 먹어야 할까 생각하였다.(《維摩詰所說經》〈香積品〉)

(5) 경전은 문답체가 많으며, 문장 끝에 '不'이나 '乎'를 사용하는 경우가 많다.

예1) 須菩提白佛曰: "世尊, 頗有衆生, 得聞如是言說章句, 生實信不?" — 수보리가 부처님께 여쭈어 말했다. "세존이시여, 자못 중생들이 이와 같은 말씀을 들으면 실로 신심이 생겨날 수 있습니까?"(《金剛般若波羅密經》)

예2) 舍利弗, 此室常現八未曾有難得之法, 誰有見斯不思議事, 而復樂於聲聞法乎? — 사리자여, 이 방에 늘 여덟 가지 미증유의 얻기 어려운 법이 나타나니, 누가 이 불가사의함을 보며 또한 누가 성문법안에서 즐기겠는가?《유마힐소설경》〈觀衆生品〉

(6) 이유를 묻는 '所以者何', '何以故', '云何'의 구를 많이 사용한다.

예1) 是故如來, 以方便說: "比丘當知. 諸佛出世, 難可値遇." 所以者何? — 그런 까닭에 여래는 방편으로 설하셨다. "비구들은 마땅히 알라. 여러 부처님들이 이 세상에 나오나 만나기 어렵도다." 무슨 까닭인가?《묘법연화경》〈如來壽量品〉

예2) 云何爲人演說. 不取於相, 如何不動? 何以故? 一切有爲法, 如夢幻泡影, 如露亦如電, 應作如是觀. — 무슨 까닭에 사람들을 위해 설을 베푸는가. 상을 취하지 않으니 어찌 움직이지 않겠는가? 어째서인가? 일체의 유위법은 꿈속의 물거품 같고 이슬과 번갯불 같으니 마땅히 이와 같이 보는 것이다.《金剛般若經》

예3) 爾時須菩提白佛言, 世尊, 善男子, 善女人, 發阿耨多羅三藐三菩提心, 云何應住, 云何降伏其心? — 이때 수보리가 부처님께 여쭈어 말했다. "세존이시여, 선남자 선여인이 아뇩다라삼먁삼보리의 마음을 내고서는 어떻게 머물고 어떻게 마음을 항복시켜야 합니까?"《금강반야경》

(7) 2인칭으로 汝·爾·仁(仁者/仁等)을 자주 사용한다. 仁의 예만 들면 다음과 같다.

예) 爾時長者維摩詰, 問文殊師利: "仁者, 遊於無量千萬億阿僧祇國……" — 이때 장자 유마힐이 문수사리에게 물었다. "당신은 헤아릴 수 없는 천만억 아승기의 나라에서 노닐면서…"《유마힐소설경》〈不思議品〉

(8) 완전부정의 표현으로 '都不' '都無'를 사용한다.

예) 我等若聞, 淨佛國土, 敎化衆生, 都無欣樂. — 우리들이 만약 불국토를 정화하고 중생을 교화하는 것을 듣는다고 하여도, 전혀 기쁨이 없다.《묘법연화경》〈信解品〉

(9) 의문사와 의문조사가 없이 '爲~爲~'의 형식으로 의문문을 만든다.

예) 阿難白佛: "法藏菩薩, 爲已成佛而取滅度, 爲未成佛, 爲今現在?" 佛告阿

難:"法藏菩薩, 今已成佛, 現在西方. 去此十萬億刹. 其佛世界, 名曰安樂."—아난이 부처에게 아뢰었다. "법장보살은 이미 성불하여 멸도를 취하였습니까, 아니면 성불하지 못하고 지금 현재 있습니까?" 부처가 아난에게 말씀하셨다. "법장보살은 지금 이미 성불하여 현재 서방에 있다. 그곳은 여기서부터 10만 억 찰 떨어져 있으니, 그 불세계를 이름하여 안락이라고 한다."《無量壽經》

선어록(禪語錄)

선사들의 말이나 편지, 일생을 살면서 겪었던 일화, 죽고 난 뒤의 비문 등을 '선서(禪書)'라고 한다. 즉, '선서'는 종의(宗義), 사전(史傳), 어록(語錄), 명(銘)·잠(箴)·가송(歌頌), 송고공안(頌古公案), 선문학(禪文學), 청규(淸規) 등으로 분류된다.

선승은 법상에 올라 설법을 하거나〔上堂說法〕, 수행자들의 조참(朝參)이나 만참(晩參)에 '시중(示衆)'을 하거나, 문답을 통해 상대의 견지를 탐사하는 감변(勘辨)을 하는데, 그것들을 본인이나 제자가 기록한 것이 좁은 의미의 어록(선어록)이다. 어록에는 상세하게 기록된 광록(廣錄), 중요 사항만 기록된 어요(語要), 한 사람 말만 모은 별집(別集), 여러 사람 말을 모은 통집(通集)이 있다.

선사들이 제자들에게 선의 지취를 가르치기 위해 보여주었던 특별한 언행을 공안(公案)이라고 하며, 그것을 또 칙(則)이라고도 한다. 공안을 모은 선어록이 편집된 뒤, 후대의 선사가 선어록을 교과서로 삼아 강의하는 것을 '송고(頌古)'라고 하는데, 운문체를 사용하는 일이 많다. 한편, 선사가 제자들을 가르치기 위해 공안 하나를 들어 설명하고 평석(評釋)하거나 새로운 해석을 제시하는 것을 염고(拈古)라고 한다. 송대에는 '송고'를 풀이하면서 수행자를 지도하는 '평창(評唱)'이 이루어졌다. 환오(圓悟, 1063~

1135)의 《벽암록(碧巖錄)》, 만송(萬松, 1166~1246)의 《종용록(從容錄)》(萬松老人評唱 天童覺和尚頌古從容庵錄) 등이 그것이다.

초기 선어록인 6조 혜능(慧能)의 《단경(壇經)》(六祖壇經)은 남종선(南宗禪)의 후사들이 남종선의 우월성을 선전하기 위해 혜능에 관한 일화를 문언문의 경전 형식으로 기록한 것이다. 그 뒤 857년에 상공 배휴(裵休)는 황벽희운(黃檗希運, ?~850)의 어록을 《황벽산단제선사전심법요(黃檗山斷際禪師傳心法要)》로 엮으면서 역시 문언문을 이용하였다. 황벽의 제자인 임제의현(臨濟義玄, ?~867)의 경우, 제자들이 임제의 입적 후 일생 어록을 엮었다. 그 뒤 동산양개(洞山良价, 807~869) 이후로 선어록은 상당법문(上堂法門)과 시중법문(示衆法門), 가송(歌頌), 잠언(箴言), 서(書) 등 선사의 지성을 상상케 하는 모든 자료를 수록하게 되어, 문집의 형태를 취하였다. 운문문언(雲門文偃, 864~949)의 선어록은 직문직답식(直問直答式)으로 되었다. 예를 들면

> 問如何是祖師西來意. 師云, 日裡看山.
> 묻습니다. 조사께서 서쪽에서 오신 뜻은 무엇입니까? 선사가 말씀하셨다. 해 속에 산을 본다.

와 같은 식이다.

한편, 선사의 공안을 들고서 자신이 다시 설명하여 후학에게 자신의 선풍을 가르치는 염고의 기법도 선어록 속에 나타나기 시작하였다. 즉 위산영우(潙山靈祐, 771~853)의 어록을 보면 위산의 염고가 쌍행(雙行)의 주(注) 형식

조당집(祖堂集)

선불교를 공부하는 교재로서 가장 훌륭하고 완벽한 교재는 《조당집(祖堂集)》20권이다. 이 책은 중국의 천주(泉州) 지역, 즉 지금의 복건성 남단 지역에서 952년에 처음 나온 것으로, 실은 이 책을 지은 사람은 신라 스님이었을 가능성이 높다. 이 책은 석존과 조사들이 밝힌 혜명의 중요한 본체와 승가에서 스님들이 가장 중요하게 여기는 것을 모은 것으로, 역대 조사가 밝힌 초유의 진리를 말하는 책이다. 이 책에는 신라 9산 선문에서 수행한 스님들의 명단이 들어 있으며, 돈황 막고굴에서 발굴된 텍스트도 고려 목판본과 내용이 같다고 한다. 현재 해인사에 세계 유일의 목판본 《조당집》이 전한다. 보조지눌이 조계종을 개창하여 선불교에 관심이 집약되면서 《조당집》도 새롭게 관심의 대상이 되었으리라 추정된다.

● 참고 : 일본 柳田聖山 박사, 1991년 6월 12일 해인사 강연요지, 《불교신문》1991년 6월 19일자 수록.

으로 "我當時若見……."의 형태로 나타나 있다. 이렇게 공안을 자신의 견해로 바꾸는 것을 대어(代語) 혹은 별어(別語)라고도 한다.

● 참고 : 조명화, 〈선종어록 변모과정의 중문학적 특징〉, 《중어중문학》 25(한국중어중문학회, 1999. 12), pp. 307~330.

등사(燈史)와 고승전(高僧傳)

선종에서는 일종일파(一宗一派)를 개설한 개조(開祖), 또는 그 교(敎)의 계통을 전한 열조(列祖)를 조사(祖師)라고 하며, 그 조사들의 족보를 정리하였다. 그것을 '등사(燈史)'라고 하다.

'등사' 가운데 이른 시기의 것으로는 담양(曇陽)이 엮었다고 전하는 《부법장인연전(付法藏因緣傳)》 6권이 있다. 이 책은 서역인 길가야삼장(吉迦夜三藏) 등의 구술에 의지하고 《아육왕전(阿育王傳)》 등을 참고로 하여, 석존의 직전제자 마하가샤파(摩訶迦葉)를 제1조로 하여 23조 사자존자에 이르기까지 법을 전한 사적을 기록하였다. 그 뒤 당나라 승상의 《법화전기(法華傳記)》 10권, 법장(法藏)의 《화엄경전기(華嚴經傳記)》 5권, 송나라 사형(士衡)의 《천태구조전(天台九祖傳)》 1권이 나왔다. 또한 대규모 역사서로, 송나라 도원(道原)의 《경덕전등록(景德傳燈錄)》 30권, 지반(志磐)의 《불조통기(佛祖統記)》 54권, 계숭(契嵩)의 《전법정종기(傳法正宗記)》 9권, 원나라 염상(念常)의 《불조역대통재(佛祖歷代通載)》 22권, 명나라 각안(覺岸)의 《석씨계고략(釋氏稽古略)》 4권 등이 있다. 그밖에 《조당집(祖堂集)》 《오등회원(五燈會元)》 《고존숙어록(古尊宿語錄)》 등도 이 부류에 속한다.

한편, 불교에서는 고승에 대한 전기들을 한데 묶기도 하였다. 양나라 혜교(慧皎)의 《고승전(高僧傳)》 14권, 당나라 도선(道宣)의 《속고승전(續高僧傳)》 30권, 송나라 찬영(贊寧)의 《송고승전(宋高僧傳)》 30권, 명나라 여성(如

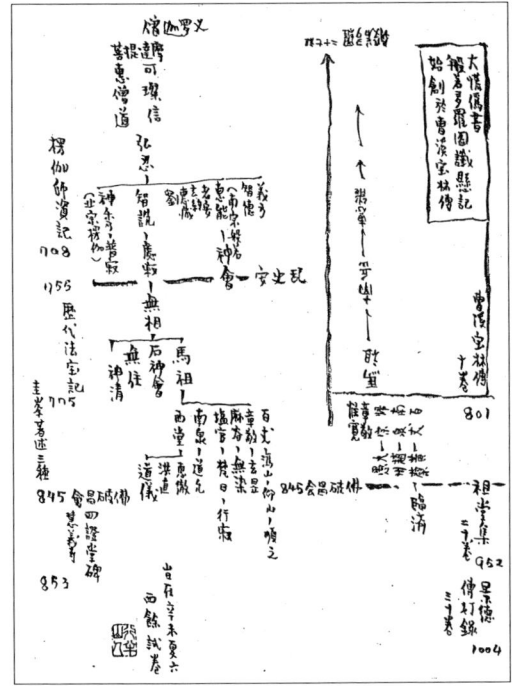

선종의 계보도 (민영규 선생님 육필원고에서)

惺)의 《명고승전(明高僧傳)》 6권 등이 그것이다. 또 서역이나 인도에 가서 불법을 구한 고승의 전기를 집성한 당나라 의정(義淨)의 《대당서역구법고승전(大唐西域求法高僧傳)》 2권도 있다.

격의(格義)

육조시대 승려는 불교 교리를 설명하기위하여 《노자》 《장자》 《주역》 등에 의지하는 방법을 사용하였는데, 그것을 '격의(格義)'라고 한다. 불교가 수용된 초기에는 반야부(般若部) 경전이 많이 번역되었는데, 반야 사상이 노·장 사상과 비슷한 점이 있었으므로 불교학자들은 《반야경》에서 설하는 공(空)을 노·장의 무(無)로 설명하였다. 그러나 차츰 격의의 방법에 대한 비판이 일어났다. 가상대사 길장(吉藏)은, 유교나 노·장의 학문은 결국 '외도(外道)'에 지나지 않는다고 배격하였다. 하지만 '격의'의 논리도 꾸준히 개진되었다.

천태대사 지의(智顗)는 불교의 오계(五戒: 妄語·邪淫·殺生·飮酒·偸盜)와 유교의 오상(五常: 仁·義·禮·智·信)을 동일하다고 보았으며, 불교에서 설하는 계(戒)·정(定)·혜(慧)의 3학을 유교 도덕에 견주었다. 당나라 규봉종밀(圭峯宗密)은 공자·노자·석가가 모두 성인이며 안과 밖으로 서로 도와 함께 중생들을 이롭게 한다고 주장하였다. 유교학자 이병산(李屛山)도 유·불·도 어느 한 교라도 없어지면 천하의 훌륭한 도가 하나 없어지게 되고 훌륭한 도가 하나 없어지면 천하의 악한 것이 그만큼 많아질 것이므로 이단 사상도 모두 가치가 있다고 논하였다.

5대와 송·명 시대에는 도가학자나 유교학자가 3교일치설을 주장하였다. 송나라 초기의 도가사상가 진단(陳摶)은 3교의 조화를 말하였고, 장상영(張商英)은 〈호법론(護法論)〉을, 이강(李鋼)은 〈삼교론(三敎論)〉을, 유밀(劉謐)은 〈삼교평심론(三敎平心論)〉을 지어서 3교가 다르지 않다고 주장하였다. 도학가 정이(程頤)의 제자 양구산(楊龜山; 1046~1125?)과 사상채(謝上蔡)도 유·불이 일치한다고 보았다. 이 때 선종의 승려들도 3교의 일치를 논하였다. 송나라 때 고산지원(孤山智圓), 명교 대사 계숭(契嵩), 대혜종고(大慧宗杲), 무준사범(無準師範)은 모두 3교가 결국 동일한 뜻을 설한다고 보았고, 명나라의 주굉(株宏)·덕청(德淸)·지욱(智旭) 등 선사들도 유·불 조화 사상을 주장하였다.

선종의 '비논리의 논리'

선(禪)은 마음에서 마음으로 전하는 것(以心傳心)을 중시하며, 극단적으로 불립문자(不立文字)를 주장한다. 하지만 11세기 중국 송나라 때 장락정앙(長樂鄭昻)은 선사들이 깨닫게 된 상황과 전후 사연은 전할 수 있다고 주장하여, 선사들의 이야기 모음집인 《경덕전등록(景德傳燈錄)》을 엮는 데 찬성하였다. 선사들은 과거의 선사들이 깨달음에 이르렀던 선례를 모아 1,700 공안(公案)의 판례집을 만들었다. 공안을 화두(話頭)라고도 한다. 《벽암록》은 대표적인 책이다.

선종은 철학적이며 추상적인 개념을 구상적인 글귀로 표현하려는 경향이 강하다. 우주를 산하대지(山河大地), 인간의 근원적인 주체성을 본래면목(本來面目)·본지풍광(本地風光)이라 한다. 또 선종은 추상적인 관념의 내용을 각인시키기 위해 감각적인 표현을 사용한다. 몸을 '냄새나는 가죽 주머니', 본질(本質)을 안목(眼目)이라 하며, 교단(敎團)을 총림(叢林), 수행 승려를 운수(雲水)라고 한다.

선문답은 구체적 체험을 토대로 이루어지므로 보편적 언어로 풀이하기 어렵다지만, 그렇다고 선문답이 '동문서답(東問西答)'인 것은 아니다. 임제 선사는 깨달음이란 남(=부처)에 의존해서 될 일이 아니라 몸소 체득하여야 한다는 뜻을 다음과 같이 말하였다.

> 有座主問, 三乘十二分敎豈不是明佛性. 師云, 荒草不曾鋤. 主云, 佛豈賺人也. 師云, 佛在什麽處. 主無語.
> 어느 강사 스님이 물었다. "3승 12분교가 어찌 불성을 밝힌 것이 아니겠습니까?" 임제 선사가 대답했다. "(3승 12분교라는 그 따위 연장을 가지고는) 번뇌의 거친 풀을 제거한 적이 없다." 강사 스님이 다시 물었다. "부처님이 어찌 사람을 속이셨겠습니까?" 그러자 임제 선사가 말했다. "부처님이 어디 있느냐?" 강사 스님은 말이 없었다. 《臨濟

錄》〈上堂〉)

*신규탁 님의 해석에 따름. '不曾'은 '不爭'과 같은 뜻으로 경험·사실·행위가 아직 일어나지 않았음을 나타내는 부사어로, 현대 중국어의 '沒有'에 해당한다. 3승 12분교는 불교 경전의 장르를 말한 것으로 경전 전체를 뜻한다. 이 말은 경전을 가지고는 우리들의 깨달음을 계발할 수 없다는 것이다.

한편 선어록은 비논리의 논리를 말한다. 《벽암록(碧巖錄)》 제12칙에는 "어느 스님이 동산양개(洞山良价) 스님에게 묻기를, 어떤 것을 부처라 합니까. 동산 스님은 '삼이 서근(麻三斤)'이라 하셨다"는 일화가 있다. 동산의 대답에 대하여 송나라 환오극근(圜悟克勤)은, "동산 스님이 도는 보편적인 명제로서 말할 수 있는 것이 아니라 구체적이고 경험적인 데서 얻을 수 있다고 깨우치려 한 것이다"라고 풀이하였다.

이에 대해서 사람들은 여러 가지 해석을 하고 있다. 어떤 사람은, 마침 동산 스님이 삼베를 저울로 달고 있을 때 물어왔기에 그렇게 대답한 것이라 하고 또 어떤 사람은, 동산스님은 동문서답을 잘 하여 그런 것이라고 한다. 또는 어떤 사람은, 본래부터 너 자신이 부처인데 그것을 모르고 밖을 향해서 부처를 묻고 있으니 그 어리석음을 깨닫게 하기 위해서 도리어 딴 소리로 대답한 것이라고 말한다. 더욱 바보 같은 놈들은 삼 서근이 그대로 부처라 말했다고 여긴다. 그렇지만 그런 것들은 동산 스님과 아무 상관도 없다.

선종은 일상 속에서 영혼의 체험(soul experience)을 살피는 일을 중시한다. 그렇기에 《벽암록》에는 '발 밑을 비추어 보라(照顧脚下)' '발 밑을 보라(看脚下)'는 말이 거듭 나온다. 이 불교의 책략은 유가 사상에서 '일상응연의 처(日常應緣之處)'를 중시하는 실천 태도와 통한다. 하지만 그 점을 말하기 위해 선종은 '비논리의 논리'를 중시한다. 초기 선종은 논리적인 언설을 중시하였으며, 대주혜해(大珠慧海, 800~830 사이에 입적)는 《돈오입도요

문론(頓悟入道要門論)》을 지어 논리적인 질문과 응답을 제시하였다. 하지만 선종은 더욱 비논리적으로 되었다. 조주(趙洲) 스님은 "개에게도 불성이 있습니까?"라는 물음에 대해 어떤 때는 없다고 대답했다가 어떤 때는 있다고도 대답하였다. 마조도일(馬祖道一)은 "큰스님께서는 어째서 마음이 곧 부처라고 설하십니까?"라는 물음에 대해 "어린아이의 울음을 달래느라 한 것이네"라고 답하였다가, "그러면 울음을 그쳤을 때는 어찌 하시렵니까?"라는 물음에 "마음도 아니며 부처도 아니다"라고 답하였다. 같은 질문에 대해 매번 달리 대답한 것은 실천적인 방편(方便)을 일러주려고 하였기 때문이다.

선종에서는 목표와 그 방편(方便) 사이에 논리적인 연관이 끊어졌다. 선의 참뜻이 무엇인가 묻는 "달마는 무엇 때문에 동쪽(중국)으로 왔는가?"하는 물음에 대하여, 조주심선사(趙州諗禪師)는 "뜰 앞의 잣나무"라고 답하였고, 마조도일(馬祖道一)은 "지장 스님의 머리는 희고 백장회해 스님의 머리는 검다"라고 답하였다. 여기서 물음과 대답 사이에는 뜻의 연관이 차단되어 있으며, 순간적인 기연(機緣)을 보지 못한 사람들은 도무지 알 수가 없다.

선어록 한문과 구어체

선어록에는 구어체 표현이 많다. 우선 구어의 의문사를 많이 사용한다. 예를 들어 '什麼(甚麼)'나 '作麼生'의 구가 많다.

예) 師又云: "一句語須具三玄門, 一玄門須具三要, 有權有用. 汝等諸人, 作麼生會?" 下座. ─ 선사가 다시 말하였다. "한 구의 말에 모름지기 삼현문을 갖추어야 하고 한 현문에 삼요를 갖추어야 하나니, 권(權)이 있고 용(用)이 있다. 너희 여럿은 무엇을 회득(會得)하랴?" 그리고는 자리에서 내려갔다. 《鎭州臨濟慧照禪師語錄》〈上堂〉)

또한 선어록은 '이렇게'라는 뜻의 '恁麽'를 많이 사용한다.

예) 看他古人, 恁麽悟去. 是什麽道理? 不可只敎山僧說. 須是自己, 二六時中, 打辦精神. 似恁麽與他承當. 他日向十字街頭, 垂手爲人, 也不爲難事. — 저 고인이 이렇게 깨달았음을 보라. 이것이 무슨 도리인가? 다만 산승에게 설하게 할 수가 없다. 모름지기 자기의 이·육·시 가운데 정신을 타판해 나가야 한다. 이렇게 그와 승당하듯 한다면, 다른 날 십자 거리맡에서 남에게 수수(垂手)하는 것도 어려운 일이 아닐 것이다. 《碧巖錄》

그리고 선어록은 '底'라는 표현을 많이 사용한다. 이 때의 '底'는 백화어 및 현대어의 '的'에 해당한다.

예) 擧. 南泉參百丈涅槃和尙. 丈問: "從上諸聖還有不爲人說底法麽?" — 공안을 든다. 남전화상이 백장의 열반화상에게 예배하였다. 백장이 물었다. "종래의 제 성인에게도 여전히 사람에게 설하지 않은 법이 있는가?"《벽암록》

김시습과 불교

조선초기 유·불이 교체되고 성리학이 주도적 사상으로서 기틀을 다져가던 시기에 김시습(金時習)은 유·불·도 삼교를 넘나들면서 독특한 내면세계를 구축하였다. 그는 불법에 밝은 승려로 알려져 있었기에 효령대군의 청으로 《묘법연화경》 언해 사업에 초빙되었다. 또 그는 《묘법연화경별찬(妙法蓮華經別贊)》《화엄석제(華嚴釋題)》《대화엄일승법계도주병서(大華嚴一乘法界圖註幷序)》《십현담요해(十玄談要解)》를 집필해서 불교 방면에서 큰 업적을 이루었다.

김시습은 29세 때인 1463년에 경주 분황사에서 원효(元曉)의 화쟁대사비(和諍大師碑)를 보고 〈무쟁비(無諍碑)〉라는 시를 지어, 불법의 이치를 글로 읽어 터득할 수는 있지만 진리를 진정으로 체득하지 못함을 고백했다. 김

> **찬(讚)과 범패**
>
> 찬이나 범패는 인물을 칭송하거나 석가모니와 다른 불타를 노래하는 글로, 불교 의식에서 이용된다. 조선 성종 때 찬술된 《악학궤범(樂學軌範)》에는 궁중의 나례(儺禮) 의식에서 여기(女妓)들이 노래한 범패(梵唄) 계통의 찬으로〈미타찬〉·〈본사찬〉·〈관음찬〉이 실려 있다. 《악장가사(樂章歌詞)》에 실려 있는〈능엄찬〉도 같은 부류라고 생각된다.
> 범패는 안채비들이 부르는 안채비소리, 겉채비들이 부르는 홋소리, 짓소리, 그리고 축원을 하는 화청(和請) 등 네 가지가 있다. 홋소리의 사설은 대개 7언 4구 또는 5언 4구의 한문으로 된 정형시로 되어 있으며, 할향·합장게·관음찬·사방찬·도량게 등으로 이루어진다.
> 하동 쌍계사〈진감선사대공탑비문(眞鑑禪師大空塔碑文)〉에 의하면 진감선사는 804년(애장왕 5) 당나라에 갔다가 830년(흥덕왕 5) 귀국한 뒤, 옥천사(玉泉寺) 즉 쌍계사에서 제자들에게 범패를 가르쳤다고 한다. 그런데《삼국유사》를 보면 그 이전부터 범패가 유포되어 있었음을 알 수 있다. 고려시대에도 연등회나 백좌도량(百座道場) 때 범패를 하였을 것이다.

 시습은 원효처럼 시비를 가리지 않고 불기(不羈: 아무 속박도 받지 않음)의 삶을 살아가겠다고 다짐하였다. 그렇기에 그는 특정 종파나 학파에 소속되지 않고 자유롭게 사상을 구축하였다.

 김시습은 무량사에서 죽는 해인 1493년(계축) 봄에, 전 광명사(廣明寺) 주지 지희(智熙)대사가 1491년(신해) 2월부터 1492년(임자) 5월에 이르기까지 무량사에서 간각(刊刻)한《법화경》의 발문을 적었다. 그 글에서 김시습은 법호인 설잠(雪岑)을 사용하지 않고 '췌세옹 김열경(贅世翁 金悅卿)'이라고 적었다. 불교든 유교든 특정 종파에 소속되기를 거부하고 자유로운 사상가로서 남은 것이다.

도미나가 나카모토의《출정후어》

일본의 도미나가 나카모토(富永仲基, 1715~1746)는《출정후어(出定後語, 슈츠죠 고고)》를 저술하여, 대승불교의 경은 석가가 직접 설한 것이 아니라고 하는 '대승비불설론(大乘非佛說論)'을 주장하였다. 그는, 불경이란 차례로 가

층되어 성립하였다는 '가상설(加上說)'의 개념을 제시하여, 불경을 비판적으로 연구하는 기풍을 열었다. 종래의 사람들은 불경이 모두 석가의 금구(金口)·직설(直說)이라고 믿어 왔지만, 그는 석가 그 이전의 외도(外道)를 수정하여 자신의 설을 부가하고 이어서 법화·화엄·열반 등을 가상(加上)해서 대승불교의 교리를 구축한 것이라고 논하였다. 그는 석가의 직설은 《아함경(阿含經)》뿐이라고 주장하면서, 그 가운데서도 구송(口誦)하기 쉬운 운문(韻文) 부분이 더 오래된 것이라고 실증적으로 논하였다. 그의 불경 연구 태도는 19세기말 서구에서 신약·구약성서의 원전비판을 행하였던 '양식사적 방법론'에 필적할 만한 것이라고 할 수 있다.

참고문헌

(1) 불교경전과 자료

- 高楠順次郎 等 都監,《大正新脩大藏經》, 全100卷, 大正新脩大藏經刊行會, 1924(大正 13)~ / 大藏出版株式會社.
- 中野達慧 編,《大日本續藏經》, 全150套, 大日本京都藏經書院, 1912年(大正 元年). / 國書刊行會.
- 中華電子佛典協會支援 全套電子版大正藏(MR. SAM LAM 提供香港鏡像空間) http://www.jhoo.com/db
- 東京大學大學院 人文社會系硏究科インド哲學佛敎學硏究室 大藏經テキストデータベース硏究會: 大正新脩大藏經テキストデータベース(Machine-readable text-database of the Taisho Tripitaka : the TAISHO SHINSHU DAIZOKYO) http://www.l.u-tokyo.ac.jp/~sat/
- 黃永武 主編,《敦煌寶藏》全150餘冊, 臺灣: 新文豊出版社, 1981~.
- 范祥雍 點校,《宋高僧傳》, 北京: 中華書局, 1988.
- 永嘉玄覺 著, 崔東鎬 外譯,《禪宗永嘉集》, 세계사, 1996.

(2) 한국불교자료

- 동국대학교 불교전서편찬위원회,《韓國佛敎全書》전11책, 동국대출판부, 1994.
- 고려대장경연구소,《고려대장경 2001 CD》, 일반용 1장 / 전문가용 총 14장.
- 동국대학교 전자불전연구소 http://ebti.dongguk.ac.kr
  *한국불교전서와 한글대장경의 전문을 검색할 수 있다.

(3) 불교관련 사전과 목록, 색인

- 조기명 · 민영규 감수,《한국불교대사전》, 한국불교대사전편찬위원회.
- 鄭福保,《佛學大辭典》, 上海醫學書局, 1922 / 文物出版社, 1984.
- 望月信亨,《佛敎大辭典》, 世界聖典刊行會, 1953~1963.
- 中村元,《佛敎語大辭典》, 3冊, 東京書籍, 1975 / 東京書籍, 1981 / 신판 4책, 2002.
- 駒澤大學,《禪學大辭典》, 東京: 大修館書店, 1978.
- 古賀英彦,《禪語辭典》, 京都: 思文閣出版, 1991.

- 袁賓,《禪宗著作詞語匯釋》, 江蘇古籍出版社, 1990.
- 柴野恭,《禪錄慣用語俗語要典》, 京都: 思文閣出版, 1980.
- 龍潛庵,《宋元語言詞典》, 上海辭書出版社, 1985.
- 鈴木哲雄,《中國禪宗人名索引》, 東京: 其弘堂書店, 1975.
- 일지・이철교・신규탁 공저,《선학사전》, 불지사, 1995.
- 中村 元 編,《佛教語源散策》, 東京書籍, 1977(1刷).
  《續 佛教語源散策》, 東京書籍, 1977(1刷).
  《新 佛教語源散策》, 東京書籍, 1986(1刷).
  《佛教植物散策》, 東京書籍, 1986(1刷).
- 鈴木大拙,《鈴木大拙禪選集》全11卷, 新裝版, 春秋社, 1975; 新版, 全11卷 別卷 1, 1990.
- 《二十五種藏經目錄對照考釋》
- 小關貴久,《佛教叢書(七種)索引》, 名著普及會, 1983.
  *한역 장경과 일본 번역 대장경을 대상으로 한 종합 색인집.

(4) 불교 관련 개설서 및 읽어볼 논저
- 佛經書堂 훈문회 편,《三大和尙 硏究論文集》, 佛泉, 1996.
- 章輝玉・김윤세・김두재 옮김,《海東高僧傳》, 동국대학교 부설 동국역경원, 2001.
- Peter H. Lee, *Lives of Eminent Korean Monks : the Haedong Kosung Chon*, Cambridge : Harvard University Press, 1969.
- 辛奎卓,〈중국선서의 번역을 위한 문헌학적 접근(2)〉,《백련불교논집》제2집.
- 신규탁,《선사들이 가려는 세상》, 장경각, 1998.
- 李鐘益,〈韓國佛敎曹溪宗과 金剛經五家解〉,《불교학보》11호, 1974.
- 조명화,〈선종어록 변모과정의 중문학적 특징〉,《중어중문학》25, 한국중어중문학회, 1999. 12.
- 민영규,〈김시습의 曹洞五位說〉,《대동문화연구》13, 성균관대 대동문화연구원, 1979.
- 일연 지음, 이창섭 외 옮김,《중편조동오위》, 대한불교진흥원, 2002.
- 김시습 지음, 최귀묵 옮김,《김시습 조돈오위요해의 역주 연구》, 소명출판, 2006.
- 심경호,《김시습평전》, 돌베개, 2003.
- 아서 라이트 저, 최효선 역,《불교와 중국지성사》, 예문서원, 1994.

- 아라키 켄고 저, 심경호 역, 《불교와 유교》, 예문서원, 1999(1), 2002(2) / 荒木見悟, 《佛敎と儒敎》, 硏文出版, 1993(新版).
- 入矢義高 저, 신규탁 역, 《禪과 文學》, 장경각, 1993.
- 기무라 키요타카 역, 김천학·김경남 옮김, 《화엄경을 읽는다》, 불교시대사, 2002. 2. / 木村淸孝, 《華嚴經をよむ》, NHKラジオ佛敎講座, 1997.
- 신광철, 〈한국 불교영화의 회고와 전망〉, 《종교연구》 27, 한국종교학회, 2002 여름.
- 정승석, 《법화경》, 사계절, 2004.
- 金岡照光, 《佛敎漢文の讀み方》, 東京: 春秋社, 1978.
- 木村淸孝 編著, 《佛敎漢文讀本》, 東京: 春秋社, 1990.

(5) 불교 관련 인터넷 사이트
- 불교교양강좌(http://studybud.buddhism.org/)

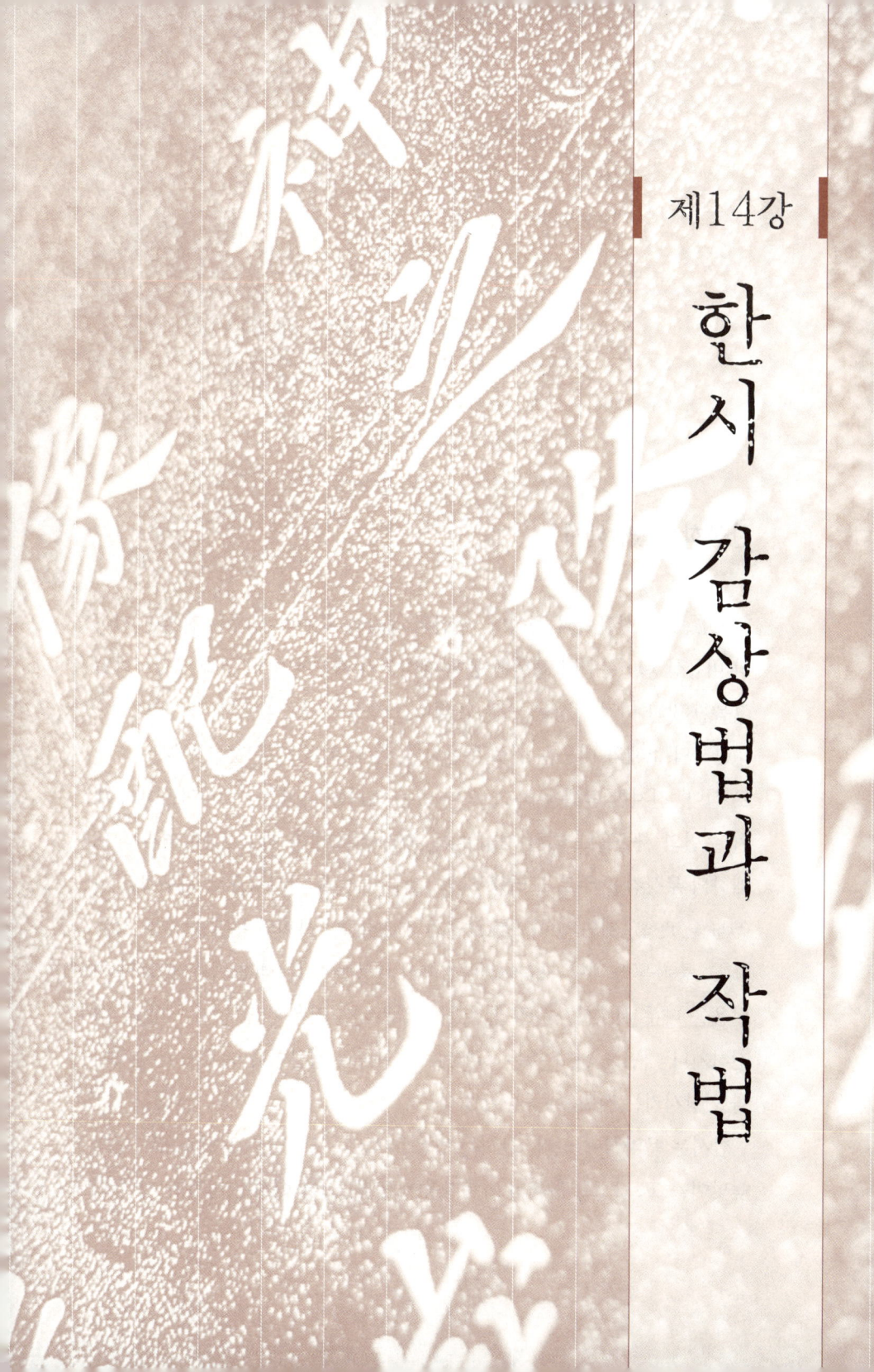

제14강

한시 감상법과 작법

한문학의 꽃, 한시

한시(漢詩)는 한문학의 꽃이다. 시인의 정감과 흥취와 사상을 간결한 언어와 비유상징과 분위기 표현을 통해 제시하기 때문에 어느 문학 양식보다도 그윽한 맛과 미적 긴장을 느낄 수 있다.

한시의 소재와 내용은 실로 무한하다. 우리 삶의 모든 것을 한시는 소재로 삼아, 진지한 탐색을 하고, 의미 있는 해석을 하여 왔다. 자연물이나 생활 주변의 사물을 노래한 시(詠物詩), 역사를 노래한 시(詠史詩), 역사를 노래하되 무상감을 주로 드러낸 시(懷古詩), 옛 일을 서사적으로 재구성한 시(故事詩, 史詩), 개인의 회포를 표출한 시(詠懷詩), 사회의 문제를 다룬 시(社會詩), 풍속을 노래한 시(紀俗詩), 철학적 내용을 다룬 시(道學詩), 불교적 깨달음을 다룬 시(禪詩), 특정 인물을 그리워하여 지은 시(懷人詩), 서한을 대신하거나 기념을 하여 주는 시(贈答詩), 여성의 정감이나 에로틱한 분위기를 연상시키는 시(艶詩) 등등이 있다.

한시는 음악성이 있다. 한시는 압운을 하여 운을 맞추고 평측으로 음의 높낮이를 고르므로, 운율의 아름다움이 있다. 또한 한시는 한자가 지닌 회화적 이미지를 잘 살려 씀으로써 대상을 그림 그리듯 묘사해 내기도 한다. 한시는 적은 수의 어휘를 가지고도 깊고 많은 뜻을 표현해낸다. 한정된 글자로 다양한 메시지를 전달하기 위해 전고(典故)와 용사(用事)를 활용하였다. 그리고 한시는 두 구(句)를 짝짓는 형식을 취하는데, 어떤 두 구는 대장(對仗)으로 조직하여 내용이나 형상을 더욱 실감나게 만든다. 율시의 함련(頷聯)과 경련(頸聯)은 대장하는 것이 일반적이다.

> **마상에 봉한식하니**
>
> 조선후기의 문인 김득신(金得臣)이 어느 한식날 말을 타고는 동대문 바깥으로 봄 구경을 나가다가 문득 시구가 하나 떠올랐다. "馬上逢寒食하니." 말 위에서 한식을 맞으니라는 뜻이니, 참으로 천연으로 이루어진 좋은 구였다. 그런데 한참을 말에 흔들려 가도, 이 첫째 구와 짝이 될 만한 구가 도무지 떠오르지 않았다. 괴롭게 이 구절 저 구절 지어서 읊어보고 하는데, 돌연, 말고삐를 쥐고 걸어가던 종자가 불쑥 시구를 읊었다. "途中屬暮春이라." 길가는 도중에 늦봄이 되었구나, 라는 뜻인 데다가 절묘하게 첫 구와 대를 이루었다. 근체시는 꼭 대를 사용하지 않아도 되지만, 우연히 대를 이루었으니 그것도 괜찮군. 이렇게 생각한 김득신은 종자에게 말하였다. 네가 나를 따라 다니더니 시가 제법 늘었구나. 어떻게 그런 좋은 구절을 생각했느냐? 그러자 종자는 대답하길, 왠 걸요, 나릿님이 늘 외우시는 구절이라서 제가 말씀드린 겁니다요. 김득신은 황급히 돌아와 이 책 저 책 펼쳐보았다. 그 시구는 송지문(宋之問)의 〈나그네 길에 한식을 만나(途中寒食)〉라는 시에 나오지 않는가!

한시의 갈래

한시는 금체(今體)와 고체(古體)의 두 부류로 나뉜다. 금체란 운율이 일정한 형식으로, 율시와 절구가 여기에 속한다. 근체(近體)라고도 한다. 고체란 운율의 고정된 형태가 없으며, 고시(古詩)와 악부가행(樂府歌行)의 둘로 나뉜다.

운율은 음절의 억양장단(抑揚長短)의 배열법을 말한다. 한자 한 글자는 반드시 1음절이므로, 1구의 자수와 음절수는 동일하다. 금체(근체)시에서는 매 구의 자수가 일정해서, 1구가 다섯 글자로 이루어진 것을 오언시, 일곱 글자로 이루어진 것을 칠언시라고 한다(시구의 한 글자를 1언이라고 부른다). 따라서 율시에는 오언율시(오율)와 칠언율시(칠률)가 있고, 절구도 오언절구(오절)와 칠언절구(칠절)가 있다. 그밖에 육언시가 있다.

율시는 8구(4운)가 원칙이다. 10구나 12구, 혹은 그 이상의 것을 배율(排律) 혹은 장율(長律)이라고 한다. 절구는 반드시 4구이다. 배율은 5언을 통례로 하며, 7언은 거의 없다. 율시에는 '3韻의 律'인 6구의 것도 있다.

고체시(古體詩)도 5언과 7언이 대부분이다. 칠언고시는 '君不見'을 사용하여 8자 이상의 구를 포함하는 경우가 있다. 오언고시는 거의 5자구만으로 이루어지며, 불규칙적인 형태는 전혀 없다. 7언구 외에 5언구와 3언구를 섞은 것은 삼오칠언(三五七言)이라고 제(題)를 한다. 이것을 잡언(雜言) 혹은 장단구(長短句)라고 부른다. 따라서 고시는 5언 · 7언 · 잡언의 셋으로 나뉜다.

이외에 악부(樂府)라고 불리는 것이 있다. 악부란 한나라 때 궁중 음악을 관장한 관청인데, 거기서 연주한 가곡과 노랫말도 악부라고 불렀다. 관청이 없어진 뒤 시체(詩體)의 명칭으로 존속하였으며, 어떤 악곡은 후대에 가사가 다시 만들어졌다. 악부체 시에는 5언이나 7언의 규칙적인 형태보다도, 잡언의 형태가 많다. 악부체 시 가운데 옛 제목을 사용하지 않은 순수한 창작물을 신악부(新樂府)나 신제악부(新題樂府)라고 부른다. 그리고 악부와 비슷한 '가행'은 주로 7언 장편의 형식이며, 넓은 의미의 악부체에 포함된다. 악부는 근체시로도 고체시로도 짓되, 고체시에 속하는 부류라고 생각하면 좋다.

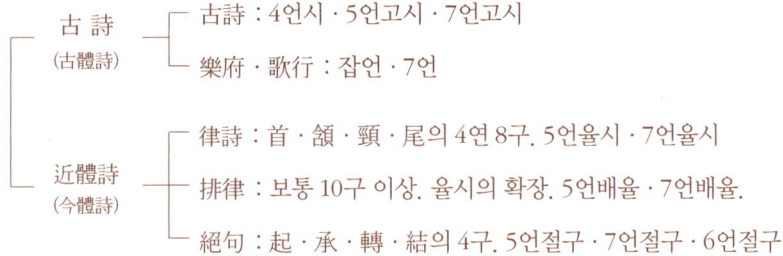

평측(平仄)

한자는 각 글자마다 성조(聲調)가 있고, 그것이 리듬에서 매우 중요한 역할을 한다. 즉, 평성(平聲)·상성(上聲)·거성(去聲)·입성(入聲)의 4성이 있으며, 평성 이외의 상성·거성·입성을 측성(仄聲)이라고 부른다.

현대 중국어에도 4성이 있으나 이것과 종래의 4성과는 반드시 일치하는 것은 아니다. 현대의 1성은 평평한 소리, 2성은 차츰 올라가는 소리, 3성은 내려갔다가 올라가는 소리, 4성은 뚝 떨어지는 소리이다. 이 가운데 평성과 측성은 적어도 1200년대까지는 서로 분명히 구별되었다. 평성은 평평한 소리(높았을 것이라고도 하고 낮았을 것이라고도 한다)를 말하고 측성은 내려갔다가 올라가거나(상성), 뚝 떨어져서(거성), 변화가 있는 소리이다. 또 끝 발음에 폐쇄음이 있었으니, 우리 한자음으로 [-ㅂ] [-ㄹ] [-ㄱ]으로 끝나는 소리들이다. 이것을 측성 가운데서도 입성이라고 한다. 현재의 북경어나 보통화에서는 이 입성자가 없어졌다. 한시는 평성과 측성(상·거·입성)의 교차를 이용하여 리듬을 조절하였다.

현대 중국어의 4성과 과거의 평측은 다음과 같은 관계이다. 아래의 상성, 거성, 입성이 곧 측성이다.

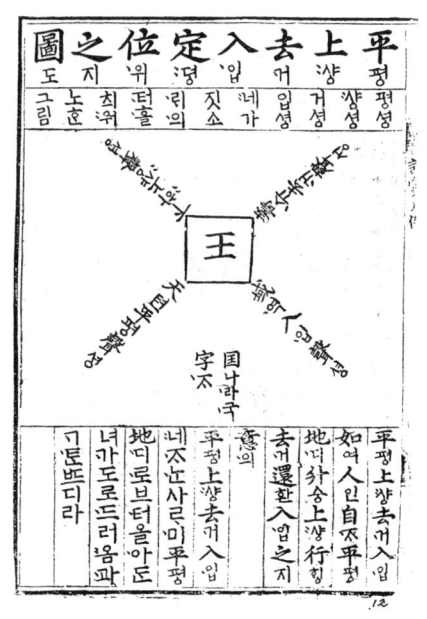

훈몽자회(訓蒙字會)의 平上去入 설명

평성(平聲) → 1성 / 2성

상성(上聲) → 3성

거성(去聲) → 4성

입성(入聲) → 1성, 2성, 3성, 4성으로 변화

중국어의 발음을 안다면, 과거 발음의 평측을 유추할 수 있다.

우리 발음으로 [-ㅂ] [-ㄹ] [-ㄱ]로 끝나는 한자 ⇒ 입성 ────── 측성
1성 가운데 [-ㅂ] [-ㄹ] [-ㄱ]로 끝나지 않는 한자 ⇒ 평성 ┐
2성 가운데 [-ㅂ] [-ㄹ] [-ㄱ]로 끝나지 않는 한자 ⇒ 평성 ┘ 평성
3성 가운데 [-ㅂ] [-ㄹ] [-ㄱ]로 끝나지 않는 한자 ⇒ 대개 상성 ┐
4성 가운데 [-ㅂ] [-ㄹ] [-ㄱ]로 끝나지 않는 한자 ⇒ 대개 거성 ┘ 측성

한시에서는 평성과 측성이 교체되어 리듬감을 낳는다. 5언시를 도식으로 표시하면 다음과 같다(평성을 ○, 측성을 ∨로 표시한다).

∨∨ ○○∨ ┐   ○○ ∨∨○ ┐
                또는
○○ ∨∨○ ┘   ∨∨ ○○∨ ┘

음의 조화에는 또 하나의 형식이 있다.

○○○ ∨∨ ┐   ∨∨∨ ○○ ┐
               또는
∨∨∨ ○○ ┘   ○○○ ∨∨ ┘

한시는 이 두 종류나 네 종류의 배열로 이루어진다.

압운(押韻)

한시에서는 일정한 위치마다 같은 운(韻)에 속하는 글자인 운자(韻字)를 놓는다. 그것을 압운(押韻)이라고 한다. 근체시는 짝수구의 마지막 글자에 압운을 한다. 운이란 한자의 성조(聲調)와 중성(中聲), 종성(終聲) 체계에 따라 분류된 음성적 뭉치를 말한다. 당·송의 시인은 당운(唐韻)의 체계에 따라 분류된 운자를 사용하였으며, 그것은 원나라 말기에 106개로 정리되었다. 그것을 평수운(平水韻)이라고 하며, 시운(詩韻)이라고도 한다.

운을 밟는 글자를 각운(脚韻)이라고도 한다. 평성의 글자는 평성의 글자와만 압운하고, 측성의 글자는 측성의 글자와만 압운한다. 5언시는 1구 건너씩, 2구째마다 압운한다. 한시는 원칙적으로 짝수의 구로 이루어지는데, 제1구에 압운할 경우도 있다. 금체시(근체시: 절구·율시·배율)는 대개 평성운을 밟는다.

운자는 그 운목에 속한 글자가 많으냐 적으냐에 따라서 관운(寬韻)·중운(中韻)·착운(窄韻)·험운(險韻)으로 나눌 수 있다. 근체시는 대개 관운과 중

⟨표⟩ 106운(시운) 일람표

구 분		106운(평수운)
平聲	上平聲(15)	東 冬 江 支 微 魚 虞 齊 佳 灰 眞 文 元 寒 刪
	下平聲(15)	先 蕭 肴 豪 歌 麻 陽 庚 靑 蒸 尤 侵 覃 鹽 咸
上聲(29)		董 腫 講 紙 尾 語 麌 薺 蟹 賄 軫 吻 阮 旱 潸 銑 篠 巧 皓 哿 馬 養 梗 迥 有 寢 感 琰 豏
去聲(30)		送 宋 絳 寘 未 御 遇 霽 泰 卦 隊 震 問 願 翰 諫 霰 嘯 效 號 箇 禡 漾 敬 徑 宥 沁 勘 豔 陷
入聲(17)		屋 沃 覺 質 物 月 曷 黠 屑 藥 陌 錫 職 緝 合 葉 洽

운을 사용하였다.

⟨표⟩ 운목의 종별

구 분	운 목
寬韻(글자가 많음)	支, 先, 陽, 庚, 尤, 東, 眞, 虞 등
中韻(비교적 많음)	元, 寒, 魚, 蕭, 侵, 冬, 灰, 齊, 歌, 麻, 豪 등
窄韻(글자가 적음)	微, 文, 刪, 靑, 蒸, 覃, 鹽 등
險韻(매우 적음)	江, 佳, 肴, 咸 등

근체시에서 7언시의 첫 구 마지막에 간혹 압운하는 예가 있다. 이것을 수구압운(首句押韻) 혹은 수구입운(首句入韻)이라고 한다. 이 때, 東과 冬, 陽과 江 등 가까운 운의 글자를 쓸 수 있다. 이것을 고안출운격(孤雁出韻格)이라고 부른다.

대장(對仗)

대장이란, 나란히 이어지는 구가 평측상 짝을 이룰 뿐만 아니라, 어법상, 내용상으로도 짝을 이루는 것을 말하며, 대우(對偶)·대구(對句)라고도 부른다. 율시의 함련과 경련은 반드시 대장이 되게 하지만, 절구의 경우는 꼭 대장을 할 필요는 없다. 하지만 절구에서도 앞의 두 구나 뒤의 두 구에서 대장을 하는 예가 종종 있다.

　공대(工對) : 동일한 부류에 속한 사물끼리 대(對)를 맞춘 것을 말한다.
　　천문(天文) 대 천문 : 年, 歲, 月, 日, 春, 夏, 秋, 冬, 晝, 夜 등
　　지리(地理) 대 지리 : 地, 土, 山, 水, 江, 河 등
　　기타 : 時令, 器物, 衣服, 宮室, 飮食, 文具, 文學, 草木花果, 鳥獸蟲魚, 形體, 人事, 人倫, 代名詞, 方位, 數目, 顏色, 干支, 人面, 地名, 同義連用字, 反意

連用字, 疊字, 副詞, 助辭 등

인대(隣對) : 인접한 부류가 대(對)를 이루는 것을 말한다. 천문(天文) 대 시령(時令), 기물(器物) 대 의복(衣服)과 같은 식이다.

관대(寬對) : 동일한 부류나 인접한 부류로 대를 맞추지 않고 명사 대 명사, 서술어 대 서술어의 식으로 대를 맞추는 것을 말한다.

차대(借對) : 해당 글자의 다른 뜻을 빌어 교묘하게 대를 맞춘 것을 말한다.

착종대(錯綜對) : 대를 이루는 글자의 위치가 어긋나 있는 것을 말한다.

격구대(隔句對) : 한 연(聯) 내에서 대를 이루는 것이 아니라 두 연에 걸쳐 대우를 이루는 것을 말한다.

구중대(句中對) : 한 구 내에서 대를 이루는 것을 말한다.

유수대(流水對) : 두 구의 관계가 대를 이루되, 그 둘이 대립적이 아니라 한가지 의미로 일관되어 있는 것을 말한다. 주로 근체시의 미련(尾聯)에 사용한다.

> **유수대(流水對)의 예**
>
> 不堪玄鬢影, 來對白頭吟 : 검은 날개 드리운 매미가 내 흰머리를 마주해 울어대매 마음 사무치네(駱賓王〈在獄詠蟬〉).
> 卽從巴峽穿武峽, 便下襄陽向洛陽 : 즉시 파협(중경)에서 무협(무산)을 (배로) 뚫고 가서, 곧바로 양양으로 내려와 낙양으로 향한다(杜甫〈聞官軍收河南河北〉).
> 請看石上藤蘿月, 已映沙前蘆荻花 : 보라, 바위 위 등나무 새삼넝쿨 비추던 달이 이미 모래섬의 갈대꽃을 비추는 것을(杜甫〈秋興〉2).

연구(聯句), 멱대(覓對), 응구첩대(應口輒對)

과거의 문인들은 어릴 때 지은 완전한 시를 한두 편 문집에 남겨 조숙성을 과시하고는 하였다. 그것을 동몽시(童蒙詩)라고 부른다. 하지만 어린 나이에는 연구(聯句)를 짓는 정도가 보통이었다. 이 때의 연구란 대장(對仗)의 형태로 이루어진 두 구를 말한다. 2구 1련을 '연구' 라고 부르는 명명법은 한국한시에서 사용된 말이다.

조선 세종 때의 천재 김시습은 2-4-3의 글자를 연결하여 일곱 글자의 구를 이루는 방법을 세 살 때 깨우쳤다. 그리고 유모 개화(開花)가 보리를 맷돌에 갈고 있는 것을 보고 다음 연구를 읊었다고 한다.

無雨雷聲何處動, 黃雲片片四方分.
비도 안 오는데 천둥소리 어디서 나지?
누런 구름 풀풀 사방으로 흩어지네.

이 두 구는 각각 '2-4-6 부동'의 규칙을 지키고 있고, 안짝 구(홀수 번째 구)와 바깥짝 구(짝수 번째 구)는 평측이 서로 반대이어야 한다는 염법(廉法)을 지켰다.

조선조에는 아동들이 연장자의 호자(呼字)에 즉각 연구(聯句)를 짓거나 어른들이 불러준 안짝에 맞추어 즉각 대구(對句)의 바깥짝을 찾아낼 줄 알아야 시적 재능이 있다고 평가되었다. 후자를 멱대(覓對) 혹은 응구첩대(應口輒對)라 한다.

서거정(徐居正)도 어려서 응구첩대를 잘하였다. 그는 대여섯 살 때 중국 사신들이 머무는 태평관(太平館)에 들어가 창문을 뚫고 엿보다가 중국 사신에게 붙잡혀 야단을 맞게 되었는데, 대구(對句)를 잘 지어 풀려났다고 한다. 중국 사신은 "손가락으로 종이 창을 뚫으니 구멍(孔子)을 이루었네(指觸紙窓成孔子)"라고 안짝 구를 말하였는데, 어린 서거정은 "손에 밝은 거울 쥐고 얼굴 돌려(顔回) 대한다(手持明鏡對顔回)"라고 바깥 구를 답하여, 공자(孔子)에 대해 안회(顔回)로 짝을 멋지게 맞추었다.

또 《어우야담(於于野譚)》에 보면, 조선 성종 때의 문인 채수(蔡壽)가 그 손자 무일(無逸)에게 대를 채우라고 하였다는 일화가 있다. 채무일은 겨우 대여섯 살이었는데, 채수의 "손자는 밤마다 글을 읽느냐 안 읽느냐(孫子夜夜讀書不)"에 대하여 "할아버지는 아침마다 술을 너무 자십니다(祖父朝朝飮酒猛)"라고 바깥 구를 대었다. 또, 어느 눈 오는 밤에 채수가 "개가 달리니 매화꽃 진 듯하다(犬走梅花落)"라고 하자, 채무일이 "닭이 걸어가매 댓잎 모양 이루어졌네(鷄行竹葉成)"라는 바깥 구를 대었다고 한다.

한시의 기본 형식 : 오언절구의 예

한시의 형식 가운데 가장 짧은 오언절구의 형식을, 당나라 때 왕지환(王之渙)의 〈관작루에 올라(登鸛鵲樓)〉라는 시를 통해서 설명을 해 보기로 한다.

白日依山盡 한낮의 태양은 산에 기대(산 너머로) 저물어가고
黃河入海流 황하는 바다로 들어갈 듯한 기세로 흘러간다.
欲窮千里目 천리 멀리 바라보는 시선을 끝까지 다 하고 싶기에
更上一層樓 다시 누대 한 층을 더 올라가노라.

이 시는 《주역》에서 말하는 자강불식(自彊不息)의 정신세계를 드러내었다. 이 시에는 입성자가 많다(白·日·入·欲·目·一). 그래서 힘이 넘쳐난다.

첫째 규칙 : 각 구는 '2-4 부동'이다. 각 구의 두 번째 글자와 네 번째 글자는 평측이 서로 달라야 한다는 뜻이다(7언일 때는 2-4-6 부동). 첫 번째, 세 번째의 글자는 그다지 평측을 고려하지 않아도 된다. '1-3 불론(不論)'이라고 한다(7언일 때는 1-3-5 불론).

둘째 규칙 : 홀수 번째 구와 다음의 짝수 번째 구, 이것을 각각 출구(出句)와 대구(對句), 혹은 안짝과 바깥짝이라고 하는데, 그 두 구는 두 번째 글자와 네 번째 글자만 보면 평측이 서로 반대다. 이 시의 첫구는 '입성-입성-평성-평성-상성'이므로 '측-측-평-평-측'이다. 둘째 구는 '평성-평성-입성-상성-평성'이므로 '평-평-측-측-평'이다. 그 둘의 두 번째 글자와 네 번째 글자의 평측이 서로 반대임을 알 수 있다. 셋째 구와 넷째 구

의 관계도 마찬가지이다.

 셋째 규칙 : 짝수 번째 구의 마지막에는 반드시 평성자로 된 운자(韻字)가 와야 한다. 한시의 압운은 대개 106개 운목의 평수운(平水韻) 체계를 따랐다. 시운(평수운, 106운)의 일람표는 자전(사전)의 뒤에 제시되어 있다. 한 글자가 어떠한 운목에 속하는지 알려면, 자전(사전)을 뒤적이거나 경험으로 체득하여야 한다. 압운의 범위에서 벗어났을 때는 낙운(落韻)이라 하며, 근체시에서는 금기로 여겼다. 이 시에서 운자는 두 번째 구의 마지막 글자 流와 네 번째 구의 마지막 글자 樓이다. 그 둘은 모두 평성 尤운에 속한다.

 넷째 규칙 : 둘째 구와 셋째 구는, 두 번째 글자와 네 번째 글자만 보면 평측이 꼭 같아야 한다. 이것을 점(黏)이라고 한다. 찰싹 들러붙는다는 뜻이니, 이렇게 하여야 비로소 처음 두 구와 다음 두 구가 연결된 느낌을 갖게 된다. 이것을 어긴 것을 실점(失黏)이라고 하며, 근체시에서는 병(病)으로 여겼다.

 다섯째 규칙 : 셋째 구의 마지막 글자는 반드시 측성이다. 이렇게 함으로써 둘째 구와 셋째 구의 평측이 미묘한 차이를 지니게 된다. 둘째 구의 마지막에는 반드시 평성 운자가 와야 하므로, 셋째 구는 마지막 한 글자로 변화를 낳게 된다.

 여섯째 규칙 : 각 구는 앞의 두 글자와 뒤의 세 글자 사이에 휴지(休止)가 있는데, 아래 세 글자가 나란히 평성이거나〔三平〕 나란히 측성〔三仄〕이면 밋밋해서 안 된다. 또 세 글자의 한 가운데 있는 글자가 그것만 단독으로 평성〔孤平〕이거나 그것만 단독으로 측성〔孤仄〕이면 지나친 굴곡이 생

근체시의 평측

① 平仄法 : 매 글자의 평성과 입성을 규칙적으로 배열
② 二四(六)不同 : 제 2, 4(6)자의 평측은 교체되어야만 함
③ 一三(五)不論 : 제 1, 3(5)자의 평측은 거의 문제삼지 않음
④ 下三聯(마지막 세글자가 연이어 평성)과 孤平(마지막 세 글자에서 측성사이에 평성을 끼워 넣는 것)을 피함

겨서 안 된다.

이 여섯 가지 규칙을 이해하면, 한시의 다른 여러 형식들도 쉽게 알 수 있다.

5언 근체시(금체시), 즉 오언절구의 골격은 다음 두 종류이다.

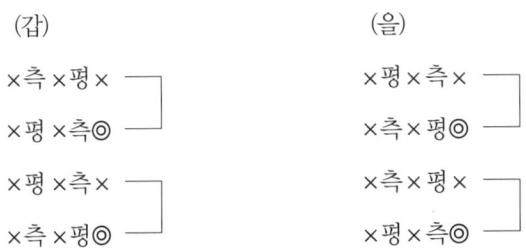

칠언절구는 위의 오언절구에서 각 구마다 앞에 두 글자씩이 더 붙은 형식이다. 각 구의 평측을 '2-4-6부동'('1-3-5불론')으로 수정하면 된다. 단, 칠언시일 때는 첫 구의 마지막에도 압운할 수 있다.

오언율시는 오언절구를 둘 겹친 형식이다. 절구는 흔히 율시(regulated poem)의 앞이나 뒤, 혹은 중간을 끊은 것이라고 말하지만, 설명의 편의를 위하여 절구가 겹쳐 율시가 이루어진다고 하였다. 그런데 율시는 두 구씩을 연(聯)이라 부르며, 대개 수련(首聯)·함련(頷聯)·경련(頸聯)·미련(尾聯)의 네 연으로 이루어진다. 둘째 연(함련)과 셋째 연(경련)은 반드시 대구로 이루어져야 한다. 수련과 미련에도 대를 쓸 수는 있다.

칠언율시는 오언율시에서 각 구마다 앞에 두 글자씩이 더 붙은 형식이다. 함련과 경련이 반드시 대구로 되어야 하는 것은 오언율시의 경우와 같다.

칠언율시의 형식으로는 다음 두 종류가 있다.

```
         (갑)              (을)
      ○○VVV○○        VV○○VV○
      VV○○VV◎        ○○VVV○◎
      VV○○○VV        ○○VV○○V
      ○○VVV◎         VV○○VV◎
      ○○VV○○V        VV○○○VV
      VV○○V○◎        ○○VVV○◎
      VV○○○VV        ○○VV○○V
      ○○VVV○◎        VV○○VV◎
```

(갑) 左遷至藍關示姪孫湘
(좌천되어 남관에 이르러 조카손자 湘에게 보여준다)

한유(韓愈)

一封朝奏九重天	상소문을 아침에 구중 하늘(대궐)에 올리고
夕貶潮州路八千	저녁에 조주(潮州)로 내쳐지니 팔천 리 길.
欲爲聖明除弊事	천자를 위하여 폐해를 제거하고자 하니
肯將衰朽惜殘年	노쇠하였다고 여생을 애석해 하랴.
雲橫秦嶺家何在	구름은 진령(秦嶺)에 걸쳤구나 내 집이 어디인가
雪擁藍關馬不前	흰 눈은 남관(藍關)을 에워싸 말이 나가지 않는다.
知汝遠來應有意	네가 멀리 온 데는 응당 뜻이 있으려니
好收吾骨瘴江邊	내 뼈를 장독(瘴毒) 낀 강 가에서 거두어 다오.

(을) 登高 (높이 올라서)

두보(杜甫)

風急天高猿嘯哀	바람 급하고 하늘 높은데 원숭이 울음 서글퍼라
渚淸沙白鳥飛廻	강가 맑고 사장 흰데 새는 날아 돌아온다.
無邊落木蕭蕭下	가없는 낙목(落木)은 소소히 떨어지고
不盡長江滾滾來	다함 없는 긴 강은 콸콸 흘러온다.
萬里悲秋長作客	만리 밖 슬픈 가을에 오래도록 길손 되어
百年多病獨登臺	인생 백년에 병도 많아 홀로 누대에 오른다.

艱難苦恨繁霜鬢　가난 속에 한탄하나니 서릿발같은 귀밑머리
潦倒新停濁酒杯　맥없이 내려놓는다 탁주 술잔을.

'갑'의 예는 두 번째 글자가 평성이어서 平起이고, '을'의 예는 두 번째 글자가 측성이어서 仄起이다. 오언율시에서는 仄起의 작품 수가 많기 때문에 仄起를 정격(正格)으로 삼고, 칠언율시에서는 平起의 작품이 많기 때문에 平起를 정격으로 삼는다.

근체시의 여러 형식

근체시 가운데 오언절구는 불과 20자의 글자 속에 시상을 응축시켜 둘 수 있다. 또 거꾸로 허자(虛字: 문법적으로 홀로 서지 못하고 다른 글자의 기능을 보조하는 글자들)를 사용하여 질박(質朴)한 풍격을 담기에 효과적이다.

두보(杜甫)는 절구의 가작을 많이 남겼다. 48세 이후 방랑길에 지은 〈절구(絶句)〉라는 제목의 두 수 가운데 첫째 수는 자연의 충만한 에너지에 대비되는 인간 생명의 추이(推移)의 슬픔을 토로하였다.

江碧鳥逾白　강물 파랗고 새 더욱 흰데
山靑花欲然　산 푸르고 꽃은 타는 듯 하네.
今春看又過　이 봄도 목전에 또 지나려는데
何日是歸年　어느 날이 돌아갈 해인가.

오언절구로 시상을 응축시킨 우리나라 한시의 특이한 예로 조식(曺植, 1501~1572)의 도학적 내용의 시를 들 수 있다. 조식은 지리산 자락에 은거하면서 '암혈에 눈비 맞아 볕 뉘 쬔 적 없다'고 호언하였는데, 〈우음(偶吟)〉

이라는 시에 고고하면서도 웅대한 기상이 잘 나타나 있다.

  高山如大柱 큰 기둥 같이 높은 산이
  撑却一邊天 하늘 한쪽을 버티고 서서는.
  頃刻未嘗下 잠시도 내려놓지 않는다.
  亦非不自然 그것 역시 저절로 그러한 것일 뿐.

 칠언절구는 경물의 선명한 묘사와 심리의 솔직한 표출에 주로 이용된다. 칠언절구의 대가는 이백(李白)이다. 그는 대담하기 짝이 없는 언어를 칠언절구로 표현하였다. 〈산중에서 은둔자와 대작하면서(山中與幽人對酌)〉 시는 사물에 집착하지 않는 분방한 정신을 잘 드러내었다.

  兩人對酌山花開 두 사람 대작하면 산에 꽃이 피고
  一杯一杯又一杯 한 잔 한 잔, 또 한 잔.
  我醉欲眠君且去 나는 취해 자려 하니 그대는 잠시 가소
  明朝有意抱琴來 내일 뜻 있으면 거문고 안고 다시 오구려.

 칠언절구는 또 사실의 개요를 제시하고 간결한 의론을 끼워 넣기에 적합하다. 그래서 영사시(詠史詩)로 활용되는 일이 많다. '건곤일척(乾坤一擲)'이라는 성어를 낳은 한유(韓愈)의 〈홍구에 들러서(過鴻溝)〉 시는 이미 앞(제2강)에서 소개한 바 있다.
 칠언절구는 풍속을 기사하는 죽지사체로 애용되었다. 본래 죽지사체는 남녀의 애정을 읊은 민간가요였으나, 당나라의 유우석(劉禹錫)이 유배 지역의 죽지사를 수집하여 연작(聯作, 連作)의 신사(新詞: 새 가사)를 짓고서부터, 지방풍물을 묘사하는 속에 남녀의 정을 농염하게 표현하는 모방작이 연달아 나왔다. 당나라의 백거이(白居易)와 명나라 말기의 원굉도(袁宏道)의

죽지사는 우리 문학에 일정한 영향을 주었다.

율시(regulated poem)는 4연(두·함·경·미련)의 두 연(함련과 경련)을 각각 대장(對仗)으로 하여야 하기 때문에 운율미와 형식미를 갖추고 있다. '율'이란 규율이란 뜻이니, 그만큼 정제(整齊)와 균칭(均稱)이 미를 좌우한다. 따라서 율시는 화려한 수식에 치중하거나, 낭만적 심상을 함축적으로 담아내는 데 유리하다.

선(禪)의 세계를 시 속에 담았던 왕유는 율시 양식을 이용하여 경물 묘사 속에 정신 경계를 가탁하여두는 방법을 잘 사용하였다. 〈향적사에 들러(過香積寺)〉라는 시는 샘 소리가 아스라한 바위 위에서 오열하고, 태양 빛이 푸른 솔에 차가운 적정(寂靜)의 경지를 묘사하였다.

> **요체(拗體)**
>
> 두보(杜甫)는 율시(특히 칠언율시)의 문언적 형식 속에 구어적 요소를 도입하여 요체(拗體)를 다양하게 실험하여, 율시의 성률 규범을 파괴하였다. 그 이후 만당의 시인이나 북송의 강서시파(江西詩派)도 의식적으로 성률을 변개하였는데, 논자에 따라서는 이 후자를 요체라 부르지 않고 단순히 '변체'라고 불러 그 미학적 가치를 평가절하한다. 이 후자의 시인들은 요(拗)를 의식적으로 만들고 또 그것을 구(救)하는 방식을 사용하였다. 한 구 안의 제3자와 제5자를 환구(還救)하는 방식을 삼오환구지식(三五救救之式)이라 하고, 한 구 안의 제5자가 율에 맞지 않게 되었을 때 1연 내의 대구에서 상구(相救)하는 것을 허정묘구법(許丁卯句法)이라고 한다. 허정묘구법은 만당의 시인 허혼(許渾)이 즐겨 사용하였기 때문에 붙여진 이름이다(허혼은 潤州 丁卯橋 근처에 별장을 두었다).

不知香積寺	향적사를 모르고
數里入雲峰	서너 리를 구름 뫼에 들어가니,
古木無人徑	고목 사이 오솔길 없거늘
深山何處鐘	깊은 산 어디선가 종소리.
泉聲咽危石	샘 소리는 아스라한 바위에 오열하고
日色冷靑松	태양 빛은 푸른 솔에 차갑구나.
薄暮空潭曲	저녁 어스름의 빈 못 굽이에서
安禪制毒龍	참선하여 독룡을 제압하노라.

하지만 율시의 대작수(大作手)는 단연코 두보(杜甫)다. 그의 〈등고(登高)〉는 이미 소개한 바 있다.

고체시의 여러 형식

고체시를 고풍이라고도 부르지만, 고풍은 흔히 특정 시나 시풍(이백의 〈古詩五十九首〉의 별칭)을 가리키는 말로 사용된다. 고체시는 근체시와 대비되는 한시의 한 갈래로, 태고의 가요에서부터 한위남북조의 악부가행시(樂府歌行詩: 음악에 올리지 않은 악곡풍의 시)까지의 시와, 근체시 성립 이후 근체의 규격을 따르지 않고 지어진 시들을 모두 포괄한다. 고체시는 구가 정제된 예도 있지만, 1, 2자에서부터 심지어 7자 이상의 구를 섞어 쓸 수 있다. 구의 길이가 다른 시를 잡언고시라 부른다. 또 고체시는 두 구만으로 이루어지기도 하고 100구 이상으로 이루어지기도 한다. 동한 말년 무명씨의 5언시 〈초중경 처를 위해 짓다(爲焦仲卿妻作)〉(〈孔雀東南飛〉)는 모두 357구, 1,785자이다. 따라서 고체시는 한 구의 자수가 가지런한 제언(齊言) 형태(4언·5언·7언고시)와 자수가 가지런하지 않은 잡언(雜言) 형태(長短句·樂府歌行體)가 있고, 구수별로는 단편과 장편(보통 10구 이상)이 있다. 고체시(고시) 양식에서 4언시와 잡언의 악부체는 독립시켜 논하기도 한다.

고체시는 용운(用韻: 운자 사용) 방식이 다양하다. 첫째, 한 개의 평성운이나 측성운을 시 전체에 쓸 수 있고 또 마음대로 운을 바꿀 수도 있다. 둘째, 시의 매 구마다 모두 운을 쓸 수 있고 운자를 중복할 수 있다. 셋째, 기수구에도 운자를 쓸 수 있다. 넷째, 인운(隣韻: 이웃하는 운)을 쓸 수 있고 상, 거성을 통압(通押: 통해서 압운함)할 수 있다. 또 산문구도 허용한다. 따라서 고시의 압운법은, 한가지 운(韻)만 사용하는 일운독용(一韻獨用, 혹은 一韻到底

라고도 함)과 여러 가지 운을 번갈아 사용하는 환운(換韻, 혹은 轉韻이라고도 함)의 방식으로 나뉜다. 고체시의 일운독용은 가까이 있는 운도 사용하는 통운(通韻)도 포함시킨다.

근체시는 구와 구, 구간의 평측 안배에 유의하며, 특히 율시는 대장을 강구해야 한다. 하지만 고체시는 그러한 율격을 지키지 않는다. 고체시는 형식이 자유롭고 구수의 제한이 없기 때문에 광범한 내용을 포괄할 수 있다.

> **조선의 고풍(古風)**
>
> 조선후기 민간에서는 무운(無韻)의 '고풍'시를 지어 작시 연습을 하였다. 정약용(丁若鏞)의 《아언각비(雅言覺非)》에 보면, 당시 학동들이 갓 시를 배워 압운하지 않고 글자 수만 맞추면서, 오언단편을 소고풍(小古風), 칠언장편을 대고풍(大古風)이라 부른다고 하였다. 오미동 문화유씨가의 유영업(柳瑩業, 1886~1944)이 남긴 생활일기 《기어(紀語)》를 보면, 시 학습의 초기에는 칠언 2구의 연구(聯句)를 주로 짓다가 운자(韻字)를 내어 서너 달 시를 지은 뒤 비로소 평측에 맞추어 시를 지은 것으로 되어 있다. 즉 그 때까지 그가 지은 절구는, 실제로 운자는 사용하였지만 평측은 맞추지 못한 '고풍'이었으리란 것을 짐작할 수 있다.

고시는 작가의 심경을 솔직하게 드러내는데 이용되어, 어떤 때는 연작으로 지어 복잡한 상념을 분절하여 표출하기도 한다. 그 가운데 오언고체시 연작체는 완적(阮籍)의 〈영회시(詠懷詩)〉 82수, 진자앙(陳子昂)의 〈감우(感遇)〉 38수, 이백의 〈고풍(古風)〉 59수로 이어져오면서 질박한 풍격 속에 시인의 강개한 뜻을 담는 시형식으로 확립되었다.

한유(韓愈)는 고시의 양식에서 독특한 시 세계를 열었다. 그는 자연에서 우미(優美)의 면을 찾기보다는 공포나 경이의 감정을 일으키는 장대한 아름다움에 관심을 두었다. 〈산석(山石)〉이란 고시에서는 황혼녘에 박쥐가 나는 산사(山寺)에 이른 사실을 서술하고 음산한 분위기를 묘사하였다.

오언고시 장편은 일운독용이 보통으로, 서사시의 전통과 영회시의 전통이 있다. 서사적 장편은 육조 시대에는 궁체·영물시·산수시에 밀려 자취를 감추었으나, 당나라에 들어와서 두보의 〈북정(北征)〉 등으로 부활하였다.

칠언고시에는 환운식(연환식)과 일운독용식, 각구압운의 백량체(柏梁體)가 있다. 그 가운데 고시의 환운식에는 각구전운(各句轉韻), 2구 1전운, 4구 1전운, 수의전운(隨意轉韻)의 형태가 있다. 칠언고시는 수의전운하는 것이 많다.

잡언(장단구·악부가행체)의 고체시는 한위남북조의 악부(樂府)에 속하는 것도 있지만, 음악으로 연주되지 않고 시로 독립되면서 고시로 분류되었다. 이백은 악부가행체에 뛰어났다. 촉도의 험준함을 노래하면서 인생살이의 고단함을 토로한 〈촉도난(蜀道難)〉은 그 대표적인 작품이다.

4언시는 《시경》의 시편에서 구법(句法)과 주제선정 방식을 모방하는 것이지만, 도연명이나 사령운처럼 작가 개인의 감회를 드러내는 데 이용하거나, 문제적 현실을 제시하고 그 변혁의지를 드러내는데 이용하기도 하였다. 정약용은 1810년 가을부터 4언시체를 이용하여 가뭄의 피해를 형상화하고 목민관의 잘못을 풍자하였다. 모두 6수를 지어 〈전간기사(田間紀事)〉라고 이름하였다.

이백(李白)과 두보(杜甫)

이백(701~762)과 두보는 '이두(李杜)'로 병칭되는 중국 최고의 시인이다. 이백은 자가 태백(太白), 호는 청련거사(靑蓮居士)이며, 흔히 시선(詩仙)이라 불린다.

이백의 시는 1,100여 편이 남아 있다. 이백은 원래 감숙성(甘肅省) 농서현(隴西縣)에 살았고, 아버지는 서역의 호상이었다고 한다. 25세 때 촉 땅을 떠나 양자강을 따라 강남·산동·산서를 돌아다녔다. 도교에 심취하여 민산(岷山) 속에서 지낸 일도 있다. 43세 무렵에야 현종의 부름을 받아 장안에 들어가, 한두 해 동안 궁정 시인으로 활약하였다. 현종·양귀비의 모란 향연에서 지은 〈청평조사(清平調詞)〉 3수는 특히 유명하다. 하지만 분방한 성격이라 궁정 분위기와 조화하지 못하고, 자신을 '적선인(謫仙人)'이라 평한 하지장(賀知章)과 술에 빠져 '술 속의 팔선(八仙)'으로 불렸다. 결국 현종의 총신 고력사(高力士)의 미움을 받아 궁에서 쫓겨났고, 하남(河南)으로 향하여 낙양(洛陽)·개봉(開封) 사이에 노닐었다.

두보상

낙양에서는 두보와, 개봉에서는 고적(高適)과 사귀었다. 이 때 두보는 이백으로부터 큰 영향을 받았다고 한다. 다시 이백은 산서·하북의 각지를 방랑하고, 남하하여 광릉(廣陵: 현재의 揚州)·금릉(金陵: 南京)에서 노닐고, 회계(會稽: 紹興)를 찾았다. 55세 때 안녹산의 난이 일어났을 때는 선성(宣城: 安徽)에 있었다. 현종이 촉나라로 도망하고 황자 영왕(永王) 인(璘)이 군사를 일으켜, 동쪽으로 향할 때 막료로 발탁되었으나, 영왕이 새로 즉위한 황자 숙종과 대립하여 패하였으므로 이백도 심양(尋陽: 강서성 九江縣)의 옥에 갇혔다. 뒤이어 야랑(夜郎: 貴州)으로 유배되었으나 도중에서 곽자의(郭子儀)에 의하여 구명, 사면되었다. 59세 때였다. 그 후 금릉·선성 사이를 방랑하였고, 당도(當塗: 安徽)의 친척 이양빙(李陽氷)에게 몸을 의지하다가 그 곳에서 병사하였다.

두보의 시는 '시사(詩史)'라고 불리며 시집이 분류식으로도 편년식으로도 모두 편집되는 데 비하여 이백의 시집은 분류식이 대부분이다. 두보·

한유(韓愈; 768~824)·백거이(白居易; 772~846)는 현실에 대해 직접 발언하고 서사적 제재로 장대한 시편을 짓거나 인생과 자연의 이치를 이야기하는 사변적인 작품을 남겼다. 이에 비해 이백은 여행·이별·달빛·유선(遊仙) 등의 제재를 통하여 낭만적 상상과 정서를 시에 담았다. 또 이백은 여성의 슬픔을 노래한 규원(閨怨)의 시, 변방을 수비하는 병사의 삶을 노래하는 변새시, 인간 역사를 한순간의 꿈으로 탄식하는 회고시 등에 뛰어났다. 이백은 7언절구와 악부(樂府) 고체시에 뛰어난 반면 율시에는 미숙했으므로 두보와 반대된다. 두보가 인간 속에서 성실하게 살아가려고 한 반면에, 이백은 인간을 초월하고 자유를 갈구하였다. 젊은 시절의 협기, 만년의 신선 취향은 물론, 일생에 걸친 술에의 탐닉은 그러한 갈구의 한 표현이었다. 현존

퇴계 이황과 두보 시

퇴계 이황은 1561년(신유, 명종 16년) 삼월 그믐에 퇴계의 남쪽 서재를 나와 이복홍(李福弘)과 이덕홍(李德弘)을 데리고 도산으로 갔다. 도중에 산언덕 꼭대기의 소나무 아래에서 쉬면서 산 꽃이 만발한 광경을 보다가, 두보(杜甫)의 〈근심(愁)〉이라는 칠언율시 가운데 함련(頷聯)인 "소용돌이치는 물살 속에 미역 감는 해오라기는 무슨 마음일까, 홀로 선 나무의 꽃만 피어나 저절로 분명하다"(盤渦鷺浴底心性, 獨樹花發自分明)라는 구절을 읊었다고 한다. 이덕홍이 "이 시의 뜻은 무엇입니까?" 여쭙자, 이황은 이렇게 대답하였다. "위기지학(爲己之學)을 하는 군자는 아무런 작위를 하지 않아도 저절로 도리에 합하는 것이 이 뜻과 가만히 부합한다. 공부하는 사람은 마땅히 체험을 하여, 의리를 바로 잡고 이익을 꾀하지 말며, 도리를 밝히고 공적을 계산하지 말아야 한다. 만약 조금이라도 그렇게 하려는 마음이 있다면 학문한다고 말할 수 없다."

함련은 실제 경치를 묘사한 것이겠지만, 이황은 그것을 끌어와 철학적 이치를 논한 것이다. 두보의 〈근심(愁)〉은 다음과 같다.

江草日日喚愁生	강가에 풀이 날마다 시름을 불러내나니
巫峽冷冷非世情	무협 물이 맑고맑아 인간세상과 다르네.
盤渦鷺浴底心性	급류 속에 미역 감는 해오라비는 어떤 마음일까
獨樹花發自分明	외로운 나무에 피어난 꽃은 저절로 분명하다.
十年戎馬暗南國	십년을 병마(兵馬)는 남국에 어둡고
異域賓客老孤城	타향에 길손은 외로운 성에 늙어가네.
渭水秦山得見否	위수(渭水)와 진산(秦山)을 볼 수나 있을지
人今罷病虎縱橫	사람은 지쳐 병들고 범은 출몰하거늘.

하는 최고(最古)의 이백 시문집은 송나라 때 편집된 것이며, 주석으로는 원나라 때 소사빈(蕭士贇)의 《분류보주 이태백시(分類補註李太白詩)》, 청나라 때 왕기(王琦)의 《이태백전집(李太白全集)》 등이 있다.

당시와 송시

한시는 크게 당시(唐詩)와 송시(宋詩)의 차이가 있어서, 사상과 감정을 전달하는 미학적 특징이 다르다. 일본의 중국학 학자로서 저명한 고(故) 요시카와 코지로(吉川幸次郎)는, 당시가 열정을 담아내는데 비하여 송시는 평정 속에 열정이 잠재한다고, 명쾌하게 구별하였다. 송시는 떨떠름한 데 비하여 당시는 화려하고 달콤하다. 당시는 일상생활의 세부나 사실은 그다지 시야에 넣지 않았다. 육조시대의 도연명(陶淵明)이나, 당의 두보(杜甫)와 백거이(白居易)는 자기의 가정과 주변을 시로 옮기기는 하였으나, 묘사는 미세하지 않다. 당시는 대범한 멋이 있다. 이에 비하여 송시는 관찰과, 관찰에 기초한 철학을 담아서, 감정과 함께 이지(理智)를 개발하였다.

  당대(唐代)에 비하여 송대(宋代)에는 몇 가지 두드러진 변화가 나타났다. 우선 과거제도가 실무중시의 관리등용법으로 바뀌면서 평민에게도 관직이 개방되었다. 뿐만 아니라, 경학(經學)에서는 춘추학(春秋學)의 발흥과 문학에서는 변려문(騈儷文)이 쇠퇴하고 그 대신 산문이 자리 잡게 되는 등 문학, 음악, 예술 전반에 걸쳐 서민풍이 강세를 띠었다. 따라서 송시에서도 그러한 새로운 기풍을 찾아볼 수 있다.

  우리나라에서도 고려 중엽 이후 송시(宋詩)를 애호하였다. 그러나 오늘날은 송시(宋詩)를 접할 수 있는 기회가 그리 없는 듯하다. 송시는 편폭이 길기 때문에 수업 시간에 강독하기에는 효과적이지 못하기 때문일 것이다.

남송의 철학자인 주희(朱熹)는 두보를 존경하였으나 두보의 〈동곡칠가(同谷七歌)〉가 대단히 호탕(豪宕)하고 기굴(奇崛)한 맛이 있으면서도 결국 마지막에 자신의 비애에 몰입한 것을 누추한 심리라고 비평하였다. 주희는 인간을 왜소한 존재로 보지 않는 철학을 구축하였는데, 두보에게는 그런 철학이 없다고 말한 것이다.

사실, 당시만이 아니라 송시의 작가도 인생과 사회를 우울하게 응시한다. 한시에는 부조리한 사회 속에 홀로 던져져 있는 개인을 되돌아보는 반추의 시선이 담겨 있다. 그렇기에 고독을 이겨낼 유력한 가능성으로서 우정(友情)을 이상화한다. 한시가 사랑을 노래하기보다 우정을 열렬하게 노래하는 것은 그 때문이다. 소식(蘇軾), 즉 동파(東坡)라는 호로 잘 알려져 있는 북송 때 시인의 〈봄날 밤(春夜)〉이라는 시는 한시의 가장 주요한 주제인 독성(獨醒)의 심경을 드러내었다.

春宵一刻値千金	봄날 밤은 한 시각이 곧 천금
花有淸香月有陰	맑은 꽃 향기 풍겨나고 달빛은 어스름하네.
歌管樓臺聲細細	누대에선 노래와 피리 소리 가늘게 들려오고
鞦韆院落夜沈沈	그네만 남은 정원, 밤은 점점 깊어가누나.

송시는 철학을 서술하기 위해 시적 조화를 파괴할 만큼 논리적인 언어를 늘어놓았다. 과거 비평가들은 송시에 대하여 "의론을 가지고 시를 지었다"라든가 혹은 "리(理)를 가지고 시를 지었다"고 하였다. 그러나 송시는 생활의 세부에 파고들고 사회의 문제를 조망하였으므로, 비애를 지양할 수 있었다.

중국 한시의 유파

남송 말년의 시론가 엄우(嚴羽)는 《창랑시화(滄浪詩話)》에서 중국 시의 유파를 50여 개로 나누었다. 그 뒤 시파를 논하는 일이 많아졌다. 일부 유파에 대하여 간략하게 소개한다.

1. 선진양한의 시체

소체(騷體) : 기원전 3백년 전후 초나라에서 발생한 초사(楚辭)에 근원한다. 굴원(屈原)이 《이소(離騷)》를 창작한 뒤 '초사'를 '소(騷)'라 부르고(남조 제·양 때 劉勰 《文心雕龍》, 양 소명태자 蕭統의 《文選》). 초사의 시 형식을 '소체'라 부르게 되었다. 자수·구수가 일정치 않고 용운(用韻)이 엄격하지 않으며 구중이나 구말에 '兮·只' 같은 어조사를 사용한다.

소이체(蘇李體) : 서한의 소무(蘇武)·이릉(李陵)이 증답하였다는 오언시가 《문선(文選)》에 있다. 진위에 관계없이, 그 질박하고 감정이 풍부한 시 양식을 소이체라고 부른다.

백량체(柏梁體) : 한나라 무제를 포함한 26인이 백량대에서 한 구 씩 지어 만들었다는 〈백량시〉

《이소경》의 각자(刻字)
중국 무창(武昌)시 동호(東湖) 역사공원 내

양식을 본뜬 시 양식을 말한다. 매 구가 7언, 구 끝에 평성운을 쓰며, 운자는 중복되어 있다. 연구(聯句)의 시초이다.

건안체(建安體) : 한나라 헌제 건안 연간에 조조(曹操)·조비(曹丕)·조식(曹植) 부자 및 그들의 후원을 받던 왕찬(王粲) 등 '건안칠자'들이 공유한 양식을 말한다. 풍격이 강건하다.

2. 위진남북조의 시체

정시체(正始體) : 삼국 위나라 정시 연간에 혜강(嵆康)·완적(阮籍)·산도(山濤)·상수(向秀)·완함(阮咸) 등이 형성한 시 양식이다. 정치의 암흑기였으므로 시인들은 은유적 수법을 써서 애절한 느낌을 기탁하였다. 완적은 82수의 〈영회시(詠懷詩)〉로 저명한데, 대부분 오언시이다. 혜강은 53수의 시가 전하는데, 주로 4언시이며, 위작도 있다.

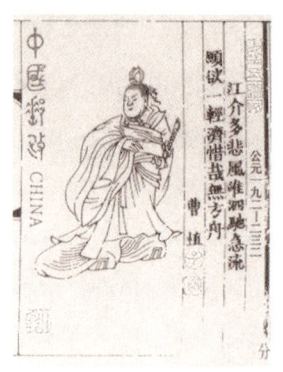

중국 우표 속의 조식

태강체(太康體) : 진(晉)나라 태강 연간에 좌사(左思)·반악(潘岳)·장재(張載)·장협(張協)·육기(陸機)·육운(陸云) 등이 배율, 비유, 수식을 중요시하는 시풍을 열었다.

도체(陶體) : 동진 말 유송 초 도잠(陶潛: 陶淵明)의 시체를 가리킨다. 오언시로 전원 경물을 잘 묘사하였고, 격조가 맑고 자연스럽다.

원가체(元嘉體) : 남조 송나라 원가 연간의 사령운(謝靈運)·포조(鮑照)·안연지(顏延之) 등이 형식미에 주의를 기울인 시풍이다. 사령운은 산수시파를 창시하였고, 안연지는 전고를 즐겨 사용하는 오언시를 지었다. 포조는 칠언악부를 잘 지었으며, 불평의 감정을 표출하였다.

제량체(齊梁體) : 제·양 때 시인이 공유한 시풍을 말하며, 제나라 때의 영명체(永明體)도 포괄한다. 형식과 수사적 표현을 숭상하였다. 대우(對偶)의 구식을 시에 도입하여, 당나라의 근체시를 열었다.

궁체(宮體) : 남조 양나라 간문제(簡文帝, 蘇綱)에서 기원한다. 궁정생활을 소재로 삼아 퇴폐적 분위기를 담았다. 진·수 양대와 당 태종 때 성행하였다.

3. 당대의 시체

명나라 때 고병(高棅)은 《당시품휘(唐詩品彙)》에서 당시를 초당·성당·중당·만당의 네 시기로 나누었다.

● 초당시기 : 당 고조 무덕(武德) 연간부터 당 현종의 개원(開元) 초까지. 곧, 7세기 초에서 8세기 초까지 100년 간이다.

초당사걸체(初唐四傑體) : 왕발(王勃)·양형(楊炯)·노조린(盧照隣)·낙빈왕(駱賓王)은 오언율시를 시험하였고 칠언가행의 시체를 발전시켰다. 사조가 화려하다.

심송체(沈宋體) : 심전기(沈佺期)·송지문(宋之問)은 응제시(應製詩)를 많이 지었다. 태평세월을 꾸며 시어가 화려할 뿐 내용상으로는 특별한 것이 없지만, 율시의 정형을 완성한 공이 있다.

진자앙체(陳子昻體) : 진자앙은 한위(漢魏)의 굳건한 풍격을 따랐다. 수사를 중시했던 제량의 시풍을 극복하였다고 일컬어진다.

● 성당 시기 : 당 현종 개원 초기부터 당 대종(代宗) 대력(大曆) 원년까지. 곧, 서기 713년부터 766년까지 50년 간이다. 당나라는 번영의 극에 이르렀다가 8세기 중엽 안사(安史) 난을 겪으면서 쇠퇴하기 시작하였다.

왕맹체(王孟體) : 왕유(王維)와 맹호연(孟浩然)은 전원생활을 묘사하는 데 능하였다. 저광희(儲光羲)도 그들과 가까웠고, 중당의 위응물(韋應物)·유종원(柳宗元)도 이 유파에 넣을 수 있다.

고잠체(高岑體) : 고적(高適)과 잠삼(岑參)은 변새의 풍상을 시속에 담았다. 칠언가행을 잘 지었으며, 감정이 분방하였다. 왕창령(王昌齡)도 시풍이 비슷하다.

태백체(太白體) : 이백(李白)의 시풍을 말한다. 낭만주의적 수법으로 사물을 묘사하는 데 뛰어났다.

소릉체(少陵體) : 두보의 시풍을 말한다. 사회의 죄악과 인민의 고통을 경험하고 그 체험을 시에 담았으므로 '시사(詩史)'라 불린다. 침통하고 돈좌(頓挫)의 기법이 뛰어나다.

원차산체(元次山體) : '차산'은 원결(元結)의 자이다. 사회현실을 시에 반영하였으며, 소박한 시풍의 오언고시를 잘 지었다. 가까운 일곱 사람의 시 24수를 뽑아 《협중집(篋中集)》이라 불렀으므로, 그의 시체를 '협중체(篋中體)'라고도 부른다.

● **중당 시기** : 대종 대력 때부터 문종(文宗) 태화(太和)까지 70년 간을 말한다.

십재자체(十才子體) : 대력 10재자는, 《신당서》 문예·하 〈노륜전(盧綸傳)〉의하면 노륜·길중부·한응·전기·사공서·묘발·최동·경위·하우심·이단이다. 율시의 격률이 높아 음절은 조화롭지만 유약한 병이 있다.

원화체(元和體) : 당나라 원화 연간에 백거이(白居易)와 원진(元稹)은 서사적 시 양식인 신악부(新樂府) 체재로 민간의 고통을 반영하였다. 원·백의 시를 원백체(元白體) 혹은 장경체(長慶體)라고도 부른다.

한창려체(韓昌黎體) : 한유(韓愈)는 생경한 글자와 험운(險韻)을 사용하였고,

구법이 기괴하였다. 산문의 구법으로 시를 쓰기도 하였다.
장왕체(張王體) : 장적(張籍)과 왕건(王建)의 악부시는 원화체처럼 사회 현상을 반영하되 원화체보다 청신하다.
이장길체(李長吉體) : 이하(李賀)의 자(字)가 장길이다. 그의 시는 초사와 고악부시에서 힘을 얻어 환상적이고 낭만적이며, 때로는 차가우면서 요염하다.

● **만당 시기** : 문종(文宗) 개성(開成) 연간부터 당 말기의 소선제(昭宣帝) 천우(天祐) 연간까지 70년 간을 말한다. 진정으로 새로운 격을 연 사람은 이상은(李商隱)뿐이다.
이의산체(李義山體) : 의산은 이상은의 자(字)이다. 대우가 교묘하고 영사(詠史)와 서정에 뛰어났지만, 때때로 전고를 지나치게 사용하여 난삽하다.

4. 남송과 북송[兩宋]의 시체

송나라 때는 사(詞)가 더 발달하였지만, 시에서도 소식(蘇軾)과 같은 대가들이 나타났다. 송시는 의론을 펴고 산문의 구법을 사용하였으며, 꺼끌꺼끌한[힐굴오아(佶屈聱牙)] 비튼 구를 즐겨 썼다.
서곤체(西崑體) : 북송 초 양억(楊億)·유균(劉筠)·전유연(錢惟演) 등은 궁벽한 전고를 사용하고 음절과 표현의 화려함을 추구하였다. 양억이 동료 17인의 창화 시를 《서곤수창집(西崑酬唱集)》으로 엮었으므로 그 시체를 '서곤체'라 하였다.
소체(蘇體) : 소식(蘇軾)은 도잠(陶潛)의 담백하고 그윽함, 이백의 분방함, 두보의 깊고 우울함, 백거이의 명쾌함, 한유의 험준함과 산문 구법을 겸하였다.
황정견(黃庭堅)과 강서시파체(江西詩派體) : 황정견은 소식의 문하에서 나왔으나, 시는 생경하고 난삽하다. 요구(拗句)를 즐겨 쓰고 고인의 시구를 교묘하게 이용하였다. 강서 사람이어서, 강서시파를 창시했다고 일컬어진다.

육방옹체(陸放翁體) : 방옹은 육유(陸游)가 만년에 사용한 호이다. 그는 처음에 강서시파의 영향으로 기교를 추구하였으나, 중년 이후 호방함으로 변했고, 만년에 전원생활에 귀의해서 담담하고 고요한 시풍을 열었다. 중년에는 망국의 화를 당하여 애국적 내용을 시에 담았다.

양성재체(楊誠齋體) : 성재는 양만리(楊萬理)의 서재 이름이다. 양만리는 시에 구어(口語)를 도입하고 유머러스한 풍취와 생동감을 추구하였다. 비속하다고 비판받기도 한다.

5. 금·원의 시체

원유산체(元遺山體) : 유산은 금나라 때 원호문의 다른 이름이다. 순박하고 자연스러움을 추구했다. 칠언시에 뛰어났다.

철애체(鐵崖體) : 철애는 원나라 양유정(梁維楨)의 호다. 고악부를 모방하되 험괴하면서도 미려하고 억양·돈좌·장단의 구법에 유의하였다.

6. 명대의 시체

이서애체(李西涯體) : 서애는 이동양(李東陽)의 호이다. 진부한 대각체(臺閣體)를 비판하고, 성당의 시풍을 높이 쳤다. 전아(典雅)하고 성운(聲韻)이 아름다워, 이후의 전후칠자(前後七子)에게 영향을 주었다.

홍정체(弘正體) : 명나라 홍치와 정덕 연간에 이몽양(李夢陽)·하경명(何景明)·변공(邊貢)·서정경(徐禎卿)·강해(康海)·왕구사(王九思)·왕정상(王廷相) 등 이른바 '전칠자(前七子)'가 추구한 시풍이다. 복고에 힘써, 고체시는 한위(漢魏)를 모방하고 근체시는 성당(盛唐)을 본받았다.

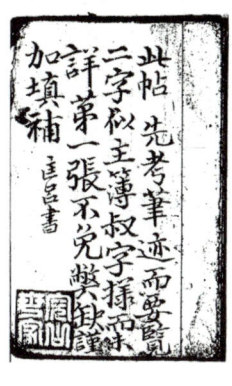
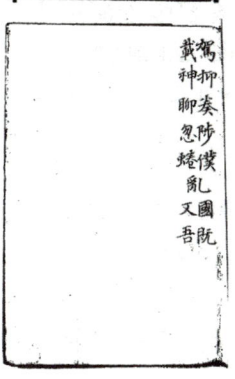

굴원(屈原)의 《이소경》이 이렇게 짧았나? 대체 왜 이렇게 적어둔 것일까?
이 필사본은 숙종 때 이진수(李眞洙)의 필적 《송요(誦要)》이다. 장편의 사부를 암송하기 편하게 각 구의 첫글자만 적은 것이다. 맨 뒤에 그 아들 이광려(李匡呂)의 지어(識語)가 있다. 이광려는 박지원과도 교유한 명시인이자, 조선 양명학파인 강화학파의 한 사람이다. 이 책의 크기는 손바닥만하다

가정체(嘉靖體) : 명나라 가정 연간에 이반룡(李攀龍)・왕세정(王世貞)・사진(謝榛)・종신(宗臣)・양유예(梁有譽)・서중행(徐中行)・오국륜(吳國倫) 등 이른바 '후칠자(後七子)'가 형성한 시풍을 말한다. '전칠자'의 문학이론을 계승하여 의고풍을 중시하였다.

공안체(公安體) : 명나라 만력(萬曆) 연간에 호북성(湖北省) 공안 사람인 원종도(袁宗道)와 그 아우 굉도(宏道)・중도(中道)는 사상가 이지(李贄)의 영향을 받아, "홀로 성령을 펴며 격식에 얽매지 않음"을 표방하였으며, 백거이와 소식을 존중하였다.

경릉체(竟陵體) : 경릉 사람 종성(鍾惺)과 담원춘(譚元春)은 원씨 형제의 시풍을 공허하다고 비판하고, 중당의 맹교(孟郊)·가도(賈島) 일파를 따라 처고냉벽(凄苦冷僻)한 풍격을 낳았는데, 너무 어렵고 지나치게 정교하다.

사(詞)

사(詞)는 주어진 사패(詞牌)에다 글자를 맞추어 넣는 전사(塡詞)라는 과정을 거쳐 이루어지므로, 일반적인 한시와는 다르다. 하지만 사는 구법과 편법에서 굴곡과 리듬이 있어, 서정적 자아의 내면에 감추어진 추억과 애증과 비감을 격정적으로 드러내기에 좋다. 다만 사패에 맞춰 평측을 따지고 압운하는 일은, 우리나라의 시인들로서는 하기 어려웠기 때문에 대작가만 시도하였다. 고려말의 이제현(李齊賢), 조선조의 김시습(金時習)과 정약용(丁若鏞)이 그 대표적 작가이다.

정약용도 45세 되던 1806년, 강진에 귀양와 5년째 되던 해 봄에 내면정서를 그대로 표출하기 위해 사(詞)를 9수나 지었다. 수조가두조(水調歌頭調) 〈사향(思鄕)〉을 보면, 귀향을 바라는 마음과 함께 완세(玩世)의 뜻을 드러내었다.

瀟洒粵溪水	조촐한 월계수와
澹蕩白屛山	해맑은 백병산.
我家茅屋	내 초가를
寄在煙靄杳茫間	안개와 노을 망망한 속에 부쳤지.
欲與雲鴻高擧	기러기와 함께 높이 날아가려 해도
怪有重巒疊嶂	어쩔거나 산봉우리 첩첩하여
不許爾同還	너와 함께 돌아가질 못하다니.
一醉落花底	지는 꽃 아래 크게 취하여
歸夢繞沙灣	돌아가는 꿈만 모래톱에 감기네.

釣魚子	고기를 낚는다
塵網外	티끌세상 밖에서
十分閒	너무도 한가로워라.
昔年何事	지난날 무슨 일로
狂走漂泊抵衰顔	미친 듯 떠돌아 얼굴만 쇠했던가.
風裏一團黃帽	바람 속에 둥그런 누른 모자
雨外一尖靑蒻	빗속에 뾰족한 도롱이
此個勝簪綸	이것이 관복보다 나은 것을.
幾日湖亭上	어느 날에나 석호정에서
高枕看波瀾	높이 베고 누워 물결을 다시 볼까.

김삿갓 한시

김삿갓의 본명은 김병연(金炳淵, 1807~1863)이다. 다섯 살 때 홍경래의 난이 일어나자 선천 방어사로 있던 조부 김익순이 반군에 투항함으로써 역적의 집안으로 전락하여, 멸족을 우려한 부친이 형과 그를 곡산으로 보내 노비 집에 살게 하였다. 이후 영월에 정착해서 글공부에 힘써, 스물의 나이에 향시를 보았다. 과제에 "가산 군수 정시의 충성을 찬양하고 역적 김익순의 죄를 규탄하라"라고 하였으므로, 장원 급제하지만 부끄러움을 느껴 은둔과 방랑을 하게 되었다. 날카로운 풍자로 상류 사회를 희롱하고 재치와 해학으로 서민의

영월 김삿갓 유허비(遺墟碑)

애환을 읊으며 일생을 보내다가, 쉰 일곱에 전라도 땅에서 눈을 감았다고 하며, 아들 익균이 유해를 영월(와석리)로 옮겨 장사지냈다고 한다.

그러나 오늘날 우리가 김삿갓의 한시로 알고 있는 것은 반드시 김병연 개인의 손에서 나온 것이라고 보기는 어렵다.

다음 시는 '김삿갓'이 어느 집에 가서 먹을 것을 구하니 쉰 밥을 내놓기에 개탄하여 읊은 것이라 전한다. 제목은 〈스므나무 아래(二十樹下)〉라고 붙여왔다.

二十樹下三十客　스므 나무 아래 설은 손이요.
四十家中五十食　마흔 집 가운데 쉰 밥이라.
人間豈有七十事　인간에 어찌 이런 일이 있으리오.
不如歸家三十食　돌아가서 설은 밥 먹는 것만 못하다.

- 二十樹 : 스므나무(나무이름)
- 三十客 : 설흔(슬픈) 나그네
- 四十家 : 마흔(망한)집
- 五十食 : 쉰밥
- 七十事 : 일흔(이런)일
- 三十食 : 설흔(설은=未熟)밥

참고문헌

(1) 한시와 비평이론
- 黃永武, 《中國詩學》(思想篇)·(考據篇)·(設計篇)·(鑑賞篇), 巨流圖書公司, 1977.
- 王力 지음, 송용준 옮김, 《중국시율학》, 4책, 소명출판, 2006.
- 劉若愚(James J. Y. Liu) 저, 이장우 역, 《중국의 시학》, 동화출판공사, 1984.
- 劉若愚(James J. Y. Liu) 저, 이장우 역, 《중국의 문학이론》, 동화출판공사, 1984.
- 이병한, 《(증보) 한시비평의 체례 연구》, 통문관, 1985.
- 정민, 《한시미학산책》, 솔, 1996.
- 錢鍾書 著, 《管錐篇》談藝錄, 이홍진 역, 《宋詩選註》, 형설출판사, 1989.
- 차주환, 《중국시론》, 서울대학교 출판부, 1989.
- 오전루(吳戰壘) 저, 유병례 역, 《중국시학의 이해》, 태학사, 2003 / 吳戰壘, 《中國詩學》, 人民出版社, 1991.
- 심경호, 《한시기행》, 이가서, 2005.
- 심경호, 《한시의 세계》, 문학동네, 2006.
- 심경호, 《한시의 서정과 시인의 마음》, 서정시학, 2012.
- 심경호, 《심경호 교수의 중국한시 감상》, 돌베개, 2013.

(2) 당시
- 요시카와 코지로·미키 타츠야 공저, 심경호 역, 《당시 읽기》, 창작과비평사, 1998 / 吉川幸次郎·三木達也, 《新唐詩選》, 岩波書店, 1952(初), 1965(改訂版).
- 오가와 다마키 저, 심경호 역, 《당시개설》, 이회, 1998 / 小川環樹, 《唐詩概說》, 岩波書店, 1958.
- 小川環樹, 《唐代の詩人――その傳記》, 大修館書店, 1975.
- 芳村弘道, 『唐代の詩人と文獻研究』, 中國藝文研究會, 2007. 6.
- 夏承燾, 《唐宋詞人年譜》, 上海古典文學出版社, 1955. / 上海古籍出版社, 1979.

(3) 악부, 한위시
- 增田淸秀, 《樂府の歷史的硏究》, 創文社, 1975.

- 鈴木修次,《漢魏詩の研究》, 大修館書店, 1967.

(4) 송시
- 이홍진 역,《宋詩選註》, 형성출판사, 1989.
- David Palumbo-Liu, *The Poetics of Appropriation; The Literary Theory and Practice of Huang Tingjian*, Stanford California:Stanford University Press, 1993.

(5) 한국한시의 영역
- Min Pyong-Su, Translated by Michael J. Miller, *Encounters Between Man and Nature : Korean Poetry in Classical Chinese*, Somyong Publishing, 1999.

제15강

한문산문과 소설

Q 한문산문과 관련해서 고문이다 의고문이다 소품이다 하는 말들이 있죠? 알기 쉽게 설명해 주세요.

A '산문'은 운문이나 변문과 상대되는 개념입니다. 운문은 시(詩)·사(詞)·곡(曲)·부(賦) 등을 포괄하고, 변문은 대우(對偶)와 성률(聲律)을 강구해서 기교를 부리는 공용문의 문체를 말합니다. 산문 가운데 고문은 주로 당송팔가문을 가리키고, 의고문은 상고·진·한 시대 문체를 모방한 난삽한 문체를 가리킵니다. 소품은 주로 명말의 감성적 단편들을 가리키죠.

Q 한문소설과 서양 소설은 어떻게 다르나요? 그러고 보니 '소설'이란 말은 원래 있었나요?

A '소설'은 상상력에 의하여 구상하거나 사실을 각색해서 주로 산문체로 적은 이야기, 세태와 인정 등을 글로 그려낸 이야기 등으로 정의됩니다. 하지만 이 개념은 19세기 말에 서구 문명이 유입되면서 쓰게 된 것으로, 영어의 'novel'이나 프랑스어의 'roman'을 옮긴 것이라고 합니다. 그러나 한문고전의 '소설'은 문장으로 기술한 서술 형태의 이야기를 가리키기는 하지만 서양의 'fiction'과는 달랐습니다. 오히려 기록성·사실성을 더 중시하였습니다. 그래서 사실임을 논증하려는 경향까지 있었습니다.

Q 아참, 중국이나 우리나라에서는 무협소설이 꽤 유행했었죠? 현대사회에서 건강한 몸과 정의로운 정신을 갖추는데 무협이 크게 기여할 것이라고 하던데요?

A 2002년 설 연휴 마지막날(2월 13일)에는 KBS1에서 '수요기획'으로 〈2002 무협천하〉를 방영했죠. 어렸을 때 저는 무협소설이나 무협영화

를 좋아하지 않았어요. 그런데 〈와호장룡〉이란 영화를 보고 생각이 많이 바뀌었어요. 무당산을 배경으로 하고 도교의 음양사상을 무술과 접목시켰죠? 김용(金庸)이란 작가는 1950년대부터 무협소설을 쓰기 시작하여 1972년에 붓을 놓았는데, 현재 많은 아시아인의 사랑을 받는 이야기꾼이지요. 그의 《영웅문》은 월남이나 태국에서도 번역되어 읽힌다고 하네요. 김용의 소설은 영어로 번역되어 옥스퍼드 대학이나 스탠포드 대학에서도 중국을 이해하는 부교재로 사용되었다죠. 사실 무협은 사회가 불공정할 때 여러 가지 형태로 나타나 도덕적 균형을 회복시키는 기능을 했어요. 우리나라에서도 '협'을 다룬 한문소설이 있었죠. 〈여검협전(女劍俠傳)〉이 그 한 예죠. 1961년 5·16 이후에 무협소설이 신문에 연재되면서 무협소설 붐이 일어났던 것 같아요. 그 문화·사회적 이유는 곰곰 생각해볼 필요가 있겠죠.

한문산문

1. 산문 · 고문 · 의고문 · 소품 · 시문 · 이문

본래 주(周) · 진(秦)에서 한나라 초까지는 변문(騈文: 병문)과 산문(散文)의 구분이 없었다. 서한 · 동한 시기에 변문과 산문이 각축하고 위진 · 육조 · 당에 이르러 변문이 극성하였다가 중당 때 고문운동이 일어나고 송나라 때 책론(策論) 문체가 비중을 차지하면서 산문이 흥성하고 변문이 쇠퇴하였다.

 변문이 발달하기 이전인 진한(秦漢) 때 이루어진 경사제가(經史諸家)의 산문체와 당의 한유(韓愈) 이래 산문의 주류를 이루어 온 문체를 '고문'이라고 한다. 한유는 의사 전달이 명료하면서 선진(先秦) 시대 이래 문장언어의 어법 체계를 따른 문장을 고문이라 하였다. 그는 한위 · 육조 이래로 끊어진 맹자의 정신을 부활시키려는 목적에서 고문을 지었다.

 송나라 때 고문은 설리성(說理性)이 더욱 강화되었다. 또 대장(對仗)을 애호하고 종결사 '也'를 빈번히 사용하게 되었다. 명나라 때 왕신중(王慎中) · 당순지(唐順之) · 모곤(茅坤)과 귀유광(歸有光), 청대의 방포(方苞) · 요내(姚鼐)

등은 정확한 언어로 뜻을 옳게 전달하는 달의(達意)를 목표로 하였다.

그런데 당송이나 명말청초의 일부 지식인들은 꺼끌꺼끌한[힐굴오아(詰屈聱牙)] 문체를 즐겨 지었다. 곧, 진한(秦漢)의 고문을 추종하여, 자세하지 않아도 될 것을 자세히 하고, 생략할 수 없는 것을 생략하며, 단락 구성에서 일부러 커다란 전절(轉折)이 있게 하려고 중간 어구나 접속사를 생략하여 문맥이 통하지 않게 하였다. 그 문체를 의고문(擬古文) 혹은 고문사(古文辭·古文詞)라고 부른다. 의고파의 한 부류인 명나라 중엽의 전후칠자(前後七子: 앞의 7인과 뒤의 7인)는 문체의 변혁을 통해 정치를 개혁하고 사상을 해방하고자 하였으나, 그들의 창작론은 또 다른 형식주의를 낳았다.

한편 명말의 공안파·경릉파는 소품(小品)이라는 독특한 산문 문체를 발달시켰다. 공안파(公安派) 작가들은 성령설(性靈說)을 주장하면서 미세한 생활감정을 소품 속에 표출하였다. 1920년대에는 전문 수필지가 간행되고 전문 수필란이 설치되었고, 1930년대에는 자아(自我)·한적(閑適)·성령(性靈)·유모어(幽默)를 표방한 임어당(林語堂) 등 소품파가 나왔다. 단, 노신(魯迅)은 소품의 해악을 극론하고, 산문이 현실의 모순을 고치는데 직접적으로 도움을 주어야 한다고 하여, 정치적 이념과 진보적 의식을 담는 잡문 문체를 활용하였다.

한문 산문 가운데 고문과 대립하는 문체로 시문(時文)이 있다. 시문

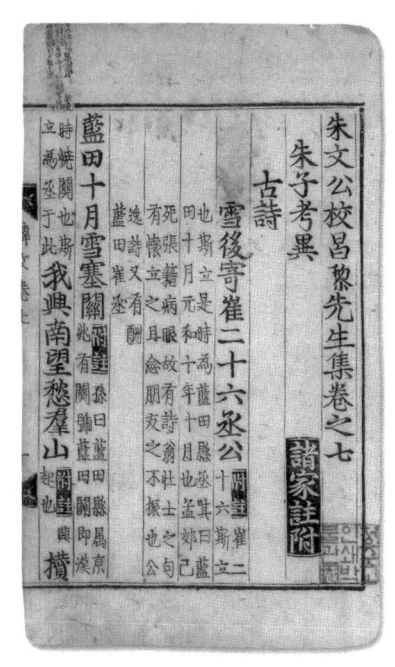

조선 세종조 편집
《주문공교창려선생집(朱文公校昌黎先生集)》

이란 과거에 사용되던 문체로 중국에서는 팔고문(八股文)을 말한다. 중간에 8짝의 대우(對偶)를 사용하였으므로 이렇게 일컫는다('股'는 排偶라는 뜻이다). 단, 고문 작가가 시문의 작가를 겸한 일이 많았다. 조선의 경우에는 과문(科文)이 시문에 해당한다.

그런데 우리나라의 한문 산문에는 관리들이 사용한 실용적인 문체로 이문(吏文)과 변격 한문이 있다. 이문은 본래 중국의 이문(吏文)을 모방하여 중국과의 외교문서에 사용하였으며 이어(吏語)라고 하는 특수한 어휘를 포함한다. 《고려사절요(高麗史節要)》에 원(元)과 주고받은 이문이 실려 있고, 조선시대에는 이문을 모은 《이문》 《이문집람(吏文輯覽)》이란 책이 나왔다. 한편 원래 원대의 법령집에서 사용된 문체를 이문이라고도 한다. 4언의 구절을 사용하고, 종결사를 사용하지 않으며 의미 전달만을 목표로 하는 문체다. 이 문체는 우리나라의 공용문서나 야담소설의 문체에 널리 사용되었다.

변격 한문이란 장계(狀啓)에 사용된 독특한 문체로, 본래 이두(吏讀)를 붙여 읽던 문장이다. 이 문체에는 정통 한문의 문법에 맞지 않고 어순이 우리나라의 어법에 맞는 예들이 발견된다. 그리고 이두를 뺀 한문의 구절 자체는 허사가 적고 진술할 내용만 차례로 쌓아나간 듯한 긴박한 문체로 되어 있다.

2. 당송팔가(唐宋八家)

한유·유종원(柳宗元)은 시민사회의 주변현실을 서술하거나 철학적 쟁점을 논술하는 데 적합한 고문 문체를 창도하였고, 송대의 구양수(歐陽脩)·소순(蘇洵)·소식(蘇軾)·소철(蘇轍)·왕안석(王安石)·증공(曾鞏)은 그 문체를 일상의 산문문체로 정착시켰다. 이들 당송팔대가(唐宋八大家)를 모방한 문체를 순정고문(醇正古文) 혹은 당송고문이라고 한다.

팔가의 명칭은 송나라 때 진덕수(眞德秀)의 《독서기(讀書記)》에 이미 나타나 있다. 그 뒤 명나라 때 주우(朱右)나 당순지(唐順之)가 팔가의 문장을 뽑아서 선집을 만들면서, 팔가에 대한 평가가 높아졌다. 또 모곤(茅坤)이 《당송팔대가문초》를 엮은 뒤로 그들에 대한 평가는 고정되었다.
　중국의 문언문은 선진(先秦) 제가의 의론문을 틀로 삼아 한대의 논책문(論策文)과 서사문(敍事文)으로 발전하면서, 간결성과 함축성을 미적 특성으로 삼아 왔다. 그런데 고문은 고대의 문법을 그저 모방하는 데 그치지 않고 새로운 현실문제를 다룰 새로운 문체로 등장하였다. 게다가 소설(小說)·우언(寓言)·인물전기(人物傳記)·산수유기(山水遊記) 등 육조 시대에 발달한 문학을 계승한 면도 있다. 다시 후대의 고문가들은 당송 고문만을 모범으로 삼지 않고 《좌전》《국어》《전국책》《사기》《한서답》 및 제자서(諸子書)도 모범으로 삼았다.
　당송 고문의 작가는 경전에 근원을 두고 도통(道統)을 밝힌다는 내용면을 강조하였다. 단어·어구는 고한어(古漢語)의 규칙을 따르면서도 '어휘는 반드시 자기에게서 만들어 낼 것[辭必己出]'을 제창하였다. 단락과 글 전체의 구조인 편장(篇章)을 조직하는 방법을 강구하였고, 리듬감과 음악성을 중시하여 산구(散句) 속에 대우(對偶)나 배비(排比)의 정제된 구법을 삽입함으로써 구의 길이에 변화를 주었다. 그 언어미학은 선진 어법의 구사, 간결성, 음악성, 편장 기교의 중시 등 네 가지 면에서 구현되었다. 당송 고문은 특히 서술 대상의 초점을 부각시키기 위하여 문장 서술에서 어구의 중복을 피하고 구법을 간결히 하여, 사소하고 번다한 것들을 서술하지 않고 중심관념(Key Idea) 주위에 서술을 포진하였다.

3. 한유(韓愈)의 산문

한유는 '팔대가'의 으뜸으로 꼽힌다. 후대 사람들은 그가 유가의 도(道)를 부흥시키고, 불가와 도가를 과감하게 배척했던 공(功)을 높이 평가하였다. 소식(蘇軾)은 〈조주 한문공 묘의 비문(潮州韓文公廟碑)〉에서 "문장으로 팔대의 쇠퇴했던 기풍을 진작시키고, 도로써 도탄에 빠진 천하 인민을 구제하였네(文起八代之衰, 道濟天下之溺)"라고 한유를 칭송하였다.

한유는 불교를 배척하였지만, 사유방식에서는 불교의 영향을 받았다. 근년의 진인각(陳寅恪)은 한유가 "유가의 쌓인 폐단을 보고 선학(禪學)의 효시를 본받아, 중국의 특성을 직접 가리켜서 가의(賈誼)·공영달(孔穎達)의 번거로운 문장을 제거했다(睹儒家之積弊, 效禪侶之先河, 直指華廈之特性, 掃除賈·孔之繁文)"고 논평하였다(〈論韓愈〉). 한유는 〈원도(原道)〉의 서두에서 "널리 사람을 사랑하는 것을 인(仁)이라 하고, 행하여 마땅함을 의(義)라 한다. 이것[仁義]으로 말미암아 가는 것을 도(道)라 하고, 자기에게서 넉넉하여 밖에서 구함이 없음을 덕(德)이라 한다. 인과 의는 고정된 이름이요, 도와 덕은 빈자리다. 그러므로 도에는 군자와 소인이 있고 덕에는 흉한 것과 길한 것이 있다(博愛之謂仁, 行而宜之之謂義, 由是而之焉之謂道, 足乎己無待于外之謂德. 仁與義爲定名, 道與德爲虛位, 故道有君子有小人, 而德有凶有吉)"라고 하였다. 곧, 한유는 '일가독단(一家獨斷)'적인 설명 방식을 사용하여, '자신의 주관으로 경을 논하는(以意說經)' 자유 학풍을 체현하였다. 이것은 초당 때 유지기(劉知幾) 등의 회의정신을 계승함과 동시에, 의소학(義疏學) 승려들의 소활통탈(疎闊通脫)적 설경(說經) 방법을 거울삼은 것이다. 더구나 〈원도〉의 '박애(博愛)'는 종교적 관념을 포함하고 있다. 그는 '박애' 개념을 《효경》에서 가져왔지만, 그 말은 《대무량수경(大無量壽經)》이나 치초(郗超)의 《봉법요(奉法要)》 등 불교 서적에도 많이 나온다. "자기에게서 넉넉하여 밖에서 구함이 없음을 덕이라고 한다(足乎己無待于外之謂德)"의 부분은 선(禪)이 주장하는 '원만구족(圓滿具足)'의 순수한 '자성(自性)'과 상통한다.

또 한유가 말한 '德'은 유가 전통에서 말하는 윤리 내용과 다르다. '德'을 '虛位'로 간주한다는 것은 공맹의론(孔孟議論)과 더욱 큰 차이가 있다. 주희(朱熹)는 "당나라 중종 때 육조(六祖)의 선학이 있어서, 오로지 몸에서 심(心)과 성(性)을 보려 하였다. 사대부들 가운데도 그 속으로 들어간 사람이 많았다"고 지적하였다. 한유는 선종의 영향을 받아, '심성(心性)' 이론을 흡수하였고, 이러한 바탕 위에서 유학 이론을 발전시킨 것이다. 중당(中唐) 시기는 '천인지제(天人之際)' 문제를 핵심으로 삼은 한학(漢學)에서 '성리(性理)' 문제 연구를 핵심으로 삼는 송학(宋學)으로 이행하는 과도기였는데, 한유는 그 변화를 선도하는 역할을 하였다.

한유 문장의 참신한 표현들

爬羅剔抉, 刮垢磨光(파라척결, 괄구마광) : 살살이 뒤지고 파내고, 때를 벗기고 빛을 갈아 널리 인재를 찾음.
貪多務得, 細大不捐(탐다무득, 세대불연) : 많은 것을 탐내어 얻기에 힘쓰니, 큰 것이든 작은 것이든 버리지 않음.
補苴罅漏, 張皇幽眇(보저하루, 장황유묘) : 결함을 보충하고 틈을 메우며, 오묘한 것을 넓히고 크게 함.
跋前躓後, 動輒得咎(발전체후, 동첩득구) : 앞으로 넘어지고 뒤로 자빠져, 걸핏하면 곧 허물을 얻음.
面目可憎, 語言無味(면목가증, 어언무미) : 모양새가 사납고, 말이 싱거움.
怪怪奇奇(괴괴기기) : 기이한 표현을 추구함.
蠅營狗苟(승영구구) : 파리떼처럼 붕붕거리고 개처럼 구차하여 쫓아도 쫓아도 다시 달려듦.
小黠大癡(소힐대치) : 작게 꾀가 있지만 크게 어리석음.
垂頭喪氣(수두상기) : 기운을 잃어 머리를 숙임.
業精于勤, 而荒于嬉, 行成于思, 而毁于隨(업정우근, 이황우희, 행성우사, 이훼우수) : 대개 학업은 부지런한 데서 정진되고 설렁설렁한 데서 거칠어지며, 행실은 생각에서 이루어지고 남 뒤를 쫓는 데서 무너지는 것이다.
焚膏油以繼晷, 恒兀兀以窮年(분고유이계귀, 항올올이궁년) : 등잔 기름을 사르면서 밤을 새우고, 꼿꼿이 앉아 한 해를 다 보내다.
障百川而東之, 廻狂瀾於旣倒(장백천이동지, 회광란어기도) : 모든 냇물을 막아 동쪽으로 가게 하고, 이미 엎어진 광포한 물결을 되돌려놓다.

한유의 〈원도(原道)〉·〈원훼(原毁)〉는 논변문이지만 언어 기교가 뛰어나서 문학작품으로 향유되어 왔다. 〈진학해(進學解)〉·〈송궁문(送窮文)〉 두 편에서 그가 창작한 위의 어휘들은 현대에도 널리 쓰인다.

4. 고문진보

정통 한문을 이해하려고 하는 사람들에게 필독을 권할 만한 책이 《고문진보(古文眞寶)》이다. 허균(許筠)은 《고문진보》를 혹평하여, 중국인이 조선의 문장을 망칠 생각으로 이 책을 엮어서 우리나라에 들여보낸 것이라고 말하였다. 하지만 정통 한문 교재로서 그 가치는 여전히 유효하다.

《고문진보》는 본래 원나라 초기의 진력(陳櫟)이란 사람이 고문 101편을 가려뽑고 비점과 주석을 붙여 편한 《비점고문(批點古文)》이 모태였는데, 원나라 후기에 임정(林楨)이란 사람이 따로 고문들을 선별하고 주석을 붙여

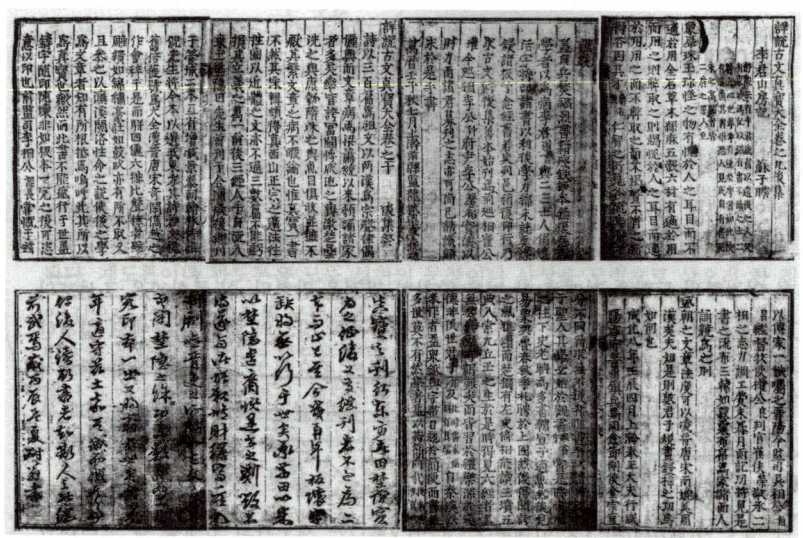

1612년 함양 간본 《고문진보》

《선본대자제유전해고문진보(善本大字諸儒箋解古文眞寶)》를 엮었다. 1437년 무렵 명나라 유섬(劉剡)은 《비점고문》 101편과 《선본대자제유전해고문진보》 후집 29편을 뒤섞어 《상설고문진보대전(詳說古文眞寶大全)》을 이루었다. 고려 말에는 전록생(田祿生)이 《선본대자제유전해고문진보》를 재편집하여, 그 책이 합포에서 간행되었다. 그러나 1472년에 《상설고문진보》가 진주에서 간행된 이후로, 조선에서는 《상설고문진보》를 주로 읽게 되었다.

5. 문이재도(文以載道)

문장은 도(道)를 내용으로 삼아야 한다고 보는 도덕주의적인 문학관, 문학을 도덕, 교육적 목적의 성취를 위한 한 방법으로 보는 호용론적 견해를 재도론(載道論)이라고 한다.

 주돈이(周敦頤)의 《통서(通書)》〈문사(文辭)〉는 재도관의 입장을 잘 드러내었다. "문학이란 도를 싣는 것이다. 수레를 치장만 하고 아무도 사용하지 않는다면 그 수식은 헛된 것이니, 빈 수레야 더 말할 것이 없다. 문사는 기술이요, 도덕은 실체이다. 그 실체에 도탑고 글 쓰는 데 훈련된 사람이 도에 관해 적어내려 갈 때, 아름다우면 사랑 받게 되고 사랑 받으면 전해지게 될 테니, 어진 이가 그것을 배워 지극함에 이르게 되면, 이에 가르침이 되는 것이다. 그래서 말에 문채가 없으면 멀리 행해지지 못한다고 하는 것이다(文所以載道也. 輪轅飾而人弗用, 徒飾也. 況虛車乎? 文辭, 藝也. 道德, 實也. 篤其實, 而藝者書之. 美則愛, 愛則傳焉. 賢者得以學而致之, 是爲敎. 故曰言之無文, 行之不遠.)." 주돈이는 《좌전(左傳)》에 공자의 말로 인용되어 있는 "말에 문채가 없으면 멀리 행해지지 못한다"는 말을 끌어와 문사(文辭)의 가치를 인정하였으며 한낱 수식에 그치는 것은 경계하였다. 그러나 일부 도학가들은 '도'의 내용을 유교적 덕목에 제한하고 문학활동에 앞서 수신(修身)을 전제로 삼기 때문에 문학을 도학에 종속시켰다. 정이(程頤)는 글을 꾸미 으면 도를 해친다는 '작문해도(作文害道)'의 설을 내어놓았다.

재도관은 관도론(貫道論)과도 밀접한 관계에 있다. 주희(朱熹)가 이한(李漢)의 '관도지기설(貫道之器說)'에 대해 본말을 뒤집었다고 비판하였다. 곧 관도론은 문장을 통해서 도가 드러난다는 관점, 재도론은 도를 위해서 문장을 쓴다는 관점이다. 도학가들은 관도론은 도를 경시하는 논리, 재도론은 문을 경시하는 논리로 준별하였다. 재도론이나 관도론은 모두 성현의 문장이나 사상을 모범으로 삼으려 한 점이 같으나, 성현의 문장을 모범으로 삼았던 당대에는 관도론이, 성현의 사상을 모범으로 삼았던 송대에는 재도론이 우세하였다고 할 수 있다. 그러나 '관도'나 '재도'는 문장과 도와의 함수관계를 설명하는 방식에 차이가 있을 뿐 근본적인 차이가 없다.

한문산문의 미학

한문 산문은 언어 구사의 기교 속에 구현된 미의식(美意識)을 매우 중시하며, 편장(篇章)의 짜임에 유의한다.

1. 제행(齊行)과 산행(散行)의 안배

글자수가 가지런한 구들을 늘어놓는 것을 제행, 글자수가 가지런하지 않은 구들을 배치하는 것을 산행이라고 한다. 한문 산문은 제행과 산행을 심미적으로 배치한다. 이를테면 박지원(朴趾源)이 지은 〈열녀함양박씨전(烈女咸陽朴氏傳)〉의 한 단락을 예로 들 수 있다. 이 글은 사대부의 열녀 만들기 풍습이 민간에까지 퍼진 사실을 고발하여 내용적으로 심각한 사상을 담고 있는 명문으로, 형식미 또한 수준이 높다. 전체 글은 박지원의 열녀론, 고관대 수절녀의 이야기, 박씨녀의 순절 이야기 등 세 부분으로 이루어져 있는데, 그 가운데 두 번째 부분에서 다음 부분은 각별히 제행과 산행을 잘 배치하고 성향을 안배하였다.

母垂淚曰: "此汝母忍死符也. 十年手摸, 磨之盡矣. 大抵人之血氣, 根於陰陽, 情欲鍾於血氣. 思想生於幽獨, 傷悲因於思想. 寡婦者, 幽獨之處而傷悲之至也. 血氣有時而旺, 則寧或寡婦而無情哉. 殘燈弔影, 獨夜難曉, 若復簷雨淋鈴, 窓月流素, 一葉飄庭, 隻雁叫天, 遠雞無響, 稺婢牢鼾, 耿耿不寐, 訴誰苦衷. 吾出此錢而轉之, 遍摸室中. 圓者善走, 遇域則止, 吾索而復轉. 夜常五六轉, 天亦曙矣. 十年之間, 歲減其數. 十年以後, 則或五夜一轉, 或十夜一轉. 血氣旣衰, 而吾不復轉此錢矣. 然吾猶十襲而藏之者二十餘年, 所以不忘其功而時有所自警也."

어머니가 눈물을 떨구며 말했다. "이것이 네 어미가 죽음을 참고 견딘 징표이다. 10년을 손으로 매만졌더니 모서리가 닳아 없어졌구나. 무릇 사람의 혈기라는 것은 음양에 뿌리를 두고 있고 정욕은 혈기에서 모인다. 생각은 외롭게 홀로 있음에서 생기고 슬픔은 생각(그리움)에서 생긴다. 과부라는 것은 외롭게 홀로 있어 슬픔이 지극한 존재이고, 혈기는 어느 때인가는 왕성해지니 어찌 과부라 하여 정욕이 없겠느냐? 외로운 잔등은 그림자를 불쌍히 여기고, 홀로 있는 밤 쉬 날이 밝지 않거늘, 만약 또한 처마에 빗물이 방울져 떨어지고 창 밖의 달빛이 새하얗게 흐르는데 나뭇잎 하나 마당에 떨어지고 외기러기 하늘에서 우는데, 먼 곳의 닭은 아직 울지를 않고, 어린 종의 코고는 소리가 요란하면, 뒤숭숭한 마음에 말똥말똥 잠들지 못하니, 누구에게 고통스런 속내를 하소연하겠느냐? 그러면 나는 이 동전을 꺼내어 굴리고 방안을 더듬거리며 찾았다. 둥근 것이라 잘 굴러가다가 벽을 만나 멈추면 나는 동전을 찾아 다시 굴렸다. 밤에 보통 대여섯 번을 굴리면 하늘도 또한 밝아졌다. 10년 사이에 동전 굴리는 일의 횟수는 해마다 줄었고, 10년 뒤에는 닷새 밤에 한 번 굴리거나 열흘 밤에 한 번 굴리게 되었다. 혈기가 이미 쇠하여서 나는 더이상 이 동전을 굴리지 않는다. 그런데도 나는 오히려 이 동전을 겹겹이 소중히 싸서 보관한 지가 20년이니, 그것은 그 공을 잊지 않고 때때로 스스로를 경계하려고 하기 때문이다."

'殘燈弔影~訴誰苦衷'의 부분은 연결사(之·而 등)와 종결사(也 등)를 사용하지 않았고, 산행으로 내려오던 문체를 바꾸어 정행(正行)으로 썼다. 곧 '若復'를 괄호 안에 넣으면 4언의 제행으로 연결된다. 그리고 원문의 '影·鈴·庭·響·衷'은 모두 [-ng]으로 끝나 압운한 듯한 효과를 낳는다. 이 부분은 배경 묘사를 통해 수절녀의 고독한 심경을 부각시켰다. 4자구 제행의 리듬은 7자구인 '吾出此錢而轉之'에 의하여 깨어지고, 그런 뒤에도 [-ng]의 압운적 효과가 '中' 자에 이어지는 듯하다가, 호응되는 글자를 잃는다. 마치 동전을 굴리는 반복행위가 중단되면서 수절녀가 문득 본래의 의식을 되찾는 것과 같다. 그 다음은 4자구와 5자구를 연결사로 이은 문구를 주종복합문으로 다시 이으면서 논리적인 글을 만들어, 수절녀의 강인한 의지를 환기케 하였다.

2. 간결미와 암시성

고문은 간결미를 추구하고 암시성을 극대화시킨다. 암시성은 표현하려는 사실 가운데 그 정점만을 지적하고 나머지는 독자의 상상에 맡기는 특질을 말한다. 구체적인 예로 한유의 〈이원빈묘지(李元賓墓誌)〉를 든다. 이 묘지는 친구 이관(李觀)을 위하여 쓴 글인데, 망자의 생전 29년 간을 서술한 부분이 51자인데 비하여 이관이 객사하고 친구들이 장례를 치른 경위를 서술한 부분이 39자나 된다. 글자수의 불균형은 묘주(墓主)의 재능과 운명과의 부조화를 암시한 것이다.

李觀, 字元賓. 其先, 隴西人也. 始來自江之東, 年二十四, 擧進士, 三年登上第. 又擧博學宏詞, 得太子校書一年, 年二十九, 客死于京師. 旣斂之三日, 友人博陵崔弘禮, 葬之于國東門之外七里, 鄕曰慶義, 原曰崇原. 友人韓愈書石以誌之.

辭曰: 已乎元賓, 壽也者吾不知其所慕, 夭也者吾不知其所惡. 生而不淑, 孰謂其壽, 死而不朽, 孰謂之夭. 已乎元賓, 才高乎當世, 而行出乎古人. 已乎元賓, 竟何爲哉, 竟何爲哉?

이관의 자는 원빈이다. 그 선조는 농서 사람이다. 본래 강동 지방에서 와서 스물네 살에 진사가 되었고 서른 살에 과거에 장원을 하였다. 또 박학굉사에 천거되어 태자교서를 맡은 지 일년, 스물아홉 살에 경사에서 객사하였다. 그를 염한 지 사흘이 지나 친구 박릉 최홍례가 서울 동문 밖 일곱 리 떨어진 곳에 장사를 지냈다. 향은 경의이고 원은 숭원이다. 친구 한유가 돌에 글을 써서 이를 기록한다.

사(辭)는 이러하다. 아! 원빈이여, 오래 산다는 것, 나는 그것을 흠모해야 할 이유를 모르겠고, 일찍 죽는다는 것, 나는 그것을 꺼려해야 할 이유를 모르겠다. 살아서 선하지 않았으면 누가 오래 살았다고 칭송할 것이며, 죽더라도 불후하면 누가 일찍 죽었다고 애처러워 할 것인가. 아! 원빈이여, 재능은 지금 시대의 사람보다 높고 덕행은 고인의 위에 솟아났었다. 아! 원빈이여, 끝내 어찌하란 말이냐, 어찌하란 말이냐!

이 글은 사(辭)에서 "그대의 재능은 지금 시대보다 높고 덕행은 고인의 위에 솟아났다"라고 함으로써 그 재능과 덕행을 상상하게 하였다. 이처럼 한마디로 요점을 정리하는 것도 암시의 한 가지 방법이다.

묘지명이나 전(傳)은 특히 대상 인물의 생애를 현저한 에피소드에 초점을 맞추어 정점만 서술하거나 요점만 제시함으로써 암시성이 높다. 그밖의 고문 문체도 주제를 암시적으로 제시하는 방식을 여러 가지로 고안하였다.

한문산문의 문체분류

한문산문의 문체 분류는 청나라 요내(姚鼐)의 《고문사류찬(古文辭類纂)》을 기본으로 삼는다. 13부류의 문체는 크게 운문체·의론체·서사체로 구분된다. 요내는 산문만 선하고, 비교적 엄밀하게 문체를 분류하였다.

〈표〉 요내(姚鼐) 《고문사류찬》의 13문체

분류	예	내용
논변류 (論辨類)	논(論)·변(辨)·설(說)·의의(議)·해(解)·난(難)·석(釋)·원(原)·유(喻)·대문(對問)·송(頌)	• 제자(諸子)에서 기원한 문체 • 명철한 논지가 요구됨
서발류 (序跋類)	서(序)·복서(復序)·서록(序錄)·서략(序略)·발(跋)·인(引)·서후(書後)·제사(題詞)·사론(史論)·사찬(史贊)	• 서책의 앞이나 뒤에 붙이는 글
주의류 (奏議類)	표(表)·소(疏)·상서(上書)·탄사(彈事)·논장(論狀)·서(書)·대(對)·주(奏)·의(議)·책(策)	• 신하의 상주문(上奏文)
서설류 (書說類)	서(書)·설(說)·전(箋)·계(啓)·주기(奏記)·차자(箚子)·이(移)·게(揭)	• 서독(書牘)·사독(私牘)으로도 불림 • 이때의 설(說)은 사대부들이 서로 말을 고한다는 뜻
증서류 (贈序類)	송서(送序)·수서(壽序)·증서(贈序)·여서(與序)·고서(顧序)·대서(戴序)·인(引)·설(說)	• 떠나가는 사람에게 권면하는 뜻에서 써주는 글
조령류 (詔令類)	조(詔)·책(冊)·영(令)·칙(敕)·고(誥)·제(制)·부(符)·사문(赦文)·어찰(御箚)·비답(批答)·구석문(九錫文)·철권문(鐵券文)·책(策)·유서(遺書)·사서(賜書)	• 제왕의 통고 문건
전장류 (傳狀類)	전(傳)·가전(家傳)·외전(外傳)·장(狀)·술(述)·행장(行狀)·사략(事略)·현록(玄錄)·행략(行略)	• 전 : 대개 사관(史官)이나 후대인이 한 인물의 행적을 서술 • 행장 : 친지나 자식이 좋은 언행만을 가려 기술하는 것이 보통
비지류 (碑誌類)	비(碑)·비기(碑記)·묘비(墓碑)·묘표(墓表)·묘갈(墓碣)·신통비(神通碑)·묘지(墓誌)·묘명(墓銘)·묘지명(墓誌銘)·광지(壙誌)·광지명(壙誌銘)·각석문(刻石文)·신도비(神道碑)·신도명(神道碑銘)·묘갈명(墓碣銘)·광명(壙銘)·묘표지(墓表誌)	• 비·표·갈 : 고인의 공덕을 찬양하는 글을 돌에 새겨 묘에 세우는 것 • 지(誌): 광중(壙中)에 묻는 것
잡기류 (雜記類)	기(記)·후기(後記)·지(志)·녹술(錄述)·서사(書事)·정기(亭記)·묘기(廟記)·당기(堂記)·누기(樓記)	• 크고 작은 일을 기념하여 짓는 글 • 유문(遺文)이나 일사(逸事)를 기록한 잡기(雜記)·잡지(雜識)·잡록(雜錄)과는 다름
잠명류 (箴銘類)	잠(箴)·명(銘)·계(戒)·훈(訓)·규(規)	• 과실을 지적하여 개정토록 권면하는 글
송찬류 (頌贊類)	송(頌)·찬(贊)·부명(符命)	• 운문체 산문으로, 행적 등을 찬양하는 글
사부류 (辭賦類)	경(經)·칠(七)·난(難)·대문(對問)·설론(設論)	• 운문체 산문으로, 대구법·압운법 등 형식미 추구
애제류 (哀祭類)	애사(哀辭)·제문(祭文)·조문(弔文)·뇌(誄)·제(祭)·재사(齋詞)·초사(醮詞)·청사(靑詞)	• 사당 및 산천신의 제사 때 기도하는 글 • 망자에 대한 애도의 정을 표하는 글 • 도교 의식에서 낭독하던 제사·초사·청사

하지만 요내의 분류도 완전한 것은 아니다. 이를테면 전장류에 《사기》나 《한서》의 이름 있는 전기문들은 수록하지 않았다. 또 《좌전》《국어》《전국책》 속의 역사산문은 선별하여 넣지 않았다.

청말의 증국번(曾國藩)은 《경사백가잡초(經史百家雜鈔)》를 편집하면서 문체 분류는 기본적으로 요내에 의거하되, 정사(正史)의 사전(史傳)과 전장 제도의 문장도 수록하여 서기(敍記)와 전지(典誌)의 두 부류를 증설하였다. 또 전장과 비지를 전지(傳誌)로 합하고 증서를 서발에 편입하였으며 잠·명·송·찬을 사부에 소속시켰다. 곧, 산문을 모두 11류로 분류하고, 그것들을 3개 부문으로 묶었다.

著述門 ― 論著·辭賦·序跋
告語門 ― 詔令·奏議·書牘·哀祭
記載門 ― 傳誌·敍記·典志·雜記

산문은 종합적 문체이기 때문에, 산문 내부에서 각 체재가 서로 뒤얽히기 마련이다. 요내의 13분류를 준용하되, 기록성 산문에 역사기록 산문을 별도로 설정하는 것이 좋을 듯하다. 또 전기·유기·논변·풍유 등의 문체는 모두 '서사' 류에 속하지만, 각각 특수한 기능과 표현 기교를 사용하므로 각각 독립시켜 두는 것이 바람직하다.

열하일기

《열하일기(熱河日記)》는 연암(燕巖) 박지원(朴趾源, 1737~1805)이 1780년(조선 정조 4년)에 요동(遼東)·연경(燕京)·열하(熱河)를 여행하면서 일정을 적고, 관련 사실과 역사적 사실을 고증하여 적은 일기이자 필기이다.

1. 박지원의 《열하일기》 집필과 텍스트

박지원은 삼종형이자 영조의 부마였던 금성위(錦城尉) 박명원(朴明源)이 청나라 고종, 즉 건륭제(乾隆帝)의 고희를 축하하기 위하여 진하별사(進賀別使) 겸 사은사(謝恩使)로 중국에 들어가자, 그 수행원으로 따라갔다.

사행은 1780년 6월 24일에 압록강을 건넌 뒤 조공로(朝貢路)를 따라 8월 1일 북경에 도착하였다. 건륭제는 열하의 별궁에 머무르고 있었으므로, 사신들은 만수절 행사에 맞추어 하룻밤에 아홉 번이나 강물을 건너는 등 주야로 행군하여, 8월 9일에 열하에 도착하였다. 만수절인 8월 13일, 사신들은 피서산장의 담박경성전(澹泊敬誠殿)에서 거행된 하례식에 참석하였다. 그 뒤 이틀 동안 연회에 참가하여 잡희를 관람하고, 8월 15일에 열하를 떠나 8월 20일에 북경으로 돌아왔다. 그 뒤 약 한 달 동안 북경에 체류하다가, 9월 17일 북경을 출발하여 10월 27일 서울에 도착하였다.

그 뒤 박지원은 3년 간 황해도 연암에 있으면서 《열하일기》를 정리하였다. 1786년에 왕의 특명으로 선공감감역(繕工監監役)이 되었다가, 1790년에 의금부도사(義禁府都事)와 제릉령(齊陵令)에 임명되었다. 1791년(정조 15)에 한성부 판관을 거쳐 안의(安義) 현감으로 나갔고, 1797년 면천(沔川) 군수가 되었다. 순조가 즉위한 해인 1800년에는 양양(襄陽) 부사로 승진하였으나, 이듬해 벼슬에서 물러났다.

> **열하**
> '열하'는 청나라 황제가 거처하던 여름 별궁 피서산장(避暑山莊)이 있던 곳이다. 오늘날에는 승덕(承德, cheng de)이라 불린다. 북경에서 약 230킬로 떨어진 하북성 동북부, 난하(灤河)의 지류 서쪽 기슭에 위치하고 있다. 이곳은 청나라 건륭제 때에 이르러 국경도시로서 발달하였고, 이민족의 사절이 모이는 정치적 중심지였다.

《열하일기》는 청나라 연호를 썼다고 해서 되놈의 연호를 쓴 원고[虜號之藁]라는 비난을 받았다. 또한 정조는 그 문체가 정통 고문을 해칠 것이라고 우려하여, 규장각 직각 남공철을 시켜 순정한 글을 지어 올리도록 하였다. 당시 안의현감으로 있던 연암은 《과농소초(課農小抄)》를 지어 바쳐 속죄하기에 이른다.

《열하일기》의 텍스트는 충남대학교 도서관 소장의 필사본 26권 10책, 서울대학교 규장각 소장의 필사본 26권 10책, 단국대학교 도서관 소장 연민

〈虎叱〉

七月 二十八日 甲辰. 朝晴, 午後風雷大作, 雨勢不如野鷄坨所値. (…) 夕抵玉田縣, 有無終山. 或云燕昭王廟在此. 入城裡閒玩, 一舖中方啞笙歌, 遂與鄭進士尋聲入觀. (…) 壁上懸一篇奇文, 鷺紙細書爲格子塗之, 橫竟一壁筆又精工, 就壁一讀可謂絶世奇文, 余因還座, 問壁上所揭誰人所作, 主人曰不知誰人所作也. (중간부분 생략) 虎叱曰: "毋近前, 囊也吾聞之, 儒者諛也, 果然. 汝平居集天下之惡名, 妄加諸我, 今也急而面諛, 將誰信之耶? 夫天下之理一也, 虎性惡也, 人性亦惡也. 人性善則虎之性亦善也. 汝千語萬言, 不離五常, 戒之勸之, 恒在四綱. 然都邑之間, 無鼻無趾, 文面而行者, 皆不遜五品之人也. 然而徽墨斧鉅, 日不暇給, 莫能止其惡焉, 而虎之家自無是刑, 由是觀之, 虎之性不亦賢於人乎?"

7월 28일 갑진. 아침에 날이 개었다가 오후에 바람과 우뢰가 크게 일어났으나 비 내리는 기세가 (앞서) 야계타에서 만난 것만 못했다.
저녁에 옥전현에 이르니 무종산이 있었다. 혹자는 이곳에 연소왕의 사당이 있었다고 한다. 성안에 들어가 한가로이 구경을 하는데 한 가게 안에서 생황과 노래가 시끄럽게 울려나왔다. 마침내 정진사와 소리를 찾아 들어가보았다. 그 가게의 벽에 한 편의 기문이 걸려있는데 새하얀 종이에 작은 글씨가 빼곡하게 적혀 있었으며 격자를 삼아 틀에 풀로 붙여 놓았다. 옆쪽 벽에 있는 글씨 또한 정밀한 솜씨였다. 일어나 벽의 글을 한 번 읽어봐서 가히 절세의 명문이라 이를 만 했다. 이에 나는 자리로 돌아와 벽에 걸린 글은 누가 지은 것이냐고 물었는데 주인은 누가 지었는지 모른다고 했다. (생략) 호랑이가 꾸짖으며 말했다. "가까이 다가오지 마라. 이전에 내가 듣기를 선비 '유' 자는 아첨할 '유' 자라더니 과연 그렇구나. 너는 평소에 천하의 악한 이름을 다 모아다가 함부로 내게 들씌우더니 지금 급한 일을 당하자 아첨을 하니 장차 누가 그것을 믿겠느냐? 무릇 천하의 이치는 하나이니, 호랑이의 본성이 악하면 사람의 본성 또한 악하다. 사람의 본성이 선하면 호랑이의 본성 또한 선한 것이다. 너는 수많은 말을 해대며, 오상을 떠나지 않는다, 경계로 삼고 부지런히 행한다, 항상 사강에 머문다고 떠들어댄다. 그러한데 도읍 안에서 코와 발이 없고 얼굴에 입묵을 당해 돌아다니는 사람들이 모두 오륜을 따르지 않는 자들이다. 그래서 오랏줄로 묶는다, 먹을 새겨 넣는다, 도끼로 친다하여 날마다 겨를이 없는데도 그 악행을 능히 그치게 하지 못한다. 하지만 호랑이의 세상에는 본래 이런 형벌이 없으니 이를 볼 때 호랑이의 본성이 역시 사람보다 어질지 않느냐?"

(淵民 李家源) 장서본 필사본 26권 10책이 있다.

《열하일기》는 20세기 초에 들어와서야 적극적으로 평가되기 시작하였다. 1900년(광무 4) 김택영(金澤榮)은 선집인 《연암집》을 처음 간행하고 이듬해 《연암속집》을 간행하였으며, 1917년에 둘을 합하여 《증편박연암선생문집》을 망명지에서 간행하였다. 한편 1911년에 최남선은 조선광문회에서 《연암외집 열하일기 전(燕巖外集 熱河日記 全)》을 간행하였다. 1932년 박영철(朴榮喆)은 신조선사(新朝鮮社)에서 17권 6책의 신활자본 《연암집(燕岩集)》을 간행하였는데, 그 속에 《열하일기》를 함께 수록하였다.

2. 《열하일기》의 사상

박지원은 《열하일기》에서 허위의식을 버릴 것을 주장하였다. 〈옥갑야화〉에 수록된 〈허생〉의 마지막에서는 격노한 허생의 입을 빌려, 이완을 향해, 조선 사대부들이 북벌을 부르짖으면서도 자존자대(自尊自大)에 빠져 있음을 통렬하게 비판하였다.

> 所謂士大夫, 是何等也? 産於彝貊之也, 自稱曰士大夫豈非駭乎! 衣袴純素是有喪之服, 會撮如錐是南蠻之椎結也, 何謂禮法? 樊於期欲報私怨而不惜其頭, 武靈王欲强其國而不恥胡服, 乃今欲爲大明復讎, 而猶惜其一髮, 乃今將馳馬, 擊釖刺鎗弓乎弓飛石. 而不變其廣袖, 自以爲禮法乎!
> 소위 사대부란 것이 무엇들이냐? 오랑캐인 맥족의 땅에서 태어났으면서도 사대부라 자칭하니 이 어찌 어리석지 않으랴! 바지저고리는 순전히 흰색이니 이는 초상이 났을 때 입는 옷이요, 머리털을 한데 모아 송곳처럼 만든 것은 남만의 상투와 다름없는데, 무엇을 일러 예법이라는 거냐? 번오기(樊於期)는 사사로운 원한을 갚는 데에도 제 목을 아낌없이 바쳤으며, 무령왕(武靈王)은 제 나라를 강국으로 만들고자 하였기에 오랑캐 옷 입기를 부끄러워하지 않았다. 그런데 이제 대명(大明)을 위해 복수하고자 한다면서도 도리어 머리털 하나를 아까워하고, 장차 말을 달려 칼과 창으로 치고 찌

르며 활과 돌을 쏘고 던질 것이라고 하면서도 그 헐렁한 옷소매를 고수하며 그것이 예법을 따르는 것이라고 여긴단 말이냐!

박지원은 압록강을 건너면서, 《사기》〈자객열전〉에서 형경(荊卿: 荊軻)이 연(燕)나라 태자 단(丹)을 위하여 진시황을 죽이기 위해 떠나려다가 머뭇거렸다고 적은 부분을 떠올렸다. 태자 단은 형가의 마음이 변하지 않았나 의심하고는, 젊은 협객인 진무양(秦舞陽)을 먼저 보내려고 하였다. 그러자 형가는 크게 화를 내면서 태자를 꾸짖었다. "내가 지금 머뭇거리는 까닭은 나의 손님을 기다렸다가 함께 떠나려 함이오〔僕所以留者, 待吾客與俱〕!" 박지원은 형가가 기다린 '나의 손님〔吾客〕'에 대하여 다음과 같이 의미심장한 논리를 전개하였다.

此荊卿漫作無聊語耳. 若疑荊卿改悔, 則可謂淺之知荊卿, 而荊卿所待之客, 亦未必有姓名其人也, 夫提一匕首, 入不測之强秦, 已多一秦舞陽, 復安用他客耶? 寒風歌筑, 聊盡今日之歡而已, 然而作者曰, '其人居遠未來', 巧哉其居遠也! 其人者, 天下之至交也. 是期也, 天下之大信也. 以天下之至交, 臨一往不返之期, 夫豈日暮而不至哉? 故其人所居, 未必楚吳三晋之遠, 亦未必以是日, 爲入秦之期, 而有握手丁寧之約也, 只在荊卿意中, 忽待是客, 作之者, 乃就荊卿意中之客而演之曰, '其人'. 其人者, 所不知何人也. 以所不知何人, 而曰居遠, 爲荊卿慰之. 又恐其人之或來也, 則曰未來, 爲荊卿幸之耳. 誠若天下眞有其人, 吾且見之矣. 其人身長七尺二寸, 濃眉綠髥, 下豊上銳, 何以知其然也? 吾讀惠風此詩知之矣.

그러나 이것은 형경이 부질없이 무료한 말을 한 듯싶다. 태자가 만일 형경의 마음을 의심할진대 이는 그를 깊이 알지 못하였다고 말한 것이리라. 그러나 형경이 기다리는 사람이란 진정 이름을 지닌 어떤 실재하는 인물은 아니었을 것이다. 대체 한 자루 비수를 끼고 불측한 진(秦)나라에 들어가려거든 진무양 한 사람이면 족하였을 텐데, 어찌 별도로 다른 동지를 구하였겠는가? 다만 차디찬 바람을 맞으며 느낀 마음을 축(筑)의 반주에 맞추어 노래함으로써 애오라지 오늘의 즐거움을 다했을 뿐이었는데도 불구하고[형경이 역수를 건너 진나라로 들어갈 때에 친구 高漸離가 筑을 치고 형경은 '風蕭蕭兮 易水寒, 壯士一去兮不復還'이라는 노래를 불렀다], 이 글을 적은 이는 그 사람이 먼 곳에 있어서 오지 못할 것이라고 변명하였으니 그 '멀리'라는 말이 참 교묘한 가탁(假託)이다. 그 사람이란 천하에 둘도 없는 절친한 벗일 것이요, 그 약속이란 천하에 다시 어기지 못할 일일 터인데, 천하에 둘도 없는 벗으로서 한 번 가면 돌아오지 못할 이별을 맞게 되었거늘 어찌 날이 저물었다 해서 오지 않았을 것인가? 그러니까 그 사람이 살고 있는 곳은 반드시 초(楚: 지금의 중국 湖北省), 오(吳: 江蘇 · 湖南 · 折江省), 삼진(三晉: 지금의 山西 · 河南省 일대에 있던 韓 · 魏 · 趙)이라는 먼 지역을 말하는 것이 아니며, 또 반드시 이날 진나라로 함께 들어가자고 기약하여 손잡고 맹세한 일도 없었을 것 같다. 그것은 다만 형경이 마음 속에 문득 생각나는 어떤 것을 기다린다 하였을 따름이다. 이 글을 적은 이는 또한 형경의 마음 속 벗을 이끌어다가 '그 사람'이라고 부연 설명하였으나, 그 사람이란 어떠한 사람인지 알지 못한다고 하였다. 알지 못하는 사람을 두고 막연히 먼 곳에 살고 있다고 말함으로써, 형경을 위로한 것이다. 그런데 또 그 사람이 혹시 오지 않을까 하고 생각할까봐, 그가 오지 않았다고 말함으로써, 형경을 위하여 다행으로 삼은 것이다. 정말 천하에 그런 사람이 있었다고 한다면, 나는 이미 그를 보았을 것이다. 응당 그 사람의 키는 일곱 자 두 치, 짙은 눈썹에 검은 수염, 볼이 처지고 이마가 날카로웠을 것이다. 어째서 그럴 줄 알랴? 혜풍(泠齋 柳得恭)의 시를 읽고 나서 안 것이다.

박지원은 결사의 뜻을 품고 떠나는 형경이 역수 가에서 기다렸다는 사람이란 결코 실재하는 인물이 아님을 간파하였다. 이것은 다른 주석가들도 눈치채지 못한 점이었다. 형가가 기다린 사람이란 거사를 결행하고자 의지를 발동하는 형가 그 자신이다. 박지원은 이렇게 인간의 행동에서 의지의 중요성을 읽었다. 의지를 지닌 인간 주체는 갈등하는 존재요, 스스로의 행위를 선택하는 존재이다. 박지원은 종래의 사유양식에서는 찾아볼 수 없는 인간 존재―스스로의 행위를 선택하는 존재―를 머릿속에 그리고 있었다.

사부(辭賦)와 변문(騈文)

1. 사부

사부(辭賦)는 운문이 산문화한 형태로, 대구법과 압운법을 지키면서 아름다운 언어와 섬세한 표현에 힘썼다. 사는 초사(楚辭)에서 기원하여 서정적인 특성을 지니고 부는 한대의 부에서 기원하여 서사적인 특성을 지닌다. 그런데 한대의 부 가운데 초사의 계통을 이은 것을 사부라고 불러, 사와 부를 병칭하게 되었다. 사부와는 별도로, 굴원(屈原)의 《이소경》 등 초사 작품에 대해서는 소(騷) 혹은 이소체(離騷體)라는 문체 이름을 사용한다.

사부는 시대에 따라 변천하였다. 전국시대 굴원과 송옥(宋玉)의 초사는 소부(騷賦), 한대의 부는 고부(古賦), 육조시대의 부는 배부(排賦), 당의 부는 율부(律賦), 송의 부는 문부(文賦)로 대표된다. 송대 이후 율부가 과거시험 문체인 과부(科賦)로 채택되었다.

소부는 3언을 기본음절로 하면서 '혜(兮)' 자와 같은 조자(助字)를 매구 중간이나 짝수 번째 혹은 홀수 번째 구의 끝에 둔다. 한대의 고부는 서정적인 이소체와 가공 인물의 문답을 이용한 문답체(問答體)로 나뉜다. 문답체에서 다시 여러 부 형식이 파생되어 나왔다. 고부의 문답체는 서두, 본문, 종결부의 3단으로 이루어지는데, 본문은 압운법과 대구법을 취하지만 서두와 종결부는 압운법과 대구법을 쓰지 않고 대화체로 되어 있다. 이 3단 가운데 압운법과 대구법을 사용하는 본문만으로 이루어진 것이 육조시대의 배부이고, 서두와 종결부의 문답체만 발전시킨 것이 송대의 문부이다. 당의 율부는 문답체와 유사하되, 부의 제목이나 제목의 한 글자로 운을 제한하는 점, 6, 7구까지 한꺼번에 대(對)를 한다는 점, 첫 두 구는 파제(破題), 마지막 구는 선철에 대한 칭송을 담아야 한다는 점이 다르다.

배부는 특히 대우법을 중시하고 율부는 성률을 중시하였다. 이에 비하여 문부는 논리의 정연성과 의경(意境)의 아름다움을 추구하였다. 소식(蘇軾)과 구양수(歐陽脩) 등은 문부를 잘 지었다.

조선전기의 이행(李荇)은 역사적인 소재를 가지고 고부 61편을 지었다. 조선후기의 불우한 문인 이옥(李鈺)은 특히 단형의 문부를 잘 지었다.

한편, 조선후기에는 과부(科賦) 형식이 확립되었다. 과부는 역사적 사실이나 옛 시문의 구절로 제목을 삼고 관련 내용을 6언 1구의 30구 내지 60구로 서술하는 것으로, 압운하지 아니하며 한 구는 3언-2언으로 이루어지고 그 사이에 허자(虛字)를 사용한다. 과부의 문체는 미사여구의 나열에 불과하여 예술성이 없다고 폄하된다. 하지만 그 가치는 재평가할 여지가 있다. 구한말에는 과부의 기세가 꺾이고, 여러 고문 문장가들이 다시 고부를 지었다.

2. 변문(병문)

변문(駢文)은 변려문(駢儷文), 또는 사륙문(四六文)이라고도 한다. 4언과 6언의 구를 기본으로 하고 각종의 대구를 사용하며, 평측, 압운 등으로 성음을 조화시키고 전고(典故)와 화려한 어휘들을 많이 사용하여 함축성을 살린다. 제량(齊梁) 때 부에서 변화되어 나와 만당 때에 성하였고, 송대에 와서 일변하여 원, 명으로 이어졌다. 한유와 유종원이 고문 운동을 전개하자 기세가 꺾였으나 공사문서에서는 지속적으로 사용되었다. 특히 조령(詔令)이나 신하가 올리는 소체(疏體)와 주의(奏議)는 대부분 변문을 사용하였으며, 실용문인 제고(制誥)·표(表)·계(啓)·격(檄)·서기(序記)·송찬(頌贊)·축제(祝祭)·뇌사(誄辭) 등도 변문으로 지었다. 우리나라에서도 고려 전기까지는 변문을 주요 문체로 사용하였으며, 고문을 주로 사용한 조선시대에서도 관각문자(館閣文字)나 형식적인 실용문 등은 모두 변문으로 지었다. 이익(李瀷)은 변문이 형식에 치우치는 문체라고 비판하면서도, 표전(表箋) 등 공용문서에 변문을 사용하지 않을 수 없었기 때문에 변문을 폐기하자고 주장하지는 못하였다.

쉬어갑시다
연암 박지원의 '술 낚시'

연암 박지원은 파격적인 문체를 구사하였으며 이용후생(利用厚生)의 실학을 주장하는 등 진보적인 경세관을 지니고 있었다. 그러나 연암은 삶의 대부분을 관직이 없이 지내며 경제적으로 어려운 생활을 했다. 이러했던 연암의 삶과 관련된 일화가 있어 소개한다.

조선 정조 8·9년의 일이었다. 어느 봄날 저녁, 이(李) 승지(承旨)는 당직 근무가 있어 바삐 대궐로 가고 있었다. 이 승지는 북다른재(鍾懸峴: 지금의 명동성당 주변)를 지나가다 쓰러져가는 초가집 앞에서 누추한 차림의 중노인을 만난다. 그 중노인은 이 승지의 앞길을 막더니 다짜고짜 인사를 올리고 자신의 집으로 이 승지를 이끌려고 한다. 이 승지는 공무를 이유로 사양했지만 막무가내로 나오는 중노인을 이기지 못하고 그의 집으로 들어간다. 중노인은 이 승지를 앉혀 두고 아무 말 없이 술상을 들이더니 "귀한 손님이 이런 막걸리를 드실 수야 있나. 내나 마시지."하며 이 승지에게 권하지도 않고 연거푸 두 잔을 마셔버린다. 그러더니 그 노인은 이 승지에게 "미안하오. 오늘 영감이 내 술 낚시에 걸렸소. 바쁘실 텐데 어서 가십시오."라고 한다. 이 승지가 '술 낚시'에 대해 묻자 그 노인은, 생활이 어려워 술을 마음대로 마시지 못하는 상황인데 손님이 오면 두 잔을 내어준다고 하며, 오늘은 술을 무척이나 마시고 싶었는데 마침 이 승지가 자신의 '술 낚시'에 걸린 것이었다고 대답한다. 이 승지는 노인의 집을 나서자 그 노인에게 당했던 일이 분하게 느껴져 궁궐로 돌아와 승지 남공철(南公轍)에게 이야기를 한다. 이때 승지의 입시(入侍)를 명하는 정조의 하교(下敎)가 내려와 이 승지는 정조를 알현(謁見)한다. 마침 정조는 무료한 참이어서 이 승지와 한담(閑談)을 나누고자 했던 것이다. 정조의 명에, 이 승지는 입궐 전 노인과 있었던 일을 아뢴다. 그런데 이야기를 모두 마치기도 전에 정조는 미소를 지으며 "나는 그 사람이 누구인가를 짐작하겠다."고 하며 노인의 실례(失禮)가 아니라 이 승지의 몰지식(沒知識)함을 꾸짖는 것이 아닌가? 정조는 그 노인이야말로 벼슬은 없으나 사책(史冊)을 빛낼 인물이라고 칭찬하며 그 노인이 바로 박지원일 것이라고 하자, 이 승지는 연암선생을 알아보지 못한 것을 부끄러워하며 물러 나온다. 이에 옆에 있던 남공철이 연암을 등용해야 함을 아뢰자 정조는 그의 뛰어난 능력을 인정하지 않는 것이 아니라 그의 문체가 미워 징계하려는 뜻에서 일부러 모르는 체 한 것인데 그 정도로 어려운 생활에 빠져있는 줄을 몰랐다고 하며 연암을 안의현감(安義縣監)에 제수(除授)한다(김화진, 〈연암의 청빈〉《五百年 奇譚 逸話》, 동국문화사, pp.69~73).

한문소설

1. 소설이란 명칭

'소설'이란 명칭은 기원전 4세기쯤 전국 말년의《장자》〈외물〉과《순자》〈정명(正明)〉편에서 처음 나타났다.《장자》에서 소설은 대달(大達: 大道)과 반대되는 개념으로 쓰였다.《순자》에서는 소설을 '소가진설(小家珍說)'이라 하였다. 기문(奇聞)·기담(奇談)·진설(珍說)과 대체로 같다. 선진 시기의 '소설'은 이렇게 부정적인 뉘앙스를 지녔다.

한나라 때《환담(桓譚)》〈신론(新論)〉에서는, 소설가란 "잔총소어(殘叢小語: 흩어진 자질구레한 언사)"를 모으고 기록하여 때로는 생활의 거울로 삼아 비추어 본다고 하였다.《한서》〈예문지〉는 소설가를 구가(九家)보다 아래에 두기는 하였지만 구가와 병칭하였다. 그 뒤 당나라 초기 위징(魏徵)은《수서》〈경적지〉에서 소설이 사회교화의 큰 몫을 담당한다고 보았고, 이후 소설이 발달하였다.

청대에《사고전서》찬수를 총괄한 기윤(紀昀; 1724~1805)은《사고전서총목》에서 소설을 잡사(雜事)의 서술, 이문(異聞)의 기록, 쇄어(瑣語)의 철집(綴緝)으로 규정하였다.

迹其流別, 凡有三派. 其一敍述雜事, 其一記錄異聞, 其一綴瑣語也. 唐宋以後, 作者彌繁, 中間誣失眞, 妖妄熒聽者, 固爲不少. 然寓勸戒, 廣見聞, 資考證, 亦錯出其中.
그 유별을 살펴보면 무릇 세파가 있다. 그중 하나는 잡사를 서술한 것이고, 다른 하나는 이문을 기록한 것이며, 또 다른 하나는 자잘한 이야기를 모아 엮은 것이다. 당·송 이후에 작자가 많이 번성하였지만, 중간에 황당한 속임으로 참됨을 잃어 요망하게 귀를 어지럽히는 내용도 확실히 적지 않았다. 그러나 권계에 부치거나 견문을 넓히고 고증에 보탬을 주는 것도 또한 그 가운데서 섞여 나왔다.

중국소설의 기원과 역사

노신(魯迅)은 《중국소설사략(中國小說史略)》에서 중국 소설의 근원 역시 다른 민족과 같이 신화와 전설에 있다고 하였다. 그 이후 소설은 지괴(志怪), 전기(傳奇)·화본(話本) 등의 양식을 거쳐 명나라 때 이르러 백화소설과 문언소설이 발달하였다.

1. 신화·전설·우언(寓言)·사전(史傳)의 고사

신화는 '신격'을 추연(推演)해서 서술한 것으로, 신을 믿고 두려워하는 의식이 배후에 있다. 신격이 점차 인성에 가까워지게 되면, 신화는 전설로 이행한다. 전설의 주인공은 '영웅의 일생'이라는 유형의 탄생과 성장, 성취의 과정을 겪는다.

맹요(孟瑤)는 상고시대 소설의 범위를 야사(野史)와 우언으로까지 확대시켰다. 그는 선진(先秦)의 소설은 신화·전설·야사·우언의 네 부류라고 하였다.

2. 한위·육조의 지괴(志怪)소설

한나라 때 유가 서적이 경전의 지위를 확보하면서, 《춘추》 속의 이야기들은 모두 '사실'로 인식되기에 이르렀다. 또 금문학파는 자연 이변조차 하늘의 계시라고 풀이하는 '참위학(讖緯學)'을 성립시켰다. 이러한 '참위학'과 불교, 그리고 위·진·남북조시대에 유행한 현학과 도교의 영향으로 지식인들은 경험적 사실과 공상적 허구를 뒤섞게 되었다. 그 결과 신선이나 귀신의 전설이 많이 나왔고, 환상적이고 기이한 소설적 산문인 '지괴'가 탄생하였다. 간보(干寶)는 《수신기(搜神記)》 서문에서 '귀신의 도리'를 인정하였다.

유대걸(劉大杰)의 《중국문학발달사》(上海古籍出版社, 1982)는 위진의 지괴소설을 중국소설의 기원으로 보았다. 지괴소설과 지인소설 가운데 일부 작품은 이미 '자질구레하고 짤막한 이야기'를 벗어나 조잡하나마 줄거리를 지닌 '소설작품'으로 발전하였다.

3. 당대의 전기(傳奇)

당나라 문인들은 온권(溫卷: 行卷이라고도 함)을 만들어 문장력을 과시해서 출세의 기회를 잡으려고 하였는데, 그때 전기소설도 창작해 넣어두었다. 단, '전기'의 명칭은 배형(裵刑)이 기문(奇聞)을 모아 《전기》 3권을 엮은 데서 비롯한다. 명·청 때에는 희곡을 '전기'라고 부르기도 하였다.

본래 전기(傳奇)는 '기이한 것을 전한다'는 뜻인데, 기이한 이야기를 창의적으로 재구성하거나 허구적 이야기를 창작하는 것을 말한다. 육조 시대의 지괴 소설과는 다르다. 곧, 당나라 때의 전기소설은 소설적 구성을 갖추었으며 인물 형상도 독특하다.

'전기'라는 용어는 중국문학에서 발생하였지만, 기이한 일을 창조적으로 재구성하는 문학 전통은 우리나라에서도 일찍부터 형성되었다. 아마도 각 지역마다 많은 설화들이 발달하였고 그것을 문헌으로 기록한 풍토기(風土記)도 진작에 존재하였을 것이다. 신라 《수이전(殊異傳)》과 《삼국유사》의 일부 이야기는 허구적이기도 하다.

4. 송대의 화본(話本)

송대에는 민간 계층이 문학에 참여하게 되어 백화체 화본 소설이 발달하였다. 화본은 본래 '설화인(說話人)'이 강창(講唱)할 때 쓰던 저본이었다. 당대의 전기는 단편적인 사건을 다루었지만, 송대의 화본은 여러 가지 사건을 서술해서 구조가 복잡하다. 화본소설은 장·단편 백화소설의 발전에 결정적인 작용을 하였고, 《삼국지통속연의(三國志通俗演義)》와 《수호전(水滸傳)》 등 장편 장회소설(章回小說)을 낳는 토대가 되었다.

5. 명대의 소설 발달과 소설효용론(小說效用論)의 대두

명대에는 풍몽룡(馮夢龍, 1574~1645)과 능몽초(凌蒙初, 1534~1645) 등의 작가가 등장하였다. 풍몽룡은 소설의 기능을 '유세·경세·성세'로 보아, 그가 편찬한 단편 소설집의 명칭을 《유세명언(喩世明言)》《경세통언(警世通言)》《성세항언(醒世恒言)》이라고 했다. 풍몽룡은 이 '삼언(三言)' 서문에서, 그 소설들이 육경(六經)과 국사(國史)를 보좌할 만한 효용성을 지닌다고 말하였다. 한편 원나라 때부터 완전한 소설 구조를 갖추었고 명대에 와서 더욱 널리 유포되고 여러 이본을 낳았던 《삼국지통속연의》(즉,《삼국지》)는 그러한 소설관을 구현한 가장 빠른, 그리고 가장 대표적인 작품일 것이다.

　《삼국지》《수호전》 등의 장편소설들은 역사서나 전대의 전설을 바탕으로 이루어졌다. 그런 점에서 문언소설과 유사하다. 하지만 《금병매(金瓶梅)》는 개인의 일상을 대상으로 한 특정 작가의 작품이다. 《금병매》에 대해 노신은, "인과응보적인 내용도 끼어 있으나 신선이나 귀신에 관한 이야기가 그다지 많지 않고 주로 세태의 변화를 묘사하였으므로 '세태서(世態書)'라 말할 수 있다."라고 하였다. 《금병매》는 사회생활을 소재로 삼아 심리

묘사를 발전시켰다.

명대 중엽 이후 양명학자들은 소설의 가치를 더욱 높이 평가하였다. 이지(李贄)는《분서(焚書)》의 〈동심설(童心說)〉에서, '문체'(문학형식)는 각 시대에 알맞게 창출되게 마련이며,《서상기(西廂記)》나《수호전(水滸傳)》등 희곡과 소설이야말로 당대를 대표하는 문학양식이라고 주장하였다. 그는 환담(桓譚)·사마천·한유·구양수 등 정통문인들이 제시했던 '발분저서(發憤著書)' 혹은 '불평즉명(不平則鳴)'의 개념을 소설에 적용시켰다.《충의수호전(忠義水滸傳)》에 대해 그는 이 소설이 사마천의《사기》처럼 발분의 결과로 이루어진 저서라고 말하였다.

명나라 문인들은 소설을 비평할 때 작품 내용이 백성들을 교화하는 데에 얼마만큼 도움이 될 수 있는가를 중시하였다. 풍몽룡은 가일거사(可一居士)라는 가명으로 쓴 〈성세항언서(醒世恒言序)〉에서, 〈모시대서(毛詩大序)〉의 교화 이론이나 정통고문 문장론의 '문이재도(文以載道)'설을 끌어와 '소설'의 존재를 정당화하였다. 첨첨외사(詹詹外史)는 〈정사논략서(情史論略序)〉에서 '정교(情敎)'의 논리를 내세웠다. 즉, '소설'은 감정의 전달을 통해 독자를 교화하는 것이 목적이며, 생활주변의 가장 흔한 소재인 남녀간 이야기를 가지고 교화를 실현할 수 있다고 주장하였다.

삼국지연의

《삼국지연의》는 14세기 나관중(羅貫中)의 작품이다. 이 소설은 강담(講談) 세계에 연원을 두어 구연 방식에 기원한 장회소설체로 되어 있다. 즉, 전체를 통상 100개 전후의 장(章) 또는 회(回)라고 불리는 작은 부분으로 나누고, 각 장(회)마다 완결된 하나의 이야기를 서술하되, 장(회) 끝에 새로운 인물을 등장시키거나 또는 대수롭지 않은 파란을 일으키고는, 그 정체나 결과를 일부러 다음 장(회)의 첫머리에 떠올리게 함으로써, 다음 장(회)으로 화제를 이어 갔다. 간행 연대가 가장 빠른 것은 명나라 홍치(弘治) 7년(1494) 및 가정 원년(1522)의 서문이 붙은 소위 가정본으로, 그 정식 서명은 《삼국지통속연의》이다.

《삼국지연의》는 《춘추》 대의 및 그것을 계승한 《통감강목》의 정통론을 따라서 촉을 한왕조의 정당한 후계자로 인정하였다. 또한 전국시대 제나라의 추연(鄒衍) 이래 춘추대의론을 오행상생설과 결부시킨 왕조교체 이론을 이념적 토대로 삼았다.

본래 사마광의 《자치통감》은 통일왕조라야 정통을 칭할 수 있다는 관점에서 촉·위·오의 어느 쪽도 정통으로 삼지 않고, 기년(紀年)의 편의상 위나라의 연호를 사용하였다. 또 구양수나 소식 등은 모두 위나라를 정통으로 보았다. 그런데 남송 때가 되면, 중원 회복의 이념을 정당화하기 위해서 촉나라를 정통으로 하는 논의가 일어났다. 주자(주희)의 《통감강목》이 그 대표적인 예이다. 이어서 요·금·원·청 등 정복왕조가 출현하자, 중국인의 민족주의적 감정이 증폭되어 그것이 정통론과 결합하였다. 이렇게 하여 《삼국지연의》는

《원본 현토 삼국지연의》

《통감강목》에 따라 촉나라를 정통으로 삼게 되었다. 청나라 초의 모종강(毛宗崗)은 그러한 정통사상을 《삼국지연의》의 구석구석까지 침투시켰다.

《삼국지연의》의 국내 번역본은 여러 종류가 있다. 그런데 한문을 공부하려는 사람들에게는 《원본현토 삼국지(原本懸吐三國志)》(世昌書館, 1962)를 권하고 싶다. 한문에 현토가 되어 있어서 읽을수록 유장(悠長)한 맛이 있다.

명말청초의 단편소설집 : 우초신지

명말청초에는 '기인(奇人)의 연수(淵藪)'라고 일컬어질 만큼 상식을 넘어선 기인들이 많았고, 문학가들은 광기를 예술적인 영감과 연결시켜 기태(奇態)와 기정(奇情)을 담은 기문(奇文)을 많이 지었다. 청나라 초의 장조(張潮)는 그러한 기문을 모아 《우초신지(虞初新志)》를 편찬하였다. 청나라 문언소설을 논할 때 제일 먼저 손꼽는 것이 《우초신지》이고, 그 뒤를 잇는 것이 포송령(蒲松齡)의 《요재지이(聊齋志異)》이다.

장조의 《우초신지》는 1683년(강희 22)에 1차 편집이 이루어졌으나, 이후 여러 번 증정(增訂)되어 1700년(강희 39)에 비로소 간행되었다. 전겸익(錢謙益)·왕사정(王士禎)·모기령(毛奇齡)·주양공(周亮工) 등 명말청초에 활약했던 쟁쟁한 문인 70여 명의 문언소설 150편이 20권에 나뉘어 실려 있다. 수록 작품은 대개 전기소설이며, 지괴(志怪)·일사(軼事)로 분류될 만한 짧은 분량의 작품도 상당수 들어 있다. 또, 정통 한문학 갈래인 '전(傳)'에 해당하는 작품도 있고, '묘지명'도 한 편 들어 있다.

《우초신지》가 간행된 이후 정주약(鄭澍約)은 총 86편의 작품을 12권으로 묶은 《우초속지(虞初續志)》(1802)를 엮었고, 그 뒤로 《광우초신지(廣虞初新志)》·《속우초지(續虞初志)》 등 아류작이 속속 등장하였다.

《우초신지》는 조선에도 큰 영향을 끼쳤다. 김조순(金祖淳)은 청년 시절 김려(金鑢)와 함께《우초신지》를 본떠 50여 편의 작품을 짓고 그것을《우초속지(虞初續志)》(1792)라고 이름하였다(전하지 않는다). 패사소품체(稗史小品體)의 유행을 비판하였던 정약용(丁若鏞)도《우초신지》의 독자였다.

한국의 한문소설

우리나라의 한문소설에는 넓게 보아 전기체(傳奇體), 가전체(假傳體), 전(傳) 형식의 소설, 본격 중단편 한문소설과 같이 본래 한문 문체를 이용하여 창작된 소설과, 민간에서 구전되는 설화나 일화를 한문으로 표기한 야담(野談), 그리고 이 야담 형태를 빌되 소설의 요소를 더 갖춘 한문단편(漢文短篇) 등이 있다.

1. 한국의 한문소설 발달사

우리나라에서도 나말여초에는 전기체 소설이 발달하였다.《삼국유사》나《대동운부군옥》등에 전하는 〈수삽석남(首揷石枏)〉〈조신(調信)〉〈김현감호(金現感虎)〉〈최치원(崔致遠)〉은 본래 전기체 소설이었을 것이며,《삼국사기》의 〈온달전(溫達傳)〉이나 〈가실전(嘉實傳)〉도 전기체 소설의 요소를 지니고 있다. 가전체는 우언(寓言)의 형태를 빌어 논술을 행하는 양식이지만, 소설적 구성을 취하는 경우도 있다. 설총(薛聰)이 지은 〈화왕계(花王戒)〉는 우언의 성격이 더 짙지만, 고려중·말엽의 가전체 서사물은 소설적 요소가 짙다.

전(傳) 형식의 소설은 실존 인물을 대상으로 전을 지으면서 소설적 구성을 도입한 형태를 말한다. 허균(許筠)의 〈남궁선생전(南宮先生傳)〉 등과 박지원

(朴趾源)의 〈허생(許生)〉· 〈마장전(馬駔傳)〉 등이 이에 속한다. 본격적인 중단편 한문소설은 김시습(金時習)의 《금오신화(金鰲新話)》에서 비롯되었다. 《금오신화》의 각 단편들은 본격적인 전기소설의 형식이다. 17세기에는 〈운영전(雲英傳)〉과 같이 사실성이 높고 주제사상이 탁월한 작품들이 출현하였다.

한편 조선후기에는 유몽인(柳夢寅)의 《어우야담(於于野譚)》 이후 민간이나 사대부 생활주변의 야담을 수집하여 엮은 《청구야담(靑丘野談)》이나 《계서야담(溪西野談)》 같은 야담집이 다수 출현하였다. 이 야담집들에 실린 서사물은 설화와 다름없는 것도 있지만 소설적 수준에 이른 것들도 있다. 소설 수준에 이른 야담을 특별히 한문단편이라고 부른다. 야담은 구연과 기록을 통하여 정착되어 구연단계의 주제사상이 기록단계에 와서 변질되었을 가능성이 있다. 하지만 한문단편은 현실 반영면에서 사실성이 매우 높다.

2. 김시습의 《금오신화》

《금오신화(金鰲新話)》는 김시습(金時習, 1435~1493)이 '풍류기어(風流奇語)'를 창작하여 모은 단편소설집이다. 〈만복사저포기(萬福寺樗蒲記)〉 〈이생규장전(李生窺墻傳)〉 〈취유부벽정기(醉遊浮碧亭記)〉 〈용궁부연록(龍宮赴宴錄)〉 〈남염부주지(南炎浮洲志)〉 등 5편으로 이루어져 있다. '금오'는 경주 남산(南山)의 금오봉, 혹은 남산을 가리킨다. '신화(新話)'는 새로운 이야기란 뜻이다. 《금오신화》는 조선 민중의 상상력 세계에서 소재를 취하고 민족의 현실과 사상에서 주제를 찾았다.

《금오신화》는 시를 삽입하여 인간 심리와 분위기를 독특하게 암시하는 방법을 사용하였다. 〈남염부주지〉는 예외이지만, 다른 네 작품은 모두 시(칠언절구·칠언율시·배율·잡언장편고시·칠언고시)나 사(詞)·초사체(楚辭體)를 이용하여 정경과 사건의 흐름을 묘사·서술·암시하였으며, 극적 긴장을 고조시켰다. 〈만복사저포기〉에서는 여러 여인들의 심리를 각기 다른 시풍 속에 담아내었다.

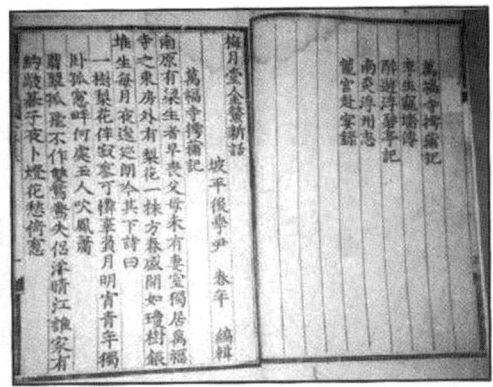

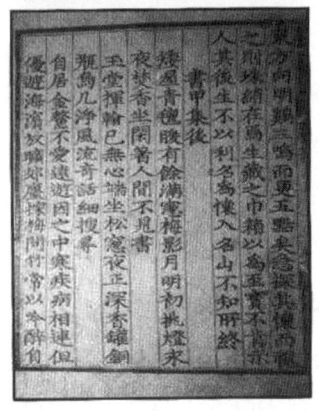

대련(大連) 도서관 소장 《금오신화》

《금오신화》는 재자가인(才子佳人)을 주인공으로 삼아, 미려한 문언문(文言文)으로 이야기를 서술하였으며, 신비로운 내용을 그려내었다. 이것은 전기소설의 일반적인 성격과 통한다. 그런데 《금오신화》는 현실 속에서 제도·인습(因襲)·전쟁·인간의 운명과 대결하려는 인간의 의지를 표현해내었다.

《금오신화》는 이승이든 저승이든, 속세든 용궁이든, 실재하는 현실 공간이든 상상 속에서 그려낼 수 있는 상징의 공간이든, 그 어떤 것도 독립적으로 원만구족한 의미를 지니지 못한다는 사실을 거듭 확인하였다. 이 소설은 우리가 사는 현실세계가 결함계(缺陷界)일 따름이라는 사실을 아프게 환기시킨다. 결함계 속에 살아가는 등장 인물들은 모두가, 완전한 가치를 실현하지 못하고 있다는 사실을 자각함으로써 슬픔을 느끼는 존재들이며, 독자들은 이 소설을 통하여 그 슬픔을 공감한다. 하지만 그러한 자각은 결코 현실로부터의 도피를 유도하지 않으며, 오히려 현실에 살면서 현실을 부정하는 자기 혁신의 고투를 개개인에게 요구한다. 김시습은 모든 상대적인 가치의 부정을 통해서 본래적 자아를 찾고자 시도하였는데, 그러한 자기 부정의 모습이《금오신화》에 담겨 있다.

《금오신화》는 임진왜란 이전에 목판으로 간행되었으나 국내에서는 일찍 사라졌다. 1999년 여름에 최용철(崔溶澈) 님이 중국 대련(大連) 도서관에서 조선 목판본을 발견하였다. 1600년대 일본의 유학자로서 저명한 하야시 라잔(林羅山, 1583~1657, 法名은 道春)은 훈점을 붙일 만큼《금오신화》를 열심히 읽었다.《금오신화》는 일본에서 목판본으로 번각되어 유통되었다.

3.《운영전》

《운영전》은 조선중기의 작자・연대 미상의 한문소설이다.《수성궁몽유록(壽聖宮夢遊錄)》, 또는《유영전(柳泳傳)》이라고도 한다. 줄거리는 다음과 같다.

선조 연간의 어느 봄날 청파사인(靑坡士人) 유영이, 세종의 셋째 아들로 호탕한 생애를 보내다가 세조의 찬탈 후 억울하게 죽임을 당한 안평대군의 옛 집인 수성궁에 놀러갔다가, 취몽 간에 안평대군의 궁녀였던 운영과 그녀의 애인 김진사를 만나 그들의 비극적인 사랑 이야기를 듣고 깨어 보니 꿈이었다. 안평대군의 궁녀 운영은 대군의 문중에 출입하는 청년 시인 김진사의 모습을 보고 연정이 끓어올라 남의 눈을 피해 그와 서신을 교환하고 밀회를 하다가 발각되어 옥중에 갇힌 끝에 자결한다. 궁 밖에서 운영을 기다리던 김진사도 그녀의 장사를 치른 다음 자살했다고 한다.

이 소설은 조선시대 소설 중에서 남녀간의 애정을 미화한 대표적인 작품일 뿐 아니라 결말을 비극으로 처리한 유일한 소설이다.《운영전》의 작중인물은 모순적 현실을 넘어서서 자신의 욕구를 성취하려 하였다. 그만큼 인간해방의 주제의식이 뚜렷하다. 현실세계에서는 실현될 수 없는 인간 해방의 문제를, 허구임을 공헌하는 몽유록이라는 형식적 장치를 빌어서 형상화한 것이다.

읽어볼 책

(1) 한문산문

- 姚鼐纂, 宋晶如·章榮 注釋《古文辭類纂》(上·中·下), 3책, 北京市中國書店, 1986 / 据世界書局1935年版影印.
- 진필상(陳必祥) 저, 심경호 역, 《한문문체론》, 이회문화사, 2000(2쇄) / 陳必祥, 《古代散文文體概論》.
- 심경호, 《간찰, 선비의 마음을 읽다》, 한얼미디어, 2006.
- 심경호, 《산문기행》, 이가서, 2007.
- 심경호, 《내면기행》, 이가서, 2009.
- 심경호, 《나는 어떤 사람인가: 성인들의 자서전》, 이가서, 2010.
- 金萬重저, 심경호역, 《서포만필》 2책, 한국고전문학전집 1~2, 문학동네, 2010.
- 黃玹 저, 임형택 옮김, 《매천야록》, 문학과 지성사, 2005.
- 김명호, 《열하일기연구》, 창작과비평사, 1990.
- 허세욱, 《중국수필소사》, 을유문고 240, 을유문화사, 1981(1쇄), 1987(2쇄).
- 심경호, 《한문산문미학》, 고려대학교 출판부, 2013.
- 朴趾源, 《燕巖集》, 신조선사, 京城: 大東印刷所, 昭和7(1932); 한국문집총간 252, 민족문화추진회, 2000; 김명호 역, 《국역 연암집》, 민족문화추진회, 2004.
- 朴趾源, 《熱河日記》, 충남대학교 소장 필사본; 조선광문회 연인본, 1911; 《국역 열하일기》, 민족문화추진회, 1968; 이가원 역주, 《열하일기 역주》, 정음사, 1996; 김혈조 역, 《열하일기》, 돌베개, 2009.
- 정 민, 《비슷한 것은 가짜다》(연암 박지원의 예술론과 산문미학), 태학사, 2000.
- 안대회, 《궁핍한 날의 벗》(박제가 산문 선집), 태학사, 2000.
- 김영진, 《눈물이란 무엇인가》(심노숭 산문 선집), 태학사, 2000.
- 심경호, 《선생, 세상의 그물을 조심하시오》(이옥 산문 선집), 태학사, 2001.
- 박무영, 《뜬 세상의 아름다움》(정약용 산문 선집), 태학사, 2001.
- 신익철, 《나 홀로 가는 길》(유몽인 산문 선집), 태학사, 2002.
- 정우봉《아침은 언제 오는가》(이학규 산문 선집), 태학사, 2007.
- 서정화, 《봄술이나 한잔 하세》(이규보 산문선집), 태학사, 2009.
- 심경호, 《산문기행 : 조선의 선비, 산길을 가다》, 이가서, 2007.
- 박무영 외, 《(역주)홍길주문집》(현수갑고, 표롱을첨, 항해병함) 6책, 태학사, 2006.

- 김태준·박성순,《산해관 잠긴 문을 한 손으로 밀치도다》(홍대용의 북경 여행기), 돌베개, 2001.
- 신익철 외 옮김,《(완역정본) 어우야담》, 돌베개, 2006.

(2) 중국소설사 소설이론
- 중국소설연구회,《중국소설사의 이해》, 학고방, 1994.
- 서경호,《중국소설사》, 서울대학교 출판부, 2004.
- 조관희,《중국소설론고》, 도서출판 시놀로지, 2000.
- 魯迅 저, 정범진 譯,《中國小說史略》, 學研社, 1987 / 魯迅, 中國小說的歷史的變遷, 香港中流出版社, 1973. / 中國小說史略, 北京:新華書局, 1930 修訂版.
- 陳平原 저, 이종민 역,《중국소설서사학》, 도서출판 살림, 1994.
- 茅盾 저, 박운석 역,《중국문학의 현실주의와 반현실주의》, 大邱: 嶺南大出版部, 1987.
- 吳台錫,《중국문학의 인식과 지평》, 도서출판역락, 2001.
- 何永康,《小說藝術論稿》, 河海大學出版社, 1990.
- 小南一郎,《中國の神話と物語り: 古小說史の展開》, 岩波書店, 1984.
- 패트릭 하난 著, 尹惠民 譯,《中國白話小說史》, 浙江古籍出版社, 1989.
- Andrew H. Plaks ed., *Chinese Narrative-critical and theoretical essays*, Princeton Univ. Press, 1981.
- 松林 主編,《中國古典小說六大名著鑒賞辭典》, 華岳文藝, 1988.
- 郭豫適,《中國古代小說論集》, 華東師範大學出版社, 1985.
- 北京大學中文系,《中國小說史》, 人民文學, 1978.
- 葉朗,《中國小說美學, 北京大學出版社, 1982.
- 成復旺 外2人,《中國文學理論史(1-5)》, 北京出版社, 1987 初版.
- 孫遜,《明淸小說論稿》, 上海古籍, 1986.
- 吳功正,《小說美學》, 江蘇人民出版社, 1985 初版.
- 王先霈/周偉民,《明淸小說理論批評史》, 廣州:花城出版社, 1988.
- 蔣瑞藻 編, 江竹虛 標校,《小說考證 上·下》, 上海古籍, 1984.
- 朱一玄 編,《明淸小說資料選編 上·下》, 濟南:濟魯書社, 1989 初版.
- 曾祖蔭 等 選著,《中國歷代小說序跋選注》, 長江文藝, 1982.
- 侯忠義 編,《中國文言小說參考資料》, 北京大學出版社, 1985 初版.

(3) 중국 소설 번역서
- 하근찬 역, 《금병매》(1~5), 고려원, 1992.
- 施耐庵 저, 이문열 역, 《수호지(水滸誌)》(1~8), 민음사, 1991(1판 1쇄), 1996. 6(신장판 1쇄).
- 오승은 저, 김정호 역, 《서유기》, 창작과 비평사, 1994.
- 고우영, 《만화서유기》, 우석출판사, 1994.
- 曹雪芹 저, 안의운·김광렬 옮김, 《완역 홍루몽》(1~7), 청년사, 1992.
- 曹雪芹 저, 최용철·고민희 역, 《완역 홍루몽》(1~9), 나남 출판사, 2009. 7.
- 최용철 옮김, 《전등삼종(상·하)》(剪燈新話·覓燈因話·剪燈餘話), 소명출판, 2005.
- 박재연, 《중국 고소설과 문헌학》, 역락, 2012.
- 조관희, 《소설로 읽는 중국사》, 2책, 돌베개, 2013.
- 김문경, 《삼국지연의의 세계》, 사계절, 2001 / 《三國志演義の世界》, 東方書店, 1993.
- 《(原本)三國志》(1~10), 범우사, 1994.
- 이문열 역, 《삼국지》(1~10), 민음사, 1988.
- 박종화 역, 《삼국지》, 삼성출판사, 1967 / 《삼국지》, 어문각, 1984.
- 《(懸吐)三國志》, 영창서관(永昌書館), 발행년도 미상.
- 심백준, 《삼국지사전(三國志事典)》, 범우사, 2000.

(4) 금오신화와 한국 한문소설
- 박희병, 《전기소설의 미학》, 돌베개, 1997.
- 윤주필, 《한국의 방외인 문학》, 집문당, 1999.
- 최귀묵, 《김시습의 사상과 글쓰기》, 소명출판, 2001.
- 심경호 역, 《(매월당 김시습) 금오신화》, 홍익출판사, 2000.
- 고려대학교 민족문화연구원, 《동아시아문학 속에서의 한국한문소설 연구》, 월인, 2002.
- 임형택, 《동아시아 서사학의 전통과 근대》, 성균관대학교 출판부, 2005.
- 임형택, 《한문서사의 영토》, 2책, 태학사, 2012. 11.
- 이대형·이미라·박상석·유춘동 역, 《19세기 독서인의 잡학요람, 요람(要覽)》, 보고사, 2012.
- 박희병, 《韓國漢文小說 校合句解》, 소명출판, 2005.
- 이지영 옮김, 《창선감의록》, 한국고전문학전집 10, 문학동네. 2010.
- 서신혜 옮김, 《박태보전》, 한국고전문학전집 12, 문학동네, 2012.

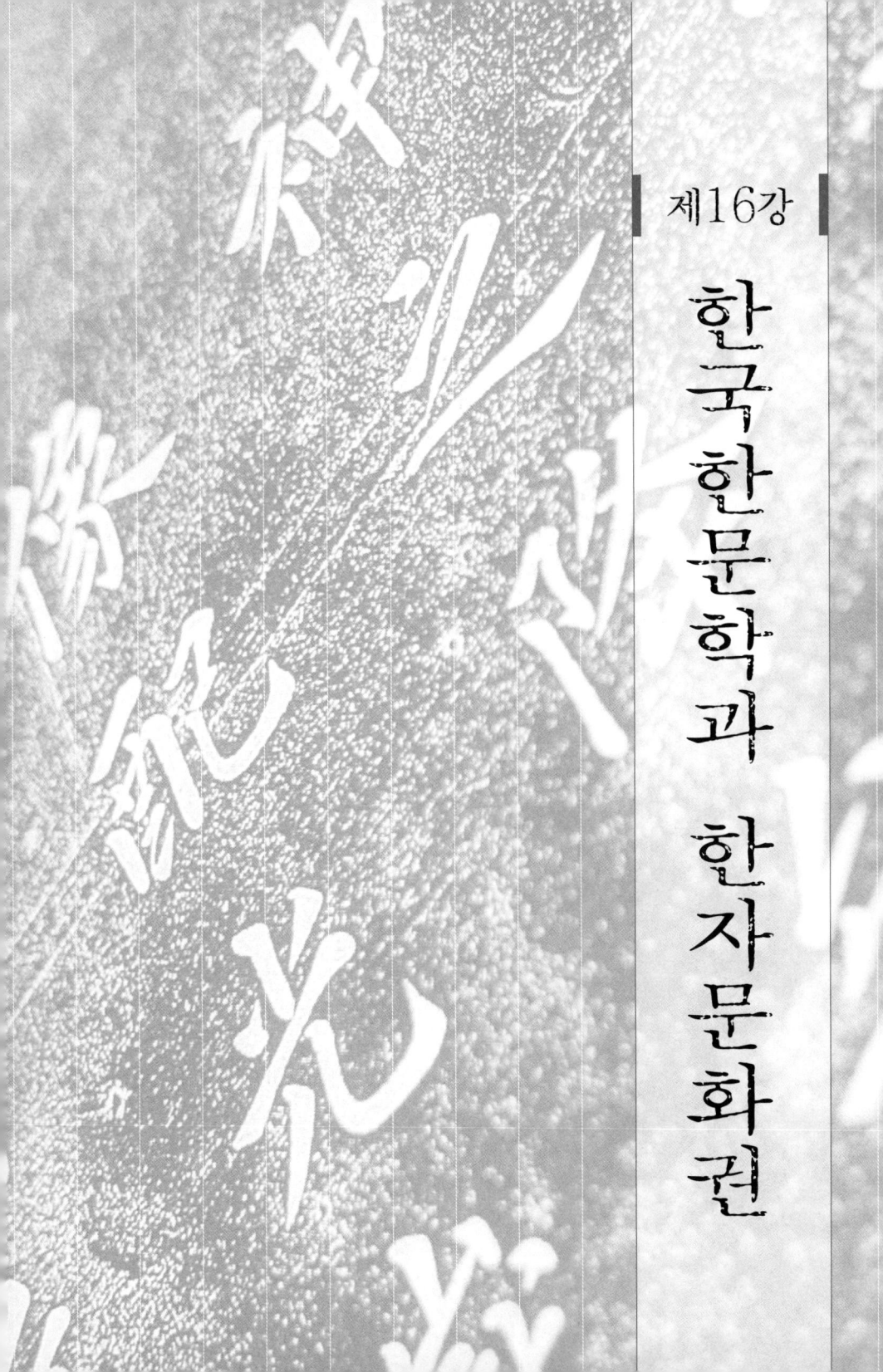

제16강 한국한문학과 한자문화권

Q 우리나라도 한문학이 발달하였고, 일본도 한문학이 발달하였다는데, 두 나라의 한문학은 중국 고전문학과 무엇이 다른가요? 기껏해야 중국문학의 아류가 아닌가요?

A 우리나라나 일본의 한문학이 지닌 고유한 특성을 한마디로 말하기는 어려울 듯해요. 하지만 우리 나라의 한문학이나 일본의 한문학이 각각 자기 나라의 문화전통과 역사환경 속에서 독자적인 발전을 해온 것은 틀림없어요. 저는 문학, 국문학, 한문학을 역사적인 개념으로 파악해서, 역사적 전개과정의 차별성 자체가 중국문학 혹은 일본문학과의 차이라고 생각합니다. 우리나라의 한문학이나 일본 한문학은 분명히 중국의 고전문학으로부터 영향을 받았지만 그 아류를 형성한 것은 아닙니다. 각각의 한문학에는 고유한 특성이 있기에 중국학자라도 한국의 한문학을 제대로 이해하기 어려운 것이지요.

한문학의 개념

넓은 의미의 한문학이란 한자·한문으로 된 동양의 공통 고전과 한국 혹은 일본, 베트남의 민족이 자신들의 사상 감정을 담은 창작 문학을 말한다. 이에 비해 좁은 의미의 한문학은 '한자·한문'을 표현매체로 하는 문학을 가리킨다. 한국한문학의 경우, 영어로는 'Korean Literature in Classical Chinese'로 표시할 수 있다.

한문학은 크게 한시와 한문으로 나뉜다. 본래 중국에서 한시(漢詩)나 한문(漢文)이라 하면 한대(漢代)의 시〔운문〕와 문〔산문〕을 말하지만, 한국이나 일본에서 한시나 한문이라 할 때는 '한자로 된 시와 문'을 두루 가리킨다. 우리나라와 일본은 각각 상고시대부터 한자를 독자적인 음으로 읽었으며, 중국에서 이루어진 문학·철학·사학 방면의 옛 저술을 고전으로 인정하면서, 한문학을 통하여 자기 민족의 사상 감정을 표현해왔다. 한민족은 특히 한자로 된 시문을 민족 문학의 일부로 인식했기 때문에 그냥 시문이라 불렀다.

근대 이전에는 문학이라 하면 순문학만이 아니라 공용문이나 일상의 실용문까지도 포괄하였기 때문에 한문학의 개념은 실용문과 공용문도 포괄하는 광범한 의미로 사용하여야 한다. 그 가운데 한시는 한문학의 꽃으로서 독립된 지위를 굳혀왔으나, 한문산문은 현대적 의미의 수필, 소설류를 포괄하고 또 운문과 산문의 중간 형태인 사부(辭賦)나 운문 실용문체인 잠명(箴銘), 송찬(頌贊), 애제(哀祭)류도 포괄하는 넓은 개념이다.

현재 한국의 대학 학제 내에서 한문학은 한자·한문으로 된 '문학'에 제한되는 경향이 있지만, 한문학은 문사철의 종합 속에서만 의미를 지니므로, 한문학에 대한 이해 자체는 늘 종합적인 인간의식을 염두에 두어야만 가능하다.

또한 한문학은 소학(小學)과 문헌학을 토대 학문으로 삼는다. 소학은 전통시대의 음운학·문자학·훈고학을 말한다.

```
            ┌ 넓은 의미의 한문학 : 文史哲의 종합
   한문학 ──┼ 기초학 : 음운학·문자학·훈고학·문헌학
            └ 좁은 의미의 한문학 : 한자·한문으로 이루어진 문학
```

한문학의 갈래

한문학의 갈래는 시기에 따라, 분류기준에 따라 여러 가지 방식으로 분류할 수 있다. 중국 역대의 선문가(選文家)나 문학이론가의 문체분류도 일정하지 않아 그쪽의 성과를 그대로 참고하기도 어렵다.

문학의 갈래와 역사적 기능을 중심으로 할 때 중국문학은 시·문·사곡·소설·민간문학·문학비평 등으로 분류할 수 있다. 이때 시는 고시·악부·근체시를, 문은 사부(辭賦)·변문(駢文)·고문(古文)·팔고문(八股文)을, 사곡은 사(詞)·곡(曲)·산곡(散曲)·제궁조(諸宮調)를, 소설은 지괴(志

怪)·전기(傳奇)·통속소설·현대소설을 각각 포괄한다. 이 분류를 우리나라 한문학의 발전과정에 비추어 보면, 악곡과 연관을 갖는 한대의 악부나 송원의 사곡, 산곡, 제궁조 등은 우리 한문학에서는 독립된 갈래를 이루지 않았다. 또 중국소설의 여러 갈래는 우리나라의 소설 범주와는 일치하지 않으며, 민간문학은 한문학 범주 안에 들지 아니한다. 따라서 우리나라의 한문학은 한시, 한문, 한문소설, 문학비평의 갈래로 나누어 보되, 한문의 역사적 기능면을 고려하여 《고문사류찬》의 13부류, 혹은 《경사백가잡초》의 분류를 참고로 공용문, 실용문을 포괄할 필요가 있다. 이 분류는 조선전기의 《동문선(東文選)》이나 각 문집들에 나타나 있는 고전적인 분류의 실상

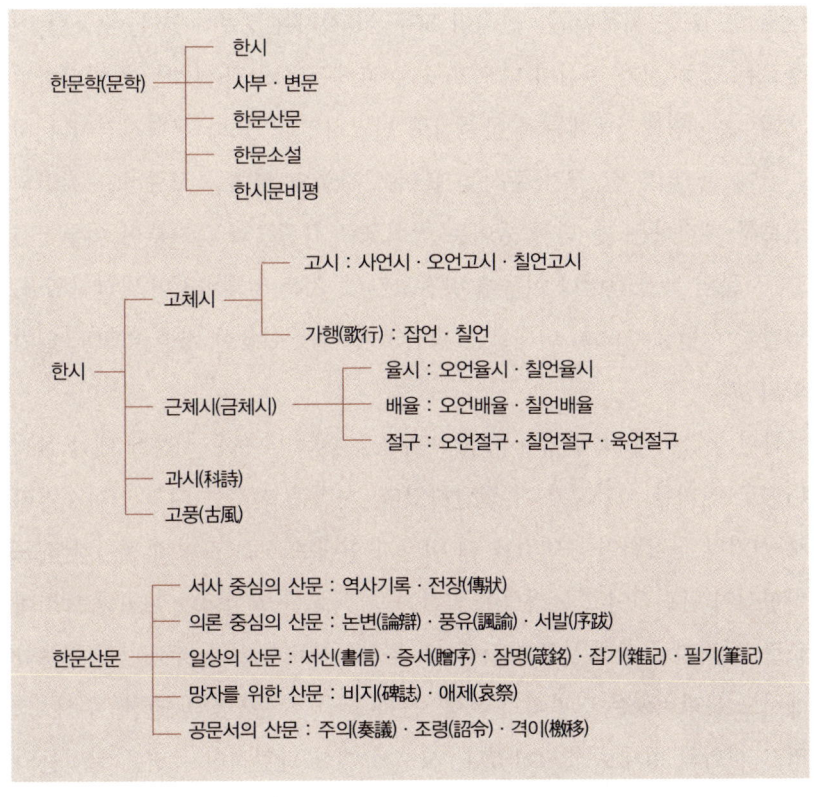

과도 부합한다.

문학비평

문학비평은 작품에 대한 독자로서의 반응을 논한 것을 말한다. 중국에서 단편적 비평은 선진(先秦) 제가의 서적과 주석(注釋)에서 이미 나타났지만, 문학의 자율성이 어느 정도 확보된 위진(魏晉) 제량(齊梁) 때 와서야 문학비평이 가능했다. 〈전론논문(典論論文)〉〈문부(文賦)〉《문심조룡(文心雕龍)》《시품(詩品)》 등 논저와 《문장유별집(文章流別集)》《문선(文選)》《옥대신영(玉臺新詠)》 등 시문총집 · 선집이 모두 이 시기에 출현하였다. 수 · 당 이후로는 각종 시가 선집이 나오고 송 이후에는 사화집(詞華集)이 발달하였으며, 송 · 명 · 청대에는 산문선집도 발달하였다. 또한 문학선집이나 시문집에 한 글자 한 글자 주석을 붙이고 작품의 연대를 고증하고 시인의 연보를 제작하는 데 힘을 들이는 방식으로 작품론과 작가론이 이루어졌고, 시문의 특정 단어나 어구에 평점(評點)을 치는 실제비평이 발달하였다. 명말의 이탁오(李卓吾) 이래로는 평점과 평어를 이용한 소설 비평도 일반화되었다.

한편 구양수의 《육일거사시화(六一居士詩話)》 이후로는 시문에 대한 실제비평을 전개한 시화(詩話)가 발달하였다. 시화는 한가한 때의 이야깃거리로 짓거나 창작력이 떨어졌을 때 비망기 형태로 짓는 것이 보통이라서 표현형식이 단편적이고 논리성이 약하지만, 독특한 발상이나 취미를 드러내므로 한 작가나 시대 사조를 살필 때 귀중한 자료가 된다. 우리나라 한문학에서도 문학비평은 단편적인 논평, 논시(論詩), 시문선집의 편찬, 주석, 그리고 시화의 형태로 발달하였다. 시문에 대한 단편적인 논평은 문인들의 서발류, 증서류, 서독류 등의 문장 속에 집중적으로 나타나며, 잡저(雜著)에서도 찾아볼 수 있다. 조선중기 이후로는 남의 평어를 문집 속에 함께 수록하는 방식도 나왔다. 허균의《성소부부고(惺所覆瓿藁)》는 이달(李達)의 평어를, 박지원의《연암집(燕巖集)》은 동호인들의 평어를 같이 실었다. 또한 신위(申緯)와 같은 시인은 논시 절구(論詩絶句)의 형태로 앞사람의 시를 비평하였다.

우리나라의 시문선집으로 이른 시기의 것은 고려말 최해(崔瀣)의《동인지문(東人之文)》, 고려말의《십초시(十抄詩)》, 조선초 조운흘(趙云仡)의《삼한시귀감(三韓詩龜鑑)》, 서거정(徐居正)의《동문선(東文選)》등을 들 수 있다. 또한 조선후기 중인층의 시선집인《소대풍요(昭代風謠)》등도 독특한 비평관을 반영하고 있다.

한편 기왕의 시문에 대한 주석 작업도 이미 고려 때부터 이루어졌다. 고려 말에 자산(子山)이라는 승려가 주해한《협주명현십초시(夾註名賢十抄詩)》는 현전하는 시문주석서 가운데 가장 이른 것이다. 이식(李植)의 두보시 주석을 정리한《찬주두시택풍당비해(纂註杜詩澤風堂批解)》는 우리나라의 두보 시 연구의 수준을 가늠케 하는 주요한 업적이다. 우리 시에 대한 주석은 흔하지 않으나,《전주사가시(箋註四家詩)》등 조선후기의 시문집 가운데 몇몇 예가 있다.

이에 비해 소설에 대한 실제비평은 그다지 발달하지 않았다.《몽예집(夢囈集)》《요로원야화기(要路院夜話記)》의 한 이본에 평어가 붙어 있는 예 등이 고작이다.

한국 한문학의 흐름

1. 상고시대에서 남북국까지

우리나라에 한자가 수용된 시기는 한사군 설치 이전으로 소급되는 듯하지만 확실한 방증은 없다. 고구려는 건국 초 이른 시기에 한문을 사용하여 《유기(留記)》 100권을 지었다는 기록이 있으며, 신라는 3세기에 이르러 한자·한문을 널리 사용하였다는 증거가 있다. 375년에 백제의 고흥(高興)이 《서기(書記)》를 편찬하고, 545년에 신라의 거칠부(居柒夫)가 국사를 편찬하였으며, 600년에 고구려의 이문진(李文眞)이 《유기》를 바탕으로 《신집(新集)》 5권을 편하는 등, 삼국은 모두 일찍부터 한문으로 국사를 편찬하였다.

414년에 이루어진 〈국강상광개토경평안호태왕비(國岡上廣開土境平安好太王碑)〉는 현전하는 한문학 작품 가운데 연대가 확실하고 가장 오래된 것으로, 고구려 건국의 내력을 서두에 들고 광개토왕의 영웅적인 행적을 서술한 내용이다. 고구려의 〈중원비(中原碑)〉, 신라의 〈적성비(赤城碑)〉, 진흥왕의 순수비(巡狩碑) 등 금석문(金石文)도 한문으로 나라의 위업을 분식하는 의도에서 제작된 것들이 있다. 한편 645년 무렵에 이루어진 백제의 〈사택지적비(砂宅智積碑)〉는 대우법에 충실한 변려문의 특색이 뚜렷하다. 이밖에 〈칠지도 명문(七支刀 銘文)〉, 백제 개로왕이 효문제에게 보낸 국서(國書), 을지문덕의 〈여수장우중문시(與隋將于仲文詩)〉, 신라 진덕여왕의 〈태평송(太平頌)〉, 신라 문무왕의 〈답설인귀서(答薛仁貴書)〉 등 한시문으로 이루어진 외교문서가 있다.

삼국시대 이후 불교가 융성하자 한문으로 이루어진 불교문학도 발달하였다. 원효(元曉), 원측(圓測), 의상(義湘: 義相) 등이 불교의 교리를 논한 기(記)와 소(疏)는 논리조직이 뛰어나고, 삽입해둔 게송(偈頌)은 문학성을 지니고 있다. 혜초(慧超)의 《왕오천축국전(往五天竺國傳)》은 기행문의 백미로, 노정기 속에 오언시 형식의 서정시를 삽입해두었다.

　삼국을 통일한 신라는 682년의 국학(國學) 설치, 788년의 독서삼품과(讀書三品科) 설치로 한문학 소양을 갖춘 문인들을 양성하고 발탁하는 제도를 확립하였다. 설총(薛聰)의 〈화왕계(花王戒)〉는 이 시기 한문산문의 수준을 대표한다. 성덕왕 때에는 통문박사(通文博士)를 두어 당에 보내는 국서(國書)를 관장케 하는 등 한문학이 크게 발달하였다. 이 시기에 김대문(金大問)은 《고승전(高僧傳)》《화랑세기(花郎世記)》《계림잡전(鷄林雜傳)》을 지어 진골 귀족의 전통을 선전하였다. 719년의 〈감산사미륵조상기(甘山寺彌勒彫像記)〉, 771년의 〈성덕대왕신종명문(聖德大王神鐘銘文)〉 등의 금석문도 세련된 문장으로 이루어져 있다. 신라말 경문왕은 낭혜(朗慧) 스님과 《문심조룡》을 강독하고 스스로 〈진경대사비문(眞鏡大師碑文)〉을 짓는 등 문학에 깊은 관심을 보였다.

　신라말의 한문학은 당나라에 유학하고 돌아온 최치원 등 육두품 출신 문인들에 의하여 새로운 경지가 열렸다. 최치원은 주로 한시를 통하여 내면의 고독과 회한을 표출했지만, 한문산문에서도 명문을 많이 남겼다. 중국에서 지은 〈격황소서(檄黃巢書)〉나 귀국하여 지은 〈사산비명(四山碑銘)〉이 모두 뛰어나다. 당나라 빈공과(賓貢科) 출신인 박인범(朴仁範), 최승우(崔承祐), 최언위(崔彦撝) 등은 신라문학을 고려문학으로 연결하였다.

　신라와 남북국 관계에 있던 발해도 당 및 일본과 교유하면서 한문학을 발달시켰다. 발해에서 일본에 보낸 국서나 〈정혜공주묘비(貞惠公主墓碑)〉, 〈정효공주묘비(貞孝公主墓碑)〉와 같은 금석문, 그리고 양태사(楊泰師)·왕효렴(王孝廉)·인정(仁貞)·정소(貞素)·배정(裴珽)이 남긴 한시 등을 보면 한문학의 수준이 높았음을 알 수 있다.

2. 고려시대

고려는 문치(文治)에 힘써, 최언위 등 신라 육두품 출신 문인들을 적극 등용하였다. 광종은 과거제를 확립하면서 진사과(進士科)의 과목에 시부(詩賦)를 지정하였고, 성종은 국자감(國子監)을 설치하고 관료에 대해 시부의 제작을 부과하는 월과법(月課法)도 실시하였다. 문종 때에는 사학(私學)이 융성하여 유학과 문학을 발전시켰다.

고려초의 대표적인 문인으로는 최승로(崔承老)·최충(崔冲)과 아들 최유선(崔惟善), 그리고 박인량(朴寅亮)이 있다. 박인량은 신라 이래의 설화를 《수이전》으로 엮으면서 전기체 소설로 발전시켰다.

11세기 말, 12세기 초에 이르러 고려의 한문학은 변문 중심에서 고문 중심으로 변화하였다. 이 시기에 해동 제일의 고문가라고 평가된 인물은 김황원(金黃元)이었으나, 그의 산문 작품은 전하지 않는다. 예종 때는 군왕과 신하들이 시와 사(詞)를 창화하는 등 귀족문학이 융성하였던 한편, 곽여(郭輿)·이자현(李資玄) 등이 도가(道家)의 생활을 하면서 독특한 시세계를 열어 보였다.

이자겸(李資謙)의 난이 평정된 이후 귀족 세력은 문벌귀족의 기존 이익을 옹호하려는 개경파와 하층민과의 유대를 통하여 자주 노선을 추구하려는 서경파가 대립하였다. 개경파의 김부식(金富軾)은 변문을 배격하고 고문을 연마하여 《삼국사기》를 편찬하였다. 서경파의 정지상(鄭知常)은 당시(唐詩)풍의 한시를 이용하여 개인의 절실한 서정을 표출하였다. 김부식은 유학의 도리를 내세웠지만 불교가 우위에 있다는 것을 인정하여 〈대각국사비문(大覺國師碑文)〉 등 불교관계 문장을 여럿 남겼다. 고려 중엽 문신귀족의 마지막 문인들인 정습명(鄭襲明)·고조기(高兆基) 등은 한시로 우수에 찬 정서를 드러내었다.

무신란과 몽고란을 거치면서 문벌귀족의 특권의식, 사대의식, 형식주의가 배격되고, 농촌현실을 문제삼는 사실주의적 문학과 반침략의식과 자주의식을 담은 민족주의적 문학이 발흥하였다. 김극기(金克己)는 전국 각지를 여행하면서 조국 강산에 대한 애정을 한시로 표현하였고, 오세재(吳世才) 등의 죽림고회(竹林高會)는 최씨 정권의 문인들과는 달리 독자적인 문학활동을 추구하였다. 이규보는 최씨 정권의 문인으로 활동하였으나, 농민들의 현실에 깊이 공감하여 현실비판의 농민시를 다수 남겼고, 조국의 건국 사실을 소재로 장편서사시 〈동명왕편(東明王篇)〉을 지었다. 이후 그의 민족사에 대한 관심은 이승휴(李承休)의 《제왕운기(帝王韻記)》 등 영사시(詠史詩) 제작과 국사의 편찬으로 계승되었다.

고려후기에는 신유학(新儒學)을 수용한 신흥사대부들이 새로운 시대정신을 한문학에 담았다. 그 첫 세대인 안향(安珦)·백이정(白頤正)·우탁(禹倬) 등은 풍속의 변혁을 주 과업으로 삼았다. 다음 세대인 최해(崔瀣)·안축(安軸)·이제현(李齊賢)은 시대의 고민을 자기화하여 한시문으로 표출하였다. 특히 이제현은 근체시나 고체시만이 아니라 장단구(長短句), 즉 사(詞)를 이용하여서도 서정을 표출하였고, 고문 문체를 활용하여 역사서 편찬에 착수하였다. 그 뒤 이곡(李穀)과 이색(李穡)은 많은 제자를 길러내 문학사상의 새로운 조류를 만들었고, 정몽주(鄭夢周)와 이숭인(李崇仁)은 고려말의 한문학을 대표하였다.

고려후기에는 고문 문체를 이용한 전장(傳狀)이나 비지(碑誌)와 같이 한 인물의 일생을 서술하는 형식과, 사물에의 관심을 담은 가전체(假傳體) 형식이 특히 발달하였다. 이규보의 〈노극청전(盧克淸傳)〉은 물욕을 지니지 않았던 하급관원의 행적을 서술하여 탐욕스런 관원들을 비판하였으며, 이색(李穡)도 평범한 인물의 일생을 서술하여 현실생활의 문제를 깊이 있게 다루었다. 이곡의 〈절부조씨전(節婦曺氏傳)〉, 이숭인의 〈배열부전(裵烈婦傳)〉 등

절부·열부전은 수난기 여성의 의지를 찬미하였다. 또한 이규보의 〈백운거사전(白雲居士傳)〉, 최해의 〈예산은자전(猊山隱者傳)〉 등은 작가 자신의 일을 가공 인물에 가탁하여 서술한 탁전(托傳)으로, 진실한 삶을 추구하려는 고민을 담았다. 그리고, 임춘(林椿)의 〈국순전(麴醇傳)〉·〈공방전(孔方傳)〉, 이규보의 〈국선생전(麴先生傳)〉〈청강사자현부전(淸江使者玄夫傳)〉, 혜심(慧諶)의 〈죽존자전(竹尊者傳)〉〈빙도자전(氷道者傳)〉, 이곡의 〈죽부인전(竹夫人傳)〉, 식영암(息影庵)의 〈정시자전(丁侍者傳)〉, 이첨(李詹)의 〈저생전(楮生傳)〉 등 가전체 작품들은 술, 돈, 거북, 대나무, 지팡이를 소재로 삼아 사물의 쓰임새를 통하여 인간 운명을 비유하였다.

한편 무신란 이후로는 시화(詩話)의 형태로 비평문학이 발달하여, 이인로(李仁老)의 《파한집(破閑集)》, 이규보의 《백운소설(白雲小說)》, 최자(崔滋)의 《보한집(補閑集)》 등이 이어졌다. 비평문학이 궤도에 오르면서 시문의 창작 방법, 작가와 작품과의 관련 문제, 수사법, 문학사를 중심주제로 삼게 되었다. 이 성과를 바탕으로 고려말의 최해는 시문선집 《동인지문(東人之文)》을 편찬하였고, 이제현은 《역옹패설(櫟翁稗說)》에 새로운 감각의 시화를 삽입해 두었다.

고려후기에는 불교의 혁신운동이 일어나 불교문학도 새로운 길을 걸었다. 지눌(知訥)·혜심(慧諶)·천인(天因)·천책(天頙)·운묵(雲默)·충지(沖止)·경한(景閑)·보우(普愚)·혜근(惠勤) 등 선승(禪僧)은 선시(禪詩)와 어록(語錄) 등을 통하여 불교적 교리와 사상감정을 표현하였고, 문학에 대한 자각 위에 한시를 통하여 현실의 문제를 다루었다. 각훈(覺訓)은 승려들의 전기집인 《해동고승전(海東高僧傳)》을 지었으며, 일연(一然)은 민족적 역사의식을 바탕으로 《삼국유사》를 편찬하였다.

3. 조선 전기

조선을 건국한 중소지주 출신의 사대부들은 이미 고려 말부터 정치경제 제도의 개혁을 주도하면서, 가례(家禮)의 준수, 사당(祠堂)의 건립을 확대하여 갔다. 조선 초에는 숭유억불(崇儒抑佛)의 정책을 표방하였는데, 정도전(鄭道傳)의 〈불씨잡변(佛氏雜辨)〉·〈심문천답(心問天答)〉 등 변론체 문장이 이러한 분위기 속에서 출현하였다. 또한 정도전은 《조선경국전(朝鮮經國典)》과 《경제문감(經濟文鑑)》 등을 통하여 통치질서를 논하였다. 권근(權近)도 〈입학도설(入學圖說)〉 등 변론체 문장으로 성리학의 이론을 밝혔으며, 〈응제시(應製詩)〉로 자주적인 민족의식을 드러내었다. 변계량(卞季良)은 문형(文衡)을 잡아 외교문서를 전담하고 관각 문학(館閣文學)의 규범을 마련하였다. 관각문학이란 국내외 공식문서를 전담하는 문인들이 주도하는 장식적 기능의 문학을 말하는데, 세종에서 문종 연간까지 집현전(集賢殿)을 중심으로 발달하다가, 성종조의 서거정(徐居正) 등 훈구문신들에 이르러 전성기를 맞았다. 세종 때 간행된 《찬주분류두공부시(纂註分類杜工部詩)》나, 성종 때 간행된 《고려사(高麗史)》《동국통감(東國通鑑)》《동국여지승람(東國輿地勝覽)》《경국대전(經國大典)》《국조오례의(國朝五禮儀)》《악학궤범(樂學軌範)》《동문선(東文選)》 등 시주석서, 역사서, 지리서, 법전, 예악 관계 서적, 시문총집은 집현전의 연구 역량과 민족문화에 대한 자각을 배경으로 이루어진 업적들이다. 서거정은 《태평한화골계전(太平閑話滑稽傳)》과 같은 비속한 문학에도 능하였다. 뒤이어 성현(成俔)은 통치질서를 옹호하는 훈구파의 입장에서 보수적인 문학관을 논하는 논변류와 서발류의 문장을 많이 남겼고, 《용재총화(慵齋叢話)》를 지어 잡다한 관심을 드러내었다.

중종조에는 이른바 사림파 문인들이 활약하기 시작함으로써 사장을 중시하는 훈구파와 대립하였다. 남곤(南袞)·박상(朴祥)·이행(李荇)·박은(朴

閤) 등이 이 시대의 뛰어난 문인들이다. 명종·선조조에는 관각삼걸(館閣三傑)인 정사룡(鄭士龍)·노수신(盧守愼)·황정욱(黃廷彧)이 근체시에서 가작을 남겼다. 그러나 이들은 훈구파 문신들과는 성향이 달랐고, 전문 문인들의 특성을 보였다.

성종·중종조 이후 사림파는 형식적인 문학을 추구한 훈구파와는 달리, 도학과 문학이 하나가 되어야 한다는 문학이론을 내세웠다. 김종직은 《청구풍아(靑丘風雅)》와 《동문수(東文粹)》를 편찬하였고, 지리산 기행문을 지어 향토에 대한 애정을 드러내었으며, 〈조의제문(吊義帝文)〉을 지어 세조의 왕위찬탈을 풍자하였다. 생육신의 한 사람인 남효온(南孝溫)은 〈득지락부(得至樂賦)〉와 〈수향기(睡鄕記)〉에서 의식의 자유를 갈망하였고, 〈귀신론(鬼神論)〉·〈육신전(六臣傳)〉 등으로 독특한 사상을 펼쳐보였으며, 《사우명행록(師友名行錄)》과 《추강냉화(秋江冷話)》를 지어 김종직 일파의 행적을 전하였다. 김안국은 《사재척언(思齋摭言)》을 엮어 백성들이 미신에 사로잡히는 것을 개탄하고 교화의 필요성을 역설하였고, 서경덕(徐敬德)·이황(李滉)·이이(李珥) 등은 논변류의 문장을 통하여 도학 사상의 핵심을 전달하였다. 선조년간에 집권한 사림파 문인인 송순(宋純)·임억령(林億齡)·박순(朴淳)·정철(鄭澈)·김성일(金誠一) 등은 주로 한시 창작을 통하여 심성의 바른 소리를 표출하는데 주력하였다.

세조의 찬탈 이후 정치질서 속에 편입되기를 거부한 방외인(方外人)의 삶을 산 김시습(金時習)은 한시를 통하여 자신의 내면갈등과 현실인식을 드러내는 한편, 논변류의 문장을 통하여 자신의 사상을 논리적으로 전개하였다. 또한 전기체 창작소설 모음집인 《금오신화》를 엮어 남녀의 애정 실현에 개입하는 현실의 문제를 다루었다. 도가적 삶을 산 홍유손(洪裕孫)·전우치(田禹治)·정희량(鄭希亮)·정렴(鄭石+廉) 등과, 거리낌없이 현실을 비판한 어무적(魚無迹), 〈원생몽유록(元生夢遊錄)〉과 〈수성지(愁城誌)〉의 작가인 임

태평한화골계전(太平閑話滑稽傳)

서거정은 58세 되던 성종 8년(1477)에 조카가 천추사(千秋使) 일행에게 사사로이 중국 물건의 무역을 부탁하였다가 적발된 일이 있어, 그 일에 연루되어 우찬성 직에서 파직당하였다가 서너 달 만에 복직하였다. 파직된 직후 서거정은 소화·일화집《태평한화골계전》을 엮고, 그 서문에서 "살모사·독사·교룡·악어 같은 온갖 괴물들이 꼬리를 물고 달려들어 아가리를 벌름거리고 침을 흘리며 살을 뜯어먹고 뼈를 부수려 하였다"고 술회하였다. 그 가운데는 조관(朝官)들의 탐학을 풍자한 다음과 같은 일화도 실려 있다.

어떤 조정의 관리가 외직으로 나가 진양(晉陽: 진주)을 다스렸는데, 행정 명령을 내리는 것이 몹시 가혹하고 세금 거두는 것이 한도가 없어서, 비록 산중의 과일이나 채소라 할지라도 쓸 만한 것은 하나도 남겨두지 않았고, 절간의 중들도 또한 그 폐해를 입었다. 하루는 경상도 청도(淸道)에 있는 운문사(雲門寺)의 중이 그를 뵈려고 찾아갔는데, 태수가 묻기를 "자네 절의 폭포는 금년에도 물론 아름답겠지?" 하였다. 중은 폭포가 무엇인지 모르는 자였으니, 이에 그것도 역시 세금 물릴까봐 두려워하여 즉시 대답하기를, "저희 절의 폭포는 올 여름에 돼지들이 다 먹어버렸나이다"라고 하였다. 강릉에는 한송정(寒松亭)이 있다. 그곳은 산수의 경치가 관동에서 가장 아름다웠다. 그래서 사화(使華)와 빈객(賓客)들이 즐겨 유람하기 때문에 말과 수레가 사방에서 모여들어 고을에서 공출하는 비용도 헤아릴 수가 없었다. 그러므로 사람들이 항상 투덜거리길, "한송정은 언제 호랑이가 물어갈꼬?" 하였다. 어떤 사람이 시를 지었으니, "폭포는 금년에 돼지가 먹었건만 한송정은 언제나 호랑이가 물어갈꼬?" (瀑布當年猪喫盡, 寒松何日虎將歸) 라고 하였다.

有一朝官, 出宰晉陽, 政令苛暴, 徵斂無藝, 雖山林果蔬, 利無小遺, 寺祠髡緇輩, 亦受其弊. 一日, 雲門寺僧來謁, 州宰曰: "汝寺瀑布, 今年想佳?" 僧不知瀑布爲何物, 恐亦徵斂, 應聲曰: "我寺瀑布, 今夏爲猪喫盡." 江陵有寒松亭, 山水之勝, 擅關東. 使華賓客之遊賞, 輪蹄輳集, 供費不貲. 州人常詬曰: "寒松亭, 何日虎來將去?" 有人作詩云: "瀑布當年猪喫盡, 寒松何日虎將歸."

제(林悌) 등이 모두 한시문을 통하여 체제에 대한 불만과 내면의 고독을 짙게 드러내었다. 한편 천인 출신으로 문명이 높았던 서기(徐起)·송익필(宋翼弼)·유희경(劉希慶)·백대붕(白大鵬) 등과 삼당파(三唐派)의 백광훈(白光勳)·최경창(崔慶昌)·이달(李達) 등은 순수하고 독자적인 미적 세계를 모색하였다.

조선전기의 한문산문은 편제를 중시하여 조직 면에서 고려조의 그것보다 일보 전진하였다. 우선 수필과 평론의 성격이 강한 한문산문집이 많이 나왔다. 앞서 언급한《용재총화》《사재척언》이외에도, 강희안(姜希顔)의 〈양화소록(養花小錄)〉, 서거정의《필원잡기(筆苑雜記)》와《동인시화(東人詩話)》, 이륙(李陸)의《청파극담(靑坡劇談)》, 최부(崔溥)의《표해록(漂海錄)》, 조위(曺

偉)의《매계총화(梅溪叢話)》, 조신(曺伸)의《소문쇄록(謏聞瑣錄)》, 이행(李荇)의《용재수필(容齋隨筆)》, 이자(李耔)의《음애일기(陰崖日記)》, 신광한(申光漢)의《기재기이(企齋記異)》, 김안로(金安老)의《용천담적기(龍泉談寂記)》, 김정(金淨)의《제주풍토기(濟州風土記)》, 유희춘(柳希春)의《미암일기(眉巖日記)》, 노수신(盧守愼)의《소재일기(蘇齋日記)》, 심수경(沈守慶)의《견한잡록(遣閑雜錄)》, 어숙권(魚叔權)의《패관잡기(稗官雜記)》 등이 있다. 한문소설로는, 《금오신화》 이외에 심의(沈義)의 〈대관재기몽(大觀齋記夢)〉과 같은 몽유록계 소설이 있고, 신광한의《기재기이》 속에 소설적 단편들이 들어 있다.

4. 조선 후기

임진왜란을 겪으면서 한문학은 민족수난에 대응한 기록문학을 많이 내었다. 유성룡(柳成龍)의《징비록(懲毖錄)》, 이순신(李舜臣)의《난중일기(亂中日記)》 등은 난의 경과와 통치체제의 붕괴 모습, 의병과 관군의 투쟁, 개인의 고충 등을 세밀하게 그려보았다. 민순지(閔順之)는 관련 야사를 총괄하여 〈임진록(壬辰錄)〉이라 이름하였다. 전란 뒤에는 〈김충장공유사(金忠壯公遺事)〉, 〈분충서난록(奮忠紓難錄)〉과 같이 공을 세운 이들의 유사(遺事)가 여럿 나왔다. 왜군의 포로가 되었던 강항(姜沆)은 3년 간의 일본 체험기를《건거록(巾車錄)》(뒤에 '看羊錄'이라 고침)으로 엮었다. 그밖에도 많은 기록문학 작품들이 있다. 병자호란을 거친 뒤에는《병자록(丙子錄)》《남한해위록(南漢解圍錄)》《병자일기(丙子日記)》 등 기록문학이 많이 나왔고, 김창협(金昌協)의 〈강도충렬록(江都忠烈錄)〉과 같이 후대인의 기록문학도 이루어졌다. 최명길(崔鳴吉)의 〈병자봉사(丙子封事)〉는 병자호란 때의 대표적인 주소류 문장이다.

그리고 두 전란 후에는 현실을 심각하게 반영한 한문소설이 출현하였다. 〈달천몽유록(㺚川夢遊錄)〉(작가가 다른 2종), 〈피생명몽록(皮生冥夢錄)〉, 〈강도

몽유록(江都夢遊錄)〉 등 몽유록계 소설들은 하급군사, 일반백성, 여인들의 원망을 담았다. 또한 조위한(趙緯韓)의 〈최척전(崔陟傳)〉은 전란으로 인해 기구한 운명을 겪은 부부의 이야기를 소설화하였다.

임진·병자 전쟁 이후 유몽인(柳夢寅)·이수광(李睟光)·권필(權韠)·허균(許筠)·심광세(沈光世) 등은 정통 한문학의 관습과는 다른 문학세계를 열었다. 유몽인은 구전의 사실과 중국 소화집을 토대로 야담집《어우야담(於于野譚)》을 엮었고, 이수광은 해박한 지식과 비판정신을 담은 유서(類書)《지봉유설(芝峰類說)》을 저술하였으며, 권필은 인습에 저항하는 정신을 시로 드러내었다. 허균은 논변류의 문체로 혁신사상을 논술하고《학산초담(鶴山樵談)》《성수시화(惺叟詩話)》 같은 시화와《국조시산(國朝詩刪)》이라는 시선집을 편찬하였다. 심광세는 영사악부체시(詠史樂府體詩)를 통하여 현실비판을 의도한《해동악부(海東樂府)》를 지어 해동악부체 양식을 열었다. 또한 권필은 〈주생전(周生傳)〉을, 허균은 〈남궁선생전(南宮先生傳)〉 등 다섯 편의 전을 지어 소설구조를 개발하였다.

인조반정 이후 서인(西人) 문벌의 신흠(申欽)·이정구(李廷龜)·장유(張維)·이식(李植) 등 고문 4대가는 문형을 맡으면서 문학을 진흥하는 한편, 각기 발랄한 사유와 문학정신을 발전시켰다. 이들은, 임진란을 전후하여 공용문서 제작을 전담한 문장가인 최립(崔岦)이 공용문의 형식미를 극대화시키기 위하여 의고문체를 도입한 고문을 창도하였던 것과는 달리, 도학(道學)을 내용으로 삼는 고문을 제작할 것을 강조하는 한편, 양명학이나 도가적 사유를 받아들여 문학세계를 확장하였다. 장유는 작가의 개성을 중시하는 천기론(天機論)을 주장하였다. 신흠은《청창연담(晴窓軟談)》《구정록(求正錄)》《야언(野言)》《잡록(雜錄)》을, 장유는《계곡만필(溪谷漫筆)》을, 이식은《택당산록(澤堂散錄)》을 각각 저술하여 기존의 사유체계나 문학론과는 다른 방향을 모색하였다.

숙종조에는 남용익(南龍翼)과 김석주(金錫胄)가 관각문학을 정비하였다. 남용익은 《호곡시화(壺谷詩話)》와 《기아(箕雅)》를 편찬하였고, 김석주는 고문의 모범으로 사기(史記)의 문장을 내세워 《사기발췌(史記拔萃)》를 간행하고 사부의 가치를 재인식하여 《해동사부(海東辭賦)》를 편찬하였다.

17세기 후반에는 남인의 허목(許穆)과 노론의 송시열(宋時烈)이 사상의 근거에 관하여 논란을 벌이는 등 학술사상계가 활기를 띰에 따라 논지 전개를 중시하는 논변류, 서독류, 그리고 잡저가 많이 나왔다. 김만중의 《서포만필(西浦漫筆)》, 윤휴(尹鑴)의 《독서기(讀書記)》, 박세당(朴世堂)의 《사변록(思辨錄)》 등은 미셀러니를 통해 포괄주의적 사유세계를 열어보았다. 양명학자인 정제두(鄭齊斗)는 〈잡저(雜著)〉에서 이기설을 이용하면서도 마음을 근본으로 보는 양명학적 사유를 피력하였다. 또한 문장가 김창협도 《농암잡지(農巖雜識)》와 같은 잡저(중수필집)를 남겼다.

18세기와 19세기에는 집권벌열층에 속하는 문인이나 속하지 않는 문인 모두가 우리나라 중세 한문학의 높은 수준을 과시하였다. 서얼 출신의 신유한(申維翰)은 제술관으로 일본에 갔다가 온 일을 《해유록(海遊錄)》으로 엮었고, 노론 지식인 이광정(李光庭)은 우언 형태로 세상을 풍자한 이야기들을 《망양록(亡羊錄)》으로 엮었다. 소론계 개명관료였던 홍양호(洪良浩)는 〈해동명장전(海東名將傳)〉을 지어 무(武)의 가치를 재평가하였고, 강화학파의 문인 이광사(李匡師)는 서법(書法) 이론을 《서결(書訣)》로 전개하였다. 불우했던 남인 문인 신광수(申光洙)는 평안도의 풍속기사시인 〈관서악부(關西樂府)〉를 남겼다. 소론계 문인으로 관료로서도 성공한 신위(申緯)는 〈관극절구(觀劇絕句)〉나 〈소악부(小樂府)〉 등 자료적 가치가 높은 한시를 지었다. 그는 다양한 문학사조를 두루 익혀 조선 한시의 침체성, 편향성을 극복함으로써 한시작가로서 최고봉에 올랐다.

17세기에서 19세기에는 서울의 기술직 중인(中人)과 서리층, 그리고 서

서포만필(西浦漫筆)

김만중(金萬重, 1637~1692)의 《서포만필》은 《통감(通鑑)》과 같은 역사서를 근거로 《상서(서경)》의 사실을 고증하는 것으로 시작하고 있다. 상·하권으로 분권된 《서포만필》은 문학을 논한 단락도 있기는 하지만 대부분 역사적 사실을 논증하거나 불교와 주자학 및 주자(주희)의 학문 태도에 관하여 비판적으로 검토하며, 조선의 역사지리를 고증하고 국난의 경과를 고찰하였다. 《서포만필》에는 내성(內省)과 회의(懷疑)의 정신, 그리고 신학문에 대한 호기심이 담겨 있다. 그는 자신의 학문 태도에 대하여 끊임없이 반성하고, 당시의 지배적 관념체계를 내재적으로 비판함으로써 그 관념체계를 이제라도 곧 전복시킬 듯한 지점에까지 나아갔다. 김만중은 격물(格物)의 개념에 대하여 논한 《서포만필》 상권 52칙에서, 정주학(程朱學)이 '《대학》의 책을 따라서 들어가는 것이 아니라 《대학》이란 책을 가지고 자기 설을 입증하려 한다'는 점을 비판하여, 학문의 실질을 매우 중시하였다. 그런데 그 경우, 정주학만 회의한 것이 아니라 스스로의 학문 자세를 회의하였다. 《서포만필》에서 김만중은 경학설에서 성인(聖人)의 상(像)을 전제하고 경문(經文)을 해석하거나 주자설을 맹목적으로 따르는 태도를 비판하였고, 종파적 편견에 사로잡히지 않고, 불교의 설까지도 평심으로 받아들였다. 이렇게 편견을 배격한 그는 조선 사회의 고질적 병폐인 당쟁을 바라볼 때에도 당심(黨心)을 버리고자 노력하였으며, 봉건사회 속의 여성의 처지에 동정하였다. 또한 그는 마테오 리치의 지구설을 받아들여 세계 인식의 틀을 확장하였다.

류(庶類)의 문학활동이 두드러져, 이들 위항인(委巷人)의 시선집이 독자적으로 편찬되었다. 그들은 예교주의적(禮敎主義的) 보수적 성향을 띠는가 하면, 현실에 타협하면서 낭만주의 성향을 드러내기도 하였고, 현실에 대해 비판적 자세를 취하면서 적극적인 낭만주의 성향을 보이기도 하였다. 17세기 말 18세기 초에 뛰어난 시인으로 평가받은 홍세태(洪世泰)는 한문산문에서도 하녀의 죽음을 애도한 〈제금비묘문(祭琴婢墓文)〉, 자신의 방황을 경계한 〈자경문(自警文)〉, 같은 중인의 삶을 서술한 〈유술부전(庾述夫傳)〉 등 명문을 남겼다. 그 뒤 정래교(鄭來僑)는 〈항재기(恒齋記)〉와 〈낙여재기(樂與齋記)〉에서 형식주의적 문학을 비판하고, 당시의 예술가에 관한 〈김성기전(金聖基傳)〉과 〈화사김명국전(畵師金鳴國傳)〉, 협객에 관한 〈임준원전(林俊元傳)〉, 의원에 관한 〈백태의전(白太醫傳)〉 등 전 작품을 지었다. 19세기 초의 시인 조수삼(趙秀三)은 시정인들의 형상을 〈동리선생전(東里先生傳)〉과 〈이단전전(李亶佃傳)〉 등에서 그려보였으며, 항간의 설화와 칠언절구시를 결합시켜 〈기이(紀異)〉를 연작하여 시정인의 삶을 파노라마식으로 그려보았다. 19세기 중엽의 변종운(卞鐘運)과 장지완(張之琬)은 예교주의적 군자풍을 추구해서, 전 양식이나 묘지명 양식의 작품으로 이상적 인물형상을 그려보였다. 한편 조희룡(趙熙龍)은 《호산외기(壺山外記)》를, 유재건(劉在建)은 《겸산필기(兼山筆記)》를 각각 지어 중인층 인물들의 행적을 서술하였다. 유재건은 중인층의 시선집인 《풍요삼선(風謠三選)》과 중인층 시를 중심으로 한 《고금영물근체시(古今詠物近體詩)》를 편찬하였으며, 중인층의 일화집을 집대성한 《이향견문록(異鄕見聞錄)》을 별도로 편집하였다.

조선 후기에 한문학을 통하여 가장 진보적인 사유방식을 표출한 학자・문인들은 노론의 홍대용(洪大容)・박지원(朴趾源)・이덕무(李德懋) 계열, 남인의 이익(李瀷)・이용휴(李用休) 계열, 정약용(丁若鏞)・이학규(李學逵) 계열, 소론의 이광사(李匡師)・이긍익(李肯翊) 계열이다. 이들은 모두 백과사전식 잡저류와 역사서, 지리서를 저술하여 폭넓은 현실인식과 자주적 역사의식을 드러내었다.

잡저류로는 유형원(柳馨遠)의 《반계수록(磻溪隨錄)》, 이익의 《성호사설(星湖僿說)》, 안정복의 《순암잡록(順庵雜錄)》, 홍대용의 《담헌서(湛軒書)》, 박지원의 《열하일기》, 이학규의 《동사일지(東史日知)》, 이규경(李圭景)의 《오주연문장전산고(五洲衍文長箋散藁)》 등이 대표적이다. 역사서, 지리서로는 안정복의 《동사강목(東史綱目)》, 유득공(柳得恭)의 《발해고(渤海考)》, 이중환(李重煥)의 《택리지(擇里志)》 등이 잘 알려져 있다. 또한 정약용과 유희(柳僖) 등은 우리 언어에 깊은 관심을 가지고 어석집(語釋集)을 편찬하였다.

18세기 이후 진보적 지성인들은 한시와 한문산문, 그리고 비평문학에서도 혁신적인 사상을 드러내었다. 이익은 〈해동악부〉를 지어 선비의 비판적 구실을 강조하고 우언시(寓言詩)를 통하여 벌열층의 정권욕을 비판하였다. 안정복은 몇몇 악부체 영사시에서 역사의 전환기에 주체적인 삶을 산 인물을 부각시켰다. 이용휴와 그 아들 이가환(李家煥)은 경발(警拔)한 시와 문을 남겼다. 홍대용과 박지원은 각각 《담헌연기(湛軒燕記)》와 《열하일기》에서 과학적·분석적 사고와 민족적 의식을 담았다. 특히 박지원은 참신한 문체를 개발하고, 시문 창작에서 법고(法古)와 창신(倉新)의 변증법적 통일을 지향해야 한다고 주장하였다. 이덕무(李德懋)·유득공(柳得恭)·박제가(朴齊家)·이서구(李書九) 등 사가(四家)는 한시의 기풍을 쇄신하였다. 이옥(李鈺)은 일상 생활에서 겪은 경험과 섬세한 감정을 소품에 담았으며, 글쓰기의 의미에 대하여 되물었다. 정약용과 이학규는 현실의 진실한 제시와 풍자를 여러 한시 형식을 통하여 시도하였다. 김정희(金正喜)는 시 창작에서 개성의 가치를 존중하는 성령론(性靈論)을 주장하였다.

조선 후기에는 불교, 도교 사상계의 인물들도 혁신적인 사유를 한시문으로 담아내었고, 여류시인들도 여럿 활동하였다. 또한 소설적 구성을 갖춘 한문단편들이 현실 세태를 사실적으로 반영하였다. 박지원의 9편의 전(傳) 작품들도 야담을 기반으로 한 한문단편이라고 할 수 있다. 김려(金鑢)와 이옥(李鈺)도 예술성이 높고 주제사상이 탁월한 한문 단편소설을 창작하였다. 이옥은 한문으로 된 유일한 희곡인 《동상기(東廂記)》를 남겼다. 한편, 조선 후기에는 《동선기(洞仙記)》《유록전(柳綠傳)》《영영전(英英傳)》《운영전(雲英傳)》 등 애정소설과 〈서옥기(鼠獄記)〉와 같은 우화소설이 나왔다.

5. 조선 말

조선조 말에는 노론 벌열의 홍석주(洪奭周)·김매순(金邁淳)이나 척사위정(斥邪衛正)을 주장한 산림의 거두 이항로(李恒老), 남인의 허전(許傳), 소론의 정원용(鄭元容)·이유원(李裕元) 등이 한문학의 정통성을 확인하면서 대가의 풍모를 보였다. 한편 개화사상가 박규수(朴珪壽)는 왕조의 내부 문제를 혁신할 것을 주장하면서, 〈봉소여향(鳳韶餘響)〉에서 조선 왕조의 영속적 번영을 구가하였다. 구한말의 한문학계는 위항시의 새로운 경지를 개척한 강위(姜瑋), 양명학의 가학을 이은 이건창(李建昌), 우국의 충정을 지녔던 황현(黃玹), 척사위정과 의병투쟁을 전개한 최익현(崔益鉉), 한문학의 유산을 정리한 김택영(金澤榮) 등이 장식하였다. 1917년에 최영년(崔永年)·정만조(鄭萬朝)·여규형(呂圭亨) 등은 《조선문예(朝鮮文藝)》를 간행하고 한문학 부흥운동을 전개하였다. 그러나 한문학은 차츰 시대정신을 담아내지 못하게 되었다.

6. 근세의 한시 : 신채호의 경우

단재 신채호(申采浩)는 민족주의 사상가이자 실천가로서, 혁명적 투쟁의 일관성은 다른 지사들에게서 찾아보기 드문 광채를 발한다. 신채호는 건강한 주제의 국시(國詩)가 발달해야 한다고 보아 스스로도 국시를 지었으나, 한시로도 자신의 속내를 토로하였다. 그는 어려서 문과 급제하고 정언 벼슬을 지낸 할아버지 밑에서 《통감》 전질을 해독하고 사서삼경을 독파하였으며, 애국지사이자 한학의 대가 이남규(李南珪)에게 수학하였다. 1897년에는 신기선(申箕善)의 추천으로 성균관에 들어가 수학하였고, 1905년 성균관 박사가 되었다. 따라서 그의 한문학 수준은 이미 당대에 정평이 나 있었다. 단재 신채호 선생 기념사업회에서 엮은 《단재신채호전집》(형설출판사 간행 개정판)에는 모두 16제(題)의 한시가 남아 있다.

신채호는 〈백두산도중(白頭山途中)〉 제2수에서 '남 따라 다니는(俯仰隨人)' 자신의 처지를 서글퍼하고, '자단(自斷)'을 결심하였다.

南來北走動經年   남북으로 분주히 오가며 세월만 가네
來亦然然去亦然   와도 그렇고 가도 그럴 뿐.

從知萬事須自斷　세상 만사 제 뜻대로 결단해야지
俯仰隨人最可憐　남 따라 다니다니 너무도 가련하다.

　신채호는 1923년 정월에 〈조선혁명선언〉을 기초하여 민중 중심의 혁명 사상론을 개진하였고, 1925년경부터 무정부주의를 신봉하여, 1927년에 신간회(新幹會) 발기에 간여하고, 무정부주의 동방동맹(東方同盟)에 가입하였다. 그런데 그는 43세 되던 1922년에 중국인 진씨(陳氏)의 알선으로 관음사(觀音寺)에 들어가 승려가 되어 불경을 독파하고, 1년 간 수도승 생활을 하였다. 그가 불교사상에 관심을 가진 것은 양명학적 사유와 관련이 있었던 듯하다. 이 점은 〈회포를 적음(述懷)〉이라는 제목으로 지어진 두 수에서 추정할 수 있다.

〈述懷〉 첫째 수
善惡賢愚摠戲論　선악이 모두 다 장난거리 이야기거늘
耶回孔佛謾相嗔　예수교 회교 불교 유교 부질없이 서로 욕질하다니.
辨看靑白之非眼　좋게 보든 밉게 보든 제대로 보는 것 아니네
散作塵埃倒是身　먼지로 흩어지는 것 그게 바로 이 몸인걸.
妄念慈悲還地獄　망녕되이 생각하면 자비도 지옥이요
任情屠殺便天人　천진이면 살생도 천당이 되는 법.
吾人來去只如此　우리 인생 오고감도 다만 이러하여
捨假求眞更不眞　거짓 버리고 참 구함도 되레 참이 아니라네.

　이 시에서 신채호는 '진(眞)'을 중시하였다. '眞'이란 말은 사상사의 전통에서는 물론 노장에서 나왔지만, 사상운동의 면에서는 양명학에서 주로 사용되던 개념이다. 왕양명(즉 王守仁)은 양지(良知)가 상근(上根)만의 소유물이 아니라 우부유동(愚夫幼童)도 참여할 수 있는 것이라고 기대하였다. 신채호는 "거짓 버리고 참을 구함도 도로 참이 아니라네(捨假求眞更不眞)"

라고 하였는데, 이것은 왕양명이 "성(性)의 본체는 원래 선도 없고 악도 없는 것이되, 발용상(發用上)에는 본디 선이 될 수도 있고 불선이 될 수도 있다"고 한 것과 기식(氣息)이 통한다. 더욱이 "천진이면 살생도 천인이 되는 걸세(任情屠殺便天人)"라는 말에서는 이탁오와 양명 좌파의 극단적 자유주의의 냄새를 맡을 수 있다.

한국 한문학의 보고, 동문선(東文選)

《동문선》은 '동국(東國)의 글을 선별하여 모은 총집(總集)'이다. 《동문선》 편찬은 모두 세 차례 이루어졌으나, 맨 처음에 나온 것이 역사적·문학적 의의가 가장 높아, 뒤에 나온 것과 구별하여 '정편동문선(正編東文選)'이라고도 한다. '정편동문선'은 1478년(성종 9)에 왕명으로 서거정(徐居正)·강희맹(姜希孟) 등 찬집관 23명이 편찬한 우리나라 시문의 총집으로, 130권에 목록 3권, 합

을해자 활자본 《동문선》

133권 45책이다. 신라시대부터 조선 초기까지의 약 500명에 달하는 작가의 시문 4,302편을 문체별로 분류하여 실었다. 삼국시대 이래 조선 초까지의 우리나라 문학 자료를 집대성하였다는 점, 우리의 문학 전통을 중국의 그것과 병행하는 독자적인 것으로 인식하였다는 점에서 그 의의가 크다.

고활자본과 목판본이 있다. 고활자본은 서울대 규장각과 국립중앙도서관, 일본 학습원(學習院)대학에 소장되어 있다.

그 뒤 1518년(중종 13)에 신용개(申用溉)·김전(金詮) 등이 속편(續編) 21편을 편찬하였고, 정편과 합하여 《동문선》을 154권 45책으로 간행하였다. 1914년에 고서간행회(古書刊行會)가 정편 동문선을 현대 활자로 배열하여 출판하였고, 1968~1970년에 민족문화추진위원회가 정편·속편을 모두 번역하여 12책으로 발간하였다.

한편 1713년(숙종 39)에는 송상기(宋相琦) 등이 정편·속편과는 달리 《별본동문선(別本東文選)》을 간행하였다. 이 《별본동문선》은 서울대 규장각에 소장되어 있다.

서거정이 쓴 〈동문선서(東文選序)〉의 일부를 보면 다음과 같다.

> 《동문선》의 문체(文體)
> (1)사(辭) (2)부(賦) (3)시(詩) : 오언고시(五言古詩) 칠언고시(七言古詩) 오언율시(五言律詩) 오언배율(五言排律) 칠언율시(七言律詩) 칠언배율(七言排律) 오언절구(五言絕句) 칠언절구(七言絕句) 육언(六言) (4)조칙(詔勅) (5)교서(敎書) (6)제고(制誥) (7)책문(冊文) (8)비답(批答) (9)표전(表箋) (10)계(啓) (11)장(狀) (12)노포(露布) (13)격서(檄書) (14)잠(箴) (15)명(銘) (16)송(頌) (17)찬(贊) (18)주의(奏議) (19)차자(箚子) (20)문(文) (21)서(書) (22)기(記) (23)서(序) (24)설(說) (25)논(論) (26)전(傳) (27)발(跋) (28)치어(致語) (29)변(辯) (30)대(對) (31)지(志) (32)원(原) (33)첩(牒) (34)의(議) (35)잡저(雜著) (36)책제(策題) (37)상량문(上梁文) (38)제문(祭文) (39)축문(祝文) (40)소(疏) (41)도량문(道場文) (42)재사(齋詞) (43)청사(靑詞) (44)애사(哀詞) (45)뇌(誄) (46)행장(行狀) (47)비명(碑銘) (48)묘지(墓誌)

吾東方之文, 始於三國, 盛於高麗, 極於盛朝, 其關於天地氣運之盛衰者, 因亦可考矣. 況文者貫道之器? 六經之文, 非有意於文, 而自然配乎道, 後世之文, 先有意於文, 而或未純乎道. 今之學者, 誠能心於道, 不文於文, 本乎經, 不規規於諸子, 崇雅黜浮, 高明正大, 則其所以羽翼聖經者, 必有其道矣.
우리나라의 문장은 삼국에서 시작되어 고려에서 성하였고, 우리 조선에서 극치를 이루었으니, 그것이 천지 기운의 성쇠와 관련된다는 사실을 알 수 있습니다. 더구나 문장이란 도를 꿰는 그릇이지 않습니까? 육경의 문장은 문장 자체에 뜻을 둔 것이 아니지만 자연히 도에 맞았으나, 후세의 문장은 먼저 문장 자체에 뜻을 두었으므로 간혹 도에 순수하지 못합니다. 오늘날의 학자들이 진실로 능히 도에 마음을 두고 문장자체를 일삼지 아니하며, 경에 근본을 두고 제자 백가를 본받으려 급급하지 않으며, 바른 것을 숭상하고 허황된 것을 내쳐서 고명하고 정대하므로, 성스러운 경(經)을 보조하는 바가 반드시 그 올바른 길을 얻을 것입니다.

일본의 한문학

1. 일본 한문학의 흐름

일본 한문학은 백제 등의 영향으로 성립하였으나, 점차 독자적 특성을 형성하였다. 또한 한문학은 좁은 의미의 일본문학, 즉 가나문학(假名文學)에 대하여 심대한 영향을 끼쳐왔다.

신라가 그러하였듯이 일본(近江·奈良·平安朝)도 당나라에 유학생을 파견하였다. 구우카이(空海, 774~835)는 당나라에 있으면서 중국시학의 자료를 모아《문경비부론(文鏡秘府論)》을 엮었다. 그 뒤 환무천황(桓武天皇)을 비롯한 역대의 천황들이 한문학을 장려하였고, 차아천황(嵯峨天皇)은 그 자신이 일류 한시인이었다.《능운집(凌雲集)》《문화수려집(文華秀麗集)》《경국집(經國集)》이 칙찬되었고, 한시의 낭영(朗詠)이 유행하여《화한낭영집(和漢朗詠集)》2권(1013)이 편찬되었다.

헤이안(平安) 시대에는 스가와라노미치자네(菅原道眞, 845~903), 오오에노오톤도(大江音人) 등 한문학의 명가가 나타났으며, 가나문학에도 중국문학의 영향이 농후하였다. 다만 전체적으로 보면 일본은 순수한 한문학보다도 가나문학이 더 발달하였다. 이 시기의 일본의 한문산문은 '화한혼합체(和漢混合體)'가 주류였으므로, '고문'에 기초한 세련된 한문은 그리 발달하지 않았다. 711년에 이루어진《고사기(古史記)》는 화한혼합체 문장의 대표적인 예이다. 또 한시의 낭영(朗詠)이 유행한 데 비하여 한시의 창작력은 뒤떨어졌다.

가마쿠라(鎌倉, 1192~1333) · 무로마치(室町) 시대에는 정권이 무문(武門)에 돌아갔기 때문에, 문인들의 무학은 퇴조하고, 오산(五山)의 승려가 한문학의 중심 담당자가 되었다. 학승(學僧) 가운데는 뛰어난 한문학 작품을 남긴 사람이 적지 않다. 또 한유의 문장, 두보의 시, 주자학도 학승들이 학습하였다. 그렇다고 이 시기에 한문 · 한시를 자유롭게 지을 수 있는 남성 작가들이 없었던 것은 아니지만, 그들은 와분(和文) · 와카(和歌)에도 손을 대었으므로 와분(和文)에 한어(漢語)가 혼합된 문체를 발달시켰다.

에도(江戶) 시대에 이르러서는 주자학으로부터 고학(古學) · 소라이학(徂徠學)으로의 전회(轉回)가 일어나면서 한문학에서도 각 유파별로 다양한 모색이 일어났다. 곧 주자학 · 고의학(古義學) · 양명학 · 국학(國學)의 여러 사조가 한꺼번에 발달하고, 한문학도 개화하였다. 각 번(藩)을 중심으로 지역별로 유파가 형성되고 그것이 에도와 쿄토의 문단과 서로 영향을 주고받았다. 겐로쿠(元祿, 1688~1704) 연간에는 '순수'를 숭상하는 기운을 타고 오규소라이(荻生徂徠, 1666~1728)가 겐엔파(蘐園派)를 형성하였다. 그의 문하에서 경학가, 시문가가 상당히 많이 나왔고, 또 그들에 반대하는 유파의 발달도 거꾸로 촉진시켰다. 다만 에도 시대의 지식인들은 신유일치(神儒一致)의 사상을 지녔기 때문에 한문학의 주제사상도 자연히 신도(神道)나 천황 숭배의 사상과 습합되었다.

일본의 에도 바쿠후(幕府) 시대 말기에는 존황양이(尊皇攘夷) · 존황개국(尊皇開國) · 도막운동(倒幕運動)에 이르기까지 이른바 '지사(志士)'들이 활약하였는데, 그들은 대부분 한학가였다. 따라서 메이지(明治) 시대에 이르러 오히려 일본의 한시와 한문은 정점에 도달하였다. 사숙(私塾)과 시사(詩社)가 발달하였으며 신문 · 잡지에도 한시단이 개설되었다.

일본의 한문학에서는 일본적 습성인 '와후(和風)'를 평가절하 하는 것이 보통이다. 그러나 '와후'는 조선후기의 '조선풍(朝鮮風)'과 유사한 면이 있으므로 그 나름대로 평가할 만한 여지가 있다.

2. 하이쿠와 한문학

일본의 가나문학은 한문학의 영향으로 그 내용과 양식이 풍부해졌다. 겐로쿠(元祿) 전후, 주로 소라(徂徠)파가 활약하던 시기에, 한문학은 점차 서민 사이에 침투하여 그 영향 아래서 서민문학인 하이쿠(俳句)와 센류(川柳)가 에도를 중심으로 크게 유행하였다. 원래 하이카이(俳諧)라든가 렌쿠(連句)는 한시의 세계에 발생·유행한 것인데, 골계(滑稽)나 유희(遊戲)의 여흥적 성격이 컸다. 하지만 렌쿠가 고잔(五山)의 승려 사이에 유행하다가 이윽고 일본식으로 변형되어 렌카(連歌)가 되면서부터는, 그 문학적 위상이 한시보다도 높아졌다. 야마자키 소오칸(山崎宗鑑, 1464~1553) 무렵부터는 하이카이가 독립적 예술 양식으로 되었고, 다시 에도 시대에 들어와 마스나카 테이토크(松永貞德, 1571~1653), 니시야마 소오인(西山宗因, 1605~1681)을 거쳐 마쓰오 바쇼(松尾芭蕉, 1644~1694)에 이르러 예술성이 극대화되었다. 바쇼는 두보의 영향을 크게 받았다. 단, 두보는 인간의 삶을 파괴하는 전쟁과 같은 것을 미워하였던 반면에, 바쇼는 인간의 무력함을 체념하였다. 바쇼는 두보의 시처럼 사회성을 지닌 노래를 짓지 않았다(黑川洋一, 〈杜甫と芭蕉〉, 《中國詩人選集》第十卷 付錄, 岩波書店, 1958).

베트남 호치민의 한시

베트남은 현재 한자를 사용하지 않지만 베트남어에는 한자어의 비중이 매우 높다. 또 예전의 지식인들은 한문학에 조예가 깊었다. 그 대표적 인물이 호치민(胡志明, 1890~1979)이다. 1920년에 프랑스 공산당 창당에 참가하였고, 1930년에는 인도차이나 공산당을 창설하였으며, 1941년에는 베트민(베트남 독립동맹회)을 결성하였고, 1945년부터 1969년까지 베트남 민주공화국 대통령으로 재임하였다. 그는 1932년 8월에 상해 데모를 배후 조종한 혐의로 영국 관헌에게 체포되어 광서(廣西) 지역에서 18개 감옥을 전전하다가 이듬해 9월에야 풀려났는데, 수감 중에 약 100수의 한시를 이용하여 《옥중일기(獄中日記)》를 지었다.

《옥중일기》는 1960년 베트남 하노이에서 출판되었고, 1965년에는 영역본 《Prison Diary》라는 이름으로 하노이에서 간행되었으며, 1994년에는 한문 원시에 베트남어와 영어 번역이 합본된 《獄中日記 Prison Diary》가 하노이에서 간행되었다. 2002년 1월 하노이 호치민 박물관 2층에 진열되어 있는 실물을 보았는데, 크기는 수첩보다 작았다. 한시마다 노원(魯原)이란 사람이 각종 서체로 크게 적은 것을 축으로 만들어 옆에 걸어두었다. 호치민이 늘 보던 책 가운데는 데카르트, 마르크스 엥겔스, 레닌, 《논공산주의사회(論共産主義社會)》와 함께 《두보전(杜甫傳)》이 있었다.

호치민은 강인한 시풍을 중시하였다. 〈《천가시》를 보고 느낌이 있어(看千家詩有感)〉에서 이렇게 말하였다.

古詩偏愛天然美　　옛 시는 자연의 미를 편애하였으니
山水烟花雪月風　　산수와 연화와 눈에 비치는 달빛과 바람을.
現代詩中應有鐵　　현대시 속에는 응당 강철이 있어야 하니
詩家也要會衝鋒　　시인도 또한 돌격할 줄 알아야 하리라.

호치민은 자유를 빼앗긴 고통을, 〈구속받는 일(限制)〉에서 이렇게 읊조렸다.

沒有自由眞痛苦　자유가 없는 것 참으로 고통스럽네
出恭也被人制裁　변소 가는 일조차 제재 받다니.
開籠之前腸不痛　배 아프기 전에는 감방 문 열리더니
腸痛之時籠不開　배 아플 때 감방 문 열리지 않네.

'출공(出恭)'은 측간에 간다는 말이다. 측간에 가는 것의 부자유라는 초점에 맞추어 감방 안의 부자유, 나아가 인간 삶의 부자유를 말하였다.

호치민은 의도적으로 신조어의 한자어를 한시에 도입하여, 외래어를 음역하거나 훈석(訓釋)한 단어인 '摩登=mordern' '坦克=tank' '公里=km' '士的=stick' 등을 사용하였다. 그는 심지어 아예 로마자를 한시에 사용하였다. 〈쌍십일(雙十一)〉 3수 가운데 첫수가 그 예이다.

從前每度雙十一　전에는 11월 11일을 지낼 때마다
紀念歐洲罷戰期　유럽의 전쟁 종식을 기념하였건만
今日五洲同血戰　오늘은 오대주가 혈전을 치르니
罪魁就是惡Nazi　죄악의 괴수는 바로 악독한 Nazi로다

'Nazi'는 한자 음역어로는 납수(納粹)이고, 훈석으로는 국가사회당(國家社會黨)이지만, 호치민은 아예 'Nazi'라는 알파벳 표기를 한시 속에 그대로 사용하였다. 호치민의 한시는 전통 형식을 벗어나 백화시의 수법을 도입한 하였지만, 그것은 또한 의지를 노래하는 한시의 전통을 이은 것이기도 하다.

한국과 일본의 한문학 참고문헌

(1) 한국 한문학
- 심경호, 《참요》, 한얼미디어, 2011.
- 심경호, 《국왕의 선물》1~2, 책문, 2011.
- 심경호, 《여행과 동아시아고전문학》, 고려대학교 출판부, 2010.
- 정도전 지음, 심경호 옮김·풀이, 《삼봉집, 조선을 설계하다》, 한국고전선집, 한국고전번역원, 2013.
- 강혜선, 《여성한시 선집》, 한국고전문학전집 11, 문학동네, 2012.
- 민병수 외, 《사찰, 누정 그리고 한시》, 태학사, 2001.
- 정요일·박성규·이연세, 《고전비평용어연구》, 태학사, 1998.
- 홍만종(洪萬宗) 원저, 안대회 역주, 《小華詩評》, 국학자료원, 1993.
- 안대회, 《조선 후기 시화사》, 소명출판, 2000.
- 신해진, 《조선 중기 몽유록의 연구》, 박이정, 1998.

(2) 일본한문학
- 심경호 외 역, 《일본한문학사》, 소명출판사, 1999 / 猪口篤志, 《日本漢文學史》, 角川書店, 1983.
- 小島憲之, 《上代日本文學と中國文學 : 出典論を中心とする比較文學的考察》(全3卷), 塙書房, 1962~1965.
- 住吉朋彦, 《中世日本漢學の基礎研究 : 韻書編》, 汲古書院, 2012. 2.
- 森博達, 《古代の音韻と日本書紀の成立》, 大修館書店, 1991.
- 波戸岡旭, 《上代漢詩文と中國文學》, 笠間書院, 1989.
- 德田進, 《中國古典と日本近代文學との交渉》, 芦書房, 1988.
- 鈴木修次, 《中國文學と日本文學》, 東書選書, 東京書籍, 1987.
- 古典敬一 外, 《中國文學の比較文學的研究》, 汲古書院, 1986.
- 駒田信二, 《(新編)對の思想―中國文學と日本文學》, 岩波書店 DL, 1993.
- 德田武, 《日本近世小說と中國小說》, 日本書誌學体系 51, 青裳堂書店, 1987.
- 山岸德平, 《近世日本漢文學史》, 汲古書院, 1987.
- 入谷仙介, 《近代文學としての明治漢詩》, 研文出版, 1989.
- 安良岡良正, 《五山文學》(日本文學史 六), 岩波書店, 1959.

- 斯文會,《日本漢學年表》, 大修館書店, 1977.
- 內野熊一郎,《日本漢文學研究》, 名著普及會, 1991.
- 山岸德平,《日本漢文學研究》, 著作集 1, 有精堂, 1972.
- 岡田正之,《日本漢文學史》, 吉川弘文館, 1954(增訂版).
- 大庭脩,《江戶時代における中國文化受容の研究》, 同朋舍, 1984.

(3) 문학사상
- Stephen Owen, *Readings in Chinese Literary Thought*, Harvard-Yenching Institute Monograph Series 30, Cambridge, Massachusetts and London:Harvard University Press, 1992.

한문학 기초자료

(1) 한국 한문학
- 《한국경학자료집성》, 성균관대학교 대동문화연구원 영인.
- 《연행록 전집, 100책》, 동국대학교 한국문화연구소 2002년 영인.
- 《한국불교전서》, 동국대학교 역경원 편.
- 《韓國文獻說話全集》, 東國大學校附設 韓國文學研究.
- 《古文書》, 서울大學校圖書館.
- 《古文書集成》, 韓國學中央研究院.
- 《影印標點 韓國文集叢刊》, 民族文化推進會(현 한국고전번역원).
- 《서울金石文大觀》, 서울특별시.
- 《서울 史料叢書》, 서울特別市史編纂委員會.
- 《서울역사총서》, 서울特別市史編纂委員會.

(2) 중국 고전문학
- (宋)郭茂倩,《樂府詩集》, 臺北:中華書局, 1966 / 上海:文學古籍刊行社, 1955.
- (明)張傳,《漢魏六朝一百三家集》, 臺北:新興書局, 1968.
- (明)臧懋循,《元曲選十集》, 臺北:藝文印書館, 1973 / 北京:中華書局, 1961 / 北京:中華書局, 1979(R).

- (淸)萬樹, 《(索引本)詞律》, 臺北 : 廣文書局, 1971.
- (民國)丁福保, 《全漢三國晉南北朝詩》, 京都 : 中文出版社, 1979.
- (淸)嚴可均, 《全上古三代秦漢三國六朝文》, 北京 : 中華書局, 1958 / 京都 : 中文出版社, 1972.
- 逯欽立, 《先秦漢魏晉南北朝詩》, 北京 : 中華書局, 1983.
- 謝伯陽, 《全淸散曲》, 山東人民出版社, 1985.
- 唐圭璋, 《全宋詞》, 北京 : 中華書局, 1965.
- 張璋 外, 《全唐五代詞》, 上海古籍出版社, 1986.
- (淸)曹寅 等, 《全唐詩》, 北京 : 中華書局, 1960 / 北京 : 中華書局, 1979(R) / 臺北 : 明倫出版社, 1971 / 臺北 : 宏業書局, 1977.
- (淸)董浩 等, 《全唐文》, 北京 : 中華書局, 1979 / 京都 : 中文出版社.
- (宋)李昉, 《文苑英華》, 臺北 : 台灣華文書局, 1965 / 北京 : 中華書局, 1966.
- (梁)昭明太子, 《文選》, 京都 : 中文出版社, 1971 / 臺北 : 藝文印書館, 1976 / 香港 : 商務印書館, 1965.
- 《筆記小說大觀》, 臺灣 : 新興書局, 1960 / 江蘇廣陵古籍書店, 1983~(刊行中).
- 尙和, 《中國歷代寓言分類大觀》, 文匯.

(3) 일본 한문학

- 和漢比較文學會, 《和漢比較文學叢書》全8冊, 汲古書院 1986~1988.
- 日野龍夫 外, 《江戶詩人選集》 1: 石川丈山·元政, 2: 梁田蛻巖·秋山玉山, 3: 服部南郭·祇園南海, 4: 菅茶山·六如, 5: 市河寬齋·大窪詩仏, 6: 葛子琴·中島棕隱, 7: 野村篁園·舘柳湾, 8: 賴山陽·梁川星巖, 9: 廣瀨淡窓·廣瀨旭莊, 10: 成島柳北·大沼枕山, 岩波書店 1990~1992.
- 相良亨 外編, 《近世儒家文集集成》全16卷, ぺりかん社, 1985~.
- 入矢義高, 《五山文學集》, 新日本古典文學大系 48, 岩波書店, 1990.
- 玉村竹二, 《五山文學新集》全8冊, 東京大學出版會, 1967~1981.
- 富士川英郞 外編, 《(詞華集)日本漢詩》全11卷, 汲古書院, 1983~1984.
- 富士川英郞 外編, 《(詩集)日本漢詩》全20卷, 汲古書院, 1985~1990.
- 猪口篤志, 《日本漢詩(上·下)》, 新釋漢文大系45·46, 明治書院, 1972.
- 淸水茂 外, 《日本詩史·五山堂詩話》, 新日本古典文學大系65, 岩波書店, 1991.

(4) 호치민 《옥중일기》
- 김상일 옮김, 《옥중에 자유인 머물다》, 사람생각, 2000.

미학 관련 참고서목

- 원행패(袁行霈) 저, 강영순 외, 《중국시가예술연구(상)》, 아세아문화사, 1990.
- 장파(張法) 저, 유중하 외 역, 《동양과 서양, 그리고 미학: 아름다움을 비추는 두 거울을 찾아서》, 푸른숲, 1999.
- Karl S. Y. Kao(高辛勇), "Rhethoric", in William H. Nienhauser, JR. ed., *The Indiana Companion to Traditional Chinese Literature*, Bloomington:Indiana University Press, 1986.
- 近藤春雄, 《中國學藝大事典》, 大修館書店, 1978.
- 趙則誠 等, 《中國古代文學理論辭典》, 吉林文史出版社, 1985.
- 俞劍華, 《中國美術家人名辭典(修訂本)》, 上海美術出版社, 1987.

한국 한문소설 목록

구분	제목	저자	출전	비고
傳奇小說	〈調信〉		《삼국유사》 권3,	
	〈崔致遠〉		《太平通載》 권68에도 수록	
	〈仙女紅袋〉		《대동운부군옥》 권15	
	〈金現感虎〉		《삼국유사》 권5	
	〈虎願〉		《대동운부군옥》 권15	《海東雜錄》 권4 〈崔致遠〉에도 수록
	〈南白月二聖 奴肹夫得怛怛朴朴〉		《삼국유사》 권3	
	〈蓮花夫人〉		《惺所覆瓿藁》 권7 〈鼈淵寺古迹記〉	
	《金鰲新話》			
	《企齋記異》			
	《周生傳》			
	《崔陟傳》			
	《韋敬天傳》			
	《雲英傳》			
	《英英傳》			
	《王慶龍傳》			
	《洞仙記》			
	《憑虛子訪花錄》			
寓言	《白雲仙亂春結緣錄》			
	〈龜兎之說〉		《삼국사기》	
	〈花王戒〉		《삼국사기》 설총	
	〈東皐子患貧〉	成俔	《浮休子談論》	
	〈江上老人〉		《浮休子談論》	
	〈老鼠乞飯〉	宋世琳	《禦眠楯》	
	〈猫首座〉		《中宗實錄》 29년 7월조	
	〈野鼠之婚〉	柳夢寅	《於于野譚》	
	〈敍懷〉	尹善道	《孤山遺稿》	

구분	제목	저자	출전	비고
寓言	〈好古破産〉	洪萬宗	《蓂葉志諧》	
	〈越氓〉	金柱臣	《壽谷集》	
	〈蜀賈人〉		《壽谷集》	
	〈九江盜〉		《壽谷集》	
	〈蚯鵲相妬〉	李光庭	《訥隱集》	
	〈鼅鼄之貪〉		《訥隱集》	
	〈蟹醬〉		《訥隱集》	
	〈虎呢〉		《訥隱集》	
	〈竇氏之婚〉		《訥隱集》	
	〈老鼠獨全〉		《訥隱集》	
	〈畜數三猫〉	尹愭	《無名子集》	
	〈老狗陰恨〉		《無名子集》	
	〈肆行非理〉		《無名子集》	
	〈虎死狐計〉		《奇聞》	
	〈蝙蝠不參〉		《奇聞》	
寓言系 小說	《愁城誌》	林悌		
	〈花史〉	林悌		
	〈天君傳〉	金宇顒		
	〈天君紀〉	黃中允		
	〈四代紀〉	黃中允		
	〈玉皇紀〉	黃中允		
	《天君演義》	鄭泰齊		
	《四大春秋》	南夏正		
	〈天君本紀〉	鄭琦和		
	〈天君實錄〉	柳致球		
假傳	〈麴醇傳〉	林椿		
	〈孔方傳〉	林椿		
	〈麴先生傳〉	李奎報		
	〈淸江使者玄夫傳〉	李奎報		
	〈竹尊者傳〉	慧諶		
	〈氷道者傳〉	慧諶		

구분	제목	저자	출전	비고
假傳	〈竹夫人傳〉	李穀		
	〈楮生傳〉	李詹		
	〈慵夫傳〉	成侃		
	〈浮休子傳〉	成俔		
	〈抱節君傳〉	丁壽崗		
	〈麴秀才傳〉	崔演		
	〈無何翁傳〉	朴仁老		
	〈大夫松傳〉	趙纘韓		
	〈郭索傳〉	權韠		
	〈酒肆丈人傳〉	權韠		
	〈氷壺先生傳〉	張維		
	〈淸風先生傳〉	金得臣		
	〈花王傳〉	金壽恒		
	〈義勝記〉	林泳		
	〈屈乘傳〉	南有容		
	〈女容國傳〉	安鼎福		
	〈臥翁傳〉	申立仁		
	〈管子虛傳〉	李德懋		
	〈花王傳〉	李頤淳		
	〈烏圓傳〉	柳本學		
	〈南靈傳〉	李鈺		
	〈梅生傳〉	尹致英		
	〈金衣公子傳〉	黃鉉		
	〈無有先生傳〉	崔東翼		
	〈而已翁傳〉	權雲煥		
	〈長飮先生傳〉	吳在永		

구분	제목	저자	출전	비고
傳系小說	〈柳淵傳〉	李恒福		
	〈安尙書傳〉	權試		
	〈張順孫傳〉	李德泂		
	〈田禹治傳〉	李德泂		
	〈洪相國傳〉			
	〈孫舜孝傳〉			
	〈蔣生傳〉	許筠	《雜記類抄》	
	〈南宮先生傳〉	許筠	《雜記類抄》	
	〈張山人傳〉	許筠		
	〈靑陽義婦傳〉	申最		
	〈烈女洪氏傳〉	李時善		
	〈薛生傳〉	吳道一		
	〈李突傳〉	裵正徽		
	〈孝子傳〉	鄭澔		
	〈金英哲傳〉	洪世泰		
	〈林將軍慶業傳〉	洪世泰		
	〈洪烈婦傳〉	李栽		
	〈淸風義婦傳〉	權榘		
	〈鄭孝子傳〉	李光庭		
	〈劍僧傳〉	申光洙		
	〈朴孝娘傳〉	安錫儆		
	〈淸風義婦傳〉	蔡濟恭		
	〈劍客某小傳〉	俞漢雋		
	〈馬駔傳〉	朴趾源		
	〈兩班傳〉	朴趾源		
	〈穢德先生傳〉	朴趾源		
	〈許生〉	朴趾源		
	〈柳遇春傳〉	柳得恭		
	〈朴烈婦傳〉	應允		

구분	제목	저자	출전	비고
傳系小說	〈香娘傳〉	李安中		
	〈李將軍傳〉	李安中		
	〈李泓傳〉	李鈺		
	〈捕虎妻傳〉	李鈺		
	〈浮穆漢傳〉	李鈺		
	〈申兵使傳〉	李鈺		
	〈峽孝婦傳〉	李鈺		
	〈崔生員傳〉	李鈺		
	〈成進士傳〉	李鈺		
	〈沈生傳〉	李鈺		
	〈東廂記〉	李鈺		
	〈五臺劍俠傳〉	金祖淳		
	〈蔣生傳〉	金鑢		
	〈賈秀才傳〉	金鑢		
	〈茶母傳〉	宋持養		
	〈角觝少年傳〉	卜鍾運		
	〈嶺南孝烈婦傳〉	徐慶昌		
夢遊錄	〈大觀齋記夢〉	沈義		별명: 記夢, 夢記, 沈義記夢, 大觀齋夢遊錄
	〈安憑夢遊錄〉	申光漢		
	〈琴生異聞錄〉	崔晛		별명: 金烏夢遊錄, 琴生異聞錄
	〈元生夢遊錄〉	林悌		별명: 元子虛傳, 夢遊錄, 元子虛夢遊錄
	〈獼川夢遊錄〉	尹繼善		
	〈獼川夢遊錄〉	趙慶男		권4
	〈皮生冥夢錄〉			
	〈夢金將軍記〉	張經世		
	〈獼川夢遊錄〉	黃中允		
	〈龍門夢遊錄〉	愼言卓		
	〈江都夢遊錄〉			
	〈浮碧夢遊錄〉			

구분	제목	저자	출전	비고
夢遊錄	〈金華寺夢遊錄〉			별명: 金華寺記, 金華寺夢會錄, 金華寺太平宴記
	〈奈城誌〉	金壽民		
	〈錦山夢遊錄〉	金冕運		
	〈晚河夢遊錄〉	金光洙		1970년작
	〈夢見諸葛亮〉	劉元杓		1908년작
	〈夢拜金太祖〉	朴殷植		1911년작
寓話小說	〈鼠大州傳〉			
	〈鼠獄記〉			
	〈鸚鳩鷲訟臥人渴先生傳〉			
	〈蛙蛇獄案〉			
	〈鵲與烏相訟文〉			
	〈烏對卞訟文〉			
英雄小說	〈南洪量傳〉			
	〈雲香傳〉			
	〈蓬萊新說〉			
	〈柳忠烈傳〉			
	〈林將軍傳〉			별명: 林忠臣傳
	〈壬辰錄〉			
	〈趙雄傳〉			
	〈崔孤雲傳〉			별명: 崔文獻傳
	〈玄壽文傳〉			
판소리계小說	〈春香歌〉			별명: 廣寒樓記
	〈興夫歌〉			
	〈水宮歌〉			별명: 鱉兎傳, 兎公辭, 兎公傳, 兎先生傳
世態小說	〈丁香傳〉			별명: 靑邱奇話, 鎖慮錄, 西遊錄, 魯山傳, 丁香傳, 丁香巧計侍大君, 讓寧大君西遊錄, 丁香錄

구분	제목	저자	출전	비고
世態小說	〈芝峰傳〉			
	〈鍾玉傳〉			
	〈烏有蘭傳〉			
	〈少侍從偸新香 老參領泣舊緣〉			《皇城新聞》 1910년 2월 20일~25일
	〈夢梅夜翠羽傳言 散花天右不生嗔〉			《皇城新聞》 1910년 3월 10일~12일
長篇小說	《九雲夢》	金萬重		金春澤 漢譯
	《鸞鶴夢》	鄭泰運		
	《謝氏南征記》	金萬重		金春澤 漢譯 별명: 南征記, 謝氏傳, 白州重逢記
	《三韓拾遺》			
	《玉樓夢》			
	《玉麟夢》			별명: 永垂彰善記
	《玉仙夢》			별명: 宕翁邊話
	《玉樹記》	沈能淑		
	《六美堂記》			별명: 普陀奇聞
	《一樂亭記》			
	《彰善感義錄》			
	《彰孝錄》			
	《漢唐遺事》			
기타소설	〈金銓傳〉			
	〈淑香傳〉			별명: 少娥記, 李太乙傳, 再世奇遇記, 梨花亭, 梨花亭記, 李花亭奇遇記
	〈玉樓宴記〉			
	〈王郎返魂傳〉			
	〈王會傳〉			
	〈劉生傳〉			
	〈月峰記〉			

구분	제목	저자	출전	비고
기타 소설	〈李長伯傳〉			
	〈薔花紅蓮傳〉			
	〈鄭壽慶傳〉			
	〈丁生傳〉			
	〈崔玄傳〉			
	〈紅白花傳〉			
	〈花氏孝行記〉			
	〈孝烈誌〉			별명: 薔花孝烈

*고려대학교 국문학과 장효현 교수 제공 자료에 근거하되 託傳 양식의 自傳은 제외.

한국의 시화와 만록

제목	작자	연 도	비 고
破閑集	李仁老		
白雲小說	李奎報		
補閑集	崔 滋	1254	
櫟翁稗說	李齊賢	1342	益齋先生集 卷十 後編
東人詩話	徐居正	1474	初刊本
慵齋叢話	成 俔	1485	
筆苑雜記	徐居正	1486	稗林
師友名行錄	南孝溫	1491	
秋江冷話	南孝溫	1492	秋江先生文集 卷五
謏聞瑣錄	曹 伸		稗林
龍泉談寂記	金安老	1525	稗林
思齋摭言	金正國	1537	稗林
稗官雜記	魚叔權	1544경	
體意聲三字注解	尹春年	1552	詩法源流 附錄
淸江詩話	李濟臣	1582	淸江小說
松溪漫錄	權應仁	1584	稗林
鶴山樵談		1593	稗林
東溟詩說	鄭斗卿		金光淳藏本 旬五志
月汀漫筆	尹根壽	1597	稗林
遣閑雜錄	沈守慶	1599	
艮翁疣墨	李 墍		稗林彙錄
松窩雜說	李 墍		稗林
詩評	許 筠	1607	(亡佚)
惺叟詩話	許 筠	1607	惺所覆瓿稿
五山說林	車天輅	1611	稗林
聞韶漫錄	尹國馨		稗林
浯溪記聞	金時讓		稗林

제 목	작 자	연 도	비 고
芝峯類說	李睟光	1614	芝峯類說 卷九~十四
山中獨言	申 欽	1616	象村集 卷四九
睡隱詩話	姜 沆		睡隱集 卷三四
霽湖詩話	梁慶遇		梁大司馬實記 卷十
於于野譚	柳夢寅	1622	打字本
效顰雜記	高尙顏		稗林
晴窓軟談	申 欽	1629	象村集 卷五八~六十
谿谷漫筆	張 維	1635	谿谷集
畸翁漫筆	鄭弘溟	1643	稗林
學詩準的	李 植	1614	澤堂集別集 卷十四
玄洲懷恩錄	尹新之	1651경	稗林 第一卷 月汀漫筆 末에 수록
潛谷筆談	金 堉		潛谷全書
詩文淸話			顯宗朝(?)
終南叢志	金得臣	1683경	
菊堂排語	鄭泰齊	1674경	
壺谷詩評·詩話	南龍翼	1680	壺谷漫筆 卷三
小華詩評	洪萬宗	1673	通文館藏本
旬五志	洪萬宗	1678	
詩評補遺	洪萬宗	1691	
詩話叢林	洪萬宗	1712	
西浦漫筆	金萬重	1692	
水村謾錄	任 埅	1694경	
玄湖瑣談	任 璟		
農岩雜識	金昌協	1678~1708	農岩集 雜識 外篇
閑居謾錄	鄭東平 奈	1708	
晦隱瑣錄	南鶴鳴		稗林
恕菴詩評	申靖夏		恕菴集 卷一六
論詩文	金春澤	1717	北軒集 卷一六 囚海錄
巖棲詩話			韓國詩話叢編
左海裒談		1720경	
南遷日錄	宋相琦	1721~1723경	稗林

제 목	작 자	연 도	비 고
昭代風謠附錄詩話	蔡彭胤 編	1669	昭代風謠 卷九
旅庵詩則	申景濬	1734	旅庵遺稿 卷八 雜著
屯庵詩話	申昉		屯庵集
別本 東人詩話		1743경	
東國詩話彙成	洪重寅	1752경	藏書閣本
詩話彙成			奎章閣本
二旬錄	具樹勳		稗林
星湖僿說	李瀷	1762	星湖僿說 詩文門
龜磵詩話	南羲采	1772	
龜磵詩話	南羲采	1772	原本, 忠南大藏本
海東詩話			韓國詩話叢編
海東詩話			韓國詩話叢編
詩話類聚			韓國詩話叢編
樗湖澹錄			國立中央圖書館本
小華瓊			韓國詩話叢編
海東諸家詩話			韓國詩話叢編
東國詩話			韓國詩話叢編
東國詩話			韓國詩話叢編
梅翁閒錄	朴亮漢		稗林
詩話抄成	晚窩		晚窩雜記
風岩輯話	柳光翼		稗林
筆苑散語	成涉		
淸脾錄	李德懋		靑莊館全書 卷三二~三五
東國名賢抄			姜銓燮敎授藏本
秋齋詩話	趙秀三	1796	
百家詩話抄	李鈺		藝林雜佩
楊梅詩話	朴趾源		
蟾泉漫筆	任廉		
暘葩談苑	任廉	1824	
東人論詩絶句	申緯		申紫霞詩集 卷五
聲韻說	李學逵	1814	洛下生藁

제 목	작 자	연 도	비 고
蘭室詩話	成海應		硏經齊全集 外集
靑邱詩話拾遺稿	徐湄		
阮堂論詩			韓國詩話叢編
詩家點燈	李圭景		亞細亞文化社 영인
錄帆詩話	朴永輔	1872	藏菴池先生藏本
芸窓詩話	朴性陽		芸窓集 卷八 雜著
林下筆記	李裕元		
寧齋詩話	李建昌	1894	姜銓燮敎授藏本
壺山詩文評	朴文鎬		楓山記聞錄 卷三二
舫山詩話	尹廷琦		
東詩叢話			奎章閣
東詩叢話			日本 東洋文庫
西京詩話	金漸		鄭炳昱敎授藏本
訓蒙詩話	權魯郁		
海東詩話	金某氏		
文章雜評	朴琴軒		姜銓燮敎授藏本
讀國朝諸家詩	黃玹		
朝鮮古今詩話	金瑗根	1922	靑年二卷五~七号
東詩話	河謙鎭	1934	
日得錄			弘齋全書 卷六一 日得錄

※조종업 편, 《한국시화총편》(전12권, 동서문화원, 1989)을 기초로 작성

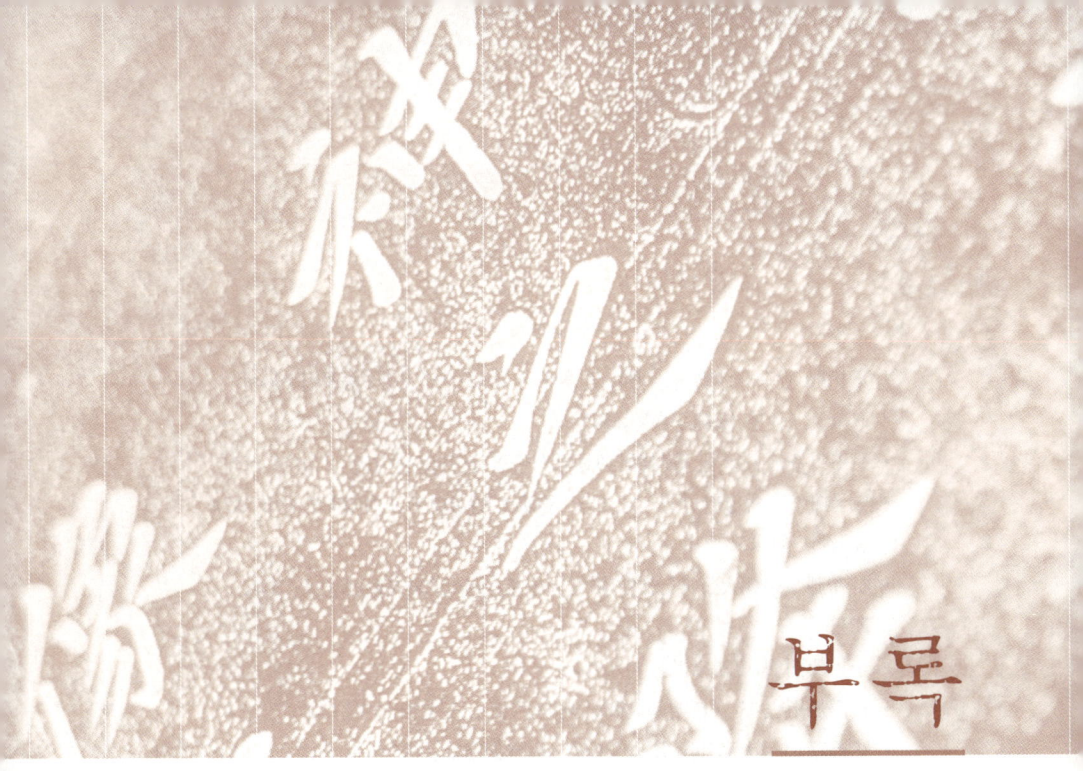

부록

사전

이체자 관련자료

哈佛燕京引得書目

기타 색인류

인터넷 검색 자료

미국의 중국학 관련 참고 서목 및 전자자료센터

국내 한문고전 관련 데이터 베이스와 인터넷 사이트

전국 진한 시대 중국지도

사전

(1) 한문고전 사전류

① 漢韓
- 李相殷 감수, 《漢韓大字典》, 민중서림, 2002(전면개정·증보판 제6쇄).
- 교학사, 《敎學 漢韓辭典》, 2002.
- 운평어문연구소 편, 《漢韓辭典》, 금성출판사, 1989년 초판, 2004년 14쇄.
- 단국대학교 동양학연구소, 《漢韓大辭典》, 단국대학교 동양학연구소, 2008.

② 중국어—한국고전어
- 朴在淵, 《中朝大辭典》, 9책, 鮮文大學校 中韓飜譯文獻硏究所, 2002.

③ 漢日
- 小川環樹 等, 《新字源》, 角川書店, 1968.
- 長澤規矩也 等, 《新明解漢和辭典(第四版)》, 三省堂, 1990/2001(改正本).
- 諸橋轍次, 《大漢和辭典》, 全13卷, 大修館書店, 1955~1965(初版, B5判)/1956~1983(縮寫 A5判)/東洋學術硏究, 1984~1986(修訂版) 語彙索引, 1990 / (大修館) 新漢和辭典(三訂版), 大修館書店, 1992 / 補卷, 大修館書店 2000.
  * 최초의 13권은 한자를 214부로 나누어, 4만 8,960자, 52만 6,500조의 단어를 수록하였다. 1990년에 어휘색인, 2000년에 문자 및 어휘를 증보하는 보권이 나와, 모두 15책이다.
- 諸橋轍次·鎌田 正·米山寅太郎, 《廣漢和辭典》 全4冊, 大修館書店, 1981~1982.
- 佐藤進·濱口富士雄 編, 《漢辭海》, 三省堂, 2006(2판).

④ 中中
- 廣東·廣西·湖南·河南辭源修訂組, 商務印書館編集部編, 《辭源》, 北京:商務印書館, 1984. 《辭源》 正篇(1915)과 《辭源》 續篇(1931)을 기초로 수정한 것이다. 단어 해석을 위주로 하고 백과지식을 수용하였다. 글자 1만 2,890개, 단어 8만 4,134개, 총 9만 7,024조를 해설하였다.
- 敎育部重編國語辭典編輯委員會, 《(重編)國語辭典》, 全6冊, 臺灣商務印書館, 1981.
- 漢語大詞典編輯委員會 等, 《漢語大詞典》, 全12卷, 上海辭書出版社, 1986~1993.

*《강희자전》 부수를 산정하여 200부로 나누고, 각 글자 아래의 단어는 필획에 의해 정리하였다. 37만 조의 단어를 수록하였다. CD 출시.

- 漢語大字典編輯委員會(徐中舒 主編),《漢語大字典》, 全8卷, 四川辭書出版社 · 湖北辭書出版社, 1986~1990 /《漢語大字典(縮印本)》, 1993.
  *《강희자전》의 214부를 200부로 부수를 산정한 다음 약 5만 6,000자를 수록하였다. 각 글자의 아래에 갑골문 · 금문 · 소전 · 예서를 보였고, 주음(注音)으로 현대 발음과 中古反切, 上古韻部까지 표시하였다. 글자 풀이는 本義 · 引伸義 · 假借義의 순서로 배열하였다.
- 符定一 編,《聯綿字典》, 商務印書館, 1943. / 中華書局, 1983.(《辭通》과 같은 내용을 다루었으나 인증이 더 풍부하다.《강희자전》의 체제를 따랐다.)

(2) 현대 중국어사전과 자전

① 中韓

- 고려대학교 민족문화연구소 중국어대사전편찬실,《中韓辭典》, 고려대학교 민족문화연구소, 1990(재판).
- 北京語言學院 · 延邊人民出版社 簡明漢朝詞典編寫組,《簡明漢朝詞典 · 중조소사전》, 北京:商務印書館, 1986.

② 韓中

- 조선외국문도서출판사 · 중국민족출판사,《조중사전(朝中詞典)》(재판), 1993.2.

③ 中日

- 北京語言學院,《簡明中日辭典》, 東方書店, 1986.
- 倉石武四郎,《(岩波)中國語辭典》, 岩波書店, 1963.
  *중국어 어휘를 발음순으로 배열하였다.
- 愛知大學中日大辭典編纂處,《中日大辭典》, 大修館, 2010. 3(第3版).

④ 中中

- 新華字典編纂組,《新華字典》, 北京:商務印書館, 1971/1992(修訂本) / 2011. 7(第11版). *중국에서 가장 널리 사용하는 자전으로, 글간체자 · 이체자 · 번체자를 포함해서 약 1만 1,100자를 음 순서로 배열하였고, 단어 약 3만 개를 실었다. 1953년 人民教育出版社의 注音字母音序本, 1957년 商務印書館의 수정 제1판이 나온 것을 시작으로 여러 차례 수정본이 나왔다.
- 中國社會科學院語言研究所詞典編輯室,《現代漢語詞典》, 北京:商務印書館, 1978.

- 中國社會科學院語言研究所詞典編輯室,《現代漢語小詞典》, 商務印書館, 1980.

(3) 특수 사전류

① 역사언어, 속어, 특수 고전어
- 古典研究會,《唐話辭書類集》, 汲古書院, 1969~1976.
- 龍潛庵,《宋元語言詞典》, 上海辭書出版社, 1985.
- 蔣禮鴻,《敦煌変文字義通釋》, 上海古籍出版社, 1981.
- 長澤規矩也,《明淸俗語辭書集成》, 汲古書院, 1974.

② 字學 관련
- 王力,《同源字典》, 商務印書館, 1982.
  *어원이 같되 뜻이 분화된 글자들을 同源詞로 규정하고, 고대의 訓詁 저작에서 취재하였다.
- 朱起鳳,《辭通》, 開明書店, 1934. / 上海古籍出版社, 1982(R).
  *古書에 보이는 雙音節詞(聯綿詞)를 모아 平水韻(106운)에 의거하여 배열하였다.
- 符定一 編,《聯緜辭典》, 北京:商務印書館, 1943. / 臺北:中華書局, 1961 / 北京:中華書局, 1983.
- 高橋藩,《(正中)形音義綜合大字典》, 臺北:正中書局, 1971.
- 吉川幸次郎 等,《漢語文典叢書》, 全7冊, 汲古書院, 1979~1981.
- 加藤常賢,《漢字の起源》, 角川書店, 1970.
- 鎌田正 等,《大漢語林 語彙總覽》, 大修館書店, 1992.
- 白川靜,《字統》, 平凡社, 1984.
- 白川靜,《字通》, 平凡社, 1996.
- 白川靜,《常用字解》, 平凡社, 2003.
- 尾崎雄二郎 等,《(角川)大字源》, 角川書店, 1992.
- 楊伯峻,《古漢語虛詞》, 北京:中華書局, 1981.
- 裴學海,《古書虛字集釋》, 北京:中華書局, 1954.
- (淸)劉淇, 章錫琛 校注,《助字辨略》, 北京:中華書局, 1954/1983.

이체자 관련 자료

- 杉本つとむ,《異體字研究資料集成》10卷 別卷二, 雄山閣, 1973~1975.
- 杉本つとむ,《異體字とは何か》, 樓楓社, 1978.
- 日外アンシエツ編集部,《漢字異體字典》, 日外アンシエツ, 1994(平成 6).
- 汪仁壽 編,《金石大字典》, 天津古籍影印, 1982.
- 洪鈞陶 編,《草字編》, 文物出版社, 1983.
  * 표제자 7,900여 자에 重文이 9만 7,800여 자에 달한다.
- 中華民國教育部,《教育部異體字字典 Dictionary of Chinese Variants》(常用字試用 二板), 臺北:中華民國教育部, 2000. 10.
  *CD-Rom. 또한 mandrmail.moe.gov.tw 참조.
- 劉復 李家瑞 編,《宋元以來俗字譜》, 文字改革出版社, 1957.
  *아세아문화사 영인본.
- 이준석,《한국한자 이체자 조사 : 표준코드 한자를 중심으로》, 국립국어연구원, 2002.
- 김흥규·김언종·이재훈·심경호·이건식·정우봉·신상현,《유니코드 한자정보사전》, 제이앤씨, 2013. 7.
  * 고려대학교 민족문화연구원 문자코드연구센터
    (http://riks.korea.ac.kr/ccrc/?pg=p_a45dbc73a7)에서 전사처리에 이용할 수 있는 이체자의 폰트를 제공받을 수 있다.

哈佛燕京學社引得書目・巴黎大學北平漢學研究所通檢叢刊書目

(사고전서・사부총간 원문 검색 가능 자료 제외)

引得 編號	原《引得》(1931~1949)	册數
1	《說苑》引得	1
2	《白虎通》引得	1
3	《考古質疑》引得	1
4	《歷代同姓名錄》引得	1
5	《崔東壁遺書》引得	1
6	《儀禮》引得(附鄭注及賈疏引書引得)	1
7	四庫全書總目及未收書目引得	2
8	全上古三代秦漢三國六朝文作者引得	1
9	三十三種淸代傳記綜合引得	1
10	藝文志二十種綜合引得	4
11	佛藏子目引得	3
12	《世說新語》引得(附劉注引書引得)	1
13	《容齋隨筆五集》綜合引得	1
14	《蘇氏演義》引得	1
15	《太平廣記》篇目及引書引得	1
16	《新唐書・宰相世系表》引得	1
17	《水經注》引得	2
18	《唐詩紀事》著者引得	1
19	《宋詩紀事》著者引得	1
20	《元詩紀事》著者引得	1
21	淸代書畫家字號引得	1
22	《刊誤》引得	1
23	《太平御覽》引得	1
24	八十九種明代傳記綜合引得	3
25	《道藏》子目引得	1
26	《文選》注引書引得	1
27	《禮記》引得	1
28	《藏書紀事詩》引得	1

引得 編號	原《引得》(1931~1949)	冊數
29	《春秋經傳注疏》引書引得	1
30	《禮記注疏》引書引得	1
31	《毛詩注疏》引書引得	1
32	食貨志十五種綜合引得	1
33	《三國志》及裴注綜合引得	1
34	四十七種宋代傳記綜合引得	1
35	遼金元三十種傳記綜合引得	1
36	《漢書》及補注綜合引得	1
37	《周禮》引得(附注疏引書引得)	1
38	《爾雅注疏》引書引得	1
39	《全漢三國晉南北朝詩》作者引得	1
40	《史記》及注釋綜合引得	1
41	《後漢書》及注釋綜合引得	1

附表 1. 《引得》特刊(1931~1950)

引得 編號	原《引得》(1931~1949)	冊數
1	《讀史年表》附引得	1
2	《讀史然疑》校訂附引得	1
3	《明代敕撰書考》附引得	1
4	引得說	1
5	《勺園圖錄》附引得	1
6	日本期刊三十八種東方學論文篇目引得	1
7	《封氏聞見記》引得	1
8	清畫傳輯佚三種附引得	1
9	《毛詩》引得(附標校經文)	1
10	《周易》引得(附標校經文)	1
11	《春秋》經傳引得(附標校經文)	4
12	《琬琰集》刪存並引得	3
13	日本期刊一百七十五種東方學論文篇目引得	1
14	杜詩引得	3

引得 編號	原《引得》(1931～1949)	冊數
15	《六藝之一錄》目錄附引得	1
16	《論語》引得(附標校經文)	1
17	《孟子》引得(附標校經文)	1
18	《爾雅》引得(附標校經文)	1
19	《增校清朝進士題名碑錄》附引得	1
20	《莊子》引得	1
21	《墨子》引得	1
22	《荀子》引得	1
23	《孝經》引得	1

附表 2.《巴黎大學北平漢學研究所通檢叢刊》書目(1943～1950)

引得 編號	原《引得》(1931～1949)	冊數
1	《論衡》通檢	1
2	《呂氏春秋》通檢	1
3	《風俗通義》通檢	1
4	《春秋繁露》通檢	1
5	《淮南子》通檢	1
6	《潛夫論》通檢	1
7	《新序》通檢	1
8	《申鑒》通檢	1
9	《山海經》通檢	1
10	《戰國策》通檢	1
11	《大金國志》通檢	1
12	《契丹國志》通檢	1
13	《輟耕錄》通檢	1

기타 색인류

- 嘉慶重修一統志索引, (王雲五), 上海:商務印書館, 1934. / 臺北: 商務印書館, 1966(R).
- 景岳全書(附 索引), (張介賓), 上海科學技術出版社, 1959.
- 古今圖書集成索引, (文星書店編), 臺北: 文星書局, 1964.
- 古今圖書集成引用書目錄稿, (栃尾武), 汲古書院, 1972~1977. *曆象彙編乾象典 3冊.
- 古今圖書集成中明人傳記索引, (牟潤孫 等), 明代傳記編纂委員會, 1963.
- 廣雅索引, (周法高), 香港: 中文大學出版社, 1977.
- 廣雅疏 引書索引, (周法高 主編), 香港: 中文大學出版社, 1978.
- (重校宋本)廣韻(附, 索引), (廣文編譯所), 臺北:廣文書局, 1969. *校正宋本廣韻(附 索引), 藝文印書館.
- 廣韻反切索引, (原田種成), 無窮會東洋文化研究所, 1966.
- 廣韻通檢, (白滌洲), 臺北: 天一出版社, 1975.
- 國語(附 人名索引), 上海古籍出版社, 1978.
- 金史語彙集成, 3冊, (小野川秀美), 京都大學人文科學研究所, 1960~1962.
- 金史人名索引, (崔文引), 北京: 中華書局, 1980.
- 金元人文集傳記資料索引, (Rachewiltz. Igor de, 中野美代子), Canberra: Australian National University Press, 1970. / 1972(R).
- 南朝五史人名索引, 2冊, (張忱石), 北京: 中華書局, 1985.
- 論衡固有名詞索引, (山田勝美), 大東文化研究所, 1961. / 京都: 中文出版社(R).
- 論衡事類索引, (山田勝美), 大東文化研究所, 1960.
- 論衡注釋(附 人名索引), (北京大學歷史系論衡注釋小組), 北京: 中華書局, 1979.
- 唐代の詩人(附 人名・地名・官名索引), (小川環樹), 大修館書店, 1975.
- 唐代の長安と洛陽(索引篇), (唐代研究のしおり・5), (平岡武夫・今井清), 京大人文研, 1956. / 京都:同朋舍(R) *唐兩京城坊考・長安志・河南志・兩京新記 등의 항목 색인.
- 唐代の行政地理, (唐代研究のしおり・2), (平岡武夫 等), 京大人文研, 1955. / 京都: 同朋舍(R) *新唐書・旧唐書・唐會要・元和郡縣志・通典・大平寰宇記・

六典・貞元十道錄에 실린 府・州・郡・縣 색인.
- 唐代名人年譜人名索引, 京都大學人文科學研究所, 1951. *〈唐代名人年譜〉(索引10)
- 唐宋名詩索引, (孫公望), 湖南人民出版社, 1985.
- 唐宋詞選五種綜合引得(初稿), (白山同風), 編者印行, 1967.
- 唐五代人物傳記資料總合索引, (傅璇琮, 等), 北京:中華書局, 1981.
- 唐人の傳記索引(唐代の人人・4--索引9), (布目潮渢, 等), 京都大學人文科學研究所, 1951.
- 大戴禮索引, (鈴木隆一), 大阪:全國書房, 1945. / 大安, 1967(R).
- 大正新修大藏經索引, (大藏經學術用語研究會), 大正新修大藏經刊行會, 1961~(刊行中). / 臺北:新文豊出版(既刊30册分)(R).
- 讀史方興紀要索引・中國歷代地名要覽, (靑山定雄), 大安, 1965. / 增補補訂版 省心書房. / 臺北:洪氏出版社(R).
- 東京夢華錄・夢梁錄等語彙索引, (京都大學人文科學研究所), 京都:同朋舍, 1979.
- 同名異書通檢, (杜信孚, 等), 江蘇人民出版社, 1982.
- 同書異名通檢〔增訂本〕, (杜信孚), 江蘇人民出版社, 1982.
- 杜甫詩集四十種索引, (黃永武), 臺北:大通書局, 1976. *中文出版社刊, 黃永武 編"杜詩叢刊"詩題索引.
- 杜詩事類索引(1)~(6), (和田利男), 〈群馬大學敎育學部紀要(人文・社會科學 編)〉13~16, 18, 19, 1964~1967.
- 登科記考(附, 人名索引), 北京:中華書局, 1984.
- 萬首唐人絶句索引, (武秀珍), 北京:書目文獻出版社, 1985.
- 明代地方志傳記索引(上・下), (山根幸夫), 臺北:大化書局, 1986.
- 明代職官志索引稿, 京都大學人文科學研究所歷史研究室, 1972.
- 明史人名索引, 2冊, (李裕民), 北京:中華書局, 1985.
- 明史刑法志索引, (野口鐵郎), 國書刊行會, 1981.
- 明人傳記資料索引(上・下), 2冊, (昌彼得), 國立中央圖書館, 1965~1966. *1978年再版.
- 夢溪筆談校証〔附, 人名索引〕, 2冊, (胡道靜), 上海出版公司, 1956.
- 文選索引(唐代研究のしおり・特集1~4), 4冊, (斯波六郎), 京都大學人文科學研究所, 1957~1959. / 京都:中文出版社・臺北:正中書局, 1971(R).

- 文心雕龍索引, (朱迎平), 上海古籍出版社, 1987.
- 文苑英華索引, (華文書局編集部), 臺北: 華文書局, 1967.
- 文獻通考五種總目錄, 京都:東洋史研究會 / 同朋舍, 1954(R).
- 渤海國志長篇通檢, (王立中), 金氏千華山館, 1934. *〈渤海國志長篇〉收錄.
- 方言校箋及通檢, (周祖謨, 等), 北京: 科學出版社, 1956. / 成文出版社, 1968(R). / 鼎文書局 *北京: 共に中法漢學研究所, 刊の影印(R).
- 百部叢書集成書名索引, 臺北: 藝文印書館, 1971.
- 百部叢書集成續篇目錄索引, 臺北: 藝文印書館, 1971.
- 百部叢書集成人名索引, 臺北: 藝文印書館, 1971.
- 百川書志, 古今書刻書名石刻名人名四角號碼索引, (高儒, 等), 上海: 古典文學出版社, 1957. *〈百川書志〉所收.
- 白話虛詞研究資料叢刊〔附, 索引〕, 3冊, (波多野太郎), 龍溪書舍, 1980.
- 法苑珠林志怪小說引得, (Jordan D. Paper), 臺北: 美國亞洲學會中文研究資料中心, 1973.
- 駢字類編引得, (莊爲斯), 臺北: 四庫書局, 1966.
- 北堂書鈔引書目索引, (山田英雄), 名古屋: 采華書林, 1973. / 文海出版社(R).
- 北魏詩索引, (松浦崇), 福岡: 櫂歌書房, 1986.
- 北齊詩索引, (松浦崇), 福岡: 櫂歌書房, 1987.
- 史記三家注引書索引, (段叔安), 北京: 中華書局, 1982.
- 史記人名索引, (鍾華), 北京: 中華書局, 1977.
- 史記地名考〔附, 索引〕, (錢穆), 香港: 龍門書店, 1968.
- (索引本)詞律, (王瓊珊), 臺北: 廣文書局, 1971.
- 詞林紀事人名索引, 2冊, (張思嚴, 等), 上海: 古典文學出版社, 1957. *〈詞林記事〉收錄.
- 詞林韻釋索引(改訂版), (慶谷壽信, 等), 名古屋: 采華書林, 1982.
- 詞名索引(重訂本), (吳藕汀), 北京: 中華書局, 1984.
- 四書章句速檢, (陳立夫), 臺北: 世界書局, 1976.
- 史通及史通削繁通檢, (法蘭西學院漢學研究所), パリ: 同研究所, 1977.
- 山海經索引, (須川照一, 等), 京都: 臨川書店, 1968.
- 三國志裴注引用書目・三國志人名錄索引, (王祖彝), 上海: 商務印書館, 1956. *〈三國志人名錄〉所收.
- 三國志索引, (黃福鑾), 香港: 中文大學崇基書院遠東學術研究所, 1973. / 臺北:

大通書局(R).
- 三國志語彙集, (藤井守), 廣島大學: 中國中世文學研究會, 1980.
- 三國志演義人名索引, (村上哲見 外), 京都: 朋友書店, 1987.
- 三國志人名索引, (高秀芳, 楊濟安), 北京: 中華書局, 1980.
- 三國志地名索引, (王天良), 北京: 中華書局, 1980.
- (段氏)說文解字注(附, 索引), 臺北: 藝文印書館, 1966.
- 說文通訓定聲(附, 索引), 臺北: 藝文印書館, 1974. / 北京: 中華書局(R).
- 說郛(附, 四角號碼索引), (陶宗儀), 臺北: 商務印書館, 1972.
- 小說詞語匯釋・戲曲詞語匯釋發音索引, (佐藤晴彦), 汲古書院, 1983.
- 續資治通鑑長編人名索引, (梅原郁), 京都: 同朋舍, 1979.
- 宋代文集索引, (佐伯富), (京都大學內)東洋史研究會, 1970.
- 宋名臣言行錄輯釋索引, (佐伯富), 京都: 編者印行, 1959.
- 宋史兵志索引, (佐伯富), 臺北: 華世出版社, 1978.
- 宋史選舉志索引, (佐伯富), 京都: 同朋舍, 1979.
- 宋史職官志索引, (佐伯富), 京都大學文學部內東洋史研究會, 1963. / 京都: 同朋舍, 1974.
- 宋史河渠志索引, (佐伯富), 省心書房, 1979.
- 宋史刑法志索引, (佐伯富), 臺北:台湾學生書局, 1977.
- 宋元官箴總合索引, (赤城隆治, 等), 汲古書院, 1987.
- 宋元明清四朝學案索引, (陳鐵凡), 臺北: 藝文印書館, 1974. *〈宋元學案〉〈清儒學案〉等 人名索引.
- 宋元方志傳記索引, (朱士嘉), 上海古籍出版社, 1986.
- 宋元學案・宋元學案補遺人名字號別名索引, (衣川強), 京都大學人文科學研究所, 1974. / 臺北: 文海出版社(R).
- 宋人傳記索引, (宋史提要編纂協力委員會), 東京: 東洋文庫, 1968.
- 宋人傳記資料索引(第一冊補正), (潘柏登), 〈食貨月刊〉 4-6所收, 1974.
- 宋人傳記資料索引, 6冊, (昌彼得, 王德毅, 等), 臺北: 鼎文書局, 1974~1975.
- 宋會要輯稿食貨索引〔人名・書名篇〕, 東洋文庫, 1982.
- 宋會要輯稿人名索引, (王德毅), 臺北: 新文豐出版, 1979.
- 隋書人名索引, (鄧經元), 北京: 中華書局, 1979.
- 搜神記語彙索引, (大東文化大學中國文學研究部), 汲古書院, 1983.
- 隋律考索引稿(中原2), (中谷英雄), 著者印行(和歌山), 1956.

- 詩經索引, (洪沈, 呂嵐), 北京: 書目文獻出版社, 1983.
- 詩集傳事類索引, (後藤俊瑞), 西宮: 武庫川女子大學文學部中國文學研究室, 1960.
- 新旧唐書人名索引, 3冊, (張万起), 上海古籍出版社, 1986.
- 新旧五代史人名索引, (張万起), 上海古籍出版社, 1980.
- 新序通檢 通檢叢刊7, 北京: 中法漢學研究所, 1946. / 成文出版社・上海古籍出版社(R).
- 十三經經名篇名引用書名索引, (矢島玄亮), 仙台: 編者印行, 1955.
- 十三經索引(附, 經文), 2冊, (葉紹鈞), 上海: 開明書店, 1934. / 臺北: 開明書店, 再版. / 北京: 中華書局, 1957(R).
- 十通索引, (洪浩培改編), 臺北: 新興書局, 1959. *〈万有文庫〉版. 初版 上海: 商務印書館 刊, 1937.
- 樂府詩集(附, 作者姓名篇名索引), 北京: 中華書局, 1979.
- 樂府詩集の研究(附, 詩歌・作者・引用書索引), (中津浜涉), 汲古書院, 1970.
- 歷代賦彙作者別作品索引(全)〔第一次修訂本〕, (稻畑耕一郎), 早稻田大學中國文學會, 1979.
- 歷代詩史長篇人名索引, (王德毅), 臺北: 鼎文書局, 1972. *〈唐詩紀事〉〈詞林紀事〉〈雪橋詩話〉等 24種 60冊을 모은 〈歷代詩史長篇〉의 人名索引.
- (索引本)何氏歷代詩話, (馬漢茂 Helmut, Martin), 臺北: 美國亞洲學會中文研究資料中心, 1973. / 臺北: 成文出版社(R).
- 歷代詩話續編人名和分類索引, 北京: 中華書局, 1983. *《歷代詩話續編》(下) 所收.
- 歷代詩話人名和分類索引, 北京: 中華書局, 1981. *《歷代詩話》(下)所收.
- 列女傳索引, (北海道中國哲學會, 宮本勝・三橋正信), 東豊書店, 1982.
- 列子索引, (山口義男), 西宮: 武庫川女子大學中國文學研究室, 1960.
- 塩鐵論索引, (北海道中國哲學會), 東豊書店, 1988.
- 葉聖陶選集語彙索引, (上野惠司), 龍溪書舍, 1980.
- 藝文類聚引書索引(修訂版), (中津浜涉), 京都: 中文出版社, 1974. *1922年刊〈藝文類聚引書引得〉.
- 五經索引, 2冊, (森本角藏), 目黑書店, 1935~1944. / 4冊, 京都: 臨川書店, 1970(R).
- 五代史記註引書檢目, (班書閣), 〈河北女師學院期刊〉2-2所收, 1934.

- 玉臺新詠索引〔附, 玉台新詠箋註〕, (小尾郊一, 高志眞夫), 山本書店, 1976.
- 玉篇索引, 2冊, (國字整理小組), 臺北: 國立中央圖書館.
- 玉海項目索引, (吉田寅, 等), 東京教育大アジア史研究室, 1957. *〈玉海目錄〉(下), (宋代社會經濟史研究補助資料・7)所收.
- 遼金元人傳記索引, (梅原郁 外), 京都大學人文科學研究所, 1972.
- 遼史人名索引, (曾貽芳, 崔文印), 北京: 中華書局, 1982.
- 韻鏡校本と廣韻索引, (馬淵和夫), 巖南堂書店, 1970.
- 元曲選釋索引(修訂版), (金文京), 編者自印, 1983.
- 元史非漢語人名地名索引, 臺北: 國防研究院, 1967. *〈元史(4)〉所收.
- 元史語彙索引, 3冊, (田村實造), 京都大學文學部, 1961〜1963.
- 元史人名索引, (姚景安), 北京: 中華書局, 1981.
- 元人文集資料索引, (安部健夫), 京都大學人文科學研究所, 1960.
- 元人文集篇目分類索引, (陸峻嶺), 北京: 中華書局, 1979.
- 元人傳記資料索引, (王德毅, 等), 臺北: 新文豐出版社, 1979.
- 元典章年代索引, (植松正), 京都: 同朋舍, 1980.
- 元典章索引稿, 續編, 3篇, 4篇, 4冊, (京都大學人文科學研究所元典章研究班), 編者印行, 1954〜1961.
- 元朝秘史通檢, (方齡貴), 北京: 中華書局, 1986.
- 元稹・歌詩語彙索引, (花房英樹, 前川幸雄), 京都: 彙文堂書店, 1977. *〈元稹研究〉第三部收錄.
- 元豐九域志〔附, 地名索引〕, 2冊, 北京: 中華書局, 1984.
- 元和郡縣圖志〔附, 地名索引〕, 2冊, 北京: 中華書局, 1983.
- 元和姓纂〔附, 姓氏索引〕, 京都: 中文出版社, 1976.
- 儒林外史語彙索引, (香坂順一, 等), 大阪: 明淸文學言語研究會, 1971.
- 儒林外史人名索引, 山西人民出版社, 1986. *〈古典小說版本資料選編等四種〉(朱一玄)所收
- 遊仙窟索引, (西岡弘), 國學院大學漢文學研究室, 1978.
- 陸游劍南詩稿詩題索引, (村上哲見), 奈良女子大學中國文學會, 1984.
- 六朝古小說語彙集, (森野繁夫, 藤井守), 廣島大學: 中國中世文學研究會, 1979.
- 六朝評語集(古晉書), (森野繁夫), 廣島大學: 中國中世文學研究會, 1982.
- 六朝評語集(世說新語・世說新語注・高僧傳), (森野繁夫), 廣島大學: 中國中世文學研究會, 1980.

- 六朝評語集(晉書), (森野繁夫, 上村素子), 廣島大學: 中國中世文學研究會, 1982.
- 殷虛文字丙編通檢, (高鳴研一郞), 臺北: 中央硏究院歷史語言硏究所出版, 1985.
- 夷堅志人名索引, (王秀梅), 北京: 中華書局, 1981. *〈夷堅志〉(何卓点校) 第4册 所收.
- 夷堅志通檢, (張馥蕊), 臺北:學生書局, 1976.
- 李白歌詩索引 (唐代研究のしお·8), (花房英樹), 京都大學人文科學硏究所, 1957. / 京都:同朋舍, 1977(R).
- 李商隱詩索引, (早稻田大學中國文學會李商隱詩索引編集班), 早稻田大學中國文學會, 1981(訂譌). / 龍溪書舍, 1984.
- 二十四史紀傳人名索引, (張忱石·吳樹平), 北京: 中華書局, 1980.
- 二十四史傳目引得, (梁啓雄), 上海: 中華書局, 1936. / 臺北: 中華書局(R).
- 二十五史謠諺通檢, (尙恒元, 等), 山西人民出版社, 1986.
- 二十五史人名索引, (二十五史編纂執行委員會), 上海: 開明書店, 1935. / 臺北刊(R).
- 二程外書粹言索引, 九州大學文學部中國哲學研究室, 1974.
- 二程遺書索引, 九州大學文學部中國哲學研究室, 1973.
- 吏學指南索引, (佐伯富), 〈東洋史研究〉6--4所收, 1941.
- 吏學指南語彙索引, (佐伯富), 京都:同朋舍. *〈吏學指南〉所收.
- 吏學指南筆畫索引, (葉潛昭), 臺北:大華印書館, 1969. *〈吏學指南〉所收.
- 仁壽本二十六史傳記引得, 臺北:成文出版社, 1971.
- 一切經音義索引(補訂版), (山田孝雄), 鈴木學術財團, 1963. *旧版은 1925年 西東書局刊.〈黃檗版玄応音義〉〈白蓮社版慧琳一切經音義〉 등의 索引.
- 資治通鑑索引, (佐伯富), 京都大學文學部內東洋史研究會, 1961. / 京都:同朋舍, 1974(R).
- 資治通鑑胡注地名索引, (荒木敏一, 等), 京都大學人文科學研究所, 1967. / 同朋舍(R).
- 全唐文人名索引, (西條惠子), 無窮會, 1962.
- 全唐文篇名目錄及作者索引, (馬緒傳), 北京: 中華書局, 1985.
- 全唐詩文作家引得合編, (林斯德), 靑島:國立靑島大學圖書館, 1932.
- (活字本影印本對照)全唐詩作者索引, (森山秀二·岩間啓二), 日大文理學部中國學術研究會, 1976.

- 全唐詩作者索引, (張忱石), 北京: 中華書局, 1983.
- 全唐詩重篇索引, (河南大學唐詩研究室), 河南大學出版社, 1985.
- 全三國詩索引, (松浦崇), 福岡: 櫂歌書房, 1985.
- 全上古三代秦漢三國六朝文篇名目錄及作者索引, 北京: 中華書局, 1965.
- 傳習錄索引, (九州大學中國哲學研究室), 京都: 編者印行, 1977.
- 全晉詩索引, 2冊, (松浦崇), 福岡: 櫂歌書房, 1987.
- 全漢三國晉南北朝詩篇名目錄, (Mei-lan Marney), 臺北: 美國亞洲學會中文研究資料中心, 1973.
- 全漢詩索引, (松浦崇), 福岡: 櫂歌書房, 1984.
- 貞觀政要語彙索引, (原田種成), 汲古書院, 1975.
- 祖堂集索引, (柳田聖山), 京都大學人文科學研究所, 1980~1984.
- 鍾嶸詩品索引, (高木正一), 東海大學出版會, 1978. *〈鍾嶸詩品〉所收.
- 朱子文集固有名詞索引, (東京大學朱子研究會), 東豊書店, 1980.
- 朱子四書集註索引, (後藤俊瑞), 廣島大學文學部中國哲學研究室, 1954.
- 朱子四書或問索引, (後藤俊瑞), 廣島大學文學部中國哲學研究室, 1955.
- 朱子語類(附, 索引), 8冊, 臺北: 正中書局, 1970.
- 朱子語類口語語彙索引, (塩見邦彥), 中文出版社, 1985.
- 朱子語類自1卷~13卷語句索引, (佐藤仁), 名古屋: 采華書林, 1975.
- 中國高僧傳索引(1)~(7), 7冊, (牧田諦亮), 京都: 平樂寺書店, 1972~1978.
- 中國古典戲曲辭書總合索引, (金丸邦三), 東京外國語大學語學敎育研究協議會, 1984.
- 中國古典戲曲語釋索引, (大阪市立大學文學部中國語中國文學硏究室), 名古屋: 采華書林, 1970.
- 中國郡邑雅名索引, (梅原郁), 京都大學東洋史研究室, 1959.
- 中國民間故事類型索引, (丁乃通), 北京: 民間文藝出版社, 1986.
- 中國白話小說語釋索引, 續編, 2冊, (香坂順一, 等), 大阪市立大學中國語文學研究室, 1958, 1962. *〈續編〉은 清末文學言語研究會編.
- 中國禪宗人名索引, (鈴木哲雄), 名古屋: 其弘堂書店, 1975.
- 中國小說戲曲詞彙研究辭典綜合索引篇(1)~(9), (波多野太郎), 〈横浜市立大學紀要〉, 1956~1963.
- 中國隨筆索引, (京都大學文學部內東洋史研究會), 日本學術振興會, 1954. / 京都: 思文閣, 1972(R).

- 中國隨筆雜著四十一種索引, (矢島玄亮), 仙台: 東北大學附屬圖書館, 1965.
- 中國詩人選集總索引, (吉川幸次郎, 小川環樹), 岩波書店, 1959.
- 中國歷代名人年譜目錄, (李士濤), 商務印書館, 1941. *1108部の年譜を收む.
- 中州音韻音注索引, (慶谷壽信, 等), 名古屋: 采華書林, 1981.
- 晉書人名索引, (張忱石), 北京: 中華書局, 1977.
- 册府元龜奉使部外臣部索引, (宇都宮清吉, 內藤戊申), 京都: 東方文化研究所, 1938.
- 册府元龜所載唐代傳記索引, (山內正博), 〈宮崎大學教育學部紀要(社會科學)〉 24所收, 1968.
- 册府元龜引得, (陳鴻飛), 〈文化圖書館學季刊〉 5-1所收, 1933.
- 清代文集篇目分類索引, (北平圖書館索引組), 國立北平圖書館, 1935. / 臺北: 國風出版社 1965(R).
- 清代碑傳文通檢, (陳乃乾), 北京: 中華書局, 1959. /臺北: 文海出版社, 1977(R).
- 清史綱目索引・人名索引, 臺北:國防研究所, 1961. *〈清史(8)〉所收.
- 清史稿人名索引, 大學士 (上・中・下), (蘇慶彬), 〈中國學人〉(1期~3期) 所收, 1967~1971.
- 清儒學案(附, 人名索引), (徐世昌), 1938.
- 清朝隨筆三十二種索引, (矢島玄亮), 仙台: 編者印行, 1960.
- 清太祖實錄地名人名索引, (今西春秋, 今西てい), 京都東洋史研究會, 1938. *〈東洋史研究〉第4卷 第1號 附錄.
- 初學記索引, (許逸民), 北京:中華書局, 1979. *〈初學記〉4册本.
- 叢書中關於詞學書目索引, (陳德藝), 〈廣州大學圖書館季刊〉 1~3, 4, 1934.
- 叢書集成書名著者名索引, 京都:立命館大學中國文學東洋史學研究室, 1963.
- 叢書集成新編〔總目, 書名, 作者索引〕, 臺北:新文豐出版公司, 1986.
- 春秋穀梁傳人名・地名索引, (中村俊也, 間島俊一), 龍溪書舍, 1980.
- 春秋公羊傳人名・地名索引, (中村俊也, 加藤智子), 龍溪書舍, 1979.
- 太平廣記索引, 北京: 中華書局, 1983.
- 太平寰宇記索引, (王恢), 臺北: 文海出版社, 1975.
- 通俗編・直語補証・恒言錄・方言藥・邇言綜合索引, (入矢義高), 京大文學部中國語學・文學研究室, 1950.
- 抱朴子內篇・外篇通檢, 2册, パリ大學漢學研究所, 1965~1970. *漢學通檢提要 文獻叢刊 二・三.

- 風俗通義人名・引書索引, (朱樹平), 天津人民出版社, 1980. *〈風俗通義校釋〉所收.
- 學庸章句引得, 臺北: 孔孟學會四書研究會, 1970.
- 漢官七種通檢, (陳祚龍), パリ大學漢學研究所, 1962. *(漢學通檢提要文獻叢刊之一)
- 韓非子索引, (周鍾靈), 北京: 中華書局, 1983.
- 漢書索引, (黃福鑾), 香港中文大學崇基書院遠東學術研究所, 1966. / 臺北: 大通書局(R).
- 漢書人名索引, (魏連科), 北京: 中華書局, 1979.
- 漢書地理志圖考通檢, (王恢), 臺北: 文海出版社, 1975.
- 漢詩大觀(附, 索引2冊), 全5冊, (佐久節), 井田書店, 1943 / 鳳出版社, 1974(R).
- 韓詩外傳索引, (北海道中國哲學會, 伊藤倫厚, 等), 東豊書店, 1980.
- 漢語文典叢書(附, 索引), (吉川幸次郎, 小島憲之), 汲古書院, 1981.
- 漢語拼音《中華人民共和國地圖》地名索引, 北京: 地圖出版社, 1975.
- 漢魏碑文金文鏡名索引, 5冊, (內野熊一郎), 極東書店, 1966~1972. *隸釋篇・隸續篇・鏡銘・墓誌名・碑文篇(R), 隸釋篇은 1978年 高文堂刊.
- 漢魏叢書人名索引, (藤田忠), 京都: 中文出版社, 1978.
- 花間集索引, (青山宏), 東京大學東洋文化研究所附屬東洋學文獻センター, 1974. / 汲古書院, 1979(R).
- 華陽國志人名索引〔附, 華陽國志民族關係語彙索引〕, (谷口房男), 國書刊行會, 1981.
- 皇明文海索引稿, (京都大學人文科學研究所歷史研究室), 京都: 編者印行, 1961.
- 皇明文海撰文者名索引, (京都大學人文科學研究所歷史研究室), 京都: 編者印行, 1962.
- 黃帝內經章句索引, (任應秋, 等), 北京: 人民衛生出版社, 1986.
- 皇清經解編目, (凌忠照), 臺北: 台聯國風出版社, 1974 / 京都: 中文出版社(R).
- 淮南子索引, (鈴木隆一), 京都大學人文科學研究所, 1975.
- 後漢書索引, (黃福鑾), 香港中文大學崇基書院遠東學術研究所, 1971 / 臺北: 大通書局(R).
- 後漢書語彙集成, 3冊, (藤田至善), 京都大學人文科學研究所, 1960~1962.
- 後漢書人名索引, (李裕民), 北京: 中華書局, 1979.
- 欽定遼金元三史國語解索引, (中華文化復興運動推行委員會四庫全書索引編纂小組), 臺北: 商務印書館, 1986.

인터넷 검색 자료

(허철선생님 자료제공)

(1) 甲骨文, 金文, 篆文

- 漢字構形資料庫, 楷體字形59,220, 小篆11,100, 金文3,459, 甲骨文 177, 楚系文字 372, 異體字 12,681. (http://ckip.iis.sinica.edu.tw/CKIP/tool) (http://ckip.iis.sinica.edu.tw/CKIP/tool/hanzicd_200412.zip)
- 香港小學中文科常用字研究 (http://alphads10-2.hkbu.edu.hk/~lcprichi)
- 日本今昔文字鏡 含十萬漢字, 甲骨文,金文,西夏文,梵文,越南喃字. 今昔文字鏡 (http://www.mojikyo.org/html/index.html)
- 文字鏡字符映射表 (http://www.mojikyo.gr.jp/mojikyo/CMAP/MOCM400.EXE)
- 搜文解字 古文字的世界:甲骨文,金文,東周文字 (http://cls.admin.yzu.edu.tw/swjz/index.html)

(2) 사전 사이트

1) 중국

- 漢語大詞典 (http://www.ewen.cc/unihan/index.asp)
- 文淵閣四庫全書字典 (http://trial.skqs.com/popup/sk_Dict.htm)
- 現代漢語成語規範 (http://www.china-language.gov.cn/)
- 成語字典 (http://www.stone163.com/skill/20040103dictionary/find.htm)
- 說文網絡版 含篆字 (http://www.chinese99.com/xiaozhuan/shuowen/index.php)
- 說文解字注 (http://www.gg-art.com/imgbook/index.php?bookid=53)
- 康熙字典頁數查詢 (http://glyph.iso10646hk.net/ccs/ccs.jsp?lang=zh_TW)
- 康熙字典網上版 (http://www.kangxizidian.com/index2.php)
- 中國大百科全書 (http://wordpedia.pidc.org.tw/Default.htm)

2) 대만

- 國字標準字體筆順 (www.edu.tw/EDU_WEB/EDU_MGT/MANDR … ishuen/

f8.html?open)
- 教育部國語辭典簡編本 (http://140.111.34.46/jdict/main/cover/main.htm)
- 國語小字典 (http://140.111.1.43/?open/)
- 異體字字典 (http://140.111.1.40/?open/)
- 教育部成語典 (http://140.111.34.46/chengyu/?open)
- 重編國語辭典修訂本 (http://140.111.34.46/dict/)
- CNS全字庫字碼查詢 (http://www.cns11643.gov.tw/web/seek.jsp)

(3) 고전적 관련
- 黃金書屋 (http://goldnets.myrice.com)
- 新語絲网上書庫 (http://www.xys.org/library.html)
- 陳清書齋 (http://www.chenqin.com/)
- 亦凡公益圖書館 (http://sousuo.shuku.net)
- 中華古籍 (http://pastbook.myrice.com)
- 國學网站 (http://www.guoxue.com/)
- 簡帛研究 (http://www.bamboosilk.org/index.htm)
- 孔子2000 (http://www.confucius2000.com/)
- 象牙塔 (http://www.xiangyata.net/history)
- 中華佛典宝庫 (http://ccbs.ntu.edu.tw/DBLM/cindex.htm)
- 台宝漢籍電子文獻 (http://www.sinica.edu.tw/ftms-bin/ftmsw3)
- 台湾故宮寒泉檢索系統 (http://libnt.npm.gov.tw/s25/index.htm)
- 台湾元智大學工學院"网絡展書讀" (http://cls.admin.yzu.edu.tw)
- 台湾中華電子佛典協會"線上藏經閣" (http://www.cbeta.org/result/index.htm)
- 北京大學中文系的《全唐詩線上全文檢索系統》(http://chinese.pku.edu.cn/cgi-bin/tanglibrary.exe)
- 北京中医藥大學開發 中藥方劑數据庫 (http://wall.cintcm.ac.cn/webdkrh1/)
- 北京大學 劉俊文先生 主持"中國基本古籍庫"光盤工程 (http://www.cn-classics.com/default.htm)
- 漢文化資料庫 (http://www.hanculture.com/)
- 電腦瓦崗寨電子文獻 (http://wagang.econ.hc.keio.ac.jp/txthuangye/home_4_2_h_g.html)
- 中華文化通志, 漢語大詞典, 中華古漢語詞典在線檢索 (http://202.109.114.220/)

- 中國甲骨文獻庫 (http://www.cn-oracle.com/)
- 古今圖書集成全文資料庫 (http://203.67.234.18/bookc/ttsweb?@0:0:1:book1: 前?面./newsweb/img/ttsweb-0-4.gif:http||//www.ttsgroup.com.tw/other.htm@@)
- 蘇州圖書館古籍閱讀 (http://www.szlib.com:82/guji/gmain.htm)
- 吳江市圖書館部分館藏本地地方志目錄 (http://www.wjlib.jsinfo.net/gj/index.htm)
- 紹興圖書館紹興方志 (http://library.sx.zj.cn/gycslou/fzsy.htm)
- 中華文化网 (http://ef.cdpa.nsysu.edu.tw/ccw)
- 儒學詞典儒學詞典 (http://humanum.arts.cuhk.edu.hk/ConfLex/)
- 國際中國學術期刊文獻傳遞中心 (http://www.library.pitt.edu/gateway/)
- 二十五史全文閱讀檢索系統 (http://202.114.65.40/net25/)
- 中國家譜 (http://www.china-stemmata.com/)
- 道教文化資料庫 (http://www.gb.taoism.org.hk/)
- 中國歷史地圖 (http://huhai.myrice.com/map/map.htm)
- 瀚典 (http://www.sinica.edu.tw/ftms-bin/ftmsw3)
- 內閣大庫檔案查詢 (http://saturn.ihp.sinica.edu.tw/~mct/newpage1.htm)
- 史語所簡帛金石資料庫 (http://saturn.ihp.sinica.edu.tw/~wenwu/search.htm)
- 文獻資料 (http://chinese.pku.edu.cn/wenxzl.htm)
- 唐人文化 (http://www.cc5000.com/index1.htm)
- 中華電子佛典線上藏經閣大正藏全文檢索 (http://www.cbeta.org/result/search.htm)
- 漢學研究中心典藏目錄及數據庫 (http://ccs.ncl.edu.tw/data.html)
- 香港中文大學漢達文庫 (http://www.chant.org/)
- 古籍文獻資訊網 (www.rarebook.ncl.edu.tw/rbookod/) (p2p http://lib.verycd.com/datum/)

(4) 기관과 관련 사이트
1) 중국
- 中國語言文字網 (http://www.china-language.gov.cn/index.asp)
- 易文網 (http://www.ewen.cc/unihan/index.asp)
- 四庫全書電子版 (http://www.sikuquanshu.com/big5/main.asp)

- 文泉驛 中文點陣字計劃 (http://wqy.sourceforge.net/cgi-bin/index.cgi)
- 教育部語言文字信息管理司 (http://202.205.177.129/moe-dept/yuxin/content/gfbz/gfbz.htm)
- 文字學資料 (http://iclass.nbtvu.net.cn/keche ... C1%CF%CF%C2%DDd.htm)
- 文泉驛網絡版康熙字典 (http://wqy.sourceforge.net/cgi-bin/index.cgi?KangXi)
- 北大中文論壇-中文信息處理 (http://www.pkucn.com/forumdisplay.php?fid=29)

2) 대만

- 中文關鍵技術研發暨推廣網站 (http://open.cosa.org.tw/mambo/in ... ntpage&Itemid=1)
- 教育部資訊網 (http://www.edu.tw/)
- 教育部國語推行委員會 (http://www.edu.tw/EDU_WEB/Web/MANDR/index.htm)
- 中文標準交換碼 (http://www.cns11643.gov.tw/web/index.jsp)
- 中文資訊交換碼(CCCII)網站 (http://www.cccii.org.tw/)
- 中央研究院 資訊科學研究所 中文資訊處理實驗室 (http://ckip.iis.sinica.edu.tw/)

3) 홍콩

- 開源香港常用中文字體計劃 (http://freefonts.oaka.org/index.php/ %E9%A6%96%E9%A0%81)

4) 일본

- 漢字道樂 (http://www.sunsale.co.jp/soft-kot.htm http://www.sunsale.co.jp/soft-kotmi.htm)
- 島根縣立大學漢字查詢 (http://www.ekanji.u-shimane.ac.jp/ekanji/riyouhouhou.jsp)
- 超漢字 (http://www.chokanji.com/)
- 文字鏡契沖 (http://www5a.biglobe.ne.jp/~keichu/index.htm)
- 日本京都大學 藏書檢索 KULINE (http://www3.kulib.kyoto-u.ac.jp/)
- 京都大學人文科學研究所附屬漢字情報研究センター (kanseki@kanji.zinbun.

kyoto-u.ac.jp)
- 교토 중국철학 전자자료 프로젝트(Kyoto Chinese E-Text Project) 전자판 한적문고 (http://www.zinbun.kyoto-u.ac.jp/~dokisha/text-archive.html)

5) 베트남
- 保存遺産會 (http://nomfoundation.org)

미국의 중국학 관련 참고 서목 및 전자자료센터

(1) 미국에서 출판 유통되고 있는 중국문학 관련 서목
- 미국의 인터넷 서점 Amazon
- 중국관련 서적 판매처 China Books & Periodicals, Inc.

(2) 《중국 고전문학에 대한 인디아나 지침서(The Indiana Companion to Traditional Chinese Literature)》

위스콘신대의 Nienhauser 교수가 책임편집하고 미국과 전 세계의 주요 학자 약 200명이 참여하여 만든 것으로 1911년 이전의 중국문학에 대한 백과사전이자 연구목록서 총집, 혹은 세계의 중국문학연구 소개서이다.
- 제1권 제1판 인디애나 대학 출판사, 1986년.
- 제2판 개정판 Taipei, Southern Materials Center, 1988년.
- 제2권 Taipei, Southern Materials Center, 1998년.

(3) 기타 공구서 및 참고문헌 소개서

① 문사철 기본 도서 관련
- 《아시아학 증보 참고문헌(Cumulative Bibliography of Asian Studies, 1941~1970)》 14권, Boston, 1969~1972.
- William Theodore de Bary 등 편집, 《동양의 고전에 대한 안내(A Guide to Oriental Classics)》(제2판), New York and London, 1975.
- Hucker, Charles O., 《고대 중국의 관직명 사전(A Dictionary of Official Titles in Imperial China)》, Stanford, 1985.
- Zurndorfer, Harriet T, 《중국 문헌: 중국의 과거와 현재에 대한 참고서적 조사안내(China Bibliography: A Research Guide to Reference Works about China a Past and Present)》, Leiden: Brill, 1995.

② 중국문학 관련
- Lynn, Richard John, 《중국문학: 구미어로 된 참고문헌선(Chinese Literature: A Draft Bibliography in Western European Languages)》, Canberra, 1979.
- Klein, Kenneth, 《중세 초기 중국에 대한 서양의 저서목록(Bibliography of Western

Works on Early Medieval China)》
(http://www.usc.edu/isd/ locations/international/eastasian/wjbib.htm).
- Nienhauser, 《당대문학에 대한 서양의 저서목록선(Bibliography of Selected Western Works on T'ang Dynasty Literature)》, Taiwan : Center for Chinese Studies, 1988.
- Ginsberg, Stanley, M., 《당송사론에 대한 참고문헌(A Bibliography of Criticism on T'ang and Sung Tz'u Poetry)》, Madison, 1975.
- Richard John, Lynn, 《중국 시가와 희곡에 대한 안내(Guide to Chinese Poetry and Drama)》, Boston, G. K. Hall, 1984(제2판).
- Li, T'ien-yi, 《중국소설 : 영문·중문 논저에 대한 참고문헌(Chinese Fiction: A Bibliography of Books and Articles in Chinese and English)》, New Haven, 1968.
- Ting, Nai-tung, Ting Hsu Lee-hsia, 《중국의 민담 : 참고문헌 안내(Chinese Folk Narratives: A Bibliographical Guides)》, San Francisco, 1975.
- Yang, Winston L.Y., 《중국의 고전소설 : 그 연구와 평가에 대한 안내: 에세이와 참고문헌(Classical Chinese Fiction: A Guide to Its Study and Appreciation: Essays and Bibliographies)》, Boston, G. K. Hall, 1978.
- Margaret Berry, 《중국고전소설 : 주로 영문으로 된 연구서에 대한 참고문헌 목록(The Chinese Classic Novels: An Annotated Bibliography of Chiefly English language Studies)》, Garland Publishing, Inc. New York & London, 1988.
- Lopez, Manual D의 《중국희곡 : 주석, 비평 그리고 영문으로 번역된 연극 대한 주석이 달린 참고문헌 목록(Chinese Drama: An Annotated Bibliography of Commentary, Criticism and Plays in English Translation)》, Metuchen, N. J. : The Scarecrow Press, 1991.
- Daper. Jordan D., 《중국산문에 대한 안내(Guide to Chinese Prose)》, Boston, G. K. Hall, 1984(제2판).

(4) 미국 중국학 관련 전자자료 센터 및 관련 사이트
① 아시아 연구 협회(AAS: Association fur Asian Studies) 주관 아시아 연구 목록 BAS (Bibliography of Asian studies)
② 피츠버그 대학 동아시아 도서관 주관 중문정기간행물 센터(Pittsburg Chinese Periodical Gateway) : 중국어로 된 학술 논문을 미국 내 연구자들에게 무료로 전송해준다.

③ 자전망(Chinese Character dictionary) : 중국어 전자사전류 집성. 國語辭典, 臺灣語辭典, 中文字典, 客家話語彙, 粵音韻彙, 漢韓日英辭典, 불교용어사전, 中英辭典(CEDIC) 등이 링크되어 있다.
④ 웨슬리 대학(Wesleyan University) 동아시아 연구센터 중국철학 전자자료집 (Chinese Philo- sophical E-Text Archive)
⑤ 버지니아 대학 중국 문헌 전자 자료(Chinese Text Initiative(Virginia))
⑥ Chinese Classics(http://www.cnd.org:8000/BIG5/Classics/)
⑦ FTP Gutenberg(ftp://sailor.gutenberg.org/pub/gutenberg/by-title.html)
⑧ The Free Library of Classics
 (http://www.information-resources.com/ Library/library.html)

국내 한문고전 관련 데이터 베이스와 인터넷 사이트

(1) 국내 한국학 관련 공공 기관 사이트
- 한국고전번역원 한국고전종합DB(http://db.itkc.or.kr)
- 국사편찬위원회 한국역사정보시스템(http://www.koreanhistory.or.kr/)
- 국립중앙도서관 한국고전적종합목록시스템 KORCIS(http://www.nl.go.kr/korcis/)
- 국립중앙도서관 통합검색 디브러리(http://www.nl.go.kr/nl/index.jsp)
- 한국금석문 종합영상시스템(http://gsm.nricp.go.kr)
- 한국학중앙연구원 한국학자료센터(http://www.kostma.net/)
- 서울대학교 규장각한국학연구원(http://kyujanggak.snu.ac.kr)
- 성균관대학교 동아시아학술원 한국경학자료시스템(http://koco.skku.edu)
- 고려대학교 도서관(http://library.korea.ac.kr/)
- 고려대학교 민족문화연권 해외한국학자료센터(http://riks.korea.ac.kr/kostma/)
- 고려대학교 민족문화연구원 문자코드연구센터(http://riks.korea.ac.kr/ccrc/?pg=p_a45dbc73a7)
- 한국국한진흥원 유교넷 Yugo Net(http://www.ugyo.net/)
- 남명학연구원(http://www.nammyung.org)

(2) 한국 한문학 관련 학회 및 학과 사이트
- 한국한문학회(http://my.dreamwiz.com/ours/kukhak/site.html)
- 전국한문교사모임(http://hanmun.ntime.co.kr/)
- 한국고전의 세계(http://bh.knu.ac.kr/~mkkim/jaryo/jaryo.htm#)
- 동양사학 on-line 검색서비스
  (http://solarsnet.snu.ac.kr/subject/orient/orionl.htm)
- 서울대 학위논문(http://solarsnet.snu.ac.kr/ftp/hak_desc.html)
- 누리 학술 DB(http://web.nurimedia.co.kr/cgi-bin/ks_web/ksweb.dll)
- 부산대 한문학과
  (http://munchang.pusan.ac.kr/~hanmoon/board/ezboard.cgi?db= pds)
- 경상대 한문학과(http://nongae.gsnu.ac.kr/~hanmun/main.htm)
- 단국대 한문학과(http://kmu.kookmin.ac.kr/~include/frame1.htm)

- 성균관대 한문교육과(http://www.hankyo.net/index1.htm)

(3) 국내 중국학 관련 학회 및 개인 사이트
- 중국문화망(http://members.xoom.com/cultureweb/07.htm)
- 중국학중심 넷트웍(http://www.sinology.org) : 한국중어중문학회를 필두로, 한국중국학회 등 17개의 학회가 공동으로 참여하고 있다.
- 조관희(상명대학 중문학과 교수) 홈페이지(http://users.sinology.org)

전국 진한 시대 중국지도

부록 635

찾아보기

서명(書名)

|ㄱ|

강희자전(康熙字典) 18, 19, 36, 186, 191, 196
경덕전등록(景德傳燈錄) 471, 474
경세통언(警世通言) 549
경사백가잡초(經史百家雜鈔) 360
경적찬고(經籍纂詁) 191
경전석문(經典釋文) 199, 242, 268
계림잡전(鷄林雜傳) 429, 569
고금도서집성(古今圖書集成) 173, 205, 220
고금운회거요(古今韻會擧要) 200, 201
고문사류찬(古文辭類纂) 533, 565
고문자학도론(古文字學導論) 37, 234
고문진보(古文眞寶) 9, 428, 528
고승전(高僧傳) 429, 435, 471
공자가어(孔子家語) 267, 382
공총자(孔叢子) 278
관자(管子) 322, 382, 389, 390, 391
광운(廣韻) 186, 199, 234
광재물보(廣才物譜) 24, 194
구역인왕경(舊譯仁王經) 122, 127, 128
국조시산(國朝詩刪) 140, 577
규장전운(奎章全韻) 196, 201, 203
금강경(金剛經) 458, 462
금오신화(金鰲新話) 554, 555, 556

|ㄴ|

남사(南史) 408, 429
노자(老子) 139, 190, 249, 322, 371, 372, 373, 374, 393
논어(論語) 136, 138, 145, 150, 158, 160, 190, 230, 232, 235, 249, 251, 257, 267, 268, 275, 289, 298, 315
논어의소(論語義疏) 238, 242, 257
논어집해(論語集解) 257, 269
논형(論衡) 394, 395

|ㄷ|

당시선(唐詩選) 428
대동여지도(大東輿地圖) 214, 217
대동운부군옥(大東韻府群玉) 18, 208, 553
대학(大學) 150, 153, 231, 235, 236, 250, 292, 293, 395
대학광의(大學廣義) 236, 292
대학장구(大學章句) 250, 251, 293
동국문헌비고(東國文獻備考) 210
동국여지승람(東國輿地勝覽) 573, 215, 216, 217
동국정운(東國正韻) 201
동국통감(東國通鑑) 426, 440, 573
동문선(東文選) 573, 584, 585
동사강목(東史綱目) 437, 580
동인시화(東人詩話) 575
동인지문(東人之文) 567, 572

|ㅁ|

맹자(孟子) 61, 63, 138, 145, 150, 153, 190, 235, 245, 250, 257, 278, 283, 300
모시(毛詩) 190, 305
묘법연화경(妙法蓮華經) 458, 468, 477
무구정광대다라니경(無垢淨光大陀羅尼經) 161
문장궤범(文章軌範) 139
물명고(物名攷) 24, 194

|ㅂ|

반야경(般若經) 454, 464, 473
반야심경(般若心經) 463
법화경(法華經) 458, 459, 460, 461, 478
벽암록(碧巖錄) 470, 474, 475, 477
별본동문선(別本東文選) 585
보한집(補閑集) 572
북당서초(北堂書鈔) 204
비점고문(批點古文) 528, 529

|ㅅ|

사고전서(四庫全書) 156, 176, 211, 366, 546
사고전서총목제요(四庫全書總目提要) 175, 176, 234, 396
사고제요(四庫提要) 175, 176
사고제요변증(四庫提要辨證) 176
사기(史記) 270, 271, 278, 304, 313, 360, 373, 386, 390, 407, 411, 420, 423, 428
사기열전(史記列傳) 422
사기평림(史記評林) 140, 421, 422
사례편람(四禮便覽) 348, 350, 353
사문유취(事文類聚) 205, 206
사부비요(四部備要) 211, 212
사부총간(四部叢刊) 211, 212, 220
사서대전(四書大全) 235, 251, 252, 256, 294
사서석의(四書釋義) 270 283, 235, 242, 248, 250, 251, 294
사서장구집주(四書章句集注) 235, 242, 248, 250, 251, 294
사서집석(四書輯釋) 251, 256
사서집주(四書集注) 138, 243, 250
산당고색(山堂考索) 208
산해경(山海經) 396, 397, 400, 214
삼국사기(三國史記) 388, 430, 440, 553, 570
삼국유사(三國遺事) 206, 434, 435, 437, 440, 442, 553, 572
삼국지(三國志) 7, 62, 407, 429, 549, 558
삼국지연의(三國志演義) 6, 62, 550, 551, 552, 558
삼국지통속연의(三國志通俗演義) 549, 551
삼운성휘(三韻聲彙) 201, 203
삼운통고(三韻通攷) 201, 203
상서(尙書) 23, 118, 214, 249, 280, 313, 314, 315, 316, 318
서경(書經) 235, 237, 313, 341, 382
서집전(書集傳) 320
석명(釋名) 186, 204, 268

설문해자(說文解字) 18, 35, 36, 47,
　　186, 190, 196, 234, 239, 244
설문해자주(說文解字注) 190
성소부부고(惺所覆瓿藁) 140, 567
성호사설(星湖僿說) 208, 580
세설신어(世說新語) 139, 375, 395
손자(孫子) 386, 387, 388, 389
송남잡지(松南雜識) 54, 69
송서(宋書) 407, 429
수서(隋書) 373, 394, 396, 407, 546
수호전(水滸傳) 549, 550
순자(荀子) 286, 315, 322, 381, 382,
　　546
시경(詩經) 65, 71, 145, 153, 193, 235,
　　236, 240, 251, 264, 279, 304, 313,
　　341, 370, 502
신화자전(新華字典) 18, 196
십삼경주소(十三經注疏) 190, 239, 245,
　　253
십팔사략(十八史略) 428

|ㅇ|

아언각비(雅言覺非) 194
악학궤범(樂學軌範) 573
어우야담(於于野譚) 492, 554, 577, 591
여씨춘추(呂氏春秋) 393, 403
역옹패설(櫟翁稗說) 572, 538, 567
연암집(燕岩集) 538, 567
열하일기(熱河日記) 535, 536, 537,
　　538, 557, 580, 581
영락대전(永樂大典) 156, 205, 206
예기(禮記) 10, 190, 235, 236, 237, 239,
　　251, 286, 292, 344, 346, 348, 381
예문유취(藝文類聚) 204, 206
예부운략(禮部韻略) 199, 200, 201
오경대전(五經大全) 251, 252, 346
오경정의(五經正義) 234, 40
옥해(玉海) 205, 208, 429
용비어천가(龍飛御天歌) 124, 243
용재총화(慵齋叢話) 573, 575
유합(類合) 44
의례(儀禮) 190, 237, 344, 345, 347,
　　348, 349
이소(離騷) 507
이아(爾雅) 188, 204, 234, 245, 249
이아주소(爾雅注疏) 188

|ㅈ|

자전석요(字典釋要) 195, 196
자치통감(資治通鑑) 424, 426, 440, 551
장자(莊子) 72, 139, 149, 190, 279, 287,
　　375, 377, 393, 403, 546
재물보(才物譜) 24, 194
전국책(戰國策) 63, 383, 423, 424, 525,
　　535
전운옥편(全韻玉篇) 196, 203, 204
전쟁론(Vom Kriege) 389
조당집(祖堂集) 471
좌전(左傳) 108, 240, 253, 254, 310,
　　356, 357, 358, 425, 529, 535
주례(周禮) 35, 190, 214, 234, 237, 271,
　　321, 344, 345, 348, 350, 353
주례주소(周禮注疏) 353
주역(周易) 150, 153, 190, 237, 249,

251, 285, 321, 325, 328, 330, 331, 332, 472, 493
주역본의(周易本義) 332, 333
주역주소(周易注疏) 333
주자가례(朱子家禮) 349, 350
중용(中庸) 150, 235, 245, 250, 266, 286, 287, 288, 289, 290, 291, 294
중용장구(中庸章句) 251
증보문헌비고(增補文獻備考) 210
지봉유설(芝峰類說) 208, 577

|ㅊ|

찬주두시택풍당비해(纂註杜詩澤風堂批解) 567
찬주분류두공부시(纂註分類杜工部詩) 140, 573
청장관전서(靑莊館全書) 400
초사(楚辭) 191, 397
초학기(初學記) 205, 206
총서집성(叢書集成) 212
춘추(春秋) 152, 237, 239, 240, 251, 355, 356, 358, 413, 547, 551
춘추곡량전(春秋穀梁傳) 190
춘추공양전(春秋公羊傳) 190
춘추좌전(春秋左傳) 190, 239, 264
춘향전(春香傳) 114, 150
출정후어(出定後語) 249, 478

|ㅌ|

태평광기(太平廣記) 205, 206
태평어람(太平御覽) 205, 206
태평한화골계전(太平閑話滑稽傳) 54, 573
통감(通鑑) 150, 425, 582
통지(通志) 208, 424

|ㅍ|

파한집(破閑集) 572
판비양론(判比量論) 129
패문운부(佩文韻府) 192, 206
표점부호용법(標點符號用法) 125
필원잡기(筆苑雜記) 575

|ㅎ|

한비자(韓非子) 105, 382, 383, 389
한서(漢書) 35, 159, 175, 234, 267, 278, 304, 313, 366, 373, 375, 393, 407, 420, 535
한어대자전(漢語大字典) 39
홍무정운(洪武正韻) 200, 201, 206, 234
홍무정운역훈(洪武正韻譯訓) 201
화동정음통석운고(華東正音通釋韻考) 201, 203
화랑세기(花郎世記) 429, 569
화엄경(華嚴經) 279, 454, 455, 458, 459, 462
황청경해(皇淸經解) 191, 213
회남자(淮南子) 382, 393, 394, 362, 363, 527
효경(孝經) 190, 237, 245, 275, 362, 363, 527
효경언해(孝經諺解) 363
후한서(後漢書) 394, 407, 429
훈몽자회(訓蒙字會) 192, 243

인명(人名)

|ㄱ|

가공언(賈公彦) 345, 348
가와이 히로타미(河合弘民) 178
강희맹(姜希孟) 584
고당생(高堂生) 345, 347
고염무(顧炎武) 247, 252
공안국(孔安國) 314, 316, 362
공영달(孔穎達) 239, 242, 286, 304,
　　313, 318, 331, 346, 526
공자(孔子) 64, 77, 81, 84, 109, 134,
　　144, 230, 235, 244, 249, 266, 270,
　　274, 278, 293, 298, 306, 313, 347,
　　355, 362, 373, 381, 411, 415, 529
곽말약(郭沫若)42, 351, 401
곽박(郭璞) 188, 396, 400
구마라지바(鳩摩羅什) 449, 459, 463,
　　464
구양수(歐陽脩) 249, 524, 542, 550,
　　551, 566
구양순(歐陽詢) 40, 204
권근(權近) 127, 129, 170, 332, 573
권문해(權文海) 66, 208
귀유광(歸有光) 140, 421, 522
기윤(紀昀) 175, 211, 546
길장(吉藏) 473
김매순(金邁淳) 581
김부식(金富軾) 429, 430, 570
김시습(金時習) 68, 143, 477, 478, 491,
　　514, 554, 559, 574
김정호(金正浩) 217, 558

김택영(金澤榮) 538, 582

|ㄴ|

나관중(羅貫中) 550
나근택(羅根澤) 389
노 공왕(魯恭王) 314
노수신(盧守愼) 574, 576
노신(魯迅) 41, 523, 547, 549
노자(老子) 139, 149, 190, 249, 298,
　　322, 366, 370, 371, 378, 380, 293,
　　402, 472
능치륭(凌稚隆) 140, 421, 422

|ㄷ|

단옥재(段玉裁) 190
달마(達磨) 26, 68, 78, 456, 476
당란(唐蘭) 37, 234
당순지(唐順之) 421, 522, 525
대진(戴震) 211, 283, 284, 293
도미나가 나카모토(富永仲基) 249, 478
도연명(陶淵明) 140, 397, 502, 505
도잠(陶潛) 508, 511
동산양개(洞山良价) 470, 475
동중서(董仲舒) 244, 293, 367, 411
두보(杜甫) 496, 497, 500, 504, 505,
　　510, 567, 587, 589
두예(杜預) 240, 254, 361, 362

|ㄹ|

리하르트 빌헬름(Richard Wilhelm)
　　332, 342

|ㅁ|

마에마 교사크(前間恭作) 179
마조도일(馬祖道一) 68, 476
맹자(孟子) 61, 64, 138, 145, 150, 153, 190, 231, 237, 242, 250, 255, 257, 266, 271, 278, 280, 281, 301, 522
맹호연(孟浩然) 139, 510
모곤(茅坤) 139, 140, 421, 522, 525
모기령(毛奇齡) 247, 257, 258, 552
모토이 노리나가(本居宣長) 249
묵자(墨子) 261, 385, 386, 401, 403

|ㅂ|

박두세(朴斗世) 201
박지원(朴趾源) 397, 398, 400, 530, 531, 535, 536, 540, 553, 567, 580, 591
반고(班固) 394, 407, 420
반표(班彪) 394, 420
방포(方苞) 140, 522
배송지(裵松之) 62
백거이(白居易) 205, 498, 504, 505, 510, 511, 513
변계량(卞季良) 127, 170, 573

|ㅅ|

사마광(司馬光) 235, 292, 424, 426, 551
사마천(司馬遷) 270, 282, 313, 390, 407, 410, 413, 414, 441, 550
서거정(徐居正) 44, 54, 440, 492, 567, 573, 575
서견(徐堅) 205

설총(薛聰) 430, 553, 569
섭숭의(聶崇義) 348
소식(蘇軾) 41, 161, 506, 511, 513, 524, 526, 542, 551
손무(孫武) 386
송지문(宋之問) 509
순자(荀子) 231, 261, 271, 286, 299, 313, 315, 322, 381, 403, 546
순황(荀況) 381
시라카와 시즈카(白川靜) 307
신숙주(申叔舟) 201

|ㅇ|

아사미 린타로(淺見倫太郎) 178
안연(顔淵) 144, 272, 281, 508
안정복(安鼎福) 435, 437, 580
안회(顔回) 87, 270, 272, 273, 492
양계초(梁啓超) 174, 260, 262, 385, 389, 394, 401
양백준(楊伯峻) 119, 270, 283, 298
양성지(梁誠之) 215
양신(楊愼) 396, 398, 421
여가석(余嘉錫) 176, 395
여불위(呂不韋) 393, 411
여조겸(呂祖謙) 139
오규 소라이(荻生徂徠) 257, 258, 587
완원(阮元) 191, 213, 230, 239, 318, 333, 353
왕력(王力) 46, 119, 187, 434
왕선겸(王先謙) 213, 305, 387, 381, 421
왕수인(王守仁) 247, 295
왕숙(王肅) 267

왕안석(王安石) 345, 524
왕유(王維) 499, 510
왕응린(王應麟) 205
왕충(王充) 383, 394, 395
왕필(王弼) 331, 373, 402
요내(姚鼐) 522, 533, 535
원굉도(袁宏道) 498
원효(元曉) 129, 477, 478, 568
유득공(柳得恭) 580, 581
유몽인(柳夢寅) 554, 577, 591
유섬(劉剡) 428, 529
유종원(柳宗元) 510, 524, 542
유향(劉向) 174, 400, 423, 424
유흠(劉歆) 174, 175, 244, 344
유희(劉熙) 192, 194, 204, 377, 391, 575, 580, 588
유희춘(柳希春) 192, 391, 576
육구연(陸九淵) 232, 247
육덕명(陸德明) 190, 242, 253, 254, 286
이곡(李穀) 571, 572
이규경(李圭景) 208, 210, 580
이덕무(李德懋) 140, 203, 210, 581
이백(李白) 150, 498, 500, 501, 502, 503, 510
이수광(李睟光) 208, 577
이식(李植) 27, 567, 577
이옥(李鈺) 542, 581, 591
이유원(李裕元) 208, 581
이이(李珥) 129, 373, 401, 571
이익(李瀷) 208, 543
이인영(李仁榮) 179
이제현(李齊賢) 514, 571, 572

이행(李荇) 216, 329, 527, 542, 549, 573, 576
이황(李滉) 160, 299, 332, 574
일연(一然) 68, 434, 435, 436, 437

|ㅈ|

자공(子貢) 109, 125, 271, 272, 273, 274
자사(子思) 60, 137, 236, 278, 286, 287, 298, 614
자하(子夏) 272, 305, 373, 502, 574
장영(張英) 205, 260
장옥서(張玉書) 191
장유(張維) 566, 577
장재(張載) 245, 508
장학성(章學誠) 174, 213, 267
재아(宰我) 272
정약용(丁若鏞) 44, 70, 194, 195, 230, 257, 259
정이(程頤) 64, 245, 246, 332
정현(鄭玄) 35, 214, 236, 240, 244, 248, 257, 305, 311, 312, 331, 345
제임스 레게(James Legge, 理雅各) 276
조기(趙岐) 232, 242, 270, 279
조기빈(趙紀彬) 232, 270, 298
종밀(宗密) 465, 473
주돈이(周敦頤) 245, 331, 529
주희(朱熹) 71, 109, 138, 158, 160, 235, 236, 242, 243, 245, 250, 258, 276, 293, 305, 344, 426, 506, 530
증삼(曾參) 88, 272, 274, 278

지석영(池錫永) 26, 195, 196
진기유(陳奇猷) 383, 393
진덕수(眞德秀) 139, 251, 256, 315, 525
진력(陳櫟) 251, 528

|ㅊ|
최남선(崔南善) 196, 437, 538
최립(崔岦) 422, 577
최명길(崔鳴吉) 348, 576
최세진(崔世珍) 192, 201, 243
최술(崔述) 269, 286, 293
최언위(崔彦撝) 569, 570
최항(崔恒) 201, 440
최해(崔瀣) 567, 571, 572
축목(祝穆) 205, 215
축법호(竺法護) 449, 458

|ㅋ|
칼 융(C. G. Jung) 333

|ㅌ|
타자이 준(太宰純) 257

|ㅍ|
풍우란(馮友蘭) 260, 286, 291, 292

|ㅎ|
학의행(郝懿行) 188, 396
한비(韓非) 105, 382, 383, 384, 403
한유(韓愈) 65, 112, 347, 496, 498, 501, 504, 510, 522, 524, 532, 342, 550, 587

허균(許筠) 391, 428, 528, 553, 567, 577
허신(許愼) 35, 189, 196, 244, 248
혜능(慧能) 68, 463, 470
호병문(胡炳文) 251, 256
호적(胡適) 34, 141, 174, 260
환오극근(圜悟克勤) 475
황종희(黃宗羲) 247, 262

개념어

|ㄱ|
가상설(加上說) 249, 479
각필(角筆) 122, 127, 128, 129
간화자(簡化字) 19, 489
각운(脚韻) 116, 489
갑골문(甲骨文) 33, 47, 58, 124, 198, 234, 316, 596
강서시파(江西詩派) 511, 512
게송(偈頌) 455, 568
격구대(隔句對) 110, 111, 491
경(經) 213, 236, 239, 245
경학(經學) 245, 248, 249, 253, 254, 260, 263, 303, 305, 505
고금자(古今字) 32, 57
고문상서(古文尙書) 190, 314, 315
고증학(考證學) 243, 247, 248, 284
고훈(詁訓) 240
공구서(工具書) 11, 185, 223, 613
공안(公案) 314, 316, 362, 469, 471
교감(校勘) 159, 239, 247

교감학(校勘學) 159
교수학(校讐學) 159, 174
구결(口訣) 127, 128
구두(口讀) 124, 127, 139
권점(圈點) 124, 137, 138, 140, 250
금문상서(今文尙書) 314, 316
금문학(今文學) 244, 547
긴축복합문(緊縮複合文) 104

|ㄴ|
내사기(內賜記) 170
누층법(累層法) 110

|ㄷ|
다중복합문(多重複合文) 104, 105
단구본(斷句本) 122
단락어(短絡語) 28
당송팔가(唐宋八家) 520, 524
대우법(對偶法) 109, 542, 568
대장(對仗) 101, 109, 111, 116, 133
대장법(對仗法) 109, 110
대체사[代詞] 93, 107, 108
동몽시(童蒙詩) 491
두주(頭注) 166

|ㄹ|
리(理) 231, 258, 295, 506

|ㅁ|
멱대(覓對) 491, 492
명유(明喩) 114
명조체(明朝體) 38, 39

모본(毛本) 239
모전(毛傳) 236, 240, 305
목간(木簡) 412, 423
목록학(目錄學) 11, 173, 174, 175, 179, 223
목판본(木版本) 161, 162, 168, 176, 203, 215, 350, 362, 556, 585
묵개자(墨蓋子) 138, 166
묵등(墨等) 138, 166
문이재도(文以載道) 529, 550
문자학(文字學) 37, 233, 234, 564

|ㅂ|
반실반허사(半實半虛詞) 74, 93
반어(反語) 115
방지(方志) 156, 214, 215, 436
배구(排句) 112
배비(排比) 112, 116
배율(排律) 486, 489, 508
배접지(褙接紙) 163, 170
백광(白匡) 138, 166
변격한문(變格漢文) 22
변려문(騈儷文) 505, 542, 568
별집(別集) 469
병렬문[重文] 94, 133
보어(補語) 60, 93, 94
보조동사(補助動詞) 96, 97
복문(複文) 94
복희팔괘(伏犧八卦) 323, 325
부분부정(部分否定) 95
부수법(部首法) 189, 196, 197, 598
불교경전(佛敎經典) 446, 467, 480

불립문자(不立文字) 72, 474
비유(比喩) 61, 114, 230, 284, 308, 312, 358, 377, 456
비의(比擬) 115

|ㅅ|
사각호마법(四角號碼法) 219
사경(寫經) 161, 459
사맹학파(思孟學派) 278
사부(四部) 175, 212
사서(四書) 235, 243, 250, 320
사서삼경(四書三經) 151
사조(詞組) 73, 587
삼가시(三家詩) 304
삼당파(三唐派) 575
삼론종(三論宗) 452, 453
삼서설(三書說) 37
상괘(上卦) 325, 326, 328, 329, 336
상용한자(常用漢字) 37, 38, 39
상형(象形) 7, 33, 35
서발류(序跋類) 567, 573
석독구결(釋讀口訣) 128
석문(釋文) 242, 253, 254, 268
선장(線裝) 162, 164
선종(禪宗) 68, 380, 452, 453
섭론종(攝論宗) 452, 453
성어(成語) 61, 65, 67, 69, 71, 89, 240, 423, 498
성점(聲點) 138, 243, 256, 257
성조(聲調) 138, 198, 242, 487
소설효용론(小說效用論) 549
소전(小篆) 34, 189, 197, 596

수구압운(首句押韻) 490
수사학(修辭學) 113
신악부(新樂府) 486, 510
신유학(新儒學) 245
쌍관법(雙關法) 110
쌍성사(雙聲詞) 60

|ㅇ|
악부(樂府) 486
압운(押韻) 144, 198, 484
어소(語素) 73
언해(諺解) 125, 129, 350, 363, 477
연면사(連綿詞) 60
연쇄법(連鎖法) 109, 111, 117
열전(列傳) 407, 411, 413, 414
영사시(詠史詩) 498, 571, 580
오언고시(五言古詩) 486, 501, 510
오언율시(五言律詩) 486, 495, 509
오언절구(五言絶句) 486, 493, 495, 497
오침안(五針眼) 162
왕맹체(王孟體) 510
운서(韻書) 186, 188, 196, 197, 199, 200, 234
유구법(類句法) 110, 111, 116
육서(六書) 35, 37, 189, 197, 234
응구첩대(應口輒對) 491, 492
일본식 한자어(日本式 漢字語) 16
일본한문학(日本漢文學) 591

|ㅈ|
자안환점(字眼圈點) 139
자형(字形) 32, 33, 38, 186, 191, 233

잡언(雜言) 486, 500, 502
장경체(長慶體) 510
장서각(藏書閣) 172
장왕체(張王體) 511
재이설(災異說) 244
전기소설(傳奇小說) 548, 552, 554, 559
전본(殿本) 410
전서(篆書) 33
절구(絕句) 485, 486, 490
점층법(漸層法) 109, 111
정화방점(菁華旁點) 139
제량체(齊梁體) 509
제언(齊堰) 216, 500
제자백가(諸子百家) 365, 366, 401
조방제(條坊制) 352
좌망(坐忘) 377, 380
주소(注疏) 230, 239, 240
주자학(朱子學) 24, 192, 234, 239, 246, 255, 315, 427, 587
지사(指事) 35, 36
집주(集注) 242, 250
집해(集解) 240, 257, 362

|ㅊ|
차대(借代) 114, 492
차유(借喩) 114
차자(借字) 16, 28, 198
착간(錯簡) 250
착운(窄韻) 489
철애체(鐵崖體) 512
첩운(疊韻) 24, 60, 308
청조한학(淸朝漢學) 247

초당사걸체(初唐四傑體) 509
초서(草書) 33, 35, 128, 598
초예(草隸) 34
총간(叢刊) 211
춘추학(春秋學) 343, 355, 505
층류법(層類法) 110
칠언고시(七言古詩) 486, 502
칠언율시(七言律詩) 145, 486, 495
칠언절구(七言絕句) 486, 495, 498
칠지도(七支刀) 568

|ㅌ|
탈문(脫文) 250
탑본(榻本) 161
통가자(通假字) 57, 62, 159

|ㅍ|
파독(破讀) 242, 243, 246
파자(破字) 50, 118
판목(板木) 161, 163, 168, 209
판식(版式) 164
팔고문(八股文) 252, 524
팔괘(八卦) 152, 237, 322, 325
평수운(平水韻) 199, 494
평점가(評點家) 139
평창(評唱) 469
평측(平仄) 484, 487
포배장(包背裝) 164
풍유(諷諭) 115, 358, 535
피동문(被動文) 84, 96
피휘(避諱) 116, 224

646

|ㅎ|

하괘(下卦) 325, 326, 328, 335, 336
한당주소학(漢唐注疏學) 245
한문문법(漢文文法) 55, 89, 119
한문소설(漢文小說) 520, 521, 546, 553, 559
한시(漢詩) 65, 109, 118, 141, 305, 483
한학(漢學) 8, 10, 148, 243, 348, 527, 582, 587
합각(合刻) 211, 407, 410, 420
해서(楷書) 19, 33, 40
행서(行書) 33, 35
허사(虛詞) 74, 76, 263, 264, 524
험운(險韻) 489, 510
현토(懸吐) 125, 127, 129, 298, 552
형태소(形態素) 73
호문(互文) 108
호접장(蝴蝶裝) 164
환운(換韻) 501, 502
회문(回文) 118
회의(會義) 35, 36
훈(訓) 128, 240, 313
훈고학(訓詁學) 234, 244, 247, 262, 564
훈독(訓讀) 32, 122, 129, 149

한학입문

첫판 1쇄 펴낸날 2007년 9월 15일
첫판 5쇄 펴낸날 2020년 5월 20일

지은이 | 심경호
펴낸이 | 지평님
본문 조판 | 성인기획 (010)2569-9616
종이 공급 | 화인페이퍼 (031)955-0135
인쇄 | 중앙P&L (031)904-3600
제본 | 다인바인텍 (031)955-3735
후가공 | 이지&비 (031)932-8755

펴낸곳 | 황소자리 출판사
출판등록 | 2003년 7월 4일 제2003-123호
주소 | 서울시 종로구 송월길 155 경희궁자이 오피스텔 4425호 (03165)
대표전화 | (02)720-7542 팩시밀리 | (02)723-5467
E-mail | candide1968@hanmail.net

ⓒ 심경호, 2007

ISBN 978-89-91508-29-3 93800

* 잘못된 책은 구입처에서 바꾸어드립니다.